माखनलाल चतुर्वेदी
रचनावली

माखनलाल चतुर्वेदी रचनावली

सम्पादक

श्रीकान्त जोशी

परामर्श

स.ही. वात्स्यायन 'अज्ञेय'

धर्मवीर भारती

शिवमंगल सिंह सुमन

जगदीश गुप्त

वाणी प्रकाशन

4695, 21-ए, दरियागंज, नयी दिल्ली 110 002

शाखा

अशोक राजपथ, पटना 800 004

फ़ोन: +91 11 23273167 फ़ैक्स: +91 11 23275710

www.vaniprakashan.in
vaniprakashan@gmail.com
sales@vaniprakashan.in

MAKHANLAL CHATURVEDI RACHNAWALI
edited by Shrikant Joshi

ISBN : 978-93-5000-849-2
Complete Woke/Granthawali

प्रथम संस्करण 1995
द्वितीय संस्करण 2003
तृतीय संस्करण 2009
मूल्यः ₹ 900
सम्पूर्ण सेट ₹ 9000 (दस खण्डों में)

जी.एस. ऑफ़सेट, दिल्ली 110 095 में मुद्रित

वाणी प्रकाशन का लोगो मक़बूल फ़िदा हुसेन की कूची से

प्राक्कथन

माखनलाल जी ने अपने जीवन में अनेक पत्रों का सम्पादन किया। प्रभा, कर्मवीर, प्रताप उनमें से प्रमुख थे। प्रभा (1913 से 1915 तक) दो वर्ष उनके सम्पादन में निकली। प्रताप का सम्पादन हुतात्मा गणेशशंकर विद्यार्थी के जेल जाने पर श्रीयुय श्रीकृष्णदत्त पालीवान के आग्रह पर (अक्तूबर 1923 से मार्च 1924 तक) चतुर्वेदीजी ने किया था। कर्मवीर ही वह पत्र था, जिसका 17 जनवरी, 1920 से लेकर 11 जुलाई, 59 तक उन्होंने अनवरत सम्पादन किया। इसमें से जबलपुर से खण्डवा आने के अन्तराल का तथा उनकी 1920 और 1932 की जेल-यात्राओं का समय निकाल देने पर करीबन 35 वर्षों का उनका सुनिश्चित सम्पादन-काल है।

कर्मवीर का प्रारम्भ स्वतन्त्रता-संघर्ष के उत्तप्त वर्षों में उस युग की आवश्यकताओं के अनुकूल, मध्यप्रदेश के वर्चस्वी नेतृत्व के परामर्श से हुआ था। स्वतन्त्रता-सेनानी श्री माधवराव सप्रे, जो मध्यप्रदेश की पत्रकारिता के आदि-पुरुष थे, के आग्रह पर माखनलालजी को सर्वसम्मति से कर्मवीर का सम्पादन चुना गया था। कर्मवीर का डिक्लेरेशन लेने के लिए जब चतुर्वेदीजी मिस्टर मिथाइस (जोकि जबलपुर के जिला मैजिस्ट्रेट थे) के पास पहुँचे, तो उन्होंने उनसे पूछा, "आप अंग्रेजी वीकली के होते हुए हिन्दी वीकली क्यों निकालना चाहते हैं?" चतुर्वेदीजी ने रायबहादुर पं० विष्णुदत्तजी शुक्ल (जोकि कर्मवीर के संचालक-मण्डल के सदस्य भी थे) की अपेक्षा के ठीक विपरीत जवाब दिया, "आपका अंग्रेजी पत्र दब्बू है, मैं वैसा पत्र नहीं निकालना चाहता; मैं ऐसा पत्र निकालना चाहूँगा जिससे कि ब्रिटिश शासन चलते-चलते रुक जाये।" मि० मिथाइस आइरिश सज्जन थे, उन्होंने चतुर्वेदीजी के उत्तर की प्रशंसा की और उन्हें कर्मवीर का डिक्लेरेशन प्रदान कर दिया।

पृष्ठभूमि से स्पष्ट है, साप्ताहिक कर्मवीर स्वतन्त्रता-संघर्ष का आत्मज था, अपने इस उत्तराधिकार को उसने अत्यधिक निष्ठा और पूर्ण उत्तरदायित्व से वहन भी किया।

कर्मवीर के संपादकीय अत्यन्त प्रखर और निर्भीक होते थे। स्वतन्त्रता-संघर्ष का धधकता हुआ इतिहास अत्यन्त प्रामाणिक रूप में कर्मवीर के पृष्ठों पर अंकित है।

इन पृष्ठों का अभी तक आकलन नहीं हो पाया है और इतिहास की अनेक अछूती घटनाएँ और विस्मृत प्रसंग इनमें सुरक्षित हैं।

कर्मवीर अल्प समय में ही अखिल भारतीय ख्याति का पत्र बन गया था, चारों तरफ उसकी धाक थी। सामान्य बोलचाल की भाषा में लिखे गये कर्मवीर के प्रखर, सुचिन्तित और उत्प्रेरक सम्पादकीय समाचार-पत्रों, जनसभाओं और असेम्बलियों (विधान-सभाओं) में बार-बार उद्धृत किये जाते थे। कर्मवीर सहस्रों पाठकों की आशा-आकाक्षाओं का प्रतीक था। उसकी वैचारिक तेजस्विता और आधुनिकता से भयभीत होकर अनेक रियासतों—भोपाल, झाबुआ, धार, इन्दौर ग्वालियर और देवास और कुछ राजस्थान की रियासतों—ने कर्मवीर का प्रवेश अपने यहाँ निषिद्ध कर दिया था।

पत्रकारिता की महान शक्ति कर्मवीर के माध्यम से उजागर हुई थी। अनेक आन्दोलनों में कर्मवीर ने नेतृत्व किया और अभूतपूर्व सफलताएँ अर्जित कीं। 'रतौना कसाईखाना' आन्दोलन इसका सबसे बड़ा प्रमाण है। इससे भारत में अंग्रेजों को अपनी प्रथम राजनैतिक एवं नैतिक पराजय को झेलना पड़ा।

किन्तु इतना ही सब-कुछ न था। कर्मवीर का क्षेत्र आश्चर्यजनक रूप से व्यापक था। अन्तर्राष्ट्रीय और राष्ट्रीय प्रश्नों पर उसके सम्पादक का साधिकार लेखन पाठकों में जानकारी और उत्तेजना उत्पन्न करता था। टर्की-प्रश्न का निपटारा, अफगान युद्ध, आयरलैण्ड का स्वराज्य-कानून, रूस की क्रांति, अफ्रीका का रंगभेद और गुलामों की खरीद, न्यूजीलैण्ड में भारतीयों का बहिष्कार आदि अनेक अन्तर्राष्ट्रीय समस्याओं पर कर्मवीर के सम्पादकीय व लेख आज भी कम प्रामाणिक नहीं हैं। उधर भारत में पंचायत चुनाव, मजदूर और मजदूरी, खिलाफत का प्रश्न, स्त्रियों पर अत्याचार, सहकारिता, हिंदी साहित्य सम्मेलन, गोवध, शिक्षा, धर्म, पूंजीवाद और साम्राज्यवाद जैसे विषयों पर इस पत्र का चिन्तन और विश्लेषण आज भी अप्रासंगिक नहीं कहा जा सकता, क्योंकि कुछ प्रश्न चाहे पुराने हो गये हों, पर अभी भी जीवित हैं और जीवित रहना चाहते हैं।

साहित्य, समीक्षा, कला और अन्य ललित विषयों से भी कर्मवीर का गहरा सरोकार था। आधुनिक पीढ़ी के निर्माण में और नयी प्रतिभाओं के उन्नयन में उसकी प्राणवान, संप्रेरक और अत्यन्त आत्मीय भूमिका भुलाई नहीं जा सकती। कर्मवीर अपने युग के असहायों, दलितों, मजदूरों, किसानों और शोषितों की ताकत और आवाज था। 25 दिसम्बर, 1925 को एक प्रसंग में माखनलाल जी ने (आज से करीबन 58 वर्ष पूर्व) लिखा था : "हम भारतीय वस्त्र-व्यवसाय को देश की आवश्यक धरोहर समझते हैं। इसी वजह से पूंजीपति मिल-मालिकों से

हम कहना चाहते हैं कि आप विदेशी वस्त्रों के मुकाबले अपने व्यवसाय की उन्नति कीजिये। स्वयं धन और यश कमाइये, परन्तु यह न 'भूल' जाइये कि आपका धन, मिलों के मजदूरों की वजह से पैदा होता है। आपका धन आपके वस्त्र को खरीदने वाले भारतीय खरीददारों से पैदा होता है···आज सरकार ने आपकी मदद की है, पर आपकी सच्ची सहायता उन लोगों से आती है जो आपके खरीददार हैं और जो मर-खप कर आपका कपड़ा बनाते हैं।"

24.4.26 को रायल कमीशन के सन्दर्भ में कर्मवीर ने अत्यन्त निर्भीकता से लिखा, "रायल कमीशन चाहता है कि भारतवासी और भी खेती पर ही जीने के लिए विवश हों। यह भारत के भूखे पेटों, सूखी हड्डियों और गरीब किसानों को चुनौती है! क्या हम इस चुनौती को चुपचाप बर्दाश्त कर लेंगे? हमें एक स्वर से गर्जना करनी चाहिए—"हमें खेती का ब्रह्मास्त्र मत सिखाओ! हमें व्यापार की कुंजी चाहिए। हम प्राण रहते अपने बचे-खुचे कुछ बाजार तुम्हें हरगिज न हथियाने देंगे!" (लार्ड रीडिंग के भारतीयों को खेती पर निर्भर रहने के वक्तव्य पर)। निश्चय ही कर्मवीर उनका अपना था जिनका कोई अपना न था।

आज भी कर्मवीर के सम्पादकीयों का पढ़ना अपनी स्वतन्त्रता और अस्मिता की पहचान करना है और महसूस करना है कि कहीं हम ऐसा तो नहीं कर रहे कि हमारी पहचान के निशान धुंधले होते चले जा रहे हों। इन सम्पादकीयों का अक्षरश: सटिप्पणी और क्रमानुसार प्रकाशित किया जाना हमारी राष्ट्रीय आवश्यकता है। मात्र चयन उपयोगी नहीं होगा। उससे एकसूत्रता में बाधा आयेगी। प्रस्तुत सम्पादकीयों का संकलन इस तरह किया गया है कि वे एक सम्पूर्ण चित्र प्रस्तुत करें—घटनाओं का, परिस्थितियों का, संघर्षों का और उनसे उत्पन्न होने वाली वैचारिक प्रतिक्रियाओं का।

इन सम्पादकीयों की भाषा को, माखनलालजी के 'साहित्य-देवता' ग्रन्थ की भाषा को सामने रखकर देखा जाना चाहिए। वे कहा करते थे: "यदि आप साहित्य-देवता को नहीं समझ पाते, तो फेंकिये उसे, कर्मवीर पढ़िये, कर्मवीर में मैं आपके लिए ही मजदूरी करता हूं!"

अनुक्रमणिका

अग्रलेख : टिप्पणी

कर्मवीर में पं० माखनलाल चतुर्वेदी के लेख मेरे और मेरे जैसे लाखों देश-निवासियों में गुलामी के खिलाफ ऐसा जोश पैदा कर देते थे जिसे भुलाया नहीं जा सकता। इनके लेखों के पढ़ने से ऐसा मालूम होता था कि आदि-शक्ति शब्दों के रूप में उतर रही है। यह शैली हिन्दी में ही नहीं, भारत की दूसरी भाषाओं में भी बिरले ही लोगों को नसीब हुई। मुझ-जैसे हजारों लोगों ने अपनी भाषा और लिखने की कला माखन-लालजी से ही सीखी।

—रघुपतिसहाय 'फिराक' गोरखपुरी

चतुर्वेदीजी ने पत्रकारिता के क्षेत्र में तब प्रवेश किया, जबकि वह खण्डवा में शिक्षक थे (1907) और हस्तलिखित पत्रिका 'भारतीय विद्यार्थी' निकाली थी जिसमें एक अनुकरणीय आदर्श था। उसके पाठक केवल छात्र ही नहीं, अपितु प्रौढ़ और साहित्यिक जन भी थे। तत्पश्चात् वह खण्डवा के साहित्य-प्रेमी वकील श्री कालूराम गंगराडे के सम्पर्क में आये और 'प्रभा' को जन्म (1913) मिला। उसी समय से उन्होंने 'एक भारतीय आत्मा' के नाम से लिखना प्रारम्भ किया। मध्यप्रदेश में हिन्दी पत्रकारिता का युग वहीं से प्रारम्भ होता है। 'प्रभा' ने शीघ्र ही 'सरस्वती' के समकक्ष स्थान बना लिया, जो कि हिन्दी की प्रतिनिधि पत्रिका समझी जाती थी। कर्मवीर ही वह पत्र था, जिसने रतौना-कसाई घर के विरोध में आवाज उठाई और जनमत एकत्रित किया। ऐसे अनेक आन्दोलन 'कर्मवीर' ने छेड़े और वह उनमें सफल भी हुआ। 'कर्मवीर' ने ऐसी स्थितियों में काम किया कि जब 'स्वराज्य' उच्चारित करना अपराध था और उसके पाठक भी सी० आई० डी० की नजरों से न बच सकते थे। 'कर्मवीर' में देशी रियासतों के मामलों को भी प्रमुखता मिली, इसलिए आगे चलकर उसका प्रकाशन खण्डवा से प्रारम्भ हुआ जो कि रियासतों से अधिक निकट था।

जिस पत्रिका और पत्र में चतुर्वेदीजी ने हाथ लगाया, वही आगे चलकर आदर्श बन गई। पत्रकारिता में चतुर्वेदीजी ने मध्यप्रदेश में परम्परा कायम की है और वे श्री अंबिकाप्रसाद वाजपेयी, स्व० गणेशशंकर विद्यार्थी और स्व० पराड़करजी की शृंखला की गौरवमय कड़ी हैं।

डॉ० विनयमोहन शर्मा

हम†

आज हम बड़े विनीत भाव से उपस्थित होते हैं। यह न जानते हुए कि हमें कितना सहना पड़ेगा और न यह अनुमान करते हुए कि हमें कितना करना पड़ेगा। हम चल पड़े हैं। हमने आज भी जो निश्चय किये हैं, इच्छा नहीं कि उन्हें यहाँ लिखा जावे। एक तो वे लिखने की वस्तु नहीं, दूसरे लिखने का जमाना चला गया। समय करने के लिए रह गया है, वह भी बहुत थोड़ा है।

देश में दलों का जोर रहा है। दलों के द्वारा देश की भारी सेवा हुई है और भविष्य में भी होने की आशा है। हमारे हृदय में उनका अभिमान और आदर होगा और हम उनके सच्चे कार्यों को समर्थन, अनुकरण की वस्तु मानने के लिए तैयार रहेंगे किन्तु हम अपनी जनता के सम्पूर्ण स्वरूप के उपासक होंगे और अपना यह विश्वास दृढ़ रखेंगे कि कोई विशेष मनुष्य या समूह ही नहीं, प्रत्येक मनुष्य और समूह मातृ-सेवा का समान अधिकारी है। किसी भी भारतीय से भिन्न हमारा कुछ मूल्य न होगा और हमारा अपनापन ऐसा न होगा जिसकी सीमा निश्चित करने का पाप कमाने की जरूरत पड़े। हमारा पथ वही होगा जिस पर संसार भर सुगमता से जा सके। उसमें छत्र धारण किए हुए और चँवर से शोभित सिर की वही कीमत होगी जो कृषकाय लकड़ी के भार से दबे हुए मजदूर के सिर की होगी। हम वही कहेंगे जिसे हमारी मन्द मति करने योग्य समझती हो। हम भी करने वालों के श्रद्धापूर्वक साथ होंगे। और कहते समय यह बात हमारे सामने रहेगी कि प्रशंसा और चाटुकारी का हलाहल न पीते हुए और पीसे जाने तथा दबा दिये जाने की चिन्ता न करते हुए प्रतिहिंसा के भावों से अपने आप को बचावेंगे और बड़े विनीत भाव से वह कहने के लिए विवश रहेंगे जिसे हम सच मानते हों।

हमारी आँखों में भारतीय जीवन गुलामी की जंजीरों से कसा दीखता है। हृदय की पवित्रतापूर्वक हम प्रयत्न करेंगे कि वे जंजीरें फिसल जायँ या टुकड़े-टुकड़े होकर गिरने की कृपा करें। हम जिस तरह भीरुता नष्ट कर देने के लिए तैयार रहेंगे उसी तरह अत्याचारों को भी। किन्तु भीरु और अत्याचारी दोनों ही हमारे होंगे और उनको दुनिया से हटा देने के लिए नहीं, उनकी प्रवृत्तियों को हटा देने के लिए हम उनसे लड़ते रहेंगे। हम स्वतन्त्रता के हामी हैं। मुक्ति

---

† 'कर्मवीर' का प्रथम अग्रलेख

के उपासक हैं। राजनीति में या समाज में साहित्य में या धर्म में जहाँ भी स्वतन्त्रता का पथ रोका जावेगा, ठोकर मारने वाले का पहिला प्रहार और घातक के शस्त्र का पहिला वार आदर से लेकर मुक्त होने के लिए प्रस्तुत रहेंगे। दासता से हमारा मतभेद रहेगा। फिर चाहे वह शरीर की हो या मन की; व्यक्तियों की हो या परिस्थितियों की—दोषियों की हो या निर्दोषियों की, शासकों ही हो या शासितों की।

जगत् में स्वार्थ की कामना काम कर रही है। यह इतनी बढ़ गयी है कि इस निन्दनीय प्रवृत्ति की वेदी पर देश के देश बलि होते चले जा रहे हैं। जिनके पास बल है किन्तु मनुष्यता नहीं, उनको जिस तरह हम मनुष्यता की याद दिलावेंगे उसी प्रकार जिनके पास मनुष्यता है किन्तु संसार का कोई बल नहीं, उन निर्बलों को उनके बल की याद दिलावेंगे और संसार के इस सिद्धान्त की शंखध्वनि में साथ देंगे कि "अपने आप पर शासन करने के लिए तैयार हो, राक्षसीय आकांक्षाओं को बलपूर्वक दबा डालने वाले शरीर और मन वीर हों। एक शासक के आगे अनेक देशों का शासक भी कोई कीमत की चीज नहीं। हमारा विश्वास है कि संसार के सब विभागों की गुलामी खड़ी नहीं रह सकती, यदि हम अपने आपके शासक हो जायँ। हम केवल काम करने के अधिकारी हैं। इस अधिकार का उपयोग करते समय सम्भव है कभी हम अपनों के द्वारा भी पराए दिखाये जायँ और कभी अन्यों के द्वारा मार्ग से भटकाये जायँ, किन्तु हम अपना शरीर अत्याचार की वेदी पर चढ़ जाने तक भी कभी अपने पथ से जानते हुए भटकने के लिए तैयार न होंगे। बहुत सम्भव है कि हमारी भूलों से कभी हानि हो जाय, किन्तु हम जान-बूझकर ऐसी भूलें नहीं करेंगे। हमारा बल धर्म का बल होगा। हमें इस बल के सामने किसी बल का भय नहीं। हम भगवान् से प्रार्थना करते हैं कि वे हमें उस समय इस बल पर बलि होने की याद दिलावें, जब हमारे भाई राजनैतिक पाप करने और हमें साथ शामिल करने के लिए तैयार हों और उस समय भी जब कि अत्याचार की तलवार हमारे शीश पर हो और सम्मुख हो वह मीठा प्रलोभन, जो क्षण में रंक से राजा और मजदूर से मन्त्री बना डाले।

जीवन की एकरसता कारागारों में भी उसी प्रकार रह सकती है जिस तरह महलों में। अतः माता की सेवा करने के पथ में पड़ा हुआ झोंपड़ा हो या महल, कारागार हो या राज्यागार, प्रत्येक स्थल हमारे लिए एक-से ही महत्त्व की वस्तु होगा।

हम एक पिछड़े हुए भूखण्ड में खड़े हैं, माता की सेवा में हमारे प्रदेश ने बहुत कम काम किया है, हम प्रयत्न करेंगे हमारे प्रदेश के बड़े और छोटे किसान, और मजदूर, पढ़े और बेपढ़े, उठें और मातृ-सेवा की तैयारी करें। संसार कर्म-स्थल है। यहाँ उसी को जीने का अधिकार है जो कर्म करे। हम कर्म-पथ में अपने

पिछड़े हुए भाइयों के साथ रहेंगे जो यह सोचें कि उनके लिए कुछ न हो सकेगा, वे दिखाऊ-दौड़ में पीछे हों किन्तु भावों की दृढ़ता और दौड़ में किसी से पीछे नहीं। हमारा विश्वास है कि उनके भुजा उठाते ही संसार चक्कर खाने को विवश होगा और जहाँ हृदय के बल की माँग होगी, वहाँ आगे आने के लिए भारत में उनका स्मरण किया जायगा।

इस प्रान्त से एक बार 'हिन्दी केसरी'[1] की गगन-भेदी गर्जना सुन पड़ी थी। आशा हुई थी कि शीघ्र ही देश की सेवा के पथ में हम आगे दीखेंगे। किन्तु समय के क्रूर करों ने उसका उठना रोक दिया। प्रान्त की आशा-लता मुरझा गई और उसके आदरणीय नायक को अज्ञातवास का जीवन व्यतीत करना पड़ा। कुछ पत्र निकलकर उन्नति का प्रयत्न करने लगे, किन्तु प्रान्त के हृदयों ने सच्ची बातें कहने वाले राजनैतिक उपदेश देने वाले या समय के अनुकूल प्रान्त को ऊँचा उठाने वाले, पत्र की आवश्यकता को पद-पद पर अनुभव किया। प्रान्त के जीवित हिन्दी-भाषी जिलों खण्डवा, बिलासपुर और रायपुर ने इस कमी को पूरा करने के लिए कई बार सिर भी उठाया। इधर नेता और जनता, सभा और सोसाइटियाँ सब इस बात पर जोर देने लगे। यहाँ तक कि गत अखिलभारतीय हिन्दी-साहित्य सम्मेलन के मध्यप्रदेशीय अधिवेशन में एक पत्र निकालने के लिए प्रस्ताव पास हुआ और खण्डवा के मध्यप्रान्तीय हिन्दी साहित्य सम्मेलन के सभापति और प्रदेश के कर्मण्य नेता श्रीयुक्त रायबहादुर विष्णुदत्त जी शुक्ल ने इस जरूरत को अनुरोधपूर्वक जनता के सम्मुख रखा तथा सम्मेलन में एक प्रस्ताव भी पास किया। ये सब घटनाएँ जीवित पत्र के लिए अकुलाने वाले प्रान्त की अवस्था का पता देती हैं।

प्रयत्न हुआ और एक राष्ट्रीय धर्म के पत्र का निकलना और वह भी जबलपुर से निकलना तय पाया। हमारा आज सेवा के लिए आगे बढ़ना उस निश्चय के परिणाम को भी अपने साथ रखता है।

हम दुनिया की ओर देखते हुए देश के साथ ही प्रान्तीय परिस्थिति का भी अनुभव करते हैं। देहली में ज्वाइंट कमेटी के समाने गवाही देते हुए हाजी कुल्मुल्क हकीम अजमलखाँ ने "आप इस गड़बड़ के हो जाने का क्या कारण समझते हैं" यह पूछा जाने पर कहा था, "देहली राजधानी हुई संसार भर की राजनैतिक बातों और भारतवर्ष की राजनैतिक परिस्थितियों पर यहाँ चर्चा होने लगी। लोगों ने जाना कि वे भी दुनिया में कुछ हैं। देश के बड़े-बड़े नेता यहाँ आने लगे और इम्पीरियल कौंसिल में स्वाधीनतापूर्वक जोरदार बहस करने लगे। जनता में आत्म-विश्वास पैदा हुआ और देश के अन्य भागों के समान उसने भी कार्यों में हाथ बँटाना चाहा। किन्तु शासक सज्जनों के विचार वे ही बने रहे, जो पहले थे। उन्होंने जनता की

---

1. सम्पादन : पं० माधवराव सप्रे

उन्नति को अनुभव नहीं किया, जनता जरा भी स्वाधीन चिन्ता दिखाती, तो वह दबा दी जाती। परिणाम यह हुआ कि अविश्वास और सख्तियों से जनता उत्तेजित हो उठी। वर्तमान गड़बड उसी का परिणाम है। यह घटना प्रकारान्तर से देश के इस पिछड़े हुए प्रदेश का खूबी से साथ देती है और इसलिए हम विश्वास और मनुष्यता के नाम पर अपने प्रान्त के शासक कहलाने वाले भाइयों से बड़ी नम्रता से निवेदन करेंगे कि वे संसार की अवश्यम्भावी उन्नति का अनुभव करें। संसार उठेगा, विरोध और दबाव इस आग में घी का काम करेंगे, जिसका परिणाम दोनों ही के लिए हानिकारक होगा। किन्तु विश्वास किया जायेगा और शान्ति से काम लिया जायेगा तो अनोखी उन्नति होते हुए भी शान्ति रहेगी। हम शान्ति के उपासक होंगे और दमन के विरोधी। केवल इसलिए नहीं कि वह हमारे स्वार्थों को धक्का पहुँचाती है किन्तु इसलिए भी कि वह उस मनुष्यता को, जो पूजनीय है, और जिसकी रक्षा करना प्रत्येक मनुष्य का, यदि वह मनुष्य ही का हृदय रखता है, कर्त्तव्य है।

सम्राट् की घोषणा सहायता के लिए बाँहें पसारने वालों को सहारा है और सुधार की योजना आज तक की हुई तपस्या का परिणाम। परिणाम को देश के देवता के अर्पण करने और तपस्या को जारी रखने ही की आज्ञा सेनापति हमें दे रहा है। वह कहता है—कर्म करो! मजदूरों में मिल जाओ! कृषकों का हाथ बँटाओ! कारीगरों को जिलाओ! अबलाओं को उठाओ! हँसने और उदास रहने की मात्रा सबके पास बराबर बाँटो और महलों को झोंपड़ियों में परिणत कर दो! किन्तु काम कमजोरी से प्रारम्भ मत करो। यह अकेले रहने और टुकड़े-टुकड़े होने का युग नहीं। संघों को बनाओ और काम में लगाओ, शासन मिलकर करो, कर मिलकर लगाओ, कानून मिलकर बनाओ, और अपना नेता मिलकर ढूंढ़ो! कामों को आपस में बाँट लो और सिर पर उठाए हुए बोझे को दिन में सिर पर लो और रात में सिर पर लेना सीखो! कल कुली थे, आज ही न्यायाधीश बनने के लिए, कल भिखारी थे, आज ही दाता बनने के लिए, और कल शिक्षक थे, आज ही मन्त्री बनने के लिए तैयार रहो! पंचायत के साथ, तहसील के साथ, ज़िले के साथ और प्रदेश के साथ अपने सम्बन्धों को पहिचानो और मातृभूमि के प्रति अपने कर्त्तव्य के पालन की दिशा सोचो! दुनिया तुम्हें भूल सकती है किन्तु तुम दुनिया को मत भूलो! उसके प्रत्येक हिस्से के साथ अपना रिश्ता कायम करो और उसे काम में लाओ! भारत माता के बच्चे विदेशों में पड़े हैं। अपने आप विजयी बनकर नहीं, खरीदे हुए गुलाम बनकर। रोज जानो कि उन पर क्या बीत रही है और अपनी शक्ति से अत्याचारों की जमीन को 'चलत मत्तगज जिमि लघु तरणी' बना डालो! जानना होगा कि इंग्लैण्ड के मन्त्री, अफ्रीका के सीनेटर, आयरलैण्ड के सिनफीनर, टर्की के तुर्क और अफ्रीका के बोअरों से हमारा क्या रिश्ता है। वे हमसे और हम

उनसे किस क्षेत्र में मिलते हैं, मिल सकते हैं, और मिलने के लिए लाचार किये जा सकते हैं।

हमारा जगत् पर प्रभाव होना चाहिए और जगत्-गति हमारे हाथ होनी चाहिए। इतना करने ही के लिए दोनों सेनाओं के बीच में रथ खड़ा करके 'कर्मण्येवाधिकारस्ते मा फलेषु कदाचन' की आज्ञा दी गई है और वह इसलिए दी गई है कि इस तपस्या का परिणाम भी चुपचाप देश के देवता के चरणों में चढ़ा दिया जावे।

महान् काम सामने है, किन्तु करने वालों का टोटा है। प्रत्येक हृदय की ओर आशा-भरी आंखें भटकती हैं। चरणों में यह गूँज पहुँचने दीजिये कि टूटी पतवार, फटी बादबान और बिना फल की आशा के यह जर्जर नौका बीच धार में डाल दी गई है। यह देखते हुए कि बहाव जोरदार है, भँवर बड़े हैं और दो टिमटिमाती लालटेनों के सिवाय साथ में कुछ नहीं है। यदि आप वृद्ध हैं तो उपदेश लेकर, यदि आप युवक हैं तो बल लेकर आइये। हृदय रखते हुए कानों के अन्दर इस पुकार को प्रवेश होने दीजिये। इसलिए दौड़िये कि इस नौका में आपका सब-कुछ रखा है और यदि आवश्यक है तो इसे डूबने न दीजिये। हृदय की आकांक्षा है कि उन मूर्तियों के दर्शन हों जिनके हृदयों पर सूर्य भगवान् की सुनहली किरणों में लिखा हो—मातृभूमि और मनुष्यता पर बलि होने के लिए तैयार !

[17 जनवरी, 1920]

महात्मा गांधी और सत्याग्रह

उत्तर हैं, और ऐसे उत्तर हैं जो हृदयों में बल और पापियों को भी सात्त्विकता देते हैं। गवाही नहीं, वह देश को नये युग का सन्देश और संसार के पथ का प्रकाश-स्तम्भ है। पुकारने वालों ने प्रहारों के करने में कसर नहीं की, और अर्थ का इतना अनर्थ किया गया, जो मुँदी हुई अकल के जीव को भी लज्जित करता है। रौलेट ऐक्ट का जमाना, सत्याग्रह का उपयोग, हाकिमों की नादिरशाही, आत्मबल से पतित प्राणियों के आक्षेप और हजारों की संख्या में मर जाने वाले मनस्वियों की लाशें आज भी आँखों के सामने हैं। कहा गया था कि लोग बेमौत मर रहे हैं। आप आग लगाकर घर में हैं। वह या तो मेहतरों के साथ खाना खाता होगा या काष्टी बना कपड़ा बुनता होगा। उसे लोगों के कष्ट की क्या पड़ी है; किन्तु समय का सिर झुककर कह रहा है, पंजाब के नेता जेल से छोड़े गए, अमृतसर राष्ट्रीय शक्ति को जन्म दे सका, हिन्दू-मुसलमान एक हो गए और मुसलिम लीग के मुँह से निकल पड़ा, गो-वध बन्द करो। यदि एक पतित, एक जुलाहा, देश में इतना कर

सकता है, तो देश, जिसमें वराह भी अवतार माना जा चुका है, तैयार है कि वह इस शक्ति को अपनी, तीस करोड़ की, कहकर, इस पतित और जुलाहे के द्वारा, अपना मुख उज्ज्वल करे। कहा जाता है कि देश के भिन्न-भिन्न भागों में होने वाले झगड़ों का कारण सत्याग्रह ही है। किन्तु सत्याग्रह की आवाज झगड़ालुओं पर भी वार न करने का आदेश करती है। यदि सत्याग्रह झगड़े का कारण होता तो उसके झंडे के नीचे हजारों आदमी थे, हाथों में शस्त्र लेकर उन्हीं वीरों ने जिन्होंने योरोप युद्ध-स्थान में खून बहाया, वह तूफान उठाया होता कि बलवे की तोहमत रखने वालों को बलवे के दिव्यदर्शन हो गये होते, और शासक जगत् ने, शासितों के, कुचले जाने से ऊबे हुओं के शस्त्रों का मीठा या कड़वा स्वाद, कैसा भी हो, अनुभव किया होता। किन्तु बात कुछ और है, सत्याग्रह को बदनाम करने वालों के सामने एक काम है, जनरल डायर, ओडायर और जानसन के पिशाच-बल के कामों को परम पवित्र सुबूत करना, और यह तब तक सम्भव नहीं, जब तक दोष का कोई मजबूत बहाना ढूंढ़ न लिया जाए।

कहा जाता है कि सत्याग्रह का कठिन सिद्धान्त लोगों की समझ में नहीं आ सकता। उनमें निष्क्रिय विरोध करने का आत्मिक बल न होने पर वह अधिकारियों का क्रियात्मक विरोध किये बिना न रहेगा। महात्मा गांधी ने अपने बयान में यह सुबूत किया है कि इस अक्लमन्दी की बुनियाद ही कच्ची है। वे कहते हैं, सत्याग्रह निष्क्रिय विरोध का नाम नहीं। दोनों में पूर्व और पश्चिम का-सा विरोध है। विरोध वे करते हैं जो कमजोर हैं और सत्याग्रह वह करता है जो बलवान है। इसके उपयोग करते समय, शक्ति का जरा भी उपयोग नहीं करना पड़ता। आपने कहा, अपने विरोधी के अन्याय दूर हों, यह वही कर सकता है जिसमें पूरा धीरज और गहरी सहानुभूति हो। क्योंकि जो बात एक को अच्छी लगती है, वही दूसरे को बुरी लग सकती है। धीरज से भी कष्ट होता है, किन्तु, अपने को, और यह कष्ट सत्याग्रही के लिए वैसा ही है जैसा अपने हृदय को पुलकित कर देने वाला काम करते हुए एक मनुष्य, कार्य की सफलता के साधनों में उठाता है। अन्याय को नष्ट कर देने और न्याय को स्थापित करने में कष्ट देने की जरूरत जरूर होती है, किन्तु वह अपने आप को कष्ट देने की जरूरत होती है, किसी अन्य को नहीं। पश्चिमी देशों व वहाँ के थोथे, खूनी, असहिष्णु और स्वार्थी विचारों से रँगे हुए लोगों को यह बात चाहे गूढ़ तत्त्व मालूम होती है किन्तु भ्रष्टाचार तथा मिथ्यावाद से बचे हुए सीधे-सादे भारतीय के लिए इसमें कुछ भी कठिनता नहीं मालूम होती, कि जो झूठी और हृदय के प्रतिकूल हो, उसे न करे और न मानने का स्वप्न ही देखे। अपनी कष्टपूर्ण दशा पर मनुष्य ही नहीं, पशु को भी पानी-पानी कर देने, तथा मर जाने किन्तु बुरा काम न करने और अच्छाई के लिए लगातार कष्ट सहते रहने का तत्त्व नया नहीं है। यह अबाधित सत्य है जिसका उपयोग बच्चे भी करते

और कर सकते हैं—यह न जानते हुए कि सत्याग्रह क्या है, और यह न पहिचानते हुए कि 'गांधी' कौन है।

सत्याग्रह का उद्देश्य है शान्ति के साथ परिस्थितियों का सुधार। अपनी आत्मा से सम्बन्ध रखने वाले होने के कारण, इसके उपकरण बड़े साध्य और सरल हैं। दो बिगड़े दिल झगड़ रहे हैं, क्यों? इसलिए कि एक-दूसरे की बात पर ध्यान ही नहीं देता। दोनों अपने आपको सच्चे और सही बताते हैं। तब क्या शक्ति का पशुतापूर्ण आडम्बर दिखाने वाले समूह के सम्मुख सच्चा हृदय नीलाम कर दिया जाय? उनके झगड़े का निपटारा दलीलों की दलदल में फँसी हुई बुद्धि नहीं, सच्चाई की भावनाओं से भरा हुआ हृदय ही कर सकता है। हृदय का निदान ही सत्याग्रही का निदान है। गवर्नमेण्ट के तर्क के अनुसार विरोधिनी शक्तियों को दबाने के लिए रौलेट ऐक्ट की जरूरत थी और वह उस समय थी जब शासन का मुद्दा रखने वाले 30 करोड़ आदमियों के सब प्रतिनिधियों ने एक स्वर से विरोध किया। उसने उसे पास किया। विरोधिनी शक्तियों का अस्तित्व मानते हुए भी, जनता ने कहा, यह ऐक्ट विरोध को घटायेगा नहीं, बढ़ावेगा। दोनों विचार कर रहे थे, और एक-दूसरे को गलत समझे हुए थे।

इसी झगड़े को शान्त करने के लिए जरूरत समझकर महात्माजी ने सत्याग्रह का प्रयोग किया। शासकों के हृदय सत्य की ओर झुकाने के लिए उन्होंने स्वयं कष्ट सहा और देश के जो हृदय उनके साथ हो सकते थे, उन्हें 'सहने' का आदेश किया।

ऐसे जीव भी कम नहीं, जो कहते हैं, सत्याग्रह क्रान्ति करने वाला चाहे हो, किन्तु उसका प्रयोग व्यर्थ है। हमारे शासक परदेशी हैं। हमारे कष्टों से उनके कलेजे क्यों पसीजने लगे? एक बुरे ऐक्ट को पास करने में हजारों को जेल जाते और कष्ट उठाते देखकर भी उन्हें दया नहीं आसकती। किन्तु सत्याग्रही, सत्याग्रह का प्रयोग किसी को विदेशी समझकर नहीं करता, इसके सिवा वह दया का भिखारी नहीं। वह समझता है कि यदि मनुष्य का हृदय है तो उसमें पापी का पाप समझने की ताकत भी है और इस तरह वह अत्याचार की ओर से अत्याचारी हृदय को मुड़ने के लिए पवित्रतापूर्वक बाध्य करता है।

अपने अनुभव के आधार पर सत्याग्रही हृदय ने कहा था, "सत्याग्रह का सिद्धांत इतनी सरल वस्तु है कि बच्चे भी आदर से ग्रहण कर सकें।" कहा जाता है कि सत्याग्रह से विद्रोह पैदा होता है, किन्तु आज तक ऐसा कोई प्रमाण यह कहने-वालों के पास नहीं। भारत में सत्याग्रह ने विरोधी भावों को हटाया है। तब यह दोष मिथ्या है। सच बात तो यह है कि वर्तमान गड़बड़ के जिम्मेवार अत्याचारी शासकों को दोष-मुक्त दिखाने को ये सारी तैयारियाँ हैं। नहीं तो, नेताओं के पकड़े जाने पर, देश से निकाले जाने और दंड दिये जाने पर उन देशों में अत्या-

चारों का बदला चुकाने के लिए प्रयत्न हुए हैं जहाँ 'गांधी' नाम की हवा भी न पहुँची हो।

सत्याग्रह पवित्र पथ है। वह हर समय काम में लाया जा सकता है। बच्चे भी उसका उपयोग कर सकते हैं, और वह संसार की गुस्से की आग को शान्त कर देने तथा अत्याचारों के ऊधम और मारामार से करोड़ों मनुष्यों के खून से लाल होने वाली माता मेदिनी को साफ बचा सकता है। सत्याग्रह वहाँ भी विजयी होता है जहाँ कमाण्डरों की क्रूरता, मनुष्यता को रक्त-स्नान करा रही हो।

[कर्मवीर, 24 जनवरी, 1920]

देश-निकाला : जीवन के पाँच वर्ष
लालाजी का आगमन—अमेरिका की बातें

गोली से उड़ा दिया जाय
पंजाब-प्रकरण—ब्रिटिश लोकमत

लालाजी भारत आ रहे हैं। करोड़ों आँखें उस दिन की मार्ग-प्रतीक्षा कर रही हैं। किन्तु आते-आते भी उनको भयानक जीव माना गया! पहले अमेरिका के ब्रिटिश दूत ने फ्रान्स होकर भारत जाने का पासपोर्ट स्वीकृत किया। लालाजी ने जहाज में जगह रिजर्व करा ली। जब पासपोर्ट माँगा गया तब कहा, "नहीं, आप फ्रान्स होकर नहीं जा सकते, सीधे भारत जायें या सेनफ्रेन्सिस्को होकर!" यानी एक तो समय पर पासपोर्ट न देकर उनका कांग्रेस में शामिल होना रोका गया, दूसरे उनके कदमों से योरोप की भूमि अछूती रखी गयी। कदाचित् यह भ्रम हो कि लालाजी बोलशेविकों से मिल जावेंगे। खैर, लालाजी के पत्र की मुख्य-मुख्य बातें ये हैं :

ता० 21 नवम्बर 1914 को मैं न्यूयार्क आया। मैंने विशेषतः न्यूयार्क ही में रहकर काम किया है। तीन पुस्तकें लिखीं—'यंग इण्डिया' नामक तो छपकर बिक भी गई (भारत में वह जब्त हो गई!) शेष प्रेस में हैं। दो खुली चिट्ठियाँ लिखीं, एक मि० माण्टेगु को दूसरी मि० लायड जार्ज को। दोनों ही ब्रिटिश सरकार के मन समझौते के लिए अमेरिका तक में जप्त हो गईं! देश के प्रश्नों पर विदेश और देश के पत्रों में बराबर लेख लिखता रहा। अमेरिकनों ने मुझे इतना प्रेम का पात्र बनाया कि मैं भूल-सा गया था कि मैं वह आदमी हूँ जो देश से निकाला गया हूँ, और उनके व्यवहारों ने मुझे आत्मीयों के प्रेम और ममता की याद नहीं आने दी।'

संकट के समय।

संकट के समय का उल्लेख करते हुए लालाजी ने जो लिखा है वह यह है :

"हमारे लिए समय बड़े संकट का था। दो वर्ष तो यहाँ (अमेरिका में) उदासीनता रही, जिसमें मित्र राष्ट्रों का अर्थात् ग्रेट ब्रिटेन का भी लाभ था। ब्रिटिश शासन पर आलोचना करना असामयिक समझा जाता था, तिस पर भी अखबार मेरी बातें सुनते थे। 'यंग इण्डिया' पुस्तक की यहाँ असाधारण प्रशंसा हुई। किन्तु सन् 1917 में अमेरिका भी युद्ध में शामिल हुआ, बस, कठिनाइयाँ बढ़ चलीं। यही असली काम का युग था। मिस्टर माण्टेगु के नाम और मि० लायड जार्ज के नाम मैंने खुली चिट्ठियाँ लिखीं और 'इंग्लैण्ड के सिर भारत का ऋण' नामक एक पुस्तक भी। ये सब जब्त कर लिए गये। किन्तु जब्त होने के पहले ही, जनता और समाचार-पत्रों में इनकी खूब चर्चा हो गयी थी। इन्हीं दिनों, पुलिस तथा इन्साफ करने वालों की मुझ पर कड़ी नजर रही। मेरी छह बार जाँच हुई और लम्बी-लम्बी जिरह की गयी। मेरे पास प्रमाण है कि मेरा टेलीफोन बन्द कर दिया जाता था और मेरे पत्र फाड़कर पढ़ लिये जाते थे! पूरे डेढ़ वर्ष तक मुझे एक डिटेक्टिव के साथ जिन्दगी बसर करनी पड़ी! किन्तु अमेरिका के न्याय-विभाग ने जाँच के समय जैसा व्यवहार किया, उसके लिए मैं उसे धन्यवाद देता हूँ।" इसके बाद लालाजी ने अपना **बचा हुआ कार्य** बताया है। उसमें जिक्र है कि होम-रूल लीग स्थापित की गयी। 'यंग इण्डिया' नामक पत्र निकाला गया। आज उसे निकलते दो वर्ष हो गये। सन् 1918 तक अमेरिका के भारतीय तथा अमेरिकन मित्रों द्वारा ही, सहायता पाकर जीवन के दिन बिताये, किन्तु 1918 के अन्त में भारत के नेता **लोकमान्य तिलक** ने एक बड़ी रकम भेजी। उस द्रव्य का सावधानी से उपयोग किया गया। सब कामों के सँभालने और चलाने में प्रति मास 2,500 मासिक खर्च होता था। किफायत से चलने का ही यह हिसाब है! किन्तु अब काम का जोरदार समय है। असली काम अब प्रारम्भ होता है। यह हमारी **सच्ची परीक्षा** का वर्ष है। (स्वराज्य संगठन का) कार्य जारी रहे और 'यंग इण्डिया' का प्रचार दूना हो जाय। 'यंग इण्डिया' के लिए भारत से एक उत्तम सम्पादक जावे। **धन्यवाद** इसके बाद लालाजी ने अपने हार्दिक मित्रों को धन्यवाद दिया है। "डॉक्टर सण्डरलैण्ड ने पुस्तकें आदि अपने व्यय से छपायीं और जब्त हो जाने से वह धन तालों में बन्द पड़ा रहा! कमाई में एक पाई भी नहीं मिली! वे मनुष्यता के हित के लिए सारा प्रयत्न करते रहे। देशभाइयों ने, राजनैतिक मतभेद रहते हुए भी सहकारिता से मुँह नहीं मोड़ा, जो कुछ अमेरिका में हुआ, उसका श्रेय मुझे नहीं, उन्हें है!"

आदि बातें लालाजी ने उस समय के अपने एक पत्र में लिखी हैं जो उन्होंने अमेरिका से अपनी मातृभूमि को प्रस्थान करते हुए लिखा है।

पंजाब-प्रकरण

पंजाब के हत्या-काण्ड पर और ब्रिटिश जाति के योद्धा जनरल डायर की कार्यवाहियों पर इंग्लैण्ड के पत्रों के मत यों हैं—**इण्डिया** लिखता है कि अमृतसर के कतल के बाद दूसरी नीचता की बात यह थी कि कतल की खबर पूरे आठ महीने छुपा रखी गई। इसके लिए भारत-सचिव अपनी जवाबदारी किस तरह दूर कर सकता है ? इस अत्याचार का विधाता कौन है ? या तो जनरल डायर, या भारत का वाइसराय, या भारत-सचिव—अथवा ये तीनों ही। भारत-सचिव कहते हैं कि मुझे 13 दिसम्बर तक कतल की गिनती ही नहीं मालूम थी, डेली एक्सप्रेस पढ़ने से मालूम हुई ! सम्राट् के मन्त्री का यह उत्तर कितना लज्जाजनक है ! यदि इसे मान लें तो हम जनरल डायर को और भारत सरकार को अपराधी पाते हैं। जलियाँवाला का यह जल्लाद, अपने ही मुँह से मरे हुओं का वर्णन करता है, जिनमें 52 छोटे बच्चे, और सात महीने का बालक भी था ! क्या वायसराय ने जान-बूझकर यह खबर छिपा कर रखी ? यदि हाँ, तो क्यों ? माननीय मालवीयजी ने मृत्यु-संख्या के प्रश्न पूछे थे। उन्होंने कहा 500 मरे, सरकार ने कहा, 291 मरे! —क्या उस दिन वाइसराय को पता न था ! यदि न था, तो मालूम करना था।

भारत-मन्त्री को अपने बिल की जल्दबाजी छोड़कर एक बार भारत जरूर जाना था। भारत अपने उन अधिकारों के लिए व्याकुल है जिनके न होने से डायर, ओडायर और जानसन जैसे नरनाशक मनमानी निरंकुशता कर पाते हैं।

जो भारत के विषय में इतना लापरवाह हो कि कतल की खबर आठ महीनों तक न पा सके और उसे पाने के लिए अखबारों के पन्ने टटोले, उस भारत-सचिव से भारत को क्या लाभ हो सकता है ? भारतीय शासन की इस असफलता को छुपाने की जरूरत न थी। यदि भारत में आत्माभिमान का कुछ भी अंश शेष रखना है तो मि० माण्टेगु को इस्तीफा दे देना चाहिए !

नेशन कहता है कि शिमला सरकार ने जान-बूझ कर 9 महीने तक अँधेरे में रखा। अप्रैल में उड़ती-सी खबरें मिलीं। सुनते हैं भारत-सचिव को भी ऐसी ही मिलीं ! और अभी भी हण्टर कमेटी की गवाहियाँ तार से नहीं (पूरे एक महीने में) डाक से आती हैं ! इस तरह ज्यों-ज्यों भेद छिपाने का प्रयत्न किया जावेगा, कड़ी आलोचनाएँ बन्द न होंगी। जनरल डायर का नाम भारत में वर्षों तक याद रहेगा और हमारे देश (इंग्लैण्ड) वासियों को घृणा का पात्र बनाए रहेगा। उसकी गवाहियों को सुनकर एक ऐसे मूर्ख का चित्र सामने आता है जो हुकुम-उदूली के बदले पशु-बल का प्रयोग करना जानता है ! उसे शीघ्र ही इंग्लैण्ड बुला लेना चाहिए। ऐसा न करना ऐसे अत्याचार को दुहराना है। अमृतसर का कतल कराके ब्रिटिश पार्लमेण्ट खड़ी नहीं रह सकती। उसका कर्त्तव्य है कि वह इस कतल को आखिरी कतल कर दे।"

न्यू विटनेस नामक पत्र कहता है कि अमृतसर का हत्याकाण्ड प्रत्येक अंग्रेज को कँपा देता है। कारण कुछ भी हो, किन्तु यह सत्य है कि जनरल डायर के आधीन एक ब्रिटिश फौज ने बिना सूचना दिये भारतवासियों के एक निरस्त्र जन-समुदाय पर गोली चलायी और तब तक चलायी जब तक बारूद न खतम हो गयी! मि० स्माइल्स मंजूर करते हैं कि लोग तब तक शान्त थे जब तक डॉ०किचलू और सत्यपाल हटा नहीं दिये गये, किन्तु जनरल डायर का कहना है कि स्थिति ऐसी हो गयी थी कि बलवा हो जाता। यदि सुबूत हो जाय कि बलवा हो जाता तो जनरल डायर माफ कर दिया जाय। और यदि सुबूत न हो. तो जनरल डायर **गोली से उड़ा दिया जाय**...यदि डायर छोड़ दिया जाय तो जिन अधिकारियों ने नेताओं को सजाएँ दीं वे जाँचे जाएँ। यदि उनका कार्य न्याय-युक्त न हो तो भारत-सरकार पर मुकद्दमा चलाया जाय। और यदि यह सिद्ध हो कि भारत का शासन हम इसी तरह करते हैं तो हमें वह देश खाली कर देना चाहिए। जनरल डायर का परिचय तो इतने ही से होता है कि उसने एक सड़क पर जाने वाले सब मनुष्यों को हुक्म दिया कि वे सब घुटनों के बल रेंगें।

[24 जनवरी, 1920]

क्या स्वयं शासन की शिक्षा का यही नमूना है?

इस समय हमारे प्रान्त की व्यवस्थापिकासभा में अनेक महत्व के प्रश्न उपस्थित जिनमें स्थानिक स्वराज्य, प्राथमिक शिक्षा, ग्राम-पंचायत, देहातों की सफाई आदि प्रधान हैं। इन सब विषयों पर चर्चा करना और किसी अच्छे सिद्धान्त पर पहुँचना बहुत आवश्यक है, किन्तु आज सार्वजनिक दृष्टि से इनकी विस्तृत आलोचना विशेष लाभदायक न होगी। कारण यह है कि प्रायः अधिकांश विषय सिलेक्ट कमेटी के सामने पेश हो चुके हैं। सिलेक्ट कमेटियों का संगठन भी कुछ सन्तोषदायक नहीं है और इन विषयों के बिलों पर विचार करने का जो क्रम सरकार द्वारा निश्चित हुआ है, वह व्यर्थ उलझन में डालने वाला है। यथार्थ में इन सब विषयों का पारस्परिक घना सम्बन्ध है और स्थानिक स्वराज्य-सम्बन्धी बिल ही सबका वास्तविक आधार है। यदि बिल का अन्तिम स्वरूप सबसे पहले निश्चित हो जाता, तो अन्य विषयों का विचार करने के लिए हमारा मार्ग सुगम और सरल हो जाता। क्या यह बात प्रकट नहीं कि स्थानिक स्वराज्य के विषय में जो तत्त्व और सिद्धान्त निश्चित होंगे, उन्हीं का स्वीकार अन्य विषयों का विचार करते समय भी करना होगा? तब न जाने क्यों उलटे क्रम से विचार किया जा रहा है!

जब इस देश के शासन के सम्बन्ध में 20वीं अगस्त, 1917 की घोषणा प्रकाशित हुई थी, तब इसकी आलोचना करते हुए भारत सरकार ने ता० 16 मई 1918 के अपने मन्तव्य (रिजोल्यूशन) में स्थानिक स्वराज्य की उन्नति के विषय में लिखा था कि स्वयं-शासन के अन्तिम ध्येय की प्राप्ति के लिए तीन मार्ग हैं—शहरों में, कसबों और देहातों में स्वयं-शासन के तत्त्वों की शिक्षा दी जाय। वाइसराय साहब का मतलब यह है—"देहातों और कस्बों में स्वयं-शासन की शिक्षा के लिए ऐसा क्षेत्र है कि जहाँ से सब प्रकार की राजनैतिक उन्नति और जिम्मेदारी का भाव उत्पन्न होता है। विश्वासपूर्वक समय आ गया है कि अब तेजी से कदम आगे बढ़ाया जावे, उन्नति की गति तीव्र की जावे और साधारण नागरिक के हृदय में भी जिम्मेदारी का भाव दृढ़ हो जाय तथा उसका राजनैतिक अनुभव भी व्यापक हो जाय।" ऐसी दशा में कौंसिल के मेम्बरों को और सर्व-साधारण लोगों को भी उक्त सब विषयों पर केवल एक ही दृष्टि से विचार करना चाहिए। जानना चाहिए कि क्या उक्त विषयों के बिल जनता को स्वयं-शासन की उन्नति के मार्ग पर सचमुच ले जा रहे हैं? ध्यान देने से प्रतीत होगा कि यदि ये सब बिल अपने वर्तमान स्वरूप में पास हो जायँ, तब उस प्रान्त के निवासियों के लिए स्वयं-शासन की शिक्षा का सरल और स्वाभाविक मार्ग कभी खुला न रहेगा। तब तो खेद और निराशा से पीड़ित हृदय प्रश्न करेगा—क्या स्वयं-शासन की शिक्षा का यही नमूना है? इस कथन की सत्यता के लिए ग्राम-पंचायत और प्राथमिक शिक्षा को अनिवार्य कर देने के सम्बन्ध के बिलों को देखिए। इसी प्रकार उस कमेटी की सिफारिशों पर भी ध्यान दीजिए, जो इंग्लैण्ड में स्वयं-शासन की पद्धति की जाँच करने के लिए नियत की गयी थी। ये सिफारिशें म्युनिसपैल्टियों के विचारार्थ भेजी गयी हैं। आशा है कि म्युनिसपैल्टियों ने अपनी राय स्थिर कर ली होगी और वह प्रान्तीय सरकार को भेज भी दी गयी होगी।

उक्त कमेटी की सिफारिश में इस बात का विचार किया गया है कि स्थानिक स्वराज्य की संस्थाओं पर मध्यवर्ती सत्ता का कोई स्वतन्त्र मंडल रहे या न रहे. सरकारी द्रव्य की सहायता के सम्बन्ध में राष्ट्रीय और स्थानिक कार्यों के भेद पर विशेष ध्यान रहे, स्थानिक संस्थाओं के कार्यकर्ताओं पर सरकार की सत्ता रहे और आडिटरों को विशेष अधिकार दिये जायें। ग्राम-पंचायत के बिल का उद्देश्य यह बतलाया गया है कि ग्राम के निवासी मिलजुलकर ग्राम का प्रबन्ध करें, ग्राम के सामान्य हित के लिए सहकारिता के साथ जिम्मेदार हों और शासन-विभाग के कर्मचारियों की सहायता करें। पंचायतों के संगठन में नामजद करने की पद्धति को ही स्वीकार किया गया है, जिला साहब को पंचायतों का प्रधान अधिकारी बना दिया गया है, कोई पंचायत अपने कार्य-क्षेत्र की सीमा के अन्दर रहने वाले किसी सरकारी नौकर पर अपनी सत्ता का प्रयोग नहीं कर सकती। प्राथमिक शिक्षा के

बिल का स्वरूप ऐच्छिक है। इसके द्वारा म्युनिसिपल कमेटियाँ, डिस्ट्रिक्ट कौंसिल, लोकल बोर्ड आदि स्थानिक स्वराज्य की संस्थाओं को यह अधिकार दिया जाएगा, कि यदि वे अपनी सीमा में प्राथमिक शिक्षा का प्रसार करना चाहें और शिक्षा को अनिवार्य कर देना चाहें, तो वे शिक्षा-प्रदान सम्बन्धी पूरा प्रबन्ध करके प्रान्तीय सरकार को अपना प्रार्थना-पत्र भेजें। जाँच के बाद सरकार द्वारा अधिकार दिया जायेगा कि प्रार्थना करने वाली अमुक संस्था अपनी सीमा में शिक्षा को अनिवार्य कर दे। तब उस सीमा के अन्दर रहने वाले लोगों को अपने 6 वर्ष से 12 वर्ष तक के बालकों को अथवा बालिकाओं को पाठशाला में भेजना आवश्यक हो जाएगा। यदि वे इस नियम का उल्लंघन करें तो दण्ड के पात्र होंगे। परन्तु स्थानिक संस्थाओं द्वारा दी जाने वाली अनिवार्य प्राथमिक शिक्षा के प्रबन्ध का प्रधान सूत्र सरकारी शिक्षा-विभाग के आधीन रहेगा। प्रान्तीय सरकार की ओर से द्रव्य-सम्बन्धी सहायता का कोई निश्चित वचन नहीं दिया जायेगा और स्थानिक संस्थाएँ पूर्ण रूप से स्वतन्त्र भी न हो सकेंगी।

अब ऊपर दिये गये सारांश पर ध्यान दीजिए। यही मालूम होगा कि क्या कमेटी की सिफारिशों में, क्या ग्राम-पंचायत के बिल में और क्या सरकार की ओर से कौंसिल में किये गये भाषणों में (जिनका उल्लेख ऊपर नहीं किया गया है)—जहाँ देखिये वहाँ— नौकरशाही अपने अधिकार और सत्ता को तिल-भर घटने देना नहीं चाहती। यथार्थ में अब स्थानिक स्वराज्य की सब संस्थाओं को पूर्ण रीति से स्वतन्त्र कर देना चहिए, उनकी स्वतन्त्र कार्य-शक्ति के क्षेत्र में रुकावट डालने के लिए, निपुणता और नियमशीलता के नाम पर मध्यवर्ती सत्ता या अधिकार के किसी स्वतन्त्र मण्डल की आवश्यकता नहीं है। शासन-सुधार के नये कानून के अनुसार अब तो यह विषय दीवान या मिनिस्टर को सौंप दिया जायेगा। वही प्रजापक्ष के सब कामों का सूत्रधार और जिम्मेदार होगा। हाँ, इस बात की आवश्यकता है कि दीवान को उचित सम्मति देने और उसकी आधीनता में काम करने वाले हाकिमों को स्वेच्छाचारी हो जाने से रोकने के लिए एक ऐसा मन्त्रि-मण्डल चाहिए, जिसमें कुछ कौंसिल के मेम्बर और कुछ स्थानिक संस्थाओं के सदस्य हों। स्मरण रहे कि दीवान या मिनिस्टर और उसकी आधीनता में काम करने वाले छोटे-बड़े सब हाकिम अन्त में प्रजा ही के नौकर हैं— वे प्रजा के स्वामी नहीं हैं। इस मन्त्रि-मण्डल के सदस्यों के चुनाव का क्षेत्र जितना अधिक व्यापक होगा और उनके अधिकार भी जितने अधिक वास्तविक होंगे, उतना ही अधिक लाभ जनता का होगा। जब तक सरकारी अधिकारियों के साथ प्रजा को, समानता और स्वतन्त्रता के आधार पर, सहकारिता के लिए पूरा-पूरा अवसर नहीं दिया जायेगा, तब तक स्वयं-शासन-सम्बन्धी शिक्षा देने की पवित्र इच्छा सफल न हो सकेगी। स्थानिक संस्थाओं को किसी काम के लिए द्रव्य की सहायता देने के समय

उस काम के जो दो भेद राष्ट्रीय या अर्धराष्ट्रीय और स्थानिक किये गये हैं, उनके विषय में बहुत वाद-विवाद हो सकता है। यदि सरकार किसी स्थानिक कार्य को राष्ट्रीय न समझे और धन की सहायता न करे, तो हमारी संस्थाएँ निपट असहाय दशा में पड़ जावेंगी। स्थानिक संस्थाओं की वर्तमान दरिद्रता के विषय में बड़े-बड़े अधिकारियों ने भी स्वीकार किया है कि यथार्थ में इन संस्थाओं की आर्थिक दशा सन्तोषदायक नहीं है। आश्चर्य यही है कि ऐसी दशा में भी ये संस्थाएँ इतना अधिक कार्य किस प्रकार कर सकती हैं? जबकि भविष्य में इन संस्थाओं पर प्राथमिक शिक्षा, देहातों की सफाई और अन्य महत्त्व के कार्यों का बोझ और भी अधिक बढ़ जाने वाला है, तब स्वयं-शासन की शिक्षा देने की पवित्र इच्छा प्रकट करने वाली सरकार का क्या यह कर्त्तव्य नहीं है कि वह इन संस्थाओं को उदार भाव से धन की सहायता करे? स्थानिक स्वराज्य की संस्थाओं में काम करने वाले कर्मचारियों पर—अर्थात् इनकी नियुक्ति, वेतन आदि पर—सरकारी सत्ता रहने देने के विषय में जो सिफारिश की गयी है, वह नूतन सुधारों के मूल तत्त्वों के विरुद्ध है। यह सिद्धान्त है कि नौकरों पर स्वामी की सत्ता हो, और स्वामी वही है जो वेतन दे। जबकि स्थानिक संस्थाओं के कोष से ही वेतन दिया जाता है तब स्वभावतः इन्हीं की सत्ता अपने नौकरों पर होनी चाहिए। दूसरी बात यह है कि एक नौकर दो स्वामियों की सेवा भली-भाँति नहीं कर सकता। इसी प्रकार आडिटरों को जो विशेष अधिकार दिये जाने की सिफारिश की जा रही है, वह भी स्थानिक संस्थाओं के विकास के लिए हानिकारक है।

ग्राम-पंचायत के बिल में चुनाव के सिद्धान्त को कोई स्थान नहीं दिया गया है। नामजद करने की प्राचीन पद्धति को ही विशेष प्रधानता दी गयी है। स्मरण रहे कि शासन-सुधार के आईन का प्रधान उद्देश्य यही है कि इस देश की उस मूक और अज्ञान प्रजा को स्वयं-शासन की कुछ राजनैतिक शिक्षा मिले, जिसकी संख्या करोड़ों से गिनी जाती है। यदि बात यही है तो इस प्रान्त की नौकरशाही नामजद करने की पद्धति के मोह को त्यागकर सीधे चुनाव की पद्धति को स्वीकार क्यों नहीं करती? माननीय देशपाण्डे ने इस बिल की चर्चा करते हुए कहा है, "सन् 1917 में जो कमेटी नियत की गयी थी उसमें आठ गैरसरकारी मेम्बर थे। इनमें से छः गैरसरकारी मेम्बरों ने अपनी राय स्पष्ट शब्दों में लिख दी है कि वे नामजद करने की पद्धति स्वीकार नहीं करते, पंचों का चुनाव होना चाहिए, और वह भी अप्रत्यक्ष रीति से नहीं, किन्तु प्रत्यक्ष रीति से।" खेद है कि इस राय पर कुछ भी ध्यान नहीं दिया गया। जिला साहब (डिस्ट्रिक्ट आफिसर) अपने जिले के सब ग्राम-पंचायतों के कर्ता-धर्ता बना दिये गये हैं। जो जिला अफसर पहले ही आवश्यकता से अधिक कार्य के बोझ से लदे हुए हैं और शासन की अमर्यादित सत्ता अपने हाथ में लिये बैठे हैं, उन्हीं पर एक और नया बोझ डाल दिया गया है और

उनकी अनियन्त्रित सत्ता की वृद्धि के लिए एक नया विषय दे दिया गया है। जिला साहब की सत्ता को मर्यादित रखने के लिए यदि गैरसरकारी मेम्बरों की कमेटी को कुछ वास्तविक अधिकार दिये जावें, तो लाभ की कुछ आशा की जा सकती है। नहीं तो इस बिल के पास हो जाने पर चापलूसी की संख्या देहातों में भी व्यर्थ बढ़ जावेगी और ग्राम-निवासियों को कहना पड़ेगा कि "हे ईश्वर, इन सहकारियों से हमारी रक्षा कर!" बात यह है कि ग्राम-पंचायतों का विषय इस देश के लिए कुछ नया नहीं है। प्राचीन समय में भी हमारी पंचायतों ने बड़े-बड़े महत्त्व के देश-सेवा के कार्य किये हैं।

सन् 1905 ई० में मोरले साहब ने भारत-सरकार को लिखा था यह कि "हिन्दुस्तान की समाज रचना में आम शक्ति ही मूलआधार है जिसका कभी नाश नहीं होता। अनेक राजवंशों का उदय और अस्त हुआ पर यह अविनाशी शक्ति ज्यों की त्यों बनी रही।" इतना लिखकर मोरले साहब भारत सरकार से उस नीति के अनुसार कार्रवाई करने का अनुरोध करते हैं कि जिससे भारत के सार्वजनिक जीवन में ग्राम का प्रारम्भिक स्थान बना दिया जावे। सारांश यह है कि ग्राम-पंचायत के जिस बिल के आधार पर ग्राम-निवासियों को सार्वजनिक जीवन में स्वयं-शासन की शिक्षा देने का प्रयत्न किया जा रहा है, उस बिल का वर्तमान स्वरूप निराशाजनक और असन्तोषदायक है। यही दशा प्राथमिक शिक्षा को अनिवार्य कर देने वाले बिल की भी है। इसमें भी प्रान्तीय सरकार ने अपनी सत्ता और अधिकार-लालसा ही अधिक प्रकट की है। माना कि स्थानिक संस्थाओं ही को अधिक द्रव्य-व्यय के लिए भविष्य में तैयार रहना चाहिए, तथापि क्या यह सरकार का कर्त्तव्य नहीं है कि स्वयं-शासन की शिक्षा देने के लिए वह स्थानिक संस्थाओं को पूरी स्वतन्त्रता दे और उदारता से धन की सहायता करे? यदि नौकरशाही को प्रजा के माँ-बाप, पालक और ट्रस्टी कहलाने का गर्व है, तो नम्रतापूर्वक निवेदन है कि ऐसा ही परिचय दीजिए, अधिकार और सत्ता का मोह त्यागिये, प्रजा और उसके प्रतिनिधियों पर विश्वास कीजिए, प्रान्तीय कोष से निश्चित रकम देने का स्पष्ट वचन दीजिए, संस्थाओं की स्वाधीनता में 'निपुणता (Efficiency) और नियमशीलता' (Discipline) के नाम पर व्यर्थ हस्तक्षेप न कीजिए और प्रजा के साथ सच्ची सहकारिता कीजिए। आशा और विश्वास है कि इस प्रकार काम करने पर शीघ्र ही स्वयं-शासन की वास्तविक शिक्षा प्रजा को मिलने लगेगी और उदार राजनीतिज्ञों का उद्देश्य तथा सम्राट् की पवित्र इच्छा सफल होने का समय समीप आ जायेगा।

समय के मजबूत हाथ (सं० टि०)

फैसला हो गया कि टर्की की राजधानी कॉस्टेन्टीनोपल से उठा दी जाएगी

और उस पर मित्रों का कब्जा होगा। मुसलमानों के सब प्रतिनिधि जोर देकर अपनी बाजू प्रधानमन्त्री के सामने रख चुके हैं और कह चुके हैं कि बहुत-सी मुसलमान प्रजा को थोड़े-से ग़ैरमुसलमानों में कब्जे में करना खतरे से खाली नहीं। सर अब्बासअली बेग ने एसेक्स हाल की मीटिंग के सभापति को—जो टर्की के भाग्य के निपटारे पर हो रही थी—वह सन्देश भेजा था कि याद रहे, यदि देश के देश हड़प जाने वाले यूरोप के राष्ट्रों की भू-तृष्णा के लिए, पीस कान्फ्रेन्स टर्की की बलि दिया जाना पसन्द करेगी, तो वह खून-खराबी का ऐसा बीज बोवेगी, जो इसलाम के नाम पर सदा के लिए जीता-जागता और फूलता-फलता रहेगा। इतना ही नहीं, उस प्रतिनिधि-मण्डल ने भी, जो मुसलमानों का नहीं—ब्रिटिश जाति का था, और जिसमें पकी अक्ल के बूढ़े सिविलियन थे, साफ कहा है कि यदि दूसरों की गुलामी में इच्छा के विरुद्ध, टर्की आदि देश रखे जावेंगे, तो एशिया, बाल्कनों के कारण खौल उठने वाला अशान्त यूरोप बन जायेगा। और स्मर्ना के बाजार की हलचल तथा यूरोपियन सिपाही के बीच काप्रत्येक झगड़ा मुसलमान देशों में क्रोध और अशान्ति की लहरें लेता रहेगा और भारत तथा ईजिप्ट की सीमाएँ सदैव मारकाट का मैदान बनी रहेंगी। हमें एशिया की शक्ति को सोचते हुए मुसलमानों की सदिच्छा की जरूरत है। हम उस दिन जब टर्की को नष्ट कर चुकेंगे, उस सदिच्छा से भी हाथ धो बैठेंगे। इधर कोलचक और डैनकिन भी हार गये। मि० चर्चिल चौंककर यह कह रहे हैं कि आज या कल एशिया के पेट में से कोई बला निकल पड़ेगी, जो यूरोप को और खासकर ब्रिटिश राज्य को संकट में डाल देगी। मुसलमानों के अधिकारों को भावों की प्रेरणा बताने वाले 'टाइम्स' ने भी अक्लमंदी की बात कही है। वह कहता है—"भाई यदि हम टर्की के साथ सुलह कर लें और मुस्लिम भावुकता के अनुसार किसी समझौते पर आ जावें, तो वे सब आपदाएँ किसी कदर कम हो जावेंगी।" इस ओर है और दूसरी ओर हैं, अघटन घटनाओं को घटाने वाले समय के मजबूत हाथ। यदि खून से दुनिया की जमीन और पानी लाल नहीं होना है तो निपटारे के लिए उगे हुए कँटीले पौधों को मुरझाना पड़ेगा!

भेद-भाव की नयी तैयारी (सं० टि०)

पिछली संख्या में हम बड़ी सभा के प्रतिनिधियों का लेखा दे चुके हैं। जिन्होंने उसे सावधानता से पढ़ा होगा, देखा होगा कि हमारे मुसलमान भाइयों के साथ उसमें खास रियायत की गयी है। यानी जब चुनाई होगी, तब साधारण चुनाई में प्रजा के प्यारे जितने मुसलमान भाई चुने जा सकें, चुन लिये जाएँगे। जब जमींदारों की चुनाई होगी, तब यदि प्रजा ने मुसलमान जमींदारों को चुना, और चुनकर बड़ी सभा में भेजा, तो वे जा सकेंगे। यदि कोई व्यापारी मुसलमान

भाई चुनाई के उम्मीदवार हुए तो व्यापारी चुनने वालों के बहुमत मिल जाने पर कौंसिल में जा सकेंगे। यह सब चुनाई उसी तरह होगी, जिस तरह मुल्क की दूसरी जातियों की होगी। किन्तु आगे जाकर सरकार ने एक कृपा की है! हमारे मुसलमान भाइयों के लिए सब जातियों से अलग मुसलमानों द्वारा ही मुसलमानों की एक चुनाई होगी—और इसमें केवल मुसलमान भाई ही चुने जायेंगे, दूसरे नहीं। खैर, आगे का हिसाब लीजिए। कुल सदस्य 100 होंगे और उसमें मुसलमान प्रतिनिधि 28 होंगे, और देशभर में कम-से-कम 5 प्रतिनिधि साधारण चुनाई के साथ और चुने जाएँ तो मुसलमान प्रतिनिधियों की संख्या 33 हो जायेगी। देश में मुसलमान भाइयों की संख्या कुल आबादी की 1/5 है। इस हिसाब से 20 मुसलमान भाई सभासद होने चाहिए, किन्तु सरकार की विशेष कृपा से यह रियायत खूब बढ़ गयी है।

हम अत्यन्त प्रसन्न होते, यदि यह प्रयत्न सच्चाई और सात्त्विकता को सामने रखकर किया जाता! हिन्दू-मुसलमानों के स्वार्थ भिन्न नहीं और जमाना कह रहा है कि मुसलमानों की जरूरतों पर हिन्दू प्राण लेकर तैयार रहते हैं, और मुसलमानों के दिलों में अपने हिन्दू-भाइयों के लिए, प्यार और हमदर्दी पैदा हो गयी है। किन्तु शासन के विधाता इसे देख नहीं सकते। वे सदा ही ऐसे साधनों को ढूँढ़ा और काम में लाया करते हैं, जिनसे फूट के बीजों को पानी पहुँचे और उगने, फूलने तथा फलने का मौका मिले। किन्तु, यही हमारे आँखें खोलकर देखने का जमाना है। हमारा विश्वास है कि हम लोग, हृदयों में भेद डालने वाली इस नीति से सावधान रहेंगे और हिन्दू-मुसलमान, दोनों ही ऐसे प्रयत्नों के करने में न चूकेंगे तथा हमारे बीच में भेद-भाव करने वाली क्रियाओं को उत्पन्न ही न होने देंगे। यह बात निस्सन्देह सत्य है कि यदि अधिकार मुसलमानों के हाथों होगा तो वह हिन्दुओं के लिए ओडायर न बन जायेगा, और न अधिकार हिन्दू के हाथों में रहने पर वह अपने मुसलमान भाइयों के लिए डायर ही बनेगा। देश की मिली हुई हिन्दू-मुस्लिम ताकत के आगे भेद-नीति को एक-न-एक दिन झुकना ही पड़ेगा!

सम्मेलन और सभापति (सं० टि०)

आगामी अखिल भारतीय हिन्दी साहित्य-सम्मेलन पटना में होगा। इसी पहली फरवरी को प्रयोग में सम्मेलन की स्थायी समिति, सभापति के पद के लिए पाँच नामों की चुनाई करेगी। हमारे अन्य प्रान्त-स्थित मध्यप्रदेशीय कुछ हिन्दी-भाषी मित्रों ने, हमें गत खण्डवा-सम्मेलन के समय ही से इस बात पर जोर देने के लिए कहा था कि आगामी सम्मेलन के सभापति हमारे मित्र, सिहोरा-निवासी, पण्डित विष्णुदत्तजी शुक्ल हों। हम आपकी योग्यता का हवाला यहाँ नहीं देते।

हमने अपने मित्रों की उस बात का विरोध किया था और वह इसलिए कि मध्य प्रदेश पिछड़ा हुआ स्थान है। उसकी बिखरी हुई शक्तियों को केन्द्रित करना है। उसमें राजनैतिक जागृति करना है, राष्ट्र-भाषा का पथ सुगम करना है। यह काम शुक्लजी की जबरदस्त शक्ति से पूर्णता को पहुँच सकता है। यहाँ की राजनैतिक परिषद् और प्रान्तीय हिन्दी साहित्य सम्मेलन भी उसी समय हैं। और यह वर्ष है, सुधारों को काम में लाने, प्रदेश में निर्भयता और बुद्धिमत्तापूर्ण सन्देश सुनाने, जनता की सच्ची सेवा करने और प्रान्त में होने वाली कांग्रेस को सफल बनाने का। अतः हम शुक्लजी को अपनी सात्त्विकता, साहित्यप्रियता और देश-भक्ति से सभापति के पद के लिए अत्यन्त योग्य मानते हुए भी विरोध करते, क्योंकि हमारे सामने प्रान्त के कई करोड़ लोगों का स्वार्थ है, और उसकी साधना का प्रारम्भ, उन्हीं ईस्टर की छुट्टियों से ही यह प्रान्त करने जा रहा है, जबकि हिन्दी साहित्य-सम्मेलन होगा। परन्तु, इन स्वार्थी भावों के कारण अपने वीर साहित्य की उठती हुई भावना को हम कुछ धक्का पहुँचा रहे हैं, ऐसा हमें दीखता है। क्योंकि अमृतसर की राष्ट्रीय सभा के बाद हम, साहित्य के सेवक के नाते हिन्दी साहित्य-सम्मेलन को भी ऊँचे रूप में यशस्वी देखने के अभिलाषी हैं, और नम्रता से उसी तरह, जिस तरह पं० अयोध्यासिंहजी उपाध्याय, पं० माधवराव जी सप्रे, बाबू पुरुषोत्तमदास जी टण्डन आदि सभापति पद के योग्य व्यक्ति अभिलाषी हैं। राष्ट्रीयता के नाते ही हमारा यह प्रस्ताव है। और अन्त में हम जन-सत्ता के उस निपटारे का आदर करने के लिए तैयार हैं, जो वह देश की परिस्थिति और साहित्य के देशव्यापी प्रचार और उत्कर्ष को सोचते हुए कर दे।

जिले का सगठन (सं० टि०)

शासन का कुछ बोझा सुधार-योजना द्वारा जनता पर आ पड़ेगा। कौंसिलों का निर्माण और प्रजा के हाथों आ जाने वाले शासन-कार्यों की तैयारी की चिन्ता सामने है। इसके लिए सबसे निकट का काम यह है कि प्रदेश की राजनैतिक प्रान्तीय परिषद् होने के प्रथम जिला-सभाएँ हो जाएँ। उनमें जिले के छोटे और बड़े किसान और मजदूर सब शामिल हों और उनके सम्मुख सुधार-योजना की चर्चा की जाय और उन्हें काम की दिशाएँ सुझाई जायँ।

खाली फरवरी ही का महीना हाथ में है। इसके सिवा, इस साल हमारे प्रान्त में कांग्रेस होने जा रही है। अतः हमें जनता को तैयार करने में जुट पड़ना चाहिए।

हम अपने जबलपुर निवासी कार्य करने वाले सज्जनों का ध्यान इस ओर आकर्षित करते हुए प्रतिज्ञा करते हैं कि वे क्या करना चाहते हैं, निवेदन की उपेक्षा या काम ?

[24 जनवरी, 1920]

विरोध नहीं, विरोधाभास

भारत का वर्तमान राजनैतिक आकाश, एक-दूसरे से विरोधी अर्थ के भिन्न-भिन्न नाम वाले कई दलों के स्वरों से गँज रहा है। नाम अनेक किन्तु लक्ष्य सबका एक 'स्वराज्य' है। दो प्रधान दल, नरम और गरम, स्वराज्य के द्वार-स्वरूप रिफार्म ऐक्ट को सामने रखकर अखाडे में तुले खड़े हैं। दोनों अपने-अपने सफाई के हाथ दिखा रहे हैं। एक कहता है, रिफार्म ऐक्ट हमारे प्रयत्नों से पास हुआ है; दूसरा कहता है, भीख माँगने से भी कहीं कुछ मिला है, यह हमारे ही आन्दोलनों और उद्योगों का फल है। किन्तु प्रश्न ऐसा नहीं है, कि हम सहज ही में अपना फैसला सुना सकें। दल होते हैं, और उनमें हार-जीत भी। किन्तु इसका यह अर्थ नहीं कि उनमें विरोध भी हो जाए। प्रमाण के लिए ले लीजिये नरम-दल की कान्फ्रेन्स के सभापति सर शिवस्वामी ऐयर का भाषण और उसकी कार्यवाही, तथा गरम-दल की कही जाने वाली कांग्रेस (जिसमें कुछ इने-गिने प्रमुख नामों को छोड़, बहुत से नरम-दलवाले भी सम्मिलित हुए थे) के सभापति पं० मोतीलाल नेहरू की स्पीच और उसके प्रस्ताव। सुधार ऐक्ट के सम्बन्ध में सर शिवस्वामी कहते हैं कि यह ऐक्ट वर्तमान अवस्था को बहुत अंशों में सुधार देगा। नेहरूजी भी यही कहते हैं। इस सम्बन्ध में नरमों के समान ही गरम भी सुधार बिल में सहायता देने वाले मि० माण्टेगु और लार्ड सिन्हा को विचारपूर्वक धन्यवाद देते हैं। और दूसरी ओर नरम-दल वाले भी गरमों की भाँति जान-बूझ कर लार्ड चैम्सफोर्ड के लिए कृतज्ञता प्रकाश करने की बात को भुला देते हैं। सरकार की सहयोगिता के विषय में सर शिवस्वामी कहते हैं, "हम पहले भी कहते रहे हैं, और अब भी कहते हैं कि हमें जहाँ उचित दिखाई दे, वहाँ सरकार के साथ सहकारिता करनी चाहिए, और जहाँ देशहित की दृष्टि से विरोध की आवश्यकता हो, वहाँ उसका विरोध भी। गरम दलवाले इससे सहमत नहीं हैं, किन्तु हमें विश्वास था और अब भी है कि जहाँ सम्भव हो, वहाँ सहकारिता अवश्य ही की जावे।" परन्तु हम देखते हैं कि कांग्रेस भी इस सम्बन्ध में जो प्रस्ताव पास करती है, वह इससे मिलता-जुलता ही है, अर्थात् वह भी कहती है, "पूर्ण स्वराज्य प्राप्त करने की दृष्टि से हम सरकार के साथ सहकारिता करेंगे और जहाँ आवश्यक होगा, वहाँ विरोध भी।"

पंजाब के अत्याचारों के लिए सर शिवस्वामी के मुँह से "अन्धाधुन्ध और अक्षम्य जंगलीपन" का खिताब निकल पड़ता है, और दोनों दल जनरल डायर, जानसन और माईकेल ओडायर पर मुकद्दमा चलाकर उन्हें दण्ड देने के प्रस्ताव पास करते हैं। रौलट ऐक्ट के पास करने के क्रम को गरम-दल ही की भाँति नरम-दल वाले भी 'कमीनी फुरती' बतलाते हैं और उसे प्रजा की स्वाधीनता को

कुचलने के लिए स्वेच्छाचारी शासकों का शस्त्र कहकर उसके विरुद्ध किये गये प्रजा के विरोध को उचित बतलाते हैं। खिलाफत के प्रश्न पर भी नरमों ने गरमों की अपेक्षा एक कदम भी पीछे नहीं रक्खा, इसी प्रकार प्रेस ऐक्ट का विरोध, प्रवासी भारतवासियों की कठिनाइयाँ, सेना के पदों पर भारतीयों की रुकावट आदि विषयों पर नरम-दल वालों ने गरम-दल वालों की अपेक्षा जरा भी नरम प्रस्ताव पास नहीं किये। यदि इन और आगे की और बातों पर ध्यानपूर्वक विचार किया जावे तो स्पष्ट दिखाई देगा, कि दोनों दलों के प्रस्ताव और कार्य करने के ढंग प्राय: एक-से मिल जाते हैं। हण्टर कमेटी की रिपोर्ट के पश्चात् पंजाब के प्रश्न और साथ ही डायर इत्यादि के अपराधों के दण्ड आदि पर विचार करने के लिए कान्फरेंस की पुन: बैठक करना, क्या कांग्रेस का ही उद्देश्य नहीं रखता? यूरोपियन एसोसिएशन के सभापति मि० मार्गन नरम-दलवालों को यह चेतावनी देते हैं कि, "सुनो दोस्तो, यदि तुम हमारी सहकारिता चाहते हो तो पहले अपने देश-भाइयों की कमर तोड़कर अपनी दृढ़ता दिखाओ, अपने व्यवहारों से यह साफ-साफ और सदा के लिए प्रकट कर दो कि तुम उस मांस और हड्डी के नहीं बने हो जिससे कि गरम-दलवाले। हम इस, और केवल इसी शर्त पर अपना 'दस्ते-बुजुर्गी' तुम्हारे सिर पर रख सकते हैं, अन्य दशा में नहीं।" क्या मि० मार्गन की इस चेतावनी से यह विदित नहीं होता, कि उन्हें भी नरमों में उसी मांस और हड्डी के होने की बू आयी है जो गरमों में हैं? स्टेट्समैन का यह लिखना कि माडरेट कान्फरेंस की कार्रवाई निराशाजनक रही, आशा की जाती थी कि उसके प्रस्ताव कांग्रेस के प्रस्ताव के विरुद्ध होंगे, किन्तु वह व्यर्थ हुई। उनके प्रस्तावों में गरम-दल के ही विचार प्रकट हुए। किन्तु जरा नरम भाषा में, "क्या इस बात का सर्टीफिकेट नहीं" है, कि गरम और नरम में कुछ भेद नहीं है?"

अब अपना रुख जरा मेल-मिलाप की बातों की ओर फेरिये, दोनों ही दल-वाले मिलकर काम करने की पुकार मचा रहे हैं, जहाँ नरम-दल के नेता मा० सुरेन्द्रनाथ बनर्जी यूरोपियनों को सहकारिता का निमन्त्रण देते हैं, वहाँ उसी दल के मा० शास्त्रीजी[1] कहते हैं, कि "यदि मुझे गुमराह न समझा जाये तो मैं यह कहने की आज्ञा चाहता हूँ कि हमें सच्चाई और ईमानदारी के नाम पर सह-कारिता का निमंत्रण, इण्डियन नेशनल कांग्रेस को भी देना चाहिए।" उधर कांग्रेस के किसी भी भाषण से शिवस्वामी ऐयर के इस कथन की पुष्टि नहीं होती कि गरम-दल वाले खासकर यूरोपियनों और भारतवासियों के बीच अविश्वास और सन्देह उत्पन्न करना चाहते हैं। वरन् सभी ओर से इस उपदेश का पाठ

1. श्रीनिवास शास्त्री

सुनायी देता है कि नये चुनाव में दलबन्दी को दृष्टि में रखकर काम नहीं करना चाहिए, वरन् काम करना चाहिए। भारत के हित के सामने अपने भेद-भावों को छोड़ कर सफलता प्राप्त करने के लिए, देश के शुद्ध स्वरूप में विरोध का स्वप्न देखना पाप है। और देश के अधिक समूह से भिन्न होकर, उस स्वप्न को सच्चा कर दिखलाना उससे भी अधिक पाप। पाप कमाने वाले चाहे जितने बुद्धिमान हों, चाहे जीवन भर उन्होंने कितने ही अच्छे-अच्छे काम किये हों, चाहे कठिन-से-कठिन सययों में वे देश की वस्तु के नाम से पुकारे गये हों, किन्तु आज हैं वे पापी ही। दुःख तो उस समय होता है, जब यह कल्पित विरोध देश की पर्वाह न कर व्यक्तित्व को बल देने के काम में लाया जाता है। एक बार भिन्नता इसलिए बतायी गयी थी 'कि कोई हमारी बात सुनेगा, और दूसरी बार वह इसलिए बताई जा रही है कि 'वे सरकार से सहयोग करने में हमारा साथ देंगे।' किन्तु सामने आने पर मि० शास्त्री का प्रेम से स्वागत किया गया और कांग्रेस ने भी निश्चय किया कि सरकार से सहयोग किया जाय। अगर कोई अन्तर रहा तो यही कि किसी ने वही बात, आत्म-गौरव प्रकट करते हुए बड़ी सच्चाई और दृढ़ता से और किसी ने परिस्थिति के चरणों में अपने को चढ़ाते हुए, बड़ी ही नम्र और तुली हुई भाषा में कही। किन्तु विरोध का स्वरूप खूब दिखाया गया। लीडर ने कहा, "सुधार के प्रस्ताव में गर्म दलवालों की खूब ही जीत हुई। उससे कहीं भी यह प्रकट नहीं होता कि गरम दलवाले सुधारों को सफल बनाने के लिए, मेलजोल से काम करेंगे। मि० गांधी, मि० मालवीय और मि० जिन्ना को यह मान लेना चाहिए कि वे हार गये, क्योंकि कांग्रेस में मि० पाल, मि० दास और मि० सत्यमूर्ति की ही जीत हुई है। यदि शास्त्री महोदय के मुख-पत्र 'सर्वेण्ट आफ इण्डिया' यानी 'भारत-सेवक' की बात सुनें, तो वह कहता है, "देश का नेतृत्व करने में कांग्रेस पिछड़ गयी, क्यों कि श्रीमती बीसेण्ट के समान मि० गांधी ने रिफार्म ऐक्ट की बारीकियों को न सोचकर बड़ी कमजोरी प्रकट की।" इधर श्रीमती बीसेण्ट ने भी कुछ ऐसी ही मिलती-जुलती बात कही है। वे कहती हैं, "पण्डित मदनमोहन और मि० गांधी अपनी सूचनाओं पर दृढ़ न रह सके। यदि वे ऐसा करते तो उनकी ही जीत होती, क्योंकि मि० तिलक ने अपने साथियों-समेत अन्त में हार मान लेने का निश्चय कर लिया था।" देवीजी आगे कहती हैं, "मि० तिलक मेसर्स गांधी और मालवीय को अपने हाथ के खिलौने बनाए हुए हैं। उसी तरह, जिस तरह वे तीन साल पहले मुझ (श्रीमती बीसेण्ट) को बनाए हुए थे।" एक राजनीतिज्ञ कहेगा कि यह लो० तिलक के सम्मुख, हार की जबर्दस्ती स्वीकृति है। किन्तु हमें इस बात पर जोर नहीं देना। हमें इसी सिलसिले में जोर देना है, उस एंग्लोइंडियन पत्र 'टाइम्स आफ इण्डिया' के कथन पर ध्यान खींचने में जो सम्राट् की घोषणा, बिल की स्वीकृति, और कांग्रेस होने के प्रथम, कहता था, "अमृतसर में जो तालीम दी जा

रही है वह हर-हालत में फट पैदा करने वाली तालीम है।" और आज जब कि कांग्रेस हो चुकी, बिल कानून बन चुका और घोषणा हो चुकी है, तब वह सन्तोष प्रकट करते हुए कहता है, "वह दल जब यह विश्वास करता है कि अच्छे काम में उत्तरदायित्वपूर्ण संस्थाओं का शीघ्र ही विकास होगा और जो सच्चे हृदय से देश की उन्नति के लिए सुधारों का उपयोग करना चाहता है।" क्या हम यह कहने में संकोच करें कि लीडर, न्यू इण्डिया और सर्वेण्ट आफ इण्डिया की अपेक्षा टाइम्स ने अधिक बुद्धिमत्ता की बात कही ? किन्तु इन सब बातों के साथ हम अपनी बात भूल नहीं जाना चाहते। देश, काम करने वालों के साथ है, फिर वे चाहे जिस दल के हों। और काम और उसके करने के ढंगों में भी भिन्नता नहीं, तब हारने और जीतने का अनुभव उस समय करना, जबकि देश के सिर पर काम का बोझा है, बहुत बड़ी कमजोरी है, उतनी ही बड़ी, जितनी जीतने को डींग हाँकने में है। अतः इस हारजीत के दिखाऊ झगड़े का पीछा छोड़ने के लिए और उस आवाज को सुनने-समझने और काम में लाने के लिए तैयार होना चाहिए, जो अमृतसर से उठकर कलकत्ते से टकराती हुई करोड़ों हृदयों में पहुँच कर कहती है—"काम करो ? मत दुहराओ, देश का पथ रोककर तुम और तुम्हारा पथ एक है। तुममें विरोध नहीं है, है केवल विरोधाभास।

विश्वासघाती गोरे, निकाल बाहर करो ! अफरीका में दुर्गति की तैयारी

अफरीका-निवासियों की रक्षा का बहाना सच्ची बातें : आन्दोलन की जरूरत

सभ्यता के अभिमानी गोरों को गुलामों की जरूरत नहीं। पहले गुलाम खरीदे जाते थे। और इसीलिए सन् 1680 से 1786 तक 21 लाख 30 हजार ईश्वर की पवित्र सन्तान 'मनुष्य' खरीद कर गुलाम बनाये गये। कुछ दिनों बाद गुलामी उठाने के लिए प्रयत्न हुआ, और उनका खरीदा जाना बन्द हुआ, यह भी सीधे-सीधे नहीं, कठिन युद्ध के पश्चात्। किन्तु गुलामों के बल पर जीवन बिताने वालों से दुनिया की टक्कर कैसे सँभाली जाती। फिर गुलामों की जरूरत हुई और सन् 1833 ई० में गुलाम-खरीदी की प्रथा बन्द होते ही सन् 1834 ई० में उसका पुनर्जन्म किया गया, यानी कुली प्रथा जारी की गयी। जिस समय दुनिया के हबशियों तक न दासता से मुक्ति पायी, उस समय भारतवासियों के गुलाम होने की

बारी आई। गुलाम बनाने के लिए खेती, रुपया, गहरी मजदूरी आदि का प्रलोभन दिया और जबरदस्ती भारतवासियों को कुली बनाकर विदेशों में भेजा। गुलामी में वे कष्ट दिये गये जो नरक में भी शायद ही मिलते हों। एक भारतीय स्त्री के लिए तीन-तीन पुरुष पति बने रहते, कोड़ों की मार, गर्भवती होने पर भी काम पर जाना, इन्सपेक्टरों की दुष्टता आदि सब कष्ट सहे। इतना होने पर जब गोरों की नजर से अफरीका आबाद हो गया, तब 30 बरसों के बसे हुए भारतवासियों के लिए यत्न किया जा रहा है, कि वे लाखों भारतवासी वहाँ से निकाल बाहर किये जावें। इस कृतघ्नता को करने के लिए कहा जाता है कि अफरीका के मूल निवासियों के हित की दृष्टि से हम ऐसा कर रहे हैं—यानी भारतवासियों को निकाल बाहर कर रहे हैं। किन्तु अफरीका-निवासी कहते हैं कि नहीं, हम नहीं चाहते कि भारतवासी निकाले जायें। भारतवासियों के निकाल बाहर करने के लिए गोरे लोगों के **कमीशन की रिपोर्ट** भारत-हितचिंतक श्रीमान् सी० एफ० एण्डरूज द्वारा मिली है। वे कहते हैं : सन् 1919 के नवम्बर मास के अन्त में जब मैं मुंबासा पहुँचा तो वहाँ मुझे ईस्ट अफरीकन प्रोटेक्टरेट के इकानामिक कमीशन की अन्तिम रिपोर्ट का पहला भाग पढ़ने को मिला। उसे पढ़ने से मुझे मालूम हुआ कि वह रिपोर्ट बड़े महत्त्व की समझी गयी थी क्योंकि उसमें के प्रत्येक बयान कसम खा-खाकर किये गये मालूम होते थे। उस कमीशन का अध्यक्ष प्रोटेक्टरेट की सरकार का एक प्रधान मेम्बर था। इस कमीशन की रचना सम्राट् के मन्त्रि-मण्डल ने पेरिस की मित्र-राष्ट्रों की परिषद् के सम्बन्ध में की थी। इसमें केवल तीन शीर्षक थे :

1. युद्ध-काल के लिए रुकावटें,
2. कुछ दिनों के लिए रुकावटें,
3. सदा के लिए रुकावटें।

इसी तीसरे शीर्षक में कमीशन ने भारतीय प्रश्न पर अपना अन्तिम निर्णय दिया है, यदि कोई भी कमीशन की रिपोर्ट ध्यान से एक बार नहीं, कई बार भी पढ़े तो उसका यही मत रहेगा कि रिपोर्ट में इसी प्रश्न पर ज्यादा विचार किया गया है, और इसी को कमिश्नर्स भी स्वीकार कर गये हैं कि सबसे प्रथम और मुख्य उपाय यदि कुछ करना है तो वह है, भारतवासियों को निकाल देने का। इस प्रश्न पर रिपोर्ट के सातवें परिच्छेद में 'जनरल नेटिव पालिसी' के शीर्षक में विचार किया गया है और प्रोटेक्टरेक्ट भर की नेटिव पॉलिसी की वर्तमान दशा को दोष लगाते हुए यही रिपोर्ट का अन्तिम फैसला है कि

भारतवासी निकाल बाहर
किए जायें!

उसमें कहा गया है :

हमने इस विषय को सबके अन्त में विचारार्थ रखा है, परन्तु वास्तविक रूप में नेटिव (अफरीका के निवासी) लोगों के कल्याण पर यदि कोई प्रभाव सबसे ज्यादा हानिकारक हो सकता है तो वह एशियाटिक प्रभाव है।

हम आशा करते हैं कि इस विषय पर स्पष्ट रीति से विचार करने में हम किसी का अपमान नहीं करेंगे, क्योंकि असल में विषय ही ऐसा है कि साफ-साफ बातें कहनी ही पड़ती हैं। यह बात ध्यान में रखने योग्य है कि जब हम भारत-वासियों की आलोचना करते हैं तो हमारा मतलब केवल उन भारतवासियों से ही है जो यहाँ आकर बसे हुए हैं। इनमें से बहुत से भारतवर्ष की नीची जातियों के आदमी जैसे कोली, बढ़ई, लुहार इत्यादि हैं तथा कुछ-कुछ ऊंचे दर्जे के लोग भी हैं।

फिर जब आलोचना या प्रतिवाद किये जाते हैं तो उनमें कुछ-कुछ अपवाद भी निकलते हैं, वैसे ही इस देश में भी कुछ भारतीय ऐसे हैं जो समाज के विश्वस्त पुरुष सिद्ध हो चुके हैं। उनके लिए भी हमें ऐसी बातों के कहने का खेद है, परन्तु मुख्य प्रश्न पर विचार करते समय उसके अपवाद का अधिक विचार नहीं किया जाता।

शुरू-शुरू में भारत के लोग किनारों की बस्तियों में ही रहते थे। और वहीं अपना व्यापार इत्यादि किया करते थे। परन्तु जब मध्य अफरीका में ब्रिटिश राज्य हुआ और पहले-पहले युगांडा रेलवे बनना प्रारम्भ हुआ, तब से इन्हें भीतर आने का मौका मिल गया। यानी वे न आते तो रेल की सड़क बन न पाती, इस-लिए जबरदस्ती लाये गये। यहाँ यह प्रश्न किया जा सकता है कि उस समय के अधिकारियों ने अफरीका-निवासियों (नेटिव्ज) को **गिरी हुए हिन्दुस्तानी सभ्यता** से मिलाकर क्या अच्छा किया ? यूरोपियनों और अफरीकनों के बीच एक तीसरी जाति के आ जाने से अफरीका-निवासियों को सत्संग का कुछ भी लाभ नहीं हो पाया। नेटाल में पहले-पहल भारतीय मजदूरों से सहायता ली गयी थी परन्तु अन्त में वहाँ वालों ने यह माना कि ऐसा करके उन्होंने बड़ी भूल की, और इसलिए तुरन्त कड़ी रुकावटें करना आवश्यक हुआ।

कोलोनियन आफिस द्वारा संरक्षित अफरीकन राज्यों में विदेशियों के बस जाने की कोई मनाही नहीं है। परिणाम यह हुआ कि ये लोग केवल व्यापारी ही नहीं रह गये वरन् कुली से लगाकर क्लर्क, बढ़ई और कारीगर भी बन बैठे (नहीं, केवल कुली ही बने रहना था, उन्नति की, सो पाप किया) यही काम अफरीका के लोग भी शिक्षा देने पर कुशलतापूर्वक कर सकते हैं। परन्तु भारत-वासियों के होने से उनके काम में रुकावट पहुँचती है, और उनकी उन्नति नहीं हो पाती।

यह मान लिया जाता है कि भारतीयों के आने से यहाँ व्यापार की वृद्धि हुई

और इसके लिए वे प्रशसा के पात्र हैं। परन्तु यदि अफरीकन लोगों को उत्तेजना दी जाती तो हम यह नहीं कह सकते कि वे लोग इस कार्य को नहीं कर पाते। भारत के लोग चालाक और होड़ करने वाले हैं। यूरोपियन लोग तो उनकी टक्कर खा सकते हैं और उनका कुछ भी नहीं बिगड़ता, परन्तु एक अफरीकन इतना दृढ़ नहीं होता है कि इनकी चालाकी के आगे ठहर सके। (या फिर यह बात है कि वहाँ के यूरोपियन लोगों के पेट पर पत्थर पड़ता है) वे लोग सदा इन्हें दासता ही में रखना चाहते हैं और उन्नति के सब मार्गों से अलग। जब तक वे यहाँ बने रहेंगे तब तक बिचारा अफरीकन जंगल का घसियारा ही बना रहेगा। (हरे-हरे, कितनी दयालुता है!)

भारतीय सदा से शुद्धता और सफाई के दुश्मन रहे हैं, इसलिए वे शारीरिक दृष्टि से प्रभावहीन होते हैं। उनसे स्वच्छता-प्रिय अफरीकन जाति इस दृष्टि से कहीं अधिक सभ्य है, परन्तु वह दूसरों का अनुकरण बहुत करती है, इसलिए उसका भी वैसा ही हाल है।

प्लेग यहाँ पहले नहीं था, भारतवासी उसे बम्बई से यहाँ अपने साथ ले आये (किन्तु बम्बई से भी प्रथम वह यूरोप में था, जब वहीं के लोग दरिद्री थे, वे ही उसे भारत में लाये, ऐसा सुनते हैं)। इन्हीं के साथ और भी अनेकानेक मैलेपन की बीमारियाँ आयी हैं। स्वच्छता विभाग के लोगों को इनसे निराशा हो गयी है। और इन लोगों से न केवल इनकी ही हानि है वरन् इस देश के निवासियों की भी। उसी प्रकार **भारतीयों की नैतिक हीनता** से यहाँ के निवासियों को हानि पहुँचती है। ये लोग स्वभावतः भोले होते हैं और भारत के दुर्गुणों से निरे अज्ञान। भारतवासियों के ही कारण यहाँ अपराध और दुराचार फैल रहा है। चोरियाँ करना वे ही सिखाते हैं। इसलिए यदि वे यहाँ से निकाल दिये जावें तो अफरीका में अपराधियों की संख्या एकदम बहुत कम हो जाय!

भारतीयों का इस देश में रहना यहाँ के नैतिक और शारीरिक कल्याण की दृष्टि से अनिष्टकारक है और आर्थिक दृष्टि से उन्नति में बाधक। हम इसको बहुत आवश्यक समझते हैं कि साम्राज्य इस प्रश्न का शीघ्र निर्णय करे कि क्या भारतीयों की सुविधा के लिए अपने ही घर में अफरीका के निवासियों पर अत्याचार हुआ करेंगे? हमारा स्वयं यह निर्णय है कि **भारतवासी अवश्य निकाल बाहर किये जावें**। केवल आर्थिक दृष्टि से ही नहीं, देखने से मालूम होगा कि भारतवासियों को यहाँ आने देना बड़ी भूल का विषय हुआ है। हम चाहते हैं कि नेटाल के ही समान यहाँ भी इस भूल को धीरे-धीरे सुधारने के लिए शीघ्रतापूर्वक प्रयत्न शुरू कर देना चाहिए। रेलवे तथा गवर्नमेंट के अन्य विभागों में भारतीयों के बदले ऊँची जगह पर अँग्रेज और नीची जगह पर अफरीका के ही लोग (सहानुभूति और सभ्यता का कितना बढ़िया फैसला है) रखे जावें। फिर भी जो भारतीय

यहाँ रहें। वे यूरोपियनों के समान स्वच्छतापूर्वक रहने के लिए मजबूर किये जावें। इस प्रकार उनकी संख्या यहाँ बहुत कम हो जावेगी।

यह हमारा दृढ़ विश्वास है कि हमारे इस देश में रहने का तात्पर्य यही है कि यहाँ लोगों को अपने ही समान सभ्य बनावें (किन्तु वह जापान भी सभ्य हो गया जहाँ सभ्यता के ठेकेदार आप न थे); इसके विपरीत यदि फिर भी हम इन्हें एशियाटिक लोगों के चंगुल में फँसे रहने देंगे तो हम विश्वासघात जैसे अपराध के भागी समझे जावेंगे (किन्तु बहकाकर लाये हुए लाखों भारतवासी हिन्दू-मुसलमानों को निकाल बाहर कर देना शायद विश्वासघात नहीं!)

गोरों की रिपोर्ट में जो यह कहा गया कि भारतवासियों को बुरे और छुआ-छूत के रोग बहुत होते हैं—यह बात कहाँ तक सच्ची है, इसके लिए हम अफरीका के सबसे बड़े प्रसिद्ध डॉक्टर का सर्टिफिकेट पेश करते हैं :

सी० एम० एस० हॉस्पिटल,
कम्पाला (युगांडा)
दिसम्बर 22, 1919

20 वर्ष से अधिक, युगांडा के सबसे बड़े अस्पताल के चार्ज में रहकर मैं अपनी स्वतन्त्र सम्मति देता हूँ कि कम्पाला की अन्य जातियों की अपेक्षा भारतीयों में व्यभिचार से पैदा होने वाले रोग बहुत कम पाये जाते हैं।

अल्बर्ट आर० कुक
ओ० बी० ई०, एम० डी०, बी० एस-सी०
(लन्दन), बी० ए० (केम्ब्रिज)

पवित्र-हृदय एण्डरूज साहब के प्रयत्नों से इतनी बातें भारतवासियों को ज्ञात हो सकीं। अस्तु, हमें **आन्दोलन करना चाहिए** और मि० एण्डरूज का साथ देना चाहिए, जिससे हमारे लाखों हिन्दू-मुसलमान भारतीय भाइयों के सर्वनाश का प्रयत्न निष्फल हो जाय, और नये गुलाम बनाने के लिए आये हुए ब्रिटिश गायना के डेपुटेशन के साधुओं को सूचना देना चाहिए कि हम कुली बनकर गायना जाने के लिए तैयार नहीं। **आप अपना रास्ता लीजिए!** कुली बनाकर अफरीका में हमारी जो दुर्गति की जा रही, वही काफी है।

खैर, अफरीका के हितचिंतक गोरों के कमीशन की रिपोर्ट समाप्त हो गई। उन्हीं ने जो-जो इल्जाम भारतवासियों पर लगाए हैं, उनका उत्तर अफरीका-वासियों से ही, जिनकी भलाई का बहाना कर कमीशन की यह रिपोर्ट तैयार की गयी है, सुनिए : अब उन्हीं की सच्ची बातें रखी जाती हैं। वहाँ के निवासी भारतवासियों को उत्कण्ठा से बुलाना चाहते हैं। उन्होंने हमारे हितैषी मि० सी० एफ० एण्डरूज को एक सम्मान-पत्र दिया है, उसमें उनका श्रद्धा से स्वागत करते हुए उन्होंने कहा है :

माननीय सज्जन !

यहाँ, यह कहने की आवश्यकता नहीं कि इस देश में उन्नति के लिए स्वतन्त्र व्यापार की आवश्यकता है। युगांडा (अफरीका का एक स्थान) बहुत चाहता है कि उसके व्यापार के प्रतिबन्ध उठा दिये जावें। यदि हमारी उपज पर कोई कर न लगाया जावे और यदि सरकार (वहाँ ब्रिटिश सरकार की सत्ता है) हमारे लिए बाजार खुले कर देवे तो युगांडा सचमुच में व्यापार का केन्द्र हो जाय। हमें यह जानकर हर्ष होता है कि आपका भारत से बहुत सम्बन्ध है। हम आशा करते हैं कि आप भारत की बड़ी-बड़ी कम्पनियों को हमारा यह सन्देश सुनावेंगे, और उनसे कहेंगे कि वे भी हमारे यहाँ आकर हम से व्यापार शुरू करें। हमें उनकी बहुत आवश्यकता है और हम उनके साथ बहुत अच्छी तरह से रह सकते हैं।

माननीय सज्जन, हम हैं आपके
अत्यन्त आज्ञाकारी सेवक
एंडीरा अम्बोयरा
(उपसभापति)

ई० एम० कागवा,
मन्त्री
दिसम्बर 22, 1919

[31 जनवरी, 1920]

निकल की चौअन्नी और अठन्नी

चाँदी की कीमत बहुत बढ़ जाने के कारण भारत सरकार को गत मास से निकल की चौअन्नी और अठन्नी ढालने के लिए बाधित होना पड़ा। यहाँ यह कहने की आवश्यकता नहीं है कि उनकी असली कीमत उनकी बाहरी कीमत से बहुत कम है। पाठक भली प्रकार जानते हैं कि करेन्सी-प्रणाली की नींव जनता के विश्वास पर रहती है और जिन-जिन कारणों से इस विश्वास को हानि पहुँचती है उन-उन कारणों से करेन्सी-प्रणाली को भी धक्का पहुँचने की बहुत सम्भावना रहती है। इन नकली मुद्राओं के प्रचार से जनता का करेन्सी-प्रणाली में विश्वास कम होने की सम्भावना है, इसलिए इनका प्रचार न किया जाना ही उचित था। परन्तु जब इनका प्रचार आरम्भ कर दिया है तो अब सरकार को इस बात का ध्यान अवश्य रखना चाहिए कि वे इतने प्रमाण में ढाले जायें जिससे रुपयों पर बट्टा लगना आरम्भ हो जावे। क्योंकि यदि सिक्कों का प्रचार अधिक प्रमाण में हुआ तो—जैसा कि कागजी रुपयों (नोटों) के अधिक प्रमाण में प्रचार करने से होता है—चाँदी के रुपये छपने लगेंगे और इसके फलस्वरूप मनुष्यों को उन्हें (चाँदी के रुपयों को) लेने के लिए बट्टा देना पड़ेगा। एक दृष्टि से इन सिक्कों का प्रचार कागजी रुपयों (नोटों) के प्रचार से अधिक हानिकारक है। कागजी रुपयों के

बदले तो सरकार को उतने ही प्रमाण में रिजर्व रखना पड़ता है, परन्तु इनके लिए ऐसा कोई भी रिजर्व फण्ड नहीं रखना पड़ता, इसलिए इन सिक्कों को अधिक प्रमाण में ढालने का बहुत लालच रहता है। हम आशा करते हैं कि हमारी सरकार ऐसे लालच से दूर रहने के लिए हमेशा तत्पर रहेगी।

सिक्कों के ढालने में जो मुनाफा होता है, वह गोल्ड स्टैण्डर्ड रिजर्व में रखा जाता है। इन अठन्नी और चौअन्नी के ढालने का मुनाफा भी उसी में सम्भवत: जमा किया जायेगा। परन्तु इस रिजर्व फण्ड के करोड़ों रुपयों का प्राय: सब धन इंग्लैण्ड में ही रखा जाता है और उससे वहाँ की सिक्यूरिटी वग़ैरा खरीदी जाती है जिनसे कि उस पर बहुत कम दर पर ब्याज मिलता है। इसका फल यह होता है कि भारत में हमारी सरकार के पास असहाय व गरीब कृषकों को तकावी देने के लिए, देश के रोजगार, व्यवसाय व उद्योगों को सहायता पहुँचाने के लिए काफी प्रमाण में रुपये नहीं रहते और लन्दन में भारत-सचिव के पास करोड़ों रुपये इस देश की दृष्टि से व्यर्थ ही पड़े रहते हैं। यदि इस फण्ड का बड़ा भाग इस देश में रखा जाये व देशवासियों को हर प्रकार से सहायता देने के लिए उसका उपयोग किया जाये तो जनता की करेन्सी-प्रणाली में विश्वास की नींव दृढ़ होने में बहुत सहायता पहुँचेगी। यदि भारत सरकार अपनी पुरानी घातक नीति का अब भी अनुसरण करती गयी तो उससे जनता में करेन्सी-प्रणाली के सम्बन्ध में अविश्वास उत्पन्न होने की बहुत-कुछ सम्भावना है। आशा है, सरकार इन बातों पर ध्यान देगी।

—कर्मेन्द्र

संसार को हमारा सन्देश
पश्चिमी सभ्यता का दिवाला

महर्षि मालवीय का प्रत्यक्ष स्वप्न : हिन्दू-विश्वविद्यालय

काशी के सेण्ट्रल हिन्दू कालेज की वसन्ती सजावट, हाल में दर्शकों का हर्ष से भरा हुआ गम्भीर किंतु मन्द 'कलरव', उपस्थित महिलाओं की मनोहर छटा और उत्सुक युवकों की चंचलता, सभी मिलकर एक अपूर्व उत्सव का उत्कर्ष प्रकट कर रहे थे। मैं कुछ समय के लिए भूल गया कि मैं आज 26 जनवरी को काशी विश्वविद्यालय का उपाधिदान-समारम्भ देखने आया हूँ। काशी और विश्वविद्यालय अपने पवित्र तथा सनातन भावों का भुलावा देकर मुझे ऐसे युग में ले गये, जहाँ मैं स्वाधीन भारत के सौम्य प्रकाश में ज्ञान-वृद्ध ऋषि, भक्त्यवनत शिष्य, विनय-

शील शासक और कृतज्ञ जनता के परिवार-स्वरूप समूह को किसी तपोवन में देख रहा था। सहसा **वन्देमातरम्** का जयनाद हुआ और मैंने चौंककर देखा, कि मेरे उस सुख-स्वप्न के महर्षि के समान सौम्य मूर्ति मालवीय जी अन्य कर्मचारियों के सहित हाल में आये। मैंने जाना कि कुछ वर्ष पहले लोग जिसे मालवीय जी का पवित्र स्वप्न कहकर मुसकुरा देते थे, वह आज प्रत्यक्ष होकर उस मुस्कराहट को आनन्दोल्लास में परिणत कर रहा है। जिन्होंने प्रोवाइस चांसलर के साथ मंच पर आसन ग्रहण किया, तत्पश्चात् पहले अंग्रेजी में और बाद में हिन्दी में उपाधिदान-वितरण (कन्वोकेशन) का तात्पर्य समझाकर निम्नलिखित **प्रतिज्ञाएँ** संस्कृत में कहीं—"क्या आप शुद्ध हृदय से वचन देकर कहते हैं कि जिन उपाधियों के लिए आप व्यक्तिश: आये हैं और योग्य समझे गये हैं, उनके प्राप्त हो जाने पर आप इस विश्वविद्यालय के सदस्य के योग्य मन, वचन और कार्य से व्यवहार करेंगे ?"

"क्या आप प्रतिज्ञा करते हैं कि आप अपनी सम्पूर्ण शक्ति और अवसर के अनुसार धर्भ और सच्चे ज्ञान का पक्ष लेंगे और उनकी उन्नति करेंगे ?"

"क्या आप प्रतिज्ञा करते हैं कि जहाँ तक हो सकेगा, आप अपने बन्धुओं की सामाजिक व्यवस्था और हित का समर्थन तथा उन्नति करेंगे ?"

प्रत्येक विद्यार्थी इन्हें स्वीकार करके उपाधि-पत्र लेता जाता था। इस प्रकार 102 विद्यार्थियों को उपाधि-पत्र देने के बाद मालवीयजी ने, वाइस चांसलर की हैसियत से, हिन्दी में पुरातन-काल के समावर्तन-संस्कार और कुलपति के अन्तिम उपदेश आदि का वर्णन करके, वर्तमान विश्वविद्यालय-सम्बन्धी विषयों पर व्याख्यान दिया। बाद में उन्होंने अंग्रेजी में कहा, यह बनारस विश्वविद्यालय का दूसरा कन्वोकेशन है। मेरे हृदय में और मुझे विश्वास है कि इस विश्वविद्यालय से सम्बन्ध रखने वाले प्रत्येक व्यक्ति के हृदय में सर्वशक्तिमान् ईश्वर के प्रति कृतज्ञता का भाव उठता है कि आज हम अपने विश्वविद्यालय का द्वितीय वार्षिकोत्सव मनाने में समर्थ हुए हैं। सन् 1904 में इसी नगरी में महाराजा बनारस की अध्यक्षता में हिन्दू-विश्वविद्यालय का मसौदा बनाया गया था। 1905 में यहाँ कांग्रेस में सम्मिलित होने वाले विद्वानों के सामने वह प्रास्पेक्ट्स के रूप में पेश किया गया और उन्हें पसन्द भी आया। पर वह एकदम कार्यरूप में परिणत नहीं हो सकता था, इसलिए स्थगित किया गया। किन्तु जब 1911 में उसका प्रश्न उठाया गया, तो सबने उसका समर्थन किया। राजाओं ने उदार सहायता का वचन दिया और धन शीघ्रतापूर्वक इकट्ठा होने लगा। तत्कालीन बड़े लाट हार्डिज और शिक्षा-सदस्य सर हरकोर्ट बटलर ने इससे सहानुभूति दिखायी। परिणाम यह हुआ कि 1 अक्टूबर, सन् 191,8 को हिन्दू-विश्वविद्यालय ऐक्ट सरकार ने पास किया।

तब से विश्वविद्यालय का कार्य शीघ्रतापूर्वक बढ़ता जा रहा है। नगवा में 6 लाख रुपयों से भूमि खरीदी गयी है और उस पर इमारतें बन रही हैं। कालेज, प्रयोगशालाएँ और 600 विद्यार्थियों के निवास के योग्य छात्रालय कुछ सप्ताहों में बनकर तैयार हो जायेंगे। आशा है एक वर्ष के भीतर इंजीनियरिंग कालेज और उसके साथ कारखाना भी बन जायेगा। तो भी अभी बहुत कार्य बाकी है और उसके लिए आवश्यकता है धन की। गत दिसम्बर तक विश्वविद्यालय को 62,78,000 रु० मिल चुका है और प्रायः 40,000 रु० के वचन मिले हैं। इसके लिए सभी दाताओं को धन्यवाद है और आगे भी अपने उद्देश्य को सफल बनाने के लिए सहायता की प्रार्थना है। क्योंकि हमें पूर्व विचारानुसार कृषि, व्यापार, उद्योग, वैद्यक, संगीत आदि विद्याओं के प्रबन्ध के अलावा विश्वविद्यालय के योग्य पुस्तकालय स्थापित करना है। भिन्न-भिन्न विषयों का विशेष ज्ञान सम्पादन करने के लिए अजायबघर तथा विद्यार्थियों के लिए छात्रालय और मन्दिर बनवाने हैं।

मुझे विश्वास है, आप भी मुझसे सहमत होंगे कि **राजकुमार** का यहाँ पर स्वागत करने के समय तक इस विश्वविद्यालय की अवस्था, शीघ्र धन इकट्ठा करके सन्तोषदायक बना लेना अत्यन्त आवश्यक है।

सुधार-योजना और सम्राट् की घोषणा ने भारत के इतिहास में नवीन युग उपस्थित कर दिया है और हमें अवसर पर पूर्ण स्वराज्य देने का वचन मिला है। इस समय हमारे सामने सबसे महत्त्व का प्रश्न यह है कि केवल प्राथमिक और माध्यमिक शिक्षा ही नहीं, किन्तु क्रमशः विश्वविद्यालय की शिक्षा भी प्रजा के अधीन होने वाली है और उसके उत्तरदायित्व को सफलतापूर्वक पूर्ण करने का भार हमारे द्वारा चुने हुए मन्त्रियों पर रहेगा। ऐसे अवसर पर विश्वविद्यालय के सम्बन्ध में सैडेलर कमीशन ने अनेक वर्षों की गवेषणा और विचार के पश्चात् अपनी रिपोर्ट प्रकाशित की है। उसकी कई बातों से हमारा घनिष्ठ सम्बन्ध है। उनमें सबसे महत्त्व की बात यह है कि एफ० ए० की कक्षाएँ वर्तमान कालेजों से हटा दी जाएँ और उनके लिए अलग इण्टरमीडिएट कालेज बनाये जायें। बी० ए० के लिए तीन वर्ष की पढ़ाई रखी जावे और जो उसमें विशेषता से उत्तीर्ण होवें, वे ही एम० ए० में पढ़ने पायें। इन परिवर्तनों के कारण, कालेजों और बिश्वविद्यालयों में बहुत भारी परिवर्तन करने पड़ेंगे। परन्तु एफ० ए० की कक्षाओं के लिए अलग कालिज बनाये जायें या वे हाई-स्कूलों में ही सम्मिलित कर दी जायें, इसके सम्बन्ध में बहुत मतभेद हैं। दूसरा प्रश्न है, **प्राथमिक और माध्यमिक शिक्षा** की सीमा कहाँ तक होनी चाहिए? मैं चाहता हूँ कि जो काम जर्मनी बहुत समय पहले कर चुका है, जापान ने हाल में कर दिखाया है, अमेरिका और फ्रांस भी कर चुके हैं, और जिसे करने के लिए

इंग्लैण्ड अभी-अभी सचेत हुआ है, वही काम हमें भी करना चाहिए, अर्थात् माध्यमिक शिक्षा की सावधानतापूर्वक व्यवस्था करनी चाहिए। हमारे बच्चों को 14 वर्ष तक की उम्र प्राथमिक शिक्षा, और आगे 14 से लगाकर 17 या 18 तक जानने योग्य प्राय: सभी विषयों का थोड़ा-थोड़ा ज्ञान हो जाना आवश्यक है। सारांश यह कि हमारी माध्यमिक शिक्षा फ्रांस, जापान और इंग्लैण्ड आदि के समान ही होनी चाहिए।

इसके अलावा सैडेलर कमीशन द्वारा प्रतिपादित किया हुआ एक और भी महत्त्व का प्रश्न है। वह है **शिक्षा का माध्यम**। कमीशन का कहना है कि स्कूलों में शिक्षा का माध्यम देशी भाषा होनी चाहिए। हम कहते हैं कि केवल स्कूलों में ही नहीं, किन्तु कालेजों में भी शिक्षा देशी भाषा में दी जानी चाहिए। मैं पूर्ण रूप से जानता हूँ कि हमारी भाषाएँ अभी इतनी उन्नत नहीं हैं। परन्तु यह कठिनाई इस प्रकार टालने से दूर नहीं होगी। यदि हम एक बार देशी भाषाओं में शिक्षा देना अपना उद्देश्य निश्चित कर लें, तो यह कठिनाई आप ही आप दूर होती चली जावेगी। अभी शिक्षा का माध्यम अंग्रेजी है इसलिए हमारे शिक्षा-विभाग को यह सोचना पड़ता है कि अंग्रेजी की योग्यता बढ़ाने के लिए किस कक्षा से उसका अभ्यास प्रारम्भ कराना चाहिए। यदि हम इस बात को देशी भाषा के माध्यम की दृष्टि से सोचें तो वास्तव में कोई कठिनाई टिकती नहीं दीखती। आवश्यकता के अनुसार नयी-नयी पाठ्य-पुस्तकें बनती जायेंगी और अन्त में सरकार और प्रजा दोनों के प्रयत्न से प्राथमिक से लगाकर विश्वविद्यालय की सर्वोच्च कक्षा तक की शिक्षा देशी भाषाओं में दी जा सकेगी। अभी तक पाठ्य-पुस्तकें नहीं बनीं, इसके लिए सरकार की अपेक्षा हम ही अधिक दोषी हैं। हमने अंग्रेजी से प्राप्त किये हुए ज्ञान को अपने अपढ़ भाइयों के पास पहुँचाने के लिए देशी भाषाओं में उसका प्रचार नहीं किया। हाँ, अधिकतर बंगाली में और इधर उर्दू और हिन्दी में इसका कुछ प्रयत्न अवश्य हुआ है, परन्तु यह सागर में बूँद के समान है।

इन सब विषयों पर विचार करने के लिए अपने देश के शिक्षा-विशारद भाई और बहनों से प्रार्थना करता हूँ, कि वे मार्च या अप्रैल में बनारस में आने का कष्ट उठावें और अपनी अनुभवपूर्ण सम्मति देकर शिक्षा के प्रश्न को हल करें।

अन्त में सैडेलर कमीशन की सिफारिशों का हिन्दू-विश्वविद्यालय की कार्य-प्रणाली से मिलान करके मालवीयजी ने दिखाया, कि प्रारम्भ से यहाँ पर उन सिफारिशों के अनुसार ही कार्य हो रहा है। आगे आपने हिन्दू-विश्वविद्यालय के उद्देश्य के सम्बन्ध में कहा : हमें संसार को **अपना संदेश** सुनाना है। संसार के शिक्षा विभाग में बड़ी खलबली-सी मची है। यूरोप का, अपनी नीति पर से विश्वास हटता दीखता है, क्योंकि वह सभ्यता का विध्वंस करने वाले महा-संग्राम को नहीं रोक सकी। ऐसी दशा में हम भी कोई मार्ग सुझा सकते हैं या नहीं? हमारे पास

अपनी सनातन शिक्षा-प्रणाली है जो हमारे सामने धर्म, अर्थ, काम और मोक्ष का ध्येय उपस्थित करती है।" कहो, उसे त्यागते हो या उससे लाभ उठाना चाहते हो ? इसके अलावा हमारे सामने एक कर्त्तव्य और है। जब हम आक्सफोर्ड और केम्ब्रिज के विश्वविद्यालयों का ध्यान करते हैं और वहाँ पर प्राप्त किये हुए पुरातन ज्ञान के आनन्द और कृतज्ञता-भाव से मुग्ध होते हुए पुरुषों को देखते हैं, तब इस विश्वविद्यालय के सम्बन्ध में कौन-सा कर्त्तव्य हमारे सामने उपस्थित होता है ? जब हम फ्रांसीसियों को अपने विश्वविद्यालय तथा राष्ट्रीय संस्थाओं के **प्रेम-गीत** अलापते सुनते हैं, और कल के जापानियों को भी अपनी राष्ट्रीय संस्थाओं पर प्रेम करते पाते हैं तो हमारे हृदयों में कौन-सा भाव उदित होता है ?

तक्षशिला और नालन्दा के जगद्विख्यात विश्वविद्यालय स्थापित करने वाली सभ्यता के वारिस हम लोग, आज संसार के सामने क्या लेकर आगे जावेंगे? आशा है कि वहाँ पर राजकुमार के साथ यूरोप के अनेक विद्वान् पधारेंगे, उस समय हम उनको दिखाना चाहते हैं कि विद्या का यह प्राचीन केन्द्र आज भी कुछ-न-कुछ कर रहा है। बनारस का अस्तित्व बहुत पुराना है। **राजा हरिश्चन्द्र** ने यहीं रहकर सत्य और न्याय के सम्बन्ध में अपना नाम अमिट अक्षरों में लिखा है। यही नगरी है जहाँ **भगवान् बुद्ध** ने अपने महान् धर्म का प्रचार किया था। परन्तु आज यहाँ बनारस में आप कौन-सी राष्ट्रीय संस्थाएँ दिखा सकते हैं ? अपनी राष्ट्रीय कलाओं तथा प्राचीन वस्तुओं का राष्ट्रीय अजायबघर कहाँ हैं ? वे पुराने राष्ट्रीय चित्र और मूर्त्तियाँ कहाँ हैं ? इन बातों का स्मरण दिलाने में मेरा एक विशेष उद्देश्य है, यह कि हमें इमारतों में रुपया व्यर्थ खर्च करने का दोष दिया जाता है। परन्तु मैं प्राचीन विश्वविद्यालयों और उनसे प्राप्त होने वाली शिक्षाओं की ओर आपका ध्यान दिलाना चाहता हूँ। आइये, हम सच्चे हृदय से एक मन होकर काशी को वर्तमान नालन्दा और वर्तमान तक्षशिला बनाने का प्रयत्न करें। आइये, हम इस स्थान को सभी हिन्दुस्तानियों का नहीं तो कम-से-कम हिन्दुओं का तो अवश्य ही विद्या-मन्दिर बनावें। जो भूतकाल में हो सका था, वह पुनः भविष्य में भी हो सकता है।

जिन विद्यार्थियों को आज उपाधियाँ मिली हैं उनसे मेरी प्रार्थना है कि अपने इस गुरुद्वार को यथाशक्ति उन्नत करना अपना पवित्र कर्त्तव्य समझें। हम कृतज्ञ भाव से प्रयत्न करके इस स्थान को ऐसा बनायें, कि जिसके लिए प्रत्येक हिन्दू, हृदय में अनुभव करे कि उसमें शरीर, मन या वाणी से कुछ न कुछ योग मैंने भी दिया है। हिन्दू मात्र को अपने जीवन में कम-से-कम एक बार यहाँ आना अपना धर्म समझना चाहिए। धार्मिक भावों को उन्नत बनाने के लिए सांसारिक सुख की बलि देकर, जंगलों के निवासी ऋषि-मुनियों के प्रति हमारा जो आदर है, उसकी सार्थकता इस स्थान को जीवन और ज्योति का केन्द्र बनाने से ही हो सकती है।

पंचायत की तैयारी

अब जमाना पलट गया है। उन छोटे-छोटे दस-बीस टप्परों वाले गाँवों में भी, जहाँ पढ़े-लिखों के नाम पर पहले 'अ आ इ ई' पढ़ाने वाले स्कूल-मास्टर, नमक खाकर भी कष्ट देने वाले पटवारी और कभी-कभी नादिरशाह अफसरों की सूरत दीख जाया करती थी, देशभक्त भारतवासियों के दल टूट पड़ेंगे। और, वे वहाँ पहुँचकर कहेंगे, हमें चुनो, हमें चुनो। हमारे उन भाइयों के लिए, जिन्होंने अभी यह नहीं जान पाया है, कि यह 'चुनना' कौन-सी विपत्ति है—यह निर्णय करना कठिन हो जायेगा, कि यह 'चुनना' है क्या वस्तु, और किसी को, वे ग्रामीण भाई चुनें कैसे ? बात यह है कि अब राज का बहुत-सा काम पंचायत के द्वारा हुआ करेगा। बड़ी पंचायत, भारत की राजधानी दिल्ली में बैठा करेगी। यह पंचायत हिन्दुस्तान-भर की होगी। प्रत्येक प्रदेश के इसमें पंच रहेंगे। मध्यप्रदेश के इसमें पाँच पंच रहेंगे। और प्रदेशों से सरकार ने बहुत पंच मंजूर किये हैं। हमारे प्रदेश को बहुत ही कम पंचों की मंजूरी दी गयी है। इसी तरह, प्रदेशों की पंचायतें, उनकी राजधानियों में बैठा करेंगी। मध्यप्रदेश की पंचायत नागपुर में बैठेगी। उस पंचायत में, हरएक जिले से पंच चुनने की मंजूरी मिली है, इसलिए अपने-अपने जिलों से पंच चुनकर भेजने का अधिकार, देहात और शहर सब जगह के लोगों को भी मिला है।

चुनने का यह अधिकार शहरवालों को अलग और देहात वालों को अलग मिला है। वे जिसे चुनकर भेज देंगे, वही उनकी बातों के लिए सरकार के साथ झगड़ने वाला पंच चुन लिया जायेगा।

चुनने वालों के गुण इस तरह ठहराए गये हैं—

1. जिसकी उम्र 21 वर्ष से कम न हो।

2. जिसे किसी अदालत ने पागल करार न दिया हो।

3. जो उसी जिले का रहने वाला हो, जहाँ से वह चुनने वाला बनना चाहता है।

4. यदि शहर का चुनने वाला हो, तो उसके पास ऐसा एक मकान हो जिसका किराया कम-से-कम 36 रु० महावार आता हो।

5. जो अपनी आमदनी पर किसी प्रकार का टैक्स देता हो।

6. जो किसी फौजी नौकरी का पेंशनर हो।

यदि देहात का रहने वाला हो, तो उसे ये नियम लागू होंगे—

1. उसके पास इतनी जमीन हो, जिसका लगान 100 रु० हो,

2. जमीन का मालिक हो, शिकमी किसान हो या माफीदार हो, किन्तु वह इतनी जमीन जरूर जोतता हो, जिसका लगान 50 रु० दिया जा सके।

3. अथवा वह 500 रु० की आमदनी पर टैक्स देता हो,

4. अथवा वह नम्बरदार, जमींदार आदि हो,

5. अथवा वह पेंशन पाने वाला सेना का नौकर हो।

बस, इसी श्रेणी के सज्जनों से पूछा जायेगा कि वे किसे पंच चुनते हैं, और जिस पंच के चुनने में सबसे अधिक लोग सम्मति देंगे, वही चुना जायेगा।

प्रतिनिधि कौन हो?

अब प्रश्न यह होता है, कि हमारा पंच कौन हो? यह प्रश्न है उनके सम्मुख, जो देश की राजनीति के विचारों और परिस्थितियों का गहराई से पता लगाने, और देश की दशा को, अपने अनुकूल बनाने में अपना सब-कुछ लेकर, राजनीति के मैदान के सिपाही बनकर खड़े हैं--और उनके सम्मुख भी, जो गूँगी भेड़ों की तरह केवल अत्याचार सहना, कष्टों में रहना, और मालिक की मरजी पर कट मरना जानते हैं। जिनके अपने खेत हैं, किन्तु खेतों का अनाज अपना नहीं; जिनके अपने बन्धु हैं, किन्तु उनके व्यवहार अपने नहीं और जिनके अपने नेता हैं, किन्तु उनकी बताई हुई दिशा अपनी नहीं। पहली श्रेणी के पढ़ें-लिखों के हाथों में जो निर्णय हैं, उनकी हमें चिन्ता नहीं; किन्तु चिन्ता इसलिए जरूर है कि उनकी संख्या देश में प्रति सैकड़ा सात से अधिक नहीं, और उनमें सब ही मत देने वाले यानी वोटर नहीं। किन्तु उन सैकड़ा पीछे 93 ऐसे आदमियों के हाथों वोट देने के अधिकार हैं, जिन्हें इस बात का पता नहीं कि हमारे हित-चिन्तक कौन हैं और हित-शत्रु कौन? वे नहीं जानते, कि दलों की ओट में ऐसे भी जीव छुपे हैं, जिन्हें केवल अपने आपको आगे बढ़ा ले जाना है और केवल इस समय तक गरीब से गरीब भी अपना रिश्ता कायम रखता है, जब तक कि उसका वोट न मिल जाये। फिर चाहे देश का कुछ भी हुआ करे। इसलिए एक चुनने वाला ग्रामीण और भी अचड़न में पड़ जायेगा, और थोड़ा-बहुत सोचने-समझने पर वह अपने आपसे प्रश्न करेगा कि मैं किसे चुनूं? वह, यदि तिलक को तीन लोक का स्वामी समझेगा, तो सुरेन्द्र को सच्चाई का पुतला! क्योंकि नुकीली नीति, बनावटी व्यवहार और राजनैतिक दाँव-घातों से वह निरा अनजान होगा। वह सोचेगा, कि एक यदि देश के लिए कष्ट भोगता है, तो दूसरा भी देश के नाम की माला रटते देखा जाता है; एक यदि जनता की सेवा के लिए अपने आपके प्राणों की परवाह नहीं करता, तो दूसरा भी अपनी गर्जना से भारत के हृदय को हुलसाता रहा है, तब मैं किसे चुनूं, किसे न चुनूं?

कुछ जीव ऐसे भी हैं जो स्वप्न देखते हैं कि इस समय दलबन्दी ही एक ऐसा रामबाण उपाय है, जो लोगों को पथ से न भटकने दे। किन्तु उसे, जिसने अपने प्राणप्रण से सेवा करने का व्रत ग्रहणकिया है, न तो अपने परिचय के लिए व्यथित

हो जाना पड़ेगा और न दलबन्दी का आश्रय लेना पड़ेगा। उसे दिखाना होगा कि मैं काम में लगा हूँ और तुम्हारे लिए सब-कुछ करने की तैयारी ही मेरे भावी जीवन का व्यवसाय है। इसके सिवा उसके सामने और भी कई घटनाएँ हैं। वह हजारों की संख्या में होने वाले अमृतसर के मसौदे को मानेगा और उन हजारों को हीनता की दृष्टि से छोड़ देने वालों के प्रति सन्देह के भाव रखेगा। वह सोच सकेगा कि सुधारों को सफल बनाने के लिए कस कर प्रयत्न कौन करेगा। जिसे इन सुधारों ही को काफी से अधिक उत्तम और सारगर्भित सुबूत करना है, वह कभी इन्हें सफल बनाने में कसकर प्रयत्न न करेगा। क्योंकि ऐसा करने से थोड़े ही दिनों में सुधार अधूरे दीखने लगेंगे, और इससे सुधारों को आशा से भी अधिक भारी कहने की बात, केवल बात रह जायेगी। किन्तु जिसे दिखाना है कि हम पूर्ण अधिकारों के योग्य हैं, और इसलिए ये सुधार अधूरे हैं, वह इन सुधारों को यशस्वी बनाने के लिए लोगों को समझाने, कृषकों को उत्तेजना देने, मजदूरों की बातों को सुनने, स्त्रियों की दशा पर विचार करने, गरीबी से दिन काटने वालों की सुध लेने और जनता को अपने नेता आप चुनने का पाठ पढ़ाने तथा पढ़ने वालों को अधिकाधिक शासन करने का हौसला बढ़ाने के कामों में जान लड़ा देगा।

तब हमें विचार करना चाहिए कि हम आगामी सभाओं में अपना प्रतिनिधि किसे चुनें ?

देश में ऐसे लोगों की कमी नहीं जो शासकों को खुश रखकर काम किया चाहते हैं। इसलिए उनका पथ सुविधाओं से भरा हुआ है। अधिकतर ऐसे जीव धनवान हैं और अधिकारियों की कृपा के पात्र भी। अत: 'हुजूर' की मदद के हाथ का सहारा मिलने की—उन्हें सफल होने की—काफी उम्मीद है, उस हालत में भी, जबकि उन्हें गरीबों की मुसीबतों की परवाह नहीं है। किन्तु देश में ऐसे भी हैं जो प्रारम्भ से ही अपने जीवन में धन की परवाह नहीं करते। उन्हें न तो अधिकारियों की कृपा ही प्राप्त होती है और न वे अपने ऐसे ही दोस्त बना पाते हैं जो अयोग्य होने पर भी उनकी ही हाँ-में-हाँ मिलावें और उनको उस जमाने का गरीब परवर बना डालें। उनका पक्ष जनता का पक्ष होता है। वे सदैव जनता की सेवा करते, उसके दुख-सुख में हिस्सा बँटाते और उपदेश देकर, कार्य करके तथा कष्टों को झेलकर छोटे-से-छोटे ग्रामीण के सम्मुख इस रूप में खड़े होते हैं कि 'मैं तुम्हारा आदमी हूँ और केवल तुम्हारे लिए पैदा हुआ हूँ।' इसलिए जब जनता की ओर से ही चुनाई होती है, तब उसी आदमी का चुना जाना जरूरी है, जो जनता का आदमी हो, और जिसकी आवाज, चाहे वह 'अकल अजीरन रोग' की कमी अपने साथ रखता हो तथा अधिक चालाकी और चतुराई का आधार न रखता हो, तो भी देश की आवाज हो।

कसकर विचार करने से हमारे सामने ये बातें आती हैं, कि जो देश की पंचायतों यानी प्रतिनिधि सभाओं और खासकर देश की सबसे बड़ी प्रतिनिधि-सभा कांग्रेस का साथ देता है, और अपने आप के मत को, उन हजारों के एकमत के सामने महत्व नहीं देता। अब जबकि एक कौड़ी पर भी प्रजा का अधिकार स्वीकृत नहीं किया गया और जबकि सिविल सर्वेण्टों की नीति और हमारी नीति एक नहीं हो पायी, तब जिसके आर्थिक और राजनैतिक विचार स्पष्ट हो चुके हों, वह हमारा पंच चुना जाना चाहिए। जिसे दीखता हो कि सुधार-योजना अधूरी है, जो जानता हो कि स्वच्छता उसके हाथों आ जावेगी और शीघ्र ही बहुत-सी बीमारियाँ देश में घटाई जा सकती हैं और ग्रामीणों और गरीबों के लिए औषधि का प्रबन्ध और स्वच्छता के नियम समझाने की ऊँची व्यवस्था की जा सकती है, शिक्षा पर अधिकार हो जाने पर, शीघ्र ही कृषि, व्यायाम और कला के स्कूल खोले जा सकते हैं और शिक्षा की वर्तमान निन्दनीय नीति बदली जा सकती है, श्रमजीवियों के लिए औद्योगिक क्षेत्र निर्माण किये जा सकते हैं और विदेशी माल पर निर्भर रहने की कमजोरी हटायी जा सकती है, वही हमारा पंच बने। जो प्रजा की बातें न माने और देश-विघातक कार्यों के करने पर, मिनिस्टर यानी मन्त्री को निकाल देने, निकलने के लिए लाचार कर देने और यदि वर्तमान कान्स्टीट्यूशन में मन्त्री का पद निःसार हो तो बार-बार मन्त्री को इस्तीफे दिलाकर उस पद को निःसार सुबूत कर देने तथा सारयुक्त सुबूत होने पर, कुछ मनचलों के बिगड़ उठने पर भी, उनका साथ देने में तैयार रहे, वही पंचायत में हमारी ओर से भेजा जाना चाहिए। जो सोचता हो, कि प्रजा के हाथों दिये गये विभागों के लिए वह खजाने से काफी धन स्वीकार करा लेने में समर्थ होगा, वह हमारा पंच बने। जो उन भोजों, आदरों, पदों और उपाधियों से, जो सरकारी मशीन में से ढलकर निकलती हैं, फूल न उठता हो, और उनकी आशा में देशवासियों को धोखा न देता हो, वही हमारा पंच बने। जो सरकारी नौकरों की मुस्कराहट पर कुरबान होने के लिए और उनकी त्यौरी चढ़ते जाने पर गठिया-ग्रस्त हो जाने के लिए उतारू न हो जाये, जो कड़े-से-कड़े विरोध का सामना कर सके; और जनता का विश्वास उठ जाने पर या जनता के बहुमत के अधिकार द्वारा निरंकुशतापूर्वक रौंदे जाने पर उसे प्रपंच करने वाली पंचायत को नमस्कार कर सके, वही हमारा पंच होने के लिए आगे बढ़े। जो अपना खुद का मत नहीं, प्रजा का, जिन्होंने उसे चुनकर पंचायत में भेजा है, उन लोगों का मत पंचायत के सामने उपस्थित करने का साहस रखता हो; और जो जनता की, यानी अपने मालिक की आज्ञा का पालन, धर्म समझता हो और उसका निरादर होने पर, पंचायत के प्रतिकूल जमीन और आसमान को एक कर डालने वाला वैध आन्दोलन कर सकता हो, वह हमारा प्रतिनिधि बने। जो किसान रहा हो, या

जिसने किसानी का कुछ अनुभव किया हो, या जो देहातों में रह चुका हो, या जो वर्ष का कुछ भाग देहात में और देश की सेवा के लिए संगठित मण्डलों में व्यतीत करता हो, वह हमारा प्रतिनिधि चुना जावे। जो प्रजा-सत्ता के विश्व-विजयी सिद्धान्त को मानता हो और गदर से देश को बचाने के लिए सरकार को पद-पद पर सुधार करने के लिए विवश कर सकता हो, वह हमारा प्रतिनिधि चुना जावे।

जो बढ़ई, लुहार, जुलाहे और मजदूरों की कठिनाइयों को समझता हो; उनके लिए कौंसिल में पहुँचकर काम करने का अपने में बल अनुभव करता हो और एक दिन उन प्रतिनिधियों को अपना साथी तथा मिनिस्टर बनाने के लिए उद्योग करना स्वीकार करता हो, वह हमारा पंच बनने के लिए आगे आवे। जो सोयी भारतीय नागरिकता को उठाना और काम में लगा देना तथा उसके संकटों को दूर हटाने के लिए प्रस्तुत रहना स्वीकार करता हो, हमारा पंच बने।

जो समझता और स्वीकार करता हो कि स्त्रियों का कौंसिल में पहुँचना देश के गौरव का चिह्न है, और जो इस मार्ग की पशुता में यूरोप का अन्धानुकरण करके देश को हानि न पहुँचाना चाहता हो, वह हमारा पंच बने। जो मजदूरों को काफी प्रतिनिधित्व दिलाना और मजदूरों की माँगों को उचित रीति से कौंसिल के सम्मुख रखना मंजूर करता हो, वह कौंसिल में जावे। जो कौंसिल की कार्यवाही प्रान्त की और देश की सार्वजनिक भाषा यानी राष्ट्र-भाषा में होने का पक्षपाती हो, और ऐसा न होने पर अनेक भाइयों का समय, समझ में न आने वाली एक गिटपिट भाषा में नष्ट होना उचित न समझता हो और उनको बैठे रहने के लिए पंच रहने में उनका अपमान समझता हो तथा भारत की कौंसिल भारतीय भाषा में ही होगी और उसमें राष्ट्र-भाषा ही में बोलता और बुलवाने के विवश करेगा, ऐसा जो स्पष्ट-वक्ता हो, वही हमारा प्रतिनिधि चुना जाय। जो यह जानता हो कि चतुर, चालाक और पद-पद पर धोखा देने वाले सिविल सर्वेण्टों से वहाँ बाजी लेनी होगी, जो बात-बात में लोगों को भूल-भुलैया में डालकर अपना काम बना लेने के लिए मशहूर रहे हैं, और हैं—और इसके लिए जो केवल मनमानी सम्मति देने के लिए नहीं बल्कि बातों को समझने, अध्ययन करने और अनुभव बढ़ाने के लिए काफी बुद्धि और समय रखता हो और सदैव मजबूत दलीलें पेश कर अपनी बाजी जीत सकता हो, वही हमारा प्रतिनिधि बने। अब पंचायतों की बैठकें महीनों होती रहेंगी। इसलिए जिसके पास काफी समय हो, जो अपनी वकालत आदि का खयाल कर, लोक-सेवा की जिम्मेदारी का गला न घोंट बैठे, उसी को पंच बनाना चाहिए। जो अत्याचारों से घबड़ा उठने वाली जनता को शान्ति का पाठ पढ़ाने न दौड़ता हो, बल्कि अत्याचारियों ही को, अत्याचार न कर सकने की परिस्थिति में उपस्थित करने के लिए तैयार हो, वही हमारा प्रतिनिधि बने। जो विश्वास करता हो कि देश का काफी खून चूसा जा चुका है और अब

वह कठिनता से जीवन की साँसें ले रहा है, ऐसे समय उसे सन्तोष का पाठ पढ़ाने और धन का सदुपयोग सिखाने न दौड़ता हो, किन्तु ऐसा प्रयत्न करता हो कि कठोर भारतीय दरिद्रता के पैर उखड़ जायं—और जनता को भी इसी प्रकार के उपाय सुझाने वाला हो, वही हमारा प्रतिनिधि यानी पंच बने। जिन्होंने पंजाब, की, उस पंजाब की जहाँ लोगों को नंगा करके कोड़े लगाए गये, जहाँ बम के गोले और बन्दूकें छोड़कर सैकड़ों भारतवासियों के प्राण ले लिये गये, पाँच बरस के बालक भी बे-मौत मारे गये, और यह स्वीकार करते हुए कि हाँ, बिना लोगों को मारे भी काम चल सकता था, किन्तु लोग समझ लेते कि मैं डर गया—ऐसी उस पंजाब की घटनाओं को जो बुरा समझते हों और अपने प्रदेश में ऐसी घटना घटने पर पवित्रतापूर्वक, अत्याचारियों के हाथों को हथियार न उठाने के लिए विवश कर सकते हों, या करना स्वीकृत करते हों, वही हमारे पंच होकर देश और प्रदेश की पंचायतों में आगे बढ़ें।

समय काम करने का है। हम आशा करते हैं कि हमारे भाई अपनी तकदीर, अपना जीवन, अपने गरीब देशवासी और अपनी शस्य-श्यामला भारत-माता के भाग्य को उन्हीं के हाथों सौपेंगे, उन्हीं को पंच बनावेंगे, जो अपने योग्य पंच होने का उस दिन तक विश्वास दिलावें, जब तक उनका मन चल न गया हो और उनके शरीर में साँस आ रही हो। भगवान् करें, हमारे भाई, अपने अच्छे पंचों को पंचायत में भेज सकें।

संपादकीय टिप्पणी नं० 2

मूर्तियों का रोग देश में बेतरह बढ़ रहा है। कहीं खबर उड़ाई जाती है कि गुरु गोविन्द के सेवक सिक्खों के स्वर्ण-मन्दिर में जनरल डायर की मूर्ति बनेगी और कहीं सर ओडायर की मूर्ति बनाने की बात सुनी जाती है। उस जमाने में तो मूर्तियाँ किसी प्रकार थोड़े दिन टिकी रहतीं, जब देश में ऐसे ही जीव विचरते थे, जो हाकिमों को ईश्वर माना करते, उनसे मिली हुई उपाधियों को वरदान समझते रहते और उनकी इच्छा पर हजारों की इच्छाओं को कुरबान होते देखते। किन्तु, लोकसत्तावाद के प्यारे चरणों ने, संसार को समता का सन्देश दिया है, ऐसे समय ये मूर्तियाँ बनकर क्या करेंगी, ईश्वर ही जानें। इधर मि० माण्टेगु की मूर्ति बनाने के लिए भी प्रयत्न हो रहा है और उस थैली में काफी धन एकत्र भी हो गया है।

हम चाहते हैं कि यदि इन मूर्तियों के बिना देश के लोग रह ही न सकते हों, तो मूर्ति-पूजा की पूरी नकल की जाय। कृपापूर्वक मन्दिर बनवाये जायें, पाद-रियों से मूर्तियों की प्राण-प्रतिष्ठा करायी जाय, कुछ जमीन या जायदाद लगा दी जाय, पुजारी नियत किये जायें और विष्णु-सहस्रनाम तथा अन्य स्तोत्रों का

पाठ किया जाय। और कम-से-कम उस समय तक जब तक लोक-सत्ता पाषाणों का दूसरा दयापूर्ण उपयोग न कर ले, नैवेद्य लगाया जाय, और उसका प्रसाद भक्तों के बीच आदर से बाँट दिया जाय!

सम्पादकीय टिप्पणी नं० 4

कल से तिरोड़ा कान्फ्रेन्स की बैठक है। और भी कई जिला-सभाओं की बैठकें शीघ्र होंगी। आशा है कि फरवरी के अन्तिम सप्ताह के प्रथम वे अपनी स्पष्ट सम्मतियाँ कुछ आवश्यक बातों पर देवेंगी। हमारा विश्वास है कि चुनने वालों के गुण और चुनाई की शर्तों को वे उचित ढंग से ठहरावेंगी और यह निश्चित करेंगी कि प्रतिनिधियों में कौन-कौन सी खास-खास बातें हों। प्रतिनिधियों के लिए जो स्थान की कैद रखी गयी है, उस पर वे विचार करेंगी और स्त्रियों को वोट देने के अधिकार पर बल लगावेंगी। वे चुनाई में भेद-भाव बढ़ाने वाले बहुत-से विभागों की सृष्टि करने की सम्मति नहीं देंगी और प्रत्येक शहर के प्रतिनिधि वाली बात पर विचार करेंगी। चुनाई के वर्तमान संगठन में लुहारों, बढ़इयों, जुलाहों और मजदूरों को वोट देने का अधिकार नहीं मिला है, हमें आशा है कि वे इस बात पर जोरदार प्रस्ताव पास करेंगी। संगठन में फौजी पेंशनरों को वोट देबे का अधिकार मिला है, किन्तु जो पढ़े-लिखे पेंशनर भाग्य से देहात में रहने जाते होंगे या जो स्कूल-मास्टर पेंशन लेकर वहाँ रहते हैं, उनके लिए वोट देने का अधिकार नहीं है। हमारा विश्वास है, कान्फ्रेंस इनको वोट देने का प्रस्ताव पास करेंगी और यह भी निश्चय करेंगी, कि वर्तमान समय में अपने मतदाताओं को किस प्रकार शिक्षा दी जाय और इसके लिए मतदाता-मण्डलों के निर्माण के प्रस्ताव पास करेंगी और यह काम एक सिलेक्ट कमेटी के हवाले कर देंगी। यह भी निश्चित करना होगा कि एक मतदाता कम-से-कम कितनी दूरी पर वोट देने जावे और प्रत्येक जिले में कितने चुनाई के स्थान हों या प्रत्येक कितने वर्गमील में एक चुनाई का स्थान हो। प्रतिनिधियों का प्रान्तीय बँटवारा किस तरह किया जाय, यानी किस जिले के कितने प्रतिनिधि रहें, इस पर भी विचार करना जरूरी है। जो किसान तौजी पटाते हैं, उनमें से कम-से-कम कितनी तौजी पटाने वाले को वोट का अधिकार रहे, यह निश्चय करना होगा, और जिलों के अनुसार इस कैद को इतनी घटा देना चाहिए कि अधिक मतदाताओं की चुनाई हो सके। यह निश्चय करना चाहिए कि मतों की चुनाई के पोलिंग आफीसर कैसे हों, कौन हों, उनमें क्या-क्या विशेषताएँ हों तथा उनके क्या-क्या कर्त्तव्य हों। कौंसिल की भाषा जरूर निश्चित कर लेनी चाहिए, नहीं तो हमारे बहुत से प्रतिनिधियों को कौंसिलों में जाकर बैठे रहना और आत्मापमान सहना पड़ेगा। प्रदेश में 14 जिले हिन्दी-भाषी और 4 जिले मराठी-भाषी हैं। अतः हमें उसी पथ का अनुकरण करना चाहिए

जिससे कौंसिल का काम हमारी ऐसी भाषा में हो जिसको प्रान्त के सब लोग बोल और समझ सकते हों।

अब केवल प्रस्तावों ही से सब कार्य सिद्ध न होंगे। उसके लिए स्थायी कार्यकारी मण्डल बनाने चाहिए। और धन का ऐसा संग्रह करना चाहिए, जिससे ये मण्डल आगामी नवम्बर तक स्वराज-संगठन का कार्य बराबर कर सकें और योग्य प्रतिनिधियों को कौंसिलों में पहुँचा सकें।

[7 फरवरी, 1920]

बड़ी धारा-सभा में लाट साहब

गत ता० 30 को प्रारम्भ होने वाली बड़ी धारा-सभा की बैठक हो गयी। उसमें, भारत के वाइसराय लार्ड चेम्सफोर्ड का भाषण हो गया। लाट साहब, भारत रक्षा कानून द्वारा, अपने हाथों की मजबूती आजमा चुके हैं। प्रेस ऐक्ट के प्रतिबन्धों की शिकायत सुनकर भारतीयों को घुड़क चुके हैं। रौलेट बिल्स पास कर भारत को 'गदर करने वाले' के नाम से बदनाम कर चुके हैं और इण्डेम्निटी ऐक्ट बनाकर अफसरों का, चाहे उनमें अत्याचारी भी क्यों न हों, पक्षपाती साबित कर चुके हैं। कांग्रेस ने प्रस्ताव किया कि वाइसराय साहब इंग्लैण्ड वापस बुला लिये जायँ। कई विलायती पत्रों ने भी यही कहा। किन्तु इस भाषण के पढ़ने से मालूम होता है, कि यह भाषण उन बड़े लाट का नहीं, जो सन् 1919 के दिसम्बर के अन्तिम सप्ताह से प्रथम भारत में हुकूमत करते थे,—यह भाषण उन वाइसराय का नहीं, जो शासन और न्याय की बातों पर अधिकार रखते हैं, किन्तु बातों को गहराई से समझने और भारत के शासन ऐक्ट को उत्तरदायित्व से चलाने में निरे फौजी लोग ही वाइसराय साहब के इस अचानक स्वर-परिवर्तन के भिन्न-भिन्न कारण बताते हैं।

कोई इसे प्रचण्ड (राष्ट्रीय) सभा का प्रताप और कोई महाराज की उदार और (शासकों या राजनैतिक धोखेबाजों के द्वारा रहने दी जाय तो) पवित्र घोषणा को उसका यश देते हैं। कोई विलायत के पत्रों के विकट आन्दोलन को भी इसका कारण बताते हैं। किन्तु कोई ऐसे भी हैं जो इन तीनों कारणों को मानते हुए सोचते हैं कि जमाना पलट गया है। रूस की बोलशेविक बला की ओर देखते हुए अफगानिस्तान की मित्रता का स्मरण करते हुए, टर्की का मन समझाते और सन्धि-परिषद का समय आगे बढ़ाते हुए, नैपाल को युद्ध के उपहार-स्वरूप भारतीय खजाने से 10 लाख की वार्षिक भेंट देते हुए और अमेरिका के सन्धि-विरोध तथा अफ्रीका की भारतीय परिस्थिति को सोचते हुए लाट साहब ने अपना

स्वर ऐसा ही रखना उचित समझा है। ओडायरी सम्प्रदाय का साथ न देते हुए यही स्वर पहले भी रखा जा सकता था, जो आने वाली सब आपदाओं को रोक सकता था। खैर, लाट साहब के परिवर्तित स्वर के स्थायित्व में विश्वास चाहे हमारे हृदय में धीरे-धीरे आये, किन्तु उस स्वर के प्रति हमारे पास आदर है।

भाषण में बहुत-सी घटनाओं का उल्लेख है, जिनमें दो मुख्य हैं—एक तो सम्राट् की घोषणा का भक्तिपूर्वक स्मरण, और दूसरी मि० माण्टेगु को जहाज-भर धन्यवादों का दान और कृतज्ञताओं का प्रदर्शन। किन्तु भाषण में जहाँ मि० माण्टेगु, लार्ड मेस्टन, मि० मुडीसन और अन्य कितने ही साधारण आदमियों को धन्यवाद दिया गया है, वहाँ आप लार्ड सिन्हा को धन्यवाद नहीं दे सके। कदाचित् यह इसलिए कि एक भारतवासी को सुधार का थोड़ा भी यश न मिल जाय, या इसलिए कि सुधार-स्कीम किसी काले आदमी का नाम लेने से कलंकित न हो जाय! शायद यह भी लाट साहब का इरादा हो कि वे लार्ड सिन्हा को यहाँ धन्यबाद न देकर, यह साबित करें कि उन्होंने योग्यता और ईमानदारी से सुधारों के काम में साथ नहीं दिया। कारण जो हो, लाट साहब ने धन्यवाद नहीं दिया, यह बात सत्य है। वाइसराय कहते हैं कि प्रान्तीय गवर्नरों से आपने सम्मति की है और शीघ्र ही मद्रास और पंजाब में वोट देने वालों की संख्या बढ़ा दी जावेगी, जिसमें 6,00,000 आदमी और बढ़ जावेंगे। परन्तु क्या इसका यह मतलब है कि अन्य प्रान्तों में संख्या बढ़ाई न जावेगी? यदि ऐसा ही है, तो फिर सुधारों पर सरकार द्वारा पूछी हुई सम्मतियों का मूल्य क्या होगा? साउथ बरो कमेटी की रिपोर्ट के अनुसार, मध्यप्रदेश में कम से कम 100 रु० जमा देने वाले मालगुजार और रायपुर, बिलासपुर, द्रग, चाँदा और बैतूल में 30 रु० तथा भण्डारा, बालाघाट, निमाड़, छिन्दवाड़ा, सिवनी और यवतमाल में 40 रु० तौजी देने वाले किसान मत दे सकेंगे। हमारे विचार से किसानों की जमा घटाकर कम-से-कम क्रम से 25 रु०, 35 रु० और मालगुजारों की 75 रु० कर देनी चाहिए।

बसुबाबू ने लाट साहब से स्टेट सेक्रेटरी द्वारा सर शंकरन् की नियुक्ति और उससे भारत सरकार की मानहानि की बात कही, और उसका लाट साहब ने दिखाऊ उत्तर भी दे दिया। किन्तु बसुबाबू उस जगह पर सर शंकरन् का होना पसन्द नहीं करते, यह बात प्रकट हो गई। साथ ही, बसुबाबू के पवित्र मुख से लाट साहब से बातें करते हुए पंजाब की घटनाओं पर एक शब्द भी न निकला होगा! चाहे पंजाब की आवाज ने सातों समुद्रों को चीरते हुए, पहुँचकर इंग्लैण्ड और अमेरिका को भले ही दहला दिया हो, किन्तु वह बसु-भगवान् के निकट पहुँचने में समर्थ नहीं हुई! यदि हुई होती, तो लाट साहब के भाषण के ग्रामोफोन से सुनायी पडी होती। भाषण में गल्ले की स्थिति पर चिन्ता प्रकट की गयी है और यह कहा गया है कि अब गल्ले का विदेशों में जाना रुका रहेगा। किन्तु

ऐसा करने पर भी मूर्ख गरीबों के हाथ से सरकार अछूती बचेगी, ऐसा नहीं दीखता। इसके लिए ऐसे उपायों की जरूरत है, जिससे भारत के लोग सस्ता अनाज पा सकें और उचित आर्थिक उन्नति कर सकें।

भाषण में बोलशेविक आपत्ति का जिक्र किया गया है और भारतवासियों पर विश्वास प्रकट किया गया है। किन्तु लाट साहब का आज तक का व्यवहार कहता है कि उन्होंने कभी भारतवासियों पर विश्वास नहीं किया। यदि वे विश्वास करते हैं, तो उन्हें यत्न करना चाहिए कि भारतीय सैनिक अधिक संख्या में तैयार हों। बोल्शेविकों की आपत्ति के समय लाट साहब की मदद का अर्थ भारतवासियों को यह समझना चाहिए कि वे सैनिक होने और सैनिक बल बढ़ाने की तैयारी में लगें। वे हथियार चलाने में अधिकाधिक निपुण हों, और शारीरिक शक्ति बढ़ाने के छोटे-से-छोटे उद्योग को भी आँख से ओझल न होने दें। तभी वे संकट के समय सरकार की और अपनी मदद आप कर सकते हैं। किन्तु फौज के छोटे और बड़े सब पदों पर सहस्रों भारतीयों की नियुक्ति ही भारतीयों पर लाट साहब का विश्वास प्रकट कर सकेगी, केवल बातें नहीं। सीमा प्रान्त के महसूद उपद्रवियों के दमन की चर्चा करते हुए लाट साहब फरमाते हैं कि महसूदों को सूचना दी गयी है कि वे अपने स्त्री और बच्चों को गाँवों से बाहर ले जायें और फिर उनके गाँवों पर बम बरसाये गये। ठीक ! महसूद दुश्मन थे, और उन्हें बम बरसाते समय चेता दिया गया था, किन्तु श्रीमन् ! पंजाबियों पर बम बरसाते समय उन्हें चेताया नहीं गया था। एक बात कहकर लाट साहब ने हमारे हृदय को बड़ी चोट पहुँचाई है। आप कहते हैं, यदि (गायना आदि) उपनिवेशों में जाने से भारतवासियों को अधिक अधिकार मिलते हैं, तो हमें उन्हें वहाँ जाने से नहीं रोकना चाहिए और उन्हें हानि नहीं पहुँचानी चाहिए। इसे वाइसराय स्वीकार करते हैं। वाइसराय की सरकार उतना फायदा भारतवासियों को नहीं पहुँचा सकती, जितना उपनिवेश उन्हें पहुँचा सकते हैं। इसके साथ ही खुले खजाने मानो यह घोषणा की जा रही है कि अपनी ही मातृ-भूमि में रहकर भारतीयों को उतना आराम नहीं मिलेगा जितना पराये देशों की खाक छानने में मिलेगा। किन्तु श्रीमन् ! भारतवासी इसलिए अपने देश में से बाहर कदम रखना मंजूर नहीं कर सकते, कि अब उनका देश उन्हें अधिक लाभ नहीं पहुँचा सकता ! अन्त में लाट साहब ने युवराज के आने पर खुशी प्रकट की है। अपने नाविक सम्राट् के सुपुत्र और कुबेर के भाई ब्रिटिश साम्राज्य के युवराज का स्वागत करने के लिए भूखा और सैनिक उपकरणों के लिए लालायित भारत आदर, आकांक्षा और अनुरोध के भावों से मस्त होकर तैयार है।

सम्पादकीय टिप्पणी नं० 1

गत ता० 8 फरवरी को वह अस्थायी सन्धि खतम हो गयी, जो भारत सरकार और अफगानिस्तान के बीच हुई थी। एक समय भारत सरकार और अफगानिस्तान में बड़ी मित्रता थी। अफगानिस्तान, रूसी आपदा की रुकावट का पहरेदार था, जिसका बदला सरकार की ओर से प्रतिवर्ष लाखों रुपया देकर चुकाया जाता था। काबुल के अमीर मेहमान होकर भारत आते रहे और सरकार से भारी सम्मान पाते रहे। किन्तु समय पलटा। रूस में क्रान्ति हो गयी और वहाँ प्रजासत्तात्मक राज्य स्थापित हो गया। यद्यपि इंग्लैण्ड के प्रधानमंत्री ने रूसियों को आशा का सन्देश और विजय की बधाइयाँ भेजीं, तो भी रूसी शक्ति छिन्न-भिन्न हो गयी और यह विश्वास हो गया कि वह किसी का कुछ बना-बिगाड़ नहीं सकती। इसके बाद युद्ध समाप्त हुआ। मित्रों की जीत हुई। टर्की अपराधी माना गया और उसके साथ रिश्ता कायम करने की शर्तें सोची जाने लगीं। बस, इतने ही में अफगानिस्तान से युद्ध हो पड़ा। पहले तो दुश्मनों को खदेड़ने में मशहूर सरकार ने कसकर लड़ाई की, किन्तु फिर समझौता हो गया। समझौते के लिए जमे हुए सर हैमिल्टन के भाषण और अफगान वकीलों के उत्तरों से पता चलता था कि सन्धि होना कठिन होगा। किन्तु देखते-देखते ही सन्धि हो गयी। भारत सरकार ने प्रकाशित किया कि हम जीत गये। अब अमीर को एक पाई भी न देनी पड़ेगी। और जो उनका हम पर बकाया है, वह भी न देंगे। किन्तु विलायती पत्रों ने कहा, भारत-सरकार हार गयी। वह अपने रुपयों का बंधन अफगानिस्तान पर आगे कायम न रख सकी। इधर बोल्शेविकों की विजयों और मुसलिम-जगत् की बेचैनी ने राजनीतिज्ञों को, भारत-सरकार के चौकड़ी चूक जाने का विश्वास दिलाया। अब सन्धि खत्म हो गयी है। देखना चाहिए, सरकार अफगानिस्तान से अब अपना कौन-सा रिश्ता कायम करती है। धन उसी के यहाँ बरसने लगता है, जो धनवान का दोस्त हो जाय। भारत और नेपाल सृष्टि के आदि-काल से निकट हैं। और गोरखों की सेना भी भारत-सरकार की सेवा बहुत दिनों से कर रही है। महायुद्ध में मित्रों ने भारी विजय पायी सुनते हैं। उसमें भारत-सरकार को नेपाल से बड़ी सहायता मिली। अतः सरकार नेपाल सरकार से प्रसन्न हुई। उधर, अफगानिस्तान से भारत-सरकार की दोस्ती वैसी ही न बनी रह सकी। तिस पर थोड़े-से बोल्शेविकों की बाढ़ ने संसार के छक्के छुड़ा दिये और उस राज्य के मन्त्री को सन्धि की भूल-भुलैया में पड़ने के लिए ललचा दिया, जिसमें कहा जाता है कि सूरज कभी नहीं डूबता, इधर टर्की के नष्ट होने के भय ने मुस्लिम-जगत् के हृदय दहला दिये। अतः टर्की और अफगानिस्तान से मदद की आशा भ्रम-मात्र रह गयी। उधर क्रान्तिकारी चीन का कदाचित् भरोसा नहीं, कि वह कब बोलशेविकों की बहकावट में आ जाय। इसलिए नीति-निपुण भारत-

सरकार जरूरत समझती है कि भारत के पड़ोसी राज्यों में से कोई अपना मित्र जरूर रहे और इसलिए यह आवश्यक है कि नेपाल और भारत-सरकार में मित्रता और भी गाढ़ी हो जाय।

सम्पादकीय टिप्पणी नं० 2

भारत सरकार ने निश्चय किया है कि नेपाल-सरकार को 10 लाख रुपयों की इसलिए भेंट दी जाय कि उसने युद्ध में खूब सहायता दी। हमारा विश्वास है कि भारत के देशी नरेश भी इस तरह की भेंट के पात्र हैं। अस्तु, भारत सरकार के पत्र-व्यवहार पर जरा गहराई से विचार करने से पता चलता है कि नेपाल-सरकार रुपया नहीं, राज्य का कुछ हिस्सा चाहती थी। किन्तु भेंट का यह सौदा रुपयों में ही तय हो गया। इसलिए भारत सरकार की प्रशंसा करनी चाहिए। किन्तु हमें यह यहाँ स्पष्ट कह देना चाहिए कि केवल नेपाल-सरकार की सेना ही को अपनी सच्ची सहायक और उदारता की हकदार समझना भ्रम है। आपदाओं का सामना करने के लिए भारत ही की सोयी हुई शक्ति को जगाना चाहिए। भारत में भी योद्धा हैं। यदि सरकार का विश्वास हो और वह तैयारी का अवसर दे, तो भारत की रक्षा के लिए, किराये और इनामों की फौजों से काम लेने की अधिक जरूरत न रह जाय।

सम्पादकीय टिप्पणी नं० 3

भण्डारा जिला-परिषद्, उसी जिले की तिरोड़ा तहसील में बड़ी सफलता के साथ हो गयी। सभापति थे, 'केसरी' और 'मराठा' के विद्वान् सम्पादक देश-भक्त श्री नरसिंह चिन्तामणि केलकर। तिरोड़ा सरीखी छोटी-सी जगह में एक हजार के लगभग सभासदों का, राजनैतिक चर्चा के लिए इकट्ठा हो जाना गौरव की बात है। उत्साही स्वागत-समिति के सभापति श्रीयुत बाँईकर अपने उत्साह के लिए और भण्डारा जिले के अन्य राजनैतिक कर्मवीर अपनी कार्य-पटुता के लिए प्रशंसा के पात्र हैं। सभापति का भाषण बड़ा अच्छा था।

सम्पादकीय टिप्पणी नं० 4

किन्तु हमारी यह इच्छा नहीं कि हम जान-बूझकर अपनी उन कमजोरियों पर पर्दा डालें, जो कर्म-क्षेत्र में हमसे समय-समय पर हो जाती हैं। कमजोरियाँ दर्शकों से नहीं हुईं, जो बड़ी श्रद्धा से अपने नेताओं से राजनैतिक सन्देश सुनने आये थे और न उन ग्रामीणों से ही हुईं, जिनके धन से यह पवित्र उद्योग पूरा हो सका। कमजोरियाँ संयोजकों से और काम करने वालों से हुईं। सभा में सभापति ने ऐसा कोई निश्चित कार्यक्रम जनता के सम्मुख नहीं रखा, जिसके अनुसार

सुधार ऐक्ट का कार्य सावधानी से किया जा सके, और सभापति के शब्दों में शेष बारह आना अधिकारों को पाने के लिए आन्दोलन की भी कोई निश्चित दिशा नहीं बतायी गयी। प्रस्ताव बनाने वालों ने प्रस्तावों के बनाने में समय की आवश्यकताओं को पूरी तरह नहीं समझा। सुधार ऐक्ट की खास-खास कमजोरियों को हटाने में बल नहीं लगाया गया। मजदूरों को प्रतिनिधि मिलने के प्रश्न पर जोर नहीं दिया गया, कौंसिल की भाषा के प्रश्न की जानबूझ कर उपेक्षा की गयी, ब्रिटिश गायना में कुली बनाकर भेजने की स्वीकृति या अस्वीकृति का प्रस्ताव रखा नहीं गया और स्त्रियों को वोट देने के अधिकार की चर्चा भी नहीं चलायी गयी। कहा जा सकता है कि गायना और भण्डारा सभा से क्या मतलब? किन्तु भारत के हित के बड़े-बड़े प्रश्नों पर छोटी-छोटी ग्रामों और नगरों की असंगठित सभाएँ प्रस्ताव करती हैं, तब इस संगठित सभा को तो यह प्रश्न हाथ में लेना चाहिए था।

सम्पादकीय टिप्पणी नं० 6

खबरें आ रही हैं कि संसार भर में फिर से इन्फ्लुएंजा का प्रकोप बढ़ रहा है। इंग्लैण्ड में भी सुना जाता है, और इटली में भी। इधर बम्बई में भी उसका जोर बढ़ गया है, जहाँ से सारे भारत में पहुँचते देर नहीं लगती। गत सप्ताह में इन्फ्लुएंजा से बम्बई खास में 74 और कराँची में 60 मौतें हुईं। गत 15 ता० को समाप्त होने वाले सप्ताह में मध्यप्रदेश में 168 मौतें हुईं। सिवनी जिले के 18 गाँवों में 54, छिन्दवाड़ा जिले में 62 और होशंगाबाद जिले के एक गाँव में 36 मृत्युएँ हुईं। अतः देशवासी सज्जन स्वच्छता की ओर ध्यान दें और उसे रोकने के उपायों को काम में लावें। सरकार अपना कर्त्तव्य पालन कर अभी से औषधि की व्यवस्था की और नेतागण सरकार को उचित प्रबन्ध के लिए सावधानी से सूचित करें।

सम्पादकीय टिप्पणी नं० 7

लोग सुनकर हर्षित हुए कि मार्शल-ला के कैदी निर्दोष प्रमाणित हुए और इसलिए वे छोड़ दिये गये, किन्तु बात ऐसी नहीं है। उनसे सरकार ने मुचलके लिखवा लिए हैं, जिसमें लिखा है, "मेरी सजा की अवधि के जितने दिन बाकी हैं, उस बीच में मैं राज्य या सार्वजनिक शान्ति के विरुद्ध कोई अपराध नहीं करूँगा (किन्तु यह अपराध तो उन पर पहले भी साधारण अदालत में साबित नहीं किया गया था—सं०) और न उसके लिए किसी को उकसाऊँगा।" साथ ही यह मजे की शर्त भी करा ली गयी है, "उस बीच मैं ऐसे किसी आन्दोलन में प्रत्यक्ष या अप्रत्यक्ष भाग न लूँगा, जो राज्य या सार्वजनिक शान्ति के विरुद्ध खड़ा किया

गया हो, या जिसके परिणामस्वरूप ऊपर कहे किसी अपराध के होने की सम्भावना हो।" किन्तु इतने ही से बस नहीं है, यह भी लिखाया गया है कि "यदि प्रादेशिक सरकार की राय में (फिर वह चाहे जो राय निश्चित कर ले—सं०) इनमें से कोई शर्त पूरी न की गयी हो, तो वह माफी रद्द कर सकती है।" इन छूटने वाले भले आदमियों को अभी कैदी ही कहना चाहिए। कैदियों को मुक्त न करके महाराज की दया को दिखाऊ बनाने का प्रयत्न यदि न किया जाता, तो अच्छा था।

सम्पादकीय टिप्पणी नं० 9

हमारे नगर[1] के गन-कैरेज-फैक्टरी के मजदूर वेतन में वृद्धि चाहते हैं। इसके लिए वे अपने अफसरों से कई बार कह चुके हैं। जब उनकी सुनवाई नहीं हुई, तब उन्होंने हड़ताल की। गरीब आदमी अपना रोजगार बिना किसी विशेष कारण के नहीं छोड़ सकते। धन्धा छोड़ बैठना और काहिली में दिन काटना उनके लिए खेल नहीं है। हम चाहते हैं कि उनकी शिकायतों की ओर उन लोगों का, जो इस विषय में कुछ कर-धर सकते हैं, तुरन्त ध्यान जाय। हजारों आदमियों का अधिक काल तक बेकार रहना किसी प्रकार भी कल्याणकर न होगा। नगर के नेता इन बेकार आदमियों को शान्त रखने और उनके दुःख दूर करने का प्रयत्न करें। और अधिकारी वर्ग तथा कारखाने वाले मजदूरों की शिकायतों को उचित ढंग से सुनें, और उन्हें बिना विलम्ब दूर करें। यह कारखाना सरकार का है। यदि उसके मजदूर भी कम ही मजदूरी पाते रहेंगे, तो सरकार की बड़ी बदनामी होगी। उसका यह ढंग उन कारखाने वालों के ढंग से भी बुरा कहा जायेगा जो केवल लाभ के लिए काम करते हैं और अपने मजदूरों के कष्टों की अधिक परवा करना उचित नहीं समझते। हम अपने जिले के डिप्टी कमिश्नर मि० मिथाइस का ध्यान विशेष रूप से इस अवस्था की ओर आकर्षित करते हैं। वे परिस्थितियों को गहराई से सोचने वाले व्यक्ति हैं, इससे यदि वे इस मामले में पड़ें, तो हमें विश्वास है कि यह समस्या शीघ्र ही हल हो जायगी।

[14 फरवरी, 1920]

देशी राज और सुधार-स्कीम

यह तो नरेशों की बात हुई। पर सुधार-स्कीम का प्रभाव उनकी प्रजा पर क्या पड़ेगा? सम्भव है, किसी-किसी अंश में कुछ अच्छाई हो। कदाचित् एकाध ऐसे

1. जबलपुर

भी नरेश होंगे जो अपने राज्य में शासन-सुधार या अन्य प्रकार की उन्नति करना चाहते होंगे, पर सरकारी दबाव आदि के कारण ऐसा न कर सकते होंगे। उनको निस्संदेह सुभीता होगा और वह प्रजा का खुलकर उपकार कर सकेंगे। परन्तु अधिकांश नरेश ऐसे नहीं हैं। जिस व्यक्ति को देशी राज्य का कुछ भी अनुभव है, वह जानता है कि प्रजा के हित पर वहाँ कैसा ध्यान दिया जाता है। प्रजा तो हमारे नरेशों की कामधेनु है। यदि उसको तृण न दिया जाय, तो वह दूध कहाँ से दे? बस उसका भरण-पोषण और संरक्षण उतना ही और उसी रीति से होता है, जहाँ तक और जिस रीति से कि अपना कार्य सिद्ध हो। अपने ऐश-आराम के लिए धन चाहिए और प्रजा इस धन-प्राप्ति का साधन है, बस, इसीलिए उसका भी कुछ कल्याण सोचना पड़ता है।

प्रजा का अधिकार प्रदान करने की ढोलक बजाना भी आजकल फैशन का एक अंश है। हमारे कुछ नरेश तो इस हवा से असन्तुष्ट हैं, वे पुरानी बातों को निबाहे जाते हैं। पर किसी-किसी नरेश को यह नया रोग लग गया है। वे बाहर यह दिखलाना चाहते हैं कि हम अपनी प्रजा के सच्चे हितू हैं और उसको वास्तविक अधिकार देना चाहते हैं। यह सब झूठा ढोंग है। रिप्रेजण्टेटिव असेम्बली, राज-सभा आदि खोल देना, लम्बी-लम्बी वक्तृता देना और बात है और वस्तुतः काम करना और बात है। मैसूर ऐसे शिक्षित-गण्य राज्य में प्रेस-ऐक्ट है! बकने के सिवाय प्रजा के प्रतिनिधियों को और क्या अधिकार दिया गया है? अभी दो वर्ष हुए, बड़ौदा की राज-सभा में दीवान ने स्वतन्त्रवादी प्रतिनिधियों को डाँट बतायी थी। इन राज-रियासतों ने जो कुछ उन्नति का स्वाँग बनाया है, वह बाहर वालों की आँखों में धूल झोंकने के उद्देश्य से ही। और राज्यों की तो बात छोड़िये, क्या बड़ौदा, मैसूर और त्रावणकोर की प्रजा समीपस्थ मद्रास और गुजरात की प्रजा से भी गयी-बीती है? यदि नहीं, तो उसे तुल्य अधिकार क्यों नहीं मिलते?

लोग समझते हैं कि देशी राज्यों में होमरूल या स्वराज्य स्वतःप्राप्त है, यह उनकी भूल है। जो कुछ स्वराज है, वह नरेशों को या उनके निकटस्थ सम्बन्धियों या जागीरदारों का है। प्रजा को तो कर देने मात्र का अधिकार है। यह दशा राजपूताना और मध्यभारत के राजपूत राज्यों में और भी बिगड़ी हुई है। सामान्य लोग एक प्रकार की घृणा की दृष्टि से देखे जाते हैं। नरेश की इच्छा ही कानून है। ऐसा कोई जज नहीं है जो इस इच्छा के विरुद्ध जा सके। कई राज्यों में व्यभिचार एक प्रकार की राजसंस्था है। वस्तुतः लोगों को एक चिड़िया मारने का अधिकार नहीं है, क्योंकि 'शिकार' तो नरेश और उनके कृपापात्रों का स्वत्व है। शेर, सूअर, मृग आदि गाँव-के-गाँव भले ही उजाड़ दें, पर क्या सामर्थ्य कि कोई चूँ तो करे, उन पर शस्त्र उठाना तो दूर की बात है। जहाँ स्वेच्छाचारी शासन

होगा, वहाँ पैशुन्य की हाट तो सदव चलती रहेगी। चुपके-चुपके चुगली खाना और पीठ-पीछे बुराई करना भी आत्मोन्नति का एक बड़ा प्रबल साधन है। इसलिए देशहितैषियों और चापलूसों से दूर रहने वाले संज्जनों के सम्मुख सदैव ही संकट उपस्थित रहता है। यह दूसरी बात है कि वे किसी कारण से बच जायँ।

जहाँ ऐसा अन्धेर मच रहा है, वहाँ जब नरेशों की परिस्थिति और दृढ़ हो जायेगी, उस समय क्या होगा, यह सोचने की बात है। इसका कुछ-कुछ स्वाद राज्यों की प्रजा पा चुकी है। युद्ध छिड़ने पर नरेशों को प्रसन्न रखने के उद्देश्य से गवर्नमेण्ट ने उनके काम-धाम में हस्तक्षेप करना छोड़ दिया। न्याय या अन्याय की जो शिकायतें जाती थीं, उनकी सुनवाई बन्द हो गयी। फिर क्या था, कई नरेश खुल खेले और उन्होंने अपनी प्रजाओं को उच्छृंखल शासन और अनियन्त्रित कामचारिता की जीती-जागती तसवीरें दिखला दीं। ऐसी दशा में जब इनको संगठन-जनित शक्ति मिल जायगी, उस समय ये क्या कर गुजरेंगे, सो भगवान् ही जानें। एक अर्जुनलाल सेठी के पीछे रायपुर का राज्य बदनाम हो गया। आगे चलकर ये लोग न जाने कितने सेठी बनावेंगे, जिनका किसी को पता भी न चलेगा।

यह तो निराशाजनक कल्पना हुई, पर अमावस्या के पीछे ही शुक्ल पक्ष आरम्भ होता है। इस निराशा में भी आशा की भावी किरणें गर्भित हैं। परिणाम अच्छा ही होगा।

यदि सचमुच नरेश अत्याचारपरायण हो गये, तो प्रजा में अतिशीघ्र जागृति होगी, क्योंकि सहनशीलता की भी एक सीमा होती है। दूसरी ओर ब्रिटिश भारत की उन्नति और अधिकार-प्राप्ति देख-देखकर भी लोग उत्तेजित होंगे। फल वही होगा जो अन्यत्र हुआ है। नरेश अपने अधिकारों को छोड़ना चाहेंगे नहीं, प्रजा आग्रह करेगी, अन्त में प्रजा की जीत होगी। इसका तात्पर्य यह नहीं है कि विद्रोह होंगे और प्रजातन्त्र स्थापित हो जायेंगे। यदि उभय पक्ष का आग्रह अधिक बढ़ा और नरेशों ने दूरदर्शिता से काम न लिया, तो यह भी होना कुछ असम्भव नहीं है, पर बिना लड़ाई-झगड़े के भी प्रजा के हाथ में अधिकार आ सकता है। अभी दो-तीन मास के भीतर-भीतर इटली के बादशाह को अपने कई अधिकार प्रजा को सौंपने पड़े हैं।

अस्तु, भविष्य अच्छा दिखाई देता है, पर हाँ, उसके फलीभूत होने में कुछ देर प्रतीत होती है। उसकी झलकें जहाँ-तहाँ देख पड़ जाती हैं और रह-रहकर नरेशों को थर्रा देती हैं। पर जो कुछ हो, आरम्भ में बने राज्यों की जनता को बड़े-बड़े कष्ट सहने पड़ेंगे। इसी समय ब्रिटिश भारत के नेताओं और नीतिज्ञों के साहाय्य की आवश्यकता है। यही उनके देशानुराग, दूरदर्शिता और सहानुभूति की परीक्षा का अवसर है।

[देश-किंकर, 14 फरवरी, 1920]

लाला लाजपतराय के स्वागत की तैयारी

**आओ पधारो, देखो ! हमने राष्ट्रीय मन्दिर बनाया है जलियाँवाला में
उसके देवता हैं बलि होनेवाले तुम्हारे भाई और बच्चे !**

देखो, वह आ रहा है भारत माँ की गोदी का लाल। लाखों नहीं,—करोड़ों आँखें उत्सुक हैं उसे—केवल उसे देखने के लिए। वह आ रहा है, भावुक हृदयों की जाग्रत स्फूर्तियाँ, उसके स्वागत की धूम-धाम से तैयारी कर रही हैं। तैंतीस करोड़ देवताओं की सात-समुद्र पार लाज रखने वाला आ रहा है, सभ्यता से सड़े 'संसार-चक्र' को उलट-पलट, पाताल की पेंदी में छेद कर, अपने साथ भारी परिवर्तनों को लेकर लांछनों और तिरस्कारों की भीषण 'मारा-मार' ने इन आँखों में पानी तक नहीं रहने दिया। सिसकी हुई करोड़ों जर्जर आत्माएँ, पुलकित हो निरखें इस भारत के लाल को ! देखो, वह आ रहा है, उसका स्वागत कैसे ? पानी से? नहीं,—वह तो स्वयं भभकती हुई भूतल को शान्त करने के लिए विमल शीतल जल है। अच्छा, तो उस 'बाग' के कोमल लहलहे पत्तों से, नहीं,—वे तो संहार के तूफान की 'लू' में झुलस गये। फिर पुष्पों से ? नहीं—वो आ रहा है, वह पुनीत अमृत-सरोवर का सुरभित कमल है। तो क्या फल से ? अरे, हरे ! नहीं, वही तो इस प्राचीन विशाल उद्यान की हरी-भरी आशा-लता का फल है। देखो, वह आ रहा है, तुम्हें 'पत्रं, पुष्पं, फलं, तोयं'—की सूझ पड़ी है। इसे तो अब बीसवीं सदी में कृष्णार्पण ही कर दो। धनंजय के सारथि से जाकर कह दो—कि वे आएँ और यह सब अपने पुष्प, पत्र, फल, तोय की 'चढ़ोतरी' समेट ले जाएँ ! देखो, वह आ रहा है, उसका स्वागत होगा ? जरूर ! स्वागत करने वाले के खून में बिजली का-सा जोश शुरू है। उधर वे खड़े हैं देखनेवाले, दाँतों-तले अंगुली दबाकर, चित्र में से लिखित। 'स्वागतकारिणी समिति' का संगठन तो हो ही गया है, भला, उसका 'सभापति' कौन है ? नहीं मालूम !

—वही नये युग को एक खास सँदेसा सुनाने वाला नव वसन्त ! वह आ रहा है ! स्वागत कहाँ ? अजी, यहीं पर गम्भीर गगन-स्थली की नीलिमा पर, निशा देवी के शृंगार के नक्षत्र-प्राणियों की चमक-दमक पर, चन्द्र की शुभ ज्योत्स्ना के मन्द हास पर, लोकमान्य भुवन-भास्कर के दिव्य अरुणोदय पर, वन-उपवन की मुग्ध शाल-मंजरियों पर, सुरभित मलय-समीर, कोकिलों की कोमल कूक पर, भौंरों की गुंजार पर, सुजला, सुफला, मलयज-शीतला, शस्य-श्यामला, वीर-प्रसविनी, अरि-दर्पदलनी भारत माता की गोदी पर ! अपने अन्तरतर से इस उपास्य के स्वागत के लिए देश का प्रत्येक अंचल उत्साह और हर्ष से उमड़ पड़ने वाली मनोवांछा प्रकट कर रहा है। देखो, वह आ रहा है नवीन युग और उसका

पुण्य-तीर्थ निर्माण करने के लिए उस तीर्थ की पुनीत भूमि पर 'राष्ट्रीय मन्दिर' की नींव रखने के लिए 'परित्राणाय साधूनां विनाशाय च दुष्कृताम्' राष्ट्रीय धर्मोद्धारार्थ—नाशक संसार में शूल हुलसने के लिए वह आये और देखे, उसका भारत अब क्या से क्या हो गया है। दमन-कारी दल ने कोई कसर उठा नहीं रखी, इसे 'लकड़हारा' और 'पानी वाला भिश्ती' बनाने में। परन्तु राम और भीष्म तथा हजरत की वे हजारों सात्त्विक आत्माएँ, जो निरस्त्र, निष्कपट और निहत्थी थीं, अपना बलिदान कर अपने खून और हड्डियों से इस पुण्य तीर्थ की नींव जमा कर, चाहे जितना प्रलयकारी तूफान उठा, तो भी इसे अमर-अजेय कर गयीं। वह आ रहा है, देखो! आने दो, आये और देखे, अपने सतृष्ण नेत्रों से दीन-मलीन, गरीब किसान की काँटों की झोंपड़ियों में उसकी आरती हो रही है, जिसका प्रतिबिम्ब शिमला के शाही महलों को चौंधिया रहा है। भारत की मर्यादा को, जिसकी रक्षा-हित उसने अपनी जान पर खेलकर विदेशों में जंगलों की खाक छानी और सब कष्ट सहे, आकर देखे कि कैसी दुर्दमनीय और दृढ़ बनी हुई है। आडम्बरों के निविड़ अन्धकार में सुषुप्ति-लीन पतित प्राणियों को उठाकर समानता की सत्ता का उपदेश देने के लिए संसार के झूठे प्रलोभनों में भटकते हुए पथिकों को तेजोमय मार्ग दिखाने वाली भारत की प्रभा प्राची दिशा में विराजमान है, वह आये और देख ले। भारत की गृहलक्ष्मी, अब पर्दे की, 'विचित्र जन्तु' के नाम से पुकारी जाने वाली वस्तु नहीं रही, उनमें भी नीचों का मर्दन करने वाली पद्मिनी, लक्ष्मी और अहल्या का खून बह रहा है। वे भी अपने बच्चों का स्वतन्त्रता के लिए, बलिदान कर उस पर गर्व करने वाली है, वह आ रहा है, देखे। भविष्य में होने वाली भारी विजय का होनहार स्तम्भ देश के शिशु अपनी बालसखा मण्डली के साथ माताओं की अंगुली पकड़े, गोल-मटोल, प्रसन्न-वदन, किलकारियाँ भरते हुए 'स्वदेश' के पूजनीय नेताओं के जुलूसों पर माताओं और बहिनों द्वारा की गई पुष्प-दृष्टि के साथ ही उत्साह और उमंग से कोमल-से-कोमल अपने छोटे-छोटे हाथ उठाकर ठुमकते तुतलाकर' 'तिलक मलाज ती जै''—''मात्मा गाँधी मलाज ती जै''—पन्दित नेलू जी ती जै'' ''मालबीजी ती जै'' ''दात्तर तितलू तत्पाल ती जै''—''मुलम्मदअली तौकतअली ती जै''—''लालालाजपतराय की जै'',''भालत माता ती जै'' जयकार और वीर-किलकार से आकाश गुँजा रहे हैं, वह आये और देखे। निःशुल्क शिक्षा से वंचित, पश्चिम की शिक्षा-पिशाची की डाढ़ों में पिसते रहते भारतीय विद्यार्थी, अपने पथ पर अज्ञात तेजस्विता और सात्त्विक शान्ति के साथ विविध क्षेत्रों में नवजीवन धारणकर सत्य और आग्रह के एक-एक शब्द पर; फाँसी की चर्खियों पर अपने देश, अपना न्याय और अपने धर्म के लिए बलि चढ़ने को दल-के-दल उत्सुकता से खड़े हैं। ध्रुव के समान अटल, भारत के अभ्युदय के लिए जिसने हजारों विरोधियों को उसकी दुःखी कहानी सुनाकर भारत-मित्र

बनाया, वह आये और देख ले, खूनी पर भी भारत के प्रताप की प्रचण्ड धाक कैसी पड़ी हुई है। आ और देख हमारे अमृत सरोवर में **राष्ट्रीय तीर्थ** की स्थापना होने वाली है। तू भी उसमें योग दे। इस देश की तीर्थ-महिमा जग-जाहिर है। ऐसा तीर्थ बना जिसके पावन सलिल में स्नान कर संसार के धक्कों से इधर-उधर भटकने वाली आत्माएँ वीरत्व-लाभ करें। ऐसा मन्दिर बना, जहाँ बैठते ही शान्ति और कर्त्तव्य-पालन का ज्ञान हो। उस मन्दिर में सभी कौमों और फिरकों के जन-समुदाय का समावेश हो। वहाँ प्रतिवर्ष एक भारी राष्ट्रीय मेला हो। प्रातः-सायं-काल उस विशाल मन्दिर के प्रार्थना-भवन में उन वीर अमृत-पुत्रों के लिए उनकी आत्मा की शान्ति के हेतु राष्ट्रीय मन्त्रों द्वारा ईश्वर की प्रार्थना हो। राष्ट्र के सुकवि ऐसी स्तुतियाँ उन 'शहीदों' की यादगार में बनायें जिनके सुनते ही आत्मा की कायरता और आतंक चकनाचूर हो। इस राष्ट्रीय पुण्य-तीर्थ के मन्दिर में एक इतिहासशाला हो जहाँ लाल रोशनी से बड़े-बड़े अक्षरों में पत्थरों पर पंजाब के उन जल्लादों की अमानुषिक करतूतें खुदी हों, जिन्होंने केवल अपनी शान और शाही मिजाज की कसम खाकर बे-गुनाहों का खून बहाया है। उस मन्दिर में दर्शनीय चित्र रखे जाएँ, जिनके दर्शन से हृदय में पुण्य भावों का संचार हो। लाजपत, तू आ, **भारत का भिखारी ऋषि** झोली लेकर खड़ा है। तू भी उसकी उसकी झोली भरने में सहायता कर और उस शहीदों के मन्दिर का तेरे भाइयों के खून, हड्डी और मांस से बने हुए उस राष्ट्रीय मन्दिर का घण्टा अन्य पूजनीय नेताओं के साथ बजा, इतने जोर से बजा, कि उससे भारत का प्रत्येक हृदय जाग उठे और गूंज भारतीय राष्ट्र के धक्के से संसार को चौंका दे। आ, हम तेरा स्वागत करते हैं!

अँग्रेजी सभ्यता का नमूना

सर अय्यर का अपमान

कलकत्ते की गत माडरेट-कान्फ्रेन्स के सभापति सर पी० एस० शिवस्वामी अय्यर, 25 जनवरी को ब्रह्मदेश पेगू से मण्डाले रेलगाड़ी के पहले दर्जे में बैठे जा रहे थे। सुबह नहीं हुआ था, कुछ-कुछ अँधेरा बना था। अय्यर महाशय अपने कमरे में सोये हुए थे। बर्मा मिलिटरी पुलिस के कप्तान चिल्डर्स डब्बे में आये और उन्होंने अय्यर महाशय से शीघ्र कमरा खाली कर देने को कहा। इसके बाद जो हुआ, उसे सर अय्यर के शब्दों में ही सुनिये—

मैंने पूछा, क्यों ? उत्तर मिला कि एक महिला (अंग्रेज) सफर करना चाहती है। मैंने कहा, वे दूसरे कमरे में चली जायँ। इस पर उसने कहा, कि उसमें एक सज्जन बैठे हुए हैं। इतना कहकर वह बड़बड़ाता हुआ चला गया। बाद में स्टेशन

मास्टर और गार्ड ने आकर मुझसे वह कमरा खाली कर देने को कहा। मैंने कहा, वे दूसरे कमरे में क्यो नही बैठ जाते ? उन्होंने उत्तर दिया, कि उसमें एक सज्जन बैठे हुए हैं। मैंने कहा, उन सज्जन से इस कमरे में आ जाने के लिए कह दीजिये, क्योंकि मुझे अपना सब सामान वगैरा हटाने में बड़ी असुविधा होगी। कुछ देर बाद वह यूरोपियन अफसर अपनी स्त्री-सहित मेरे कमरे में फिर आया और बोला कि तुम पाजी, जंगली हो। हमने अपनी जिन्दगी में ऐसा कभी नहीं देखा, कि किसी ने एक महिला के लिए ऐसा इन्कार किया हो। मैंने कहा, आपको मुझसे इस तरह कहने का कोई अधिकार नहीं है। इस पर उसने कहा—चुप रहो। फिर वह अपनी स्त्री-सहित सामने की बेंच पर बैठ गया, जो खाली पड़ी थी। जब मैं सात बजे उठा, तब उसने कुछ कहा, पर मैं ठीक-ठीक न समझ सका। उसने पूछा, कि क्या तुम अंग्रेजी समझ सकते हो ? मैंने कहा—हाँ ! तब उसने कहा, कि हम हिन्दुस्तान के सैकड़ों बड़े-बड़े आदमियों को जानते हैं, क्या हिन्दू, क्या सिक्ख और क्या पंजाबी। उसमें ऐसे कई हैं जिन्हें मित्र कहने का हमें अभिमान है। उनमें से कोई भी किसी महिला के प्रति ऐसा व्यवहार नहीं करता, जैसा तुमने किया है। बीकानेर के महाराजा और महाराजा सर प्रतापसिंह तक ने कमरा खाली कर दिया होता। कोई भी सभ्य अंग्रेज हिन्दुस्तानी महिला के प्रति ऐसा व्यवहार न करता, जैसा कि तुमने किया है। मैंने कहा कि मैंने भी कई अंग्रेजों के साथ सफर किया है, और यह मेरा पहला ही मौका है कि मैं इस तरह की भाषा सुन रहा हूँ। फिर मैंने उसका नाम पूछा। उसने कहा, कि यदि तुम अपना नाम बताओगे, तो मैं भी बता दूंगा। वह अपनी स्त्री-सहित भीखतिला पर उतरा, पर उसने अपना नाम नहीं बताया। मुझे भी फिर उसका नाम पूछने की आवश्यकता न थी, क्योंकि मैंने उसका नाम कप्तान चिल्डर्स उसके सामान पर लिखा हुआ पढ़ लिया और यह भी मालूम कर लिया कि वह भीखतिला में घोड़े खरीदने जा रहा है। बाद में यह भी मालूम हो गया कि दूसरे कमरे के सज्जन बर्मा के सिंचाई विभाग के सुपरिंटेंडिंग इन्जीनियर मि० रटशन थे। बात संक्षेप में यह थी, कि कप्तान चिल्डर्स में एक अंग्रेज को दूसरे कमरे में भेज देने की हिम्मत न थी, इससे उन्होंने एक हिन्दुस्तानी को (मुझे) ही दूसरे कमरे में भेजना ठीक समझा। यह भी ध्यान रखा जावे कि मिसेज चिल्डर्स अपने पति के साथ सफर कर रही थीं, न कि अकेली। दूसरे सुबह 6 बजे का समय होने के कारण सोने की भी सम्भावना न थी, और फिर उनके लिए दो मुसाफिरों के बैठने की एक बेंच खाली ही थी।

बहादुर अंग्रेज

एक भारताय रमणी अगियापुर स्टेशन से पहले दर्जे के कमरे में बैठी हुई यात्रा कर रही थी। समस्तीपुर स्टेशन पर दो अंग्रेज सज्जनों ने उसके पास पहुँच

कर उस रमणी से उस डब्बे को खाली कर देने के लिए कहा—नहीं, वह उतार दी गयी और उसे अपने नौकर के साथ कुछ देर तक प्लेटफार्म पर खड़े रहना पड़ा। तब एक सज्जन ने, जिन्होंने कि इस व्यवहार को होते देखा था, उसे दूसरे दर्जे के कमरे में बैठा दिया। इस मामले की रिपोर्ट रेलवे के अधिकारियों को की गयी, किन्तु अधिकारियों ने कुछ कार्यवाही नहीं की।

श्रीमती ओडायर की करतूत

श्रीमती सरलादेवी चौधरानी ने युद्ध-काल के समय जो सेवा भारत सरकार को दी, उसके उपलक्ष्य में उन्हें वार-बैज (समर बिल्ला) भेंट किया गया था और उसके साथ यह पत्र भेजा गया था—

गवर्नमेण्ट आफ इण्डिया
आर्मी डिपार्टमेण्ट, दिल्ली।
8 दिसम्बर, 1919

श्रीमती जी,

मेरा ध्यान 28 जुलाई, 1919 के गजट आफ इण्डिया के साथ प्रकाशित सूची पर आकर्षित किया गया है। जिसमें युद्धकाल (1914-1919) में की गयी आपकी उपयोगी सेवा का उल्लेख है। इस उपलक्ष्य में गवर्नमेण्ट आफ इण्डिया की ओर से आपके पास समर-बिल्ला (वार-बैज) भेजा जाता है।

आपका अत्यन्त आज्ञाकारी,
सेवक
(ह०) जी० एच० बिंगले,
मेजर-जनरल
सेक्रेटरी, गवर्नमेण्ट आफ इण्डिया

श्रीमती चौधरानी के कारण कई बंगाली युवक युद्ध में शामिल हुए थे। कहते हैं कि उनकी कविताओं, गानों और व्याख्यानों का ही असर था कि इतने अधिक नवयुवकों ने युद्ध में अपनी सेवा समर्पित की। इसलिए जो मान उनका वार-बैज देकर किया गया, सो उचित ही था।

किन्तु अब उन्हीं के मान के दूसरे पहलू को देखिये—

कमेटी, लाहौर पर्दा-क्लब,
गवर्नमेण्ट-हाउस, लाहौर
14.7.1919

प्रिय महिलाओ,

मैं लाहौर पर्दा-क्लब की सभानेत्री की हैसियत से यह बतला देना चाहती हूँ कि रामभजदत्त चौधरी और चौधरानी के नाम गवर्नमेण्ट हाउस की सूची से

निकाल दिये गये हैं।

अब हम यह ठीक समझते हैं कि पर्दा-क्लब की कमेटी पहले चौधरानी का इस्तीफा देने का अवसर दे और फिर उनका नाम सूची से निकाल देने का उपाय सोचे।

यह बिल्कुल स्पष्ट है कि लेफ्टिनेण्ट गवर्नर की पत्नी उस क्लब में शामिल नहीं रह सकती जिसमें रामभजदत्त चौधरी की पत्नी रहे।

इस समय मिसेज रिचे बाहर हैं और वे अपनी जगह पर किसी दूसरे को काम करने के लिए नियुक्त नहीं कर गयी हैं, इससे हमीं अपने ऊपर सेक्रेटरी का काम लेती हैं और समय की बचत के लिए हम यह सब हाल मिसेज रिचे को सूचित किये देती हैं, और यदि क्लब के अंग्रेज और हिन्दुस्तानी सभासद नत्थी किये हुए कागज पर दस्तखत कर देंगे, तो दो एक दिन में चौधरानी के पास लाहौर पर्दा-क्लब की ओर से नोटिस भेज दिया जावेगा।

आपकी प्रिय पात्री
(ह०) एन ओडायर।

शिमला,
22 अप्रैल, 1919

प्रिय महोदय,

कमेटी लाहौर पर्दा-क्लब की ओर से मैं आपसे क्लब की मेम्बरी से इस्तीफा देने को कहती हूँ और नत्थी किया हुआ नोटिस आपके पास भेजती हूँ।

आपकी विश्वासपात्री
(ह०) एन० रिचे
आनरेरी सेक्रेटरी, पर्दा-क्लब

नोटिस भी नीचे पढ़ लीजिए—

हम लाहौर पर्दा-क्लब की कमेटी की अंग्रेज और हिन्दुस्तानी सभासद, जो कुछ हो चुका उसके कारण, यह ठीक सोचती हैं कि अब आपका नाम सभासदों में सम्मिलित न रहे और इस पर हम यह भी समझे लेती हैं कि हमारी किसी भी सभा में आपका स्वागत न होगा।

(ह०) एम० रिचे,
सेक्रेटरी, पर्दा-क्लब।

सभासदों के दस्तखत—

एना ओडायर (प्रेसीडेण्ट)
मिलड्रेड किचिन
मिसेज बी० जे० रुस्तमजी
मिसेज के० रुस्तमजी

बेगम जुल्फिकार अली खाँ

ए० एम० मुहम्मद शफी

मेरी बुलव्हर

मिसेज के० नियामतउल्ला

मिसेज थॉपर

एम० आर० सिराजुद्दीन

मोहनी मायादास

एफ० बी० अहमद हुसेन

नेन्सी ईविंग लूकास

यहाँ यह ध्यान रखना चाहिए, कि पण्डित रामभजदत्त चौधरी सिर्फ सन्देह पर लाहौर के दूसरे नेताओं के साथ निर्वासित कर दिये गये थे। उनके विरुद्ध कोई प्रमाण नहीं दिया गया। फैसला बहुत दिन बाद हुआ, परन्तु निर्वासित होने के बाद ही दूसरे दिन चौधरी और चौधरानीजी के नाम गवर्नमेण्ट हाउस की सूची से निकाल बाहर कर दिये गये। उसी दिन लेडी ओडायर ने पत्र सब जगह घुमा दिया और पर्दा-क्लब के मेम्बरों के दस्तखत ले लिये।

सम्पादकीय टिप्पणी नं० 1

"बाबू विपिनचन्द्र पाल बोल्शेविकों के एजेण्ट हैं"—यह वाक्य लार्ड सिडेनहम ने एक पत्र में लिखा है। एक जमाने में श्रीमती बीसेण्ट को जर्मनी से सहायता मिलने का दोष लगाया जाता था, किन्तु, 'वह बात झूठी थी'—ऐसा कहने के लिए कदाचित् आज कई सिविलियन तैयार होंगे। हमारे विचार से यह बातें कुछ मूल्य नहीं रखतीं। यदि पराये देश के धन से पेट पालकर न जीना और सच्ची भक्ति से प्रेरित हो देश की सेवा करना बोलशेविकों के एजेण्ट बनना है, तो मि० लायड जार्ज और मि० माण्टेगु भी लार्ड सिडनहम साहब की नजर में बोलशेविकों के एजेण्ट माने जाने चाहिए। तो भी लार्ड सिडेनहम साहब का यह आविष्कार है। उचित तो यह हो कि इस आविष्कार के लिए लार्ड साहब को खुफिया पुलिस का मुखिया बना दिया जाय!

सम्पादकीय टिप्पणी नं० 2

उगने वाले शुभ दिन सन्देश देते हैं कि अब भेद-नीति को पद-पद पर पीछे हटना पड़ेगा। मौलाना मुहम्मदअली व शौकतअली वाइसराय को सन्देश भेजते हैं कि उन कटारपुरी कैदियों को छोड़ दो, जिन्हें हिन्दू-मुसलमानों के गोवध वाले झगड़े में फाँसी दी जाने वाली है। इधर श्री जगद्गुरु शंकराचार्य जी ने मुसलिम बन्धुओं को ईद पर गोकुशी न करने के लिए बधाई दी है। और वाइसराय से

कटारपुरी कैदियों को छोड़ देने की प्रार्थना की है। साथ ही कटारपुर के मुसलमानों ने भी सभा करके निश्चय किया कि अब हम सब वर-भाव भूल गये, वाइसराय से अपने उक्त हिन्दू भाइयों को छोड़ने का निवेदन किया है। आशा है वाइसराय साहब हिन्दू-मुसलमानों के अनुरोध को मानकर, इतना पुण्य जरूर कमा लेंगे।

सम्पादकीय टिप्पणी नं० 3

कर्मवीर के पाठकों तक इन पंक्तियों को पहुँचाते हुए हमारा हृदय फटा-सा जा रहा है। हम उन्हें एक अत्यन्त होनहार युवक की मृत्यु का संवाद इन अक्षरों तक पहुँचाते हैं—ऐसे युवक की मृत्यु का जो 'कर्मवीर' द्वारा पाठकों की सेवा कर चुका है और जिसका अन्त मर्मभेदी और करुणाजनक होते हुए सेवा के इतिहास में स्वर्णाक्षरों में लिखे जाने योग्य है। 'कर्मवीर' के उप-सम्पादक युवक देवीशंकर की आकस्मिक मृत्यु दिन रविवार ता० 15 को हुई। उस दिन प्रातःकाल कई मित्र नर्मदा नहाने गये। एक मित्र को डूबते से बचाने के लिए, तैरना अच्छी तरह न जानते हुए भी, देवीशंकर नदी में कूद पड़ा। फिर वह तैर न सका। एक घण्टे के पश्चात् बहुत गहराई से लाश निकाली जा सकी। उपचार किये गये, परन्तु सब व्यर्थ गये। देवीशंकर की आयु इस समय केवल 20 वर्ष 10 मास की थी। उसमें बेहद उत्साह था। सहृदयता और सहानुभूति उसकी प्रकृति के विशेष अंश थे। कठिन-से-कठिन अवस्था में वह प्रसन्नचित्त रहता और उसका सम्पर्क मात्र ग्लानियुक्त परिस्थिति को मधुरतापूर्ण अवस्था में परिवर्तित कर देता। शरीर से वह बलवान था और बाल्यावस्था में उसे शारीरिक व्यायाम में उसी प्रकार पारितोषिक प्राप्त हो चुके थे जिस प्रकार अपनी शिक्षा-सम्बन्धी उन्नति और कुशाग्र बुद्धि के लिए उसने वे प्राप्त किये थे। साहित्यिक योग्यता भी उसमें अपनी उम्र और शिक्षा से कहीं बढ़-चढ़कर थी और उसके मन और मस्तिष्क के गुण यह आशा देते थे कि इस युवक के भीतर एक बड़ी विशाल आत्मा विराजमान है, जो आगे चलकर कर्मक्षेत्र में अच्छा खेल खेलेगी और अपने पदचिह्नों पर चलने के लिए बहुतेरों को सन्देश देगी। उसका वह शोक-पूर्ण अकाल-अन्त बहुत-सी आशाओं पर पानी फेर गया है। यह ऐसी हानि है जो भुलाये से भी नहीं भूलती और रह-रहकर हृदय में शूल हूलती है। देवीशंकर अपने पीछे अपनी स्त्री और एक दुधमुँही बच्ची छोड़ गया है, उनकी स्मृति और भी कलेजा दहलाती है! उस समय जब हम परमात्मा से देवीशंकर की आत्मा की शान्ति के लिए अत्यन्त विनय के साथ प्रार्थना करते हैं, हमारे हृदय में रह-रहकर यही प्रश्न उठता है कि क्या ऐसा युवक पुण्य-कर्म करते समय इस संसार से हर लिये जाने के योग्य था?

प्रासंगिक विचार

रौलेट ऐक्ट पास करते समय उपयोग में लायी हुई निष्ठुरता सर शंकरन् नैयर को पसन्द नहीं थी, इसलिए उन्होंने अपने पद से इस्तीफा दे दिया। इस विषय में लार्ड साहब के उद्‌गार बड़े उदार थे। आप कहते हैं, सर शंकरन् नैयर ने अपनी जगह का इस्तीफा दे दिया था, तो भी उनकी नियुक्ति भारत-सचिव की कौंसिल में हुई, यह बात वाइसराय तथा भारत सरकार के लिए लांछनास्पद है। "यह किंवदन्ती मि० बसु ने मुझे सुनायी। यदि मेरा व्यक्तिगत प्रश्न होता तो मैं चुप रहता, परन्तु इसमें भारत सरकार का भी समावेश किया गया है, इसलिए मुझे कुछ खुलासा कहना आवश्यक जान पड़ता है।" लार्ड साहब ने स्पष्टीकरण किया भी तो योग्य रीति से! आपने कहा, मेरी ही सिफारिश से सर शंकरन् भारत-सचिव की सभा में नियुक्त हुए हैं। इसमें एक बात आश्चर्य की यह है कि लार्ड साहब कहते हैं, कि "यह किंवदन्ती मिस्टर बसु ने मुझे सुनायी।" इसे कौन सच कहेगा? जब सर शंकरन् के भारत-सचिव की कौन्सिल के सभासद होने की सूचना प्रसिद्ध हुई थी, तब कलकत्ता के 'इंग्लिशमैन' तथा अन्य पत्रों द्वारा की हुई टीका श्रीमान की नजरों से न गुजरी हो, यह अविश्वसनीय है। लार्ड साहब के सेक्रेटरी ऐसी समस्त उल्लेखनीय टीका-टिप्पणियों के समाचार लार्ड साहब के सामने सदैव पेश करते हैं, फिर इस कार्य के लिए मि० बसु की क्यों आवश्यकता हुई? इस भूल-भूलैया का क्या अर्थ है? जिन सर शंकरन् नैयर ने नौकरशाही के आज तक के कीर्ति-कलाप से थककर भारतीय सरकार के कार्यों का विरोध करते हुए उससे नमस्कार किया, उनकी श्रीमान् लार्ड साहब सिफारिश करेंगे, यह असंगत जान पड़ता है। यदि इस सम्बन्ध का, वाइसराय तथा भारत-सचिव के बीच का पत्र-व्यवहार ठीक-ठीक प्रकाशित हो जाय तो यह मालूम हो सकेगा कि वाइसराय साहब स्वतः सर नैयर की सिफारिश की अथवा व्यवहार के लिए भारत-सचिव ने जबर्दस्ती इनकी सम्मति प्राप्त कर ली। परन्तु तब तक तो जो कुछ लार्ड साहब कह दें, वही 'ब्रह्म-वाक्य' है! कोई यह न समझे कि जिस भाषा में और जिस ऐंठ के साथ वाइसराय साहब ने इस नियुक्ति का उल्लेख किया, उससे दूसरी और अधिक शिष्टाचारपूर्ण भाषा आप नहीं जानते, यह बात नहीं है।

हिन्दुस्तानियों को ब्रिटिश गायना में ले जाकर बसाने के उद्देश्य से यहाँ पर जो डेपुटेशन आया है, उसने वाइसराय की कौन्सिल तक अपनी पहुँच करा ली और सुरेन्द्र बाबू के द्वारा कौंसिल के मानवीय सभासदों की एक सब कमेटी नियुक्त करके उपनिवेश के सम्बन्ध से डेपुटेशन से बातचीत करते और तदनुसार रिपोर्ट तथा सिफारिश करने का प्रस्ताव प्रान्त में घूमकर प्रान्तीय सरकार और नेताओं से मिला और उसने अपना कार्य साधने के लिए किस प्रकार खट-

पट की, इन बातों पर विचार करने से डेपुटेशन की दृढ़ता, शीघ्रता, कर्त्तव्य-शक्ति और एकाग्रता इत्यादि गुणों की प्रशंसा किये बिना नहीं रहा जाता। इस डेपुटेशन का कार्य और व्यवहार मिशनरियों को भी मात करता है। यदि यह डेपुटेशन अपने कार्य-भाग में सफल न होता तो आश्चर्य था।

परन्तु ब्रिटिश गायना को हिन्दुस्तान की ओर दौड़ लगाने का जोश क्यों आया? हिन्दुस्तानी सन् 1838 से ब्रिटिश गायना में रहते हैं। आज वहाँ डेढ़ लाख हिन्दुस्तानी हैं, परन्तु उनमें से केवल अठारह सौ को ही मत देने का अधिकार है। जब यह हालत है, तब यह कहने का क्या तात्पर्य है कि गायना में सब मनुष्यों के लिए एक ही कानून है? वहाँ भेदभाव बिलकुल नहीं है? गायना की व्यवस्थापक-सभा में गर्वनर के अलावा 21 सभासद हैं, उनमें से 14 निर्वाचित हैं, तब भला गायना की कौंसिल में मि० लखू ही अकेले हिन्दुस्तानी सभासद क्यों हैं? कहा जाय कि दूसरे योग्य मनुष्य नहीं है, तो सन् 1838 से लगाकर आज तक 81 वर्षों में वहाँ की समदृष्टि कहलाने वाली सरकार ने क्या किया? क्या इतने समय में डेढ़ लाख मनुष्यों में से केवल एक व्यक्ति कौंसिल के योग्य निकलना चाहिए? कहा जाता है कि सब जातियों और सब रंगों के मनुष्यों को समान स्वत्व देने की बाबत वहाँ अलिखित परन्तु व्यवहार में लाया जाने वाला नियम है; आवश्यक हो तो कालोनियल आफिस (उपनिवेश विभाग) ऐसा नियम आधे घण्टे में बना डालेगा। परन्तु प्रश्न उठता है कि इतने दिनों तक इस प्रकार का नियम क्यों नहीं बनाया गया? प्रतिज्ञाबद्ध कुली-प्रथा उठ गयी है। परन्तु डेपुटेशन कहता है कि हमारे आने के समय प्रतिज्ञा-बद्ध कुल 600 कुली थे, अब और भी कम हो गये होंगे। इससे क्या यह प्रकट नहीं होता कि पहले कुली के काम में हिन्दुस्तानियों का उपयोग लिया जाता था? फिर आज ही यह डेपुटेशन मुँहमाँगी सुविधाएँ देने को, जैसी चाहो वैसी शर्तें मानने को और सब प्रकार के भेदभाव दूर करने वाले कानून बनवा देने को क्यों तैयार हुआ है? जब सारा संसार हिन्दुस्तान को ठुकरा रहा है, तब ब्रिटिश गायना में हमारे प्रति इतना प्रेम कहाँ से उमड़ा? यह मोरचा हिन्दुस्तान की ओर इसलिए तो नहीं मुड़ा कि हमारे समान गरीब, कष्ट झेलने वाले, सहनशील, सीधे, झगड़ा न करने वाले, अल्प में सन्तुष्ट और लावारिस प्राणी पृथ्वी पर कहीं नहीं हैं? जापान को, चीन को आज उपनिवेशों की बहुत आवश्यकता है। यह डेपुटेशन उनके पास क्यों नहीं गया? इसलिए तो नहीं कि वे लोग लावारिस नहीं हैं, उन्हें पचाना कठिन होगा। फिजी द्वीप की हमारी विडम्बना और अफ्रीका तथा कनाडा की हमारी दुर्दशा आदि पर विचार करते हुए ब्रिटिश गायना के इस व्यापार को देखकर प्रत्येक मनुष्य को सशंक होना चाहिए, क्यों अभी तक तो ऐसा देखने में नही आया कि किसी भी देश को हिन्दुस्तान के लिए सच्चा प्रेम है, फिर न जाने हमारा

सौभाग्य ब्रिटिश गायना से ही प्रारम्भ हो !

सुरेन्द्र बाबू ने प्रस्ताव किया कि वाइसराय की कौंसिल के कुछ सभासदों की एक सब-कमेटी नियुक्त कर दी जाय। वह ब्रिटिश गायना के डेपुटेशन की उपनिवेश सम्बन्धी योजना की जाँच और फिजी के डेपुटेशन से भी बातचीत करके अपनी रिपोर्ट और सिफारिश भारत सरकार के सामने पेश करे। इस पर माननीय सच्चिदानन्द सिंह ने उपसूचना पेश की कि सामान्यत: ब्रिटिश साम्राज्य के सभी उपनिवेशों में हिन्दुस्तानियों की दशा आदि की जाँच करके रिपोर्ट पेश करने का भी अधिकार इस सब-कमेटी को मिलना चाहिए। कनाडा और आस्ट्रेलिया में हिन्दुस्तानियों को प्रवेश करने देने के लिए कितने कड़े नियम हैं और दक्षिण तथा पूर्वी अफ्रीका में उनकी कितनी भयंकर अवस्था है, उसको देखते हुए सब स्वीकार करेंगे, कि माननीय सिंह की उपसूचना बहुत महत्त्व की है। परन्तु दुर्दैव से सर फजलभाई करीमभाई, माननीय क्रमसर जार्ज बार्नेस, माननीय शास्त्रीजी इत्यादि ने इस उपसूचना को असंगत कहकर इसका विरोध किया और अन्त में सुरेन्द्र बाबू का प्रस्ताव बहुमत से स्वीकृत हो गया।

पण्डित मदनमोहन जी मालवीय ने सुरेन्द्र बाबू के इस प्रस्ताव का विरोध किया। पण्डितजी का कहना है कि इस समय भारत सरकार को यह प्रश्न हाथ में नहीं लेना चाहिए। सामान्यत: सभी उपनिवेशों में हिन्दुस्तानियों की जैसी अवस्था है, उसको देखते हुए इस समय गायना अथवा फिजी में मनुष्य भेजने का विचार करना अनुचित है। इससे यही प्रकट होगा कि पहले के अनुभव से अभी तक बुद्धि नहीं आयी। इस डेपुटेशन से मिलकर बातचीत करने की अपेक्षा तो यह ठीक होगा कि कौंसिल की कमेटी गायना में जाकर वहाँ के मनुष्यों की राजनैतिक, औद्योगिक, सामाजिक और नैतिक अवस्था की प्रत्यक्ष जाँच करे। पण्डितजी की बात बिलकुल ठीक है। सब उपनिवेशों के हिन्दुस्तानियों की अवस्था की जाँच न करते हुए गायना और फिजी में हिन्दुस्तानियों को ठूँसने की यह फुर्ती क्यों ? क्या हिन्दुस्तान में जगह की कमी है ? नहीं, तो इसका अर्थ क्या है ?

माननीय सिंह की उपसूचना बड़े महत्त्व की है। ब्रिटिश साम्राज्य के सभी उपनिवेशों में हिन्दुस्तानियों की अवस्था की जाँच हिन्दुस्तानियों के ही द्वारा होनी अत्यन्त आवश्यक है। ब्रिटिश साम्राज्य के किस भाग में कितने हिन्दुस्तानी हैं; वहाँ पर उनके राजनैतिक, सामाजिक और औद्योगिक अधिकार क्या हैं, वहाँ उनकी शिक्षा का क्या प्रबन्ध है; उनको कौन-सी सुविधाएँ या अड़चनें हैं; उनके लिए वहाँ की आब-हवा कैसी है और उससे हिन्दुस्तानियों की रक्षा करने का क्या उपाय किया जाता है—इत्यादि बातों का उत्तर हिन्दुस्तान की जनता के सामने पेश करना अत्यन्त आवश्यक है। सब उपनिवेशों का वृत्तान्त एक स्थान में संकलित रूप से नहीं है, इसलिए यह उपसूचना अस्वीकृत कर दी गयी और अदूरदृष्टि

सभासद उसका मूल्य समझ न सके, तो भी माननीय सिंह को हताश न होकर, अपनी सूचना स्वतन्त्र प्रस्ताव के रूप में कौंसिल के सामने रखनी चाहिए और नेताओं तथा आल इण्डिया कांग्रेस कमेटी से हमारी आग्रहपूर्वक प्रार्थना है कि वह यह वृत्तान्त संग्रह करने का कार्य शीघ्र ही प्रारम्भ करे।

[21 फरवरी, 1920]

गैरसरकारी सुधार कमेटी

गत ता० 4 को नागपुर के सरकारी भवन में प्रान्तीय कानून बनानेवाली सभा के गैरसरकारी सदस्यों की एक सभा इसलिए हुई कि वह गैरसरकारी सदस्यों की एक ऐसी कमेटी बनावे जो सुधार ऐक्ट की खास-खास बातों पर केवल सलाह दे सके। उसमें सरकारी जीव मि० क्रम्प, मि० स्लोकाक, मि० मिचल और मि० विल्स भी उपस्थित थे। आगत-स्वागत के बाद चीफ कमिश्नर स्लाई महाशय ने कहा, "विचारों और विवादों की सहायता से सरकारी सदस्यों के बीच अच्छी मैत्री हो जायगी। इसी मैत्री पर नयी सुधार स्कीम की सफलता और देश की राजनैतिक उन्नति निर्भर है।"

इस पर हमारा कहना यह है कि केवल विवाद मैत्री पैदा नहीं कर सकता—प्रतिनिधियों की बातें मानी भी जानी चाहिए। इसके सिवा प्रजा के प्रतिनिधि ऐसी चीज नहीं कि वे उतनी ही बातों पर विचार करें, जितनी बातों पर सरकार चाहे। बाकी बातें अपने हृदय के प्रतिकूल ताक पर रख दें। परिणाम भी वही हुआ। बुलाये गये थे सुधार स्कीम पर विचार करने के लिए, और विवाद प्रारम्भ हुआ उस चिट्ठी पर, जो प्रान्तीय सरकार के सेक्रेटरिएट से प्रकाशित हुई है। आज तक प्रान्तीय सरकार भारत सरकार को कुछ धन वार्षिक देती रही है। आगे भी इस विषय पर विचार होने जा रहा है। किन्तु मध्यप्रदेश की अवस्था और उसके पिछड़ेपन की आवश्यकताएँ इतनी हैं कि वह एक पाई भी सुप्रीम सरकार को नहीं दे सकता। किन्तु प्रान्तीय और मुल्की सरकार के मध्य धन का सम्बन्ध निश्चित करने का विचार, प्रान्तीय सरकार ने प्रजा-प्रतिनिधियों के साथ बैठकर नहीं किया। इससे विदित नहीं होता कि प्रजा के धन का सम्बन्ध प्रान्त के अधिकारी किस तरह निश्चित करेंगे। हमें आश्चर्य होता है कि मित्रता की आशा करने वाले अधिकारी, प्रजा के प्रतिनिधियों को आर्थिक मामलों में अँधेरे में रखकर मित्रत्रा का कौन-सा कर्त्तव्य अदा करना चाहते हैं। इसके सिवा यह समिति महज सम्मति देने वाली थी, तब क्या इसके सम्मति देने मात्र ही से भारत सरकार के धन के सम्बन्ध बिगड़ जाते? सम्भव है हमारे प्रजा-प्रतिनिधियों

मि० क्रम्प या मि० स्लोकाक जैसे पूरी बनियावादी बुद्धि के नहीं। पर हमारा तो कहना है कि धन पर विचार करने के सब मौके जान-बूझकर बचाये जाते हैं। तब कोई विचार भी कैसे करे? अस्तु। इसके पश्चात् यह कहा गया कि लार्ड मेस्टन की कमेटी के सामने एक गैरसरकारी सज्जन उपस्थित हो सकेंगे। सुनते हैं, इसके लिए माननीय महाजनी चुने गये हैं।

फिर नीचे लिखी बातों पर विचार करने का अधिकार कमेटी को दिया गया—

1. कौन्सिल के सदस्य होने के लिए वास-स्थान की कैद।
2. छोटे-छोटे कस्बों को छोड़कर शेष शहरों की प्रणाली का पुन:संगठन और उसमें व्यापार-सम्गन्धी सुविधाओं का ध्यान।
3. मध्यप्रदेश की ओर से बड़ी धारा-सभा में 5 की जगह 6 और स्टेट कौंसिल में 2 की जगह 3 सदस्य होने पर विचार।
4. मतदाताओं की जायदाद का परिमाण।
5. अछूत जातियों की ओर से चुने जाने वाले सदस्यों की अधिक संख्या।
6. मालगुजारों की ओर से चुने जाने वाले सदस्यों की अधिक संख्या।
7. नगर-निवासी मजदूरों के विशेष सदस्य।
8. बड़े-बड़े खर्चों को तोड़कर शासन-सम्बन्धी व्यय को हद के भीतर रखने की बात।

सर फ्रैंक ने कहा, "सुधारों के नियम बनाते समय साउथबरो कमेटी की सिफारिशों और ज्वाइण्ट कमेटी की नुक्ताचीनी पर खयाल रखा जाय।" पर इसका यह अर्थ नहीं कि किसी भी व्यक्ति या समाज को अपने विचार पुन: पार्लमेण्ट के सामने रखने का अधिकार ही नहीं। किन्तु गैरसरकारी सदस्यों के जोर देने पर भी स्थान की कैद उठा देने की बात कमेटी में मानी नहीं गयी। शहरों के पुन:संगठन में देहातों और कस्बों के मिलकर मत देने की बात निश्चित न हो सकी। सदस्यों की संख्या बढ़ाने के सम्बन्ध में भी कमेटी में मत-विभिन्नता रही। मत-दाताओं की जायदाद वैसी ही निश्चित हुई, जैसी साउथ बरो की कमेटी की रिपोर्ट में है। अछूत जातियों के दो प्रतिनिधि रहने की बात तय पायी और मजदूरों के प्रतिनिधि कौन्सिल में रहने की बात इसलिए उड़ा दी गयी कि उनका अभी कोई संघ या सभा नहीं है, जो अपने प्रतिनिधि चुने। मालगुजारों का कहना था कि प्रान्तीय कौन्सिल में हमारे प्रतिनिधि 3 की जगह 5 कर दिए जाएं, किन्तु अन्य सज्जनों का कहना था कि नहीं। 31 देहाती सदस्यों में से अधिकांश मालगुजार ही कौंसिल में चुने जाएंगे, इसलिए इनकी ये 3 जगहें भी कौंसिल में न रहें। किसी-किसी ने कहा—"मालगुजारों के प्रतिनिधि खुशी से अलग रहें। पर उन्हें किसानों के साथ प्रतिनिधि बनने का अधिकार न रहे। वे दोनों तरफ से चुनने में

बाजी न जीतें।" अन्त में यही निश्चय हुआ कि जैसे हैं वैसे ही 3 प्रतिनिधि रहें। इस बात पर वाद-विवाद न हो पाया कि कौन-कौन से सरकारी पद तोड़े जावें। हाँ, इतनी बात अवश्य उठायी गयी कि फाइनेंशियल (आर्थिक) कमिश्नर, कमिश्नर और सेटिलमेंट के कमीशन के स्थान आसानी से तोड़ दिये जा सकते हैं। इस सभा की सिलेक्ट समिति भी निश्चित हुई।

सम्पादकीय टिप्पणी नं० 1

उस ब्रह्म देश की सरकार ने—जिसके माँ-बाप हमारे शाही मिजाज के मिहरबान सर क्रेडक हैं—अपने प्रान्त के अधिकांश पत्रों की जमानत वापस कर दी और पत्रों से प्रतिबन्धक आज्ञाएँ उठा दीं। बम्बई की सरकार ने भी यही किया और बिहार की सरकार ने भी इसी बात की आज्ञा प्रकाशित की। किन्तु जो प्रान्त युद्ध-काल में शांत माना गया, उस मध्य प्रदेश की सरकार ने आज्ञा प्रकट नहीं की। हमें खूब याद है, जब बिना कारण इस प्रान्त के कार्यकारी पत्र 'महाराष्ट्र' से बिना कारण जमानत ली गयी और बार-बार चेतावनियाँ दी गयीं। उसे मुकद्दमा चलाने की धमकी दी गयी और उसके संपादक महाशय को अपनी कृति पर क्षमा माँगने के लिए विवश किया गया। सम्पादक जी ने स्पष्ट शब्दों में अपने निर्दोष होने की सूचना दी। प्रेस्टिज के पुतले अधिकारी 'महाराष्ट्र' पर विपत्तियाँ बरसा देते, किन्तु सर बेंजामिन की अच्छाई और समझदारी से मुकद्दमा उठा लिया गया। यानी यह साबित कर दिया गया कि 'महाराष्ट्र' निर्दोष है और उसे सताने वालों ने गलती की। इसी तरह वर्धा का 'सुमति' पत्र भी खूब डाँटा और दबाया गया। जमानत के सिवा उसे चेतावनी मिलना तो एक खेल हो गया। अभी गत दिसम्बर में, निष्कारण यह कहकर उसे, वहाँ के हिन्दुस्तानी डिप्टी कमिश्नर के द्वारा सरकार ने चेतावनी दे दी कि तुमने सन्धि की खुशी के सम्बन्ध में कुछ बेदिली फैलाने वाली बातें लिखीं। आगे चलिए, 'संकल्प' नामक हिन्दी पत्र निकलना नागपुर से तय पाया, कि सरकार को, बिना उसकी नीति को एक-दो सप्ताह परखे ही, उसके द्वारा कदाचित् गदर के साहित्य-प्रकाशन की शंका हो गयी। बस, एक हजार रुपयों की जमानत माँग ली गयी। पहले दण्ड, और फिर कभी जन्म में हो तो हो अपराध। जबलपुर से 'ताज' नामक एक उर्दू पत्र निकालने के लिए डिक्लेरेशन दिया गया। पत्र एक उत्साही सज्जन श्रीयुत ताजुद्दीन के द्वारा निकाला जा रहा था। बेचारे जैसे-तैसे देश-सेवा को उत्सुक थे, मालामाल तो थे नहीं। बस हुकुम हो गया कि एक हजार कलदार जमा कर दो। अन्त में न रहा बाँस, न बजी बंसी। इस कृपा से 'ताज' न निकल सका और उसके उत्साही सम्पादक को दुःखित और असंतोषपूर्ण हृदय से, अपने कार्य का क्षेत्र मध्यप्रदेश के बाहर चुन लेना पड़ा।

सम्पादकीय टिप्पणी नं० 3

अस्तु इसीसे यहाँ सजीव पत्र न निकल सके जिससे यह प्रांत पिछड़ा रह गया। प्रान्त के पिछड़ेपन को प्रान्तीय सरकार भी मानती है। प्रेस की रियायतों वाला प्रश्न लीजिए, तो प्रान्त के साथ इस प्रान्त की सरकार भी पिछड़ी हुई मालूम होती होती है। खैर, पीछे ही सही, पर मध्य-प्रदेश की सरकार पत्रों की जमानत लौटाने तथा उन पर की प्रतिबन्धक आज्ञाएँ उठा लेने की मिहरबानी तो करे। हम यह कह देना चाहते हैं कि जब तक भारत सरकार द्वारा प्रेस-ऐक्ट नहीं उठ जाता, तब तक प्रान्तीय सरकार कम-से-कम पत्रों पर से उन सब चेतावनियों को उठा ले जो उसने पत्रों को दी हैं। ये चेतावनियाँ आगे गिनी नहीं जानी चाहिए।

सम्पादकीय टिप्पणी नं० 5

अब समय आ गया, जब सब प्रान्त भर को पूर्ण योग देना चाहिए और इस बात का प्रयत्न करना चाहिए, कि आगामी कांग्रेस अमृतसर से किसी भी बात में कम न हो। परन्तु यह लक्ष्य छोटा-मोटा नहीं है और खास कर मध्यप्रदेश-सरीखे सोते प्रान्त को। इसी कठिनाई को ध्यान में रखकर हम एक-दो बातें यहाँ कह देना ठीक समझते हैं। सबसे पहली बात तो यह है कि कार्यकारिणी समिति की बैठक की कार्यवाही अंग्रेजी में हुई हैं और प्रस्ताव अंग्रेजी में पास हुए हैं। इतना ही नहीं, उसकी रिपोर्ट भी अंग्रेजी में छपकर हमारे हाथों में आयी है। माननीय दीक्षित और डाक्टर मुंजे जैसे सज्जनों के रहते हिन्दी में कार्यवाही न हो, यह आश्चर्य की बात है। मध्यप्रदेश में किसानों की संख्या बहुत अधिक है और जिनसे हमें काम लेना है या जिन्हें आगे बढ़ाना है वे सब किसान हैं, तब फिर अंग्रेजी की टाँग बीच में क्यों ? यदि हमें सत्य ही मध्यप्रदेश के प्रत्येक हृदय में कांग्रेस के प्रति श्रद्धा उत्पन्न करनी है, यदि हमें एक छोर से दूसरे छोर तक किसानों को, ग्रामीणों और साधारण पढ़ी-लिखी जनता को आगे बढ़ाना है, यदि हमें अपना सन्देश कोने कोने और झोंपड़ी-झोंपड़ी में भेजना है, तो हमें अभी से प्रत्येक कार्यवाही हिन्दी में करनी चाहिए। हमारी प्रार्थना है, कांग्रेस के कर्णधार इस ओर ध्यान दें। दूसरी बात जो हमें दिखायी देती है, वह भी कम महत्त्व की नहीं है। जितनी उपसमितियाँ बनायी गयी हैं उनमें ऐसी कोई नहीं है जो कांग्रेस का सन्देश प्रत्येक जिले में, प्रत्येक तहसील में, प्रत्येक गाँव या खेड़े में पहुँचावेगी। हम इस समिति की आवश्यकता उन सब समितियों से पहले समझते हैं, जो अभी तक बनायी गयी हैं। इस प्रचार-समिति में ऐसे मनुष्य हों, जो कांग्रेस और शासन-सुधार सम्बन्धी बातों को प्रत्येक स्थान में जा-जाकर समझावें, व्याख्यान दें और इस विषय की छोटी-छोटी पुस्तकें लिखकर बाँटें। इस समिति का कार्य अभी से ही आरम्भ होना चाहिए।

यद्यपि हम समय-समय पर यह सन्देश कर्मवीर द्वारा भेजना अपना कर्त्तव्य समझेंगे तथापि इस मार्ग में प्रचार समिति की बहुत भारी अपेक्षा है।

सम्पादकीय टिप्पणी नं० 6

एक बात हमें यह भी खटकी कि कांग्रेस को केवल कानपुर से क्यों निमन्त्रण दिया गया, जबकि हमने सुना है कि यह बात निश्चित हो चुकी थी कि प्रान्त की ओर से कांग्रेस को निमन्त्रण दिया जाय और स्थान का निश्चय पीछे किया जाय। नागपुर के सज्जन उस समय भी अपने यहाँ कांग्रेस कर सकते थे। अस्तु जो हो, अब प्रान्त भर को एक सूत्र में बाँधने का यत्न होना चाहिए। आशा है, हमारे प्रान्त भर के सब भाई इस कार्य में तन-मन-धन से पूर्ण योग देंगे और कांग्रेस को पूर्ण सफल बनाने में कुछ भी कमी उठा न रखेंगे। अमृतसर कांग्रेस आत्म-दान से सफल हुई थी, देखें, हम अपनी कांग्रेस किस तरह सफल बनाते हैं।

संपादकीय टिप्पणी नं० 7

स्वर्गीय श्रीयुत देवीशंकर जोशी की विधवा सास है, पत्नी है और एक छोटी सी बच्ची। अब जगदीश्वर ही उनका आधार है। हमारे पास कई सज्जनों के पत्र आए हैं, जिनमें कर्मवीर के इस सेवक की मृत्यु पर शोक प्रकट किया गया है। वीर के स्मारक के लिए जिन रकमों की सूचना मिली है, वे इस प्रकार हैं—

रा० ब० पण्डित विष्णुदत्तजी शुक्ल—	100/-
रा० ब० जमनालालजी बजाज वर्धा—	100/-
रा० ब० माननीय गोविन्दलालजी पुरोहित—	100/-
माखनलाल चतुर्वेदी—	100/-
	कुल 400/-

मान० श्रीयुत प्यारेलालजी मिश्र ने भी अपने करुणापूरित पत्र में सहायता के लिए लिखा है। निश्चित धन एकत्र हो जाने पर कर्मवीर के प्रेमी सज्जनों की सम्पत्ति से, जोशीजी की गृह-व्यवस्था का निश्चित प्रबन्ध कर दिया जाएगा। धन की पहुँच की सूचना के लिए कर्मवीर के कालम खुले हैं।

[उपसम्पादक, 'कर्मवीर'; 28 फरवरी, सन् 1920]

5,00,000 जमानत में—प्रेस ऐक्ट का कुचक्र

प्रेस ऐक्ट रद्द करवाने के हेतु से इंग्लैण्ड की जनता को भारतीय समाचार-पत्रों और छापाखानों की कठिनाइयाँ दिखलाने के लिए गत-वर्ष 'भारतीय प्रेस ऐसो-

सिएशन' ने प्रेस डेपुटेशन द्वारा इंग्लैण्ड में आवेदन-पत्र बँटवाया था। सारांश यह है —

भारतवर्ष में ईस्ट इण्डिया कम्पनी के शासन-काल में बहुत थोड़े समाचार-पत्र और छापाखाने थे और वे प्रायः सभी पादरियों या अंग्रेजों के थे। उनके लिए कभी-कभी सरकार को कड़े उपायों और भारी दण्ड से काम लेना पड़ता था। परन्तु न तो लार्ड वेलेजली के 1799 वाले रेगुलेशन और न छापाखानों को काबू में रखने के हेतु जारी 1823 और 1824 के बंगाल और बम्बई के रेगुलेशन, इन छापाखानों को दबाने में कृतकार्य हो सके। अन्त में लार्ड आफ लैण्ड ने लाइसेन्स और सरकारी देखरेख (सेंसरशिप) के ये पुराने कानून रद्द कर दिये और उनके स्थान पर रजिस्ट्रेशन का नियम बनाया। तब से, 1857 के गदर के कुछ समय को छोड़, 1910 तक, भारतवर्ष के छापाखानों के लिए प्रायः वे ही नियम लागू रहे जैसे कि इंग्लैण्ड में थे। परन्तु 1910 के इण्डियन प्रेस ऐक्ट ने सभी छापाखानों और पुस्तकों आदि को शासकों की स्वेच्छा के पंजे में बसा दिया है। भारत सरकार, कानून फौजदारी (इण्डियन पिनल कोड) में अराजकता (सिडीशन) इत्यादि की नयी परिभाषाएँ जोड़कर, अपनी क्रूर स्वेच्छाचारिता पहले ही से बढ़ा रही थी, परन्तु छापाखानों और विशेषकर देशी भाषाओं के छापाखानों की ओर कुदृष्टि 1878 में पड़ी जब कि उसने लाइसेन्स का कानून बनाया। किन्तु यह कानून तीन वर्ष बाद रद्द कर दिया गया।

गदर के बाद

भारतवर्ष में इस प्रकार के समाचार-पत्र और पुस्तकें नहीं निकलीं कि उनके लिए कड़े नियमों की कोई आवश्यकता थी। लार्ड डफरिन ने वर्नाक्युलर प्रेस ऐक्ट रद्द होने के दस वर्ष बाद कहा था, "मैं सहर्ष स्वीकार करता हूँ कि भारतवर्ष के छापाखानों को जो स्वाधीनता मिली है, उसका बहुत अंशों में बुद्धिमानी, विचारपूर्णता और संयम के साथ उपयोग किया जाता है।" इसके प्रायः 15 वर्ष बाद, भारतीय समाचार-पत्रों से प्रेम न करनेवाले लार्ड कर्जन ने भी एक बार कहा था, "मेरा खयाल है कि देशी समाचार-पत्र उन्नति कर रहे हैं और अधिकाधिक विवेक और धीरता से काम ले रहे हैं।" लार्ड कर्जन द्वारा की हुई इस प्रशंसा के इतने वर्ष बाद ही भारत सरकार ने, 1905-1908 की क्षुब्धावस्था का हौआ खड़ा करके प्रेस ऐक्ट बनाने का संकल्प किया, और 1910 में वर्तमान प्रेस ऐक्ट बना ही डाला, जिसके सम्बन्ध में तत्कालीन भारत-सचिव लार्ड मार्ले ने अपनी 'यादगार' में लिखा है, "यदि मैं पार्लमेण्ट से यह कानून स्वीकृत कराने के लिए प्रयत्न करूँ, तो कम-से-कम मैं तो अपने को उसके विश्वास का दुरुपयोग करने का दोषी समझूंगा।" परन्तु अन्त में अपने सुधार ऐक्ट (मिण्टो-मार्ले-रिफार्म्स) को

सफल बनाने के लालच में फँसकर, मार्ले साहब ने यह कानून पास कर ही दिया, इस आशा से कि, इसका उपयोग बहुत सोच-समझकर किया जायेगा और छापाखाने वालों को शासकों की ज्यादतियों के विरुद्ध न्यायालयों में दाद मिल सकेगी। भारत सरकार के तत्कालीन कानून सदस्य मिस्टर (अब लार्ड) सिनहा, जिस पर इस कानून के निर्माण का उत्तरदायित्व था और एक्टिंग होम मेम्बर सर हरबर्ट रिजले ने भी भारत सरकार की ओर से, इसी प्रकार को आश्वासन दिया था और वचन दिया था कि यह ऐक्ट तत्कालीन समाचार-पत्रों और छापाखानों पर लागू नहीं होगा। स्वर्गीय मिस्टर गोखले भी राजनीति की भूलभुलैया में फँस गये और उन्होंने कौंसिल में इस कानून का समर्थन कर दिया। परन्तु बाद में इसके वास्तविक परिणामों को देखकर उन्हें पछताना पड़ा। क्योंकि सरकार की गुप्त आज्ञाओं द्वारा और अधिकारियों की करतूत से वे आश्वासन और वचन निरे शब्दाडंबर ही सिद्ध हुए। प्रेस ऐक्ट पास होने के समय 991 छापाखाने थे, जिनमें से 286 को सरकार ने चेतावनी दी कि सरकार तुमसे असन्तुष्ट है और बाकी के 705 से भारी जमानतें माँगी गईं, जिनमें से कई जब्त भी कर ली गयीं। इसके अलावा बाद में नये स्थापित किये हुए 70 छापाखानों को जमानत और जब्ती का दण्ड भोगना पड़ा और 173 नये छापाखाने और 125 नये समाचार-पत्र जमानत का भय दिखाकर प्रारम्भ होने से रोक दिये गये। वास्तव में देखा जाये, तो इस ऐक्ट ने पुराने छापाखानों को ही अधिक नुकसान पहुँचाया। सन् 1917 तक 22 में से 18 पुराने समाचार-पत्र और 88 में से प्रायः 40 छापाखाने जमानत के कारण बन्द हो गये और यह कानून बनने के बाद, पाँच वर्ष के भीतर सरकार ने जमानत और जब्ती से प्रायः पाँच लाख रुपये प्रजा से छीन लिये। यह दमन-नीति पूर्ण वेग के साथ बढ़ती ही जा रही है, यहाँ तक कि, 1918 में 500 से अधिक पुस्तकें सरकार ने जब्त की हैं। जब से 1910 में प्रेस-ऐक्ट पास हुआ है तब से प्रायः 350 छापाखानों और 300 समाचार-पत्रों से प्रायः 6 लाख की जमानतें माँगी गयी हैं, 500 से अधिक पुस्तकें जब्त की गयी हैं और प्रायः 200 छापाखाने और 130 समाचार-पत्र जमानत माँगी जाने के कारण प्रारम्भ नहीं होने पाये।

न्यायालयों में छापाखाना वालों की रक्षा की कहानी भी इसी प्रकार निराशाजनक है। कलकत्ता हाइकोर्ट के चीफ जस्टिस सर लारेन्स जेन्किन्स ने 1914 में कहा है, "सरकारी वकील (एडवोकेट जनरल) ने मुझे विश्वास दिला दिया है, कि इसमें हाईकोर्ट को हस्तक्षेप का बिलकुल अधिकार नहीं है। कानून की आज्ञा का पालन न कर सकने के कारण की हुई जब्ती न्यायशून्य या अन्यायपूर्ण है इस पर मत देने का उसे कोई अधिकार नहीं है, शासक की आज्ञा की बुद्धिमत्ता में गलती निकालने का अधिकार उसे नहीं मिला है, उसका कर्त्तव्य केवल यह देखने का है कि प्रार्थी यह बात, जो प्रायः असम्भव है, सिद्ध कर सकता है या

नहीं कि ऐक्ट के सर्वव्यापी नियमों के चंगुल में फँसने वाले शब्द मेरी पुस्तक में नहीं हैं। मैं उस कार्य को प्राय: असम्भव कहता हूँ, क्योंकि ऐसी किसी भी पुस्तक का खयाल नहीं किया जा सकता जो सरकारी कुदृष्टि की भाजन बनकर प्रत्यक्ष या अप्रत्यक्ष रीति से अनुमान, सूचना, उदाहरण, रूपक और तात्पर्य के द्वारा, अथवा अन्य प्रकार से, इस कानून के अनुसार दोषी न कही जा सके।

कल्पना के समान विस्तृत उन्होंने आगे चलकर कहा है, (प्रेस ऐक्ट की) चौथी धारा अत्यन्त व्यापक है, उसकी भाषा मानवीय कल्पना जितनी विस्तृत बना सकती थी, उतनी विस्तृत है।" इसी प्रकार मद्रास हाईकोर्ट के एक्टिंग चीफ जस्टिस, सर अब्दुर रहीम ने 'न्यू इण्डिया' की जमानत के मामले में 1916 में कहा है, "उक्त (4 थी) धारा का अर्थ अत्यन्त व्यापक और विस्तीर्ण है। प्रिवी कौंसिल ने भी ऐसे मामलों की अपील होने पर इन रायों का विरोध नहीं किया। यत्र-स्वाधीनता का अपहरण करने वाले इस असभ्य कानून को रद्द करने के बहुत से प्रयत्न हुए, किन्तु भारत की नौकरशाही के सामने किसी की न चली। अब भारत में शासन-सुधार की धूम मची हुई है। पर सच्चा सुधार तभी हो सकता है जबकि भारतवासियों के नागरिक अधिकारों की पूर्ण रक्षा की **घोषणा की जावे**, जिसमें यह वचन भी रहे कि "छापाखाने स्वाधीन रहेंगे और छापाखानों या समाचार-पत्रों की रजिस्ट्री के समय कोई लाइसेन्स या जमानत नहीं माँगी जायेगी।"

खिलाफत का प्रश्न

आखिर खिलाफत का सवाल बल पकड़ ही गया। एक ओर तो है जीत के मदमाते मित्रों का टर्की को पीसकर उसके किये कर्मों का बदला लेने तथा यूरोप से मुसलमानियत को हटाकर ईसाइयत को कायम रखने का प्रबल निश्चय और दूसरी ओर है बोलशेविकों की यूरोप में अनहोनी विजय। भारतीय मुसलमानों की अपने धर्म पर मर मिटने की श्रद्धा और हिन्दुओं का हृदय से मुसलमानों के दुखों में सहायता के लिए शामिल हो जाना। प्रश्न यह नहीं है कि कुस्तुन्तुनिया पर पवित्र ईसाई धर्म का झण्डा फहराया जाये, या टर्की के टुकड़े-टुकड़े कर उन टुकड़ों से अपने उन मित्रों का मुँह मीठा किया जाये, जिन्होंने गाढ़े वक्त में लड़ाई में साथ दिया अथवा टर्की के उस पाप का दण्ड दिया जाये, जो उसने उदार और स्वाधीनता के सिद्धान्त की घोषणा करने वाले ब्रिटिश साम्राज्य के विरुद्ध शस्त्र उठाकर किया। किन्तु प्रश्न यह है कि क्या कान्स्टेंटीनोपल को (टर्की से) लेकर सारी मुसलमान जनता को रुष्ट किया जाये? और, इस तरह कारान्तर से

अफगानिस्तान और अन्य मुसलमान राज्यों को शत्रु बनाते हुए, भारत के मुसलमानों को, जिनके दुःखों में कि 21 करोड़ हिन्दू भी साथ हैं, उभड़ने दिया जाये, यानी बोलशेविकों के लिए, ब्रिटिश साम्राज्य के विरुद्ध बहुत-से हृदय जान-बूझकर तैयार कर दिये जाएँ और इस तरह साम्राज्य को संकट में डाला जाये ? यह प्रश्न बड़ी जवाबदारी का है और हमारा विश्वास है कि इंग्लैण्ड इसे बड़ी सावधानी से सुलझायेगा। हाँ, इसमें सन्देह नहीं कि विलायत के ईसाई और वे अखबार जिनमें बादशाहत की खराब बू भरी है, इस प्रश्न के महत्त्व को ठीक नहीं तौल रहे। लार्ड ब्राइस कहते हैं, "कुस्तुन्तुनिया मुसलमानों का धर्मस्थान ही नहीं। खलीफा को वहाँ से हटा देने से उनके रुतबे पर किसी भी तरह का आघात नहीं पहुँचता।" किन्तु उस जमाने में, जब यूरोप की धर्मांधता बढ़ी हुई थी और रोम के पोप ही दुनिया के शाहंशाह बने हुए थे, यदि ये लाट साहब ऐसी बेसिर-पैर की कह देते तो इन्हें दुनिया में जीना मुश्किल हो जाता। सर बेनेट तो लार्ड चेम्सफोर्ड की मुसलमानों के साथ की गयी ऊपरी हमदर्दी की बातों से भी उनपर बिगड़ ही पड़े। वे कहते हैं, "यदि भारतीय सरकार ने भारतवासियों को टर्की राज्य का वास्तविक स्वरूप बतला दिया होता, तो उनके साथ वे जो असंगत सहानुभूति दिखा रहे हैं, उसकी जरूरत ही न होती।" लन्दन टाइम्स कहता है—"भारतीय मुसलमानों के भावों की इज्जत करना भले ही जरूरी हो पर हम ब्रिटिश साम्राज्य की राजनीति की लगाम मुसलमानों के हाथों नहीं दे सकते।" इतना ही नहीं, वह तो यहाँ तक कहता है, "कुस्तुन्तुनिया के सम्बन्ध में हम जो निश्चय कर रहे हैं, वह हमारी कमजोरी प्रकट करता है। यूरोप में टर्की की सत्ता का विध्वंस कर डालना नीति और इतिहास की नजर से जरूरी है।" यह कितना खूनी भाव है! धन्य है इस नीति और इतिहास की पवित्रता को! मि० लॉयड जार्ज ने 5 जनवरी सन् 1918 को कहा था, "हम इसलिए नहीं लड़ रहे हैं कि टर्की के पास से कुस्तुन्तुनिया, एशिया माइनर और ब्राइस आदि छीन लें।" किन्तु ब्रिटिश मित्र-राष्ट्र किस लिए लड़े थे, यह आज साफ साबित किया जा रहा है। जोर का विरोध भी हो रहा है और कहा जा रहा है कि कुस्तुन्तुनिया पर मित्रों की सत्ता रहे। इस कठिन परिस्थिति में पड़कर मि० माण्टेगू कह रहे हैं कि "यदि टर्की के पास से कुस्तुन्तुनिया छीन लेने का विचार था, तो हमें भारतवासियों को अपने साथ युद्ध में न उतारना चाहिए था। भारत को टर्की के सम्बन्ध में कहने का अधिकार है, क्योंकि वह युद्ध में धन-जन से साथ दे रहा है। प्रत्येक भारतीय नेता कह रहा है कि यदि मेल और शान्ति बनाए रखना है तो टर्की के तख्त को हाथ न लगाना।" इधर लायड जार्ज भी इंग्लैण्ड को समझाते हुए उस दिन कह रहे थे—"अरे भाई, टर्की की सत्ता कुस्तुन्तुनिया पर रहने से हमारा बिगड़ ही क्या जायेगा ? तुर्की की सन्धि के बाद तुर्की की सत्ता रह ही कितनी-सी जाती है ? पेलेस्टाइन, सीरिया,

मेसोपोटामिया, अरेबिया और आरमेनिया आदि बड़े-बड़े प्रान्त तो तुर्की से छिन ही चुके। सेना नाम को ही रह गयी और युद्ध-सामग्री नष्ट हो ही चुकी। सन्धि-पत्र के बन्धनों के अनुसार आमदनी और खर्च पर मित्रों के कमीशन की देख-रेख लद जाने से आर्थिक स्वतन्त्रता भी नहीं रही। ऐसी अवस्था में किसी अनाथालय में भेजी जाने लायक, लकवे से मारी हुई, तुर्की की सत्ता शेष रहेगी ? यदि यह डर ही हो कि आज नहीं तो कल तुर्क अपना सिर उठावेंगे ही, तो बेहतर यही है कि वह सत्ता, इसीलिए, कुस्तुन्तुनिया में हमारे सामने नजर-कैद रहे। और यदि ऐसा मौका इंग्लैण्ड को आप ही मिल रहा है तो आप लोग ऐसे मौके को क्यों खोते हैं ? गरज यह कि लायड जार्ज चाहते हैं कि कुस्तुन्तुनिया में टर्की की राजधानी रहे। पर 'लन्दन टाइम्स' आदि पत्रों ने जमीन-आसमान एक कर रखा है। वे तुर्क सत्ता को कुस्तुन्तुनिया से उखाड़ फेंकना चाहते हैं। और इस मामले में ईसाई धर्माध्यक्ष भी इन लोगों के साथ हैं।

प्रथम यह सुना गया था कि टर्की केवल इतना ही चाहता है कि राजधानी न उठाई जाये, किन्तु अब ऐसा प्रकट हो रहा है कि वह सन्धि की शर्तों के भी अनुकूल नहीं। यह भी सुना गया है कि सुलतान ने सेनापति ईजथ को आज्ञा दी है कि वे अपना नया मन्त्रिमण्डल तैयार कर लें। वे उस काम में लग भी गये हैं और आशा की जाती है कि राष्ट्रीय मत के तरुण तुर्की का ही यह नवीन मन्त्रि-मण्डल होगा, जो स्वभावतः ब्रिटिश सत्ता के विरोधी हैं। और इस बात का कम भय नहीं कि इसी महीने-डेढ़ महीने में बोलशेविकों और टर्की वालों का सम्बन्ध हो जायेगा।

ता० 22 मार्च को पेरिस में वे शर्तें तुर्की के वकील को दी जायेंगी, जिनमें यह निश्चय किया गया है कि कान्स्टेण्टीनोपल तुर्की के कब्जे में रहे या नहीं, और मुहम्मदी तीर्थों पर उसका अधिकार कहाँ तक रखा जाय। ता० 2 मार्च को खिला-फत के लिए गए हुए भारतीय मुसलमानों के डेपुटेशन से स्टेट सेक्रेटरी की ओर से मि० फिशर ने बड़ी सहानुभूति से भेंट की। अब यह डेपुटेशन मि० लायड जार्ज से भी मिलेगा और फिर अपने विचार सुप्रीम कौंसिल के सम्मुख रखने के लिए पेरिस जायेगा। सर आगाखाँ भी यहाँ आकर खलीफा की अधिकार-रक्षा की चर्चा कर रहे हैं। और मौलाना अब्दुल बारी, शौकत अली, डा० किचलू आदि नेता और महात्मा गांधी जोर के साथ खिलाफत के सम्बन्ध में अपने विचार देश के कोने-कोने में फैला रहे हैं। कलकत्ते में यह प्रस्ताव भी खिलाफत कान्फ्रेंस में पास हो गया है कि यदि टर्की का सवाल ठीक ढंग से हल न हो, तो कौंसिल के मुसलमान सदस्य अपनी जगहों से इस्तीफे दे दें। हिन्दू और मुसलमान सबके हृदय इस बात से दुख गये हैं। ता० 19 मार्च को हड़ताल करने का निश्चय सब मुसलमान नेताओं ने किया है। नागपुर में यह काम डा० मुन्जे को सौंपा गया है।

इस कार्य में यूरोपियन लोग भी हिन्दू-मुसलमानों के साथ हैं। कलकत्ते की चेम्बर आफ कामर्स के यूरोपियनों ने वाइसराय को तार दिया है कि हम गैरसरकारी ब्रिटिश प्रजाजन नहीं चाहते कि टर्की के विरुद्ध फैसला करके भारतीय मुसलमानों के हृदयों में ठेस पहुँचाई जाय। इधर महात्मा गांधी बड़ी सावधानी और शान्तता से ता० 19 का हड़ताल वाला दिन निबटा लेने का उपदेश दे रहे हैं। वे कह रहे हैं, कि बड़ी सावधानी से काम किया जाय। खानगी नौकर और मिल वाले हड़ताल में भाग न लें, हड़ताल के नियम न तोड़े जाएँ। केवल सरकार की सहकारिता का त्याग किया जाय। जो लोग आनरेरी सरकारी पदों पर हों वे उन्हें छोड़ दें और छोटी तनख्वाह के सरकारी नौकर भी ऐसा ही करें। पलटन के सिपाहियों को नौकरी छोड़ने के लिए न उभाड़ा जाय, आदि-आदि। अब आगामी मार्च महीने की 19 और 22 दोनों ही तारीखें सामने हैं। हमारा विश्वास है कि हमारे मुसलमान भाई इस कार्य को इतनी शान्तता, दृढ़ता और सच्चाई से साधेंगे कि हमारी पवित्र हलचल पर बड़ी-से-बड़ी खूनी ताकत को झुक जाना पड़े। हम बड़ी चिन्ता से इस राष्ट्रीय हलचल की ओर देखते हैं। हमें बहुत भय है कि विरुद्ध फैसला होने पर ब्रिटिश साम्राज्य के लिए परिणाम संकटमय हो जायेगा। यह ब्रिटिश राजनीतिज्ञों की दूरदर्शिता का समय है, देखें, वे क्या करते हैं।

सम्पादकीय टिप्पणी नं० 1

बम्बई में भाषण करते समय लालाजी ने रिफार्म-ऐक्ट के सम्बन्ध में कहा था, कि इस विषय पर अपने विचार प्रकट करने के लिए मुझे कुछ समय की आवश्यकता है। यह समय उन्हें मिला भी न था कि उसके पूर्व ही उस दिन लाहौर में अपनी अध्यक्षता में होने वाली सभा में उक्त विषय पर माननीय मि० शास्त्री के व्याख्यान होने पर उन्हें भी इसके सम्बन्ध में अपने मत की आभा प्रकट कर ही देनी पड़ी। अन्य कुछ बातों में उनसे सहमत होते हुए भी रिफार्म-ऐक्ट के सम्बन्ध में लालाजी ने मि० शास्त्री से स्पष्ट ही इस विषय में अपनी मत-विभिन्नता प्रकट की। उन्होंने मि० शास्त्री का ध्यान खींचते हुए कहा कि हमें स्मरण रखना चाहिए, कि संसार बड़े ही द्रुत वेग से आगे बढ़ रहा है। इसमें सन्देह नहीं, कि रिफार्म-ऐक्ट हमें हमारी वर्तमान स्थिति से ऊँचा उठावेगा, किन्तु हमारी दशा इतनी अधिक भयंकर और करुणाजनक हो गई है कि उसके सामने सुधार बहुत ही कम— न्यूनातिन्यून है। जो अब दिया जा रहा है, वह दस वर्ष पूर्व ही हमें दे दिया जाना चाहिए था। इसीलिए कहना अवश्य होगा कि इन सुधारों में कोई भी बात ऐसी नहीं है, जिस पर उत्साह प्रकट किया जा सके।

मि० शास्त्री अपने सरल स्वभाव से सोचते हैं कि सब बातें ठीक हो जावेंगी, किन्तु उन्हें भूल नहीं जाना चाहिए कि उनका मुकाबला ऐसे समुदाय से है, जो

राजनीति में संसार भर से चतुर और चालाक है। हम स्पष्टवादी होना चाहते हैं, किन्तु क्या वे हमें स्पष्टवादी होने देंगे ? वे हमें केवल अपना हथियार बना लेना चाहते हैं। मुझे भय है कि कहीं अन्तर्राष्ट्रीय राजनैतिक खेलों में हमारा ताश में तुरुप के पत्ते की भाँति प्रयोग न किया जावे। यह ऐक्ट हमें अन्तर्राष्ट्रीय जगत् में कोई स्थान नहीं दिलाता। नौकरशाही पर अब हमारा तनिक भी विश्वास नहीं रहा है, अतः जब तक ऐक्ट, वाइसराय के लिए ऐसा आर्डिनेंस, जैसा कि उन्होंने कानून के नाम पर अभी किया था, जारी करना असम्भव नहीं कर देता, तब तक हम उससे संतुष्ट नहीं हो सकते। इस ऐक्ट के होते हुए भी नौकरशाही भारत-सचिव के किये-कराये पर पानी फेर सकती है, अतः हम नौकरशाही के इरादों का पूर्ण बल से विरोध करना चाहते हैं। हमारी माँग जो कुछ भी है, वह यह है कि हमारे मिनिस्टिर इतने सशक्त हों कि वे नौकरशाही की अंधाधुंधी और उसके द्वारा होने वाले जनता के अधिकार-मर्दन को रोक सकें। ऐक्ट जब सामने आ गया है, तो उसका तिरस्कार न कर उचित उपयोग लें, किन्तु उससे संतुष्ट न हो बैठें, प्रत्युत जो शेष रह गया है, उसके लिए सबल प्रयत्न जारी रक्खें। लालाजी का यह मत वही है, जो अमृतसर की कांग्रेस का था, अथवा यों कहिये कि देश का मत ही लालाजी का मत है।

सम्पादकीय टिप्पणी नं० 2

'हिन्दू' का संवाददाता लिखता है—"चौधरी बुग्गा और रतनचन्द की फाँसी की सजा माफ कराने के लिए बड़े लाट साहब की कौंसिल के गैरसरकारी सदस्यों ने एक प्रार्थना-पत्र तैयार किया है। उस पर माननीय मि० शर्मा और श्रीमान श्री सुरेन्द्रनाथ बनर्जी ने हस्ताक्षर करने से इन्कार कर दिया!" हमें यह विश्वास नहीं होता कि कोई भी भारतवासी ऐसा कर सकता है। यदि यह सत्य हो, तो हमें दुःख से कहना पड़ता है कि उन हृदयों के साथ घोरतर विश्वासघात किया जा रहा है, जिनके वोटों के बल पर ये दोनों सज्जन कौंसिल के 'माननीय' हुए! क्या ये सज्जन सोचते हैं कि अपने इन दो भाइयों के प्राणों की भेंट की स्वीकृति किये बिना सरकारी कोआपरेशन (सहयोग) खरीदा नहीं जा सकता ?

सम्पादकीय टिप्पणी नं० 3

अखिल भारतीय हिन्दी साहित्य सम्मेलन की बैठकें पटना में होंगी। बिहार में यह सम्मेलन दूसरी बार होने जा रहा है। पहली बार सभापति थे महात्मा मुंशीरामजी (अब स्वामी श्रद्धानंदजी) और इस बार के सभापति हैं, रायबहादुर पंडित विष्णुदत्तजी शुक्ल। सभापति की चुनाई में हमारे यहाँ जो "तू तू, मैं मैं" चल निकली, वह दिखा रही थी कि चुनाई के प्रयत्नों की बुरी नकल में भी हमने

पश्चिमीय देशों का भद्दा अनुकरण किया ! आलोचक सज्जनों ने जहाँ कई सज्जनों को अयोग्य सिद्ध करने में अपनी उस शक्ति का—जो दिशा के बदलते ही किसी पुस्तक या ऊँचे साहित्य की रचना कर सकती—उपयोग करके अपने-आपको भारतीय और अब जीवन-दौड़ का पिछड़ा हुआ पथिक सिद्ध किया, तहाँ सभापतियों के समर्थक और पक्षपाती सज्जनों ने, लड़ाझगड़ी और 'ले-दे' तक पहुँच कर उन योग्य व्यक्तियों का अपमान किया, जिनका वे पक्ष ले रहे थे। किन्तु इस लड़ाई-झगड़े के बीच कुछ सच्ची बातें छिपी हुई हैं। इसमें कोई सन्देह नहीं कि महात्मा गांधी इस दुनिया की सबसे बड़ी चीज हैं, किन्तु उनके सभापति होने से हिन्दी-साहित्य को कोई प्रत्यक्ष लाभ नहीं हो सकता। इसी प्रकार श्री गोविन्द-नारायण मिश्र तथा श्रीधर पाठकजी हिन्दी साहित्य की बहुमूल्य वस्तु हैं, 'साहित्य' पर उनका अधिकार है, किन्तु वे अपनी बातें मनवा कर, मद्रास और बम्बई, बंगाल और पंजाब में हिन्दी का प्रचार नहीं करा सकते। ऐसी अवस्था में, ऐसे समय जबकि हमारी भाषा, देश की अन्तर्जातीय भाषा बनने जा रही है, तब जहाँ उसे राजनीतिज्ञ और देश को ऊँचा उठाने वाले सभापति की जरूरत है, वहाँ साहित्य को ऊँचा उठाने, उसकी गति की उचित आलोचना कर उसमें साहित्य, धर्म, विज्ञान, राजनीति, समाजशास्त्र, अर्थशास्त्र आदि पर कैसा साहित्य तैयार हो रहा है और कैसा होना चाहिए इस बात की उचित आलोचना करने वाले सभापति की जरूरत है। ऐसी दशा में इस बात की आवश्यकता है कि सम्मेलन के प्रचार और साहित्य-विभाग के सभापति अलग-अलग चुने जाया करें।

सम्पादकीय टिप्पणी नं॰ 4

हम कुछ बातें सम्मेलन के सामने और रखते हैं। सम्मेलन की लेखमाला प्रतिवर्ष तैयार होती है। हम नहीं जानते कि एक मासिक पत्र में निकले हुए लेखों से अधिक उसका क्या महत्त्व होता है। हमारे विचार से तो वह लेख-माला ऐसी होनी चाहिए जिसमें सम्मेलन में आने वाले प्रस्तावों पर अध्ययन, अनुभव और चिन्तन से लिखे हुए लेख रहें। साथ ही कुछ ऐसे लेख भी रहें, जिनसे साहित्य की गति बदले और साहित्य में अधिक नवीनता, उच्चता और मौलिकता देखने को मिले। देवनागरी-टाइप छपाई के लिए ऐसी अवस्था की चीज हो रही है, जिससे अंग्रेजी और उर्दू के मुकाबिले में छापने में बड़ी कठिनाई होती है। उसकी अधिक मात्राएँ तथा ऊपर-नीचे के बहुत से खण्ड उसे मुद्रण के लिए सुलभ और व्यवहार में विजयिनी नहीं होने देते। हम चाहते हैं सम्मेलन इस बात पर भी विचार करे। साहित्य देश का हृदय है, वह जितना ऊँचा और संसार की गति का परिचायक होगा, उतना ही देश भी ऊँचा उठेगा। अतः हमारे साहित्य में समाजशास्त्र और राजनीति के ऐसे ग्रन्थों की जरूरत है, जो लोगों का धन बन बैठे। इस वर्ष सुधार-

ऐक्ट पास हुआ है, किन्तु जनता अज्ञान में रखी गई है। सम्मेलन का यह काम है कि वह लेखकों को प्रेरणा करे कि वे ऐसे साहित्य का निर्माण करें, जिससे जनता अपने मिले अधिकारों को शीघ्र ही जानकर कार्य में लग सके, और न मिले हुए अधिकारों का पता पाकर उनके लिए आन्दोलन कर सके। अन्तर्जातीय साहित्य का हमारे यहाँ बिल्कुल अभाव है। हमारे देश को विदेशों के रीति-रस्मों, कार्यों, युद्धों, न्यायालयों तथा शासन-कार्यों का बोध कराने वाले ग्रन्थ हमारे यहाँ नहीं हैं। यह देश के लिए बड़ी भारी कमी है, इसका भी साहित्य तैयार होना चाहिए। भारतवर्ष भिन्न-भिन्न हिस्सों में जहाँ-तहाँ बँटा पड़ा है, वह कुलियों के रूप में विदेशों में पड़ा है और सैनिकों के रूप में भी। कुली-प्रथा पर नाम लेने को दो-तीन पुस्तकें निकल चुकी हैं, जिनमें प्रवासी भारतवासी का महत्त्व अधिक है; किन्तु इतना ही काफी नहीं। हमें उन टापुओं में पड़े हुए भाइयों में पढ़े जाने के लिए साहित्य-निर्माण करना है, और प्रयत्न करना है कि उन भाइयों के द्वारा भी कुछ साहित्य तैयार हो। फौजी-साहित्य पर भी हमारे यहाँ कुछ नहीं है। सिपाहियों की दिनचर्या, सिपाही बनने की जरूरत तथा सैनिक-शक्ति पर हमें साहित्य की आवश्यकता है। संसार के युद्धस्थल और उनसे भारत का सम्बन्ध बताने वाला साहित्य निर्माण होकर देश को जीवन का सन्देश दे सकता है। ऐसी ही अनेक बातें हैं जिन पर इकट्ठे होकर साहित्य-सम्मेलन के सूत्रधारों को विचार करना चाहिए। हमारा विश्वास है कि हिन्दी के कर्मवीर शुभाकांक्षा और सच्चे प्रयत्नों से श्रीयुत् शुक्लजी जैसे निर्भीक और कर्म के व्रती व्यक्ति के सभापतित्व में सम्मेलन सफल होगा।

सम्पादकीय टिप्पणी नं० 5

राजनाँदगाँव की हड़ताल को भीषण रूप दिया जा रहा है। अभी पत्र छपते-छपते खबर मिली है कि वहाँ की लेबर-यूनियन के सभापति ठाकुर प्यारेलाल सिंह वकील, उपसभापति श्रीयुत् शिवलालजी तथा मंत्री श्रीयुत् राजूलालजी को स्टेट सुपरिण्टेण्डेण्ट मि० पारधे के हस्ताक्षरों से एक नोटिस मिला है कि उक्त तीनों व्यक्ति "ता० 11 मार्च के दस बजे रायपुर में पोलिटिकल एजेण्ट साहब के समक्ष स्वयं उपस्थित होकर कारण बतलावें कि हड़ताल में क्रियात्मक भाग लेने के कारण क्यों न उन्हें राजनाँदगाँव से देशनिकाला दिया जावे।" हम इस नोटिस से चिन्ता में पड़ गए हैं। न जाने परसों नेताओं पर क्या बीत चुकी होगी। हम अधिकारियों से अनुरोध करते हैं कि हड़ताल के समय नेताओं और मजदूरों के साथ व्यवहार करने में वे जबलपुर के डि० मै० मि० मिथाइस की पद्धति का अनुकरण करें और मजदूरों के पेट की ज्वाला शान्त कर इस झगड़े को शीघ्र ही

निपटा दें। हमारा निवेदन है कि अधिकारी गरीबों के निर्दोष सहायकों को सताकर अशान्ति को जान-बूझकर आमन्त्रण न दें।

[13 मार्च, 1920]

भारतीय खजाने पर साढ़े साती

बड़ी धारा-सभा में बजट पेश होकर पास भी हो गया। गत वर्ष सोचा गया था कि यह खर्च जाकर कोई दो करोड़ रु० की बचत रहेगी। यह देखकर उस समय लोगों ने सोचा था कि सरकार की दृष्टि बदल गई है और अब फिजूलखर्ची अवश्य रोकी जायगी। वर्ष के बीतते न बीतते आय, जो वर्ष के प्रारम्भ में 130 करोड़ से भी कम कूती गई थी, वह हो गई एक-सौ साढ़े पेंतीस करोड़, किन्तु इधर खर्च हो गया 128 करोड़ रु० से कुछ कम की जगह 154 करोड़ रु० से कुछ अधिक! मि० हेले कहते हैं, "और विभागों में तो इस दुष्काल के कठिन प्रसंग में भी हमने 64 लाख की बचत कर डाली, किन्तु अचानक अफगान-युद्ध सामने आ जाने से हमें 22 करोड़ रुपया उसमें खर्च कर देना पड़ा।" अफगानिस्तान से लड़ाई कैसे हो पड़ी? इस युद्ध में भारत सरकार को कौन-सी बात साधनी थी? वह सधी या नहीं? और युद्ध टल सकता था या नहीं, इस युद्ध के होने की जवाबदारी किस पर है? आदि प्रश्नों को यदि हम छोड़ भी दें, तो भी अफगान-युद्ध में 22 करोड़ रुपयों का खर्च हो जाना एक विचित्र बात दीखती है! सर वाच्छा कहते हैं, "इतना खर्च तो उस अफगान-युद्ध में भी नहीं हुआ था जो तीन वर्षों तक चला था। और भी सन् 1866 में, 6 सप्ताहों तक आस्ट्रो-जर्मन युद्ध हुआ था, और उसमें तीन लाख सेना लड़ी थी और एक लाख सैनिक बेकार हो गए थे। इस बड़े युद्ध में 30 करोड़ ही रुपया खर्च हुआ था! इस दो सप्ताहों के अफगान-युद्ध में पता नहीं, दोनों तरफ से लड़ने वाली सेना कितनी-कितनी थी, और हमारी सेना के कितने वीर बेकाम हुए। बड़ी कृपा हो, यदि सरकार लोगों के जानने के लिए यह संख्या जाहिर कर दे।

यद्यपि मि० हेले इस बात का समर्थन करते चले गए हैं कि उन दो सप्ताहों में यह 22 करोड़ रुपया खर्च होना जरूरी था, किन्तु इस समर्थन से सन्तोष की अपेक्षा निराशा ही अधिक हुई है। क्योंकि उन बहादुर सिपाहियों के लिए, लड़ाई के मैदान में बिजली की रोशनी पहुँचाई गई थी और पहुँचाये गये थे बिजली के पंखे भी। एक बर्फ तैयार करने के कारखाने की भी वहाँ जरूरत हुई थी। नगण्य सहरदी लोगों से फौज की रक्षा करने के लिए काँटेदार तारों की जरूरत हुई और घायलों की संख्या न जाने कितनी बढ़ गई थी कि उन्हें उठाने के लिए मोटरों के

जाने-आने के लिए उस पर्वतमालाओं वाले देश में रास्ते बनवाने की जरूरत हुई और उन मोटरों को सुधारने के लिए एक कारखाना खोलने की भी ! जब हम मि० हेले के भाषण से ये बातें जान लेते हैं, तब किसी भी ज्योतिषी से यह पूछने की जरूरत नहीं रह जाती कि यह खर्च बढ़ कैसे गया !

खैर, गत वर्ष सैनिक खर्च बढ़ गया सो बढ़ गया, पर इस वर्ष तो उसे खूब कम होना चाहिए था। किन्तु वैसा हुआ नहीं। इस वर्ष भी पूरे साठ करोड़ का सैनिक खर्च बजट में कूता गया है। हम इस बात को नहीं भूलते कि लड़ाई के नये-नये नाशक उपकरण तैयार होते जा रहे हैं और उनकी कीमत भी कम नहीं होती, तब सैनिक-व्यय क्यों न बढ़ जाय। किन्तु हमें क्षमा किया जाय, जब हम यह कहें कि नाशक साधनों के बढ़ जाने पर, सेना में कमी करने की आवश्यकता है। दस-पाँच उड़ाके-सैनिक गोले बरसा कर हजारों शत्रुओं को धराशायी बना सकते हैं, तब उन बड़ी-बड़ी सेनाओं की जरूरत ही कहाँ रह जाती है ? मि० हेले कहते हैं कि "यूरोप और एशिया की वर्तमान परिस्थिति सूचित करती है कि अभी काफी सैनिक-खर्च करना होगा। यदि सरहदी झगड़े शान्त न हो गये, तो यह खर्च अभी और भी बढ़ाना होगा। यानी यह भविष्य के लिए, अधिक सैनिक खर्च की, जिसका कि सब प्रजा-प्रतिनिधि विरोध कर रहे हैं, स्पष्ट सूचना है। इतना सब-कुछ भी सह लिया जाय यदि सहायता के लिए नेपाल आदि विदेशों की तरफ हाथ न बढ़ाकर भारतवासियों पर विश्वास किया जाय और उन्हें सेना में अधिक अंशों में बढ़ाया जाय। इसका एक असर यह भी हो कि सरकार अनेक भावी संकटों से बच जाय, एशिया की उमड़ती हुई लपटें, भारत की सच्ची तैयारी को देखकर शान्त हो जायें और दूसरा असर यह भी हो कि देश के सिपाही कम रुपयों पर मिल जायें और फौजी खर्च किसी-न-किसी अंश में कम हो जाय।"

खैर, दूसरी बात लीजिये ! भारत सरकार की स्टेट सेक्रेटरी के नाम जो हुण्डियाँ जा रही हैं वे भारतीय धन की और भी सफाई कर रही हैं। हुण्डियाँ बेतरह दी जा रही हैं और यहाँ जमा करके ली हुई हुण्डी के विलायत में स्टेट सेक्रेटरी के यहाँ से दूने दाम वसूल किये जा रहे हैं। यह हुण्डी का धन्धा काम चलाने के लिए है, व्यवसाय के लिए नहीं। किन्तु इन हुण्डियों का व्यवसाय चल निकला है। जनवरी और फरवरी महीने में कोई 1 करोड़ 60 लाख पौण्ड की हुण्डियाँ दी गयीं जिनमें कोई 11 करोड़ रुपये का नुकसान भारत को रहा, तो भी अभी प्रति सप्ताह बीस लाख पौण्ड की हुण्डियाँ सरकार बेच ही रही है। देश के व्यापारी इस बात से असन्तुष्ट हैं, नेता इस बात का विरोध करते हैं और मि० बोमनजी ने तो इसे 'दिन-दहाड़े लूट' तक कह डाला है। इसके सिवाय, गरीबों की तनख्वाहों की वृद्धि पर तो पूरा ध्यान नहीं दिया जा रहा, किन्तु बड़ी-बड़ी तनख्वाहों में खूब बढ़ती की जा रही है। पोस्टल विभाग और अन्य कई विभागों

के कर्मचारियों की माँगें पड़ी हुई हैं, किन्तु हजारों के वेतनभोगी नौकरों की तनख्वाह में स्टेट सेक्रेटरी 128 करोड़ रु० की वृद्धि की मंजूरी दे चुके हैं। पब्लिक सर्विस कमीशन ने इस वृद्धि को केवल 42 करोड़ रु०बताया था और जस्टिस सर अब्दुर्रहीम ने उसे घटाकर खाली 6+1/2 करोड़ कर दिया था, किन्तु कहना पड़ेगा कि ये सब कागजों की बातें हैं। कई विभागों के लिए तो उक्त कमीशन ने खर्च काफी कम करने की सिफारिश की थी, किन्तु वह घटने की अपेक्षा बढ़ता ही अधिक जाता है। इस वर्ष की आमदनी 128 करोड़ से कुछ अधिक कूती गयी है और खर्च कूता गया है गत वर्ष के प्रस्तावित खर्च से कोई साढ़े सात करोड़ अधिक!

इस बात पर कि इस साल कोई नया कर नहीं लगा और एक्सेस प्राफिट टैक्स उठा दिया गया—प्रसन्न होते हुए भी, बजट की ओर देख-सुनकर कहना पड़ता है कि भारतीय खजाने पर साढ़ेसाती लगी हुई है। भगवान खैर करे, इस साढ़े साती में किसी युद्ध का प्रलय-काल और न उपस्थित हो जाय।

सम्पादकीय टिप्पणी नं० 2

आजकल इलाहाबाद यूनिवर्सिटी की इण्ट्रेन्स, एफ० ए० और बी० ए० की परीक्षाएँ हो रही हैं। एक यही यूनिवर्सिटी ऐसी है, जो हिन्दी-भाषी प्रान्तों की परीक्षक है, इसलिए इसमें हिन्दी के जानने वाले विद्वानों के परीक्षक होने की जरूरत है, खासकर उन विषयों में जो भाषा से सम्बन्ध रखते हैं। किन्तु बात ऐसी नहीं है। उदाहरण के लिए, मैट्रिक परीक्षा के हिन्दी के उस थर्ड पेपर को लीजिए जो अंग्रेजी के अनुवाद के लिए विद्यार्थियों को दिया गया है। यह इस प्रकार है—

(ए) इंग्लैण्ड में कुछ कुत्तों के भाग्य निपट अच्छे नहीं होते। बहुतों को उस थोड़े से भोजन के लिए जो उनको जीता रखने के लिए आवश्यक है कड़ा परिश्रम करना पड़ता है। बहुधा जो भोजन वह खाते हैं वह अंग्रेजी कुत्तों का सा नहीं होता। हालैण्ड के कोई-कोई कुत्ते गाजर और शलगम—और यही क्या जो कुछ उनके आगे रख दिया जाता है खा लेते हैं। इन कुत्तों को साग-भाजी, दूध और दूसरी पैदावार से भरी हुई दूकानदारों की गाड़ियाँ खींचनी पड़ती हैं और उनके मालिक उनके आसपास चैन से चलते हैं। यह कुत्ते अपने बचपन ही से इस तरह का काम करना सिखाये जाते हैं और बड़े सन्तोषी और सहनशील होते हैं पर कभी-कभी उनकी शक्ति से अधिक काम लिया जाता है और वह सताये जाते हैं।

(बी) दिल्ली के एक बड़े चित्रकार के एक दास था, जिससे वह कूचियाँ (ब्रुश) साफ करने और अपनी कला सम्बन्धी और छोटे-छोटे काम लिया करता था। चित्रों और चित्रकारों के बीच में रहकर उसने थोड़े ही दिनों में इस कला

की सामग्री का परिचय पा लिया और उनसे काम लेने का उत्साह भी उसे हो गया। इस कारण वह अपने मालिक का काम बड़े ध्यान से देखा करता और छिप-छिप कर उसके चित्रों की नकल उतारा करता था। यात्रा में जब साथ जाता तो अपनी उन्नति का अवसर हाथ से न देता और अन्त को, वह बिना किसी के जाने ही बड़ा गुणी चित्रकार हो गया। अन्त को, उसने यह संकल्प किया कि अपना गुण छिपाना न चाहिए और बड़ी सावधानी से एक छोटा से चित्र रचकर चित्रशाला में भीत की ओर मुँह करके रख दिया। एक दिन राजा चित्रशाला देखने आया तो उसने भीत की ओर उल्टे चित्र को देखना चाहा। राजा उसे देखकर प्रसन्न हो गया और चित्रकार का नाम पूछा। दास तुरन्त उसके चरणों पर गिर पड़ा और अपना अपराध स्वीकार करके राजा से शरण माँगने लगा। सुशील राजा ने मालिक की ओर फिरकर कहा "देखो ऐसे चित्नकार को दास बनकर न रहना चाहिए" और उसी दिन से वह दास स्वतन्त्र हो गया।

यह 'भाग्य निपट' कौन-सी आफत है! फिर वाक्यों को लीजिये। पहले तो इनमें अन्त के पूर्ण विराम के सिवा वाक्यों के बीच में प्राय: कहीं भी विराम, अर्द्धविराम आदि चिह्नों का पता नहीं। तिस पर वाक्यों की रचना ही बेढब है। "यह कुत्ते अपने बचपन ही से इस तरह का काम करना सिखाये जाते हैं"— वाह! कितना सुन्दर वाक्य है! इस वाक्य का अनुवाद विद्यार्थियों ने क्या किया होगा—ईश्वर ही जाने! अगर यह इस तरह लिख दिया जाता, "इन कुत्तों को बचपन ही से इस तरह का काम करना सिखाया जाता है" तो बेचारे विद्यार्थी किसी तरह कुछ समझ भी जाते। परचे भर के वाक्यों की रचना गड़बड़ है। 'बी' पैराग्राफ के पहले वाक्य में लिखा है "चित्नकार के एक दास था।" किन्तु यथार्थ में लिखा जाता है, "चित्रकार के पास एक दास था।" और 'छोटे से चित्न' को लिखा है 'छोटा से चित्र!'

हमारा निवेदन है कि बालकों को पास करने में सबसे कंजूस और बालकों की अपनी औसत उत्तीर्णता की क्रूरता से त्रास देनेवाली प्रयाग-यूनिवर्सिटी के कर्णधार क्या इस पत्र के जाँचने वाले को सूचना देगी कि वह इस पत्र में रहमदिली से काम लें? और क्या आगे से इस बात का खयाल किया जायेगा, जिससे ऐसे परचों द्वारा देश के आशा-भरे हृदय के बालकों के उत्साह, परिश्रम और समय की हत्या न हो?

राष्ट्रीय हलचल

कौन कहेगा, जब तुम ही नहीं कहते। दो दल उपस्थित हैं, एक पवित्रतापूर्वक कर्म करने का आदेश देता है और दूसरा कहता है, अपने पवित्र उद्देश्य की साधना के लिए अपवित्र-से-अपवित्र काम करना भी पवित्र है। एक कहता है, अत्याचारी को दुनिया में न रहने दो, दूसरा भी यही कहता है। दूसरे ने कार्य प्रारम्भ किया है और तुम्हारे कथन को दुहराकर कहता है 'क्लैव्यं मास्म गमः' और पहला भी यहाँ तक साथ देता है। दूसरा कहता है कि युद्ध-सेवा में खड़े होओ ! यहाँ सब धर्मों को छोड़कर, गोपाल की—अपने एकमात्र आधार की--शरण में पहुँचो। पहला कहता है, हाँ पहुँचो। किन्तु जब दोनों अपने प्यारे के पथ के पथिक बनते हैं, जब दोनों प्यारे को देश का और देश को प्यारे का स्वरूप देते हैं, जब दोनों मस्ती में आने और अपने प्यारे पर अपना अस्तित्व मिटा देने के लिए तैयार होते हैं और तुम्हारी उस वाणी को सुनते हैं जो गूंज मचाती है कि "हतो वा प्राप्स्यसि स्वर्गं जित्वा वा भोक्ष्यसे महीम्"—"जीतोगे सम्राट् बनोगे, मरे कि पहुँचे हरि के पास" तब दोनों ही आपस में फूले नहीं समाते, किन्तु युद्ध-क्षेत्र में पहुँचकर, एक के बाण बड़े जोर से चलते हैं, और देखते-देखते अपने लालों के रक्त से भेदिनी लाल होने लगती है, तब मोहन ! दूसरा तुम्हारी आज्ञा, इच्छा और सुझाई हुई नीति के अनुसार माता को पुत्रहीना बनाता, पिता के पुरुषार्थ की युद्ध में परीक्षा करता, गुरु का गर्व महाभारत के मैदान में गलित करता, श्वसुर और सालों का संहार करता और, सहस्रों भारत-महिलाओं को विधवा बनाकर उन्हें अपने प्यार के लिए नये संसार-साधन ढूंढ़ने को लाचार कर, उनके लिए 'कुलटा' पद सार्थक होने देता और कहता है, 'प्यारे देश !' लोग मुझे पापी कह सकते हैं, हत्यारा कह सकते हैं, किन्तु मैं जानता हूँ कि मैं पवित्र हूं। मेरे लिए तुमसे (देश से) अधिक कीमत की कोई भी चीज नहीं, अपने आपको मौत के पथ में खड़ा करके मैंने, प्यारे देश ! तुम्हारे लिए जो उचित समझा सो किया, और दुनिया का वह प्रत्येक कार्य मैं कर सकता हूँ, जिससे तुम्हारा जरा भी हित होता है, चाहे वह दुनिया के कमजोरों की कमजोर आँखों में बुरे से बुरा माना जाता हो। यदि तुमसे विश्वास-घात करेगा, तुम्हारी सेवा से जी चुरावेगा, और तुम्हारे अनहित पर कमर कसेगा, तो मैं उसे, विद्वान् है इसलिए, समझाऊँगा, पिता है इसलिए पूजूंगा और तुम्हारा अहितकारक अतः मेरा शत्रु है इसलिए मैं उसे मार डालूंगा।" मोहन ! पहला (कथन) कहता है, हम स्वयं मोहन का अनुकरण करेंगे। वह हथियार नहीं लेता, वह करोड़ों योद्धाओं के सामने, जिनकी जरा भी नाराजी से एक दूसरा ही मध्यवर्ती महाप्रलय मच सकता, हथियार लेने से साफ इन्कार कर सकता है, दुनिया का वीर वही है। उसमें सच्चा देवत्व है, वह सच्चा ईश्वर है। हम शस्त्र

नहीं लेंगे, हम स्वयं प्यारे 'मोहन' का अनुकरण करेंगे। शस्त्र लेना, यह पथ कमजोरों का है। इस पथ के पापियों ने सभ्यताओं का संहार किया है और मेदिनी के शरीर से खून के झरने बहाये हैं। वह कहता है, बुरे जीवों के संहार करने का किसी को ठेका नहीं दिया। मैं भी चाहता हूँ पापी दुनिया में न रहें। किन्तु उनके गले पर छुरी चलाकर मैं ऐसा नहीं किया चाहता। यदि पाप-प्रवृत्तियाँ हट जायँ, तो पापी फिर रह ही कौन जायगा। मैं—मर जाने पर स्वयं मिलना मंजूर करता हूँ, किन्तु मार डालने पर नहीं। मैं जीतने पर सम्राट् बनने का स्वप्न नहीं देखता। बिना अभिलाषा ही मेरे पथ के पथिकों ने ईश्वरत्व प्राप्त किया है।

सम्पादकीय टिप्पणी नं० 3

जबलपुर की हड़ताल समाप्त हो गयी, और वह ऐसी सफलतापूर्वक समाप्त हुई, जो कई अंशों में अपने ढंग की अनूठी कही जायगी। मजदूरों ने यह कहकर काम छोड़ा था कि हमारा वर्तमान वेतन बहुत कम है, हम भूखों मर रहे हैं और जब तक वह बढ़ाया न जायेगा, हम हर्गिज काम पर न जायँगे। वे अपने वचनों के अनुसार काम पर नहीं गये, और इन बिना पढ़े-लिखे, बेरोजगार साढ़े तीन हजार आदमियों ने ऐसी शान्तता से काम लिया, जिसे देख कर, विरोधी के हृदय में भी श्रद्धा और प्रेम उत्पन्न हुए बिना न रहेगा। यद्यपि मध्य में सुना गया था कि मजदूरों ने कुछ बेढंगी जिद्द की है, किन्तु अन्त में उनकी तरक्की की घोषणा होते ही काम पर चले जाने की बात ने उन्हें बुद्धिमान और सोच कर चलने वाले साबित किया। हम जानते और विश्वास करते हैं कि मजदूरों की इस भलमनसाहत और नियमपूर्वक काम करने की पद्धति में श्रीयुत मिस्टर नाथूराम मोदी वकील और मि० ज्ञानचन्द्र वर्मा बैरिस्टर का हाथ था। प्रारम्भ में अधिकारियों का स्वर कुछ असंतोषजनक सुना गया, किन्तु यह पीछे बहुत सुधर गया, जिसका परिणाम यह हुआ कि हड़ताल समाप्त हो गयी और साढ़े तीन हजार मजदूरों ने अपने मालिकों की आज्ञाओं को मान लिया। किन्तु यह सब कुछ हुआ, मि० मिथाइस की अच्छाई से। ता० 12 फरवरी को हड़ताल हुई थी, और उसी दिन से ये उसे मिटाने के उद्योग में लगे हुए थे। हड़ताल मिटाने में मि०मिथाइस ने दमनकारी नीति का अवलंबन न खुद किया और न अधिकारियों ही को करने दिया। क्योंकि दमन विरोध की आग को बढ़ाता है और लोगों में स्थायी असन्तोष पैदा करता है। हमारे हड़ताल मिटाने में दृढ़ता से साथ देने के लिए लिखे गये पत्र के उत्तर में मि० मिथाइस ने लिखा था—"मैं 12 ता० (यानी जिस दिन हड़ताल हुई) से ही समझौते के लिए प्रयत्न कर रहा हूँ। मैंने श्रीयुत वर्मा और मोदी के साथ, जो मजदूरों के प्रतिनिधि हैं, निश्चय कर लिया है कि दो मजदूरों

के तथा दो फैक्टरी के अधिकारियों के प्रतिनिधियों की एक कमेटी बने, जिसमें मैं भी रहूँ और इन पाँच आदमियों की कमेटी मजदूरों की बातें सुनें और अपनी सिफारिश फैक्टरी के सुपरिण्टेण्डेण्ट के पास भिजवावे···आदि" मि० मिथाइस ने यह भी लिखा था कि "मैंने मजदूरों से कह दिया है कि हड़ताल मिटाने में दोनों पार्टियाँ मुझसे जब चाहें, सेवा लें, मैं सहायता के लिए तैयार हूँ", अन्त में हड़ताल समाप्त हुई और मि० मेथाइस का परिश्रम सफल हुआ। मि० वर्मा और मि० मोदी की दृढ़ता, गम्भीरता और सँभल-सँभल कर तथा सोच-विचार कर काम करने की पद्धति की भी हम प्रशंसा करते हैं।

सम्पादकीय टिप्पणी न० 5

ता० 27 मार्च सन् 1920 को 11 बजे दिन से यहाँ की जिला कचहरी में इस 'जिले का दरबार' होने जा रहा है। एक नोटिस द्वारा दरबार-सूचना सर्व-साधारण को दी गई है, जिसमें लिखा गया है कि "दरबार में सरकारी व दीगर बातों के बारे में सवाल करने की इजाजत है, नोटिस में सवाल करने के अधिकारी बताए गये हैं, दरबारी और खिताब वाले, म्युनिसपैलिटी, डिस्ट्रि० कौन्सिल और लोकल बोर्ड के मेम्बर, आनरेरी मजिस्ट्रेटगण, तीन हजार से अधिक मालगुजारी या 10 हजार से अधिक सम्पत्ति पर इनकम टैक्स देनेवाले, तथा बार एसोसिएशन (यानी वकीलों की समिति), को-आपरेटिव सेण्ट्रल बैंक, को-आपरेटिव स्टोर्स, सफाई कमेटी, डिस्ट्रिक्ट एग्रीकल्चरल ऐसोसिएशन और फैक्टरियों के मैनेजर। हमें नहीं मालूम कि दरबार में गरीबों के प्रवेश के लिए कोई सुविधा रखी गई है या नहीं! इसके सिवाय मजदूरों के प्रतिनिधि को भी कोई प्रश्न करने का हक है या नहीं। फैक्टरीज के मैनेजरों में, हम नहीं जानते कि वे सब लोग आ जाते हैं या नहीं, जो अपनी छोटी-छोटी फैक्टरियाँ खोलकर शहर में बैठे हैं। यदि मिलों और बड़ी-बड़ी फैक्टरियों से ही मतलब हो तो साधारण फैक्टरी वालों का अधिकार यहाँ भी चला गया। खैर, आशा है, जिन्हें प्रश्न करने का अधिकार है उन सज्जनों ने प्रश्नों की तालिका बनाकर जिला साहब के पास भेज दी होगी। हमें आशा है, मि० मिथाइस की अध्यक्षता में---जिला दरबार, जबलपुर में सफलता के साथ होगा और उन सब प्रश्नों के उत्तर बड़ी सावधानी और गहराई से दिए जायेंगे जो जिले के लोगों की ओर से किये जायेंगे। हम सोचते हैं, जिला दरबार में, जिले से सम्बन्ध रखने वाले प्रश्न ही होने चाहिए। विश्वास है ऐसे ही प्रश्न किये जायेंगे।

[20 मार्च, 1920]

टर्की को नेस्तनाबूद मत होने दो !

क्या हुआ चाहता है ? यह है प्रश्न उनके सम्मुख, जो परतन्त्रता की जंजीरों से जकड़े हुए हैं और इसलिए नम्रता, शान्ति और ईमानदारी के आए-दिन पट्टे लिखते हैं, और उनके सामने भी जो धन और धरती, मनुष्य और शक्ति सब के स्वामी हैं, और अपना पथ सीधा बनाने, अपनी महत्वाकांक्षाओं को पूरा करने और अपने शाही जीवन को आमोद-प्रमोदमय बना रहने के लिए, जगत् को लूटते हुए भी अपने को विश्वासपात्र साबित करते, दुखों से पीसते हुए भी अपने को ईसा का अवतार बताते और गुलामी की जंजीरों से जकड़े रखते हुए भी, स्वयं-निर्णय के तत्त्व की सौगन्ध खाते, और नित्य अपनी भलमनसी की गंगा उठाते हैं। प्रश्न को दोनों ही अपने अपने ढंग से सुलझाने में लगे हैं, और उसकी सुलझाहट के लिए जितना यत्न किया जा रहा है, उतना ही वह उलझता जा रहा है।

संसार में बहुतों को स्वप्न दीख रहा है। वे देखते हैं कि क्या मुसलमानी धर्म के आधार, मुस्लिम-हृदयों के सम्राट और हजरत मुहम्मद की शान पर कुरबान होने के लिए जीने वाले जिस खलीफा के सिर पर ताज, हाथ में राजदण्ड, बैठने के लिए तख्त और बादशाहत करने के लिए देश था—वह एक फकीर की तरह, मारामार जंगलों की खाक छानेगा ? क्या आज उसी खलीफा का महल मसजिद होगा और उसके हाथ में होगी केवल एक तसबीह ? क्या उसके उस देश पर, जिस पर मिट जाने की कुरान शरीफ में आज्ञा सुनी जाती है,—अब यूरोप की बाहरी ताकतों का कब्जा होगा और उसको खुदा का पाक बन्दा समझने वाले मुसलमानों की आँखों में होंगे आँसू, मुँह में होगा 'या नबी' और तकदीर में लिखा होगा पत्थर से कलेजे को मसोस कर रह जाना ?—प्रश्न होता है कि क्या ऐसा हो जायगा, और टर्की के अस्त पर तुल खड़े होने वाले यूरोप से सूचना मिलती है कि हाँ, यही हो—मुसलमानियत यूरोप से नेस्तनाबूद हो जाय !

हमने खिलाफत के प्रश्न पर विचार करते हुए, यह जानते हुए भी कि संसार की अधिकांश अविचारी ईसाई शक्तियाँ टर्की के नाश के लिए तुली खड़ी हैं,—ब्रिटिश राज्य के राजनीतिज्ञों की बुद्धि पर भरोसा किया था और वह इसलिए कि मि० माण्टेगु मुसलमानों का जोर से पक्ष-समर्थन कर रहे थे और मि० लायड जार्ज अपने देशवासियों के सामने—नेस्तनाबूद करने ही के लिए 'टर्की को कांस्टेटीनोपल में रहने दो'—इसी भाव से मिलती-जुलती अपील कर रहे थे। और इसलिए भी कि ब्रिटिश राजनीति सदैव अपने धन और बुद्धि के आढ़े-टेढ़े दावों से संसार में अपनी शान बनाए रखने के लिए मशहूर रही है। किन्तु, आज प्रकट हुआ कि या तो इस और ऐसे ही राजनीतिज्ञों की वे सम्मतियाँ भी कोई राजनैतिक पंच थीं या फिर इंग्लैंड के वर्तमान राजनीतिज्ञों की बुद्धि और प्रभाव दोनों ही, यूरोप

और दुनिया में ऐसी कीमत की चीज नहीं रह गए, जिनके बल पर ये ब्रिटिश साम्राज्य पर आयी हुई आपदाओं को टाल सकें।

हमने यह भी लिखा था कि "टर्की के विरुद्ध फैसला होने पर ब्रिटिश साम्राज्य के लिए परिणाम संकटमय हो जाएगा।" आज हम सावधानता से संकट की सूचना देने वाली उन बातों को थोड़े में यहाँ रख देना चाहते हैं। संसार के 8 देशों में मुसलमान रहते हैं, जिनमें टर्की, ईरान, अरब और अफगानिस्तान स्वतन्त्र हैं और ईजिप्ट, ट्रिपोली, मोरक्को और रशियन टर्की परतन्त्र। भारत भी ऐसा परतन्त्र देश है, जहाँ 6 करोड़ 60 लाख मुसलमान रहते हैं। अब स्वतन्त्र मुस्लिम देशों की अवस्था पर विचार कीजिए। ईरान ब्रिटिश राज्य का आर्थिक गुलाम है और अरबिस्तान बुद्धि और बल में गया-बीता। रहा अफगानिस्तान वह रूसी और ब्रिटिश गवर्नमेण्ट की पवित्र कृपा से संसार की वर्तमान दौड़ में एक सदी से अधिक पीछे है। और, मिसर, ट्रिपोली, मोरक्को, रूसी तुर्किस्तान और भारत, परतन्त्र होने के कारण मुस्लिम जगत को जिन्दा रखने में कोई कीमत की चीज नहीं। इसलिए दुनिया में खूँखार ईसाइयों को यह मौका मिला है कि वे मुसलमानियत को नेस्तनाबूद करने का यह मौका हाथ से न निकल जाने दें। किन्तु हम देखते हैं कि टर्की आज एक ऐसा गरिष्ठ पदार्थ बनता जा रहा है जो सहज में हजम होने की चीज न होगा। टर्की परतन्त्र किया जा रहा है इसलिए कि ब्रिटिश गवर्नमेण्ट के विरुद्ध शस्त्र लेने का बदला मिले और मनुष्य और जमीन का एक बड़ा भाग, चूसने के लिए और काबू में हो। किन्तु टर्की की परतन्त्रता उन हज़ारों बोलशेविक मुस्लिम हृदयों को उभाड़ेगी जो रशियन तुर्किस्तान में, भक्ति में मस्त रहकर खलीफा के नाम को रटते रहते हैं। उनके उभड़ते ही ईरान के मरे हुओं में जान आ जायगी और टर्की को दीख पड़ेगा कि वह अकेला नहीं है और, बोलशेविकों की विश्व को चौंकाने वाली नयी-नयी हिकमतें, अफगानिस्तान में वीरता के नाम पर उनका अड्डा जमवा देंगी, दीन इस्लाम के नाम पर उन्हें पुजवायेंगी और कोरी हमदर्दी के नाम पर, लाखों अफगानों और अन्य देशों के मुसलमानों को उनका साथी बनायेंगी। वह दिन सिर्फ भारत के लिए ही नहीं, ब्रिटिश साम्राज्य भर के लिए कितने संकट का होगा, जब यह पूरी ताकत अपनी शक्ति बढ़ाने के लिए भारत की ओर मुँह करेगी। यदि ऐसा हुआ तो हमारा विश्वास है कि ब्रिटिश साम्राज्य ऐसे भयानक संकट में पड़ जाएगा, जिसका उल्लेख करने में कदाचित् कानून की सीमा टूट जाय और जिसकी कल्पना करने से संसार की प्रत्यक्ष दशा कहानी रह जाए। इसलिए वे मुसलमान, जिन्होंने ब्रिटिश छत्र को सिर झुकाने में अपना जीवन ही धन्य समझा, और वे हिन्दू भी जिनके हृदयों ने कृतज्ञता को नाशक बन बैठने तक न छोड़ा—आज पुकार कर कह रहे हैं—इस आपदा रूपी मौत के दरवाजे अपने मनसूबों को मत अजमाओ, और ईश्वर के नाम

पर, ब्रिटिश साम्राज्य पर प्रलय के वज्रों की बरसात न मचाने के लिए, मनुष्यता को संसार में जीवित रखने के लिए, गरीबों की आहों की परीक्षा मत लो और टर्की को नेस्तानाबूद मत होने दो !

सम्पादकीय टिप्पणी नं० 1

यह खुशी की बात है कि सरकारी रिपोर्ट अब निरे रूखे अंकों ही से नहीं भरी रहती, उनमें कुछ आलोचनात्मक बातें भी होती हैं। इस बार की मध्यप्रदेश की शिक्षा-रिपोर्ट का भी यही हाल है। किन्तु सरकारी कल-पुरजों ने जहाँ शिक्षा-रिपोर्ट की आलोचना की है, तहाँ वे मन की समता से पीछा छुड़ा बैठे दीखते हैं। उन्होंने 'गरम दल' के बुरे प्रभावों की एक पैराग्राफ में कड़ी आलोचना की है, यद्यपि प्रकारान्तर में उस प्रभाव को माना है और यह भी स्वीकार किया है कि वह अभी पूर्ण रूप से निकल नहीं गया। देशवासियों के बनाये हुए जिस इतिहास को, रिपोर्ट के लेखक नागपुर के इन्सपेक्टर आफ स्कूल्स, दूषित कहते हैं, उन्हें ख्याल रखना चाहिए कि चाहे कोई उत्साहशील अपने पूर्वजों के गुण-गान में थोड़ी-बहुत अत्युक्ति कर जाय, तो भी उसका लिखा इतिहास, विदेशियों के लिए रूखे और हृदय-हीन इतिहास से लाख दर्जे अच्छा है। आजकल के स्कूली इतिहास में केवल उन लड़ाइयों का वर्णन हैं जो अंग्रेजों और भारतवासियों से हुईं और उसमें ब्लेकहॉल जैसी प्रमाणहीन घटनाओं का उल्लेख है। किन्तु केवल ये लड़ाइयाँ, लूट, ठगी, बद-इन्तजामी आदि ही तो 'भारत का इतिहास' नहीं हैं। भारत के इतिहास में आप भारतवासियों का इतिहास बताइये, उनकी नीति, उनके धर्म, उनकी उदारता, उनके पराक्रम और उनकी कीर्ति का इतिहास पढ़ाइये। इसके सिवाय भारत का इतिहास, इसके अपने विभाग के नौकरों से मत लिखवाइये, वह भारतवासियों से लिखवाइये। राजपूतों की वीरता, मुगल साम्राज्य की अच्छाई, मराठों की विजय, बुंदेलों की करतूतें, सिक्खों की बहादुरी आदि कुछ भी तो वर्तमान इतिहास में नहीं है ! दुर्भाग्य से यह स्कूली इतिहास ही ऐसा हो सकता है कि छत्रपति शिवाजी लुटेरों की जमात का एक सरदार बना दिया जाय ! यदि विवेक और धर्म को सामने रखकर यह लिखा जाता तो उन्हें कम-से-कम क्लाइव और हैस्टिंग्ज से अधिक अच्छा साबित किया जाता, जिन पर उनकी मातृभूमि इंग्लैण्ड की गुण और दोष को परखने वाली जनता तक ने दोष लगाए। भारत के इतिहास में, किसी भी भारतीय को, इन टकसाली किताबों के इतिहास-लेखक ने ऐसा चित्रित नहीं किया, जिससे उस पर भारतवासियों की श्रद्धा हो। भारतीय नागरिकता को रिपोर्ट का लेखक भद्दी कहता है। कहे, किन्तु हमारा विश्वास है कि भारतवासियों की अनुभूत भारतीय नागरिकता भद्दी नहीं। लेखक के ऐसा कह देने से हिन्दुस्तानियों के 'जन्म-सिद्ध अधिकारों' की कल्पना देश से

मिटाए भी न मिट सकेगी। बल्कि थोड़े दिनों बाद यही इतिहास और यही नाग-रिकता, देश और उसकी पाठशालाओं के कार्य की वस्तु हो जाएगी। क्या प्रेस ऐक्ट, डिफ़ेन्स आफ इण्डिया ऐक्ट, रौलेट ऐक्ट आदि अनेक दमनकारी साधनों के होते हुए भी, बेचारी रिपोर्ट को जली-कटी सुनाने का साधन बनाना जरूरी था? क्या हम विनीत भाव से पूछें कि शिक्षा विभाग की रिपोर्ट में उस पैराग्राफ में महाराज की घोषणा और सहयोग की भावना का कहाँ तक स्मरण रखा गया है? इसके सिवा गरम दल के मुख्य स्थान हैं पूना, कलकत्ता, बम्बई, बेचारा पंजाब भी सही, और मद्रास भी। किन्तु वहाँ की प्रादेशिक शिक्षा-रिपोर्टें अनुभव नहीं करतीं कि 'गरम दल' के बुरे प्रभाव से हमारे लड़के खराब हो गये। न जाने दुर्भाग्य से, गरम दल के सब प्रदेशों की सम्पूर्ण बुराई मध्य प्रदेश ही में कैसे केन्द्रित हो गई! यह बात अलग है कि किसी व्यक्ति के कुछ कार्यों की आलोचना की जाय और उसे भला-बुरा कहा जाय, किन्तु यह कभी भी अच्छा नहीं कहा जा सकता कि समूचे समूह पर, ऐसी रिपोर्टों में, जो केवल परिस्थिति का पता पहुँचाने के साधन-मात्र हैं, ऐसी बेदिली पैदा करने वाली बातें लिखी जाएँ। हमें आशा है, सर फ्रेंक की अच्छी सरकार इस ओर कृपापूर्वक ध्यान रखेगी। किसी भी दल की परवाह न करते हुए, हमें रिपोर्ट की अपेक्षा, योग्य भाग पर, यह निवेदन नम्रता से कर देना जरूरी जान पड़ा।

सम्पादकीय टिप्पणी नं० 2

पंजाब के कुछ जीवों को इस बात की जरूरत हुई है कि वे पंजाब के नादिर-शाह सर माइकेल ओडायर का पवित्र स्मारक बनाकर अपने, और अपने उस प्रान्त के जीवन को धन्य करें, जिस पर दयालु ईसा के इस बन्दे की मिहरबानी से मौत का कानून जारी किया गया और भारतीयों के शरीर से खून के फव्वारे बहाये गये। प्रसिद्ध पंजाबी उपदेशक श्रीयुत पण्डित नेकीरामजी ने स्मारक बनाने पर इन शब्दों में निवेदन किया है—

"पंजाब के लिए यह अत्यन्त दुर्भाग्य की बात है कि सर माइकेल ओडायर की यादगार के लिए प्रयत्न किया जा रहा है। इस कार्य के लिए जो कमेटी संग-ठित की गयी है उसमें सहकारी सदस्यों के साथ ही गैरसरकारी सदस्य भी हैं। कमेटी में सरकारी अधिकारियों का होना इस बात को प्रकट करता है कि सर माइकेल की जुल्मी नीति की प्रशंसा की जायगी और वह स्थायी की जायगी। लज्जा की बात है कि हिन्दुस्तानी भाइयों का भी ऐसी घृणित कमेटी से सम्बन्ध है जो इस असहाय प्रान्त के गहरे जख्म पर नमक छिड़क रही है। कोई इन हिन्दु-स्तानियों से सहानुभूति नहीं रखेगा, जो मारने वाली लात को चूमने के आदी हैं। अत्यन्त दुखी हृदय से और पंजाब प्रान्त की पैदाइश होने से मैं साहस के साथ

प्रकट करता हूँ कि पंजाब सर माइकेल ओडायर की यादगार का बोझ कदापि नहीं सह सकता। सर माइकेल के मुकुट मे यह बदनामी का तुर्रा जोड़ने के पहले कमेटी देश के उन निर्दोष बच्चों का विचार कर ले जो कसाई की तरह कत्ल किये गये थे। मैं अपने देशवासियों की विचार-शक्ति से अपील करता हूँ कि ऐसे अपमान-कारक विचार से दूर रहें। मेरा विश्वास है कि इस काम के लिए एक पाई देना भी अपने मृत भाइयों की आत्मा को चोट और दुःख पहुँचाना है। मैं जानता हूँ कि मेरे कुछ पंजाबी भाई, अधिक उत्साही और गरजमन्दों के शुरू किये हुए इस फण्ड में धन देने से इन्कार करने से डरते हैं। मुझे अपने जिले रोहतक में इसका पूर्ण अनुभव हुआ है। मुझे पूर्ण विश्वास है कि मेरे पंजाबी भाई इस काम में चंदा देने के लिए दबाया जाना नापसंद करेंगे। बम्बई की जनता ने अपने स्वाभिमान का भाव लार्ड विलिंगडन की यादगारी का विरोध करके दृढ़ता से प्रकट किया था। क्या मेरे पंजाबी भाई सर माइकेल ओडायर की यादगार में सहायता देकर अपना स्वाभिमान का भाव हमेशा के लिए मिटा देंगे ? मुझे आशा है कि मेरे पंजाबी भाई ऐसी हलचल में भाग लेने से हिकारत के साथ इन्कार कर देंगे और आवश्यकता पड़ने पर समय का साथ देंगे और अपने इस विरोध के कारण पैदा हुई अधि-कारियों की नाराजगी को शान्ति के साथ सहेंगे। दुःख की कसौटी पर कसे जाने से ही सुख की प्राप्ति होती है। कमेटी के मेम्बरों को चाहिए कि ऐसे अनावश्यक कार्य से बाज आएं।

पंजाब के अपूर्व राज्य-संचालन के कारण सर माइकेल ओडायर ने अपनी यादगार आप बना ली है, जलियानवाला बाग उसका स्थायी प्रमाण है। कमेटी इससे अधिक क्या चाहती है ?

हम नहीं सोचते कि पण्डितजी के कथन पर किसी टीका-टिप्पणी की जरूरत है। जलियानावाला बाग का स्मारक बनाकर, भारतवासी अपने बिछड़े हुए भाइयों की याद में निकले हुए पवित्र आँसुओं से, ओडायर के विरुद्ध पैदा हुए खूनी भावों को धो डालना चाहते थे, परन्तु जिन लोगों ने ओडायर का स्मारक बनाने का निश्चय किया है, वे सरासर ब्रिटिश सरकार के प्रति उत्पन्न हुए खूनी भावों को चिरस्थायी बनाये रखने का प्रयत्न कर रहे हैं।

सम्पादकीय टिप्पणी नं॰ 3

हमें यह जानकर बड़ा हर्ष है कि प्रयागीय सहयोगी 'भविष्य', जो कि गत 10 मास से प्रेस ऐक्ट की कृपा से बन्द था, कल रामनवमी से दैनिक के रूप में दर्शन देगा। सहयोगी का पूर्वारम्भ बड़े ही उत्साह और क्रियाशीलतापूर्वक हुआ था, तथा उसके उस समय के अल्प जीवन की सेवाएँ आदर की वस्तु हैं। अतः हमारा अपने पाठकों से अनुरोध है कि वे 'भविष्य' को प्रेमपूर्वक अपनावें।

आयुर्वेद को अपनाइये !

समय वह उपस्थित है कि अपनी कहने से जितनी वस्तुओं का बोध हो सकता हो, उन्हें अपनाने का, उनका गौरव और महत्त्व बढ़ाने का प्रयत्न किया जाय। उन्नति, तभी उन्नति कहलायी जा सकती है कि जब वह चारों ओर से हो। अपनी धार्मिक, सामाजिक, व्यावहारिक और विद्या-विज्ञान सम्बन्धी परिस्थिति का विचार बिना किये ही राजनैतिक उन्नति अधूरी और लँगड़ी रहेगी, इसलिए इन परिस्थितियों का विचार देश-दशा-दर्शी मनुष्यों को सदा करते रहना चाहिए। वे अधिकार, अधिकार नहीं, जिनके आधार से हम अपनी रक्षा न कर सकें, अपनी कीर्ति स्थिर न रख सकें, अपना महत्त्व न बनाये रख सकें।

भारत का आयुर्वेद उसकी निज की सम्पत्ति है, उसी के प्रकाश से किसी समय संसार ने चिकित्सा-सम्बन्धी प्रकाश पाया था। तक्षशिला और नालन्दा के विश्वविद्यालयों द्वारा, भारत सम्पूर्ण देशवासियों को आयुर्वेद की शिक्षा दिया करता था। सिकन्दर, हारूँ रशीद, बगदाद के खलीफा, मिस्र के नरेश और ईरान के शाह अपने यहाँ भारतीय वैद्यों को रख, अपनी भाषा में आयुर्वेदिक ग्रन्थों का अनुवाद कराते और अपना ज्ञान-भण्डार भरते थे। किन्तु आज हमीं लोगों की सुस्ती और लापरवाही से इस देश की यह विद्या इसी देश में पूरी प्रतिष्ठा नहीं पा रही है, इसकी शिक्षा-दीक्षा का भी पूरा प्रबन्ध नहीं हो पा रहा है, चारों ओर लम्पटता और चातुरी के व्यवहार से आयुर्वेद बदनाम हो रहा है। उसका कोई वली नहीं, कोई रक्षक नहीं, कोई हाथ पकड़कर सहारा देने वाला नहीं।

किसी भी देश की विद्या और विज्ञान की रक्षा करने का पूरा भार उस देश की गवर्नमेण्ट पर रहता है, परन्तु ब्रिटिश गवर्नमेण्ट ने देश की अन्य प्राचीन विद्याओं की ओर ध्यान देने पर भी आयुर्वेद की ओर से सदा आँखें मींची हैं। ओरियण्टल कालेजों में काव्य, व्याकरण, ज्योतिष, न्याय एवं प्रसूति की शिक्षा देने पर भी वह आयुर्वेद से डरती है। मालूम पड़ता है, उसे यह डर है कि जो विद्या ऐसी निरवलम्ब अवस्था में पड़ी रहने पर भी देश की तीन-चतुर्थांश से अधिक प्रजा पर प्रभाव जमाये हुए है (देखिये सेंसस रिपोर्ट) और अब भी देश के 80-90 सैकड़ा रोगियों का रोग हरण कर रही है, उसे यदि सरकारी सहायता मिली, तो वह हमारी प्यारी एलोपैथी को भारत-समुद्र से निकाल बाहर करेगी और कई लाख की विलायती औषधियों की बिक्री कतई रोक देगी। इसीलिए आयुर्वेद का नाम निकलते ही सरकार कह उठती है कि सरकारी नीति केवल एलोपैथी को ही मानना है, इसलिए आयुर्वेद के लिए वह कुछ नहीं कर सकती। यही नहीं, यदि कहीं म्युनिस्पैलिटियाँ देशी दवाखाने खोलने, आयुर्वेदिक संस्थाओं को सहायता करने पर कटिबद्ध भी होती हैं, तो सरकार लाल-लाल आँखें दिखाकर उन्हें रोक देती

है। मद्रास, बरेली और समस्तीपुर की घटनाएँ इसके लिए प्रत्यक्ष प्रमाण हैं।

अब देशवासियों के सामने यह प्रश्न उपस्थित है कि क्या वे भी ध्यान नहीं देंगे—अपनी इस परोपकारिणी, जीव-रक्षिणी और स्वदेश-कीर्ति-विस्तारिणी विद्या को वे भी भुला रखेंगे? क्या देश के नायकों का यह कर्त्तव्य नहीं कि देशवासियों को इस विद्या की सहायता के लिए उत्तेजित करें और धीरे-धीरे सरकारी कल को भी इस प्रकार घुमावें कि वह इस विषय में विरुद्धाचरण न कर सके? चिकित्सा-विभाग देशी मन्त्री के आधीन आने वाला है। क्या ऐसी अवस्था में भी आयुर्वेद को हस्तावलम्बन नहीं दिया जाएगा? वैद्य लोग आयुर्वेद की उन्नति के लिए प्रस्तुत हुए हैं, वे लोग अपना एक आयुर्वेद महाविद्यालय स्थापित कर रहे हैं। ऐसी दशा में उन्हें उत्साहित करने के लिए देश की सम्पूर्ण सार्वजनिक सभाओं में आयुर्वेद का समर्थन होना चाहिए। महाराष्ट्र की प्रान्तिक और जिलाओं की राजनैतिक सभाओं में आयुर्वेद को सहारा देने के प्रस्ताव पास हो रहे हैं। संयुक्त प्रान्त के प्रयाग जिले की अभी जिला कान्फ्रेन्स हुई थी, उसमें भी कहा गया है कि देशी चिकित्सा इस देशवासियों की प्रकृति के अनुकूल और सस्ती होती है, इसलिए उसे सहायता मिलनी चाहिए और शहरों तथा देहातों में आयुर्वेदिक औषधालय खुलने चाहिए। कर्मवीर से मालूम पड़ता है कि मध्यप्रदेश के और जिलों की भी कान्फ्रेन्सें हो रही हैं। मेरी समझ में उन सभी में देशी चिकित्सा के समर्थन और प्रचार-विषयक प्रस्ताव पास होने चाहिए। देशवासियों को दिखला देना चाहिए कि हम अपनी विद्या को कितना चाहते हैं, हम अपने स्वरूप को किस प्रकार बनाये रखना चाहते हैं। आशा है कि प्रान्तिक और जिला-सभाएँ इस पर अवश्य ध्यान देंगी।

[27 मार्च, 1920]

हमारा राष्ट्रीय सत्याग्रह-सप्ताह
जलियाँवाला के शहीदों की यादगार
देशवासियों का कर्त्तव्य !

लाला लाजपतराय की अपील

महात्मा गांधी के पवित्र आदेशानुसार गत 6 ता० से देश-भर में राष्ट्रीय सत्याग्रह-सप्ताह मनाया जा रहा है। लाला लाजपतरायजी ने इस पवित्र सप्ताह के विषय में 'ट्रिब्यून' में निम्नलिखित अपील प्रकाशित करायी है—

"बैसाखी निकट है। यह हिन्दुओं का नव-वर्ष दिवस है, जो कि पंचनद की

भूमि (पंजाब) में शुभ और पवित्र माना जाता है। अमृतसर पंजाब का तीर्थस्थान है, जहाँ कि बैसाखी के दिन सैकड़ों (कभी-कभी सैकड़ों हजार) पंजाबी इकट्ठे होकर पवित्र सरोवर में नहाने के लिए आते हैं। गतवर्ष की क्रूर घटनाओं ने इसे द्विगुण पवित्र बना दिया है। गतवर्ष, यही दिन था, जिस दिन कि अपने भाषण-स्वातन्त्र्य और सभा-स्वातन्त्र्य के जन्मसिद्ध अधिकारों की रक्षा के लिए एकत्र हुए हमारे हजारों भाइयों का कत्ल हुआ था और हजारों घायल किये गये थे। वह यही दिन था कि धर्म पर बलि हो जाने वाले बालक मदनमोहन ने अपने प्राण विसर्जन किये थे, वह यही दिन था जबकि हिन्दू-मुस्लिम एकता का सुकुमार पौधा दोनों जातियों के सम्मिलित रक्त से सिंचित होकर एक सुदृढ़ वृक्ष के रूप में परिवर्तित हुआ था। अतएव पवित्र बैसाखी एक नवीन सम्वत् की जन्मदात्री है, जो कि अब से जलियाँवाला सम्वत् के नाम से पुकारा जायेगा। अब से जलियाँवाला बाग हमारी राजनैतिक एकता का सूचक, हमारे भाग्य का निरन्तर याद दिलाने वाला, भविष्य को उत्तेजना देने वाला और हमारे स्वतन्त्रता-प्रेम का दर्शक चिह्न होगा।

जलियाँवाला बाग से सूचित कार्य के लिए अपना जीवन-अर्पण करते हुए हम उन लोमहर्षक घटनाओं के कर्त्ताओं को भूल जायँ, जिनसे ईश्वर ने अपनी कार्य-पूर्ति के लिए औजारों की भाँति काम लिया। हम उनके विषय में दया-पूर्वक उन्हें जातीय अभिमान और मद का बलि समझकर क्षमा करते हुए, यह समझने का प्रयत्न करेंगे कि वे कत्ल-आम की नीति के जोशीले और उत्सुक प्रवर्तक नहीं थे, वरन् उस पद्धति के प्रतिनिधि थे। हम अच्छी बातों को याद रखेंगे और बुरी बातों को भुला देंगे। प्रति बैसाखी के दिन हम अपने व्रतों को पुनः धारण करेंगे और श्रद्धापूर्वक अपने जीवन को देश-सेवा में लगाने की प्रतिज्ञा करेंगे जिसके लिए कि हमारे हजारों भाई बलि हो चुके हैं। प्रत्येक बैसाखी के दिन हम उन्हें प्रेम और भक्तिपूर्वक स्मरण करेंगे। प्रति बैसाखी के दिन—नहीं, बैसाखी से एक सप्ताह पूर्व —अमृतसर, हममें उदार विचार, उत्कृष्ट प्रोत्साहन और उत्तम संकल्पों का संचार करेगा। चाहे हम अपनी स्थूल देह-सहित अमृतसर न जा सकें, किन्तु हमारे हृदय उसके साथ होंगे और वह सदैव हमारी स्मृति में रहेगा। हम इस दिन को मातमी दिन की तरह नहीं मनावेंगे, वरन् यह हमारे लिए प्रार्थना और भजन का दिन होगा। हम अपनी हानि के लिए शोक नहीं करेंगे, वरन् अपने प्राप्त लाभ के लिए हर्ष मनावेंगे। शहीद हमें जीवन देने के लिए बलि हुए हैं, और केवल उत्तम जीवन, आत्म-त्याग और देश-सेवा का जीवन व्यतीत करना ही, उनकी स्मृति और बलिदान के आदर करने का एकमात्र उपाय है।

भारत के इतिहास में यह पहला ही अवसर नहीं है जबकि पंजाब ने केवल

अपनी ही स्वतन्त्रता के लिए नहीं, प्रत्युत भारत भर की स्वतन्त्रता के लिए बहुत कुछ कष्ट सहे हैं। उसने असंख्य लड़ाइयाँ लड़ीं, जिनमें कभी जीत हुई, कभी हार, किन्तु प्रत्येक बार रक्त से स्नान किए और दरिद्रता और बर्बादी में गोते लगाये, और यह सब सहा देश को दासता के अपमान से बचाने के लिए। वह पंजाब ही था, जिसने राजभक्ति के जोश में आकर सन् 1857 में **ब्रिटिश राज्य की रक्षा की**, और यदि ब्रिटिश राज्य भारतवासियों में राष्ट्रीयता के नवीन भावों के प्रसार करने के यश का भागी हो सकता है, तो पंजाबियों को इस बात पर सन्तोष है कि अपने कष्टों के द्वारा उस बढ़ते हुए भाव को वास्तविक रूप देने का काम उन्हीं के लिए छोड़ दिया गया था। हिन्दू-मुसलमानो, यदि तुम अपनी एकता को तोड़ोगे तो स्मरण रखो, जलियाँवाला का श्राप तुम्हारे सिर पर है। भारतीय राष्ट्रीयता ने जलियाँवाला बाग में एक नवीन श्रेष्ठता प्राप्त की है, और उस श्रेष्ठता की पवित्रता तथा महत्ता की रक्षा के लिए ही, हम उस भू-भाग पर राष्ट्रीय स्मारक स्थापित कर जलियाँवाला की स्मृति को स्थिर रखने का निश्चय कर रहे हैं।

अतएव हमारा पहला कर्त्तव्य उस खरीदी हुई भूमि का मूल्य चुका देने का है। हमारा खयाल था कि बाग के स्वामी उसे बिना मूल्य दे देंगे, किन्तु उन्होंने मूल्य लेना पसन्द किया है। हमारा कर्त्तव्य है कि हम प्रतिज्ञात तिथि (5 मई) तक इस मूल्य को चुकता कर दें। इस स्मारक के लिए सम्पूर्ण भारत को धन से सहायता करनी चाहिए और मेरा विश्वास है कि समस्त भारत सहायता देगा, किन्तु पंजाब के प्रत्येक पुत्र और पुत्री का यह एक विशेष कर्त्तव्य है, जिससे जी चुराने में वे सदैव के लिए लज्जा और अपमान के शिकार हुए बिना नहीं रह सकते। इस तरह के मामलों में पंजाब ने पहले कभी अपने उत्तरदायित्व से जी नहीं चुराया, मुझे आशा और विश्वास है कि वर्तमान जलियाँवाला सप्ताह एक बार फिर संसार को दिखा देगा कि अपने कितने ही दरिद्र होने और गतवर्ष भारतीय ब्रिटिश राज्य के इतिहास में अपूर्व, अनेक कष्ट सहने पर भी पंजाब का हृदय अब भी दृढ़ है और महत्मा गांधी की हृदयग्राही अपील के प्रति उसने अपने उत्तरदायित्व को उत्तमतापूर्वक निबाहा है। अतः प्रत्येक पंजाबी का, चाहे वह कहीं हो, उसका धर्म कुछ भी हो और चाहे उसके राजनैतिक विचार कैसें ही हों, कर्त्तव्य है कि वह स्मारक के लिए दान दे और इतनी उदारतापूर्वक दान दे जितनी कि वह दिखा सकता है।"

इस स्मारक के लिए 10 लाख रुपये की आवश्यकता है। मातृ-यज्ञ की वेदी पर बलि हो जाने वाले निर्दोष व्यक्तियों की स्मृति को चिरस्थायी बनाने के लिए भारतीय कहलानेवाले स्त्री और पुरुषों के लिए यह रकम कुछ भी नहीं है। पंजाब का करुणाजनक चित्र अब भी हमारे हृदय-पटल पर अंकित है। वह पंजाब ही था जिसने मार-काट का बोझ सहा और स्वतन्त्रता के उपासकों से माँगी जाने वाली

बलि को अपने निजी बलिदान से चुकाया। अमृतसर, लाहौर और मध्य पंजाब के अन्य स्थानों के भाई-बहिनों ने भारत की लड़ाइयाँ लड़ीं और उस कठिन परीक्षा से निर्भीक और अदम्य होकर निकले। वे तलवार और बन्दूकों अथवा युद्ध के अन्य नवीन-नवीन प्राणघातक शस्त्रास्त्रों से नहीं लड़े, प्रत्युत कष्ट सहकर और आत्म-बलि देकर संतुष्ट रहे। पंजाब की इस कष्टसहिष्णुता और आत्मबलि से भारतवर्ष जागा है और हमने, जो कि दूर से तमाशा देखनेवाले थे, उससे लाभ उठाया है। हमारे लिए कष्ट सहने और बलि हो जाने वाली आत्माओं के प्रति अपनी सहानुभूति प्रदर्शित करने के लिए इस समय हमसे जो कुछ भी माँगा जा रहा है, वह न कुछ के बराबर है। आओ, हम सब उदारतापूर्वक सहायता देकर इस राष्ट्रीय मन्दिर की स्थापना करें।

पंजाबी शहीदों की यादगार में धन दो !

सत्याग्रह-सप्ताह का आरम्भ हो गया है। स्थान-स्थान पर सभाएँ की जा रही हैं और महात्मा गांधी जी के आदेशानुसार प्रस्ताव स्वीकृत किये जा रहे हैं। देश की जीवित शक्ति का यह चिह्न सराहनीय है और इसलिए अधिक सराहनीय है कि प्रत्येक व्यक्ति, समाज तथा प्रान्त इस कार्य में प्रशंसनीय सहायता दे रहा है। यदि लाला लाजपतराय की अपील की लाज रखने के लिए एक दिन में, बात की बात में जालंधर नगर 75,000 रुपये जलियाँवाला के लिए एकत्र करता है, तो व्यापार का केन्द्र बम्बई नगर पंजाब पर बाजी ले जाना चाहता है और कहता है कि लो हम 1,93,000 रुपये देते हैं। इधर महात्मा गांधी यदि जलियाँवाला स्मृतिमन्दिर, खिलाफत, रौलट-ऐक्ट-विरोध तथा हिन्दू-मुस्लिम एकता की घोषणा दे रहे हैं, तो उधर नेशनल होम-रूल लीग की वैजयन्ती के नीचे खड़ी होकर देवी बीसेंट कह रही हैं कि "सब जाति वाले इस स्मृति-मन्दिर की सहायता करें। इस मन्दिर में खूनी अत्याचारियों के प्रति द्वेष प्रकट नहीं किया जा रहा है, किन्तु बेचारे बलि हो जाने वालों के प्रति प्रेम प्रदर्शित किया जा रहा है। प्रत्येक अंग्रेज तथा भारतीय व्यक्ति इसमें धन दे।" मौलाना अबुलकलाम आजाद का आदेश है कि मातृभूमि सबसे श्रेष्ठ मन्दिर है। इस मन्दिर के अधिष्ठित देवताओं की पूजा के सामने अन्य छोटी-मोटी पूजाएँ किसी काम की नहीं। खुदा के लिए इस मन्दिर के प्रत्येक बच्चे की खिदमत के लिए दृढ़प्रतिज्ञ हो जाओ।" ईसा मसीह की पवित्र आत्मा को उद्देश्य-रूप समझकर कार्य करने वाले एक पादरी डॉ० मैकनिकोल कहते हैं, "पंजाब-दुर्घटना के समय चुप रहने के लिए हम पर कायरता का कलंक लगाया जाता है। मैं समझता हूँ यह दोषारोपण वृथा नहीं है। उस भयानक

समय में, ईसा मसीह के आदेशों की पूर्ति किसने की—हमने या मि० गांधी ने ?" पवित्र ईसाई हृदय भी इस प्रसंग को उपेक्षा की दृष्टि से देखना कायरता समझता है।

अब—"खाके-वतन का मुझको हर ज़र्रा देवता है"—कहने वाले मुस्लिम हृदय के साथ हम भी "जननी जन्मभूमिश्च स्वर्गादपि गरीयसी" का मन्त्र मिलावें। और इस तान में ईसाई संगीत की ध्वनि को भी मिलावें और सब मिलकर इस जननी-जन्मभूमि के बिछुड़े हुए लालों की आत्माओं की स्मृति चिरस्थायी करें।

धन देना होगा—हम तैयार हैं। सारा देश इस प्रतिज्ञा से गूँज उठे कि शहीदों की यादगार के लिए धन व्यय करने के लिए हम तैयार हैं। काम करना होगा– सारे देश के कर्त्तव्यशील हृदय कह दें कि हम अपनी शक्ति, भक्ति और श्रद्धा के सहित मातृ-भूमि की सेवा में लगने के लिए तैयार हैं।

इस मन्दिर के लिए, इन मर मिटने वाले भाइयों की यादगार में, अपने देश के देवताओं की आज्ञा मानकर धन दीजिए। माता की सेवा का सबको समान अधिकार है। यही वह मन्दिर है, जिसके लिए अमीर-गरीब, गरम-नरम, हिन्दू-मुसलमान सब एक हो जायँ। पुरुष अपनी कमाई दें और देवियाँ अपने जेवर तक दे दें। इकन्नी से लगाकर जितना अधिक जो देना चाहें दें। धन भेजनेवाले "मंत्री, जलियाँवाला स्मारक कमेटी, अमृतसर (पंजाब)" इस पते पर धन भेजें। हमारे पास सूचना आने पर, हम धन भेजने वाले सज्जनों के नाम कर्मवीर में प्रकाशित कर देंगे। देश के लिए शहीदों ने अपने तन दे डाले, देश-भक्तों ने मन दे दिये, अब यदि देश का तिलक मिटने नहीं देना है, मदनमोहन की आज्ञा मानना है, देश की लाज और पत रखनी है और यदि देश के गांधी द्वारा समस्त भूमण्डल में अमर सुगन्ध फैलानी है, तो आगे आओ—और अपने मर मिटने वाले भाइयों के नाम पर, अधिक नहीं तो केवल अपनी एक दिन की कमाई भेज दो !

सम्पादकीय टिप्पणी नं० 2

भारत की सर्वांगीण उन्नति के लिए यह आवश्यक है कि उसका प्रत्येक सुपुत्र अपने-अपने क्षेत्र में जागृति उत्पन्न करे और अपने कार्य को इतना विशाल बनाए कि वह धीरे-धीरे संसारव्यापी बन जाय। देखते हैं, देश के जीवित हृदय इस ओर अग्रसर हो रहे हैं। जाति-सुधार सम्बन्धी सभाएँ तो करीब-करीब सारे भारत में प्रचलित हो गयी हैं, किन्तु उनसे अधिक महत्त्व की परिषदें वे हैं जिनके कारण भारत का अतीत गौरव प्रकट होता है, और जो आक्रमित मार्ग से आगे बढ़ाने का दावा रखकर संसार को भारत की सभ्यता की दुंदुभी सुनाना चाहती हैं। कहना नहीं होगा कि 'अखिल भारतवर्षीय वैद्यसभा' ऐसी ही सभाओं में एक है। इस सभा का एकादशवाँ सम्मेलन इस वर्ष डा० गणनाथसेन की अध्यक्षता में

मध्य-भारत के बौद्धिक केन्द्र इन्दौर में सुचारु रूप से सम्पन्न हुआ। सभापतिजी ने अपने भाषण में हमारे वैद्यों से अनुरोध किया कि भाइयो! पुराने जमाने में हमारा चिकित्सा-शास्त्र चाहे कितनी ही उन्नत अवस्था को पहुँच गया हो, परन्तु यह बात माननी होगी कि कुछ शताब्दियों से हमारे ज्ञान की गाड़ी रुक गयी है और उसने नये-नये आविष्कारों के स्टेशनों पर प्रगति नहीं की। इसलिए आवश्यक है कि जो कुछ बातें पश्चिमी वैज्ञानिक जगत् ने ईजाद की हैं, हम उनका भी अध्ययन करें और हमारे आयुर्वेद के दूध में मिश्रीवत् मिलाएँ। हमारा विश्वास है कि औषधि वही उपयुक्त होती है जो रोगी के समकक्ष जलवायु वाले स्थान में उत्पन्न हुई हो। और दृष्टि से नहीं तो इसी दृष्टि से देशी वैद्यक की उपयोगिता विदेशी वैद्यक के ऊपर प्रस्थापित होती है। यदि पश्चिमीय चिकित्सा-प्रणाली के अनुसार हमारे पुरातन ग्रन्थों का संशोधन करने वाले विद्वान् वैद्यों की एक समिति संगठित की जाय और वह समिति सभापति महोदय की सूचनानुसार एक ऐसा आयुर्वेद विद्यालय स्थापित करे जिसमें पूर्व-पश्चिम का अभिन्न संगम कर दिया जाए, तो हम आशा करते हैं कि धनाभाव से मृत्यु के कराल उदर में जाने वाले छोटे-छोटे गाँवों के गरीब प्राणी वैद्य महोदयों के आजन्म कृतज्ञ रहेंगे।

इन्दौर मालवे की पुरानी कीर्ति को बढ़ाने का पूरा प्रयत्न कर रहा है। क्या एक राजनैतिक परिषद् की स्थापना कर वह इस उन्नति के मन्दिर पर कलश भी चढ़ावेगा?

सम्पादकीय टिप्पणी नं० 3

गतांक में हमने इच्छा प्रकट की थी कि राजनाँदगाँव की हड़ताल के समाप्त होने का समाचार शीघ्र प्रकाशित करने का अवसर हमें प्राप्त हो। हमें हर्ष है कि हमारी वह इच्छा पूरी हुई। हमारे संवाददाता ने आज जो समाचार भेजे हैं, उनसे मालूम होता है कि स्टेट सुपरिण्टेण्डेण्ट साहब की मध्यस्थता से, अपनी माँगें पूरी हो जाने पर अपने नेताओं के आदेशानुसार, मजदूरों ने ता० 6 अप्रैल से काम करना शुरू कर दिया है। ता० 5 को इस हड़ताल के सम्बन्ध में, नागपुर से शस्त्र-धारी पुलिस बुलाई गयी थी, पर खैरियत रही कि वह उसी रात को लौटा दी गयी। यद्यपि हमें उस बुद्धि पर तरस आता है जिसने इन शस्त्रधारियों को बुलाने की आवश्यकता समझी, तो भी हम उन अधिकारियों की समझदारी की प्रशंसा करेंगे, जिन्होंने पुलिस पार्टी को उसी दिन वापिस कर दिया। यह हड़ताल ता० 21 फरवरी से शुरू होकर 3, मार्च तक रही। सन्तोष की बात है कि उत्तेजित किये जाने पर भी मजदूर लोग शान्ति धारण किये रहे। मजदूरों को अब मजदूर-संघ की आवश्यकता का ज्ञान हो गया है, अतः भविष्य में संघ की अधिक उन्नति होना जरूरी है। अभी एक बात मजदूरों के चित्त को और दुखा रही है, वह है

श्रीयुत मेहता का मिल से न निकाला जाना। आशा है मिलवाले मजदूरों की बातों पर विचार करेंगे। हड़ताल की समाप्ति पर विचार करते सहसा यह बात चित्त में आती है कि क्या यह समझौता, जो इतने दिनों बाद किया गया है, पहले नहीं किया जा सकता था? देश की औद्योगिक उन्नति में हड़ताल बाधक होती है, अतएव धनिकों का कर्त्तव्य है कि उचित व्यवहार कर अपने मजदूरों को सन्तुष्ट रखें। हम अधिकारियों को और विशेषत: ओडायरी अकल को आजमाने वाले पोलिटिकल एजेण्ट मि० काफर्ड को बड़ी नम्रता से सूचित करते हैं कि मजदूर-रूपी समुद्र को अपने देश-निकाले की आज्ञा-रूपी निकम्मे चुल्लू में दबा रखने का स्वप्न न देखें।

सम्पादकीय टिप्पणी नं० 5

कल जबलपुर जिला परिषद् की बैठक स्थानीय सुन्दर-विलास नाटक-गृह में होने वाली है। हमारे विचार से यह स्थान बहुत छोटा है। अस्तु, जिले की बेहतरी की दृष्टि से हम उचित समझते हैं कि कुछ प्रस्ताव जिला-कमेटी के सामने रखें, जिनका पास किया जाना हम आवश्यक समझते हैं। परिषद् को इस बात का निश्चय कर लेना चाहिए कि कौंसिल की कार्यवाही किस भाषा में हो। चुनाव के लिए स्त्रियों को वोट देने का अधिकार हो, इस बात का भी विचार किया जाय। सुधार-कानून को यशस्वी करने के लिए यह आवश्यक है कि मतदाताओं को उनके अधिकारों की जानकारी कराई जाय। कान्फ्रेन्स इस काम के लिए एक जिला कमेटी निर्वाचित करे। अन्य देशीय प्रश्नों में, देशी वैद्यक के प्रचार की व्यवस्था, रौलट ऐक्ट विरोध, जलियाँवाला बाग का स्मारक, फंड एवं सुधार-कानून को यशस्वी करने के लिए प्रतियोगी सहकारिता आदि बातों से सम्बन्ध रखने वाले प्रस्ताव पास किये जायँ। देश में औद्योगिक जागृति हो रही है, ऐसे समय में देश के नवयुवकों की औद्योगिक शिक्षा का प्रबन्ध करना आवश्यक है। परिषद् को इस प्रश्न का सन्तोषप्रद रीति से हल करना चाहिए। चुनाव के वर्तमान संगठन में लुहार, बढ़ई, मजदूर आदि लोगों को वोट का अधिकार नहीं दिया गया है। हाल में कलकत्ता के दर्जियों ने सभा कर बतलाया है कि वे भी सुधार-कानून में वोट का अधिकार चाहते हैं। परिषद् को इन लोगों के वोट के लिए भी प्रस्ताव करना चाहिए। आगामी कांग्रेस को जबलपुर में ही बुलाने के लिए जिला परिषद् को जोरदार प्रस्ताव पास करना चाहिए और वह प्रस्ताव 'आल इंडिया कांग्रेस कमेटी' के पास भेजना चाहिए।

[10 अप्रैल, 1920]

फूट का उपदेशक : सहायक भारत मन्त्री

किसी समय के 'सर' और आज के 'लार्ड' सिन्हा जब से भारत आये, तब से लोग चाहते थे कि सुधार ऐक्ट को सफल बनाने वाली कुछ बातें वे कहें। परन्तु पूरे पौने तीन मास तक प्राय: इंग्लैण्ड की सरकार के इस लाड़ले नौकर की, भारत के इस सहायक स्टेट-सेक्रेटरी की और सहकारिता का उपदेश करने वाले मि० माण्टेगू के इस मददगार की वाचा बन्द रही। लोग सुनकर खुश होंगे कि छुट्टी का समय समाप्त कर, विलायत की ओर प्रयाण करने के सप्ताह में श्रीमान् लार्ड सिन्हा की वाचा फूटी और उनके मुँह से कुछ मुक्ताफल बाहर टपक पड़े।

यह माना जाता है कि ब्यूरोक्रेसी के कुछ जीव चाहे सहकारिता करने में आनाकानी करते हों, पर इंग्लैण्ड की सरकार और उसके दलालों तथा गुमाश्तों के उद्देश्य पवित्र हैं। वे सब चाहते हैं कि भारतवासी और अंग्रेज, शासक और शासित, सहकारिता से काम करें। परन्तु आज लार्ड सिन्हा ने भारतवासियों के उस विश्वास के भ्रमपूर्ण पर्दे को दूर कर देने की कृपा की है।

'स्टेट्समैन' ने एक बार लिखा था कि "चाहे गरम हों चाहे नरम, हैं ये सब एक के एक ही। अमृतसर-कांग्रेस में जो प्रस्ताव पास हुए, प्राय: वे ही नरम दल की नेशनल लिबरल लीग में पास हुए। हाँ, उनकी भाषा कुछ तेज थी और इनकी जरा नरम। पर मूल बातों में मत-भेद कहाँ था।" और स्टेट्समैन का यह कहना झूठ नहीं था। क्योंकि माननीय मि० शास्त्री[1] ने भी अपने एक व्याख्यान में गत जनवरी मास में कहा था कि "मैं गुमराह न समझा जाऊँ, यदि मैं यह कहूँ कि हमें अपने मेल का हाथ उस ओर भी बढ़ाना चाहिए, जिस ओर के हमारे भाई गरम नाम से पुकारे जाते हैं।" और इसका ताजा प्रमाण यह भी है कि उस दिन नरम दल में कहे जाने वाले सर नारायण गणेश चन्दावरकर बम्बई प्रान्त की राजनैतिक परिषद् में दर्शक बनकर शामिल हुए और कहा कि "गरम और नरम एक ही कुटुम्ब के भाई-भाई हैं।" किन्तु लार्ड सिन्हा जो सरकारी अधिकारी हैं और अपने को सुधारों की सफलता का हिस्सेदार समझते हैं, सुधारों के मूल-तत्त्व सहकारिता की परवाह न करते हुए कहते हैं कि—"मैं कभी नहीं चाहता कि नरम दल के लोग गरम दल लोगों से मिलकर काम करें।" पर हम विनीत भाव से पूछते हैं कि जो भाई-भाई को आपस में नहीं मिलने देना चाहता, क्या वह सच्चाई से इस बात का पक्षपाती हो सकता है कि देशी शासित और विदेशी शासकों में मेल या सहकारिता हो ? मतभेद के कारणों को बताते हुए लार्ड सिन्हा कहते हैं, "पंजाब की दुर्घटना के सम्बन्ध में नरम दल का विचार था—और वह सही था—कि जब तक

1. श्री श्रीनिवास शास्त्री।

हण्टर-कमेटी की सिफारिशें प्रकाशित न हो जाएँ, तब तक इस विषय के विचार प्रकट नहीं करने थे।" इस पर पटना के मि० मजहरुलहक कहते हैं कि "पंजाब के विषय में मुझे स्वयं सरकारी कमेटियों और कमीशनों पर विश्वास नहीं है। किन्तु हण्टर-कमेटी के सामने सरकारी अधिकारियों ने जो बातें स्वीकार की हैं, वे पंजाब के सरकारी अधिकारियों को अपराधी साबित करने के लिए काफी हैं।" पर हम लाट साहब से पूछते हैं कि क्या हिन्दुस्तानियों पर अत्याचार होने के समय, स्वयं हिन्दुस्तानियों के अत्याचारों की जाँच करना पाप है ? इसके सिवा, पंजाब के साथ गहरी सहानुभूति रखने वाले मित्रों के हृदय में उस समय दुःख क्यों होना चाहिए, जब पंजाब के अत्याचारों की जाँच भारतवासी स्वयं करें ! हमें जहाँ तक स्मरण है, पंजाब के साथ सहानुभूति रखने वाले लाट साहब ने, जब तक आपके पवित्र चरण विलायत में थे, एक भी शब्द ऐसा नहीं कहा, जो पंजाब के साथ सहानुभूति प्रकट करने का तथा पंजाब के अत्याचारों और अत्याचारियों की निन्दा का द्योतक हो। इसके सिवा, हम वन्दनीय रवीन्द्रनाथजी से अधिक पवित्र लाट साहब को नहीं मान सकते। पंजाब के अत्याचारों से व्यथित होकर इस सुकवि सम्राट् ने 'सर' की सरकारी उपाधि को नम्रतापूर्ण और दुःखित हृदय से वाइसराय साहब की सेवा में समर्पित कर दिया। इतना ही नहीं, स्वेच्छाचार के लिए मशहूर रहने वाली भारत-सरकार के शिक्षा-सदस्य श्री शंकरन नायर तक ने अपनी नौकरी को नमस्कार कर दिया, तब अपने सैकड़ों हिन्दुस्तानी भाइयों के अत्याचारियों द्वारा बलि हो जाने पर भी, लाट साहब को अपनी लाटगिरी का बोझ नहीं लगा। तब हम नहीं सोच पाते कि पंजाब के साथ लाट साहब की सहानुभूति का अर्थ क्या है ?

आप नरमों को गरमों से अलग रखने का दूसरा आवश्यक कारण यह बताते हैं कि "खिलाफत के विषय में नरम दल ने अपने बस भर ब्रिटिश जनता और सरकार के सामने, इस बात को जोर के साथ कहा है कि मुसलमानों के भावों की रक्षा की जाय और सुलतान की धार्मिक महत्ता में हस्तक्षेप न किया जाय। मैंने स्वयं यह दलील ब्रिटिश सरकार के सामने रखने में अपनी नम्रशक्ति के अनुसार भाग लिया है। परन्तु गरम दल ने भिन्न भाव धारण किया और सरकार को धमकी दी कि "यदि खिलाफत का प्रश्न सन्तोषपूर्ण रीति से तय नहीं हुआ, तो हम ब्रिटिश सरकार से राजभक्ति का सम्बन्ध तोड़ देंगे।" हम ऐसा नहीं सोचते कि कानून के निष्णात और भारतीय प्रेस ऐक्ट की रचना करने वाले लाट साहब, इतनी-सी बात भी नहीं जानते कि सत्ता चली जाने के बाद 'धार्मिक महत्ता' का अर्थ कुछ नहीं होता। देश के देश खा जानेवाले राष्ट्रीय स्वार्थियों के सामने, यदि खलीफा को अधिकारहीन भिखारी बनाकर, उसकी 'धार्मिक महत्ता' की रक्षा की जाती हो, तो हम उस 'धार्मिक महत्ता' को रक्षित न कहकर ईसाइयत के कैद-

खाने में बन्द कहेंगे। इसके अतिरिक्त लाटसाहिब यह भी कहते हैं कि गरम दल के लोगों ने सरकार से राजभक्ति का सम्बन्ध तोड़ लेने के लिए कहा। यदि लाट साहब का यह कहना सत्य माना जाय, तो उसे काली सत्यता कहना चाहिए। हमें तो आज तक भी पता नहीं कि गरम दल वालों ने अपनी सभाओं में खिलाफत के सम्बन्ध में सरकार से राजभक्ति का सम्बन्ध तोड़ लेने की बात कही हो। हम नहीं जानते कि लाट साहब ने यह बात कहाँ से पायी !

अस्तु, लाट साहब नहीं चाहते कि गरम और नरम दल मिलकर काम करें। हमें आपकी यह बात सुनकर कष्ट हुआ है। हम इस बात के हामी नहीं कि देश में आपस में दलबन्दियाँ हों। यदि देश में उस समय तक, जब तक पूर्ण स्वराज्य भारतवासियों को नहीं मिल जाता, कोई दल होंगे, तो वे होंगे प्रजा दल और सरकारी दल। ऐसे समय में सरकार के आदमियों का काम था कि वे न तो अपने को दलबंदों में कहते और न लोगों को फूट का उपदेश देकर सम्राट् के शब्दों में कही जाने वाली सहकारिता की हत्या ही करते। हम इसे बड़ा भारी अपराध समझते, यदि यह किसी विदेशी व्यक्ति और साधारण शासक द्वारा किया जाता। किन्तु समय की बलिहारी है कि भारत का सहायक स्टेट-सेक्रेटरी ही भारतवासियों को क्षुद्र कहकर, अपने को एक दल-विशेष का व्यक्ति कहता है और खुले-खजाने फूट का उपदेश देता है।

सम्पादकीय टिप्पणी नं० 1

गत 11 तारीख को जबलपुर की जिला परिषद्, प्रान्त के प्रसिद्ध विद्वान् डा० हरीसिंह जी गौड़ की अध्यक्षता में सम्पन्न हुई। परिषद् की एक सबसे बड़ी विशेषता यह थी कि उसमें श्रीमान पूजनीय पं० मदनमोहन मालवीय ने पधारने की कृपा की और वर्तमान राजनैतिक समस्याओं पर एक जोरदार भाषण दिया। दूसरी विशेषता यह थी कि जिला सभा की एक स्थायी कमेटी संगठित की गयी, जो सुधारों की सफलता तथा चुनाव के कार्य में सहायता देने के लिए जिले में लगातार कार्य करेगी। किन्तु परिषद् की कुछ खास-खास कमजोरियाँ भी हैं, जिन पर पर्दा डालने की जरूरत नहीं। परिषद् के सभापति का भाषण ऐसा नहीं हुआ जो उन लोगों को कुछ जीवन का नया सन्देश दे सके, जो उसे सुनने के लिए देहातों से चलकर आये थे। भाषण में सुधार ऐक्ट की बातों की आलोचना थी और प्रान्तीय युनिवर्सिटी की चर्चा भी। साथ ही यह भी था कि मिनिस्टरों और जजों में कुछ भारतीय चुने जाएँ। यद्यपि परिषद् के सभापति स्वयं ही मन्त्री या बड़ी अदालत के जज होने की योग्यता रखने वाले जीव कहे जा सकते हैं, किन्तु अधिकांश प्रतिनिधियों ने अनुभव नहीं किया कि वे काम की कुछ बातें बता रहे हैं। दूसरी कमजोरी परिषद् की यह है कि कुछ प्रस्तावों और उनके प्रस्तावकों का

बहु-सम्मति से निर्णय हो जाने पर उनमें बिना लोगों की सम्मति लिये मनमाना परिवर्तन कर दिया गया और कुछ उपस्थित किए जाने वाले प्रस्ताव छापे भी नहीं गए। तीसरी कमजोरी परिषद् की यह है कि इसके सभापति कदाचित् शीघ्र ही लौटकर चले जाना चाहते थे, और कदाचित् वे यह भी पसन्द नहीं करते थे, कि उनकी अनुपस्थिति में कोई दूसरे सज्जन सभापति का कार्य करें। इसलिए कई उपयोगी प्रस्तावों पर बहुत कम लोगों को बोलने का अवसर दिया और अधिकांश प्रस्ताव 'सभापति द्वारा' पास कर डाले गए। इसका हानिकर परिणाम यह हुआ, जिन लोगों को जिला सभा में शामिल होने के लिए आग्रह किया गया, जिलासभा के नाम पर जिन लोगों से धन लिया गया था, तथा जिन लोगों को आशा दिलायी गयी थी कि जिला-सभा में देश, प्रदेश और जिले की भलाई की बातों को सुनने और समझने का मौका मिलेगा, कई विद्वान् अपने भाषणों में उपयोगी आदेश देंगे, वह आशा ज्यों-की-त्यों धरी रह गई। आने वालों को यह मालूम ही नहीं कि अमुक प्रस्ताव का अर्थ क्या है और वह क्यों पास किया जा रहा है। एक प्रस्ताव में था कि यह सभा कांग्रेस के 34वें अधिवेशन के 12,16,18,21,23 और 29वें प्रस्ताव का समर्थन करती है, किन्तु उन प्रस्तावों को समझाने की बात तो दूर रही, उन प्रस्तावों को पढ़कर भी नहीं सुनाया! यथार्थ बात तो यह है कि यदि श्री मालवीयजी का भाषण न हुआ होता तो परिषद् की कोई कार्यवाही ऐसी नहीं जिससे उपस्थित सज्जनों को सन्तोष हुआ होता। स्वागत-समिति के सभापति थे श्रीयुत ब्योहार रघुवीरसिंहजी। आपने परिषद् को सफल बनाने में भरपूर प्रयत्न किया। परिषद् में जिले के बहुत से किसान प्रतिनिधि आये हुए थे। सीहोरा, पाटन के बहुसंख्यक सज्जनों ने परिषद् में उत्साह से भाग लिया। कटनी के 35 स्वयं-सेवक श्री पूज्य मालवीयजी के साथ जबलपुर आये और परिषद् में सहायता की, इसके लिए वे धन्यवाद के पात्र हैं। कटनी के उत्साही सज्जनों में पं० परमेश्वरदीन, बा० विश्वनाथदास, बा० हनुमन्त राव और मास्टर भैयालालजी के नाम विशेष उल्लेख योग्य हैं। अन्यान्य स्थानों के सज्जनों का उत्साह भी प्रशंसनीय है। वक्ताओं में माननीय मालवीयजी के सिवा रायबहादुर शुक्ल, माननीय पुरोहितजी, माननीय गोलवलकर, बाबू नाथूराम मोदी, बाबू ज्ञानचन्द्र वर्मा, बाबू जमनादास जी, पं० मकरन्दप्रसाद पाण्डे आदि उल्लेखनीय हैं। परिषद् में जिलाधीश मि० मिथाइस भी आये। उन्होंने उस बे-समझी से काम नहीं लिया, जिसका उपयोग कर बालाघाट के डिप्टी कमिश्नर ने अपने को प्रजा का अपमान करने वाला साबित किया, और अप्रिय बना लिया। परिषद् के मन्त्री मि० हार्डीकर तथा मि० पराड़कर का उद्योग प्रशंसनीय रहा। माननीय पुरोहितजी के दूतों ने परिषद् की तैयारी में खूब हाथ बँटाया। पं० माधवरावजी सप्रे के प्रयत्न से परिषद् हो सकी। परिषद् की तैयारी और पूर्णता के आधार हैं, धन-बल को

बढ़ाने वाले शान्त कर्मण्य बाबू कनछेदीलालजी वकील और स्वयंसेवकों के नेता बनकर जन-बल की सहायता देने वाले उत्साही श्रीयुत बाँकेबिहारी वाजपेयी। हम आशा करते हैं कि जिला सभा की स्थायी कमेटी केवल बनी ही न रह जायगी, वरन् वह अपना स्थायी कार्य प्रारम्भ करेगी और उसे बराबर करती रहेगी। हमें यह भी आशा है कि जनता के हित की दृष्टि से भविष्य में परिषद् में बेढंगी कमजोरियाँ न होने दी जावेंगी।

सम्पादकीय टिप्पणी नं० 2

हमें मध्यप्रान्तीय हिन्दी साहित्य सम्मेलन के मन्त्री द्वारा यह सूचना मिली है कि श्रीयुत पण्डित माधवरावजी सप्रे, प्रान्तीय हिन्दी साहित्य सम्मेलन के सभापति चुने गए। प्रान्त में सभापति होने योग्य आदरणीय वृद्ध श्री पं० रघुवर-प्रसादजी द्विवेदी, 'प्रभा' के पूर्व संचालक श्रीयुत बाबू कालूरामजी गंगराड़े, रामायण के टीकाकार श्रीयुत पं० विनायकरावजी आदि कई व्यक्ति हैं, किन्तु हमारा विश्वास है कि इस पद पर श्रीयुत सप्रेजी का निर्वाचन इन सब सज्जनों को पसन्द आवेगा। आप ज्ञानवृद्ध भी हैं और वयोवृद्ध भी। इस चुनाई में जहाँ वृद्ध सभापति चुनकर स्वागतकारिणी समिति ने साहित्य-सेवा में अपना जीवन बिताने वाले प्रसिद्ध और वृद्ध साहित्य सेवी का गौरव किया है, वहाँ राष्ट्रीय भावों के साहित्य की निर्भीक सेवा करने वाला व्यक्ति चुनकर अपनी सामयिक बुद्धिमत्ता और दृढ़ता का भी परिचय दिया है। हमारा विश्वास है कि श्रीयुत सप्रेजी अपने प्रान्त की जनता की प्रार्थना और अनुरोध को ही नहीं, जनता की इस आज्ञा को मानेंगे, क्योंकि वे साहित्य-सेवक हैं। एक ज्ञानवृद्ध, वयोवृद्ध और कार्यवृद्ध सभापति चुनने के लिए सागर की स्वागतकारिणी समिति प्रशंसा की पात्र है।

[17 अप्रैल, 1920]

जबलपुर में राष्ट्रीय हिन्दी-मन्दिर
संरक्षक मा० पं० मदनमोहन मालवीय
दशम हिन्दी साहित्य-सम्मेलन का प्रस्ताव

कार्यक्षेत्र की तैयारी

किसी भी देश अथवा राष्ट्र के उत्थान और पतन, उन्नति और अवनति का उसके अपने साहित्य से घनिष्ठ सम्बन्ध है। जिस देश का साहित्य जीवित है, वह देश भी जीवित है; जिस देश का साहित्य मुर्दा है, वह देश भी मुर्दा है। साहित्य

देश का जीवन है, साहित्य देश का प्राण है। हमारा भारत आज पिछड़ा देश है, इसका कारण है उसके साहित्य का पिछड़ा होना। एक समय था, जबकि महर्षि वेदव्यास और वाल्मीकि, तुलसी और सूर, भूषण और चन्द ने इस देश के साहित्योद्यान को अपने ज्ञान-स्रोत से खींचकर पल्लवित कर रखा था, उस समय यह देश जीवित था—धन-धान्य से समृद्ध था—उन्नति के शिखर पर चढ़ा हुआ था। काल-चक्र के क्रूर करों में पड़कर देश की गति ने पलटा खाया। भारत हमारा होकर भी हमारा न रहा, हम अपने ही घर में पराये हो गये—हमारा कुछ भी न रहा, यहाँ तक कि शिक्षा हमारी न रही, भाषा भी हमारी न रही। जर्मनी के प्रसिद्ध विद्वान् हेल्म होल्ट्स का कथन है कि "यदि किसी जाति में परिवर्तन लाना चाहते हो, तो उस जाति की पाठशालाओं में—शिक्षा में—परिवर्तन कर दो, थोड़े ही दिनों में तुम देखोगे कि उस जाति में कितना आश्चर्य-जनक परिवर्तन हो गया है।" भारत आज इस बात का जीता-जागता उदाहरण मौजूद है—थोड़े दिनों की शिक्षा में देश का इतना अधःपतन हुआ कि लोग अपने बल-शौर्य-ऐश्वर्य को भूल, अपनी जाति के इतिहास को भूल अपने ही नर-रत्नों को डाकू, लुटेरे और पहाड़ी चूहे के नाम से याद करने लगे, वेद गड़रियों के गीत रह गये और भारतवर्ष रह गया अशिक्षित जंगलियों का आदि निवास-स्थान! यह सब क्यों?—अपनी शिक्षा, जिसके लिए अपना साहित्य चाहिए, के अभाव में। जो गिरता है वह उठता भी है। कोई भी जाति सदैव पिछड़ी नहीं रह सकती, गिराने वाला उसे धक्के देता जाता है, किन्तु एक न एक दिन उसके उत्थान का समय आ ही जाता है। छः महीने की गहरी नींद के बाद कुम्भकर्ण को भी जागना ही पड़ता था। अन्त में चिरकाल से सुषुप्त भारत ने भी करवट बदली—और बढ़ते हुए संसार की ओर उसने दृष्टि फेंकी और अपने आपको सँभाला। अन्य-अन्य बातों के साथ साहित्य की भी चर्चा होने लगी। भाषा-प्रचार के लिए अनेक सभा-सोसाइटियाँ खुलीं, ग्रन्थ प्रकाशन के लिए भी अनेक समितियाँ स्थापित हुईं, किन्तु इस विशाल देश को जगाने के लिए इन अल्पसंख्यक, असंगठित सभा-समितियों पर ही सन्तोष नहीं किया जा सकता। देश को इस समय आवश्यकता है ऐसे बालोपयोगी, महिलोपयोगी और वीर एवं राष्ट्रीय साहित्य की, जिसे पढ़-कर भावी भारत के भाग्यविधाता हमारे बालकों के हृदय में आरम्भ से ही ऐसे उच्च विचार उत्पन्न हों जो आगे चलकर उनके आदर्श नागरिक बनने में सहायक हों, जिसे पढ़ कर हमारी भावी माताओं के हृदयों में ध्रुव, प्रह्लाद, भीम, अर्जुन और प्रताप और शिवाजी उत्पन्न करने के दृढ़ संकल्प उत्पन्न हों, जिसे पढ़ कर अपने ही घर में गैर बनी रहने वाली जनता अपने स्वत्वों को प्राप्त करने में उत्साह, दृढ़ता एवं वीरतापूर्वक प्रयत्नशील हो। साथ ही आवश्यकता है ऐसे विज्ञान, कृषि और व्यापार-वाणिज्य-सम्बन्धी तथा दार्शनिक ग्रन्थों के प्रकाशन

की, जिन्हें पढ़कर भारतवासियों में स्वयं आविष्कार करने की शक्ति उत्पन्न हो, जिन्हें पढ़कर हमारे कृषक और व्यापारी, कृषि और व्यापार में उन्नति कर देश को धन-धान्य-समृद्धि से पूर्ण कर दें और जिन्हें पढ़ कर हमारे देशवासियों में आध्यात्मिक उन्नति की उच्च अभिलाषा लहलहा उठे। क्या इस महत्त्वपूर्ण कार्य को वे छोटी-छोटी सभा-समितियाँ कर सकती हैं ? और क्या ऐसे महत्त्वपूर्ण कार्य को पूरा कर सकते हैं वे लेखक, जिन्होंने दस-बीस पुस्तकों तथा समाचार-पत्रों को पढ़ अथवा दो-एक भाषाओं में से कुछ लेखों का अनुवाद कर अपने आपको दिग्गज लेखक मान लिया है, अथवा पूरा कर सकेंगे वे विद्वान् लेखक, जिन्हें आज पेट की चिन्ता है तो कल वस्त्र की, आज पुत्र के विवाह की चिन्ता है तो कल कन्या के द्विरागमन की ? प्रत्युत्तर मिलता है, 'नहीं'। तब इसके लिए उपाय ही क्या है ? उपाय है एक ऐसे मन्दिर की स्थापना, जहाँ वाल्मीकि और तुलसी, भूषण और चन्द का हृदय रखने वाली आत्माएँ पेट की अग्नि को शान्त करने के लिए दर-दर मारे फिरने की चिन्ता से विमुक्त हों, शान्तिपूर्वक सरस्वती देवी की उपासना में संलग्न हो सकें, जहाँ ऐसे प्रेस की स्थापना हो कि संसार को अपनी भावुकता में बहा ले जाने की इच्छा रखने वाला लेखक धनाभाव के कारण इसलिए मन मसोस कर न रह जाय कि उसकी लिखी हुई पुस्तक को कोई प्रेस छापने के लिए तैयार नहीं, जहाँ ऐसे सात्त्विक वृत्ति और गुणग्राही विद्वानों का निवास हो, जिनके पास जाने में कोई साधारण स्थिति का लेखक एवं जिज्ञासु इसलिए न हिचकिचाये कि वहाँ वह मूर्ख बनाकर निकाल दिया जावेगा अथवा पागल समझकर उसकी बात की सुनवाई न होगी और जहाँ हिन्दी, संस्कृत, मराठी, अंग्रेजी आदि विविध भाषाओं के धार्मिक, सामाजिक, वैज्ञानिक, कृषि, कला, कौशल एवं उच्च कोटि के नाटक, उपन्यास आदि ग्रन्थरत्न संग्रहीत हों, जिनके द्वारा कोई भी भाषा-भिज्ञ अपनी ज्ञान-पिपासा को बुझा सके। पटना के दशम हिन्दी साहित्य सम्मेलन में इस आशय से मिलता-जुलता एक प्रस्ताव पास हुआ था और हमें हर्ष है कि वह प्रस्ताव, प्रस्ताव रूप ही में न रहकर जबलपुर के कर्मण्य **साहित्य-प्रेमी बाबू गोविन्ददासजी** की कृपा से कार्य-रूप में परिणत होने जा रहा है। बाबू साहब ने उसके लिए पूरे 25,000 रु० की धनराशि देकर मन्दिर की नींव स्थापति कर दी और उसको दृढ़ बनाने के लिए आगे आये हैं, जबलपुर के ही **दीवान बहादुर सेठ वल्लभदासजी,** जिन्होंने 25,000 रु० का दान देकर मन्दिर की नींव को मजबूत कर दिया, और पूंजी के सदुपयोग का आदर्श स्थापित कर दिया उन लोगों के सामने, जो तिजोरी में बन्द रखकर अथवा ब्याह-शादी के समय व्यर्थ धन फूंकने में ही अपना गौरव समझते हैं। हमें आशा है कि इस प्रारम्भिक धन से जबलपुर में स्थापित होने वाला 'मन्दिर' केवल जबलपुर का ही नहीं, वरन् देश भर के गौरव की वस्तु होगा, और जबलपुर में अपने अस्तित्व के कारण जबलपुर को

देश-भर की अपनी वस्तु बना देगा। हमें यह भी विश्वास है कि आगे चलकर इस मन्दिर को उसके संचालक, धनिक समाज द्वारा विद्वानों को अपनी मुट्ठी में बनाये रखने का साधन समझकर, सरस्वती और लक्ष्मी के उपासकों के बीच, संग्राम का कारण न बनावेंगे, और न इस संस्था को सांसारिक ज्ञान से हीन उन निरे साहित्यज्ञों के हाथ में ही पड़ जाने देंगे, जो इसकी अमरता कायम रखने में असमर्थ रहें।

प्यारे हिन्दी-मन्दिर ! तुम पर होने वाली आशाएँ हृदय में हैं। वे जितनी ही बड़ी हैं, तुम उन्हें उतनी ही बलवान सिद्ध करना। आज तुम बाबू गोविन्ददास जी द्वारा प्यार से घोषित 'शारदा-भवन' से परिवर्तित होकर जहाँ राष्ट्रीय हिन्दी-मन्दिर बन रहे हो, तहाँ अपने पोषक के पवित्र भावों के कारण, किसी एक खास की वस्तु न रहकर, जनता की—सम्पूर्ण भारत वर्ष की—वस्तु बन चुके हो। जहाँ आज तक तुम्हारे सिर पर अपने पोषण का छाया वाला हाथ था, वहाँ आज तुम पर देश के सहस्रों हाथ होंगे, जिनमें संरक्षक के रूप में आगे बढ़ने वाला हाथ है, भारत के गौरव माननीय मालवीयजी का। वे तुम्हारे पहले संरक्षक हैं, उन्हीं की प्रत्यक्षता में तुम्हारे जन्म की कल्पना और प्रस्तावना ने स्वरूप धारण किया है। लाखों की सम्पत्ति के बल पर तुम सन्तापहारी साहित्य का निर्माण करोगे, किन्तु तुम्हारी स्थापना में प्रथम भेंट चढ़ाने वालों के नाम, तुम्हारे अस्तित्व को आदर की वस्तु समझने वाले सदैव याद रखेंगे।

यह राष्ट्रीय मन्दिर एक ट्रस्ट की सम्पत्ति होगा। हम आशाओं को हृदय में धारण कर, राष्ट्रीय साम्राज्य के निर्माण का स्वप्न देखने वाले तथा राष्ट्रीय साहित्य पर सब-कुछ न्यौछावर कर देने वाले विद्वानों और ज्ञानवानों को इस मन्दिर पर अपनी भेंट चढ़ाते देखेंगे, और देखेंगे मन्दिर के संचालकों को इस साहित्यिक संस्था के साथ लगे हुए 'राष्ट्रीय' शब्द का स्मरण रखते, सार्वजनिक हित के लिए सदैव मानापमान के व्यक्तित्व को भूलते और इस मन्दिर के निर्माण की तैयारी के लिए, भगवती सरस्वती की समाराधना के लिए भिखारी बनकर भीख माँगते। भगवान् करें, हमारा यह मन्दिर सच्चा राष्ट्रीय हो और साहित्य का मुख उज्ज्वल कर सके !

कांग्रेस : जबलपुर में या नागपुर में ?

आखिर कांग्रेस के स्थान का प्रश्न एक ऐसा रूप धारण करने लगा, जो चिन्ता-जनक है। जिस समय प्रान्त के सज्जनों से कांग्रेस को आमन्त्रित करने के लिए सलाह ली जा रही थी, उस समय उन सज्जनों ने प्रान्तीय कांग्रेस कमेटी के रूप

में यही निश्चय किया था कि कांग्रेस मध्य प्रदेश में आमन्त्रित की जाय। किसी स्थान-विशेष का नाम उस प्रस्ताव में कदाचित् इस कारण से नहीं था कि स्थान का निश्चय प्रान्त के सज्जनों के मत और प्रान्तीय आवश्यकता तथा उपयोगिता के अनुसार पीछे किया जायेगा। जिस समय कांग्रेस का मध्यप्रदेशीय आमन्त्रण स्वीकृत हुआ, उस समय का हाल नागपुर के 'महाराष्ट्र' की 7 जनवरी की संख्या में इस प्रकार दिया गया है—

"विषय-नियामक कमेटी में क्या, और भरी कांग्रेस में क्या, कांग्रेस को इस प्रान्त की ओर से जो आमन्त्रण दिया गया, वह इस प्रकार अस्पष्ट ही था कि आगामी कांग्रेस की बैठक मध्य प्रदेश में हो। प्रान्तीय कांग्रेस कमेटी का ठहराव ही ऐसा था, उक्त कमेटी के सभापति ने जो निमंत्रण भेजा, वह भी वैसा ही था, और डा० मुन्जे ने कांग्रेस को निमन्त्रण देते हुए 'मध्य प्रदेश' में कांग्रेस आमन्त्रित की। किन्तु किसी की भूल अथवा बेसमझी से किये हुए प्रस्ताव में 'नागपुर में' यह शब्द छप गया था और पं० गोकर्णनाथ जी ने वही पढ़कर सुना दिया। तब, जबलपुर के श्री नाथूराम जी (मोदी, वकील), जो मध्यप्रदेशीय डेलीगेटों में दूर बैठे हुए थे—वहीं से दुरुस्ती की ऐसी सूचना देने लगे कि डा० मुन्जे जी का आमन्त्रण ही ठीक है, अतः प्रस्ताव में से 'नागपुर में' यह शब्द निकाल कर 'मध्य प्रदेश में' यह शब्द रखिये।" परन्तु सभापति पं० मोतीलाल नेहरू और पं० गोकर्णनाथ मिश्र आदि सज्जनों ने आग्रह किया कि 'मध्यप्रदेश में' ऐसा अस्पष्ट आमन्त्रण नहीं चाहिए, स्थान-निर्देश कीजिये। डॉ० मुन्जे जी ने नाथूरामजी को प्लेटफार्म पर बुलवाया, परन्तु उन्हें वहाँ निश्चित बात ठहराने के लिए अवकाश ही नहीं था। जबलपुर की तरफ के ही क्या, वरन् प्रान्त के बहुत से प्रतिनिधि पहले ही अमृतसर छोड़कर चले गये थे। मण्डप में दस-बीस भी मध्यप्रदेशीय सज्जन थे या नहीं, यह कहा नहीं जा सकता। उस समय वहाँ इस प्रश्न का निर्णय होना सम्भव न था। पं० मोतीलालजी ने डॉ० मुन्जे से पूछा, "क्या नागपुर में कांग्रेस करना मंजूर नहीं?" तब डॉ० मुन्जे ने कहा, "नहीं, नागपुर तो नामंजूर नहीं, परन्तु (प्रांतीय) कांग्रेस कमेटी का प्रस्ताव—'नागपुर में कांग्रेस हो'—ऐसा नहीं है, 'मध्य प्रदेश में (कांग्रेस) आमन्त्रित की जाय ऐसा है।' " यही है महाराष्ट्र का वह लेख। अन्त में नागपुर में कांग्रेस होने ही का प्रस्ताव रखा गया था और जो रखा गया था, वही पास हुआ।

यह घटना कह रही है कि बड़ी सात्त्विकता और समझ-बूझ के साथ, प्रान्तीय कांग्रेस कमेटी की 'नागपुर में' होने वाली बैठक ने यह प्रस्ताव पास किया था कि कांग्रेस प्रदेश में आमन्त्रित हो। क्योंकि यदि वह चाहती और यदि वह स्वीकार कर लेती कि आगामी कांग्रेस नागपुर में होना आवश्यक है, तो वह 'नागपुर में' कांग्रेस लाने का प्रस्ताव पास कर देती। किन्तु 'किसी की भूल या बेसमझी से'

प्रस्ताव में 'नागपुर में' यह शब्द रख दिया गया और उस समय, जब कांग्रेस में दस-बीस मध्यप्रदेशीय प्रतिनिधि भी शेष नहीं रह गये थे, यह प्रस्ताव पास कर डाला गया। इसके पश्चात् उत्तरीय चौदह जिलों के प्रतिनिधियों ने मिलकर ता० 8 मार्च को जबलपुर टाउन-हाल में एक बड़ी सभा की, जिसमें नरसिंहपुर, सागर, दमोह, मण्डला आदि के रा० सा० गोकुलचन्द, श्रीयुत धगट, श्रीयुत भैयालाल चौधरी आदि कई सज्जनों ने जबलपुर में कांग्रेस होने पर भाषण दिया और यह प्रस्ताव पास किया कि मध्यप्रदेशीय कांग्रेस कमेटी, कृपापूर्वक, जबलपुर में कांग्रेस का होना स्वीकृत करे। इस बात पर विचार करने के लिए नागपुर में फिर ता० 14 को एक बैठक हुई और उसमें श्री नाथूराम जी मोदी ने अपनी जोरदार भाषा में कांग्रेस जबलपुर में होने पर जोर दिया और रा० ब० विष्णुदत्त शुक्ल ने, नागपुर के तथा प्रान्त के दक्षिण भाग के चार जिलों के मित्रों से, जबलपुर में कांग्रेस होने देने के लिए अपील की। प्रान्त के 14 उत्तरीय जिलों के प्रतिनिधियों की यह बात उपस्थित सज्जनों को भा गयी और उन्होंने ता० 26 मार्च को, डा० मुन्जे महोदय को, उत्तरीय जिलों की कांग्रेस के लिए होने वाली सभा में शामिल होने को जबलपुर भेजा। यहाँ दीवान बहादुर वल्लभदासजी के सभापतित्व में सभा हुई, जिसमें श्रीयुत पं० विष्णुदत्त शुक्ल, राजा गोकुलदासजी के नाती बाबू गोविन्ददास, म्युनिसिपल प्रेसीडेण्ट बाबू शिवप्रसाद, बाबू बाँके-बिहारी वाजपेयी (आनरेरी मजिस्ट्रेट) एवं पं० माधवराव सप्रे आदि सज्जनों ने जबलपुर में कांग्रेस होने के लिए भाषण किये। डा० मुन्जे महोदय ने यहाँ आकर स्थान बदलने की कठिनाइयाँ बतलाईं, किन्तु कुछ नेताओं से बातचीत करने पर ज्ञात हुआ, जैसा कि डा० मुन्जे साहब को भय है, इस झगड़े को 'आल इण्डिया कांग्रेस कमेटी' के सामने नहीं ले जाना पड़ेगा, यह घर ही में तय हो जायेगा। डा० मुन्जे साहब ने इन जिलों का उत्साह देखकर कहा था कि मैं प्रयत्न करूँगा कि कांग्रेस जबलपुर ही में हो। क्योंकि उस दिन तक प्रान्तीय कांग्रेस कमेटी ने स्थान की व्यवस्था नहीं दी थी। तब इस प्रश्न को डा० मुन्जे महोदय ने प्रान्तीय कांग्रेस कमेटी के सामने रखने का निश्चय किया। जब आपसे कहा गया कि अब जबलपुर के किसी आदमी के आने की जरूरत नहीं, अब उसके हिमायती आप हैं, तब आपने कहा कि यहाँ से किसी एक को जरूर आना चाहिए। अतः आपकी प्रेरणा के अनुसार, आवश्यकता न समझकर भी, श्रीयुत मा० मनोहर कृष्ण गोलवलकर को जबलपुर से भेजा। इधर जबलपुर में जिला-सभा होने वाली थी, जिसमें मा० मालवीयजी पधारने वाले थे, अतः कुछ सज्जन उसकी तैयारी में लग गये। और भारतीय हिन्दी साहित्य सम्मेलन के आ जाने के कारण पं० विष्णुदत्तजी सभापति बनकर तथा अधिकांश सज्जन प्रतिनिधि बनकर पटना चले गये। हमें दुःख है कि नागपुर के पत्र 'संकल्प' ने दो अद्भुत बातें लिख दीं—

एक तो यह कि "मैं स्वयं जबलपुर-निवासियों के प्रतिनिधि की हैसियत से कोशिश करूँगा।" ऐसा अभिवचन डा० मुन्जे ने उन्हें (जबलपुर वालों को) दे दिया था, तो भी जबलपुर की ओर से मा० गोलवलकर सभा में उपस्थित थे और दूसरी बात यह कि डा० मुन्जे साहब का जो भाषण छपा है, उसमें लिखा है कि "शायद उन्हें (यानी नागपुर-वासी सज्जनों को) जबलपुर वालों की यह (कांग्रेस की) माँग अनुचित मालूम होती होगी। और यथार्थ में यह सत्य भी है, "हमारा जहाँ तक विश्वास है, डा० मुंजे साहब ने यह कभी नहीं कहा होगा कि "यथार्थ में यह (अर्थात् उत्तरीय 14 जिलों की कांग्रेस की माँग को अनुचित कहना) सच भी है।" डा० साहब जैसे उत्तरदायित्व को समझने वाले देशभक्त के मुँह से ऐसे वाक्य कभी नहीं निकल सकते।

हमारे सामने कई दृश्य हैं। एक दृश्य है कि प्रान्त में कांग्रेस बुलाई गयी। दूसरा दृश्य है, नागपुर में आमन्त्रण दिया गया। तीसरा दृश्य है, उत्तरीय जिलों ने हाथ जोड़कर जबलपुर में कांग्रेस होने के लिए आग्रह किया। चौथा दृश्य है, दीवानबहादुर वल्लभदासजी, बा०गोविंददास जी, रा०सा०पं०विष्णुदत्तजी शुक्ल, ब्यौहार रघुवीरसिंह जी, मा० गोलवलकरजी आदि धन और बुद्धि में उत्तरीय जिलों के प्राण लोगों ने, नागपुर के सज्जनों से अनुरोध किया कि कृपा करके कांग्रेस जबलपुर में होने दो और अपने पिछड़े हुए भाइयों को साथ लेने की कृपा करो। पाँचवाँ और सबसे पवित्र दृश्य है कि श्रीयुत पाध्ये, डा० गौड़, डा० मुन्जे, माननीय दीक्षित आदि नागपुर के नेताओं ने उत्तरीय जिलों की माँग का पक्ष लिया और प्रान्त की हित-चिन्तना का स्मरण करके जबलपुर में कांग्रेस होना स्वीकृत किया। तब छठवें दृश्य को लोगों ने जो देखा, वह यह था कि नागपुर के नवयुवकों ने प्रान्त भर के नेताओं की बातों को मिट्टी में रौंद डाला और दुःख यह सुनकर बहुत होगा कि श्रीमान् नारायणराव जी वैद्य तथा श्री अलेकर ने भी 14 जिलों का पक्षपाती बनाने से अपने को पीछे खींच लिया। परिणाम यह हुआ कि प्रान्त की नौका की पतवारों को सँभालने वाले नाविकों की गति-मति के प्रतिकूल नौका हमारे उन भाइयों ने चला दी जिनके हाथ कि अभी राजनीति में मँज नहीं पाये हैं, और जिन्होंने कल्पना नहीं की है कि हमारा प्रान्त कितना बड़ा है, और इस वर्ष हमारे माथे कैसी विकट जवाबदारी आ पड़ी है। हमारा जीवन बड़ी कठिन परिस्थिति में पड़ गया है। इधर हम देख रहे हैं कि पत्र भी इस उत्तेजना की अग्नि में घी डाल रहे हैं। सम्पूर्ण वृत्तान्तों को न जानने वाला एक पत्र लिखता है, "क्या जबलपुर वाले उस समय भंग खाकर बैठे थे, जब कांग्रेस को नागपुर की ओर से आमन्त्रण दिया गया?" वही आगे चलकर फिर कहता है कि "यदि यही इच्छा हो कि जबलपुर वालों का कांग्रेस में हाथ रहे, तो उस विरोध को मिटाने के लिए पं० विष्णुदत्त शुक्ल को स्वागत-समिति के सभापति का आसन

दे देना चाहिए।" किन्तु हमारे विचार से कोई भी ऐसे क्षुद्र हृदय का न होगा, जो अपने सभापति होने के लिए प्रान्त में विरोध की आग जला दे। हम किसी भी व्यक्ति के चरित्र पर लगाया जाने वाला ऐसा झूठा कलंक बुरा समझते हैं। हमने 'महाराष्ट्र' की इन बुद्धिमत्तापूर्ण लाइनों को ध्यान से पढ़ा है कि "...हम यह कहते हैं कि प्रान्तीय कांग्रेस कमेटी ने यदि कांग्रेस जबलपुर को दी होती, तो बड़ा अच्छा हुआ होता। हमारा ऐसा मत होने के लिए एक ही कारण है और वह यह है कि इस समय हमें आपस के झगड़े और तू-तू-मैं-मैं नहीं चाहिए। इस समय कांग्रेस जबलपुर को दे देने से उत्साही तरुण पीढ़ी को बड़ी निराशा होगी, यह हम जानते हैं। परन्तु जबलपुर की माँग अस्वीकार करने से जबलपुर और नागपुर इन दो भागों में वैमनस्य और बेसमझी उत्पन्न हुई, तो उसके दुष्परिणाम प्रान्त को बहुत भोगने पड़ेंगे। डा० मुन्जे, श्री ठेंगड़ी, श्री माधवराव पाध्ये और माननीय दीक्षित जबलपुर को कांग्रेस देने के लिए राजी हुए, सो इसी कारण से।"

हम जानते हैं कि कांग्रेस के जबलपुर में आ जाने से हम पर यह जिम्मेदारी न होगी जो इस समय है। क्योंकि इस समय बढ़ते हुए विरोध को बचाने की जिम्मेदारी आ पड़ी है, जो कांग्रेस होने की जिम्मेदारी से कहीं अधिक कठिन और कीमत की चीज है। हम देख रहे हैं कि प्रान्त के उत्तरीय जिलों में उदासीनता हो गयी है और वह फैलती जाती है। हम दृढ़ता से कांग्रेस कमेटी द्वारा किये हुए नवयुवकों के फैसले पर दुःखित हैं और उन सब सज्जनों से बड़ी नम्रता से निवेदन करते हैं कि सचमुच ही यह समय विरोध फैलाने का नहीं है। आप लोगों से कोई कांग्रेस छीन नहीं रहा। आप लोगों से निवेदन किया जा रहा है कि कांग्रेस जबलपुर में आकर करो। इससे समर्थ के शब्दों में वर्तमान युग के 'महाराष्ट्र धर्म' की वृद्धि होगी और राष्ट्रीय भावों का प्रसार उस स्थान में होगा, जहाँ धन और कार्यशक्ति होते हुए भी, अभी तक हुआ नहीं है। आप लोग, राष्ट्र की जिम्मेदारियों को जानते हैं, आप लोग स्थान-मोह के बलि न हों। मध्यप्रदेश ने एक बार राष्ट्र के सम्मुख दलबन्दी मिटा कर दिखलायी है। क्या इस समय हममें यह क्षमता नहीं कि अपने प्रदेश में भी ऐसा करें। जब राष्ट्रीय सहायता या राष्ट्रीय व्यक्तियों की जरूरत होती है, तब देखा गया है कि उत्तरीय जिले आगे बढ़े हुए इंजिन के पीछे के डब्बे बने रहे। जब कोई घाटी आती, तब वे जोर से इंजिन को धक्का देते और जब कोई चढ़ाई आती, तब वे सब-के-सब पीछे लटक पड़ते। यही कारण है कि यहाँ राष्ट्र के कार्य उतने ऊँचे रूप में तो क्या, मन्द रूप में भी नहीं हुए, जैसे अन्य प्रदेशों में सदा हुए। यही कारण है कि यहाँ मालवीय और रवीन्द्रनाथ जी से भी मिलने में डरने वाले लोग पाये जाते हैं। यही बात है कि इस प्रदेश की आवाज का राष्ट्रीय क्षेत्र में कुछ मूल्य नहीं रहा, क्योंकि प्रांत के 4 जिले

जिन्दा हैं और 14 जिलों को लकवा मार गया है। सन् 1914 की चौथी प्रान्तीय परिषद के प्रतिनिधियों की गणना करते हुए देखा गया था कि उत्तरीय जिला-प्रतिनिधियों की जगहें खाली पड़ी थीं और जबलपुर के दीख रहे थे शायद गोलवलकर साहब और मंडला के भी थे एक सज्जन ! क्या यह प्रान्तीय पाप कमाने के लिए हम लोग आगे बढ़ें कि यह अवस्था ऐसी ही बनी रहे ? अब सुधार ऐक्ट पास हुआ है, नयी कौंसिल बनेगी। क्या आप उसकी रचना ऐसे जीवों द्वारा चाहते हैं जो 'हुजूर' को देखते ही हाथ-पाँव समेट लेते हैं ? क्या आप नहीं चाहते कि मध्य प्रदेश की शक्ति आगे बढ़कर राष्ट्रीय कर्त्तव्य कन्धे पर लेने के लिए गर्व से सिर ऊँचा उठावे ? क्या आप नहीं चाहते कि स्वराज्य की गूँज मचाने वाले और लोकमान्य तथा महात्माजी की जयघोषणा करने वाले लोग 18 जिलों के मध्यप्रदेश में से 14 जिलों में भी, जिलों में ही नहीं, तहसीलों-गाँवों और घरों में भी हों ? यदि आप चाहते हों, तो इन पिछड़े हुओं के बीच कांग्रेस भी कीजिये। आप चाहें जो मंसूबे करिये, चाहे जितनी कठिन प्रतिज्ञाएँ कीजिये, पर कांग्रेस जबलपुर में कीजिये। कांग्रेस एक शक्ति है, एक बल है। वह हमारे प्रान्त को जगा जायेगी और हमारे हाथ में एक जबर्दस्त राष्ट्रीय शक्ति पैदा कर जायेगी। अत्याचारी गोलों से भरे हुए अमृतसर में, यदि कांग्रेस प्राण डाल सकती है तो क्या वह मध्यप्रदेश को राष्ट्रीय दृष्टि से तेजस्वी नहीं बना सकती ? हमारा अनुरोध है कि हमारे नागपुर के भाई हमारी बातें मानें। वे बड़े हैं, उत्तरी जिले छोटे। हम थोड़ी देर के लिए मान भी लें कि ये हठ कर रहे हैं, पर मान लीजिये इस हठ के पूरा कर देने से एक भारी शक्ति प्राप्त होगी। हमें राष्ट्रीय ध्रुव ध्येय के प्राप्त करने के लिए जो बल चाहिए, वह 14 जिलों की उपेक्षा से नहीं मिलेगा। हमारी प्रार्थना है कि आप इन 14 जिलों में कांग्रेस के रूप से राष्ट्रीय राजधानी कायम करके 'महा-राष्ट्र' का निर्माण कीजिये। उत्तरीय जिलों में कांग्रेस के जोश का अंकुर पैदा हो गया है, उसे निराशा से 'न झुलसाकर' आशा के जल से सींचिये। वह भारी फल देगा। नहीं तो पिछड़ा और राष्ट्रीय स्वार्थ से हीन होने की निराशा में वह चाहे जो कर बैठने को उद्यत दीख रहा है। आप उसका कारण चाहे जो भी बताइये, किन्तु उसका कारण रहेगी हमारी राष्ट्रीय संकीर्णता प्रकट करने वाली यह घटना। अभी समय नहीं गया है। यदि नागपुर के मित्र चाहें तो अभी आँवला हाथ में है। उन बुद्धिमानों को, जिन्होंने उत्तरी जिलों में कांग्रेस करने के लिए जनता को जगाया और तैयार किया और राष्ट्रीय कार्य में हाथ बँटाने की छोटी-से-छोटी भावनाएँ पैदा कीं और उन धनवानों को भी जिन्होंने अपने दरवाजे कांग्रेस होने की उम्मीद से थैलियों के बन्धन छोड़ने और अपने प्रान्त के नेताओं के बल पर स्वराज्य-स्वर्ग के अपने देश के देवताओं के चरणों से अपने स्थल पवित्र करने, दर्शनों से अपने नेत्र ठण्डे करने और भाषणों के सिंह-नादों से अपने हृदय बलवान करने की साधनाएँ

साधने के लिए तैयार किया, उनकी मेहनत बरबाद न होने दीजिये और न उन्हें निराश होने दीजिये। हमारा विश्वास है कि प्रान्त के नेताओं के हृदय की उच्चता जबलपुर में कांग्रेस होने देकर समूचे मध्यप्रदेश को राष्ट्रीय बनायेगी और अपना गौरव और विश्वास प्रान्त पर सदा के लिए कायम रखेगी।

सम्पादकीय टिप्पणी नं॰ 2

हमें एक खबर मिली है। यदि वह सच है, तो हमें अत्यन्त दुःख है। मध्यप्रदेश के छत्तीसगढ़ प्रान्त में एक रियासत है सारंगगढ़। इस राज्य के राजासाहब ने अपने राज्य के अहीर (ग्वाल) लोगों की एक जाति का, किसी सामान्य अपराध या मतभेद के कारण, समाज से बाइकाट करवा दिया है। अर्थात् राजा की आज्ञा हुई है कि नाई उनके बाल न बनायें, धोबी उनके कपड़े न धोया करें, दाइयाँ उनके घरों पर जाके लड़के पैदा हों तो 'छठों' का या अन्य सेवा तथा 'नार काटने' का काम न करें। मतलब वे लोग सारे काम जन्म-मरण सम्बन्धी मेहतर-चमारों की भाँति खुद करें। पहले ब्राह्मण-क्षत्रिय लोग उनके हाथ का पानी पिया करते थे, पर अब राजाज्ञा है कि जो कोई ऊँची जाति उनका छुआ हुआ पानी पियेगी, उसे राज-दण्ड भोगना पड़ेगा। इस 'हड़ताल' के युग में अब एक 'राज्य हड़ताल' का आविर्भाव हुआ है। हम नहीं सोच सकते कि अहीर लोगों को किस अपराध का यह रूसी दण्ड है? क्या छत्तीसगढ़ के कोई शिक्षित महाशय इस विषय पर प्रकाश डालने की कृपा करेंगे? सारंगगढ़ के राजासाहब तो बड़े उच्च विचार के कहे जाते हैं और वे तीन वर्ष तक 'माननीय' भी रह चुके हैं, फिर उनके यहाँ ऐसी बात! हम सोचते हैं, राजासाहब की जानकारी के बिना ही यह बात हुई होगी।

[24 अप्रैल, 1920]

कौंसिलों के उम्मीदवार

वे नियम, जिनके अनुसार मध्यप्रदेश की लेजिस्लेटिव कौंसिल बनेगी, मध्यप्रदेश की सरकार ने, भारत सरकार के पास भेज दिये। इन नियमों में प्रजा की पुकार का बहुत कम स्मरण रखा गया। हम और हमारे प्रान्त के लोग पुकारते आ रहे थे कि जहाँ आप फौजी पेंशनरों को मत देने का अधिकार दे रहे हैं, वहाँ उन पेंशनरों को भी मत देने का अधिकार दीजिये जो फौजी नहीं। जहाँ आप पुरुषों को अधिकार दे रहे हैं, तहाँ कम-से-कम एक प्रतिनिधि प्रदेश की महत्त्वपूर्ण आधी मनुष्य-संख्या को यानी स्त्रियों को भी दीजिये, जहाँ आप किसानों के प्रतिनिधियों के लिए कौंसिल के द्वार खोल रहे हैं, तहाँ कौंसिल की भाषा इसी देश और खास कर इसी

प्रदेश की ऐसी भाषा रखिये जिसे प्रजा-प्रतिनिधि बोल और समझ सकें। हमने मजदूरों के प्रतिनिधि रखने पर भी जोर दिया था, और जोर दिया था उन हजारों बढ़ई-लुहार आदि कारीगरों के प्रतिनिधि रखने के लिए भी, जो देश के आवश्यक अंग हैं। हमने यह भी कहा था कि मालगुजारों और किसानों की तौजी और मालगुजारी की उस हद में भी कमी कीजिये, जिसके बल पर वे मतदाता बनाये जायेंगे। किन्तु इन बातों पर विशेष ध्यान नहीं दिया गया। अस्तु! मध्यप्रदेशीय लेजिस्लेटिव कौंसिल के नियमों का एक बड़ा खण्ड हम इसी संख्या में अन्यत्र प्रकाशित कर रहे हैं।

यह सोचकर कि यही नियम हम पर लद जायेंगे, अब हमें तैयारी में लग जाना चाहिए। अन्य सभाओं में भी यह सुधार हुआ है कि भारतीय व्यवस्थापिका सभा यानी इण्डियन लेजिस्लेटिव एसेम्बली में अब मध्यप्रदेश के 5 की जगह 6 प्रतिनिधि रहेंगे और राज-सभा यानी कौंसिल आफ स्टेट में, अब 1 की जगह 2 प्रतिनिधि होंगे।

अब हमारा पहला काम यह है कि हम उन लोगों को अपने-अपने नाम प्रकाशित करने के लिए आमन्त्रित करें, जो कौंसिलों में जाना चाहते हैं। हमें यह बात नहीं भूल जानी चाहिए कि अब कौंसिल में हम ऐसे आदमी को नहीं भेजेंगे जो यह कहता हो कि "इस बार हमें कौंसिल में भेज दीजिये, यदि अच्छा काम न करें तो तीन साल बाद किसी और को भेज देना।" किन्तु हम चाहते हैं कि वे ही लोग कौंसिलों में भेजे जाएँ, जिन पर जनता का पूरा-पूरा विश्वास हो, और जो इस बात का अनुभव करते हों कि मत देने वाले हमारे मालिक हैं और हम उनके नौकर। अत: उनके हित के विरुद्ध कोई भी काम न करने को और उनकी बातें निर्भयता तथा नि:स्वार्थ भाव से कौंसिल में पेश करने की हम प्रतिज्ञा करते हैं। जिन सज्जनों के ऐसे विचार हों, उन्हें चाहिए कि वे यह प्रकट करें कि किन-किन कौंसिलों में जाना चाहते हैं। एक ईमानदार प्रजा-सेवक की हैसियत से उन्हें अपने विचार प्रकट करने चाहिए, और चुनने वालों को मौका देना चाहिए कि उनके चरित्र, परिश्रम, ज्ञान और निर्भीकता को कसौटी पर कस लें। इन्हें अपने आपको मतदाताओं के सामने कर्मवीर के रूप में उपस्थित कर देना चाहिए। और जनता के मतदाताओं के उस निर्णय को सुनने के लिए तैयार रहना चाहिए जो वे कर दें। उन्हें कौंसिल में अपनी उपयोगिता सिद्ध करनी चाहिए और यह प्रकट करना चाहिए कि वे लोक-मत के प्रतिकूल कोई कार्य नहीं करेंगे। साथ ही उन्हें यह भी प्रकट करना चाहिए कि वे उस दिन, जिन दिन प्रजा-मत के प्रतिकूल कौंसिल में बोलेंगे, अपने पद से इस्तीफा दे देंगे। उन्हीं लोगों को कौंसिल की उम्मेदवारी में अपने को प्रकट करना चाहिए, जिनका बहुत समय वकालत आदि कार्यों में न चला जाता हो, और जिन्हें देश के मुख्य प्रश्नों पर विचार और अध्ययन

करने तथा देश की कौंसिलों में बहस करने के लिए महीनों का अवकाश हो। उन्हीं सज्जनों को अपने नाम प्रकट करने चाहिए जिन्हें खयाल हो कि वे सरकार के दलाल बनकर कौंसिल में नहीं जा रहे हैं, और जिन्हें यह स्मरण हो कि वे सरकारी घुड़कियों में भी प्रजा की बाजू परखने से न चूकेंगे और पदों के मीठे प्रलोभन पथ से न भटका सकेंगे। हमें भय है कि कई सज्जन यह सोचकर भी आगे आवेंगे कि कौंसिल में पहुँचकर छोटे लाट के लड़ैते बन बैठने का यही मौका है, जबकि प्रान्त के लोग अज्ञान हैं, वे जानते ही नहीं कि कैसे आदमी कौंसिलों में जाने चाहिए। जो सज्जन जनता की अज्ञानता का इस तरह लाभ उठाने की निन्दनीय भावना रखते हैं, वे भी अपने हरियाले कदमों से कौंसिल की भूमि हरी-भरी करने के लिए 'तने पाँव दौड़' लगाने की तैयारी न करें।

हम उन सब सज्जनों को अपने-अपने नाम, और जिन-जिन कौंसिलों में वे जाना चाहते हैं, उनके नाम प्रकट करने के लिए आमन्त्रित करते हैं, जो मध्य-प्रान्तीय व्यवस्थापिका सभा, भारतीय व्यवस्थापिका सभा और कौंसिल आफ स्टेट यानी राजसभा के लिए उम्मीदवार हुआ चाहते हैं।

[1 मई, 1920]

प्रजा को सत्ता और दलों का जोर

भारत को स्वाधीन बनाने के पथ में हमने टुकड़े-टुकड़े हुए बिना—दल बनाये बिना—कार्य नहीं चलाया। हमने यह कल्पना ही लोगों के सामने नहीं जाने दी, जिसके द्वारा कभी किसी प्रश्न पर हम आदर से एक-मत हो पाते। हमने यह कह-कहकर कि "दलों के बिना प्रजा-सत्ता का सपना देखना भूल है"—देश को अनेक खण्डों में बाँट दिया और एक ही उद्देश्य के लिए हजारों को हजारों के प्रति संशयवादी बना दिया। प्रजा-सत्ता का सेहरा सिर पर बाँधकर महाराजाओं के बन्धनों में कसे हुए यूरोप को एक बार सिंहासनों के डुलने का वीर-सन्देश देने वाले फ्रांस की ओर अँगुली उठाकर हम कहते हैं, वहाँ भी देख लो दो दल थे, एक राजावादी और दूसरा प्रजावादी। प्रजावादी दल देश के प्रत्येक गरीब के हाथों अधिकार पहुँचाने के लिए सिर पटक रहा था और राजावादी दल जनता के खून के कीचड़ से सिंहासन की पैंदी मजबूत कर रहा था। यह भी कहा जाता है कि इंग्लैण्ड में भी लेबर और कंजरर्वेटिव नामक दो दल शासन कर रहे हैं। और इन सूचनाओं के सुनने के बाद, निर्णय करने वाले को, दलों ही से प्रजा-सत्ता प्राप्त हो सकती है, यह मानकर, किसी दल वालों में से अपने आपको एक का बना देने की सूझती है।

किन्तु, पहले हम एक कमजोर बात को निबटाते चलें। यदि थोड़ी देर के लिए मान भी लें कि प्रजा-सत्ता प्राप्त करते समय फ्रांस में राजावादी और प्रजावादी दो दल थे, तो हमारे देश में दो दल होने चाहिए थे—नौकरशाही और प्रजावादी। हमें यहाँ दलों का यह दुर्दृश्य देखने को न मिलता कि एक-दो के बाद दस-बीस दलों की सृष्टि करने में भी हम पीछे न पड़ते। परन्तु बात कुछ और है। फ्रांस का राजावादी दल, प्रजावादी दल को नेस्तनाबूद नहीं कर पाया, और न राजावादी दल ही अपने तलवे के नीचे प्रजा को रौंद सका। किन्तु खेतों में खड़े हुए किसानों और सड़कों में काम करते हुए मजदूरों ने, मकानों में रहनेवाले मनुष्यों और झोंपड़ियों में दिन काटने वाले दरिद्रों ने, "अधिकार लेंगे या मर मिटेंगे" की गूँज से आसमान को कँपा दिया था। कोई दल नहीं, सादी जनता, स्कूली लड़के, शौकीन जवान और पके हुए बूढ़े, सब उस गूँज में साथ थे, और यही कारण था कि फ्रांस में प्रजा-सत्ता की दुंदुभी बज उठी। दलबन्दियाँ आयीं, पर फ्रांस की काँटों और फूलों से लदी गोदी में प्रजा-सत्ता का जन्म हो जाने के बाद आयीं—उन्होंने पहले आकर राष्ट्रीय बल को टुकड़े-टुकड़े नहीं कर दिया।

इंग्लैण्ड का नाम बार-बार लिया जाता है। पर वह दलबन्दी का दया-भिखारी उस दिन न था, जब उसने सन् 1688 में इंग्लैण्ड की गद्दी उखाड़ फेंकी। वह एकतन्त्री सत्ता को तभी नमस्कार कर चुका जब उसके पास दल न थे। किन्तु इस विषय की चर्चा करते हुए अमेरिका को भूला नहीं जा सकता। वह दुनिया का सबसे अच्छा प्रजासत्तात्मक शासन है। वहाँ भी उस स्वाधीनता के युद्ध के समय दलों का अस्तित्व न था। यदि ऐसा होता तो अमेरिका की दलों द्वारा बँटी हुई ताकत के बल पर वीर वाशिंगटन लड़कर विजयी न होता, और अपनी जन्मभूमि में प्रजा-सत्ता के प्यारे चरणों का स्वागत न कर पाता। किसी देश की सबसे बड़ी कमी और सबसे भारी अपराध यही है कि वह उस दिन के प्रथम, जब तक उसने अपने ध्रुव ध्येय को पा नहीं लिया है और जब तक उस पर से आपदाओं के बादल हट नहीं गये, वह जुदा-जुदा हो सकता है—वह दलों में बँट सकता है।

हाँ, जब राष्ट्र की सेवा करने वाले एक छोटे-से-छोटे व्यक्ति की तपस्या और श्रम की कुछ कीमत है, तब दलों द्वारा की जाने वाली सेवा का निरादर करना बुरा है। देश की सेवा के सब पार्षदों के समान दल भी सेवा के लिए सम्मान और अभिमान की वस्तु है किन्तु हम दलबन्दी की हानियों को भी आँखों से ओझल कर देना अपराध समझते हैं। और उस समय वह और भी खलता है, जब देखा जाता है कि नगण्य भिन्नता की ओट लेकर, देश को टुकड़े-टुकड़े होने के लिए उत्तेजित किया जाता है, और सिद्धान्त मनवाने या सिद्धान्तों का विरोध करने की सनक में सत्यता और समता का संहार किया जाता है तथा लोक-सत्ता के नाम पर दल-सत्ता का सपना देखा, दिखवाया और सच्चा किया जाता है।

उस योजना को, जो लोकमान्य तिलक और उनके मित्रों ने प्रकाशित की है, देखिये। यह योजना है, 'कांग्रेस प्रजासत्तावादी दल' की। यह दल नया ही बनने जा रहा है। नाम इसका प्रजा-सत्तावादी दल, और साथ में कांग्रेस शब्द भी लगा हुआ है। किन्तु जैसा बाबू विपिनचन्द्र पाल कहते हैं—"मेरी मुँहजोरी को क्षमा किया जाय, जब मैं कहूँ कि उक्त दल के जन्मदाताओं ने उन व्यक्तियों से परामर्श लेना उचित न समझा, जिनकी सहकारिता से वे कई वर्षों से कांग्रेस में तथा जहाँ-तहाँ इस दलबन्दी के पूर्व कार्य करते रहे। उनकी नजर में प्रजा-सत्ता के उस आवश्यक सिद्धान्त की कोई इज्जत नहीं, जो कहता है कि सब कार्य (देश की) जनता की पूर्ण स्वीकृति पर करने चाहिए। कुछ प्रभावशाली व्यक्ति आपस में कानाफूँसी कर जनता के महत्त्वपूर्ण कार्य को उसकी बिना स्वीकृति के नहीं कर सकते।" पर हम सोचते हैं, दलों की यह वह बुराई है, जिसे 'दलों' के अस्तित्व की आवश्यकता समझने वाले हटा नहीं सकते। प्रजा-सत्ता की यह उस समय दुहाई है, जब दल-निर्माण में अपना भाग कम देखा जाता है। चाहे डेमोक्रेटिक यानी प्रजा सत्ता ही क्यों न हो, पर पार्टी अखिल-पार्टी ही है। और उसके साथ चाहे कांग्रेस शब्द क्यों न लगा हो, पर वह शब्द नया है, और उस समय तक के लिए है, जब तक कांग्रेस का सूत्र हाथों में है। कांग्रेस की बागडोर हाथों में न होने पर, इस शब्द के लगे रहने पर भी, यही पार्टी कांग्रेस का कसकर विरोध कर सकती है, और यह भी सिद्ध कर सकती है कि अब कांग्रेस की जरूरत ही नहीं।

विपिन बाबू ने लोकमान्य तिलक के व्यक्तित्व को कोसा है, पर यह कोसना उस दिन उचित होता जिस दिन विपिन बाबू स्वयं दलों के विरोधी और प्रजा-सत्ता के लिए भारतीय जनता के सर्वांगीण संगठन के उपासक होते। इसके सिवा, लोकमान्य जहाँ कार्य करने के लिए खड़े होते हैं, तहाँ एक दल बन ही जाता है। यह उनके भोगे हुए कष्ट और की हुई तपस्या का परिणाम है। भोली और ईमानदार भारतीय जनता यह देख नहीं सकती कि देश की सेवा करने के लिए सेनापति ललकारे और वह आज्ञा-पालन में पिछड़ जावे। पर हाँ, यह कार्य लोकमान्य दलबन्दी के बिना भी कर सकते थे। उनका अन्यायपूर्ण विरोध किया जाने पर, उन पर व्यर्थ दोषारोपण किये जाने पर, और उन्हें कारागार में बन्द करने पर, किसी दल ने नहीं, भारतीय जनता ने ही आँसू बहाये थे। वे दल के नहीं, देश के हैं। हम यह नहीं सकते कि कोई दल उन्हें अपना कहे, और वे किसी दल भर को अपना कहें। ऐसा करने से समस्त भारतीय जनता के हृदय को चोट पहुँचती है जिसे वह सह नहीं सकती।

अब योजना को लीजिए। उसमें कोई काम ऐसा नहीं, जिससे समस्त देश सहमत न हो सकता हो। उसे देखकर नरम उसे नरम योजना कह सकते हैं और गरम उसे गरम। क्योंकि कोई भी नहीं चाहता कि रात-दिन भारतीय राष्ट्र के

कुचले जाते हुए भी दमनकारी कानून हटा न दिये जाएँ और इन्साफ करने वाले सात समुद्र-पार से खरीदे जाएँ और यहीं की पंचायतों से न्याय न कराया जाय। कोई नहीं कह सकता कि धनिकों द्वारा गरीबों पर होने वाले अत्याचार हटा न दिये जाएँ, क्योंकि हटाये न जाने पर उसे बोलशेविज्म आकर हटावेगा। रोटी के लिए देश तरस रहा है। देश में पूरी उपज होने पर भी देश के सहस्रों मनुष्यों को भूखों मरना पड़ता है। इसलिए कौन नहीं चाहता कि भोजन-सामग्री और अन्य आवश्यक चीजें विदेशों में तब जावें, जब वे हमारी जरूरतें पूरी कर चुकें। और इसलिए कौन नहीं चाहता कि बाहर जाने वाले माल का अधिकार हमारे हाथों में हो। उस समय, जब विदेशियों की सड़ी-से-सड़ी चीजें भारतीय बाजारों में स्वच्छन्द विहार कर रही हैं और जापान, अमेरिका, जर्मनी और इंग्लैण्ड की वस्तुओं की भारतीय प्रजा मोहताज बन रही है, यह आत्म-दमन कौन सह सकता है कि यूरोप की चीजें बन्द होते ही जापान की वस्तुएँ हमारे बाजारों को पाट दें और सरकार का कलेजा हमारे हाथों हमारी चीजें बनवाने के लिए तब भी न पसीजे ? तब यह किसे अभीष्ट नहीं, कि स्वदेशी तत्त्वों की उन्नति और हिन्दुस्तानी धन्धों की तरक्की की जाय और इसके लिए सरकारी खजाना थैली खोलने के लिए बाध्य किया जाय, और चुंगी के नियम ऐसे हों जो हमारी चीजों को हमारे देश और विदेशों में भी सुगमता से पाट सकें। तथा आनेवाले उस माल को, जो हमारे यहाँ बन सकता है, हमारे देश के माल का प्रतिस्पर्धी न बनने दें। इसी तरह रेलों की लाखों की आमदनी कुछ मालिक कहलानेवालों की न रहकर, पूरे राष्ट्र की बन जाय, प्रत्येक सरकारी विभाग के खर्च घटाये जाएँ तथा डेढ़ सौ बरस की निहत्थी भारतीय जनता को वैसी ही न पड़ी रहने देकर नागरिक भारतीय सेना का संगठन किया जाय और अब आधी रात को सोते हुए पुलिसमैन से 'होशियार रहो' सुनते रहने की अपेक्षा सचमुच ही जन-बल में होशियार रहकर दिखा दिया जाय।

इसी प्रकार प्रान्तों के सुधार के लिए ये व्यवस्थाएँ सोची गयी हैं कि प्रान्त अपना शासन आप करने लगें, जमीन के बन्दोबस्त में से 'दस-साला', 'बीस-साला' की कैद निकालकर वह स्थायी कर दिया जाय और सब रैयतवारी प्रबन्ध हो। चराई, ईंधन, लकड़ी और अन्य-अन्य छोटी चीजों के लिए जंगलों पर सरकार का अधिकार न होकर, गाँव वालों का हो। रसद और बेगार रोक दी जाय। शिक्षा विदेशी भाषाओं द्वारा न देकर अपनी भाषाओं द्वारा दी जाय। शिक्षा स्त्री और पुरुष सबको मुफ्त और लाजमी कर दी जाय। गाँव की पंचायतें अदालत बना दी जाएँ। स्त्री और पुरुष हरएक को कौंसिलों की चुनाई के अधिकार दिलाये जाएँ। गाँवों की सफाई का इन्तजाम रखा जाय और यह कार्य एक दीवान के हाथ में दे दिया जाय। इसी तरह कृषि की उन्नति, सिंचाई की वृद्धि, सहकारी समितियाँ, धन्धों की उन्नति, दवाई की सहायता और वैद्यक की उन्नति करना आदि प्रायः

कोई भी विषय ऐसा नहीं, जिसे भारत की उन्नति के लिए कोई दल अस्वीकार करता हो।

पर यह कार्य दल बनाकर क्यों किया गया, यही एक आश्चर्य की बात है। स्वाधीनता और समता की ओर ले जाने वाली इन सीधी-सादी धुली-धुलाई बातों के लिए किसी विशेष दल की जरूरत न थी। यह सब कार्य कांग्रेस द्वारा हो सकते थे। इसके सिवा दल बनाकर, हम सोचते हैं. उस वस्तु को, जिसे अपूर्ण, असन्तोष-जनक और निराशापूर्ण कहा गया है, एक अनावश्यक महत्त्व दिया गया। खैर, जो कुछ हो, हम चाहते हैं कि इन बातों की पूर्ति में सब भारतवासी मिलकर बल लगावें। विरोधिनी शक्तियाँ रोक दी जाएँ और नेताओं को चेता दिया जाय कि अपना-अपना टाट बाजार में बिछाने की अपेक्षा, आप करोड़ों की शक्ति को केन्द्रीभूत करने के लिए, सब दलों के बनकर भारतीयों को आमन्त्रित कीजिए और तभी आशा कीजिए कि लोक-सत्ता प्राप्त करने में, मर-मिटने के समय भारतीय जनता आपको अपना सेनापति मानेगी। और उस झण्डे के नीचे, जो उसे मुक्ति दिलाने के लिए आसमान में फहरावेगा—खड़ी होकर दिखावेगी कि वह अभीष्ट को प्राप्त करने में सबल है और सच्चाई के साथ बलि हो जाने के लिए तैयार है।

हम प्रजा की सत्ता चाहते हैं। वह देश-भर की शक्ति के संगठन से ही प्राप्त होगी। अतः हम अपने नेताओं से निवेदन करेंगे कि वे दलों के नाम पर नहीं, देश के नाम पर और प्रजा-सत्ता के नाम पर जनता को अपने साथ लेने के लिए आमन्त्रित करें, क्योंकि देश को दल-सत्ता नहीं, प्रजा-सत्ता चाहिए, जिसे प्राप्त करने में वर्ण और दल के भेद-भाव की अपेक्षा, भारत-भूमि की संगठित शक्ति अधिक विजयिनी होगी।

सम्पादकीय टिप्पणी नं० 1

गत ता० 24 अप्रैल को जबलपुर का जिला-दरबार हो गया। प्रत्येक कार्य के समान इस जिला-दरबार में भी कुछ कमजोरियाँ थीं और कुछ विशेषताएँ। कमजोरियाँ तो यह थीं कि बहुत से ऐसे सज्जनों ने भी अपने प्रश्न अंग्रेजी में बनाकर भेजे, जो हमारे विचार से यह जानते थे कि इसमें देहात के भी बहुत से सज्जन आयेंगे जो अंग्रेजी नहीं जानते। इसके सिवा जब स्थानीय जिला-दरबारों ही में ये लोग हिन्दी में प्रश्न नहीं करते, तब प्रान्तीय कौंसिलों में जाकर ये देशी भाषा में बोलने की कैसे हिम्मत करेंगे? दूसरी बात यह थी कि उत्तर जो दिये जाते थे कुछ लोगों को सुनाई न पड़ते थे। तीसरी बात यह थी कि प्रश्न छपे हुए न होने के कारण लोग बिना सुने ही बात जान लेने में असमर्थ थे। किन्तु, इस दरबार की खूबियाँ भी विशेषतः उल्लेखनीय हैं। मि० मिथाइस का व्यवहार बहुत सरल था। वे दरबार में प्रेस्टिज की गुलामी नहीं करते थे और प्रत्येक सच्ची

बात का साथ देते और किसी सच्चे निर्णय पर पहुँचने में बल लगाते थे। कौंसिल में श्रीयुत ब्यौहार रघुवीरसिंहजी, बाबू नाथूराम मोदी आदि सज्जनों के प्रश्न हिन्दी में पूछे गये थे और उनके उत्तर भी सरकार की ओर से हिन्दी में दिये गये। यदि सब प्रश्न हिन्दी में पूछे जाते तो सबके उत्तर भी हिन्दी में दिये जाते। मि० मिथाइस ने अपना जो प्रारम्भिक भाषण सुनाया, उसमें उन्होंने दो-तीन विशेष बातें कहीं। एक जगह उन्होंने कहा—"बहुत-सी बातें प्रश्नों में ऐसी पूछी गयी हैं, जिनके उत्तर देना और सुधार करना मेरे अधिकार में नहीं है।" इसके बाद एक जगह कहा, "स्थानीय संस्थाएँ यानी म्युनिस्पैलिटी, लोकल बोर्ड, डि० कौंसिल आदि प्रजा के अधिकार में आ रही हैं। वहाँ अपने मेम्बर जो चाहें, कार्य ले सकते हैं। यदि वे वहाँ कार्य नहीं करते, तो उन्हें मेम्बरी से निकाल दीजिये।" हम मि० मिथाइस की इस स्पष्टोक्ति पर प्रसन्न हुए हैं। आशा है, वे इसे उस समय भी काम में लाते हुए दीख पड़ेंगे, जबकि उनके मातहत सम्राट् की घोषणा और सरकार की अभिलाषा के प्रतिकूल कुछ कार्य करते हुए देखे जायेंगे। हमें आशा है कि ऐसे हाकिम उसी तरह निकाल दिये जाने योग्य समझे जायेंगे, जिस तरह काम न करने वाले मेम्बर। तीसरी बात में आपने सहकारिता पर जोर दिया है। आपके वे वाक्य बड़े काम के हैं। प्रजा-प्रतिनिधियों ने यहाँ उन्हें सच्चा करके दिखाया है, क्योंकि राय ब० शुक्लजी, मा० ब्यौहारजी, मा० पुरोहितजी, मा० गोलवलकरजी, श्री नाथूरामजी मोदी आदि कार्यों में सरकार के साथ प्रतियोगी सहकारिता से काम लिया करते हैं। अब देखना यह है कि जिला साहब के इस ऊँचे और पवित्र उपदेश का उनके मातहत कितनी ईमानदारी से पालन करते हैं। क्योंकि हमने सुना है कि मतदाताओं को शिक्षित करने तथा जिला-सभा का कार्य करने के लिए जब एक डेपुटेशन तहसीलों में गया था, तब वहाँ किसी जगह, उस सभा में एकत्र होने वाले सज्जन डाँटे और दबाये गये थे। भाषण अच्छा था और कुछ थोड़ी-सी बातों को छोड़कर समय के अनुकूल भी था। दरबार के नियम बनाने, गाँवों की सफाई के नियम बनाने, रसद और बेगार हटाने तथा प्रजा-प्रतिनिधियों के नियम बनाने के लिए सब-कमेटियाँ बनायी गयीं। और प्रसन्नता की बात यह है कि जुए की जाँच के लिए भी एक सब-कमेटी बनायी गयी। जबलपुर में जुआ जोरों पर है, यह बात प्रसिद्ध है। और इस सब-कमेटी का संगठन होते ही जुए के मन्दिर के पुजारियों के चेहरे उतर गये होंगे। पर प्रसन्नता तब हो, जब इस कमेटी के प्रबन्ध से जबलपुर की जुए की शिकायत मिट जाय। मि० मिथाइस की सज्जनता का हमें इसलिए भी आदर करना चाहिए कि 'जुए' का विषय सरकार का रक्षित (रिजर्व्ड) विषय है, हस्तान्तरित विषय (ट्रांसफेयरेबिल) नहीं, तो भी उन्होंने प्रजा-प्रतिनिधियों की कमेटी बनाकर अपने शासन की उत्तमता की दिशा बतायी। दरबार में प्राण आ गये उस भाषण से, जो रायबहादुर पं० विष्णुदत्त शुक्ल ने

दिया। उसमें आपने बड़ी निर्भीकता से जनता को उसके अधिकार समझाये और प्रजा को ही नहीं, सरकार को भी सहयोग में गलती न करने के लिए चेताया। आपने शासन-भार को एक गठरी बताया और कहा कि सम्राट् की आज्ञानुसार सरकारी कर्मचारी बड़ी सावधानी से उसे अपने सिर से उतारकर प्रजा के प्रतिनिधियों के सिर पर रख दें—उनके हवाले कर दें। हमें आशा है, आगामी दरबार फिर पाँच-छह महीने बाद किया जायेगा।

सम्पादकीय टिप्पणी नं० 2

गत 25 अप्रैल को श्री पण्डित नारायणप्रसाद जी वकील की अध्यक्षता में होशंगाबाद जिला कांग्रेस कमेटी की बैठक हो गयी। इसमें आल इण्डिया कांग्रेस कमेटी से जबलपुर में कांग्रेस होने देने का प्रस्ताव किया गया। होशंगाबाद जैसे पिछड़े हुए हिन्दी-भाषी जिले का न केवल कांग्रेस होने के लिए गूँज मचाना किन्तु प्रान्त के पिछड़े हुए जिलों में कांग्रेस होने की जिम्मेदारी का अनुभव करते हुए, वहीं कांग्रेस होने का प्रस्ताव करना प्रशंसा की बात है।

सम्पादकीय टिप्पणी नं० 3

आगामी 13 मई को नरसिंहपुर और बिलासपुर में जिला परिषदों क अधिवेशन क्रमशः रा०ब० पं० विष्णुदत्तजी शुक्ल और डा० मुंजे के सभापतित्व में होने वाले हैं। देश की वर्तमान परिस्थिति को देखकर, हम आशा करते हैं कि जिला परिषदें कई उपयोगी प्रस्ताव स्वीकार करेंगी। इन दिनों मध्यप्रान्त में कांग्रेस का प्रश्न बहुत चिन्तनीय हो रहा है। जबलपुर की जिला परिषद ने जबलपुर में कांग्रेस होने का प्रस्ताव जोरों से पास किया है। हम आशा करते हैं कि नरसिंहपुर में तथा बिलासपुर में भी यह प्रश्न आवश्यक महत्त्व के साथ विचारणीय समझा जायेगा। सुधारों के विषय में कांग्रेस-प्रस्तावों का समर्थन करना तथा जिलों में सुधारों की सफलता के लिए स्थायी जिला परिषदों को इन विषयों पर उपयोगी प्रस्ताव पास करने चाहिए। सुधारों की सफलता में देशी भाषा से बहुत-कुछ सहायता मिल सकती है। परिषदों को चाहिए कि सरकारी कार्यवाही हिन्दी में होने के लिए एक प्रस्ताव अवश्य पास करें। सुधार कानून में देश के अर्द्धांग स्त्रियों को मताधिकार से वंचित रखा गया है, परिषद् में इस पर भी एक जोरदार प्रस्ताव पास होना चाहिए। बढ़ई, सुनार, लुहार, दर्जी आदि धन्धा करने वाले लोगों को भी मताधिकार नहीं दिया गया है, इस अधिकार की प्राप्ति के लिए भी प्रस्ताव करना चाहिए। नरसिंहपुर की स्थानीय बातों में बचई कैम्पवाली घटना की जाँच के लिए कमीशन-नियुक्ति की बातें विचारणीय हैं। आशा है नरसिंहपुर-बिलासपुर के उत्साही कार्यकर्त्ता लोग परिषदों को सफल कर दिखा देंगे।

सम्पादकीय टिप्पणी नं० 4

प्रान्तीय परिषद के होने का समय निकट आ रहा है। इस बार की परिषद बड़े महत्त्व की होगी। क्योंकि उसमें ऐसे समय, जबकि देश में नये-नये दलों की सृष्टि होती जा रही है—उचित पथ की व्यवस्था की जायेगी। सुधारों का वर्ष होने से इस वर्ष निश्चय किया जायेगा कि प्रदेश में सुधारों के सम्बन्ध में अपना मत कैसा रखें। हमारा यह भी विश्वास है कि परिषद में उपयोगी प्रस्ताव पास किये जायेंगे। इस वर्ष परिषद् के सभापति हैं श्रीयुत डा० मुंजे। आशा है आपके सभापतित्व में परिषद सफलता लाभ करेगी। राजनैतिक जवाबदारियाँ सिर पर देखकर, हमें विश्वास है, प्रान्त के सब जिलों के लोग उसमें भारी संख्या में आवेंगे जिनमें किसान और मजदूर, धनिक और विद्वान् सब ही होंगे। हमें खयाल रखना चाहिए कि स्वराज्य या प्रजा-सत्ता कोई खिलौना नहीं है, जो हमें घर बैठे-बैठे मिल जाये। उसके लिए हमें ऐसे राष्ट्रीय मेलों में जाना चाहिए। हिन्दी जिले इस बात में आज तक उदासीन रहे हैं, आशा है, इस बार की परिषद् में भारी संख्या में उपस्थित होकर दिखावेंगे कि वे समय की गति के अनुसार अपने को बदल चुके हैं, और ऐसे नहीं, जिन्हें कोई अधिकारों के अयोग्य समझे। साथ ही, हिन्दी-साहित्य-सम्मेलन और कवि-परिषद् भी होगी। इसमें शाला के अध्यापकों, सरकारी कर्मचारियों आदि सबको सम्मिलित होकर लाभ उठाना चाहिए, क्योंकि प्रान्तीय सरकार ने आज्ञा दे दी है। सुनते हैं, परिषद् में पाँच वर्ष तक देश-निकाला भोग कर लौटने वाले वीर पंजाब-केसरी लाला लाजपतराय भी पधारेंगे। हम वहाँ हजारों की संख्या में अपने भाइयों को उपस्थित होकर हृदय मिलाते और राष्ट्रीय वीरों के उपदेश सुनते देखने की आशा करते हैं।

सम्पादकीय टिप्पणी नं० 5

इस वर्ष आल इण्डिया होमरूम लीग के सभापति चुने गये हैं महात्मा गांधी। मित्रों के यह चिताने पर भी कि "होमरूल लीग में शामिल होने से अपनी तटस्थता और स्वाधीनता खो बैठेंगे" आपने इस पद को स्वीकार किया है। आप लीग को दल विशेष की वस्तु नहीं समझेंगे। आप उसके द्वारा बहुत-से कार्यों के होने की आशा करते हैं। आपका आत्मबल दुनिया में अपने समय की एक ही वस्तु है। उसी के बल पर आप राजनीति-जैसे 'दावघातों' से भरे विषय में सच्चाई को अवतरित करेंगे, यह निश्चय करके कि उससे आप शीघ्र ही पूर्ण स्वराज्य के निकट पहुँचेंगे। वर्तमान सुधार आपके पथ की ऐसी वस्तु न होंगे, जिनका आप स्मरण रखें और जिनके लिए आप कुछ अधिक करें। गरज यह कि आप प्रजा-सत्ता की ओर नये ढंग से कदम रखेंगे। हम लीग को ऐसे सभापति मिलने पर

बधाई देते हैं, और चिताते हैं कि वह सदैव महात्माजी की महत्ता में दबकर नहीं, विचारपूर्वक प्रजा-सत्ता रूपी ध्येय को प्राप्त करने के लिए गांधीजी के सात्त्विक, तेज और निर्भीक उपदेश से लाभ उठावें।

[8 मई, 1920]

प्रान्त के टुकड़े-टुकड़े मत होने दीजिए !

प्रान्त में चर्चा जोरों पर है कि कांग्रेस कहाँ हो, जबलपुर में या नागपुर में ? वाद बढ़ जरूर रहा है, पर हमें उसमें कहीं भी नीचता नहीं दीख पड़ती। हम उस वाद को पवित्र समझते हैं और हमारे पिछड़े हुए पुण्य प्रदेश के लिए जरूरी हो। हाँ, हम इस बात को भूल नहीं जाना चाहते, और न आँखों की ओट ही कर देना चाहते हैं कि कांग्रेस जबलपुर में न होने से हिन्दी जिलों में असन्तोष हैं। किन्तु जब हम यह देखते हैं कि उस असन्तोष से इसलिए लाभ उठाया जाता है, या उसको इस प्रकार प्रकट किया जाता है कि प्रान्त के टुकड़े-टुकड़े हो जायें, तब हमें खेद होता है।

जबलपुर जिला परिषद में 'कांग्रेस जबलपुर में हो' ऐसा प्रस्ताव पास हुआ था। उसी समय मा० मालवीयजी ने अपने भाषण में कहा था कि "यह झगड़ा घर ही का है, इसे घर ही में निबटा लो।" उस समय उन्होंने जबलपुरवासियों के उत्साह को सराहा था और कहा था कि "यदि घर में न निबटा लोगे, तो यह प्रश्न आल इण्डिया कांग्रेस कमेटी के सामने आने पर मैं जबलपुर का उत्साह वहाँ प्रकट कर दूंगा।" पर साथ ही यह भी कहा था कि, "यह न भूल जाओ कि नागपुर वाले बड़े भाई हैं, और तुम छोटे। किन्तु, यही घटना जब हमारे मित्र 'हितवाद' के सुयोग्य सम्पादक के हाथों पड़ी, तब उन्होंने उसे वैसा ही स्वरूप दे डाला, जैसा स्वरूप कि लार्ड सिन्हा ने नरम और गरम दल की सहकारिकता को देकर, उसके परिणाम के उज्ज्वल यश से अपने हाथ काले किये। प्रान्त के दोनों हिस्से लड़ रहे हैं, किन्तु उसका यह अर्थ नहीं कि दक्षिणी जिलों में ऐसे सच्चे देशभक्तों की कमी है जिन्होंने सदा ही अधिकारियों की झिड़की और अपने आदरणीय देश-भक्तों की दुरंगी नीति के कारण कष्ट में जीवन बिताया, परन्तु कभी अपने राष्ट्रीय पक्ष से पैर नहीं भटकाया। जिन्होंने बात-बात में देश के उन कार्यों से, जहाँ कोई गरीब-परवर की मरजी पर ही प्रवेश करता है, अपने को दूर रखते और दूर रहने के लिए लाचार करते देखा, किन्तु कभी भी इस बात का सपना नहीं देखा कि अपना कष्टमय परन्तु सच्चा पथ छोड़ दिया जाय। जिन्होंने देश पर आयी हुई आपदाओं में प्रान्त से बाहर जाकर सहायता दी और कभी भी अपने मन में यह खयाल नहीं

होने दिया कि योग्यता, विद्वत्ता और कार्यशक्ति में ईमानदार और सफल होते हुए भी, केवल देश-सेवा के असि-धारा-व्रत का पालन करना छोड़ दिया जाय। यदि ऐसे हृदयों से कोई मतभेद हो जाय तो यह आवश्यक नहीं कि उनका नाम ले-लेकर उनकी समय-बेसमय की बातें याद की जायें और उन्हें पानी पी-पीकर कोसा जाय। परन्तु, प्रान्त में ऐसे जीव हैं, जो कदाचित् इस बात के सामने कि जो हृदय कहता है कह डाली जाय, इन बातों को सोचें कि कहीं हमारे वाक्यों का असर ऐसा न हो कि देश के हृदयों में भिन्नता उत्पन्न हो जाय। हमारे विचार से भिन्नता उत्पन्न होने की परिस्थिति उत्पन्न कर देना भी—चाहे फिर वह जान-बूझकर की गयी हो या बिना जाने—पाप है। उससे कहीं अधिक जान-बूझकर भिन्नता उत्पन्न करने वाले साधनों का उपयोग लेना पाप है।

'हितवाद' का अहितवाद

कांग्रेस की घटना को हाथ में लेकर सबसे पहले हितवाद कहता है कि कांग्रेस जबलपुर वालों के हाथों इसलिए जानी चाहिए कि वह सुधारों को सफल बनाने के पक्ष में है। किन्तु ऐसा कहने वाले सज्जन यह कभी भी न भूल जाएँ कि उत्तरी जिले भी उन सुधारों को अपूर्ण, असन्तोषदायक और निराशाजनक समझते हैं। उत्तरी जिले सहकारिता के साथी जरूर हैं, परन्तु अन्धभक्त नहीं हैं। वे प्रतियोगी सहकारिता को पूजते हैं, प्यार करते हैं, परन्तु अत्याचारों का प्रतिवाद और सरकार की सहकारिता की जननशक्ति नष्ट हो जाने पर वे उससे सम्बन्ध रखकर अपने को पुंसत्वहीन सिद्ध नहीं करना चाहते। कहा जाता है कि डा० गौड़ के प्रयत्न से उत्तरीय जिले सुधारों के पक्ष में हैं। पर बात ऐसी नहीं है। उत्तरी जिले डा० गौड़ के सभापति होकर आने पर सुधारों के सम्बन्ध में जिस निश्चय पर थे, उसी पर आज भी हैं। वे जानते हैं कि किसी हिन्दुस्तानी कानून के विद्वान को मिनिस्टर और जुडीशियल कमिश्नरी दिला देने से प्रान्त को पुण्य-प्राप्ति नहीं हो जायेगी, उसके लिए और भी उद्योग करने होंगे। एक यह भी सपना देखा गया है, कि यदि नागपुरवालों ने अपनी जिद न छोड़ी तो प्रान्त के हिन्दी-भाषी जिले कांग्रेस से भिन्न-भिन्न रहेंगे। परन्तु उत्तरीय जिलों के लोग इतने अनजान नहीं, जो कांग्रेस को छोड़ देने की वस्तु समझें, और नागपुरवालों की इस जिद पर वे नाराज हों, वैसी ही जिद को वे खुद भी दुहराने का अपराध करें। 'हितवाद' का मत है कि कांग्रेस जबलपुर में हो, परन्तु इसके प्रथम जब कांग्रेस अमृतसर में होने जा रही थी, तब हमें जहाँ तक स्मरण है, हितवाद का इस सम्बन्ध में कोई मत नहीं था कि कांग्रेस इस प्रान्त में भी हो या न हो। इसके सिवा न कांग्रेस के प्रस्तावों से 'हितवाद' ने अपनी सहकारिता दिखाई थी, और न यही कहा था कि आजकल की कांग्रेस एक महत्त्व की वस्तु है, और उसका होना देश में उस युग को अवतरित करेगा, जो देश

को कष्टों से छुड़ा देगा। यदि अब हितवाद के सम्पादक ऐसा समझते हैं, जो उनके लिए और प्रदेश के लिए भी गौरव की बात है, तो उन्हें देश-प्रेम की इस सच्ची भावना के लिए अगणित बधाइयाँ और आगामी कांग्रेस की सफलता में उनसे अगणित आशाएँ !

डा० मुंजे पर आक्षेप

किन्तु, यदि देश के भाग्य इतने अच्छे नहीं कि उसकी कांग्रेस अपनी माने और उसमें उस समय भी, जब उनका बहुमत न हो, और कांग्रेस का बहुमत उनके मतों को समय के लिए उपयोगी न समझकर रौंद डाले—आदर और बलपूर्वक उसके झण्डे के नीचे खड़े रहने में इज्जत समझें, तो हम पूछेंगे कि आजकल की आपके सहयोग के योग्य न रहने वाली आगामी क्रांग्रेस जबलपुर के माथे मढ़ी जाने का आप उसे वरदान दे रहे हैं या श्राप ? कहा जाता है कि डा० मुंजे महोदय ने जबलपुर में कांग्रेस होने के लिए मत दिया, और नागपुर में अपनी गुप्त कार्यवाहियों से उसके प्रतिकूल मत तैयार किया। हम डा० मुंजे सा० को इतना अदूरदर्शी नहीं समझते कि वे कांग्रेस के द्वारा होने वाले देश के राष्ट्रीय भावों की प्रान्त में बाढ़ होने के मार्ग में रुकावट डालने का पाप कमावें। इसके सिवा, जब किसी व्यक्ति के चरित्र पर आक्रमण किया जाता है, और ऐसी बात पर जब उसने अपने सिद्धान्तों के साधने में नहीं, नाश करने में उसका दुरुपयोग लिया, तब एक तो उसके हानि-लाभ की चिन्ता औरों की अपेक्षा कहीं अधिक रखता है, यह सोचना चाहिए, और दूसरे उसकी गलतियाँ बताने का पुण्य तब संचय करना चाहिए, जब उसके प्रमाण भी एकत्र कर लिये हों।

एक घृणास्पद बात

यह लिखा गया है कि नागपुर वाले लोकमान्य तिलक को सभापति और माननीय खापर्डे को स्वागत-सम्रिति का सभापति बनाना चाहते हैं। परन्तु पहली बात तो यह है कि कांग्रेस के नियमानुसार सभापति की चुनाई होगी, और नागपुर वाले उसमें कोई काट-छाँट करने न बैठेंगे। दूसरे इस तरह नागपुर वाले बदनाम नहीं किये जा सकते, जबकि उनकी ओर से कोई बात नहीं कहीं गयी है ! 'हितवाद' सम्पादक यदि कांग्रेस-नियमावली का ध्यान कर यह सोच लेते कि कांग्रेस के संगठन में बरार एक भिन्न प्रान्त माना गया है और प्रान्त में कांग्रेस होने पर, स्वागत-समिति का सभापति उसी प्रान्त का चुना जाता है, तो उन्होंने यह झूठा कलंक नागपुर के माथे मढ़ने का प्रयत्न कभी न किया होता। किन्तु जिस वृत्ति से प्रेरित होकर 'हितवाद' के सम्पादक ने वह नोट लिखा है, उसे वे उस समय भी आजमाये बिना न चूकेंगे, जब डा० मुंजे स्वागत-समिति के सभापति बनाये जाएँ।

परन्तु उनके विरोध का परिणाम कुछ न होगा। और हम जोर से इस बात का समर्थन करेंगे। खापर्डे साहब का परिचय देते समय 'हितवाद' ने उनके उन विचारों की याद दिलायी है, जो अमरावती में उन्होंने सत्याग्रह और महात्मा गांधी का मजाक उड़ाते हुए कहे थे। हम उन विचारों को बुरा समझते हैं और इसके लिए व्यक्तिशः खापर्डे साहब को कड़ी सुना सकते हैं। परन्तु कांग्रेस की चर्चा करते समय इस बात का सम्बन्ध कैसे आ जाता है, हम नहीं जानते। हमें दुःख है कि गत वर्ष की खण्डवा प्रान्तीय परिषद की घटना का स्मरण दिलाकर हिन्दी-भाषी उभाड़े जा रहे हैं। परन्तु यदि खण्डवा में उनके सभापतित्व में यह प्रस्ताव पास कराना था कि रौलट-एक्ट के कारण इम्पीरियल कौंसिल में इस्तीफा देने के लिए धन्यवाद दिया जाय, तो यह बात उन्हें पहले चिता देनी थी। वे चाहते तो सभापति होते, या न होते, क्योंकि उन्होंने उस समय अपने पद से इस्तीफा नहीं दिया था। हमारे विचार से उस दशा में प्रत्येक व्यक्ति वही करता जो श्री खापर्डे महाशय ने किया। हमारे विचार से तो यदि इस्तीफा न देने पर धन्यवाद दिया जाता और इस्तीफा देने वाले सभापति होते, तो उन्होंने भी अभी तक सामने आने वाले इस प्रस्ताव में रुकावट डाली होती। हम उसे न्यायशील मानते यदि खापर्डे साहब को दोषी सिद्ध करने वाला लेखक उसी समय अन्य इस्तीफा देनेवाले मान० शास्त्री, वाछा, शर्मा, पटेल आदि की निन्दा करता। कहा गया है कि जबलपुर नागपुर को कार्य-पथ दिखा रहा है, परन्तु बात यथार्थ में यह है कि जबलपुर, नागपुर की ओर देख-देखकर अपने कार्य-पथ को पहचान रहा है।

नम्र निवेदन

हम इस तरह के भावों को प्रान्त के हित के लिए विघातक समझते हैं, और दलों के दलदल में न रहने वाले एक नम्र सेवक की हैसियत से निवेदन करते हैं, कि प्रान्त के हृदय उठें, और ऐसी कमजोर बातों को सुनकर प्रान्त को मतवाला न होने दें। प्रान्त अभी प्रारम्भिक दशा में है और वह आज कृपा के अमृत से हरियाला भी हो सकता है और कोप की आगी से झुलस भी सकता है। वह राष्ट्रीय तेज से जगमगा भी सकता है, और भावों की संकीर्णता से काला भी हो सकता है। वह मेल के मधुर फलों से अमर भी हो सकता है, और फूट के बीजों को खाकर मृत्यु को भी प्राप्त कर सकता है। हमारा काम है, हम उसे न झुलसने दें, न भस्म होने दें, और न ही नष्ट होने दें। हम आगे बढ़ें और उसे **मेल के अमृत से** सींचें, और प्रान्त भर में राष्ट्रीय भावों की जड़ जमाकर सदा के लिए आपसी विरोध की आग बुझा दें। पर यह काम तपस्या और यज्ञ के बिना न होगा। उन यज्ञों में से एक यज्ञ कांग्रेस है। वह जब पिछड़े हुए स्थान में होगी, वह जब उन लोगों को ज्ञान-दान देगी जिनके पिछड़े रहने के कारण बात में बहक जाने का डर है, वह जब उनमें

राष्ट्रीय शक्ति उत्पन्न कर देगी, जिन्होंने आज तक राष्ट्रीय कार्यों के महत्त्व को नहीं समझा, वह जब उन हृदयों में भी यह गूँज मचा देगी, जिन्होंने देश में जीवन दिया, तब बे-मेल की जड़ सदा के लिए कट जायेगी, प्रान्त राष्ट्रीय तेज से दमक उठेगा, और जबलपुर की निन्दा नागपुर से और नागपुर की निन्दा जबलपुर से करने और उसके सफल होने की आशाओं पर तुषार पड़ जाएगा। पद-पद पर प्रान्त को टुकड़े-टुकड़े कर डालने का प्रयत्न हो रहा है। हमारी नम्र प्रार्थना है कि इस कठिन परिस्थिति में हमारे दक्षिण प्रान्त के भाई राष्ट्रीय शक्ति कांग्रेस का बोझा सिर पर लेकर अपने छोटे भाइयों के बीच जबलपुर आकर बैठें और हिल-मिलकर कांग्रेस को सफल बनाने के स्वरूप में उत्तर दें कि अब प्रान्त किसी भाँति टुकड़े-टुकड़े न होगा। हमारा अनुरोध है कि कांग्रेस में खर्च किये जाने वाले धन के स्वरूप में प्रान्त का मेल खरीदिये, राष्ट्रीय प्रेम के बन्धनों को मजबूत कीजिये और मध्यप्रदेश की इज्जत तथा प्राणों की रक्षा कीजिये। प्राण चले जाने तक, किसी भी कारण से प्रान्त के टुकड़े-टुकड़े न होने दीजिये।

सम्पादकीय टिप्पणी नं० 1

कर्मवीर की किसी पिछली संख्या में भारतीय ओलिम्पिक ऐसोसिएशन का हाल प्रकाशित किया जा चुका है। कोई चार महीने हुए, यह ऐसोसिएशन पूना में स्थापित हुई है। यह चाहती है कि बेलजियम में होने वाले विश्व के मर्दाना अखाड़े में भारत के खिलाड़ी भी पहुँचें और यूरोपियनों की टक्कर में अपने जौहर दिखावें। पर भारतीयों के संसार के और खासकर यूरोप के खिलाड़ियों में शामिल होता (न कि जीतना, क्योंकि जीतना अभी दूर है) देख कलकत्ते का अंग्रेजी पत्र 'एम्पायर' बेतरह बावला हो उठा। वह पुकार उठा, "जी नहीं, जबतक भारतीयों में खूनी भाव रहेंगे, तब तक हम इस कार्य में उन्हें कोई सहायता न देंगे।" किन्तु एम्पायर अपनी पैदाइश ही भूल गया दीखता है, वह बुद्ध को पैदा करने वाले अहिंसकों की सन्तान न होकर, उन खूनी लोगों की सन्तान है, जिन्होंने अपनी महत्त्वाकांक्षाओं के बलि होकर अपने सगे ईसाई भाइयों की भूमि को बार-बार रक्त-स्नान कराया। उसे मुँह ही कहाँ है जो हमें बुद्ध का नाती बनकर उपदेश करने आवे। आगे एम्पायर कहता है, "अमृतसर और मद्रास की घटनाएँ ऐसी हैं, जो हमें भारतीयों को खिलाड़ी मानने से रोकती हैं!" भारतीय मात्र को कलंक लगाते समय अमृतसर की घटनाओं पर जो फैसला 'एम्पायर' देता है, क्या उसमें वह लिख सकता है कि सर ओडायर, डायर और जानसन या समूची यूरोपियन जातियों के लिए वह खूनी न होने का सर्टीफिकेट दे सकता है! इसके सिवा, क्या वे भारतवासी, जिनका उस दिन यूरोप की भूमि पर कदम रखना जरूरी हुआ, जब उन्हें लड़ने की आज्ञा और कट मरने के पुण्य की प्राप्ति का मौका दिया गया

और आज उन्हीं का यूरोप में कदम रखना पाप हो गया ! 'एम्पायर' कहता है, "भला हो, यदि ओलम्पिक खेलों को भारतीयों की छूत न लगे।" पर एम्पायर याद रखे, अब भारतीय डिबिया की तितली नहीं रहे। महायुद्ध ने दिखाया है कि वे भूमियाँ विजयिनी होंगी, जहाँ भारतीयों के चरण जाकर पड़ेंगे, और शान की रक्षा करने वाले विजयी खूनी चरणों का स्वागत यूरोप के सब खूनी आदर से करेंगे। हमसे अपने एक यूरोपियन मित्र ने कहा था, अमुक आदमी ने जातीय द्वेष (Racial teeling) बढ़ाया है। हम उनसे कहते हैं—श्रीमन् ! भारतीयों के प्रति कही हुई 'एम्पायर' की बातों को एक बार पढ़ लीजिए।

संपादकीय टिप्पणी नं॰ 3

महायुद्ध की कीचड़ से स्वयं-निर्णय के कमल की उत्पत्ति हुई है, किन्तु इसकी उत्पत्ति ने संसार के स्वार्थी जीवों के हृदय में तहलका मचा दिया है और उन्हें इस 'मनोमय' तत्त्व का विरोध करने के लिए बाध्य किया है। इस विरोध के घर्षण ने संसार में वे चिनगारियाँ पैदा कर दी हैं, जिनके कारण अमेरिका और यूरोप के लोगों को ही नहीं, किन्तु दूर-दूर के लोगों को भी सन्ताप हो रहा है। समाचार-पत्रों के पाठकों से यह बात छिपी नहीं है कि आयरलैण्ड वालों ने स्वयं-निर्णय के तत्त्वानुसार कुछ दिन पूर्व अपना प्रजाशासन घोषित किया था। देखते हैं उन लोगों की यह घोषणा, घोषित होकर ही नहीं रही, बल्कि सिनफीनर्स दल ने शासन की सत्ता अपने हाथों में ले ली और सरकारी सत्ता का तिरस्कार कर दिया। इधर ब्रिटिश पार्लमेण्ट आयरलैण्ड के होमरूल का मसविदा पास कर रही हैं; उधर आयरलैण्ड के उत्पाती सिनफीनर्स, दिन-दहाड़े डाके डालकर शस्त्रास्त्र सञ्चित कर रहे हैं, और अपने मार्ग में रुकावट पैदा करनेवालों को सीधे यमलोक पहुँचा रहे हैं। अत्याचारों की संख्या दिन-दिन बढ़ रही है। डब्लिन की कारपोरेशन सिनफीनर्स की पार्लमेण्ट की आज्ञाओं का पालन करने का प्रस्ताव पास कर चुकी है। टाइम्स आफ इण्डिया ने प्रकाशित किया है कि गत मार्च तक 2.5 मास में आयरलैण्ड में शस्त्रास्त्रों के लिए 229 डकैतियाँ, 35 खून और 33 पुलिस-आक्रमण हुए। अप्रैल मास में तथा मई के गत दिनों में, यह संख्या और भी बढ़ गयी है। 'मार्निंग पोस्ट' का सम्वाददाता लिखता है कि आयरलैण्ड की ब्रिटिश सत्ता सिनफीनरों द्वारा हटाई हुई ही समझिए। पुलिस सारजेंट मेकेना, डिटेक्टिव सार्जेण्ट रेवल तथा एक सारजेंट और दो कान्स्टेबिलों के मारे जाने और न्यूटन की पुलिस-लाइनों में आग लगाये जाने के समाचार प्राप्त हुए हैं। उधर अमेरिका में, डी वेलरा, सिनफीनर्स के लिए समाचारपत्रों में विज्ञापन देकर धन एकत्र कर रहा है और अमेरिकन गवर्नर्स, वेलरा का आदर-सत्कार कर रहे हैं। इस विषय पर प्रश्न पूछे जाने पर मि॰ बोनरला ने पार्लमेण्ट में केवल इतना ही कह कर

बात टाल दी कि संयुक्त रियासतों का यह व्यवहार अच्छा नहीं है, परन्तु सरकार इसलिए इस विषय में कुछ करना नहीं चाहती, नहीं तो मामला अधिक बिगड़ जायेगा ! !

आयरलैण्ड के राजभक्तों की दशा बहुत बुरी हो गयी है। कई लोग आयरलैण्ड छोड़कर भाग रहे हैं। गत सप्ताह केवल एक ही दिन में 14 वारदातें हुईं ! और भी कितनी ही घटनाएँ हो जाती हैं जिनका पता नहीं चलता। 'राइटर' द्वारा प्राप्त होने वाले इन समाचारों से आयरलैण्ड की आन्तरिक अशान्ति का पता चलता है। प्रतियोगी सहकारिता के नाम से भी डरने वाले हमारे भाइयों का कलेजा इन भयंकर अत्याचारों का हाल सुनकर अवश्य ही हिल जायेगा। देखना है, इंग्लैण्ड की राजनीति इस कठिन समस्या को किस तरह हल करती है।

[15 मई, 1920]

टर्की का भाग्य-निर्णय

जिस निर्णय की ओर बहुत दिनों से संसार की दृष्टि लगी हुई थी और जिसकी कटुता की भविष्य-वाणी के कारण भारत के मुसलमान ही नहीं, हिन्दू भी चिन्तित हो रहे थे, वही राष्ट्र-संघ का निर्णय जो सैन रेमो कान्फ्रैन्स में तय हुआ है, प्रकाशित हो गया। इस निर्णय का असर अकेले टर्की पर ही होकर रह जाता तो भारतवासियों को इसकी अधिक चर्चा करने की जरूरत न रहती; किन्तु इस सुलहनामे की शर्तें एक एशियाटिक सत्ता को यूरोप से बाहर निकाल देने के लिए बनाई गयी हैं और इस ढंग से बनायी गयी है कि कोई भी एशियाई व्यक्ति उन्हें देखकर सन्तप्त हुए बिना नहीं रह सकता। सुलतान और कुस्तुन्तुनिया का महत्त्व अकेली खिलाफत के कारण ही नहीं है। जिन लोगों का खिलाफत से धार्मिक सम्बन्ध नहीं है, वे भी टर्की के सुलतान की लौकिक सत्ता को अबाधित रखने के इच्छुक हैं। यूरोपीय राष्ट्रों की धन और राज्यतृष्णा के मार्ग में टर्की का सुलतान एक बड़ा विघ्न था, जिसके मिटाने के लिए आज से नहीं, कई शताब्दियों से, यूरोप के ईसाई राष्ट्र प्रयत्न कर रहे थे। ईसाइयों का यह प्रयत्न अब सफल हो गया। वैभव और शक्ति के जोर पर सारे यूरोप को थरथरा देने वाला सुलतान गलित-नख-दन्त बाज़ की भाँति एक असहाय, शक्तिहीन और सत्ताहीन बादशाह नहीं, बल्कि यूरोपियन राजनीति का खिलौना और मुसलमानी धर्म-सत्ता की छाया-मात्र रह गया है।

ईस्वी सन् की सातवीं शताब्दी में अरबस्तान में एक शक्ति उत्पन्न हुई थी जिसकी भिन्न-भिन्न शाखाएँ संसार भर में फैल गयी थीं। मुहम्मद पैगम्बर के

बाद पाँच-छह शताब्दियों के बीच, मुसलमानी सत्ता का आतंक यूरोप से लेकर एशिया तक फैल गया था। कुस्तुंतुनिया जो पहले बैझंटाइन के नाम से प्रसिद्ध था और जिसे यूनानी बादशाह कान्स्टेन्टाइन ने कुस्तुंतुनिया के नाम में परिवर्तित कर दिया था, सन् 1452 में तुर्कों के हाथ आया। तब से अब तक—कोई 600 वर्ष—तुर्कों की सत्ता, यूरोपीय सत्ता के साथ झगड़ती ही रही। तुर्कों की सत्ता, ईसवी सन् की 16वीं शताब्दी में चरम सीमा तक पहुँच गयी थी। दक्षिणी और पूर्वी यूरोप, पश्चिमी एशिया, उत्तरी अफ्रीका एवं पुरानी दुनिया के अधिकांश पर मुसलमानी सत्ता का जोर हो चुका था। ईसामसीह का जन्मस्थान येरूशलम इसके पूर्व ही ग्यारहवीं शताब्दी में सेलजुक तुर्कों के कब्जे में आ चुका था। इस पवित्र स्थान को तुर्कों के हाथों से छुड़ाने के लिए यूरोपीय धर्मयुद्धों की मालिका शुरू हुई। सन् 1270 का 7वाँ धर्मयुद्ध अन्तिम धर्मयुद्ध था। यूरोपीय ईसाई राष्ट्रों में धर्म-युद्ध की लहरें जिस अभिप्राय से उठी थीं वह पूर्णतया सफल न हो सका, किन्तु इन धर्म-युद्धों ने ईसाइयों के लिए पूर्वी प्रदेशों का प्रवेश-द्वार खोल दिया और तुर्कों की सत्ता को सीमाबद्ध कर दिया। मुसलमानों और ईसाइयों के बीच सत्ता बढ़ाने और राज्य जीतने की स्पर्धा जारी रही, फल यह हुआ कि बीसवीं शताब्दी के आरम्भ तक टर्की के सुलतान की मातहती में सिर्फ बाल्कन प्रायद्वीप का कुछ भाग, एशियाई कोचक, आर्मीनिया, कुर्दिस्तान, सीरिया, मेसीपोटामिया और अरबस्तान के किनारे की कुछ भूमि मात्र शेष रह गयी। सन् 1912-13 के बाल्कन युद्ध में यूनान ने टर्की का कुछ हिस्सा ले लिया और सन् 1914-19 के महायुद्ध में टर्की का बचा-खुचा हिस्सा यूरोपियन शक्तियों ने बाँट लिया—बहुत ही थोड़ी सत्ता सुल्तान के हक में छोड़ी गयी। एशिया में यूरोपीय सत्ता को रोकने वाली ढाल एकमात्र टर्की था, जिसे इस तरह बर्बाद कर दिया गया।

एशिया के लिए टर्की की बर्बादी कितनी हानिकारक है, यह हम किसी गतांक में बता चुके हैं। अब यह अनिवार्य है कि यूरोपीय जनता, जो सदा धन और सुख के भौतिक वाद में लवलीन रहती है और जो "परस्य पीडनं कुर्वन्स्वार्थ-सिद्धिश्च पण्डितः" के अनुसार धन और सुख के लिए दिन-रात छटपटाती रहती है, धीरे-धीरे एशिया में अपना पैर जमाने और सारे एशिया पर अपनी सत्ता प्रस्थापित करने का प्रयत्न करेगी। इस सत्ता-स्थापन में कितनी यूरोपीय जातियाँ अग्रसर होंगी, इसका अन्दाज लगाना इस समय कठिन है, किन्तु इतना कहना आवश्यक मालूम होता है कि समानता और स्वयं-निर्णय को उत्पन्न करने वाले, इस महायुद्ध की श्मशान-भूमि से भविष्यत् में, संसार को अश्रुतपूर्व कठिनाई में डालने वाले एक भयंकर युद्ध के उपस्थित होने की सम्भावना है। जापान और चीन का समझौता हो रहा है। इन दो राष्ट्रों का मेल एशिया के पूर्व किनारे पर

एक प्रबल शक्ति उत्पन्न करेगा। एशिया का पश्चिमी किनारा यूरोपीय जातियों के हस्तगत हो चुका है। ये जातियाँ धीरे-धीरे अपना प्रभुत्व मध्य एशिया में फैलाने की चेष्टा करेंगी और ईरान, अफगानिस्तान तथा मध्य एशिया के दूसरे छोटे-छोटे राज्य इस यूरोपीय आँधी में हवा हो जायेंगे। पीतवर्णी तथा श्वेत-वर्णी जातियों का एक ऐसा भयंकर संग्राम उपस्थित होगा जिसमें संसार की आज तक की सब सभ्यता स्वाहा हो जायेगी और मनुष्य जाति का पैर विश्वबन्धुता की ओर नहीं किन्तु जाति-विद्वेषिता के मार्ग में आगे बढ़ेगा। ये सब भावी आपत्तियाँ हैं। यद्यपि ये काल्पनिक हैं, पर मनुष्य का स्वभाव और इतिहास इनके भावी पक्ष को पुष्ट करता है। इन आपत्तियों का मिटानेवाला बफरस्टेट (ढाल) एकमात्र टर्की साम्राज्य था, वही इस समय नष्ट-भ्रष्ट कर दिया गया है। भगवान् यूरोप के नीति-विशारदों को सुबुद्धि प्रदान करे और इस संकट से संसार की रक्षा करे।

सम्पादकीय टिप्पणी नं० 3

टर्की के सुलहनामे की शर्तें इसी अंक में अन्यत्र प्रकाशित की गयी हैं। इसमें सन्देह नहीं कि टर्की की रक्षा करने का अभिवचन बिलकुल नहीं पाला गया। शर्तों के साथ-साथ भारत के वाइसराय ने मुसलमानों को एक सन्देश भेजा है। वाइसराय साहब कहते हैं, "मित्र राष्ट्रों से लड़ने वाले अन्य राष्ट्रों के सन्धि-नियम बनाते समय जिन ऊँचे तत्त्वों का ध्यान रखा गया है, उन्हीं के अनुसार टर्की की शर्तें बनाई गयी हैं।" यदि ऐसा है, तो वाइसराय महोदय मुसलमानों से सहानुभूति प्रकट करते हुए, क्यों लिखते हैं कि "शर्तें ऐसी हैं, जिनसे मुसलमानों को दुःख अवश्य होगा।" युद्ध के जीतने में मुसलमानों द्वारा जो सहायता मिली है, उसका उल्लेख करते हुए वाइसराय महोदय मुसलमानों से कहते हैं कि "राज-नैतिक उन्नति और भौतिक सुख का उज्ज्वल भविष्य तुम्हारे हाथ में है, अपनी तकदीर समझकर सब्र के साथ सहन कर लो।" वाइसराय की 'उज्ज्वल भविष्य' की आशा, डाकुओं द्वारा लुटे हुए मनुष्य को "तेरी थैली तो तेरे पास है, धन गया तो क्या हुआ" कहने के समान है।

सम्पादकीय टिप्पणी नं० 4

वाइसराय साहब का भाग्य के भरोसे पर 'बीती ताहि बिसार दे' का उपदेश पराई पीड़ा को न जानने वाले के सूखे उपदेश के तुल्य है। जिस पर बीती है, वह जान सकता है कि प्राणों से पवित्र समझकर जिन धार्मिक भावनाओं की रक्षा की गयी है, उन्हें आघात पहुँचते देखकर प्रयत्न किए बिना चुपचाप रहना मनुष्य-स्वभाव के कितना विपरीत है। मुसलमान जनता प्रयत्न करेगी और ऐसा प्रयत्न करेगी जिससे दुराग्रही सत्ता का सिर झुक जायेगा। टर्की की सन्धि की शर्तें सुन-

कर महात्मा गांधी ने असहकारिता का अमोघ अस्त्र काम में लाने का उपदेश दिया है। अखिल भारतीय खिलाफत कान्फ्रेंस ने इस अस्त्र का संगठित उपयोग करने के लिए स्थान-स्थान पर कमेटियाँ स्थापित करने का निश्चय किया है। ये कमेटियाँ हिंसा, आवेश या प्रतिरोध से दूर रहकर केवल असहकारिता के बल पर अपने उद्देश्य की सिद्धि का प्रयत्न करेंगी। यह समय मुसलमान जनता की कड़ी परीक्षा का है। देश के विचारवान नेताओं के सिर पर इस समय बड़ी जिम्मेदारी है। यदि वे इस विषय में कुछ न करें, तो कोई नहीं कह सकता कि मजहबी जोश के कारण साधारण पढ़े-लिखे लोग क्या-क्या न कर गुजरेंगे! देश और समाज को आपत्ति से बचाने के लिए और अपनी इच्छा के अनुसार राष्ट्रसंघ के मन्तव्य को तबदील करने के लिए जनता को असहकारिता की संगठित शक्ति का ही इस समय अवलम्ब करना चाहिए।

सम्पादकीय टिप्पणी नं० 5

जब तक मनुष्य-समाज की कोई श्रेणी अपने सुख के साथ-साथ अन्य श्रेणियों के सुख का विचार रखती है, तब तक मानव-समाज का संसार-यन्त्र किसी तरह की अड़चन के उपस्थित हुए बिना चलता रहता है, परन्तु जब एक मनुष्य दूसरे मनुष्य के सुख की पर्वाह नहीं करता, जब एक श्रेणी दूसरी श्रेणी के दुःख-दर्द को नहीं देखती, तब 'अस्तित्व का झगड़ा' चलता है। इसी झगड़े में से साम्यवाद का उदय हुआ है और वह संसार की साम्पत्तिक, राजनैतिक, धार्मिक अथवा बौद्धिक महत्ता के ठेकेदारों को कहता है कि यदि तुम अपनी हठ से न हटोगे, तो संसार तुम्हें हटने को विवश कर देगा। इस बड़प्पन की रक्षा करने की बुद्धि के कारण ही पूंजी वालों और मजदूरों में परस्पर झगड़े होने लगे हैं, हड़तालें होने लगी हैं, जिनके कारण केवल हड़तालियों या पूंजी वालों को ही नहीं, वरन् साधारण जनता को भी असुविधाएँ और कष्ट सहने पड़ते हैं। हमारे देश में इस समय नार्थ वेस्ट रेलवे के कर्मचारियों, अहमदाबाद के मिलवालों, मद्रास के तेल के कारखाने में काम करने वालों और ब्यावर (राजपूताना) के मिल-कर्मचारियों ने अपने-अपने काम छोड़ रखे हैं। सम्पत्ति के यथोचित विभाग का प्रश्न उपस्थित है। मजदूर चाहते हैं, भर-पेट भोजन मिले, पूंजीवाले अपने ऐशोआराम में कमी करना पसन्द नहीं करते। कटुता दिन-दिन बढ़ रही है, ऐसे समय देश के पूंजीवालों और कारखाने वालों को बड़े विचार से काम करना चाहिए। लोकसत्ता के सामने 'कर्तुमकर्तुमन्यथा कर्तुम्' शक्ति रखने वाली जारशाही तक की कुछ न चली! जहाँ राजनीति में भेदभाव का हम तिरस्कार करते हैं, वहाँ मनुष्य समाज की श्रेणी की विभिन्नता का भी हम तिरस्कार करते हैं। पूंजीवाले यदि जल्द रास्ते पर न आये, तो देश की उलझनें बढ़ जायेंगी।

सम्पादकीय टिप्पणी नं० 6

गत सप्ताह में सागर का राष्ट्रीय महामेला पूरी तरह से यशस्वी हुआ और चार दिन की बहस तथा व्याख्यानों की भरमार के बाद प्रान्त का राष्ट्रीय मत एक वर्ष के लिए फिर स्तब्ध हो गया। आगामी वर्ष जब कान्फ्रेन्स का समय आवेगा, तब फिर हलचल मच जायेगी और देशभक्तों के झुंड-के-झुंड स्वयं-निर्णय का विचार करने किसी जगह एकत्र होंगे। परिषदों की यह अल्पायु देश की भावी उन्नति के लिए किसी तरह पर्याप्त नहीं है। हमारी परिषदें धीरे-धीरे लोकमत की स्थायी संस्थाएँ बन रही हैं। इन परिषदों के सभापति लोक-नियुक्त अधिकारी हैं जो वर्ष भर अधिकारारूढ़ रहते हैं, परन्तु देखते हैं कि चार दिन की हलचल के पश्चात् परिषदों और उनके सभापतियों का राजनैतिक जीवन समाप्त हो जाता है। इस जीवन को कायम रखने के लिए यह आवश्यक है कि परिषद् के संगठन में एक नियम ऐसा बना दिया जाये कि प्रत्येक वर्ष की परिषद का सभापति आगामी वर्ष की परिषद को तथा सभापति को गत वर्ष का कुल कार्य समझाया करे, यह बताया करे कि गत वर्ष जो-जो प्रस्ताव पास किये थे, उनके विषय में कहाँ तक, क्या कार्यवाही हुई। जिस सभापति के समय में परिषद ने अच्छा काम किया हो, उसे जनता अपने हृदयों के पवित्र भावों से मण्डित करे और जिसके समय में कुछ कार्य न हुआ हो, उसके अधिकार-काल की खुले शब्दों में टीका करे। इस व्यवस्था से दो लाभ होंगे, जनता अच्छे कार्यकर्त्ताओं की कद्र करना सीखेगी और 'मान के भूखे' देशभक्त इस असिधारा-व्रत की झंझट से दूर भागेंगे। प्रान्त का एक गवर्नर तबादले के वक्त दूसरे गवर्नर को अपनी जगह का 'चार्ज' जिस तरह समझाता है, उसी तरह, उतने ही उत्तरदायित्व के साथ, लोकशाही के गवर्नरों को—परिषदों के सभापतियों को—'चार्ज ट्रान्सफर' करने की आवश्यकता है। क्या परिषद के संचालक इस बात पर ध्यान देंगे?

सम्पादकीय टिप्पणी नं० 7

गत 9 मई को स्थानीय टाउन-हाल में एक सभा की गयी थी। यह सभा जबलपुर जिला परिषद की स्वागतकारिणी समिति की ओर से की गयी थी और माननीय ब्यौहार रघुवीरसिंह जी ने निमन्त्रण-पत्र पर हस्ताक्षर किये थे। सभा के उद्देश्यों में से एक था—

जिला-सभा का व्यवस्थित संगठन करना। इसी संगठन के लिए बाहर गाँव से कुछ सज्जन यात्रा का कष्ट और धन-व्यय सहकर आये थे। खेद है, परिषद के कई कार्यकर्त्ता सभा में सम्मिलित न हुए, इतना ही नहीं, वरन् माननीय ब्यौहार रघुवीरसिंह जी को सभा के समय अस्वस्थता ने आ दबाया, जिसके कारण आप

सभा में सम्मिलित न हो सके ! सभा में 20 सदस्य उपस्थित हो सके थे, जबकि कुल सभासदों की संख्या 200 है ! क्या इसी अनुत्साह और लापरवाही से सुधार का काम होगा ? जबलपुर के लिए बड़े लज्जा और शोक की बात है ! फिर सभा में क्या हुआ ?यह निर्णय कि जिला सभा का संगठन करने का अधिकार स्वागत-कारिणी समिति को नहीं है !! यदि यही था तो बाहर गाँव के लोगों को जबल-पुर तक आने का कष्ट क्यों दिया गया ? क्या जनता, कार्यकर्त्ताओं से इस बात का उत्तर नहीं माँग सकती है ?अब तक सुधारों के विषय में हमारे यहाँ बहुत ही कम प्रयत्न किया गया है। मत-प्रचार के कार्य के लिए तहसील और जिला-सभाओं का संगठन, गाँवों में जाकर लोगों के मतदाता-संघ का निर्माण और चुनने वालों की रहनुमाई के लिए उद्देश्य-पत्रों का प्रचार करना आदि काम इस समय कितने आवश्यक हैं ! वर्षाकाल समीप आ रहा है, यदि कार्य करना है तो अभी करना होगा। अन्यथा मसल मशहूर है कि "Time and tide wait for no man" समय किसी के लिए नहीं ठहरता !

[22 मई, 1920]

फिजी में डॉक्टर मणिलाल पर कोड़े !

ब्रिटिश साम्राज्य सर्वशक्तिमान है और हम भारतवासियों को उसका गर्व भी हो सकता था, किन्तु हमने भारत में और बाहर भी समता की दुहाई देते हुए काले और गोरे का भेद-भाव देखा, भारत में देखा कि हम केवल ईंधन ढोने और पानी भरने के योग्य हैं, और बाहर देखा कि हम हैं केवल कुली बनने के योग्य। स्वाधी-नता का ढिंढोरा पीटने वाले ब्रिटिश साम्राज्य ने कुली-प्रथा का आविष्कार किया और मारीशस, पूर्वी तथा दक्षिणी अफ्रीका, ब्रिटिश गायना और फिजी आदि उपनिवेशों को प्राणान्तकारी परिश्रम करके, सफेद चमड़े वालों के रहने—ऐश-आराम से रहने—के योग्य बनाने के लिए, हम कुली बनाकर भेजे गये ! वहाँ जाकर हमने देखा कि हम कुली नहीं गुलाम हैं, इसलिए तो हम कहते हैं कि सर्व-शक्तिमान ब्रिटिश साम्राज्य का हमें गर्व हो सकता था, किन्तु··· यह 'किन्तु' अनन्त अत्याचारों, असह्य वेदनाओं और निरन्तर अपमानों की करुण गाथाओं से भरा हुयी है।

खैर, किसी प्रकार उस कुली-प्रथा का अन्त हुआ, किन्तु उसके साथी अत्या-चारों का अन्त नहीं हुआ। 'सत्य, न्याय और स्वाधीनता की रक्षा' के युद्ध में भारतवासियों की आवश्यकता थी, इसलिए ब्रिटिश साम्राज्य के प्रत्येक उपनिवेश ने भारतवासियों की तारीफ में मीठी तानें छेड़ीं, वे उन्हें अपने समान अधिकार

देने की चर्चा भी करन लगे। युद्ध समाप्त हुआ, पंजाब मे फौजी कानून ने भारतवासियों को पेट के बल रेंगने लगाया, नंगे करके कोड़े जमाये ! पूर्वी अफ्रीका से गोरी आवाज उठी—भारतवासी चरित्र-भ्रष्ट होते हैं, इसलिए वे यहाँ से निकाल दिये जावें। दक्षिण अफीका में प्रतिध्वनि हुई, "ये भारतवासी यहाँ रहने ही क्यों पाते हैं ?—कानून बनाकर 12 महीनों के अन्दर इन्हें यहाँ से रवाना कर देना चाहिए।"

फिजी से भारतवासियों की हड़ताल और सरकार द्वारा चलाने का समाचार आया।

उसके सम्बन्ध में महात्मा गांधीजी के साथी देशभक्त डाक्टर मणिलाल एम० ए०, एल०एल० बी०, बार-ऐट-ला जो फिजी में आठ वर्ष से रहते हैं, लिखते हैं : "मेरे पहले निवास-स्थान मारिशस का तो नहीं, पर फिजी का कानून अवश्य यूरोपियनों और भारतीयों के बीच भेद मानता है। जापानियों और चीनियों को भी कुछ अधिकार मिले हैं, परन्तु भारतवासी कुली है और जरूर कुली रहेगा, कुली-प्रथा के बन्द होने से उसे स्वाधीनता नहीं मिली। बंधन से छूटते ही उसने केवल उदर-पोषण कर सकने के लिए पाँच आने रोज की मजदूरी माँगी, और न मिलने पर उसने हड़ताल कर दी। अंग्रेजी मालिकों ने डराया-धमकाया, बहकाया-फुसलाया, परन्तु हड़ताल जारी ही रही। यद्यपि कोई संगठन नहीं था, तो भी उनकी दृढ़ता देख सभी विस्मित हो गये। स्त्रियों ने पुरुषों को पूर्ण उत्तेजना दी। मणिलालजी की धर्मपत्नी की प्रार्थना पर पुरुषों ने शराब-तम्बाकू आदि के दुर्व्यसन छोड़ दिये, महिलाओं ने गरीबों की सहायता के लिए अपने प्यारे गहने दे डाले।

साहब बहादुरों को तकलीफ होने लगी। उन्हें चूल्हे जलाकर भोजन पकाने और बर्तन माँजने की बारी आयी। सूवा बन्दरगाह की सड़कें और नालियाँ साफ करने वाले नहीं मिलते थे और पब्लिक वर्क डिपार्टमेण्ट का काम बन्द हो गया। सूवा से यह हड़ताल का तूफान नेबुआ पहुँचा और क्रमशः इधर-उधर फैलने लगा। इण्डियन वीमेन्स एसोसियेशन (भारतीय महिला मण्डल) का एक डेपुटेशन गवर्नर साहब के पास पहुँचा। उन्होंने भी कमीशन नियुक्त करने की प्रसिद्ध चाल चली। कमीशन में एक भारतीय श्रीयुत चौला भी रखे गये। किन्तु इस सहकारी कमीशन से लाभ की आशा करना व्यर्थ था। उसके सभापति महाशय ने सरकार द्वारा नियुक्त की हुई प्रतिज्ञा-बद्ध कुली की भोजन-सामग्री, उसकी जेल की खुराक आदि को ही सामने रखकर वर्तमान आवश्यकताओं का परिमाण निश्चय करना अपना उद्देश्य बनाया। परन्तु भारतीयों ने निश्चय किया कि कमीशन चाहे जो कहे, हम सूवा छोड़कर और कहीं जमीन खरीदकर जा बसेंगे। अपनी जीविका के लिए यूरोपियनों के अधीन नहीं रहेंगे और कम-से-कम पाँच आना रोज मजदूरी मिलने पर शान्ति और सात्विक दृढ़ता के साथ हड़ताल जारी रखेंगे। परन्तु

वहाँ पर ईसाई बनाये हुए भारतीयों ने, जिनकी संख्या बहुत थोड़ी है, और जो सदैव अपनी जीविका के लिए यूरोपियनों का मुँह ताका करते हैं, यह गप उड़ा दी कि मणिलालजी की धर्मपत्नी तथा अन्य तीन-चार महिलाओं को गिरफ्तार करने के लिए सरकार ने वारण्ट जारी किए हैं। उस समय स्त्रियों की एक सभा हो रही थी। उन ईसाइयों ने एक अंग्रेज को वह सभा भंग करने के लिए भेजा। उसने जाकर स्त्रियों के साथ ज्यादती की। पुरुष इस बात को सह नहीं सके, इसलिए उन्होंने लकड़ियाँ उठाकर मारपीट शुरू कर दी। दंगा बढ़ा, सरकार ने बन्दूकों और मशीनगनों से गोलियाँ चलायीं। बाद में सब लोगों को मालूम हुआ कि किसी के लिए वारण्ट नहीं निकला है, इसलिए दंगा शान्त हो गया। सरकार ने 200 पुरुषों और 25 स्त्रियों को गिरफ्तार किया, जिनमें कि बहुत से स्त्री-पुरुषों को यूरोपियन और हिन्दुस्तानी पुलिस कर्मचारियों ने मनमानी बातें कबूल करवाने के लिए बहुत मारा-पीटा। फिजी की सरकार ने उनका मुकद्दमा वहाँ के अंग्रेजी स्वार्थों के प्रतिनिधि मेसर्स स्काट और क्रैम्पटन के हवाले कर दिया, और सरकारी वकील ने नहीं, किन्तु इन लोगों ने सरकार की ओर से यह मुकद्दमा चलाया।

मि० क्राम्पटन का हिन्दुस्तानी दुभाषिया और उसके परिवार वाले यहाँ के हिन्दुस्तानियों को अत्यन्त अप्रिय हैं। उन्हें चाहे जिसे गिरफ्तार करने, चाहे जिसकी तलाशी लेने, और चाहे जिस स्त्री या पुरुष की जाँच करने का अधिकार सा दे दिया गया है। उनके अत्याचार अवर्णनीय हो रहे हैं। श्रीयुत रामरूप और रामसिंह जी को धमकी देकर घर के अन्दर ही रहने को कहा गया है। श्रीयुत सचिव को बड़ी क्रूरता से मारा है। मणिलालजी को पुलिस की चौकी पर सिपाही और अंग्रेज ने इन्स्पेक्टर के सामने मारा और उसने उन लोगों को गिरफ्तार नहीं किया। मणिलालजी को घर के ही अन्दर बन्द रहने पर विवश किया गया। और उनके घर पर भोजन-सामग्री न जाने देकर उन्हें भूखे मारने का भा प्रयत्न किया गया। मिलने को आने वाले व्यक्तियों पर डाँट-फटकार और मार पड़ती थी। उनके नौकरों और मुहल्लेवालों को एक अंग्रेज का लड़का पिस्तौल दिखाकर भागने की धमकी देता था। मि० हार्न और टेलफोर्ड ने बम्बई से आकर बसे हुए दर्जियों को बहुत तंग किया। और तुर्की के असहाय दीन-हीन हिन्दुस्तानियों पर भयंकर अत्याचार किए। स्त्रियाँ भी उनकी दुष्टता से न बचीं। खास पुलिस के सिपाही रात को स्त्रियों के सोने के स्थान में घुसकर मनमाने दुर्व्यवहार करते थे। इन सब क्रूरताओं को मात करने के लिए फौजी कानून के समान एक नया कानून बनाया गया, जिसको इन्स्पेक्टर जनरल ने भी स्वीकार किया है कि वह 'कड़ा' है। इन नारकीय पीड़ाओं और व्याधियों से तंग आकर हिन्दुस्तानियों का साहस टूट गया, विवश होकर उन्हें काम पर जाना पड़ा। अंग्रेज मालिकों ने प्राय: कैद करके, फौजी कानून जारी करके, और अवांछित स्वेच्छाचार करके दीन कुलियों पर विजय

पायी। सफेद रंग की जात हुई। हिन्दुस्तानियों ने जाँच के लिए रायल कमीशन नियत करने की प्रार्थना की है, और आशा है, वह नियत भी हो जावेगा। किन्तु यह बात निश्चित है कि फिजी में हिन्दुस्तानियों की दशा अपमानजनक है। जब तक वह पूरी रीति से सुधर न जाय, तब तक कुली भेजने की चर्चा पर ध्यान देना हानिकारक है। यहाँ पर हमारे दुःखों का घड़ा भर चुका है, अब ईश्वर ही हम दीन-हीन और कुचले जाने वालों का रक्षक है।

साग़र की प्रान्तीय परिषद

मध्यप्रदेश की वह राजनैतिक परिषद् जिसकी ओर देश की आँखें गड़ी हुई थीं, हो गयी। यद्यपि अधिक प्रयत्न करने पर भी उसमें प्रान्त से बाहर की तथा देश की वे पूजनीय मूर्तियाँ सम्मिलित न हो सकीं, जो इस समय प्रातःस्मरणीय हो रही हैं, परन्तु प्रदेश की सच्ची आवाज परिषद् में से गूँजने के सब साधन एकत्रित हो रहे थे। सागर-निवासियों के सच्चे उत्साह और परिश्रमपूर्ण तत्परता से परिषद् में राष्ट्रीय व्यक्तियों का अच्छा जमाव था। जहाँ दादा साहेब खापर्डे, सभापति डाक्टर मुंजे, बैरिस्टर राव, मि० घाटे, बाबू नाथूराम और अन्य बीसों प्रतिनिधियों ने परिषद को गरम बनाया था, तहाँ मा० गोवलककर, मा० मिश्र, श्रीयुत रविशंकर शुक्ल आदि सज्जनों ने अपनी उपस्थति से उसमें 'उदारता' ला दी थी। और उसमें राय बहा० पं० विष्णुदत्त शुक्ल के राष्ट्रीय व्यक्तित्व तथा एक विशेष दल के मि० चिपलूणकर ने आकर प्रसिद्ध किया कि परिषद् किसी एक दल की नहीं, किन्तु सब दलों की है। प्रान्त के किसानों और देशी भाषा जानने वाले प्रतिनिधियों ने आकर उसे सच्ची राष्ट्रीय सिद्ध करना चाहा ही था कि श्रीमती सुभद्रा कुमारी, पण्डिता मनोरमा बाई और श्रीमती विमला देवी जैसी महिलाओं ने पधारकर परिषद् को राष्ट्रीयता का स्वरूप दे दिया। यदि कोई चिन्ता की बात थी तो यही कि तिरोड़ा की जिला सभा तक को अपनी उपस्थिति से धन्य करने वाले हमारे मित्र बालाघाट के रा० ब० माननीय केलकर और हितवाद के सम्पादक मि० द्रविड उपस्थित नहीं थे। हाँ, कृपापूर्वक उसमें कलकत्ता के देशभक्त श्यामसुन्दर चक्रवर्ती उपस्थित थे। प्रान्त के जीवन में यह समय, देश के नेताओं के कष्टों द्वारा कमाए हुए सुधार एक्ट पर विचार करने, प्रजा-सत्ता के भावों से प्रेरित हो आगत प्रतिनिधियों को स्वराज्य कार्य की दिशा सुझाने, आन्दोलन के उचित पथ निश्चित करने और हम इतने वर्षों में इतना और प्राप्त करें तथा अपनी वस्तु के प्राप्त करने में मर मिटें, इन और ऐसी ही कई उपयोगी बातें सोचने का था, और कदाचित् इसीलिए प्रान्त के बहुमत से या अपने भक्ति-भाव के बल पर प्रान्त के सच्चे उद्योगी और नेता

श्रीमान् देशभक्त डा० मुंजे को सागर की इस परिषद् का सभापति चुना।

सभापति का भाषण

निर्भीकतापूर्ण, जोरदार और एक राष्ट्र के दुःख-दर्दों में मन मसोसने वाले मातृभूमि के भक्त की तरह हुआ। आपने शिष्टाचार के निकम्मे शब्दाडम्बर से बचकर अपना मौलिक भाषण प्रारम्भ किया और प्रारम्भ में उस दिन की याद दिलायी, जब इसी बुन्देलखण्ड में महाराजा छत्रसाल को मदद की जरूरत होने पर उन्होंने अपने मराठे सरदार मित्र बाजीप्रभु को यह कहकर पुकारा कि—

जो गति ग्राह गजेन्द्र की,
सो गति जानहु आज।
बाजी जात बुंदेल की,
राखो 'बाजी' लाज॥

और इस प्रकार हिन्दी और मराठी-भाषियों के पुराने मेल की याद दिलाकर वैसा ही मेल स्थापित रखने की उम्मीद की, और उस मेल में बाधा डालने वालों को हृदय की सात्त्विक प्रेरणा से कुछ कील दिया। हम मानते हैं, कि सागर की स्वागत-समिति ने डा० साहब को पुकारा, वे आ भी गये और अब प्राण देकर भी उत्तरीय जिलों की 'बाजी' रखने के लिए प्रेम के बन्धन में बँध गये। सभापति ने जब पंजाब की प्रत्यक्ष देखी हुई घटनाओं का वर्णन किया, तब उनकी विषय की तल्लीनता ने श्रोताओं को 'चित्र' बना दिया था। कहते-कहते उन्होंने यह मनोहर करवट बदली कि हम ब्रिटिश जाति को ऐसे कलंकित कार्य नहीं करने देंगे, और इसकी अन्तिम सीमा आपने यहाँ तक दिखा दी कि यदि इसके लिए हमें शस्त्र भी उठाने पड़ें तो भी हम नहीं पिछड़ेंगे। आपने देश को सैनिकता की जरूरत बतायी और ब्रिटिश जाति को भारतीयों पर अविश्वास न करने के लिए कहा। आपने ब्रिटिश जाति के बने रहने, ब्रिटिश जाति से कुछ पाने और ब्रिटिश जाति को हरा देने के लिए, ब्रिटिश जाति के शिष्य बनने के लिए कहा। आपने कहा, स्वराज्य आवे कैसे, अभी हमारा त्याग, हमारा आत्म-बलिदान पूर्णता पर नहीं पहुँचा। आपने कहा, हमें अपने अंग्रेजों से एक बहुत बड़ा सबक सीखना है, और वह यह कि अपने स्वार्थ की सिद्धि दूसरों की शक्ति और सम्पत्ति के द्वारा कैसे करना। आपने महायुद्ध के महार्णव वर्णन, उसमें से स्वयं-निर्णय की भूल-भुलैया की उत्पत्ति, उस पर भारत की आशा और फिर सच्ची निराशा का वर्णन किया। युद्ध में जान कटाने वालों का वर्णन करते हुए आपने कहा कि पंजाब के गुजराँवाला जिले में ओडायर साहब की कृपा से 18 वर्ष से लगाकर 40 वर्ष तक का जवान ही नहीं रहा! वहाँ बूढ़े रह गये, बच्चे रह गये और रह गयीं औरतें! — (ऐसी अवस्था के पंजाब पर चलने का कलंक लगाकर गोलों की वर्षा की गयी!) अन्त में आपने

कहा, हिंदुस्तान स्वराज्य चाहता है और वह चाहता है कि आप वह धरोहर खुशी-खुशी दे दें। यदि उसे खुशी से दोगे, तो लेंगे, नाखुश होकर देंगे, तो लेंगे, और नाराज होकर देंगे तो लेंगे। इस प्रकार आपने अपनी जोशीली, सामयिक और हृदयों को हिला डालने वाली बातों से पूर्ण भाषण किया। किन्तु देश के स्वराज्य के हामी, राष्ट्र की जवाबदारी के चिन्तक और अपनी परिषद के सभापति के क्षुद्र भक्त की हैसियत से हमें क्षमा किया जाय, उस समय जब हम उस भाषण की दूसरी पहलू पर भी विचार करने लगें। परिषद हमारी है, और उसका नायक भी हमारी वस्तु है, अतः उसके द्वारा किये गये कार्य भी हमारे ही हैं। हम नहीं चाहते कि कार्यों में कमजोरी हो, और हो जाने पर वह जानबूझकर छुपा दी जाये।

क्या पंजाब में बलवा हुआ था ?

हण्टर-कमेटी की रिपोर्ट

जिस रिपोर्ट के प्रकाशित होने की कई दिनों से चर्चा थी, वह पंजाब-दुर्घटना की जाँच की रिपोर्ट प्रकाशित हो गयी है। रिपोर्ट कुल 191 पृष्ठों में समाप्त हुई है और उसके दो भाग किये गये हैं। पहला भाग 99 पृष्ठों का है और उसमें 'मैजॉरिटी रिपोर्ट' अर्थात् अधिक संख्या वाले मेम्बरों की रिपोर्ट है। इनमें हिन्दुस्तानी एक भी नहीं है, पाँचों अंग्रेज हैं। 'माइनारिटी रिपोर्ट'—थोड़ी संख्या वालों की रिपोर्ट—73 पृष्ठों में है। इस रिपोर्ट पर हण्टर-कमेटी के तीनों हिन्दुस्तानी मेम्बरों के हस्ताक्षर हैं।

माइनारिटी रिपोर्ट

हिन्दुस्तानी मेम्बरों की सम्मति है कि, "यदि मि० गांधी दिल्ली आने से न रोके जाते, तो बम्बई आते ही अहमदाबाद तथा अन्य स्थानों की दुर्घटनाएँ न होतीं। सरकारी सुबूत से प्रकट है कि जब मि० गांधी ता० 13 अप्रैल, 1919 को अहमदाबाद पहुँचे, तब उन्होंने अपना प्रभाव कानून और व्यवस्था जमाने की ओर डाला जिससे शीघ्र ही अहमदाबाद में शान्ति स्थापित हो गयी। सम्भव है, उनके दिल्ली में उपस्थित होने से अच्छा परिणाम निकला होता।"

दिल्ली, अहमदाबाद और बम्बई के सरकारी कर्मचारियों के प्रसंगावधान का उल्लेख करते हुए, कमिश्नर्स कहते हैं कि "अहमदाबाद सत्याग्रह का जन्म-स्थान था, और अमृतसर की तरह, कुछ लोगों ने वहाँ भी अत्याचार किये थे,

किन्तु वहाँ 'फौजी कानून' जारी नहीं किया गया, न अफसरों ने ता० 10 और 11 अप्रैल की घटना के लिए लोगों को दण्ड देने या सबक सिखाने की जरूरत समझी।"

पंजाबी दंगों के सम्बन्ध में कमिश्नर्स कहते हैं कि "हम इस बात से सहमत नहीं हो सकते कि पंजाब के दंगे गदर के स्वरूप के थे।"

अमृतसर की घटना के विषय में पुलिस इन्स्पेक्टर जीवनलाल की गवाही का झूठापन बतलाते हुए कमिश्नर्स कहते हैं कि "जब लोग डिप्टी कमिश्नर के पास जाने के लिए पुल के पास आये, तब उनका इरादा कोई अत्याचार करने का न था।" मि० माइल्स आइविंग की शहादत से सिद्ध है कि "गोलाबारी किये जाने के बाद लोग भड़क गये और अत्याचार करने लगे।"

लाहौर की बादशाही मस्जिद की सभा के विषय में कोई शहादत जीवनलाल इन्स्पेक्टर की बात पुष्ट नहीं करती। ता० 11 अप्रैल को लाहौर के किले पर लोगों के आक्रमण करने के विषय में लेफ्टि० कर्नल नार्थ की शहादत से स्पष्ट है कि जो बातें उन्होंने कही हैं, वे अधिकतर सुनी हुई हैं। इस बात के लिए और कोई प्रमाण नहीं है।

पुलिस और फौजी सिपाहियों को भड़काने के विषय में बाबा खेरसिंह, सब-इन्स्पेक्टर कसूर, ने कहा कि लोग कहते थे कि हममें मिल जाओ। किन्तु अमृतसर के पुलिस सुपरिण्टेण्डेण्ड मि० रेहिल स्पष्ट कहते हैं कि "पुलिस को बरगलाने का कोई प्रयत्न नहीं किया गया।" जनरल डायर की तथा अन्य शहादतों से कमिश्नर्स का मत है कि सिपाहियों को भड़काने का कोई प्रयत्न नहीं किया गया।

युद्ध-जन्य महँगी, इनफ्लुएंजा, नया इन्कमटैक्स और टर्की की सन्धि के कारण लोगों में कैसे विचार थे, आदि बातें कहकर कमिश्नरों ने बतलाया है कि रेलों पर माल ल'दने की मनाही, डिफेन्स आफ इण्डिया ऐक्ट के अनुसार गेहूँ पर सरकारी अधिकार, सर माइकेल ओडायर का लोगों में अप्रिय होना, मिसेज बीसेण्ट और मि० तिलक को पंजाब आने से रोकना, प्रेस ऐक्ट की कड़ाई, रौलट ऐक्ट आदि बातें ऐसी थीं जिसके कारण पंजाबी जनता नाराज हो रही थी, जिसके कारण पंजाब में उपद्रव हुए। मा० मि० टामसन, मि० ओब्रायन डिप्टी कमिश्नर गुजरानवाला तथा अन्य सरकारी कर्मचारियों की शहादतों का उल्लेख करके कमिश्नरों ने निर्णय किया है कि "पंजाव में बलवा या दंगा करने के लिए कोई साजिश या संगठन नहीं था। जो कुछ अत्याचार हुए हैं, वे लोगों के भड़क जाने से हुए हैं।" दिल्ली के पुलिस सुपरिण्टेण्डेण्ट मि० ओरडे, इस विषय में कहते हैं कि "दिल्ली के दंगे ब्रिटिश राज्य के विरुद्ध साजिश नहीं थे, किन्तु साम्पत्तिक अड़चनें और राजनैतिक असन्तोष के कारण हुए थे।"

पंजाब के डिप्टी इन्स्पेक्टर-जनरल पुलिस मि० टामकिन्स का मत है कि

"इन दंगों के पीछे कोई संगठन नहीं था।"

जब पंजाब में बगावत या साजिश के चिह्न नहीं थे, तभी पंजाब-सरकार के कर्मचारियों ने बगावत की कल्पना कर ली थी और इसीलिए स्थान-स्थान पर 'युद्ध के रोजनामचे' लिखवाने का प्रबन्ध किया था। दिल्ली और अहमदाबाद में ऐसे ही दंगे हुए थे, परन्तु वहाँ के अधिकारियों ने बगावत और 'वार-डायरी' की कल्पना नहीं की। हिन्दुस्तानी कमिश्नरों ने ता० 10 अप्रैल से आगे की घटनाओं और सरकारी शहादतों का पूर्ण विचार करके निर्णय किया है कि पंजाब में फौजी कानून लागू करना और उसे जारी रखना कानून और अन्य कारणों की दृष्टि से अयोग्य था।

सर माइकेल ओडायर की गवाही पर विचार करते हुए कमिश्नर्स कहते हैं, कि माइकेल ओडायर ने फौजी कानून जारी करने के समर्थन में नौ कारण दिये हैं—

1-2. पहले दो कारण यह हैं कि पंजाब में यूरोपियन और हिन्दुस्तानी फौजें कम संख्या में थीं।

हमारी समझ में यह कारण लचर मालूम होता है, क्योंकि अमृतसर को छोड़ अन्य सब स्थानों के दंगे केवल पुलिस की सहायता से मिटाये जा सके थे।

3. उनका तीसरा कारण है कि फौजों को सरकार के खिलाफ भड़काने का यत्न किया गया था! परन्तु इसके सम्बन्ध में जनरल हडसन ने स्वीकार किया है कि फौजों को भड़काने का कोई संगठित प्रयत्न नहीं हुआ।

4. चौथा कारण बतलाया गया है कि पंजाब में फौज से लौटे हुए ढाई लाख ऐसे आदमी थे जिनके दंगाखोरों से मिल जाने की सम्भावना थी। परन्तु एक जगह स्वयं सर माइकेल ओडायर स्वीकार करते हैं कि इन फौज से लौटे हुए सिपाहियों का व्यवहार बहुत ही अच्छा रहा है और शान्ति बनाये रखने में इनकी भरपूर मदद रही है।

5. पाँचवाँ कारण वे बताते हैं कि गदर के आन्दोलन से प्रभावित, परदेशों से लौटे हुए बहुत-से सिक्ख पंजाब में थे। डर था कि कहीं ये बलवा न कर दें। परन्तु स्वयं सर माइकेल ओडायर ने 1917 की अप्रैल में लेजिस्लेटिव कौंसिल में कहा था कि इन लौटे हुए सिक्खों से अधिक गदर के आन्दोलन का कुछ भी असर नहीं पड़ा। इनमें से 6,000 मनुष्यों के सम्बन्ध में कोई कारवाई नहीं करनी पड़ी और 1,600 मनुष्यों को अपना गाँव छोड़कर कहीं न जाने की आज्ञा देने से ही काम चल गया।

6. छठवाँ कारण कहा गया है कि क्रान्तिकारी आन्दोलन की आग, जिसके दौरे में वाइसराय पर बम फेंका गया था, अभी तक नहीं बुझी थी। परन्तु हमें जितनी बातें मालूम हुई हैं, उनसे क्रान्तिकारियों के अस्तित्व या उनके इस दंगे से

सम्बन्ध का कुछ पता नहीं चलता।

7. सातवाँ कारण यह है कि टर्की के निपटारे के सम्बन्ध में अफगानिस्तान और सीमाप्रान्त के मुसलमान बहुत अस्थिर हो रहे थे। परन्तु स्वयं सर माइकेल ओडायर ने अपने बयान में स्वीकार किया है कि इस अस्थिरता के कारण पंजाब से डरने की कोई बात नहीं थी।

8. आठवाँ कारण यह है कि रेलवे की आम हड़ताल की बहुत सम्भावना थी। परन्तु बयानों से यह नहीं सिद्ध होता कि इन दंगों का हड़तालों से कुछ सम्बन्ध था। यदि हड़तालें होतीं भी तो उनकी शिकायतों को दूर करके वे फौजी कानून जारी किये बिना ही बन्द की जा सकती थीं।

9. नवाँ कारण कहा गया है कि शहरों में महँगी आदि की आर्थिक कठिनाइयों के कारण असन्तोष बढ़ रहा था। परन्तु आर्थिक कठिनाई दूर करने के लिए फौजी कानून जारी करने की आवश्यकता नहीं है।

ऊपर दिये हुए कारण अलग-अलग या सब मिलकर भी फौजी कानून जारी करने का समर्थन नहीं करते। फौजी कानून तो तभी जारी किया जा सकता है जबकि प्रकट में बलवा या वास्तविक हलचल हो। परन्तु, यद्यपि कुछ स्थानों में भयंकर घटनाएँ हुई थीं, तो भी वे बलवा नहीं कही जा सकतीं। इसलिए साधारण कानून हटाकर उसके स्थान पर फौजी कानून स्थापित करने की कोई आवश्यकता नहीं थी। इस नतीजे के सम्बन्ध में कमीशन के यूरोपियन मेम्बरों की राय हिन्दुस्तानी मेम्बरों से बिलकुल भिन्न है, वे फौजी कानून जारी करना आवश्यक और उचित समझते हैं।

सर माइकेल ओडायर ने भारत-सरकार को भी धोखा दिया है। 13 अप्रैल को पंजाब-सरकार ने बिना तार का तार भेजा था कि पंजाब के कमांडिंग आफिसर जनरल बेनान और हाइकोर्ट के चीफ जस्टिस की राय है कि पंजाब में फौजी कानून जारी कर दिया जाय। परन्तु उन दोनों के बयानों से मालूम होता है कि उन्होंने ऐसी कोई राय नहीं दी।

इसी प्रकार फौजी कानून को अधिक दिनों तक कायम रखने के सम्बन्ध में सर माइकेल ओडायर तथा अन्य अफसरों के दिये हुए कारण भी अत्यन्त निर्बल और असंगत हैं। जनरल डायर कहते हैं कि 15 अप्रैल के बाद कहीं पर दंगा नहीं हुआ किन्तु मार्शल-ला जारी रखने में कोई हानि नहीं थी, क्योंकि उसका उपयोग बहुत सोच-समझकर न्याय के साथ किया जाता था। यद्यपि उसकी कोई आवश्यकता नहीं थी, तो भी उसके जारी रखने में कोई हर्ज भी नहीं था।

[29 मई, 1920]

फौजी कानून जारी रखने की जरूरत

सर माइकेल ओडायर ने 26 अप्रैल को लाहौर में यह घोषणा की थी कि अब सब जगह शान्ति हो गई है। परन्तु वे आगे चलकर बतलाते हैं कि सरकार की प्रतिष्ठा स्थापित रखने के लिए फौजी कानून जारी रखना आवश्यक है। भारत सरकार ने गुजरात और लायलपुर आदि जेलों में मार्शल-ला बन्द करने का बहुत प्रयत्न किया, परन्तु सर माइकेल ओडायर ने नीचे लिखे कारण बताकर अपनी हठधर्मी से बन्द न होने दिया।

1. उसके असर से लोग शान्त हो जाते हैं।

2. उसके अधिकार से लाहौर में वस्तुओं की कीमत निश्चित कर दी गई है, इसलिए लोग बहुत प्रसन्न हुए हैं।

3. उसके प्रभाव से सेना का खर्च, नष्ट की हुई सरकारी इमारतों की कीमत, यूरोपियन स्त्रियों और बच्चों को पहाड़ों पर सुरक्षित स्थान में पहुँचाने और उनके पोषण का खर्च इत्यादि सुगमता से वसूल किया जा सकता है। इसके अलावा अपराधियों को दण्ड भी बिना किसी दिक्कत के दिया जा सकता है। लायलपुर डिस्ट्रिक्ट के डिप्टी कमिश्नर ने तो फौजी कानून इसलिए जारी रखा कि उससे जमीन का लगान सुगमता से वसूल हो सके। एक यह भी कारण बताया गया है कि बाहर के आदमी पंजाब में आने से रोके जा सकें, जिसमें कोई यहाँ की घटनाओं के सम्बन्ध में तेज बातें न लिखने पावे।

युद्ध का डर

अफगान-युद्ध का कारण बताकर फौजी कानून कायम रखने की जरूरत दिखाई गई है। वह भी सिद्ध नहीं होती क्योंकि गवाहियों से मालूम होता है और सभी जानते हैं कि अफगान-युद्ध का समाचार सुनते ही देश-भर की और खासकर पंजाब की प्रजा ने सरकार का पक्ष लिया, जगह-जगह सभाएँ की गईं, अमीर को दोष दिया गया और सरकार को सहायता दी गई। स्वयं जनरल डायर ने कहा है कि अफगान-युद्ध की घोषणा के समय सिक्खों ने 10,000 सिपाही फौरन लड़ाई पर भेजने के लिए दिये थे।

जलियाँवाला बाग

हिन्दुस्तानी कमिश्नरों का कहना है कि जनरल डायर ने 13 अप्रैल को एक घोषणा की थी कि शहर में कोई भी जुलूस न निकाला जावे और न चार आदमी एक स्थान में इकट्ठे होवें, नहीं तो आवश्यकता पड़ने पर शस्त्रों का उपयोग लिया जावेगा। स्वयं जनरल डायर ने यह घोषणा एक नायब तहसीलदार तथा दूसरे

आदमियों के साथ जाकर डोंडी पिटवा कर करवाई। वे जिन-जिन रास्तों से गये उनका नक्शा देखने से पता चलता है कि शहर के कई मुख्य-मुख्य स्थानों में घोषणा नहीं की गई। अमृतसर की आबादी 1,60,000 है, परन्तु प्राय: 8 या 10 हजार आदमियों ने ही वह घोषणा सुनी होगी। फिर उस समय बैसाखी और मवेशियों का मेला होने के कारण देहातों से बहुत से लोग आये थे। मि० फलोमर की गवाही से सिद्ध है कि घोषणा सब स्थानों में काफी तौर से नहीं हुई। तो भी जनरल डायर ने बाग में पहुँचते ही, चेतावनी दिये बिना ही, या वहाँ से हट जाने को कहे बिना ही, अपने 50 सिपाहियों को ठीक ढंग से खड़ा करके, सभा से सौ डेढ़ सौ गज के फासले पर से गोली चलवा दी। लोग इधर-उधर प्राण लेकर भागने लगे। बाहर जाने के रास्ते भी थोड़े और सिकुड़े थे। वह मसाला खतम होने तक गोली चलवाता रहा। 1650 वार किये गये और कम-से-कम 379 मनुष्य मारे गये तथा 1200 घायल हुए।

यह भी नहीं कहा जा सकता, जैसा जनरल डायर ने सिद्ध करना चाहा है कि क्या करना चाहिए इसका निश्चय उसे तत्काल करना पड़ा। सभा होने वाली है, यह सूचना मिलने के चार घण्टे बाद वह जलियाँवाला बाग के लिए रवाना हुआ, वहाँ पहुँचने के लिए उसे आधा घण्टा लगा, और क्या करना चाहिए, इसका निश्चय वह कर चुका था।

सर माइकेल ओडायर व जनरल डायर दोनों का कहना यही है कि इसकी पर्वाह नहीं कि जो लोग जलियाँवाला में इकट्ठे हुए थे, वे 10 तारीख को हत्याएँ करने वालों और आग लगाने वालों से भिन्न थे। वे वहाँ इकट्ठे हुए थे यही उन्हें हत्याकारी और आग लगाने वाले मानने के लिए काफी था।

वह स्वयं कहता है कि "मेरा उद्देश्य केवल मनुष्यों को वहाँ से हटाना नहीं था किन्तु केवल वहाँ पर जमे हुए मनुष्यों पर नहीं परन्तु खासकर सारे पंजाब के मनुष्यों पर फौजी दृष्टि से काफी नैतिक प्रभाव डालना था। अनावश्यक कठोरता का तो प्रश्न ही नहीं उठ सकता है।"

कत्ल का प्रभाव

सर माइकेल ओडायर कहते हैं कि पंजाब का बलवा दबाने में जनरल डायर के इस कार्य का निर्णायक प्रभाव पड़ा। परन्तु दंगा-फसाद के लिए नहीं वरन् शान्तभाव से सभा में आए हुए अनपराधियों की कत्ल करने के समाचार ने सारे देश में ब्रिटिश सरकार के खिलाफ ऐसा गहरा खयाल पैदा कर दिया है कि उसे मिटाने के लिए बहुत समय लगेगा। जनरल डायर तथा फौजी कानून के कुछ कार्यों की तुलना बेलजियम और फ्रान्स में जर्मनों द्वारा किए हुए अत्याचारों से की जाती है।

जनरल डायर का पक्ष-समर्थन

यह कहा जाता है कि डायर सचमुच विश्वास करता था कि वह जो कुछ कर रहा है वह ठीक है। किन्तु यदि उचित और अनुचित के विचार में ही उसने गलती की है तो उसके कोरे विश्वास से वह निर्दोष नहीं कहा जा सकता। और फौजी जरूरत की दलील तो जर्मन अत्याचारियों ने भी दी थी। जनरल डायर और ओडायर दोनों कहते हैं कि उस कत्ल ने बलवा दबा दिया। सच पूछा जाय तो बलवा ही नहीं था, फिर बलवा दबाने की बात तो दूर रही। हमारे खयाल में जनरल डायर ने सम्राट् की प्रजा के साथ मनुष्यता और अंग्रेजों के अयोग्य बर्ताव करके हिन्दुस्तान में अंग्रेजी राज को भारी हानि पहुँचाई है।

ताकत ही शासन का जरिया है

जनरल डायर वगैरा इन बातों को सोच भी नहीं सकते, क्योंकि डायर के समान दिमाग रखने वालों का निश्चित मत है कि ताकत ही हिन्दुस्तान पर शासन करने का सबसे अच्छा उपाय है। इसी प्रकार दिल्ली के जनरल ड्रक ब्रोकमैन ने भी कहा है कि ताकत ही ऐसी चीज है जिसे एशिया का रहने वाला आदर देता है। जनरल डायर के विचार इस प्रकार के थे, तभी तो वह गोलियाँ चलाने के बाद फौरन चला गया, यह देखने के लिए नहीं ठहरा कि घायलों की कुछ सेवा या सहायता होती है कि नहीं।

सरकार की लापरवाही

सरकार ने भी जलियाँवाला की दुर्घटना के सम्बन्ध में पूरी लापरवाही की। सर माइकेल ओडायर को उक्त घटना 14 अप्रैल को मालूम हुई। परन्तु उन्होंने सच्चा हाल जानने की कोशिश नहीं की। जब जनरल डायर अफगान-युद्ध में चला गया तब कहीं 19 जुलाई को उससे रिपोर्ट माँगी गई, जून तक पंजाब-सरकार ने घायलों की संख्या जानने का प्रयत्न ही नहीं किया।

फौजी कानून

फौजी कानून का पालन भी बड़ी सख्ती से कराया गया। खास कर लेफ्टिनेन्ट कर्नल जानसन ने तो लाहौर में प्रजा को बहुत तंग किया। केवल सीख देने के लिए ही उसने हिन्दुस्तानियों की मोटरें, बिजली के लैम्प, पंखे वगैरा छीने और अपने हुक्मनामे जनता पर जाहिर कराने और जाहिर करते रहने का भार उन लोगों पर रखा जिनको खुफिया पुलिस राजभक्त नहीं समझती थी। ऊपर से धमकी यह थी कि यदि वे लोग उन हुक्मनामों को ठीक तौर से जाहिर नहीं करेंगे

तो उन्हें सख्त सजा दी जावेगी।

इन कामों के लिए कर्नल जानसन को दुःख नहीं, किन्तु गर्व है। वह कहता है कि मैंने इतनी होशियारी के काम बहुत कम किये हैं।

विद्यार्थियों को सजा

कर्नल जानसन ने प्रायः 1000 विद्यार्थियों को बैसाख-जेठ की कड़ी धूप में रोज 17 मील पैदल चलवाया है और वह कहता है कि मैंने तो यह अत्यन्त दया का काम किया है। इस सजा के बारे में अंग्रेज कमिश्नरों की राय है कि उस समय कालेज के प्रिंसिपलों से राय ले लेनी थी। हिन्दुस्तानी कमिश्नरों का कहना है कि अंग्रेज कमिश्नरों ने उस घटना की गम्भीरता नहीं समझी। हमारी राय में तो यह सजा अनुचित थी और बदला लेने के इरादे से दी गई थी।

अंग्रेजों की इज्जत

फौजी कानून की सभी सजाओं, उदाहरणार्थ, पेट के बल रेंगने लगना, अंग्रेज के सामने सवारी से उतरने पर बाध्य करना, यूरोपियनों को सलाम करवाना, हिन्दुस्तानियों को रेलगाड़ी पर न चढ़ने देना, दो विद्यार्थियों ने सलाम नहीं किया इसलिए सब विद्यार्थियों को सजा देना आदि का उद्देश्य केवल यूरोपियनों की इज्जत करवाना और सारी प्रजा का अपमान करना दीखता है। अन्य सजाओं के समान आर्मर्ड ट्रेन और हवाई जहाजों से गोले चलाना भी अन्यायपूर्ण था। फौजी कानून की अदालतों की कार्रवाई भी अनुचित थी।

अंग्रेज मेम्बरों की राय

अंग्रेज मेम्बरों ने खासकर पंजाब के सम्बन्ध में हिन्दुस्तानी मेम्बरों के बिलकुल खिलाफ राय दी है। संक्षेप में वह यों है कि दिल्ली में गोली चलाना उचित और सकारण था। यदि गांधीजी को दिल्ली जाने से न रोका जाता, तो भयंकर दुर्घटनाएँ होतीं। बम्बई प्रान्त के सम्बन्ध में हथियारबंद पुलिस की सराहना करते हुए वे कहते हैं कि फौज का उपयोग वहाँ पर आवश्यक था। गांधीजी के सत्याग्रह ने लोगों के राजभक्ति के भाव को धक्का पहुँचाया और पंजाब में पहले आन्दोलन, गदर और षड्यन्त्र आदि हो चुके थे, इसलिए अवस्था चिन्ताजनक थी। और यह कहा जा सकता है कि वहाँ पर बलवा हुआ और फौजी कानून की आवश्यकता थी। फौजी अदालतों की कार्रवाई भी उचित ढंग से ही की गई थी। उन्होंने जलियाँवाला बाग के कत्ल का भी समर्थन किया और कहा कि अमृतसर जिले में जो कुछ कार्रवाई की गई, वह उचित थी। शहर का पानी और प्रकाश बंद कर देना भी ठीक था। हवाई जहाज से गोले बरसाना भी

उचित था और कोड़ेबाजी भी सोच-समझकर की गई थी, हाँ, रँगकर चलवाना कुछ अनुचित जरूर था।

[5 जून, 1920]

सागर की प्रान्तीय परिषद

हम सभापति के भाषण के जोशीले भाव की और उसमें प्रकट की गयी जिन्दादिली की इज्जत करते हैं, परन्तु हम भूल नहीं जाना चाहते कि यह प्रान्त की एक करोड़ बाईस लाख जनता के प्रधान प्रतिनिधि का भाषण है, जिसमें प्रान्त की और देश की गम्भीर राजतैतिक चर्चा की आवश्यकता है, जिसमें आन्दोलन के भावों की भी जरूरत है और कार्यों की सूचना की भी, जिसमें देश के सन्देश की, जिससे राजनीतिज्ञ अपना पथ पावें, राजनीतिक संस्थाएँ अपने लिए कार्य पावें, जनता अपनी आपदाओं का अनुभव ही नहीं करे बल्कि उनसे छुटकारे की युक्तियाँ पावे, देश के प्रति सैकड़ा 80 किसान अपने लिए जवाबदारी और कर्त्तव्य पावें और सरकार अपने लिए प्रजा की सच्ची घोषणा और प्रजा के प्रति किए जाने वाले कार्यों का नक्शा पावे। इस वर्ष सुधार ऐक्ट पास हुआ है, और वह 'अधूरा', 'असन्तोषजनक' और 'निराशाजनक' है। हम प्रान्त की परिस्थिति को समझने वाले सभापति से सुनना चाहते थे कि सुधार ऐक्ट पूरा, सन्तोषजनक और आशापूर्ण कितने समय में बनाया जाना चाहिए और किन-किन उपायों द्वारा रक्षित विषयों को हस्तान्तरित करना चाहिए। मध्यप्रदेशीय विश्वविद्यालय की स्कीम सिलेक्ट कमेटी के हाथ में है, ऐसे समय सभापति को विश्वविद्यालय के सुधार की प्रधान बातों और उसके आदर्श की स्पष्टता पर कुछ प्रकाश डालना चाहिए था। लोकल सेल्फ-गवर्नमेण्ट ऐक्ट के द्वारा प्रजा-प्रतिनिधियों की जवाबदारियाँ बढ़ जावेंगी। उस पर भी निर्णय देना जरूरी था। ग्रामीणों के अधिकारों की दृष्टि से ग्राम-पंचायत बिल पर सभापति को विचार करना था और सरकार को ऐसी बातें सुझाना था जिससे वह प्रजा के अधिकारों की हत्या न करने पावे और बहुत समझ-बूझकर काम करे। प्राइमरी शिक्षा के मार्ग में म्युनिसिपैलिटियों, डिस्ट्रिक्ट कौंसिलों और सरकार का क्या कर्त्तव्य है, यह भी सभापति को बताकर, अपने भाषण द्वारा प्रान्त को प्रत्यक्ष लाभ पहुँचाना चाहिए था। इस सम्बन्ध में बिना प्रजा की जोरदार आवाज सुने सरकार का कुछ कर बैठना भूल होगा और प्रजा की आवाज का न सुनाना, प्रजा-प्रतिनिधियों की गलती कही जायेगी। हम इस बात की भी कम आशा नहीं करते थे कि सभापति कौंसिल की

भाषा हिन्दी[1] होने पर अवश्य जोर देंगे और 'आज्ञा' वाली सरकारी कैद का विरोध करेंगे। इधर देश और प्रान्त के सरकारी बड़े अफसरों की तनख्वाहें, सुधार ऐक्ट की बेहूदा ओट में बेहिसाब बढ़ा दी गयी हैं, हमें विश्वास था कि सभापति इस निन्दनीय सरकारी नीति का जनता को दिग्दर्शन करायेंगे और देश के धन पर सरकार के नाम पर होनेवाली इस खुली लूट का इन करोड़ों आदमियों की तरफ से विरोध करेंगे। देश में दलों का जोर है और ऐसे विचार फैलाए जा रहे हैं कि विदेश की सेवा का किसी एक ही दल का अधिकार है, हम चाहते थे कि इस प्रान्त के एक दल के नेता सभापति दलबन्दी पर ऐसा प्रकाश डालते कि मध्य-प्रदेश में दल-सम्बन्धी बेसमझी न बढ़ जाती, मेल पैदा करने में सुविधा होती। सभापति ने यह भी नहीं बताया कि वे स्वराज्य के—क्षुद्रातिक्षुद्र ही सही—साधन स्वरूप सुधार ऐक्ट के अनुसार बनने वाली कौंसिलों की चुनाई किस सिद्धान्तों पर चाहते हैं। सभापति ने इस सम्बन्ध में उन प्रयत्नों का भी उल्लेख नहीं किया, जो विरोधियों की ओर से स्वराज्यवादियों को हटाने के लिए किए जा रहे हैं और प्रयत्न किया जा रहा है कि कौंसिलें बोदे लोगों और 'हाँ हुजूरों' से भर जायँ। इन बातों के लिए विरोधियों के संगठन हो रहे हैं और उनके चार-चार पाँच-पाँच सौ रुपये पाने वाले दूत जनता में भ्रम उत्पन्न कर रहे हैं। सभापति ने सहकारिता (कोऑपरेशन) की उस देखतभूली की चर्चा भी नहीं की जिसका प्रारम्भ सरकार ने अपनी सुधार सम्बधिनी कमेटियों से गरम दल के लोगों को अलग रखकर किया है। यह सरकार की ऐसी बेहूदा भूल थी कि जिस पर सभापति को कुछ न कुछ अवश्य कहना चाहिए था। इस बार चुनने वालों में किसान प्रतिनिधि अधिक रहेंगे। और यह सम्भव नहीं कि वे अनजान अपने आप विरोधियों के दबाव से बचे रहें और राष्ट्रीय व्यक्तियों को अपना प्रतिनिधि चुनें। इसके लिए देहातों के राष्ट्रीय संगठन की जरूरत थी और एक ऐसे प्रान्तीय बोर्ड की भी, जो अच्छे आदमी कौंसिलों में पहुँचाने के लिए प्रयत्न करता। देशभक्त सभापति से यह आशा करना भी अनुचित न था कि वे प्रान्त के स्त्री-समुदाय को बिलकुल ही न भूल जाते और स्त्रियों को अधिकार दिलाने की बात भी कहते जिससे वे कौंसिलों में पहुँच सकतीं और राष्ट्र-कार्यों में पुरुषों के द्वारा यों न टाल दी जातीं। प्रान्त के विद्यार्थी-समूह के लिए की जाने वाली चिन्ता और सहानुभूति की कुछ बातें भी सभापति के भाषण में होनी थीं, खासकर यह बात कि हमारे बच्चे अब स्कूलों की सन्दूकों में इस निर्दयता से बन्द न किये जायँ कि वे राष्ट्रीय उद्योगों के जीवित वातावरण में दर्शक और श्रोता तक न हो सकें। सभापति को सरकार के उस

---

1. कौंसिल की भाषा हिन्दी रहे, इस के लिए १९२० से भी काफी पहले से कर्मवीर-सम्पादक का आग्रह रहा। स्वयं लोकनायक हिन्दी के समर्थक थे।(संपा०)

नियम की, जो उन्होंने विद्यार्थियों के लिए सभा-सोसाइटियों की कैद-स्वरूप बनाकर अपनी शिक्षा जैसे पवित्र क्षेत्र की कानूनी किताब को कलंकित कर रखा है, तीव्र निन्दा करनी थी और उस कानून को उठाकर बालकों को राष्ट्रीय कार्यों की अप्रत्यक्ष सहकारिता से बन्धित न रखने के लिए अनुरोध करना था। और सबसे बड़ी बात यह कि आजकल कई मेनीफेस्टो (व्यवस्थापत्र) निकल रहे हैं। सभापति को उन पर गम्भीरतापूर्वक अपनी व्यापक सम्मति देना था और प्रान्त को कार्य करने का पथ दिखाना था। इस और ऐसी ही अन्य जरूरी बातों का उल्लेख न होना, विद्वान् और प्रान्त की परिस्थिति का अनुभव करने वाले सभापति के आन्दोलन के जीवित भाव उठाने वाले भाषण की एक भारी कमी है।

परिषद के अन्य कार्य

परिषद् की सब्जेक्ट कमेटी का संगठन हुआ। कुछ सज्जन चाहते थे कि प्रत्येक कमिश्नरी के कुछ व्यक्ति लेकर कमेटी बना ली जाय। किन्तु प्रान्त के बहुमत से टकराकर उस विचार को वहीं रह जाना पड़ा और उन लोगों की बात विजय पा गयी जो चाहते थे कि वे सब्जेक्ट कमेटी में सम्मिलित हो सकें। हम जानते हैं कि यह क्रम अधिक दिनों तक नहीं चल सकता। जब प्रतिनिधियों की संख्या कम हो, तब तो यह नियम चल जायगा। किन्तु नागपुर की चौथी परिषद् के समान जब प्रतिनिधियों की संख्या 1147 होगी, तब सब प्रतिनिधियों का साथ बैठकर विचार करना कठिन हो जायेगा। अतः शीघ्र ही परिषद् का संगठन करना आवश्यक है। इस परिषद् की सबसे बड़ी आवश्यक बात थी यह प्रस्ताव कि 'जबलपुर में कांग्रेस हो'। वह परिषद् के सामने इस रूप में पास हुआ "कि यह परिषद् मध्य-प्रान्तीय कांग्रेस कमेटी से प्रार्थना करती है कि वह अपने स्थान-निर्णय पर पुनर्विचार करे और जबलपुर में कांग्रेस होने दे। यदि प्रान्तीय कांग्रेस का निर्णय ता० 20 जून तक प्राप्त न हो, तो सभापति अखिल भारतीय कांग्रेस से स्थान-परिवर्तन के लिए प्रार्थना करें।"

अत्यन्त उचित हुआ कि यह सभापति द्वारा पेश हुआ जिससे एक बात तो यह सिद्ध हुई कि प्रान्त भर के प्रतिनिधियों की इस भारी सभा में, जो प्रान्त के लोकमत का सच्चा स्वरूप थी, जबलपुर में कांग्रेस होने का कोई विरोधी नहीं था और दूसरे, किसी वक्ता द्वारा चार और चौदह जिलों के बीच बढ़ी हुई मनोमालिन्य की अग्नि में घी न पड़ सका। हमारे विचार से अब एक बार फिर हमारे दक्षिण प्रान्त वाले भाइयों पर जवाबदारी आ गयी है और हमारा विश्वास है कि जब सभापति ब्रिटिशों के और भारतीयों के बीच के स्वराज्य पाने के झगड़े को आपस में निपटा लेने के लिए तैयार हैं, तब क्या हमारे मराठी-भाषी भाई इसी नियम को अपने घर में आदर देकर भाई-भाई का झगड़ा घर ही में निपटाकर हिन्दी-भाषियों

के प्रति यह घोषणा न करेंगे कि 'तुम सब भाँति हमारे हो'। लो, यह कांग्रेस और अमृतसर से एक इंच भी ओछी न पड़ने देकर आओ, इसे जबलपुर में ही सफल बनावें और इस प्रकार तुम्हारे रूठे हुए मनों को समझावें, प्रदेश के उत्तरीय भाग में कांग्रेस करके सम्पूर्ण प्रदेश में राष्ट्रीय जीवन पैदा करें और उन विरोधियों की, जो भाई-भाई में फूट पैदा करना चाहते हैं, लहलहाती हुई विषमयी आशाओं को सदा के लिए झुलसा दें।" यह घोषणा करने से मराठी जिलों की शोभा होगी और सुनने से हिन्दी जिलों की। साथ ही सभापति की छत्रसाल और बाजीराव वाली उक्ति भी केवल वाक्‌पटुता सिद्ध न होकर प्रत्यक्ष सत्य सिद्ध होगी। रसद और बेगार पर यद्यपि श्रीयुत घाटे, मोदी और मानिकलालजी कोचर के अच्छे भाषण हुए और माननीय प्यारेलालजी मिश्र का प्रभावपूर्ण अनुमोदन हुआ किन्तु श्रीयुत रुद्रप्रसादजी तथा श्रीयुत काशीरामजी तिवारी ने अपनी बीती सुनाकर उस विषय का असली चित्र जिस सादगी और सच्चाई से खींचा, उसकी प्रशंसा इसलिए करनी चाहिए कि वह भुक्त-भोगियों की सच्ची आवाज थी। देशी वैद्यक के प्रस्ताव पर काफी चर्चा हुई और वह बड़े अच्छे ढंग से हुई। स्त्रियों के मताधिकार का प्रस्ताव रावसाहब लाखे ने उपस्थित किया और उसका अनुमोदन और समर्थन मिसेज लक्ष्मीबाई दीक्षित, श्रीमती सुभद्राकुमारी और कुमारी विमलाबाई ने किया। श्रीमती सुभद्राकुमारी की भावपूर्ण बातें जितनी प्रशंसनीय थीं, उतना ही कुमारी विमलादेवी का अंग्रेजी लेख। देवियाँ इस प्रान्त में भी अधिकारों की चर्चा में खुद भाग लेने लगीं, यह शुभलक्षण है। खिलाफत के प्रस्ताव को श्रीयुत रविशंकरजी शुक्ल ने बड़े अच्छे ढंग से रखा और मि० मजहरुल हक और मौ० चिरागुद्दीन ने इस विषय पर अपने हृदय की बातें कह सुनायीं। परिषद् का उन्नीसवाँ प्रस्ताव था सी० पी० वीकली न्यूज खरीदने के कारण सरकार का विरोध और न खरीदने के लिए अनुरोध। निस्सन्देह इस सरकारी—स्वर्णमुद्राओं से पोषित सरकारी—और प्रजा में बेसमझी पैदा करने में नाममात्र के गैरसरकारी पत्र को मदद देने की अपेक्षा यदि सरकार इसी धन से हिन्दी में सी० पी० गजट प्रकाशित करने लगे, तो बड़ा अच्छा हो। माननीय पुरोहितजी ने जिस समय यह प्रस्ताव प्रान्तीय कौंसिल के सम्मुख रखा, उसी समय लोगों की आँखें खुलीं और प्रजा के धन का उक्त पत्र के लिए बर्बाद किया जाना अखरने लगा। जिस समय कौंसिलों की चुनाई के सम्बन्ध का तीसवाँ प्रस्ताव परिषद् में उपस्थित हुआ, उस समय एक चिपलूणकर नामक सज्जन ने प्रस्ताव में यह सुधार उपस्थित किया कि प्रस्ताव में से 'अमृतसर कांग्रेस' इन दो शब्दों की जगह केवल 'कांग्रेस' शब्द रहने दिया जाय और अमृतसर शब्द निकाल दिया जाय। सुधार

1. बासठ वर्ष पूर्व 'गजट हिन्दी में प्रकाशित हो' यह आवाज ध्यान देने योग्य है। (संपा०)

पर अन्य कुछ सज्जनों के बोल चुकने पर, मि० चिपलूणकर ने फिर समय माँगा, किन्तु नियम की ओट लेकर वह नहीं दिया गया। हमारे विचार से सभापति महाशय को उन्हें समय देने की उस समय कृपा करनी थी जब सुधारक महाशय बड़ी नम्रता से 'मैं प्रार्थना करता हूँ' कहकर समय माँग रहे थे और उनके विरोधी श्रीयुत रविशंकर शुक्ल और बैरिस्टर राव उनको समय दिये जाने के लिए अनुरोध कर रहे थे। उन्हें समय की भीख का दिया जाना हमारी परिषद का पवित्र भाग होता और हमारे उपयोगी प्रस्ताव की पूर्ण सच्चाई का प्रमाण भी। अस्तु। परिषद हो गयी और वह हुई आशातीत सफलता के साथ। इसके लिए हम, परिषद के सभापति और अपने प्रान्त के वीर सेवक और नेता डा० मुंजे की दृढ़ता, राजनैतिक कुशलता और प्रान्तीय सेवा की सच्ची भावना की प्रशंसा करते हैं। हम उस परिश्रम और अपने आपको परिषद के कार्य में भूल जाने की वृत्ति को नहीं भूल सकते जो परिषद के मन्त्री मि० खाड़ेकर के द्वारा प्रकट हुई, जिसमें पं० शम्भुदयाल मिश्र और सेठ बिहारीलालजी को भी मग्न पाया। हम इन पवित्र जीवों की, इनकी सेवाओं के लिए इज्जत करते हैं। परिषद की स्वागत समिति के सभापति को जिन्होंने प्लेग से व्याकुल सागर नगर को, थोड़े समय के प्रयत्न ही से, परिषद करने में यशस्वी सिद्ध किया। स्वयंसेवक बहुत थे, दिन और रात सेवा-कार्य में लगे रहते देख उनके प्रति रहने वाले प्रेम के भावों की बाढ़ आती है और उनकी शक्तियों को घटाने वाले प्रबन्ध की भूलें याद नहीं रहतीं। आगामी परिषद मण्डला गयी है। हमें विश्वास करना चाहिए कि हमारी यह स्वराज्य पंचायत वहाँ भी पूर्ण तेजस्विता के साथ होगी।

वज्रपात

विचलित होनेवाले के लिए सामान जुटाया गया है और वो जुटाया है हण्टर-कमेटी के सभासदों ने मिलकर। सहारा देने वालों में भारत के वाइसराय और केवल इंग्लैंड के आफत में पड़ जाने पर उदारता की धोखेबाजी से आपदाओं के समूह हटा देने वाले मि० माण्टेगु। स्थान और समय मिलेगा, जब हम धीरे-धीरे दिखायेंगे कि भारतीयों के जले हुए हृदयों पर नमक डालने के लिए नहीं, किन्तु ब्रिटिश न्याय-देवता की हत्या के लिए किस तरह की तैयारी की गयी। हण्टर-कमेटी की रिपोर्ट में उन भारतवासी मेम्बरों की राय भिन्न है, जिनके देश के भाई और बच्चे तथा बहिनें और बच्चियाँ मारी गयीं, और निरपराध मारी गयीं। किन्तु उनकी राय भिन्न है, जिनके भाइयों ने सरेबाजार कत्लेआम बोलकर, अपनी जरा-सी मरजी के बल पर यह प्रलय मचा दिया। कमेटी में उन लोगों की संख्या अधिक थी जो

अफसरों के जाति-भाई थे और जिन्हें भारत की गुलामी कर, टुकड़े तोड़ने वालों का बपौती का अधिकार बचाये रखने की चिन्ता थी, और जिन निहत्थों पर बिना चिताए गोले बरसाये गये, उनके जाति-भाइयों की संख्या उस कमेटी में कम थी। जो कमेटी में थे भी, वे भारत की राजनीति के मैनान में न कभी दौड़कर चले ही थे और न कभी रपट कर गिरे ही। तब किसी नजूमी की दरकार न थी, जिससे यह पूछा जाता कि हण्टर-कमेटी की रिपोर्ट कैसी होगी ? पता था कि कमेटी के विदेशी और देशी सब सभासद मिलकर किसी एक ऐसे निर्णय पर पहुँचेंगे, जो चोर को चोरी करने की युक्तियाँ सुझावेगा और साह को जागते रहने का नुसखा बतायेगा, पर बात कुछ भिन्न निकली। रिपोर्ट में भी जातिभेद हो गया और मैजारिटी रिपोर्ट (बहुमत की रिपोर्ट) और माइनारिटी रिपोर्ट (अल्पमत की रिपोर्ट) दिखाई दी। बहुमत की रिपोर्ट है विदेशियों की लिखी हुई और अल्पमत की रिपोर्ट है भारतवासियों की तैयार की हुई। और दोनों के मत भी ऐसे प्रकट हुए हैं कि एक कहती है जमीन की तो दूसरी कहती है आसमान की। मि० माण्टेगु ने इस रिपोर्ट पर पहले इंग्लैण्ड की जनता तक का मत नहीं लिया, परन्तु अपना मत अवश्य दे दिया। यह इस बात का सुबूत है कि राजनैतिक दाँव-घातों के आचार्य मि० माण्टेगु जानते थे कि इंग्लैण्ड की जनता उतनी विश्वासघातिनी नहीं हो सकती, जितनी विश्वासघातिनी वह हण्टर-कमेटी हो सकती है जिसे भारत के सम्राट् की प्रजा की चिन्ता की अपेक्षा प्रजा के हत्यारों की अधिक चिन्ता हो। विश्वासघाती हो सकते हैं वे मि० माण्टेगु, जिनके लिए भारत के स्टेट-सेक्रेटरी का पद अपनी एक दिन प्राइम मिनिस्टर बनने की हवस का साधन है और जिनके लिए भारतवासियों के प्रति इसलिए सहानुभूति रहती है कि वे अपने प्रति उन्हें उस समय तक भड़कने न दें जब तक कि वे सम्राट् की सरकार और प्रधानमन्त्री के चरणों में अपना आत्म-समर्पण किये हुए अपना अभीष्ट पद पा न लें, और जो कभी-कभी, एक बूढ़े बाबा की तरह भारत सरकार को जरा-सा तीखा उपदेश उस हद तक दे देते हैं, जिस हद तक अत्याचारियों का कुछ बिगड़ता न हो, और अत्याचार-पीड़ितों का कुछ बनता न हो। हम अपने विचार इस पर ठहरकर और कमेटी की रिपोर्ट एक बार और गहराई से पढ़कर प्रकाशित करेंगे, क्योंकि हण्टर-कमेटी का निर्णय वज्रपात है, न केवल भारत ही पर, किन्तु ब्रिटिश न्यायदेवता पर भी।

[5 जून, सन् 1920]

हण्टर-कमेटी : तीव्र निराशा

हण्टर-कमेटी में हिन्दुस्तानी और गैर-हिन्दुस्तानी मेम्बरों की राय में कितना फर्क है और भारतीय सरकार किस पक्ष को पुष्ट करती है, यह बतलाने के लिए हम भारत-सरकार के ख़रीते से नीचे लिखी बातें देते हैं। कांग्रेस जाँच कमेटी की राय हिन्दुस्तानी मेम्बरों से कहाँ तक मिलती है, यह भी स्थान-स्थान पर बतलाया गया है।

दिल्ली में दंगे

गैरहिन्दुस्तानी मेम्बर—यदि मि० गांधी दिल्ली जाने से न रोके जाते, तो अधिकारियों को प्रबन्ध की बड़ी कठिनाई पड़ती।

हिन्दुस्तानी मेम्बर—मि० गांधी की उपस्थिति दिल्ली में शांति-स्थापना के लिए सहायक होती।

हिन्दुस्तानी और गैर-हिन्दुस्तानी दोनों सभासदों का मत है कि नगर के प्रमुख निवासियों को विशेष कान्स्टेबल नियुक्त करने में डिप्टी कमिश्नर ने भी गलती की। भारत सरकार का कहना है कि इसमें डिप्टी कमिश्नर का कोई दोष नहीं है। स्थानीय जनता मि० गांधी या अन्य राजनैतिक नेताओं की रोक के कारण नहीं बिगड़ी थी।

अहमदाबाद—यहाँ बाईस जगह तार काटे गये और नौ लाख रुपयों का मालमता बर्बाद किया गया। सशस्त्र पुलिस की गोलियों से 28 आदमी मारे गये और 123 जख्मी हुए।

गैर-हिन्दुस्तानी मेम्बरों का कहना है कि दंगा दबाने के लिए जो उपाय किये गये थे, सब उचित थे।

हिन्दुस्तानी मेम्बर्स—यदि मि० गांधी को रोक की आज्ञा न दी जाती, तो निश्चय ही ये दुर्घटनाएँ न हुई होतीं।

वीरमगाँव—दंगाखोरों ने मि० माधवलाल को बुरी तरह मारा। पुलिस ने 6 दंगाखोर मारे और ग्यारह जख्मी किये। दो लाख का माल-असबाब बर्बाद हुआ।

नडियाद—यहाँ रेल उलटाने की चेष्टा की गयी, किन्तु सफल न हुई।

बम्बई शहर—मि० गांधी के रोके जाने की खबर पाकर लोग भड़के थे, किन्तु उनके आने पर गड़बड़ मिट गयी।

भारत सरकार सरकारी कर्मचारियों के सम्बन्धियों के उदर-पोषण की व्यवस्था करेगी।

अमृतसर—डा० किचलू और सत्यपाल के देश-निकाले की खबर सुनकर लोग

सिविल-लाइन्स में जाने लगे। तारीख 10 अप्रैल को दंगाखोरों ने बैंक जलाई, तार काटे, 5 यूरोपियनों की जानें लीं, और एक ही दिन में सत्रह लाख की माल-मत्ता बर्बाद कर दी।

गैर-हिन्दुस्तानी सभासद—डिप्टी कमिश्नर को लोगों की आगे बढ़ने से रोकने की आज्ञा ठीक थी और इस आज्ञा के पालने के लिए गोलाबारी करने की आज्ञा उचित थी। इसी तरह हालब्रिज के मामले की गोलाबारी की आज्ञा भी न्याययुक्त थी। गोली चलाने की आज्ञा से लोग नहीं भड़के।

हिन्दुस्तानी सभासद— लोग ज्यादतियाँ करने पर उतारू नहीं थे, किन्तु गोली चलाये जाने पर उनके दिमाग ठिकाने न रहे और दिमाग की भड़की हुई हालत में उन्होंने अत्याचार किये।

भारत सरकार—आमतौर पर सरकारी अधिकारियों की कार्यवाही ठीक थी, किन्तु खेद है कि मार्शल-ला की घोषणा करने के पूर्व ही, सिविल अधिकारियों ने मिलिटरी वालों के हाथ सत्ता सौंप दी। भारत सरकार जाँच करेगी कि इस काम के लिए कौन जिम्मेदार है और उसकी उचित व्यवस्था करेगी।

कांग्रेस जाँच कमेटी—अमृतसर के अत्याचार का मुख्य कारण रेलवे ओवर-ब्रिज की गोलाबारी था। मरे हुए लोगों और जख्मियों की आहों के कारण लोग भड़क गये थे।

जलियाँवाला बाग—यहाँ जनरल डायर की फौज ने 379 आदमी मारे और इससे तिगुने जख्मी किये।

गैर-हिन्दुस्तानी सभासद

(1) जनरल डायर ने चेतावनी दिये बिना गोला-बारी शुरू की।

(2) लोगों के तितर-बितर होने पर भी वह गोली चलाता रहा, ऐसा करने में उसने बड़ी गम्भीर भूल की।

(3) वह लोगों पर असर जमाना चाहता था, उसकी यह अभिलाषा निंदनीय थी।

(4) जख्मी लोगों की सार-सम्हाल वह इसलिए नहीं कर सका कि उसके पास थोड़े लोग थे, और किसी ने अस्पताल की सहायता के लिए प्रार्थना नहीं की।

(5) हमें यह मत मंजूर नहीं कि जनरल डायर की कार्यवाही से पंजाब की रक्षा हुई और बलवा टल गया।

(6) 'फायर' किये बिना लोग न भागते।

हिन्दुस्तानी सभासद—सभा-बन्दी का विज्ञापन ठीक तौर से प्रकाशित नहीं किया गया था। जनरल डायर के यह काम निन्दनीय हैं—

(1) यह कहना कि यदि मशीनगनें होतीं तो मैं उनका उपयोग करता,

(2) बिना चेतावनी दिये 'फ़ायर' करना और गोला-बारूद समाप्त होने तक, लोगों के तितर-बितर होने पर भी, 'फ़ायर' करते रहना।

(3) भीड़ को भगाने के लिए नहीं, किन्तु दण्ड देने और पंजाब पर धाक जमाने के लिए फ़ायर करना।

(4) यह मानना कि भीड़ उन्हीं लोगों की है जिन्होंने ता० 10 को अत्याचार किये थे।

मिलिटरी आवश्यकता का बहाना प्रशियन अत्याचारों के समर्थन में काम में लाया जाता है। 'फ़ायर' किये बिना भी भीड़ हटायी जा सकती थी। जनरल डायर का काम नृशंसतापूर्ण और ब्रिटिशों को शोभा न देने वाला था। उसने ब्रिटिश राज्य को नुकसान पहुँचाया है। मुर्दों को न हटाना और जख़्मियों की चिन्ता न करना दोषपूर्ण काम है। पंजाब-सरकार मृत लोगों की संख्या शीघ्र ही न मालूम करने की दोषी है।

सर माइकेल ने जालियाँवाला बाग की कार्यवाही को स्वीकृति दी, यह निन्दनीय है।

भारतीय सरकार—सभाबन्दी की घोषणा अधिक विस्तृत रूप से देना चाहिए था, जलियाँवाला बाग में इश्तहार लगाना आवश्यक था। बैसाखी के मेले के समय इश्तहार देना जरूरी था, तथापि यह स्पष्ट है कि अमृतसर के नागरिक इस बात को जानते थे। 'फ़ायर' के पहले चेतावनी देना आवश्यक था। 'फ़ायर' जारी रखना अक्षम्य है, इससे जो कटुता फैली है, वह शीघ्र ही न मिटेगी। जन० डायर ने मामले की आवश्यकता और अपनी ड्यूटी से अधिक काम किया है और व्यर्थ की प्राण-हानि की है। खेद है कि जख़्मी लोगों को औषधि-सहायता न दी गयी। सर माइकेल जालियाँवाला बाग की घटनाओं की जाँच करके अपनी स्वीकृति देते तो अच्छा होता।

भारत सरकार की कार्यकारी कौंसिल के सभासद माननीय मि० शफी हिन्दुस्तानी सभासदों की बातों से सहमत हैं। उनका मत है कि ता० 14 अप्रैल और उसके पश्चात् की गुजरानवाला, गुजरात और लायलपुर की घटनाएँ जलियाँवाला की गड़बड़ की वजह से हुई थीं।

कांग्रेस की जाँच कमेटी—जलियाँवाला बाग की कत्ल जान-बूझकर की गयी थी। 1200 आदमी मारे गये और 3600 जख़्मी हुए!

लाहौर—मि० गांधी की गिरफ्तारी और अमृतसर की खबरों से ता० 10 अप्रैल को लोग भड़के। रेलवे वर्कशाप पर हमला किया गया। बादशाही मस्जिद में क्रिमिनल इनवेस्टिगेशन डिपार्टमेण्ट का एक सरकारी कर्मचारी पीटा गया। बादशाह और महारानी की तस्वीरें बरबाद की गयीं। सरकारी पुलिस ने डण्डा फौज पर गोली चलाई जिससे एक आदमी मारा गया और बीस जख़्मी हुए। तार

काटे गये और रेलें उलटाई गयीं ।

कसूर—ता० 12 अप्रैल को भीड़ ने 2 वारण्ट आफीसर मारे, पोस्ट-आफिस जलाया। पुलिस की गोली से चार आदमी मरे, कई जख्मी हुए ।

गुजरानवाला—ता० 13 अप्रैल को अमृतसर और लाहौर की घटनाएं सुनकर लोग भड़क गये। ट्रेन पर हमला किया गया, कई मकानात जलाये गये, रेवेन्यू आफिस, पोस्ट-आफिस जला दिये गये। तार काट दिए गये थे, जिससे हवाई जहाजों का उपयोग करना पड़ा ।

गैर-हिन्दुस्तानी सभासद—खालसा हाईस्कूल तथा पास के दो देहातों पर बम बरसाये गये थे। इस कार्यवाही का समर्थन नहीं किया जा सकता। गुजरानवाला शहर के दंगाखोरों पर बम बरसाना केवल न्याययुक्त ही नहीं, वरन् अत्यन्त आवश्यक था ।

हिन्दुस्तानी सभासद—खालसा हाईस्कूल तथा पास के दो गाँवों पर बम बरसाने के लिए सरकारी कर्मचारी दोषी हैं। यद्यपि उनको दी हुई आज्ञा अस्पष्ट थी, तथापि उन्होंने आज्ञापालन करते समय अपनी विचार-शक्ति का उपयोग नहीं किया। लोगों की भीड़ पर मशीनगन चलाना बड़ी ज्यादती थी ।

भारतीय सरकार—सरकारी कर्मचारियों को हम दोषी नहीं समझते। उन्होंने जो कुछ काम किया है, आज्ञा की अस्पष्टता के कारण किया है। 'हवाई फौज' के लिए सरकार नियम बनाने का विचार कर रही है ।

चुहारखाना—यहाँ रायसाहब लाला श्रीराम सूद की अधीनता में 'आर्मर्ड कार' ने गोलाबारी की ।

गैर-हिन्दुस्तानी सभासद—सरकारी कर्मचारियों ने विचार और फुर्ती से काम किया ।

हिन्दुस्तानी सभासद—सरकारी अधिकारयों का उद्देश्य दण्ड देने का था, अतएव यह कार्यवाही निन्दनीय थी ।

भारत-सरकार गैर-हिन्दुस्तानी सभासदों की राय से सहमत है ।

[5 जून, सन् 1920] पृ० क्र० 6, का० क्र० 2 से 5 तक।]

(जलियाँवाला बाग की घटना भारतीय स्वतन्त्रता-संग्राम की अविस्मरणीय शोकांतिका है। कर्मवीर ने उसकी अनेक कोणों से चर्चा की है तथा तथ्यात्मक विवरण अत्यन्त प्रामाणिकता के साथ प्रस्तुत किये हैं और इस तरह एक ऐतिहासिक दस्तावेज प्रस्तुत किया है। सं०)

हण्टर कमेटी की नीयत

लार्ड चेम्सफोर्ड की सरकार ने हण्टर-कमेटी की रिपोर्ट पर सम्मति देते हुए लिखा है—"यह सौभाग्य की बात थी कि जब सन् 1919 के अप्रैल में पंजाब में शान्ति भंग हुई तब उसके शासन का सूत्र सर माइकेल ओडायर जैसे अनुभवी और साहसी लेफ्टीनेण्ट गवर्नर के हाथ में था।" ये हैं वे वाक्य, जो एक ऐसी सरकार पर से, जिसमें ऐसे जीव हों, विश्वास हटा देने के लिए हृदय को उभाड़ते हैं। कमेटी की नीली रिपोर्ट पर एक नजर डालिए, आपको पहले बहुमत की रिपोर्ट मिलेगी, जिसे केवल कमेटी के अंग्रेज मेम्बरों ने रचा है। उसमें वे कहते हैं कि बलवा हो गया था और मार्शल-ला की आवश्यकता सिद्ध करने के लिए वे मेन नामक अंग्रेजी कानूनी ग्रन्थकार की बातें उद्धृत करते हैं। वह कहता है—"लूट और मारकाट में समाप्त हो जाने वाले दंगे और बलवे के युद्ध के दंगे में क्या फर्क है, यह तभी निश्चित होता है, जब यह मालूम हो जाय कि वे दंगे किस उद्देश्य से किये गये थे।" गरज यह कि पंजाब के दंगों को बलवा कहने वाले गोरे लेखक मानते हैं कि पंजाब में बलवा करने वालों के उद्देश्य बुरे थे। वे हाथ में हथियार न लेकर केवल सभा करनेवालों की नीयत पर, यही क्यों लार्ड हण्टर की कमेटी भी यह मानती है कि उनके पास हथियार न थे और न उनका कोई षड्यन्त्र ही था, तो भी वह कहती है कि हाँ, बलवा हुआ था—उस समय बलवे का कलंक लगाते हैं जब वे पशु-बल का प्रयोग न करने के लिए, इकट्ठा होकर अपने भाइयों को समझाते हैं। इतना ही नहीं, उस समय भी, जबकि उनका एक जल्लाद जनरल स्वीकार करता है कि दुखित पंजाबी "हटाने से हट सकते थे, बिना गोली चलाए भी काम चल सकता था और उनका उद्देश्य बिना जाने ही मैंने गोलियाँ चलायीं।" ऐसे समय, गोलियाँ खाते हुए पत्थर के समान शान्त रहने की आशा करने वाले हण्टर-चौकड़ी के सज्जन, क्या अपने पुरखाओं के इतिहास का कोई उदाहरण भारतवासियों के सामने रख सकते हैं? जाँच पंजाब में होती है, गवाहियाँ गुजर रही हैं, किन्तु बलवा साबित नहीं होता। तब श्रीमती बीसेण्ट के उस पत्र से मदद ली जाती है जो उन्होंने पंजाब में गड़बड़ होने के समय, ता० 18 अप्रैल सन् 1919 के टाइम्स आफ इण्डिया को लिखा था। श्रीमतीजी ने लिखा था कि "तारों का काटना, फौजी ट्रेनों का उलटना, रेलवे-स्टेशनों का जलाना, बैंकों पर हमला करना, कैदियों को जेल के पिंजरे से भगाना आदि कार्य सत्याग्रहियों के नहीं और न भूले-भटके दंगेखोरों ही के हैं, किन्तु ये काम हैं बलवाइयों के।" पंजाब से हजारों मील की दूरी पर बैठकर सपना देखने वाली श्रीमती के विचारों की ओट वे लोग लें, जो प्रत्यक्ष पंजाब में हों और दंगे की जाँच कर रहे हों—अत्यन्त निन्दा की बात है। श्रीमती के महावाक्य की शरण लेने वाले चेलों के प्रधान लार्ड

हण्टर से यह भूल नहीं हुई, किन्तु उन्होंने पंच होकर यह काला पुण्य उस समय कमाया, जब उन्हें पंजाब की सच्ची घटनाएँ बलवा साबित करने के प्रमाण देने में हार गयीं।

गदर के भूत से बेचैन हण्टर-मण्डली, मेन कीकी हुई मार्शल-ला की घोषणा के समय की परिभाषा के साथ ही यदि डाइसी नामक विद्वान् की राय लेती, तो वह कह देता कि—"जब बाहरी शत्रु आक्रमण करे, या देश में ऐसा बलवा हो कि अन्य किसी जरिये से शान्ति स्थापित न हो सके, तब मार्शल-ला जारी किया जा सकता है और युद्ध होने तक ही वह जारी रह सकता है"—पर इस विद्वान् की राय लेने पर सर माइकेल अछूते नहीं बचते, इसीलिए यह राय जानबूझकर छोड़ दी गयी। रिपोर्ट के अन्त में दस नक्शे लगे हैं जिनमें जलाने मारपीट करने, दंगा करने, लूट मचाने, हत्या करने, तार काटने, गोली चलाने, बम गिराने, रेल तोड़ने, सम्राट् की तसवीर जलाने, सरकारी अफ़सरों पर हमला करने, ट्रेन गिराने, ट्रेन पर पत्थर फेंकने, यूरोपियनों पर हमला करने और दंगे की सम्भावना तथा अन्य झगड़ों के चिह्न दिए गये हैं। हमें इन चिह्नों को देखकर जहाँ हँसी आती है, वहाँ दुःख भी कम नहीं होता। इन रंग-बिरंगे चित्रों, नक्शों के द्वारा लोगों पर यह झूठा प्रभाव डाला गया है कि सारा पंजाब बलवाई हो गया था। नक्शे में बलवा होने की सम्भावना के भी चिह्न हैं और अन्य गड़बड़ों के भी। भगवान् जानें, इंग्लैण्ड के ईमानदार खून के इन पुतलों को ये बातें कैसे सूझ गयीं। इसके सिवा, कई घटनाएँ तो केवल एक ही जगह हुई हैं, किन्तु उनके लिए अलग शीर्षक हैं और अलग निशान! साथ ही, जब सम्भावना और अन्य गड़बड़ों के चिह्न बनाने की जरूरत हुई तब लोगों के हँसने और गोरों को सलाम न करने के स्थानों के भी चिह्न बना देने थे, जिससे नक्शे और भी रंग-बिरंगे हो जाते। पंजाब में ये भी छोटे-मोटे अपराध नहीं थे, बल्कि जलियाँवाला के खूँखार ने तो इसीलिए हजारों को भून डाला था कि कहीं वे उस शैतान की तरफ देखकर हँस न दें। नक्शों में भारतीयों की ज्यादतियों के स्थान दिखाते हुए, बम बरसाने और गोलियाँ चलाने के स्थान भी दिखाए हैं, जिससे रिपोर्ट के पढ़नेवालों को—जो भारतीय भी होंगे और देशान्तरों के विदेशी भी—धोखा दिया गया है। जो इन चिह्नों को देखेंगे, यही कहेंगे कि ये बम या गोलियाँ उत्तेजित भारतीयों ने चलाईं, पर बात ऐसी नहीं। निहत्थे भारतीयों के पास न बम थे, न गोलियाँ। ये अंग्रेज अमलदारों की करतूतें थीं। अच्छा, यदि अंग्रेज अमलदारों के गोलियाँ बरसाने और बम चलाने के स्थान लिखे गये तो उन शीर्षकों के सामने 'अंग्रेजों द्वारा' लिख देना था और साथ ही अंग्रेजों द्वारा किये गये, 'भद्र पुरुषों को पेट के बल रेंगाना, सिर जमीन पर टिकवाना, औरतों को कोड़ों से मारना, लोगों को नंगे करके मारना, 'कोमल' विद्यार्थियों को जेठ की दुपहरी में 17 मील पैदल

दौड़ाना, नाक रगड़वाना और सिर्फ धाक जमाने के लिए विद्यार्थियों को कोड़े लगाना आदि पाप-काण्डों के स्थान भी दिखाये जाने चाहिए थे, पर वैसा नहीं किया गया। नक्शों के साथ ही रेल की, घटनाओं की, अपराधों की और जायदाद के नुकसानों की सूचियाँ 25 पृष्ठों में दी गई हैं, परन्तु जहाँ लोगों के अपराधों की सूचियाँ दी गयी हैं वहाँ सरकारी अफसरों की करतूतों में यह नहीं बताया गया कि गदर का झूठा कलंक लगाकर कितने आदमी जेल में ठूँसे, कितनों को काला पानी की आज्ञा दी, कितनों की जायदाद छीन ली, कितनों को भारी दण्ड दिया, कितनों को कोड़े लगाए, कितनी माताओं को पुत्रहीना, कितनी बालिकाओं को विधवा तथा कितनी बच्चियों को अकेला कर डाला। परन्तु ये सब बातें तो तब होतीं जब हण्टर कमेटी के मेजॉरिटी रिपोर्ट के लेखक न्याय करने बैठते! हाँ, नक्शों में अन्तिम नक्शा भारत का दिया गया है जिसमें यह दिखाया गया है कि कहाँ-कहाँ गड़बड़ें हुईं, कहाँ-कहाँ रेलों पर आक्रमण हुए, और कहाँ-कहाँ होने की सम्भावना थी। उस सम्भावना के निशान मध्यप्रदेश के नागपुर और खण्डवा शहर पर लगे हैं। हम उन्हीं दिनों नागपुर भी घूमे और खण्डवा में भी रहे। हम नहीं जानते, लार्ड हण्टर के गोरे साथी, नागपुर और खण्डवा को बलवा करने के लिए उतारू कैसे समझते थे? हमारे विचार से इन नक्शों की रचना लोगों पर भारतीयों की गड़बड़ बढ़ाकर दिखाने की झूठी नीयत से की गयी है। रिपोर्ट के प्रारम्भ ही में, जब लोगों के देहली के रेलवे स्टेशन में घुसने का वर्णन किया गया है तब 'इन्वेड' शब्द का उपयोग किया गया है, जिसका सामान्य अर्थ चढ़ाई करना है।

हमें रह-रहकर वे दिन याद आते हैं जब लाट हण्टर देहली और लाहौर के गवर्नमेण्ट हाउस में ठहरने से इन्कार करते थे। उन दिनों किसी भोले भारत-वसी को यह विश्वास न होगा कि इस कमान का पीछे खिंचना, अहिंसाव्रत की रक्षा के लिए नहीं, विश्वास रखने वाली और निरपराध शिकार को भुलावा देने के लिए था।

बातें स्पष्ट कह रही हैं कि रिपोर्ट का बहुमत वाला भाग, भारतवासियों ने बलवा किया या नहीं, इस बात की जाँच करने के लिए नहीं, बल्कि भारतवासियों पर कलंक साबित करते की नीयत से लिखा गया है।

सम्पादकीय टिप्पणी नं० 1

स्वयं-निर्णय और स्वतन्त्रता स्थापित करने के लिए तथा छोटे-छोटे राष्ट्रों का स्वातन्त्र्य कायम रखने के लिए इंग्लैण्ड ने जर्मनी से युद्ध छेड़ा था। जर्मनी को दबाकर इंग्लैण्ड अपनी स्वातन्त्र्यप्रियता का इश्तहार दे चुका था, किन्तु आयरलैण्ड को स्वराज्य-दान देते समय इंग्लैण्ड के बुद्धिमान् कूटनीति-विशारदों की अक्ल का

दीवाला निकला दिखता है ! सन् 1914 में आइरिश स्वराज्य का कानून पास हो गया था, केवल उसका अमल होना बाकी था। परन्तु महायुद्ध की आंधी में वह ऐक्ट हवा हो गया और युद्ध के पश्चात् एक नये ऐक्ट की रचना की गयी, जिसमें आयरलैण्ड को दो पार्लियामेण्टें दी गईं—एक अलस्टर वाले अल्पसंख्यक लोगों को, दूसरी अन्य परगनों को। तिस पर भी कानून में ऐसी गुंजाइश रखी गयी कि अल्पसंख्या वाले 6 परगने बहुसंख्या वाले 26 परगनों को दबा सकें। सर एडवर्ड कासन जैसे कट्टर विरोधी इस कानून में जरा भी सुधार होने देना नहीं चाहते, उधर आयरलैण्ड के प्रतिनिधि फौजी सत्ता न देने वाले इस खोखले बिल की बहस में भी शामिल होने से इन्कार करते हैं। आयरलैण्ड के मजदूर तथा रेलवे कर्मचारी सरकारी शस्त्रास्त्र रेल पर से उतारने और चढ़ाने से हाथ रोक चुके हैं। प्रधानमन्त्री लाइड जार्ज इस कार्य को 'सरकारी सत्ता पर आघात' समझते हैं और रेलवेमैन्स यूनियन के प्रतिनिधियों को धमकी देते हैं कि सरकार हर तरह से आयरलैण्ड में शान्ति प्रस्थापित करेगी। हर दिन नयी-नयी सेना आयरलैण्ड में भेजी जा रही है, तो भी सिनफीन दल की मारकाट, सरकारी इमारतों का जलाना, शस्त्रास्त्र छीन लेना तथा अपनी सिनफिन सरकार द्वारा देश का शासन करना आदि बातें जारी हैं। जनरल स्मट्स तथा मि० मासी जैसे उपनिवेशों के मुत्सद्दी लिबरल दल के नेता मि० एस्क्विथ और कंजरवेटिव नेता, यहाँ तक कि लन्दन-टाइम्स जैसे अनुदार-पत्र भी कहने लगे हैं कि आयरलैण्ड को औपनिवेशिक स्वराज्य मिलना आवश्यक है। अमरीकावालों की आयरलैण्ड के साथ पूर्ण सहानुभूति है, और यदि इंग्लैण्ड का शासक दल, मशीनगन, एयरप्लेन, ड्रेडनाट और सुपर ड्रेडनाट से आयरिश आकांक्षाओं को कुचलने का प्रयत्न करेगा, तो इंग्लैण्ड और अमरीका की दोस्ती में बड़ा विघ्न खड़ा हो जायेगा। आयरलैण्ड के सिनफिन दल ने अपना आन्दोलन अकेले इंग्लैण्ड में ही जारी नहीं रखा है, वरन् उसे अन्तर्राष्ट्रीय बना डाला है। परिस्थिति ऐसी उत्पन्न हुई है कि यदि इंग्लैण्ड आइरिश स्वराज्य के प्रश्न को सन्तोषपूर्ण रीति से हल न कर सका और सरकारी सेना के जोर पर आइरिश लोगों को कुचल देना चाहा, तो महायुद्ध के कड़े परिश्रम से थके हुए इंग्लैण्ड को एक कठिन समस्या में पड़ जाना होगा।

संपादकीय टिप्पणी नं० 2

प्रशान्त (पेसिफिक) महासागर के पूर्वी भाग पर अमेरिका है और पश्चिमी भाग पर जापान। इसी महासागर के दक्षिणी भाग में आस्ट्रेलिया पड़ता है। ये तीनों शक्तियाँ संसार की बड़ी शक्तियों में समझी जाती हैं। इन तीनों शक्तियों में हरएक की इच्छा है कि प्रशान्त सागर पर अपना पूरा अधिकार रहे। इसी महत्त्वाकांक्षा के कारण पैसिफिक महासागर का प्रशान्त जल इन तीनों शक्तियों

की सत्ता का बल आजमाने का त्रिभुजाकार अखाड़ा बना चाहता है ! 'राइटर' ने समाचार दिया है कि अमेरिका ने एक ऐसा सैनिक जहाज बनाया है जो आज तक के कुल जहाजों से बड़ा है और जिसमें आज तक के कुल वैज्ञानिक सुधार और सुविधाओं का समावेश किया गया है। इधर जापान ने अपनी नौसेना बढ़ाने का प्रोग्राम बना लिया है और उसकी पूर्ति के लिए अभी से प्रयत्न शुरू हो गया है। संसार में जब चारों ओर शान्ति का पाठ पढ़ा जा रहा है, तब इन शक्तियों की नौसत्ता बढ़ाने की इच्छा, कुश्ती से थके हुए पहलवानों की आगामी कुश्ती की तैयारी की तरह प्रतीत होती है। आस्ट्रेलिया के समीपवर्ती जर्मन द्वीपों पर आस्ट्रेलिया को मैण्डेट मिला है, और कुछ पर जापान को। आस्ट्रेलिया के गोरे लोग पीतवर्णी जापानियों को अपने पास आने देना नहीं चाहते। परिणाम-स्वरूप जापान और आस्ट्रेलिया में मनोमालिन्य बढ़ रहा है। ब्रिटेन-जापान सन्धि की अवधि समाप्त हो चुकी है, नई सन्धि के होने के अभी कोई चिह्न नहीं हैं। आस्ट्रेलिया अंग्रेजों का उपनिवेश है। यदि जापान और आस्ट्रेलिया का मनोमालिन्य बढ़ा, तो इस सन्धि के होने में भी सन्देह है। पैसिफिक के किनारे पर, जापान के पास, बौद्धधर्मी चीन है, समधर्मी होने के कारण चीन-जापान की मित्रता जम जाने की बहुत-कुछ सम्भावना है। अमेरिका इस मित्रता को सन्देह की दृष्टि से देखता है, और इसीलिए प्रयत्न करेगा कि इस नये मित्र-दल की शक्ति बढ़ न जाय। संसार की आज की गति देखते, पैसिफिक—प्रशान्त महासागर के भविष्य में, पीतवर्णी तथा श्वेतवर्णी जातियों का संग्राम-स्थल होने की सम्भावना स्पष्ट मालूम होती है। दूर-स्थित पूर्वीय देशों की शान्ति-रक्षा के ठेकेदार—जापान आस्ट्रेलिया और अमेरिका—का यह झगड़ा प्रशान्त महासागर को अशान्ति के महासागर में परिणत कर देगा।

सम्पादकीय टिप्पणी नं० 3

भारत की राजनैतिक हलचलें परिणामहीन और अधूरी रहती आईं। इसका एक जोरदार कारण यह था कि वे अंग्रेजी में होती आईं। क्यों?—इसलिए कि शासक जातियों ने अनेक भाषा-भाषियों से एक प्रान्त बनाकर उन्हें अपने आपसी विचार समझने और मिलकर कार्य करने में असमर्थ कर दिया और राज-काज में अंग्रेजी का अधिकार इतनी पक्षपातपूर्णता से दृढ़ कर दिया कि जनता के कामकाजों में देशी भाषा का व्यवहार बन्द हो गया। अब लोग इस बात पर जोर दे रहे हैं कि प्रान्तों की रचना भाषा के अनुसार हो। इसका बड़ा ही सुखद परिणाम होगा। जहाँ प्रति सैकड़ा 5 आदमी भी राज-काज और देश-सुधार की बातें न समझ पाते थे, तहाँ प्रति सैकड़ा कई देशी भाषा-भाषी राजनैतिक कार्यों में भाग लेंगे और राष्ट्रीय कार्यों का बोझा अपने कन्धों सम्हालने में समर्थ होंगे। किन्तु सरकार अभी

भी इस बात को स्थान नहीं दे रही है। मध्यप्रदेश की सरकार ने सूचना प्रकाशित की है कि भावी कौंसिलों में देशी भाषाओं में लोग बोल सकेंगे, पर उन्हें सभापति की आज्ञा लेनी होगी। हम नहीं जानते कि इस 'आज्ञा लेने' की जरूरत क्यों है ? इस 'आज्ञा लेने' की ओट में कोई भी विदेशी शासक पसन्द नहीं करेगा कि हजारों भारतवासियों के सुभीते के लिए वह अकेला देशी भाषाएँ सीख ले। हमारे विचार से यह आज्ञा लेने की कैद तुरन्त हटा देनी चाहिए।

सम्पादकीय टिप्पणी नं० 4

कर्नाटक जिले की प्रथम कान्फ्रेन्स ने एक प्रस्ताव करके सरकार को सूचना दी है कि भाषा के अनुसार प्रान्तों की रचना की जाय, देशी भाषाओं की उन्नति की जाय और राजनैतिक संस्थाओं में उनके द्वारा विचार करने की पूर्ण स्वतन्त्रता दी जाय। कान्फ्रेन्स में इस बात पर भी जोर दिया गया कि नवीन सुधार तब तक सफल नहीं हो सकते जब तक अनेक देशी भाषा-भाषी मेधावी नवीन संस्थाओं से इसीलिए अलग रखे जायँ कि उन्होंने अपने देश में अपनी देशी भाषा जानने और अंग्रेजी न जानने का पाप किया है।

सम्पादकीय टिप्पणी नं० 5

एक बार सरकार के सामने यह प्रश्न पेश हुआ था, किन्तु सरकार किसी भी निश्चय तक न जा सकी। वह कहने लगी—उक्त प्रश्न उलझनों से भरा हुआ है। कल्पना कीजिए कि भविष्य में कौंसिलों में तीन दल हुए। पहला सरकारी पदाधिकारी, दूसरा ग्रामीण मेम्बर और तीसरा भारतीय शिक्षित समाज। इनमें पहला दल इसलिए टोटे में रहेगा कि वह देशी भाषा की पूरी तैयारी न कर सका; और दूसरा इसलिए कि वह अंग्रेजी नहीं जानता, किन्तु तीसरे को दोनों सुविधाएँ होने से वह विशेष लाभ उठावेगा और सम्भव है वह अपने लाभ के लालच से अवस्थाओं को मनमानी बदल डाले। गरज यह कि देशी भाषाओं से लाभ तो अनिवार्य है, परन्तु सरकारी अफसरों की समझ में न आने से कहीं उन्हें हानि न हो, इसीलिए सरकार उन्हें स्वीकृत नहीं करती। ग्रामीणों की हानि का बहाना व्यर्थ है। इसके सिवा, थोड़े से अफसरों की कठिनाई का स्मरण कर, जनता और देश को हानि पहुँचाने के मार्ग में ही चलने की आज्ञा देना, किसी मजबूत सरकार की बड़ी भारी गलती और उसके भाषा न सीख लेनेवाले अफसरों की प्रत्यक्ष कमजोरी है। हमारा विश्वास है कि सरकार इस पद्धति को अब अधिक दिनों न बनी रहने देकर भाषावार प्रान्तों की रचना और देशी भाषाओं द्वारा राजनैतिक चर्चा की स्वीकृति देगी। और जनता, इस कार्य के लिए सरकार को विवश करेगी।

[12 जून, 1920]

रिपोर्ट का स्वरूप

प्रकाशित होनेवाली हण्टर-कमीशन-रिपोर्ट के लिए यह जरूरी था कि अपने साथ मि० माण्टेगु और भारत-सरकार के खरीते को कपाल में चिपकाकर निकलती। क्योंकि वह जिस अपराधी को बचाने के लिए लिखी गयी थी, उसी अपराधी—भारत-सरकार को पहले ही बता दी गई थी और उसने न्याय के मुख पर साम्राज्य-रक्षा की ओट में, अपनी रक्षा के लिए माण्टेगु कम्पनी की चाँदी की मूठवाला ब्रुश उठाकर ब्रिटिश न्याय पर कालिख पोत दी। यों तो कमेटी का संगठन ही उसकी ईमानदारी की साख दे रहा था, उसकी करतूतों के साथ ही लाट साहब और मि० माण्टेगु की हिमायतों ने अपना सच्चा स्वरूप प्रकट कर दिया। हम इंग्लैण्ड की सरकार को भी इस पाप से अछूती नहीं समझते, क्योंकि जिसने पंजाबियों का खून नेकनीयती से विदेशों की भूमि पर बहाना मंजूर किया, किन्तु जब ब्रिटिश जाति के कुछ कलंकों ने उसे साम्राज्य की हिफाजत के नाम पर भूनकर अपनी जहरीली आँखों की सब गरमी शान्त की और विदेशों में दुश्मनों का सामना पड़ जाने पर 'त्राहिमाम्' पुकार कर भारत की पुकार मचाने वाली और भारत में आ, उसी भारत को निहत्था कर उस पर गोले और गोलियाँ बरसाने वाली अपनी नपुंसक ताकत को आजमाया, तब वही न्याय की ठेकेदार इंग्लैण्ड-सरकार चुप्पी साधकर बैठ गई। उसने न तो जाँच करना चाहा और न पंजाब के अत्याचारों की कोई संगठित जाँच ही की। हाँ, मि० माण्टेगु ने अपने वाइसराय से कहला दिया कि एक कमेटी बनाकर पंजाब की घटनाओं की जाँच करो। कहना पड़ेगा कि कमेटी बहुत डरकर बनाई गई। उसमें 'ईश्वर' का नहीं, भारतवासियों का भय माना गया और इसलिए अपने आदमियों के सिवा लार्ड हण्टर नाम के एक विलायती सज्जन को रखा गया। परन्तु मि० माण्टेगु का कहलाना और वाइसराय का अपनी जाँच के लिए एक कमेटी का कायम करना जहाँ एक ओर सन्तापित भारतीय जनता से थर-थर काँपना था और रिपोर्ट का निर्णय तथा प्रत्यक्ष व्यवहार दोनों ही स्वरूपों को प्रकट कर रहे हैं। निर्णय ने हृदय की सत्यता, अपनी महत्ता और न्यायशीलता का दिवाला निकाल कर भारत-सरकार की एक संगठित गुलाम-कमेटी के निर्णय की तरह कह दिया कि भारत-सरकार निर्दोष है, लार्ड चेम्सफोर्ड खूब समझदार हैं, सर ओडायर बहादुर साम्राज्य-भक्त हैं और जनरल डायर एक बहादुर सैनिक हैं। पंजाब में बलवा हो गया था, यह बात सच है, और उसे दबाने के लिए इन्हीं प्रयत्नों की जरूरत थी, जो पंजाब में किए गए। उधर कार्य में दिखाया गया The Big Meeting होने के प्रथम राज-घोषणा ने, ब्रिटिश जाति के पास भारत को देने के लिए जो कुछ था, सो दे डाला और सब पंजाबी अपराधियों को कांग्रेस होते-होते, और कुछ को होने के बाद छोड़

दिया। निर्णय और न्याय में कितनी भयानक विषमता ! खैर !

रिपोर्ट का निर्णय आशा के प्रतिकूल नहीं हुआ। इसके प्रति आशा थी ही कब, जो इसने आकर निराश कर दिया ? क्योंकि इसके प्रति आशा करना नौकरशाही के प्रति अन्ध आशा करना था, जो सर्वथा झूठ, दोषपूर्ण और हतवीर्यता की सूचक है। रिपोर्ट के पास न्याय नहीं है, उसके पास बलवा साबित करने की नीयत है। वह अपराधियों के पापों के लिए क्षमा नहीं चाहती, वह ऐसे पापों के कर जाने वालों को कहती है, "उन्होंने जो किया, उचित किया !" मानो वह पापियों को घोषणा करती है कि तुम खुले-खजाने फिर से चाहे जब पाप कर सकते हो, निहत्थे भारतीयों की हत्या कर सकते हो ! वह खानदानी दीखने वाली कुलटा के समान अकेली संसार को अपने चरित्र की पवित्रता का विश्वास नहीं दिला सकती, इसलिए साथ में अपने प्यारों को गवाह बनाकर, उनका सर्टिफिकेट लेकर सामने आती है। उसने ऐसे प्रमाण लिये हैं, जिनसे इन्साफ की चाहे मौत होती हो, पर अपना पति-परमेश्वर शूली मिलने से बचता हो। रिपोर्ट के अकेली आने पर जनता उसकी आलोचना कसकर करती, इंग्लैण्ड की जनता तूफान खड़ा कर देती, और फिर वह मि० माण्टेगु को दबाती कि अब इन्साफ करना तुम्हारे हाथ में है, तुम इन्साफ करो। यह सब-कुछ न हो पाया, जनता न्याय के लिए आगे न बढ़ पाये, इसीलिए मि० माण्टेगु ने रिपोर्ट पर अपनी सम्मति पहले ही लिख दी। और इसीलिए रिपोर्ट का छपना आज तक रुका रहा। यदि रिपोर्ट पहले छप जाती, तो स्वयं ब्रिटिश जनता ने उसका विरोध किया होता, और डायर को वह दण्ड दिया होता, जो पंजाब में रामचन्द्र, अब्दुल करीम और मदन नामक छोटे बच्चों को मिला, और मि० माण्टेगु को यह कहकर पीछा छुड़ा जाने का मौका न मिलता कि—"यद्यपि जनरल डायर का अपराध बहुत बड़ा था, किन्तु दण्ड देने की दृष्टि से देखने पर उसने अपना काम ईमानदारी और सच्चाई के साथ किया। यदि वह अपराधी था तो किसी अन्य अपराध का नहीं, 'गलत निर्णय का'।" किंतु इसी 'गलत निर्णय' से 400 आदमी, औरतें और बच्चे कतल किये गये और 1200 आदमी घायल किये गये, जिन्हें उस जालिम के जुल्मी हुक्म से प्राण जाते और व्याकुल होते हुए पानी की एक बूंद मिलना तक पाप हो गया। मनुष्यता की इस हत्या के आगे, डायर की 'सच्चाई और ईमानदारी' धूल चाटती है। हम गतांक में इस रिपोर्ट की बलवे की परिभाषा लिख चुके हैं। उसने कानून को अपने घर की चीज समझकर चाहे जैसा फैसला दे दिया है। वे कहते हैं, "हरएक दंगा बलवा है, और हरएक हत्यारा क्षमा के योग्य है—उस समय तक, जब तक उसके विचार पवित्र हैं। और भारत को 30 करोड़ के कत्लेआम के लिए भी तैयार रहना चाहिए, क्योंकि प्रत्येक पवित्र विचार का अंग्रेज—और कभी भी यह कहा न जायेगा कि सरकारी नौकरी में कोई भी अंग्रेज अपवित्र विचार का है !—इस रिपोर्ट की

व्यवस्था के अनुसार, चाहे जितने भारतवासियों की हत्या कर सकेगा और वह होगी उसकी सच्चाई और ईमानदारी !"

सम्पादकीय टिप्पणी नं० 1

यह तो समझ में आ जाता है कि ब्रिटिश अमलदार अपने स्वार्थ के लिए खिलाफत की चर्चा का गला घोंट दें, पर बुद्धि यह समझने में बल नहीं पकड़ती कि एक मुसलमान राजा किस तरह अपने पाक इसलाम की पवित्र और न्यायानुकूल खिलाफत की हलचल को अपने बेहूदा हुक्मों के नीचे रौंद डाले। एक भारतवासी आज ऐसा करने को तैयार नहीं, तब एक मुस्लिम का ऐसा पुण्य कमाना (?) सम्भव नहीं। पर जो असम्भव हो, वही निजाम सरकार कर रही है ! अपनी राजसी और तामसी सत्ता दिखाने के लिए निजाम सरकार को एक अवसर मिला और वह मिला खलीफा के पुण्य प्रदेश को बचाने की धार्मिक और इन्साफ की कसौटी पर नेक साबित होने वाली खिलाफत की हलचल।

सम्पादकीय टिप्पणी नं० 2

हैदराबाद के हुजूरे वाला, लार्ड चेम्सफोर्ड के सुर में सुर मिलाकर यह मानते हैं कि टर्की और मित्र-राज्यों के बीच होने वाली समझौते की बातें "मुसलमानों के हृदयों को चोट पहुँचाने वाली और दुःखों को पैदा करने वाली हैं", तब उस दुःख को प्रकट करने में रुकावट क्यों की जाती है ? क्या निजाम की सरकार को दुःख नहीं ? और इस प्रकार जब उसे दुःख नहीं, तब क्या निजाम सरकार मुसलमान नहीं ? पर बात ऐसी नहीं है। सरकार कह पाती है कि "सीनारीमो में मित्र राष्ट्रों ने टर्की के साथ जो कौल-करार किये हैं वे अन्तिम हैं, और अब उनके विरुद्ध कुछ कहना अपराध है।" परन्तु ज्ञात नहीं होता कि जी दुखानेवाले कौल-करारों को प्रति दुःख प्रकट करने की सच्चाई अपराध किस प्रकार कहा जा सकता है ? यदि सच्चाई प्रकट करना अपराध है, तो कम-से-कम झुठाई प्रकट करके कमाना तो निजाम की पिछड़ी हुई प्रजा भी कभी स्वीकार नहीं करेगी। इसके सिवा इन ठहरावों को अन्तिम कहकर लार्ड चेम्सफोर्ड ने तो अपने राजनैतिक दाँव-परिस्थिति को न समझ सकने वाले सिपाही-स्वभाव का ही परिचय दिया है, किन्तु निजाम सरकार ने भी इन्हें 'अन्तिम' कहकर अपने राजनैतिक अज्ञान का परिचय दिया है। क्योंकि जिन्होंने इन कौल-करारों को निर्माण किया है और जिन्होंने इन्हें टर्की के हवाले किया है, उन्होंने उन्हें अन्तिम कहकर टर्की के हवाले नहीं किया। उन्होंने इन ठहरावों पर विचार और चर्चा करने तथा नवीन सूचनाएँ देने के लिए टर्की को एक महीने का समय दिया है, और ता० 8 जून का एक तार कह रहा है कि उस अवधि में 15 दिन और बढ़ा दिये गये हैं ! जब उसमें उलट-फेर के लिए अभी

गुजायश है, तब वह अन्तिम कहाँ रही ? परन्तु यह स्वर हमारे वाइसराय साहब का है, हैदराबाद के हृदयाधिराज के यहाँ तो वह ध्वनित हो पड़ा है।

संपादकीय टिप्पणी नं० 3

निजाम के माँ-बाप कदापि नादिरशाह नहीं, पर उनका हुक्म जरूर नादिरशाही है ! और वह इस बात में बढ़ा-चढ़ा है कि नादिरशाह का मुसलमानी हुक्म हिन्दुओं पर चलता था, पर यह मुसलमान बादशाह का हुक्म है और मुस्लिम धर्म के लिए अड़ने वाले मुसलमानों को दबावेगा ? हुक्म हुआ है कि अधिकारियों की बिना आज्ञा सभा नहीं कर सकते ! और उन धार्मिक सभाओं में जो प्रस्ताव हों, उनकी स्वीकृति मौलवियों से नहीं, राज्य के अफसरों से लो ! हम निजाम सरकार से एक बात पूछते हैं, कहीं यह स्वर भी तो किसी से दान, उपहार या उधारी में नहीं मिला ? खैर, हम इस रुकावट को धार्मिक कार्य में रुकावट कहेंगे, पर इस रुकावट का स्वागत करने के लिए यदि निजाम-सरकार अपनी भेड़ों को दबाती है, तो हमें विश्वास है कि वह उन भेड़ों पर ऐसी जादू की लकड़ी फिराती है कि वे भेड़ें थोड़े दिनों बाद शेरों का रूप धारण कर लें ! क्योंकि दमन दमनकर्ता को हानि भले ही पहुँचावे, पर वह उनमें जीवन भरता है जो दबाये जाते हैं। भगवान् करे, निजाम के नेक राज्य में भरपूर जागृति हो ! और इस प्रकार निजाम अपनी प्रजा को प्रजा-सत्ता का वरदान दें।

संपादकीय टिप्पणी नं० 4

कांग्रेस कमेटी की बैठक गत ता० 30 मई को बनारस में हो गयी। उसमें और प्रश्नों के साथ यह भी तय हुआ कि कांग्रेस की विशेष बैठक को श्रीयुत सी० आर० दास के आमन्त्रण देने पर उसका कलकत्ते में संपन्न किया जाय। लोकमान्य तिलक और श्रीयुत खापर्ड़े के जबलपुर पधारने और यह सूचना देने पर, कि आप लोग चाहें तो स्पेशल कांग्रेस यहाँ बुलावें, लोकमान्य से यह विनती की गयी कि आप कांग्रेस के अधिकारियों से यह पूछें कि क्या वे कांग्रेस का विशेष अधिवेशन जबलपुर में होने देंगे ? लोकमान्य और माननीय खापर्डे महोदय ने इस आशय के कुछ तार माननीय मोतीलाल नेहरू आदि सज्जनों को दिये। तार का उत्तर लोकमान्य तिलक को मिला, जिसमें लिखा था कि जबलपुर के प्रधान व्यक्तियों द्वारा आमन्त्रण आने दीजिये। तब जबलपुर में गत ता० 13 जून को सभा की गयी। उसी समय आन्ध्रप्रदेश से रा० ब० शुक्ल जी के नाम से तार आ गया कि मध्यप्रदेश में कांग्रेस की बड़ी बैठक होने वाली है, अतः कृपापूर्वक आप लोग स्पेशल कांग्रेस हमारे यहाँ होने दें। तब सभा में तीन मुद्दों को सामने रखकर चर्चा हुई, जिसका सार यह है कि यदि विशेष अधिवेशन यहाँ होगा, तो

कांग्रेस के दिसम्बर के सैशन को हानि पहुँचेगी। इसके सिवा, प्रान्तीय कां० कमेटी अभी अपना निर्णय नहीं दे चुकी। यदि उसने भी यही निर्णय दिया कि दिसम्बर की कांग्रेस जबलपुर में हो, तो नगर को एक साथ दो कांग्रेसों का बोझ उठाना होगा, जो अपनी शक्तियों की क्रूर परीक्षा होगी। तीसरे, देश भर में जागृति की जरूरत है। जब आन्ध्र पिछड़ा हुआ है, तब उसमें जागृति की और भी अधिक जरूरत है, ऐसे समय आवश्यकता है कि हम दो कांग्रेसों का लोभ न करें। साथ ही अपने भाई नागपुर-निवासियों को न समझा सकने पर यह उचित नहीं कि हम आन्ध्र के मुँह का कौर छीनें। चौथी, और सबसे प्रधान बात, यह होगी कि इस कांग्रेस के उद्योग में दो कांग्रेस होने के कारण प्रान्त के भी दो हिस्से हो जायेंगे। अत: कांग्रेस एक ही हो, फिर वह नागपुर में हो, या जबलपुर में।

सम्पादकीय टिप्पणी नं० 5

इधर पत्रों में यह खबर उड़ गयी कि कांग्रेस का नागपुर में होना निश्चित हो गया। परन्तु हमने लोकमान्य और माननीय खापर्डे महोदय से सुना कि नहीं, अभी कांग्रेस के प्रश्न का निर्णय नहीं हुआ। आ० इं० कांग्रेस कमेटी में एक तो यह प्रश्न प्रान्तीय कमेटी की ओर से नहीं आया। दूसरे यह प्रश्न प्रान्त का होने से आ० इं० कांग्रेस कमेटी इस प्रश्न पर बल नहीं देना चाहती। इस प्रकार यह प्रश्न अभी अनिश्चित है, और कल ता० 20 को, नागपुर में प्रान्तीय कांग्रेस कमेटी में निश्चित होना है। जबलपुर की जिला कांग्रेस कमेटी यहाँ से एक डेपुटेशन भेज रही है जो प्रान्तीय कां० क० से निवेदन करेगा कि वह इस बार उस गलती को न दुहरावे जो प्रान्त के दो टुकड़े कर डालने वाली गत प्रा० कां० क० से हो गयी। हम प्रा० कां० क० से निवेदन करते हैं कि इस बार वह 14 जिलों के बार-बार किये गये अनुरोध को लातों से न रौंदे। डा० मुंजे साहब के पत्रों के बल पर रा० ब० विष्णुदत्त जी शुक्ल सूचना करते हैं कि नागपुर से अपमान सहकर लौटने का सपना न देखिये। जरूर डेपुटेशन भिजवाइये। डा० मुंजे साहब के पत्रों पर मैं विश्वास करता हूँ। इस बार प्रा० कां० क० का निर्णय ईश्वर की कृपा से प्रान्त के 14 जिलों की माँग को पूर्ण करने वाला और उदार होगा। हमारा निवेदन है, प्रा० कांग्रेस कमेटी से कि वह कृपापूर्वक जबलपुर में कांग्रेस होने का निर्णय दे। असन्तुष्ट सज्जन ता० 20 तक कृपापूर्वक धीरज धारण करें। कांग्रेस हमारी है, हमें कोई भी कार्य ऐसे नहीं करने चाहिए जिससे हमारी इस पवित्र राष्ट्रीय पंचायत के पथ में काँटे बिछ जाएँ। कांग्रेस को अपने यहाँ करने की हिम्मत रखने वाले हृदय आशावादी हों, और वे आगामी अंक की प्रतीक्षा करें; इसलिए कि वह उचित निर्णय सुनावेगा।

[19 जून, 1920]

निर्दोषिता की मूर्ति

हण्टर-रिपोर्ट के एक व्यक्तित्व पर दृष्टि डालिये; वह है सर माइकेल ओडायर। वह निर्दोष है, बकौल मि० माण्टेगु और भारत-सरकार के कि—"यह सौभाग्य की बात थी कि जब सन् 1919 के अप्रैल में पंजाब में शान्ति भंग हुई, तब उसके शासन का सूत्र सर माइकेल जैसे अनुभवी और साहसी लेफ्टिनेण्ट गवर्नर के हाथ में था"—ठीक! पर हमारी बुद्धि में नहीं आता कि जो रिपोर्ट जनरल डायर को दोषी ठहराती है, वह सर ओडायर को किस तरह निर्दोष कह सकती है? जनरल डायर को धिक्कारा जाना और उसके हौसले को बढ़ाने वाले तथा उसके द्वारा की गयी अमानुषिक कतल का स्वागत करने वाले और उस दिन तक स्वागत करने वाले, जब तक वह भयंकर-से-भयंकर रूप धारण करती गयी और बेहद खून-खराबी और मार-काट हुई और निरपराधों के खून से, पशुता के साथ जमीन लाल और अपवित्र की गयी। जनरल डायर का उस दिन साथ देने, स्वागत करने और हौसले बढ़ाने वाला उसका मालिक निर्दोष है! उसकी नीयत तब तक भी दुरुस्त है! डायर ने कार्य अपने आप नहीं किया, मालिक ओडायर की मर्जी से किया। वह केवल सर माइकेल ओडायर का प्रतिनिधि था। डायर ने बड़े अपराध किये, पर ये अपराध होने किसने दिये? हत्या की गन हत्या करते हुए भी, हत्या की इतनी जवाबदार नहीं, जितना हत्यारा डायर। और डायर हत्या करते हुए भी उतना हत्याओं का अपराधी नहीं, जितना हत्याओं को उत्सुक और स्वागतकर्ता पंजाब का उस समय का माँ-बाप लेफ्टिनेण्ट गवर्नर! वह इसलिए दोषी है कि उसने नीति निश्चित की और उसी ने पंजाब के निरपराधों को मूर्खता और नीचतापूर्वक, अपनी इच्छा से बेमौत मरवा डाला। क्या सर ओडायर न चाहता और तिस पर भी डायर उन्हें मार डालता? "कोअस झूठ कहे को सुनई!"—पर साम्राज्य की ओट में अपने खूनी हौसलों को पूरा कर लेने वालों के लिए कोई भी पाप अनुचित नहीं! ओडायर ही था, जिसने नीति निश्चित की और उसका दृढ़तापूर्वक पालन भी किया! उसकी नजरों में पढ़ा-लिखा अंग्रेज नहीं, केवल पढ़ा-लिखा भारतवासी भयानक आदमी था! इसीलिए केवल पंजाब के शिक्षित और उनके शान्त प्रयत्नों ही को नहीं, प्रत्युत शिक्षित भारतवासी मात्र को नेस्तनाबूद कर देने के लिए, वह अपनी बड़ी तनख्वाह रूपी सोने की लंका में भी बेचैन रहा करता था। वह यह बात भूल गया था कि मैकाले के शब्दों में, भारतवासी शेरनी का दूध पी चुके हैं। वह इस बात को भी भूल चुका था कि वह एक साम्राज्य का दास है, जिसे यह अधिकार नहीं कि वह किसी देश में अशान्ति पैदा करे और उस देश को उभाड़े। सर माइकेल अराजक था, उसके इरादे पाप से भरे हुए थे और वह साम्राज्य और उसकी ताकत तथा

सम्राट् और उसकी प्रजा की शान्ति को कोई चीज नहीं समझता था। वह शान्ति-रक्षा के नाम पर शान्ति का दुश्मन और साम्राज्य का भी—जिसके गीत गाकर उसकी पीठ ठोंकी जा रही है—कट्टर और मतवाला शत्रु था। भारतीय प्रजा का, उसके शिक्षित हो जाने पर, वह पूरा शत्रु था, उसने इस विषय पर कई व्याख्यान भी दिये। अन्यों को छोड़कर केवल उस भाषण की याद दिला देना यहाँ उचित होगा, जिसे सुनकर वर्तमान वाइसराय का कड़ा कलेजा भी काँप उठा था! उसने बड़े लाट की भरी सभा में शिक्षित भारतीयों को कोसा था और वन्दनीय मालवीयजी के सम्मान पर डाका डाला था। वाइसराय ने उन्हीं के शब्दों में—योग्य और अनुभवी दोस्त ओडायर का वह हृदय—यदि उसे हृदय कहा जा सकता हो—जिसमें शिक्षित भारतवासियों को कुचल डालने की धुन थी, किसी को अपने निश्चित मार्ग के—चाहे वह कितना ही पाप और अत्याचारों से भरा हो—आड़े आता हुआ नहीं देख सकता था और न उसके कुसुम-से कोमल हृदय से (?) उन अत्याचारों पर या अपने विरुद्ध की गयी आलोचना ही सहन होती थी! वह अपने उद्देश्य की पूर्ति के लिए बुरे-से-बुरे साधन को भी उचित समझता था। ऐसे समय उसका कलेजा ऐसा खिचाव-तनाव में जोंक को भी मात करने वाला हो जाता था कि अपना मतलब जल्दी गाँठने के लिए वह कलेजा उसे निरंकुश और नीची युक्तियों का उपयोग करने की भी सलाह दे देता था, फिर चाहे उससे ब्रिटिश जाति के मुख पर कालिख ही क्यों न पुत जाये। यदि यह सच है कि सर माइकेल आयरलैण्ड का निवासी है तो हम कहेंगे, कि उस गन्दे विचार के आदमी ने, मौका पाया कि वह उस समय आयरलैण्ड में इंग्लैण्ड के विरुद्ध असन्तोष की सत्ता चल रही है, भारत को भी, अपने अत्याचारों से व्याकुल करके, इंग्लैण्ड का दुश्मन बना दे! उसने क्या-क्या नहीं किया? प्रेस ऐक्ट को आजमाते समय उसने आगे-पीछे नहीं सोचा और दबाव के कानूनों के खजाने से उसने जब चाहा मनमाना शस्त्र निकाला और उससे पंजाब की प्रजा का सम्मान करता रहा—उस प्रजा का जिसे वह देश में सबसे अधिक राजभक्त समझता था और जिसमें उसने 16 से 40 वर्ष की उम्र के लोगों का उन्हें फौज में कटवाकर, अकाल पाड़ दिया है! वह आपत्ति का आपत्ति से सामना करने के शास्त्र का शास्त्री था और उसने आपत्तियों से पंजाब को खूब बचाया। उसने उसे मनमाना दबाया, और भारत के अन्य भाग से खूब बचाया, और सुधार और शिक्षा की चूड़ियाँ चिटकाने वाले भारत से जरा भी मिलने-जुलने नहीं दिया। उसने आशीर्वाद दिया कि पंजाबी अपने नृशंस प्रभु की छत्र-छाया में रहें और सत्ता, समता और प्रजातन्त्र की जहरीली हवा के पास होकर भी न गुजरें। यदि हम उसके शासन को एक वाक्य में कह देना चाहें, तो हमें कहना चाहिए कि उसने पंजाब को अपने शासन के पूरे पाँच वर्षों तक मार्शल-ला का मजा चखाया! प्रेस की सख्ती की,

जबर्दस्ती बारलोम लिया, इन्साफ के कलपुर्जों से रंगरूट-भरती का काम लिया, सब प्रकार के राजनैतिक आन्दोलनों को सख्ती के साथ दबाया, और अन्त में रौलेट बिल के आन्दोलन में भाग लेने वालों के साथ, उसने कैसा क्रूर व्यवहार किया, ये सब बातें ऐसी हैं, जिन्हें फिर से दुहराने की जरूरत नहीं। उसके विषय में भारतवर्ष अपना मत निश्चित कर चुका है। वह अपने विचारों का पक्का, शान पर मरने वाला और नौकरशाही का वह पालतू जन्तु था जिसमें दया, दूर-दर्शिता और सहानुभूति के भाव समाप्त हो चुके थे। वह अपने शासन-काल में मन मसोसे बैठा रहा। उसका हृदय 'भुजबल त्रास भयउ मोहि भारी' की रोर मचाता रहा। वह उस दिन हुलसा, जब उसके हाथ में पंजाब के निरस्त्रों के साथ युद्ध का काम सौंपा गया। उसने अपनी शक्ति को आजमाया, और मनमाना बरतने के लिए, लार्ड चेम्सफोर्ड की कमजोर सरकार से उसने स्वतन्त्रता प्राप्त कर ली। हण्टर-कमेटी के अधिकांश ईमान रखने और न रखने वालों को भी यह मालूम हो गया है कि वहाँ कोई षड्यन्त्र या संगठन नहीं था, तो भी अपनी नीयत और साम्राज्य की रक्षा के ईसा की अपेक्षा भी पवित्र खयालों से वे इस निर्णय पर पहुँचे हैं कि मशीनगनों और तोपों के गोलन्दाजों के सामने निहत्थे इतने उभड़ पड़े थे कि गदर की आशंका ही थी! हण्टर-कमेटी के इन गैरहिन्दुस्तानी जीवों को, अपने समय और शब्दों का बलिदान करते हुए भी यह निश्चय करना कठिन हो गया कि पंजाब असन्तुष्ट क्यों था। उन लोगों ने सर माइकेल के सख्ती के शासन को उचित समझा। इसलिए कि 'उसके शासन की सख्ती के' उनके सामने 'कोई उदाहरण मौजूद न थे।" पर यह सत्य की हत्या है। कमेटी के सामने उदाहरण उपस्थित किये गये थे। मार्शल-ला की जरूरत बताते समय हण्टर-कमेटी की मेजॉरिटी रिपोर्ट, दुनिया को भूल-भुलैया में खड़ा करती है। पर बात स्पष्ट है। ज्यों ही अशान्ति के लक्षण दीखे, त्यों ही सर माइकेल ने यह न सोचा कि फौजी कानून के सिवा और किसी वैध उपाय से भी यह अशांतता हट सकती है या नहीं। उसने कार्य का प्रारम्भ ही ऐसे ढंग से किया कि मानो गदर हो गया था! उसके जो जी में आया, वह कर चला। वह अचानक आनेवाली जरा सी आपदा से एक डरपोक आदमी की तरह काँप उठा और उसने अपने हाथों का अधिकार, यदि उसके कामों का समर्थन ही करने चलें, तो खूनी फौज को सौंप दिया! उसने अशान्त जनता को शस्त्रों से सबक सिखाने की जरूरत समझी। उसने अपनी न्यायशीलता का दिवाला निकालने और अपनी शक्ति फौज को सौंप देने में अपनी बहादुरी समझी! और इस तरह बहादुर होने की नकल की। उसने सहसा खून-खराबी करना, असहाय स्त्रियों तथा बच्चों तक का मारना और जिसका नमक खाया था उस पंजाब के गाँवों को बमों से नेस्तनाबूद करना मंजूर कर लिया। उसने पंजाब के सब अत्याचारों का स्वागत किया, और मनुष्यता की

जरा भी पर्वाह किये बिना उसने अपने आधीन पदाधिकारियों को मनमाना करने की पूरी आजादी दे दी। उन्हीं का परिणाम वे भयानक हत्याकाण्ड हैं, जिनके कारण पंजाब को गदर करनेवाला सिद्ध किया। इसीलिए सर माइकेल को जनरल डायर की नर-हत्या, कर्नल जानसन और कर्नल ओब्रायन के नैतिक पापों से मुक्त नहीं किया जा सकता। भारत-सरकार यह भी कहती है—"माइकेल ने भीषण आपत्ति के समय बड़ी दृढ़ता और बुद्धिमत्ता से काम लिया। भयानक राजविद्रोह, जो सहसा उभड़ पड़ा था और जिसका प्रभाव समस्त भारत पर बहुत भयानक पड़ता, उसे शान्त करने का अधिकांश श्रेय सर माइकेल को ही है!" यह कथन हृदय को वेदना पहुँचाता है। यदि जनरल डायर, कर्नल जानसन तथा कर्नल ओब्रायन आदि दोषी हैं, जैसाकि हण्टर-कमेटी भी हिचक के साथ स्वीकार करती है, तो उस पाप से सर माइकेल कैसे बच सकता है? अच्छा, यदि सर माइकेल मुक्तिदाता और श्रेय का अधिकारी है तो उसके सहायक इन बातों के अधिकारी क्यों नहीं? हाँ, भारत-सचिव ओडायर के कार्यों की कड़ी आलोचना करते हैं, पर वे यह कहते हुए सर माइकेल का समर्थन जरूर करते हैं कि "सर माइकेल ने अदम्य उत्साह और सराहनीय शक्ति के साथ उस कार्य को किया, जो उस भीषण समय में उसे सौंपा गया था।" बहुत ठीक! जहर देने वाला दोषी, पर इजाजत देकर जहर दिलवाने वाला दोषी नहीं। यह ब्रिटिश न्याय है न? पर कहिये, जब शस्त्र और शोषित की नीति निन्दनीय समझी जाती है, और उस नीति के सहायक अपराधी माने जाते हैं, तब उन अपराधों का उत्पादक निर्दोष कैसे? सच्चे तर्क और सच्ची मनुष्यता के आधार पर सर ओडायर को भारत पाप का पुतला और नौकरशाही की समस्त बुराइयों की जीवित प्रतिमा समझता रहेगा। वह कहेगा, कि इसके हाथों में शक्ति सौंपी गयी थी जिससे वह भला भी कर सकता था, पर उसने बुराई की! तर्क और धर्म के आधार पर हमारी नजरों का अपराधी सर माइकेल वही है, जो हण्टर-कमेटी, भारत-सरकार और उदारता की डींग हाँकने वाले मि० माण्टेगु, जिसे ब्रिटिश न्याय पर कालिमा पोतते समय सिद्ध करते हैं ईसा का अवतार—निर्दोषिता की मूर्ति।

सम्पादकीय टिप्पणी नं० 1

ईरान में बोल्शेविक दल-धीरे-धीरे अपना प्रभुत्व जमा रहा है। समाचार प्रकाशित हो चुके हैं कि ईराने के एन्जेली स्थान पर बोल्शेविकों ने कब्जा कर लिया है और वहाँ की ब्रिटिश फौज हटा दी गयी है। इधर अफगानिस्तान में बोल्शेविक लोग अपना कदम बढ़ा रहे हैं। मध्य एशिया की मुसलमानी रियासतें—तुर्कस्थान और अजरबेजान—बोल्शेविकों के कब्जे में आ गयी हैं और इन्हीं मुसलमानों द्वारा ईरान और अफगानिस्तान पर बोल्शेविक सत्ता प्रस्थापित करने का प्रयत्न किया

जा रहा है। टर्की की सन्धि से टर्की का एक विशेष दल नाराज है और वह भी बोल्शेविकों से हाथ मिलाने को तैयार है। ईरान नेशनलिस्ट दल भी बोल्शेविकों की सहायता से अपने देश की उन्नति करना चाहता है। यदि कोई बलवान सत्ता बोल्शेविकों की इस बाढ़ को न रोके तो सम्भव है थोड़े ही दिनों में मध्य एशिया बोल्शेविकों के आधीन हो जायेगा। इस समस्या को हल करने का प्रयत्न किया जा रहा है। सैनिक सत्ता के बल पर नहीं, किन्तु व्यापारिक चतुराई से बोल्शेविकों की वृद्धि रोकी जाएगी। सरकार व्यापार के लिए तैयार है, वह कहती है कि हमसे सन्धि कर लो और व्यापार शुरू कर दो। महायुद्ध से थका हुआ यूरोप इसी नीति का अवलम्बन करके बोल्शेविक भूत को गाड़ना चाहता है।

सम्पादकीय टिप्पणी नं० 2

जब किसी व्यक्ति को अपने विरुद्ध किए हुए दोषों की सफाई करने का और कोई मौका नहीं रहता, तब वह न्याय करने वाले की बुद्धि पर सन्देह और लोगों पर अपने निर्दोष होने की बात प्रकट करने लगता है। इस प्रकार की सफाई से किसी का पक्ष सिद्ध नहीं हो सकता, और इसीलिए न्यायशास्त्र के क्षेत्र में इसे 'तर्क की भूल' कहते हैं। हम देखते हैं, सर माइकेल ओडायर भी इसी तरह का प्रयत्न कर रहे हैं। आपने 'लन्दन टाइम्स' को एक पत्र लिखा है। उसमें आप कहते हैं—"हण्टर-कमेटी के एक भी यूरोपियन मेम्बर ने शासन-प्रबन्ध का काम नहीं किया था और भारतीय सदस्य उन्हीं लोगों में से थे, जिनकी करतूतों ने पंजाब के दंगों का बीज बोया और जो प्रत्यक्ष रूप से बलवे में शामिल थे।" अतएव, "हण्टर-कमेटी पंजाब के संगठित षड्यन्त्र को साबित न कर सकी।" भू० पू० पंजाब क्षत्रप का यह रोना, न्यायशास्त्र के प्रतिकूल होने पर भी, इण्डियन सदस्यों की योग्यता पर भारी कलंक लगाने वाला है! स्वयं भारत-सरकार ने कमेटी के निर्वाचन के समय विशेष योग्य व्यक्तियों का चुनाव किया था, किन्तु अहंमन्य सर माइकेल भारत-सरकार को नितान्त मूर्ख साबित करने की उद्दण्डता करते हैं।

सम्पादकीय टिप्पणी नं० 3

सर माइकेल की इन बातों का उत्तर साहबजादा सुलतान अहमद खाँ ने 'लन्दन-टाइम्स' को एक तार भेजकर कर दिया है। आपने सर माइकेल की गवाही का अंश उद्धृत करके बताया है कि वे स्वयं जाँच-कमेटी के सामने पंजाब में 'संगठित षड्यन्त्र' का होना साबित न कर सके। आप आगे कहते हैं कि "संभ्रान्त व्यक्तियों के विशुद्ध चरित्र पर आक्रमण करना कोई लड़कों का खेल नहीं है! यह आक्रमण ऐसे समय किया गया है, जबकि हम लोग उत्तर देने के लिए मौजूद नहीं हैं, अतएव सर माइकेल जैसे उच्च पदाधिकारी की यह निंदनीय नीति सर्वथा दोष-

पूर्ण है।" हण्टर-कमेटी पर पार्लियामेण्ट में शीघ्र ही बहस होने वाली है, और सर माइकेल चाहते हैं कि किसी-न-किसी उपाय से वहाँ की जनता की आँखों में धूल डाल दें। पर सर माइकेल के दुर्भाग्य से उनकी धूल उड़ाने के लिए कांग्रेस कमेटी के सेक्रेटरी मि० पटेल इस समय इंग्लैण्ड में मौजूद हैं

सम्पादकीय टिप्पणी नं० 4

सर माइकेल ने अपनी निर्दोषिता सिद्ध करने के लिए ब्रिटिश जनता से कहा है कि मेरी सरकार ने या मैंने पंजाब की बातों को प्रकट करने में कभी भी विलम्ब नहीं किया था। मि० सी० एफ० एण्ड्रूज ने 'स्टेट्समैन' को एक चिट्ठी लिखकर बताया है कि सर माइकेल की ये बातें बिल्कुल झूठ हैं। आपने पहले जलियाँवाला बाग की घटना दी है। इस घटना के विषय में सर ओडायर की सरकार ने पहले कहा था कि मृत्यु-संख्या बड़ी है, फिर कहा, 200 के करीब है। दूसरी घटना रेंगने की आज्ञा के विषय में है। यह घटना छिपाने की पूरी कोशिश की गयी थी, यहाँ तक कि वाइसराय की कौंसिल में भी इसे छिपाने का प्रयत्न किया गया था। इस विषय की अमानुषिक बातें जाँच के समय प्रकट हुईं। तीसरी घटना बम के विषय में है। गुजरानवाला के पास के गाँवों पर 15 अप्रैल को बम बरसाये गये थे। यह घटना अगस्त तक प्रकट नहीं होने पायी थी! पापियों का हृदय दुर्बल होता है, सर माइकेल की यह आँख-मिचौनी इस बात का नया उदाहरण है।

सम्पादकीय टिप्पणी नं० 5

पुरी में अकाल पड़ गया है। लोग बड़े भारी कष्ट में हैं। ऐसे समय सरकारी अफसरों ने अपने अत्याचारी स्वभाव का परिचय देकर लोगों की दुरवस्था देखने की उपेक्षा की है। लोगों की जाँच करने वाली कमेटी को सरकारी सहायता देने से इन्कार किया है, और उन लोगों को कष्ट दिया है जिन लोगों ने किसी से यह कहा कि हम भूखों मरते हैं। पुरी के कलेक्टर और पुलिस सुपरिण्टेण्डेण्ट ने व्यक्तिगत सहानुभूति दिखायी, परन्तु सरकारी रीति से वे सहायता और सहानुभूति दिखाने को तैयार न हुए। इन सब बातों की जड़ है वहाँ का कमिश्नर। उसी की जबर्दस्तियों से सरकारी अफसर भूख से मरते हुए उड़ीसावासियों को सहायता नहीं पहुँचा सकते। कठिनाई यहाँ तक पैदा की गयी कि वहाँ के चौकीदार या मुकद्दम कोटवारों की किताब, सरकारी दबाव के कारण यह नहीं लिख पाती कि अमुक आदमी भूख से मर गया। एक आदमी कहीं यह कह बैठा कि अमुक आदमी भूख से मरा है, बस, इतने ही पर निम्पारा के पुलिस इन्स्पेक्टर ने उसे कोड़ों से पीटा! वहाँ की जाँच कमेटी से उक्त इन्स्पेक्टर के विरुद्ध शिकायत पर न कोई कार्रवाई हुई और न उत्तर ही मिला।

उनके मकानों और शरीरों की दशा करुणाजनक हो रही है और उन्हें भूख से बचने के साधन उपलब्ध नहीं। दुःख यह जानकर और बढ़ जाता है कि बच्चों के मर जाने पर माता, और स्त्री के भूख से तड़प-तड़पकर प्राण देने पर पति, ये सब इसलिए सुख मानते हैं कि उन्हें मरने वालों ने अपने पेट भरने की चिन्ताओं से मुक्त कर दिया।

लोग अपनी हालत कहते डरते हैं और डर से भूखों मरे जा रहे हैं! एक तरफ उन अभागों पर जगदीश्वर रूठा हुआ है और दूसरी तरफ नादिरशाह सरकारी अफसर! हमारा निवेदन है कि इन बेमौत मरते हुए अपने भाई हिन्दू-मुसलमानों को हम लोग न भूल जायें।

कमिश्नर ने मरते हुओं को नहीं देखा और एक गाँव में आकर कह दिया कि लोग व्यर्थ पुकारते हैं, यहाँ कोई तकलीफ नहीं। सौभाग्य से बिहार और उड़ीसा के छोटे लाट सर एडवर्ड गेट आए। उन्होंने लिखा कि "मैंने 8 दिनों में 40 गाँव देखे और 440 आदमियों की मृत्यु होती देखी!" सर गेट ने कुछ सरकारी सहायता का भी इन्तजाम किया है, किन्तु हम भारत के धर्मप्राण हिन्दुओं से निवेदन करते हैं कि जगदीश में अटका चढ़ाने का दिन आज है। अपने मरते हुए भाइयों को बचाओ, नहीं तो—

देर जो लगाओगे, न पाओगे किसी को वहाँ,
पीछे पछतावोगे, कठोर कहलाओगे!

सम्पादकीय टिप्पणी नं० 8

प्रातःस्मरणीय महाराणा प्रताप की मेवाड़ भूमि में एक बिजोलिया नाम की जागीर है। इस जागीर की प्रजा कई अत्याचारी करों और अन्याय-पूर्ण प्रथाओं के कारण दुखी है। अपने दुःखों को मिटाने के लिए प्रजा ने अर्जियाँ भेजीं, कष्ट भी सहे और अन्त में सत्याग्रह का अवलम्बन भी किया। बहुत-कुछ आंदोलन होने पर महाराणा साहब उदयपुर ने बिजोलिया की जाँच के लिए एक कमीशन नियत किया। सुना है, कमीशन ने बिजोलिया के किसानों के साथ रियायत करने की सलाह दी थी, किन्तु उदयपुराधीश ने हुक्म दे दिया कि अपनी प्रजा को काबू में रखने के लिए ठिकाना बिजोलिया के स्वामी मनमाने उपायों का अवलम्बन कर सकते हैं। समय के प्रबल प्रवाह ने निरंकुश शासकों के आसन हिला दिये हैं। हम आशा करते हैं कि प्रजा के और कुछ करने के पहले ही महाराणा साहब अपनी आज्ञा पर पुनर्विचार करेंगे और लोगों की भयंकर निराशा को हटा देंगे।

[26 जून, 1920]

होशंगाबाद जिला परिषद

यों तो सारा मध्यप्रदेश एक पिछड़ा हुआ प्रदेश है, किंतु उसमें भी प्रदेश के उत्तरीय जिले अधिक पिछड़े हुए हैं। होशंगाबाद, इन्हीं अत्यन्त पिछड़े हुए जिलों में से एक है। इस वर्ष गत ता० 25, 26 और 27 जून को वहाँ राजनैतिक जिला परिषद हुई और वह उन परिषदों में से एक जोरदार हुई, जो अपने अनेक गुणों के कारण सफल कही जा सकती है। बहुत ही थोड़े समय में होशंगाबाद के सज्जनों ने निश्चय किया और कार्य में लग गये। परिषद के लिए पण्डाल की जगह नर्मदा का घाट था, और बैठने के लिए घाटों के पत्थरों की सीढ़ियाँ। किन्तु उपस्थिति 5 हजार से ऊपर थी और कार्य में लोग ऐसे मतवाले हो रहे थे कि सैकड़ों की संख्या में सबजेक्ट कमेटी होती, दिन-भर परिषद होती और रात को होता मध्यप्रदेश के ऋषिकुल का वार्षिकोत्सव ! तिसपर भी दर्शकों की भीड़ हजारों की संख्या पार किये रहती और अपने को राष्ट्रीय कार्य का स्वरूप बनाये रहती। बड़े-छोटे, धनी-मजदूर, मालगुजार किसान, हिन्दू-मुसलमान और वकील तथा व्यापारी सब श्रद्धा से भाग लिए हुए थे। स्वागत समिति के सभापति राय बहादुर जगन्नाथ-प्रसाद जी के भाषण के पश्चात् सभापति रायबहादुर विष्णुदत्तजी शुक्ल का भाषण हुआ। भाषण मौखिक था, पर उसमें सब मुख्य मुद्दे आ गये थे। उसमें धार्मिक सत्यता और राष्ट्रीय तेज, राजनैतिक गम्भीर गवेषणा और गरीबों की राजनीति, उत्साह-भरे भाव और काम की बातें साथ-साथ थीं।

कोई 40 के ऊपर प्रस्ताव इस जिला सभा में हुए, जिनमें अधिकांश प्रस्ताव विदेश, देश और प्रदेश से सम्बन्ध रखते थे। यद्यपि जिला सभा के लिए सदा ही ऐसे व्यापक प्रस्ताव जरूरी न होंगे, परन्तु उस दिन तक इन प्रस्तावों की जरूरत रहेगी, जब तक राजनैतिक विषयों में पिछड़ी हुई जनता का ज्ञान यथेष्ट न हो जाय। राजभक्ति के प्रस्ताव के सिवा, होशंगाबाद के लिए कालेज, हरदा-सिवनी का होशंगाबाद जिले में मेल, इटारसी में टेक्निकल स्कूल, नर्मदा पर पुल, भोपाल और इन्दौर स्टेट से अनाज के प्रतिबन्ध का उठा देना, होशंगाबाद में नलों का होना, आदि जिले-सम्बन्धी प्रस्ताव थे। जिस समय रसद, बेगार और शिकार के प्रस्ताव पर पं० काशीराम तिवारी उन अत्याचारों का वर्णन कर रहे थे, जो कुछ सरकारी पशुओं द्वारा दीन जनता पर किये जाते हैं, उस समय बहते हुए आँसुओं से और रह-रहकर रुँध जाने वाले कण्ठ से वक्ता बोल रहे थे, और आँसू बहाते हुए श्रोता सुन रहे थे। वक्ता ने दो किसानों की ओर उँगली उठाई और वे स्टेज पर लाये गये। एक था शिवदास वल्द मनामल रघुवंशी, और दूसरा था चिन्ता वल्द मन-मोहन किसान। दोनों की गाड़ियाँ, सुनते हैं, चीफ कमिश्नर महोदय का सामान ढोने के लिए बेगार में पकड़ी गयी थीं और जरूरतों के मारों के इन्कार करने पर

जूतों, घूंसों और गालियों से, सरकार के आज्ञापालन के नाम पर, गरीबों की मारामार कर दी गयी। परिषद के दूसरे दिन एक ऐसा मनोहर दृश्य देखने को मिला, जो किसी भी भारतीय से जीवन-भर नहीं भूला जा सकता। गत वर्ष की ईद के समय हिन्दू-मुसलमानों में झगड़ा हो गया था, इसी से गोकुशी न हो सकी। ठीक परिषद के समय सब मुसलमान भाई, उस वध से बची हुई गाय को, गले में हार डालकर 'वन्देमातरम्','देशभक्तों की जय' और 'हिन्दू-मुसलमानों की जय' के, नारे लगाते, बाजे बजाते परिषद के स्थान पर लाए। हजारों आदमियों की भीड़ जमा थी। इस मेल पर, सभापति ने अपने सम्पूर्ण भाषण में कहा, "इस बात में, समूचा हिन्दुस्तान, हिन्दू-मुस्लिम एकता के लिए होशंगाबाद से सबक सीखेगा!" मौलवी मंजूर अहमद ने कहा, "हम यह गाय अपने हिन्दू भाइयों को सौंपते हैं, वे इसे मुहब्बत से पालें और बड़ी शान से इसे शहर से होकर गुजरने दें। जब यह शहर से गुजरेगी तो हमारे हिन्दू-मुस्लिम दिलों को मेल के लिए जिन्दा करेगी और मुहब्बत को कभी टूटने न देगी।"

संपादकीय टिप्पणी नं० 1

गोरों-कालों के भेद-भाव को नष्ट करने के लिए जिस समय प्रयत्न हो रहे हैं, उसी समय अफ्रीका-निवासी गोरे भाई अपनी हृदय की संकीर्णतावश वहाँ बसे हुए भारतीयों को किसी-न-किसी बहाने निकाल बाहर करना चाहते हैं। कानून गढ़े जा रहे हैं और उन पर अमल करने के लिए पूर्वी अफ्रीका में सरकार ने एक अधिकारी भी नियत कर दिया है। प्रयत्न किया जा रहा है कि वहाँ के भारतीयों को—इसमें यह शर्त भी रखी गई है कि जो स्वदेश-गमन के इच्छुक हों—वापिस भारत में भेज दिया जाय। साम्राज्यवादी गोरे भारतीयों को तब तक अफ्रीका में रहने देना पसन्द करते थे, जब तक वहाँ की भूमि भारतीयों की मेहनत की मोहताज थी। अब भारतीयों की परिश्रमशीलता से पूर्वी अफ्रीका रहने योग्य स्थान बन गया है, इसीलिए अब हमारे गोरे भाई इन भारतीयों का वहाँ रहना पसन्द नहीं करते। फिजी में भारतीयों की न्याय-युक्त माँगों पर बलवे की छाप लगाकर भारत राष्ट्र का मान-मर्दन किया जा चुका है। मारिशस में, ट्रिनिदाद में, जर्मन ईस्ट अफ्रीका में, जहाँ-जहाँ भारत के पुत्र जाकर बसे हैं, अपमानित किये जाते हैं, तिस पर भी ब्रिटिश गायना में भारतीयों को बसाने का प्रयत्न किया जा रहा है। इस तरह हमारे ही रक्त और वंश के कोई 20 लाख भारतीय हृदय अपमान की कलंकित मार से पद-दलित किये जा रहे हैं। यह अपमान हमारे साहसी भाइयों का नहीं, भारतीय राष्ट्र का है। हमारा अपमान संसार में तब तक होता रहेगा, जब तक हम अपनी सम्मान-रक्षा आप न करेंगे। जब अपने देश में हम कोई चीज नहीं, तब बाहरी देश वाले हमें अपमानित करने से कभी बाज न आवेंगे। मि०

एण्ड्रूज ऐसे परोपकारी सज्जन स्वयं अफ्रीका में घूमकर वहाँ की करुण कहानी सुना रहे हैं, तो भी हमारे कानों पर अभी तक जूं नहीं रेंगती। हमारा इस समय कर्त्तव्य है कि अपने भाई-बहिनों की मानमर्यादा की रक्षा के लिए एक ऐसी संस्था भारतवर्ष में कायम करें जो प्रवासी भारतीयों के अधिकारों की रक्षा के लिए प्रयत्न करे। इस तरह के एक-दो प्रयत्न किये जा चुके हैं, किन्तु कार्य-क्षेत्र में उतरने के पहले ही उनका अन्त हो गया है। हमें आशा है कि स्वराष्ट्र के निर्माण की जिम्मेदारियाँ समझने वाले हमारे नेता इस प्रश्न को उपेक्षा की दृष्टि से न देखेंगे और शीघ्र ही प्रवासी भारतीयों के अधिकार की रक्षा के लिए एक संस्था का संगठन करेंगे।

संपादकीय टिप्पणी नं० 2

आगामी कौंसिलों की चुनाई के लिए प्रयत्न हो रहे हैं। प्रत्येक दल अपना-अपना मत-पत्र प्रकाशित कर रहा है। थोड़े ही दिनों में मेम्बरी के ग्राहक गाँवों में घूमकर सुधार की धूम मचाना शुरू कर देंगे। मतदाताओं पर इस समय बड़ी जिम्मेदारी है। जो लोग उनके हित का पूरी तरह पालन कर सकें, वे ही कौंसिलों में जा सकें। मतदाता लोग हरएक मेम्बर की खूब जाँच करें और सोच-समझकर अपना मत दें। मध्य प्रान्त के नेता लोग इस समय एक मत-पत्रिका तैयार कर रहे हैं। अन्य बातों के साथ हम आवश्यकता समझते हैं कि देशी वैद्यक के प्रचार और गोवंश की रक्षा का उद्देश्य भी मत-पत्रिका में सम्मिलित कर दिया जाय। लाहौरी मार्शल-ला ने हमको सबक सिखाया है कि समय पड़ने पर लोगों का पानी और प्रकाश बन्द किया जा सकता है। यदि किसी बहादुर सिपाही के चित्त में लोगों की औषधि बन्द कर देने की कल्पना ही कभी उत्पन्न हुई, तो हमें अपनी अकर्मण्यता और परावलम्बिता पर पछताना पड़ेगा। देश में बलवान बालकों की संख्या-वृद्धि का प्रश्न सबसे अधिक महत्त्व का है। पौष्टिक खुराक के न होने से अकाल में काल का कौर हो जाने वाली देश की सम्पत्ति बचाने के लिए गोवंश की रक्षा का प्रश्न हमें हाथ में लेना होगा। हम आशा करते हैं कि प्रत्येक मतदाता इन बातों का सन्तोषदायक उत्तर पाने पर अपना मत देगा।

सम्पादकीय टिप्पणी नं० 3

भारत का एक-तिहाई भाग देशी राजाओं की आधीनता में है। यहाँ के निवासियों और ब्रिटिश भारत के निवासियों में परस्पर जाति, धर्म एवं रिश्तेदारी आदि अनेकों सम्बन्ध हैं। रियासतों की राजनैतिक व्यवस्था भी ब्रिटिश भारत की शासन-प्रणाली के अनुसार नहीं है। किन्तु इतना साम्य होने पर भी लार्ड चेम्सफोर्ड की सरकार ने रियासतों के राजाओं और उनकी प्रजा को एक विदेशी प्रजा की तरह ब्रिटिश शासन के सुधारों के अधिकार से वंचित रखना चाहा था।

विदेशों में रियासत की प्रजा को ब्रिटिश प्रजा के अधिकार प्राप्त हैं, किन्तु लार्ड चेम्सफोर्ड की सरकार ने रियासत वालों को इसलिए मताधिकार देना उचित नहीं समझा कि रियासत वाले अपनी हद में ब्रिटिश प्रजा का हस्तक्षेप अस्वीकार करते हैं। भला हो लार्ड सेलबोर्न की कमेटी का, जिसने सुधार कानून में ही यह नियम शामिल कर दिया कि—Subject to any such rules any Person who is a ruler or subeject of any state in India may be nominated as a member of a governor's legislative council. (अर्थात्, प्रान्तीय सरकार कुछ शर्तों पर रियासत के राजा या उसकी प्रजा को कौंसिल की मेम्बरी के लिए नामजद कर सकती है।) इस नियम के अनुसार अब रियासत का प्रजाजन नामजद हो सकता है, किन्तु बंगाल और मद्रास-सरकार को छोड़कर अन्य किसी सरकार ने इन लोगों के नामजद किये जाने के नियम अभी तक नहीं बनाये हैं। हमारा प्रान्त मध्यभारत की रियासतों की हद से लगा हुआ है और हमारी हद में भी कई छोटी-मोटी रियासतें हैं। सरकारी अमलदारी में रहने वाले किसी व्यक्ति का बच्चा अपने सम्बन्धियों के घर रियासत की हद में पैदा होवे तो वह मौजूदा नियमों के अनुसार ब्रिटिश नागरिकता के अधिकार से वंचित रहेगा। इस विचित्र पद्धति की बदौलत रियासती और ब्रिटिश प्रजा में भेद पैदा करने का प्रयत्न किया गया है और निरंकुश देशी राजाओं ने इस प्रयत्न में खूब सहायता दी है। अखिल भारतवर्ष की भलाई चाहने वाले देशभक्तों से हमारी प्रार्थना है कि वे यह भेद-भाव नष्ट करवाने का प्रयत्न करें और ब्रिटिश भारत में रहनेवाले अपने रियासती भाइयों के लिए भी कौंसिल का मार्ग खुला करें। अखिलभारत की एकसूत्री उन्नति के साथ-साथ यह नियम निरंकुश राजाओं के अत्याचारों की रोक का भी बलवान अस्त्र होगा।

[3 जुलाई, 1970]

शान्तिप्रिय और सहनशील जाति !

"We Europeans are a peace loving and long suffering race. We ask nothing better than to live on terms of political friendship with our Indian compatriots, but let not the Honurable mover be misled by our complisency. If he makes the mistake of smiling us on our one cheak that I cannassure him that no matter what over religion may teach us, we shall not turn the other cheak to him, but on the contrary shall hit him back with a vigour that may possibly surprise him."

(—10th July 1920, pags 4, Karmaveer Weekly, col. 1)

"हम यूरोपियन लोग शान्तिप्रिय और चिर-सहनशील हैं। हम अपने साथी हिन्दुस्तानी देशभक्तों के साथ राजनैतिक मित्रता के भाव से रहने के अलावा और कुछ नहीं चाहते। परन्तु प्रस्ताव-कर्त्ता को हमारी भलमनसाहत से बहक न जाना चाहिए। यदि वह हमारे एक गाल पर तमाचा लगाने की गलती करेगा, तो मैं उसे विश्वास दिला सकता हूँ, कि हमारा धर्म चाहे जो भी कहता हो, हम अपना दूसरा गाल उसके सामने नहीं करेंगे, किन्तु इस जोर से मारेंगे कि वह चौंक पड़ेगा।" यह था गत बंगाल लेजिस्लेटिव कौंसिल में शान्तिप्रिय और सहनशील जाति के प्रतिनिधि मि० वाटसन स्मिथ का उत्तर, मान० बाबू अखिलचन्द्रदत्त के प्रस्ताव पर, जिसमें कहा गया था कि बंगाल लेजिस्लेटिव कौंसिल में पहले की अपेक्षा यूरोपियनों को चार और एंग्लो-इण्डियनों को दो मेम्बर अधिक देने का जो प्रस्ताव फ्रेंचाइज कमेटी ने किया है, वह स्वीकार न किया जाय। प्रस्ताव बहुत उचित था। पहली योजना के अनुसार एंग्लो इण्डियनों के अलावा केवल यूरोपियनों को, जिनकी संख्या बंगाल में चार हजार से भी कम है, 18 मेम्बर मिल चुके हैं, और दो करोड़ गैरमुस्लिम जनता को 40 से कुछ अधिक मेम्बर मिले हैं। यह अन्याय! और तिस पर भी फ्रेंचाइज कमेटी का प्रस्ताव कि यूरोपियनों को चार तथा एंग्लो-इण्डियनों को दो मेम्बर और मिलें! इसीलिए श्रीयुत दत्त का प्रस्ताव बहुत उचित था। परन्तु शान्ति-प्रिय और सहनशील मि० वाटसन का ख़ून खौल पड़ा। प्रस्ताव के विरोध में, उसने कहा, मैं कोई दलील देना नहीं चाहता। उसकी सहनशीलता की जोशीली लहर इतनी ऊँची उठी कि उसने धर्म की सीमा का उल्लंघन करके ऐसा धक्का देने की ठानी जिससे हिन्दुस्तानी चकित हो जायँ। हम मि० वाटसन या अंग्रेजों की सहनशीलता तथा शान्तिप्रियता के जोश से चकित नहीं हैं, क्योंकि प्रति दिन के व्यवहार से, आफिस में, थियेटर में, बागों में, रेलवे में, अदालतों में, व्यवस्थापिका सभाओं तथा उनके निवास-स्थानों में हम देखते हैं कि वे आमतौर से कितने सहनशील और शान्तिप्रिय होते हैं। मिस्टर वाटसन का यह भाषण उनकी जाति की सहनशीलता और शान्तिप्रियता का प्रत्यक्ष उदाहरण है। किन्तु हम चकित हैं उसके साहस पर—कौंसिल में ऐसी बेहूदा बात कहने के साहस पर नहीं, किन्तु इतना कहकर भी नरम दल वालों से राष्ट्रीय दल के विरुद्ध यूरोपियनों के साथ सहकारिता चाहने के साहस पर! क्या वास्तव में हमारे वे भाई इतने 'उदार' हो गये हैं कि एक व्यक्ति उनके ही भाई को उसका पक्ष सच्चा होने पर भी इस प्रकार घूंसा दिखावे और वह घूंसे का पंजा सहकारिता की आशा से उनकी ओर बढ़े तो वे उसका स्वागत करें? यदि हमारे उदार भाइयों को उनकी शिक्षा, अध्ययन और ज्ञान ने इतना अकर्मण्य तथा हृदय-

हीन बना दिया है तो समय आ गया है कि इस शिक्षा, अध्ययन तथा ज्ञान को भूल जायें और इससे दूर रहें। क्योंकि उस अवस्था में किसी का घूंसा देखते ही हमारा स्वाभिमानी हृदय मित्रता के भाव से हाथ नहीं उठावेगा, किन्तु घूंसा दिखानेवाले का घूंसा सदा के लिए झुका देने के लिए अपने हाथ, शरीर और हृदय को एक साथ ही उठावेगा। तभी हम संसार में वीर कहलायेंगे। और तभी मि० वाटसन की जाति हमारे सम्बन्ध में सच्ची शान्तिप्रिय तथा सहनशील हो सकेगी। शायद यह अंग्रेजों की सहनशीलता और शान्तिप्रियता का ही प्रमाण है कि हिन्दुस्तान में जलियाँवाला की कत्ल हुई, फीजी में मार्शल-ला जारी हुआ, अफ्रीका से हिन्दुस्तानी निकाले जा रहे हैं, मिस्र में आन्दोलन बढ़ रहे हैं, मेसोपोटामिया और अरब में इन नये प्रभुओं के विरुद्ध लड़ाइयाँ हो रही हैं। दूर क्यों, पड़ोस के सगे भाई आयरलैण्ड ही में घमासान बलवा हो रहा है! इस प्रकार सारा साम्राज्य इस सहनशीलता और शान्तिप्रियता की दुहाई दे रहा है! ईसा की आत्मा आदर से अपने इस घूंसा उठाकर सहनशील बननेवाले आस्तिक चेले की चालें देखें और हिन्दुस्तानी जोर, इस उद्दण्डता को इतने बल के साथ दबावे कि वाटसन और उसके उस-जैसे भाई पतित होते-होते बच जावें और यह सिद्ध हो जाय कि भारत अब निर्बलों का वह मैदान नहीं, जहां घूंसा उठाने वाला सहज ही अपना हाथ ऊँचा कर सके।

होशंगाबाद जिला परिषद

परिषद में स्वराज्य का प्रस्ताव सामने आने पर किसानों और जमींदारों ने उसे हृदय से सहमति दी। श्रीयुत पण्डित गोविन्दप्रसाद जी उस आदरणीय प्रस्ताव के प्रस्तावक थे। रायबहादुर जगन्नाथप्रसादजी ने उसे अपूर्ण, असन्तोषजनक और निराशाजनक वहकर कोसा और पं० चन्द्रगोपालजी ने उसकी बड़ी अच्छी मीमांसा की। जब एक वक्ता सुधार में क्या-क्या मिला है, यह समझा रहे थे, तब इसका मजाक उड़ाते हुए पं० सीताचरणजी ने बीच में कहा, "इतने पर भी क्या वे असन्तोषजनक हैं ?" तब वक्ता ने ऐक्ट की कमजोरियाँ दिखलायीं और कांग्रेस के निश्चय के अनुकूल सागर-सम्मेलन का प्रस्ताव ही इस छोटी-सी परिषद में बड़ी वीरता और दृढ़ता से पास हुआ। 'सी० पी० वीकली न्यूज' को धन न दिए जाने और उसकी नीति की निन्दा करने के प्रस्ताव पर बाबू चन्द्रगोपालजी बड़े जोरदार शब्दों में बोले। रायबहादुर जगन्नाथप्रसाद जी ने कहा कि यह पत्र बहुत बुरा है, इसे नहीं खरीदना चाहिए। एक सरकारी सर्कुलर आया था कि इसे मदद दी जाय परन्तु होशंगाबाद म्युनिस्पैलिटी ने मदद देने से साफ इन्कार कर दिया।

(बीच ही में हरदा के सेठ हरिशंकर जी ने कहा कि हरदा म्युनिस्पैलिटी ने भी इन्कार कर दिया, और काशीराम जी तिवारी बोले कि सोहागपुर लोकल बोर्ड ने भी) सरकार इस पत्र को 16 हजार रु० देती है। वृद्ध वक्ता बोले, यह बहुत बुरी बात है कि रुपया देकर अपनी तारीफ कराई जाय। किन्तु यह तो और भी निन्दनीय बात है कि प्रजा का रुपया खर्च कर सरकार अपनी तारीफ करावे। रौलट ऐक्ट पर बोलते हुए श्रीयुत सीताचरण दुबे ने कहा कि रौलट ऐक्ट के विरोध का मूर्तिमान स्वरूप सभापति है। यह वह ऐक्ट है, जिसके द्वारा जब चाहे तब सरकार जनता पर मनमाना जुल्म कर सकती है। इस ऐक्ट से हिमालय से कन्याकुमारी तक हमारा राष्ट्रीय गौरव, स्वाभिमान और तेज कलंकित होता है। यह कहा जाता है कि हम इसे काम में न लायेंगे, परन्तु मैं सभापतिजी के शब्दों में कहूँगा कि "हम जानते हैं आपकी आदत कुछ और है।" पण्डित शालिग्राम द्विवेदी जी ने कहा—"शक्ति और आवाज मिलाकर कहो कि इस कुठार को उठा लो, नहीं तो आपका भला नहीं है।" परिषद के मंत्री और कार्यकर्त्ता श्री चटर्जी, पं० नारायणप्रसाद जी, पं० रेवाप्रसाद जी आदि सज्जनों का उद्योग प्रशंसनीय था। ठाकुर शेरसिंह, पं० जुगलकिशोरजी, श्री फजल अहमद, सैयद मोहम्मद, मि० नायक, मि० पटुलकर, सेठ हरिशंकर जी आदि सज्जनों के बड़े प्रभावजनक भाषण हुए। पं० शुकदेवप्रसाद तिवारी की सुन्दर कविताएँ हुईं। परिषद में मणिकचन्द जी ताल्लुकेदार बाबई, सेठ रणछोड़दासजी, सेठ नन्हेलालजी, पटेल देवबख्शजी, श्यामलाल जी, ललताप्रसादजी आदि कई धनी-मानी जमींदार, साहूकार आदि उपस्थित थे। परिषद की भाषा देशी, माध्यम देशी भाषा, नागपुर युनिवर्सिटी में देशी भाषा, जबलपुर में आधे वर्ष कौंसिल की बैठक, मध्यप्रान्तीय प्रतिनिधि, दवामी बन्दोबस्त आदि कई उपयोगी प्रस्ताव पास हुए। परिषद में हरदा के प्रतिनिधियों का उत्साह और कार्य प्रशंसनीय था। सभापति का अन्तिम भाषण बड़ा ही करुणाजनक था। आपने सिद्ध किया कि हमें उतने भी अधिकार नहीं, जितने मुसलमानी शासन में प्राप्त थे। हम पूर्ण स्वराज्य के योग्य हैं, और दस वर्ष तक ठहरने की जरूरत नहीं। आपने आन्दोलन करने और कार्यों का बोझ सावधानी से सँभालने पर जोर दिया। आपने वोटरों को सावधान किया और उम्मेदवारों को विश्वासघाती न बनने की सूचना दी। सारांश में परिषद यशस्वी हुई। हमारा निवेदन है कि होशंगाबाद के उत्साही अधिक उमंगें अपने मन में लावें, और कार्यकर्त्ता, राष्ट्रीय जिम्मेदारियों को आये दिन अपने सिर पर वीरतापूर्वक लेने में पीछे कदम न रक्खें। हम इस परिषद के सब उद्योगियों का उनकी सफलता के लिए सम्मान करते हैं।

संपादकीय टिप्पणी नं० 1 (17 क)

आयरलैण्ड के भयंकर संवादों में अभी कमी नहीं है। गत सप्ताह समाचार आ चुके हैं कि लण्डन डेरी में तीन-चार दिन तक सिनफीन दल ने खूब मारकाट मचायी। एक गवर्नर के बेटे का भी उन्होंने खून कर डाला। ब्रिगेडियर जनरल ल्यूकस नाम के सेना के अधिकारी तथा एक स्टेशन-मास्टर को भी वे कैद कर ले गये हैं। उन्होंने प्रकट किया है कि यदि ब्रिटिश सरकार हमारे पकड़े हुए नेता को फाँसी देगी तो हम भी जनरल ल्यूकस को फाँसी पर लटका देंगे। यह निरी धमकी ही नहीं है, वरन् ब्रिटिश राजनीतिज्ञों को इसे अंशतः स्वीकार भी करना पड़ा है। प्रधान मण्डल ने गत सप्ताह प्रकट किया है कि जब तक जनरल ल्यूकस की रिहाई न हो सकेगी, तब तक सिनफीन कैदी की मृत्यु की सजा अमल में न आयेगी। छोटे-छोटे अत्याचार तो रोज ही होते रहते हैं। आश्चर्य तो इस बात का है कि ये सब अत्याचार आयरलैंड में आर्मी आफ आकुपेशन (सरकारी ब्रिटिश फौज) के रहते हुए हो रहे हैं। इन समाचारों को पढ़कर मन में सन्देह उत्पन्न होता है कि क्या ब्रिटिश फौज आयरलैण्ड की शान्ति बनाये रखने में समर्थ नहीं है ? यदि है, तो उसकी कार्यवाही के समाचार क्यों नहीं दिये जाते ? क्या यह सरकारी फौज जलियाँवाला जैसा कोई काण्ड वहाँ कर रही है, जिसकी वजह से समाचारों का दबाया जाना ठीक समझा गया है ? हाल में जालन्धर के सिपाहियों के बिगड़कर हथियार रखने के समाचार प्रकट किये गये हैं। उनके उत्तेजित होने का कारण बतलाया गया है, घर (आयरलैण्ड) से आने वाले समाचार। क्या समाचार ब्रिटिश सत्ता के आधीन रहने वाली तथा आयरलैण्ड से कई हजार कोसों के फासले पर नियत की हुई फौज को उत्तेजित करने के लिए काफी ताकत रखते थे ? ऐसी ही ऐसी बातों से आयरलैण्ड की सरकारी फौज की कार्यवाही की खबरें जानने की उत्सुकता लोगों में बढ़ती जाती है। यदि सरकारी फौज ने अभी तक वहाँ कुछ भी नहीं किया हो, तो क्या ब्रिटिश जनता आयरलैण्ड की खून-खराबी पर पार्लियामेण्ट को तंग न कर डालती ? दबी हुई खबरों के वायुमण्डल में बैठकर आयरलैण्ड की सैर करना कठिन कार्य है। देखना है, भविष्य में वहाँ की परिस्थिति पर क्या प्रकाश डाला जाता है !

संपादकीय टिप्पणी नं० 2 (17 ख)

आयरलैण्ड की वर्तमान परिस्थिति जितनी भयंकर बतलाई जाती है, उसके देखते किसी को आशा न थी की लार्ड फ्रेंच जैसे अधिकारी विद्रोह-दमन के बजाय सिनफीन दल से सन्धि करने का प्रयत्न करेंगे। रूटर ने समाचार दिया है कि बेल-फास्ट के एक भाषण में लार्ड फ्रेंच ने सिनफीन दल से अपील की कि मुफ्त में खून-

खराबी क्यों करते हो, तुम्हारी जो कुछ माँगें हों, हमसे कहो। ध्यान देने योग्य बात यह है कि यह भाषण मि० लायड जार्ज की भेंट के बाद दिया गया है। अनुमान किया जा सकता है कि शक्ति के बल पर विद्रोह-दमन करने का भय दिखाने वाले प्रधानमन्त्री महोदय भी शान्ति-पाठ के पढ़ने वाले बनना चाहते हैं। एक अंग्रेजी कहावत है कि—Blood is thicker than Water—रक्त-सम्बन्ध अधिक महत्त्व का होता है, इस कहावत की सत्यता, भारत का खयाली विद्रोह दमन करने वाली नौकरशाही और उसकी पीठ ठोकने वाली भारतीय सरकार, स्टेट-सेक्रेटरी तथा मन्त्रिमण्डल की हण्टरी लीपा-पोती देखकर मन पर अंकित हो जाती है।

संपादकीय टिप्पणी नं० 3 (17 ग)

आयरलैण्ड का प्रजा-शासन स्वीकार कराने का प्रयत्न अमेरिका में भी किया जा रहा है। वहाँ के लोगों की सहानुभूति तथा अंग्रेजी पार्लियामेण्ट की नाराजगी के समाचार इसके पूर्व ही आ चुके हैं। हाल में 'डेली टेलीग्राफ' के न्यूयार्क के संवाददाता ने अमरीकन औरतों के प्रयत्नों का कुछ हाल लिख भेजा है। संवाददाता का कहना है कि वाशिंगटन की कांग्रेस (अमरीका की पार्लियामेण्ट) में आयरलैण्ड का प्रजाशासन स्वीकृत कराने के लिए कोई एक दर्जन युवतियाँ अन्दर घुस पड़ीं। वाइस प्रेसीडेण्ट मि० मार्शल जब भाषण देने खड़े हुए, तब कुमारी एमिलिया रोजर नाम की युवती बीच में चिल्ला उठी, "कायरो, आयरलैण्ड का प्रजा-शासन स्वीकार करने की बहादुरी क्यों नहीं दिखाते ?" संवाददाता कहता है कि वह आगे कुछ और कहना चाहती थी कि सार्जेण्ट द्वारा निकाल बाहर की गयी। कुमारी रोजर के निकाले जाने पर वक्ता के बायें हाथ की गैलरी में बैठी हुई बोस्टन-निवासी कुमारी माराक्किन ब्रिटिश सेना के अत्याचारों का वर्णन करने लगी। यह श्रीमतीजी भी निकाल बाहर की गयीं। लोगों का खयाल था कि अब कोई बाधा उपस्थित न होगी, किन्तु थोड़ी ही देर में वक्ता के दाहिनी ओर की गैलरी में बैठी हुई कुमारी मेरी मेक्कारथी ने अपना भाषण शुरू किया। इन श्रीमती जी के निकाले जाने पर गैलरी के मध्य से कुमारी ओब्रायन भाषण करने खड़ी हुई। इन श्रीमतियों की गड़बड़ की वजह से उस दिन की सभा का कार्य स्थगित कर देना पड़ा, सीनेट-हाल में श्रीमती कारलिस ने भी बड़ी गड़बड़ मचाई। सीनेटर ब्रण्डेजी अपने भाषण में कह रहे थे कि यूरोपीय राष्ट्रों ने एशिया के टुकड़े-टुकड़े कर डाले हैं और वे उन टुकड़ों को आपस में बाँटना चाहते हैं। इतने में श्रीमती कारलिस चिल्ला उठीं, "आयरलैण्ड का प्रजा-शासन स्वीकार करो और अंग्रेज हूणों को आयरलैण्ड से निकाल बाहर करो !" वाइस प्रेसीडेंट मि० मार्शल की आज्ञानुसार श्रीमतीजी सीनेट से बाहर निकाल दी गयीं। आपके पश्चात् तीन महिलाएँ और खड़ी हुई। द्वार-रक्षक उनकी बातों पर इतना मुग्ध हो गया था कि वाइस प्रेसी-

डेण्ट की आज्ञानुसार उन्हें बाहर निकालने में आनाकानी करने लगा। ये स्त्रियाँ कैद की गयीं, किन्तु थोड़ी ही देर बाद रिहा भी कर दी गयीं। अमरीका की इन युवतियों की क्षण-मात्र की गड़बड़ से आयरलैण्ड का प्रजा-शासित राज्य हो जाना यद्यपि संभव नहीं है, तथापि गिरी हुई दशा के लोगों के नवयुवकों के लिए इन प्रमदाओं का कार्य बहुत-कुछ पाठ पढ़ा सकता है।

संपादकीय टिप्पणी नं० 6 (17 घ)

हण्टर-कमेटी की लीपा-पोती पर देशी पत्रों में तथा भारतवासियों के भाषण में बहुत-कुछ कहा जा चुका है। देश का नवयुवक समाज जलियाँवाला की रोमांचकारी घटना से उत्तेजित हो उठा तो कोई आश्चर्य नहीं, किन्तु हम देखते हैं, सर नारायणराव चन्दावरकर जैसे गम्भीर रीति से विचार करने वाले और सरकार की 100 गलतियों को सिर्फ 5 भी न बतलाने वाले 'सावधान' लोग भी हण्टर-कमेटी तथा सरकारी कर्मचारियों की चालबाजी को सन्देह की दृष्टि से देखने लगे हैं। गत 2 जून को बम्बई में हण्टर-रिपोर्ट का विरोध करने के लिए एक सभा हुई थी, जिसका अध्यक्ष-स्थान सर नारायणराव ने स्वीकार किया था। आपने अपने भाषण में जोरदार शब्दों में हण्टर-कमेटी के विषय की सरकारी नीति का निषेध किया और कहा कि पंजाब की अशान्ति का कारण सत्याग्रह नहीं, वरन् रौलट ऐक्ट था।

संपादकीय टिप्पणी नं० 8 (17 ङ)

श्रीयुत कृष्णजी गोविन्द ताम्हणकर मराठी भाषा के कवि हैं। आपने अभी एक कविता 'उद्बोधन' शीर्षक छपाकर प्रकाशित की थी। उसमें आपने बतलाया था कि लोग अन्न के बिना मरते हैं। जलियाँवाला के विषय में लिखा था कि केवल बदला लेने की गरज से लोग इकट्ठे करवाकर मारे गये। हमें समाचार मिला है कि उक्त महाशय को नागपुर के डिस्ट्रिक्ट मैजिस्ट्रेट ने हिदायत दी है कि आइन्दा ऐसी कविताओं के प्रचार करने पर तुम्हें संकट में पड़ना होगा। यदि यह समाचार सत्य हो, तो हम सरकार के असामयिक कार्य का निषेध करते हैं। क्या सहयोग और सहकारिता के युग के यही चिह्न हैं कि लोगों की जबान पर अत्याचारों के कहते समय भी ताला डाल दिया जाय, जिन्हें सरकार और उसकी हण्टर-कमेटी के बेरँगे सभासदों को छोड़कर सारा संसार ही अत्याचार कहता है फिर जो बातें आक्षेपपूर्ण बतलायी गयी हैं और जिनको लक्ष्य करके चेतावनी दी गयी है, वे ऐसी नहीं हैं, जिन्हें कोई अस्वीकार कर सके। महँगाई की वजह से लोगों की दशा कितनी खराब हो गयी है, इसका प्रमाण बम्बई के पुलिस कमिश्नर के उस कथन से मिल सकता है, जिसमें उन्होंने प्रकट किया है कि जनवरी से आधी अप्रैल तक

केवल 3 महीने की अवधि में 30-40 आदमी भूख के कारण बम्बई की सड़कों पर मरे हुए पाये गये थे। उडीसा के अकाल की घटनाएँ भी हमारे सामने हैं। वहाँ भूखों मरने वालों के लिए 'भूख से मरा' यह कहना भी कठिन कर दिया गया। सरकार की असहानुभूतिपूर्ण नीति के कारण ही बम्बई कारपोरेशन को हाल में एक प्रस्ताव पास करना पड़ा है कि सरकार भोज्य पदार्थों का निर्यात रोक दे, क्या सरकार ने कभी यह देखने का प्रयत्न किया है कि छोटे-छोटे गाँवों में कितने लोग भूख के कारण काल के उदर में चले जाते हैं। जब इन सत्य घटनाओं का प्रतिवाद करना सम्भव नहीं है, तब खरी बात कहने वाले के मुँह पर ताला डालना कहाँ का न्याय है ? तिस पर भी श्री ताम्हणकर को अपनी सफाई का मौका नहीं दिया गया। जलियाँवाला बाग के विषय में पंजाब के नेताओं ने और हाल ही में गत एक जुलाई को सर नारायणराव चन्दावरकर की अध्यक्षता में हुई सभा में पं० मदनमोहनजी मालवीय ने कहा था कि "सभा के किए जाने में जिस व्यक्ति का विशेष भाग था, वह दिन-भर पुलिस को खबरें देता रहा था।" इसके कहने से क्या अर्थ निकलता है ? जिस दोषारोपण का प्रतिवाद पंजाब-सरकार या भारतीय सरकार नहीं कर सकी है, क्या मध्यप्रान्तीय सरकार उसे निर्मूल प्रमाणित कर सकती है ? जनता को सन्तुष्ट रखने और नागरिक अधिकारों का खुला उपयोग करने में कोई बाधा उपस्थित न की जाय। यही नये युग का धर्म है। इस धर्म की ओर सरकार की जैसी नीति रहेगी, वैसी ही प्रतिध्वनि मध्यप्रान्तीय जनता के आन्दोलन में दिखाई देगी। हम सर फ्रैंक स्लाइ महोदय से उनकी सरकार की इस करतूत पर ध्यान देने का निवेदन करते हैं। इसलिए कि वे जालिम हाकिम नहीं हैं। हमारा विश्वास है कि वे सहयोगिता के पक्षपाती हैं।

[10 जुलाई, 1920]

गोवध की सरकारी तैयारी

"जब मुझे कोई गोपाल कहके पुकारता है, तो मैं सोचता हूँ—वह मुझे जानता है, पहिचानता है।"—श्रीकृष्ण

मध्यप्रदेश में एक कम्पनी खुली है। उसका नाम है सेण्ट्रल प्राविन्सेज टेंनिग एण्ड ट्रेडिंग कम्पनी, लिमिटेड। उसकी लागत है 40 लाख रुपया। उसका उद्देश्य चमड़े के व्यापार को, जो अभी तक जर्मनी के हाथ में था, आपने हाथ में लेना कहा जाता है। यहाँ से जानवरों का चमड़ा सुखाकर जर्मनी भेजा जाता था, वहाँ वह कमाया जाकर सारे संसार में बिकता था। किन्तु सूखे चमड़े को कमाने से उतना अच्छा चमड़ा नहीं तैयार हो सकता, जितना कि गीले को कमाने से बनता

है। हमारे देश में चमड़ा बहुत है। इसे यहीं पर कमाया जाय, तो अच्छा चमड़ा भी मिले और देश को व्यापार से लाभ भी हो। इसलिए यह कम्पनी खोली गयी है। सागर, खुरई, रहटगढ़ और घटेडा में आजकल गोश्त का व्यापार बहुत बढ़ा हुआ है, अर्थात् वहाँ पर बहुत-से जानवर गाय-बैल आदि मारे जाते हैं। इसलिए कम्पनी का कार्यक्षेत्र इन स्थानों के पास रतोना में रहेगा। इसके अलावा वहाँ कम्पनी को अनेक सुविधाएँ हैं, जानवरों के लिए वहाँ का जलवायु अच्छा है, वे वहाँ खूब मोटे-ताजे हो जाते हैं और आसपास जंगल होने के कारण चमड़ा कमाने का भी मसाला बहुतायत से मिल सकता है।

यह कम्पनी अंग्रेजों की है। उसके लिए जमीन आदि लेकर प्रारम्भिक प्रबन्ध कलकत्ते की मेसर्स डेवनपोर्ट एण्ड कम्पनी करेगी। उसके सुपरिण्टेंडिंग एक्सपर्ट अर्थात् देख-रेख करने वाले विशेषज्ञ रहेंगे मि० जे० डाइसन विदिनशा, जो कुछ समय पहले भारत सरकार के चमड़ा कमाने के सलाहकार थे और ब्रिटिश युद्ध-विभाग में कच्चे माल के संचालक रह चुके हैं। हमारी मध्यप्रदेश की सरकार ने उक्त कम्पनी को रतोना में 843 एकड़ भूमि बरायेनाम लगान पर दी है और चमड़ा कमाने का 71,350 मन मसाला जितने जंगल में मिल सके, उतने जंगल का ठेका भी देने का वादा किया है। कम्पनी को 30 वर्ष तक इस प्रकार अपना व्यापार करने का अधिकार रहेगा, और यदि वह चाहेगी, तो यह समय बढ़ाकर साठ वर्ष कर दिया जायेगा। एक और सुभीता हमारी सरकार ने किया है, वह यह कि वह अपने खर्च से 1,75,000 रु० की लागत का सर्वांगपूर्ण कसाईखाना (Slaughter house) बनवा देगी, उसके अहाते में 77,000/- का एक तालाब बनवावेगी, उसके अहाते के भीतर सड़कें बनवा देगी और रेलवे को कहकर वहाँ पर स्टेशन बनवा देगी। हमारी सरकार हर तरह से सहायता करने को तैयार है। सुना है, उस कसाईखाने में प्राय 2,500 गाय-बैल आदि रोज काटे जावेंगे। कम्पनी ने सालभर का अन्दाज हिसाब प्रकाशित किया है, उससे मालूम होता है कि लगभग 2,00,000 (दो लाख) जानवर एक वर्ष में काटे जावेंगे। सरकार का यह भी कहना है कि यदि हमारे चीफ कमिश्नर साहब की राय में यह कार्य लाभदायक है, तो कसाईखाना और भी बढ़ा दिया जायेगा, या नया कसाईखाना बनवा दिया जायगा, अर्थात् आगे चलकर और भी अधिक जानवर कट सकेंगे। और रोज साढ़े बारह सौ से लगाकर पन्द्रह सौ जानवरों के चमड़े कमाये जावेंगे और एक हजार लाशों से अन्य वस्तुएँ बनाई जावेंगी।

इस प्रकार हमरे प्रान्त में यदि 'सेण्ट्रल प्राविन्सेज टेनिंग एण्ड ट्रेडिंग कम्पनी' का प्रारम्भ हुआ है, और इस प्रकार इन अंग्रेजों व्यापारियों के—वे हिन्दुस्तानी भी होते तो भी हम यही कहते—लाभ के लिए प्रतिवर्ष दो लाख गाय-बैलों का,

हिन्दुओं की पूज्य गौ माताओं का, और हिन्दू-मुसलमान की प्रीति तथा एकता की सजीव मूर्तियों का बलिदान होगा, और बलि होंगे वे बैल, जो किसानों के एकमात्र जीवनाधार हैं और सारी प्रजा के अन्नदाता हैं। इस प्रकार कम्पनी के अन्दाज से बीस लाख रुपयों के लाभ के लिए दो लाख जानवर काटे जावेंगे, अर्थात् केवल दस रुपये के लिए एक गौ की हत्या होगी। और हत्या करावेगी हमारी माई-बाप सरकार, जो जानती है कि सारे देश में और मध्यप्रदेश में भी किसानों के योग्य जानवरों की शोचनीय कमी हो रही है। और वह यह भी जानती है कि मध्यप्रदेश में प्राय: 90 फीसदी मनुष्य खेती पर अपना निर्वाह करते हैं, उनकी जीविका भी इस गौवंश के बल पर ही चलती है। इन्हीं किसानों से वसूल किये हुए रुपये से सरकार इन्हीं के गाय-बैल कटवाने का इन्तजाम करने जा रही है। हम कहते हैं इन्हीं के गाय-बैल कटेंगे, क्योंकि जहाँ पर कारखाना है, वहीं के जानवर अधिकतर मारे जावेंगे, क्योंकि बाहर से जानवर लाने में खर्च अधिक पड़ेगा। डाक्टर कहते हैं कि देश में प्लेग, हैजा तथा लाल बुखार आदि इसलिए अपना डेरा जमाये हुए हैं कि हिन्दुस्तानियों के शरीरों की जीवन-शक्ति कम हो गई है, उनमें रोगों को रोकने का सामर्थ्य नहीं रहा है, और इसीलिए अनेक नये-नये रोग देश में उत्पन्न होते जाते हैं। घी और दूध गरीबों को दवा के लिए भी नहीं मिलता है। पहले हिन्दुस्तान में दूध इतना अधिक होता था कि किसी को मोल नहीं लेना पड़ता था और हिन्दुओं में तो उसका बेचना पाप समझा जाता था। जो दूध अभी कुछ ही समय पहले रुपये का 16 सेर मिलता था, वही दूध आज 4 आने और 6 आने सेर हो रहा है, फिर भी शक रहता है कि यह दूध है या सफेद पानी। इतने पर भी गाय का दूध ढूंढ़ने पर भी कठिनाई से मिलता है। बीमारी, अकाल, महँगी और खेती के जानवरों की कमी के समय देश के खेती के जानवर काटने वाली कम्पनी को प्रांतीय सरकार द्वारा सहायता देना एक प्रकार से प्रान्तीय प्रजा का गला काटना और उसके धन का दुरुपयोग तथा विश्वासघात करना है। प्रजा का धन उसकी इच्छा के विरुद्ध कभी और कहीं खर्च नहीं होना चाहिए, इसलिए हम चाहते हैं कि इस विषय पर प्रजा अपना मत साफ-साफ प्रकट करे। यदि वह हिन्दू मुसलमान ईसाई सभी—धन देकर, केवल दूसरों के लिए अपना गोवंश कटवाना चाहती है, तो कह दे कि हम कसाईखानों और उस चमड़े की कम्पनी का स्वागत करते हैं—उसे सहायता देने को तैयार हैं। परन्तु यदि वह अपनी खेती के लिए अच्छे बैलों की आवश्यकता समझती है, अपनी सन्तानों को हृष्ट-पुष्ट तथा बलवान बनाना चाहती है, और चाहती है कि उसकी सन्तान के समान प्यारे बछड़े जिन्हें अपने बचपन से प्यार से पाला है, कई बार प्रेम से उन्हें चूमा है, शाम को उनको लौटकर घर आने में देरी होते देख उसका हृदय व्याकुल हुआ है, ऐसे प्यारे बछड़े इन व्यापारी कसाइयों के कारखानों में कटने न पावें तो वह सरकार की इस

नीति की निन्दा करें, कठिन विरोध करें और इस कार्य को असम्भव कर दें। यह प्रश्न केवल आर्थिक ही नहीं है। यह धार्मिक भी है। हिन्दू गाय को अपनी माता समझते हैं। हिन्दू का परमेश्वर श्रीकृष्ण अपने को 'गोपाल' कहलाने में धन्य मानता है, वह गौ माता की सेवा में अपना बालपन बिताकर और युवावस्था में उसकी याद करके सुखी होता है। उसी पवित्र, माँ के समान पवित्र गाय का काटा जाना हिन्दू धर्म को नष्ट करना है, और खासकर प्रजा की माँ-बाप सरकार का इस कार्य में सहायता करना अत्यन्त घृणास्पद और असह्य है। हिन्दू ही नहीं, मुसलमान भी गाय में पवित्रता का अनुभव करने लगे हैं। वे कुरानशरीफ की आयतों से उसे सिद्ध करते हैं और प्रेम तथा जोश के साथ कहते हैं कि हमारे पैगम्बर साहब फरमा चुके हैं, "गाय का गोश्त मर्ज है और दूध शफा है।" इसी के अनुसार अन्य कई स्थानों के समान होशंगाबाद का वह दृश्य था, जब बकरीद पर कुर्बान की जाने वाली गाय स्वयं मुसलमानों ने फूलों की मालाओं से सजाकर बाजे-गाजे के साथ, गत डिस्ट्रिक्ट कान्फ्रेंस के समय हिन्दुओं को अर्पण की थी और मौलवी साहब ने बड़े प्रेम से कहा था, कि हम हिन्दू और मुसलमानों के प्रेम की इस धरोहर को आपके पास सौंपते हैं, इसे बड़ी हिफाजत से रखना, किसी जालिम की छाया भी इसे न छूने पावे। उस समय मौलवी साहब को क्या मालूम था कि ऐसी हजारों प्रेम की धरोहरों को काट डालने के लिए और उसकी खाल निकालने के लिए बड़ा भारी कारखाना खुलेगा और माँ-बाप सरकार उसे हमारे ही रुपये से खोलेगी? हम मानते हैं कि अंग्रेजी राज्य के कसाईखानों में आज लाखों गायें रोज कट रही हैं। परन्तु हम उनके विरुद्ध भी आन्दोलन कर रहे हैं और हिन्दू-मुसलमानों की जागी हुई प्रीति उसे रोकने के लिए आगे बढ़ रही है। ऐसी अवस्था में सरकार का यह कार्य करना, लोकमत की अवेहलना तथा प्रजा का अपमान करना है। इस समय प्रजा का धर्म है कि वह सरकार के इस कार्य का विरोध करे और प्रकट शब्दों में सरकार को इस नीति के दुष्परिणामों से सचेत कर दे। साथ ही कौंसिल में प्रजा के प्रतिनिधियों का भी कर्तव्य है कि वे कौंसिल में इस प्रश्न को उठावें और सरकार को यह कार्य करने से रोकें।

कम्पनी का प्रास्पेक्टस गत 3 जुलाई के सहयोगी 'हितवाद' के पूरे तीन पेजों में छपा है और हितवाद ने अपनी सम्पादकीय टिप्पणियों में उस कम्पनी से होने वाले लाभ दिखाकर अपने पाठकों का ध्यान उस प्रास्पेक्टस की ओर आकर्षित किया है। हितवाद के सम्पादक हैं श्रीयुत एन० ए० द्रविड, एम०ए०। आप सर्वेण्ट आफ इण्डिया सोसाइटी के मेम्बर हैं, और बहुत भारी विद्वान् तथा प्रतिष्ठित हैं। इस कम्पनी का प्रास्पेक्टस और प्रशंसा छापने के सम्बन्ध में हमें श्रीयुत द्रविड़ का इस प्रकार परिचय देते दुःख होता है। किन्तु एक विद्वान् हिन्दू को गौवध का विरोध न करते देख हमारे हिन्दू अन्तःकरण को आत्मापमान, खेद और लज्जा

मालूम होती है। श्रीयुत द्रविड से हम पूछते हैं कि क्या आप आर्थिक तथा धार्मिक दृष्टि से सरकार की इस नीति को या उस कम्पनी को मध्यप्रदेश की प्रजा के लिए हितकारी समझते हैं ?

उक्त कम्पनी को जो पट्टा दिया है उसकी तेरहवीं शर्त में लिखा गया है कि यदि यह कम्पनी अपना कारोबार किसी दूसरी कम्पनी को बेचना चाहे, तो वह बेच सकती है। परन्तु मोल लेने वाली कम्पनी को अपने 25 फी सैकड़ा हिस्से मध्यप्रदेश और बरार के निवासियों को देने होंगे और उसकी सूचना यहाँ के कम से कम तीन समाचारपत्रों में प्रकाशित करनी पड़ेगी। इनमें एक छिंदवाड़े का सी० पी०वीकली न्यूज अर्थात् मध्यप्रान्तीय साप्ताहिक समाचारपत्र होना ही चाहिए। इस पत्र को सरकार 16000 रु०की वार्षिक सहायता देती है और अब सरकार की कृपा से इसे यह बहुमान तथा अधिकार मिला है कि यह गाय काटने वालों के हिस्सों का विज्ञापन मध्यप्रदेश में प्रकाशित करे। हमारे प्रान्त के हिन्दुओं के द्वारा चलाये जाने वाले पत्रों में से एक को गौवध के विरुद्ध आवाज न उठाते देख दूसरे का उसमें कुछ मतलब पाकर हमें आश्चर्य और अफसोस होता है। पर आशा है कि ये पत्र भी इस प्रश्न पर विचार करके इसका विरोध करेंगे।

प्रास्पेक्टस में बार-बार 'गाय के चमड़े' का उल्लेख हुआ है और एक स्थान पर प्रास्पेक्टस में साफ़ लिखा गया है कि सूअर के चमड़े का कारोबार किसी तरह भी नहीं होगा। न जाने क्यों ? पर इसका यह कारण नहीं हो सकता कि सूअर का चमड़ा उपयोगी नहीं होता। सूअर काटने के कारखानों से अमरीका का शिकागो नगर प्रसिद्ध हो रहा है। और अमेरिकन लोग दावे के साथ कहते हैं कि हमारे यहाँ सूअर के पाखाने को छोड़ उसका एक भी अंश व्यर्थ नहीं जाने पाता। फिर भला यहाँ पर सूअर क्यों नहीं काटे जावेंगे ? क्या कम्पनी सूअर काटने और उसका चमड़ा कमाने के यन्त्र प्राप्त नहीं कर सकती ? या सरकार की खिलाफत से खौले हुए मुसलमानों के धार्मिक भावों का खयाल है ? तब हम पूछेंगे, "क्या सरकार हिन्दुओं के धार्मिक भावों की परवाह नहीं करती ? या इस प्रकार पक्षपात करके अपनी नीति की तलवार चलाना चाहती है, जिससे हिन्दू-मुसलमान पुन: अलग-अलग हो जावें और सरकारी थपकी पीठ पर खाकर आपस में लड़ने को तैयार हो जावें। यदि यह बात सच है, तो हम सरकार को सिर्फ याद दिलाना चाहते हैं कि वे दिन गये। वह मुसलमानों को अकेला नहीं बना सकती। प्रश्न है गौवध का, परन्तु हमें कहते हर्ष होता है कि हमसे भी पहले जबलपुर के उर्दू सहयोगी 'ताज' ने गतांक में उसके विरुद्ध आवाज उठायी है और सरकार की नीति को बहुत बुरी कहा है। हिन्दू-मुसलमानों के वर्तमान सम्बन्ध के सामने सरकार की यह नीति चल नहीं सकती। इस समय हमारा यही कर्त्तव्य है कि इस सम्बन्ध का, हिन्दू-मुसलमानों की एकता का, बल लगाकर हिन्दुस्तान में गाय की सदा के लिए

सुरक्षित करके देश को आर्थिक तथा धार्मिक हानि से बचावें और हिन्दू-मुसलमानों के मेल को चिरस्थायी बनावें।[1]

[17 जून, 1920]

न्याय का प्रहसन

पार्लियामेण्ट में पंजाब के सम्बन्ध में जो बहस होने वाली थी, वह हो गयी। बहस होती भी नहीं, क्योंकि हिन्दुस्तानियों के कहने से तो कोई पार्लियामेण्ट में सरकारी अफसरों को सजा देने के उद्देश्य से बहस करता ही नहीं। प्रतिष्ठा ऐसा करने से रोकती है। बहस हुई जलियाँवाला बाग के जल्लाद डायर को सजा से बचाने के लिए। सजा भी क्या थी? उसने हिन्दुस्तानियों को एक गली में रेंग कर चलवाया, उन्हें नंगे करके आम जगहों पर कोड़े लगवाये। इस बेदर्दी से कोड़े लगवाये कि उनके नितंबस्थान पर का मांस और चर्बी टूट कर बाहर उड़ने लगी, वे बेहोश हो जाते थे, तो उन्हें दवाई पिलाकर होश में लाया जाता था और फिर कोड़े लगाये जाते थे। हमारे युवकों और वृद्धों पर ही कोड़े नहीं पड़े, हमारे बालकों को भी कोड़े मारे गये, जिनका चीत्कार और रोना सुनकर पड़ौस की कई स्त्रियां और बालिकाएँ बीमार होकर मर गयीं। यही नहीं, उस जनरल डायर ने जलियाँवाला बाग में पन्द्रह सौ आदमी कत्ल और घायल कर दिये। वह और भी अधिक कत्ल करता, परन्तु बाग का दरवाजा छोटा होने के कारण मशीनगनें भीतर नहीं जा सकीं, और उसके सिपाहियों के पास का गोला-बारूद खत्म हो चुका था। फिर शाम को उन घायलों को वहाँ अपार कष्ट में तड़पता छोड़ वह चला गया, उनकी मरहम-पट्टी की कोई परवाह नहीं की। गत महायुद्ध में अंग्रेजों ने दुश्मन जर्मन सैनिकों तक की मरहम-पट्टी का इन्तजाम किया था, परन्तु उस जनरल डायर ने उन्हें वहीं तड़पते छोड़ा, और यह भी आज्ञा दी कि कोई गाँव का उन्हें मदद करने न जा सके। यह था जनरल डायर का भयंकरतम अपराध और उसे न्यायशील भारत सरकार की ओर से सजा मिली कि वह सरकारी नौकरी से हटा दिया जाय। इंग्लैण्ड की आर्मी कौंसिल ने ब्रिटिश साम्राज्य के प्रधान मन्त्रियों की सहमति से न्यायशीलता का एक कदम आगे बढ़ाकर यह तय किया कि जनरल

---

1 यह वह ऐतिहासिक अग्रलेख है जिसने रतौना-आन्दोलन को मध्यप्रदेश में जन्म दिया और देखते ही देखते यह आन्दोलन अखिल भारतीय रूप में धधक उठा। लगभग छह माह तक यह ज्वाला कर्मवीर के पृष्ठों पर प्रज्वलित रही। अन्त में ब्रिटिश शासन को परास्त होना पड़ा, रतौना कसाईखाना खोलने की योजना वापस ले ली गई। अंग्रेजों की भारत में यह पहली शिकस्त थी। (सम्पा०)

डायर को ब्रिटिश साम्राज्य भर में कहीं भी सरकारी नौकरी न दी जाय। यह थी सजा, जिसे हटाने के लिए बहस का तूफान उठा और उस तूफान का झोंका बहाने वाले थे सर माइकेल ओडायर, लार्ड सिडनहम आदि के भड़काये हुए सर एडवर्ड कार्सन, सर जानसन हिक्स आदि। तूफान तो इतने जोर का था कि यदि मंत्रिमण्डल ने दृढ़ता न दिखायी होती, तो मि० माण्टेगु को इस्तीफा देना ही पड़ता। डायर के पक्षपातियों का कहना था कि डायर ने बड़ी बुद्धिमानी व वीरता का कार्य किया। यदि वह न होता, तो ब्रिटिश राज्य का सबसे चमकदार हीरा हिन्दुस्तान हाथ से चला जाता। इसलिए भारत सरकार के रक्षक डायर को सजा नहीं मिलनी चाहिए। सुना है वे उसे कुछ इनाम भी देने की फिकर में हैं। डायर के हिमायतियों का पार्लमेण्ट में बहुत जोर था, इधर हिन्दुस्तानी भी डायर की करतूतों से अत्यन्त असन्तुष्ट हो रहे थे। हंटर-कमेटी की रिपोर्ट तथा उस पर भारत-सरकार और भारत-मन्त्री के खरीतों ने उनका असन्तोष अन्तिम सीमा तक पहुँचा दिया था। यही नहीं, संसार के प्रत्येक भाग में, एशिया, यूरोप तथा अमेरिका भर का सभ्य समाज ब्रिटिश राज्य के इस जनरल की क्रूरताओं से घृणा कर रहा था और जानना चाहता था कि न्याय, सत्यता और कमजोरों की रक्षा की दुंदुभी बजाने वाले इंग्लैण्ड का मन्त्रिमण्डल अपने इस दूत की कुत्सित कार्रवाई पर क्या फैसला देता है। हम तो कहेंगे, विशेषकर पिछली बात को ध्यान में रखकर, मि०माण्टेगु और चर्चिल ने साधु सिद्धान्तों की दुहाई देकर भय-संचार करने वाले जनरल डायर आदि की नीति की चमकदार शब्दों में निन्दा की और कहा कि हिन्दुस्तानियों की स्वाधीनता को कुचलने वाले सभी कानून तोड़ देने चाहिए। इस राजनीति के फोनो-ग्राफ ने जो कुछ कहा, हमें उसकी तारीफ करने का मौका ही नहीं मिला, क्योंकि दूसरे ही दिन उसने उसी सभाभवन में घोषित कर दिया कि मैं महात्मा गांधी के आन्दोलन के विरुद्ध भारत सरकार के प्रत्येक कार्य का समर्थन करने को तैयार हूँ। जब यह बात है, जब भारत-मंत्री भारत-सरकार को स्वेच्छचारिता के सम्पूर्ण अधिकार देने को तैयार हैं, तो उसका हिन्दुस्तानियों की स्वाधीनता तथा प्रीति सम्पादन करने की मीठी-मीठी बातें करना हमें धोखा देना है, और हमारे हृदयों को लुभाकर पराधीनता के अत्याचारी बन्धन को सहने योग्य बना देना है। इस मीठे ठग से तो डायर के पक्ष वाले ही अच्छे, जो हमें बार-बार यह तो सुझाते है, कि तुम गुलाम हो, हम जैसा चाहेंगे वैसा व्यवहार तुम्हारे साथ करते हैं और करेंगे। पार्लियामेण्ट की बहस भी तुमने देख ली, वहाँ पर भी हमारा जोर है, जरा सी कसर रह गयी, नहीं तो हमारे वीर की यह छोटी-सी सजा भी रद्द कर दी जाती और उसे उपहार मिलता। इस बहस को सुनकर हमारे हिन्दुस्तानी भाई कहने लगे हैं, कि बस मालूम हो गया, हेस्टिंग्ज पर पार्लियामेण्ट में मुकद्दमा चलाने वाले बर्क के देशबन्धु आज क्रूरता, अत्याचार और अन्याय के समर्थन में ही गौरव

मानते हैं। धर्म और न्याय ब्रिटिश पार्लियामेण्ट में भी नहीं रहा है। परन्तु ऐसा सोचने वाले एक गलती करते हैं, वह यह कि बर्क के समय की परिस्थिति ही भिन्न थी, उस समय स्वार्थवश इंग्लैण्ड के प्रभावशाली लोग ईस्ट इण्डिया कम्पनी को व्यापार के ठेके तथा उससे होने वाले लाभ से जलते थे, इसलिए कम्पनी को बदनाम करने के लिए वह न्याय का खेल खेला गया था। यदि किसी अंग्रेज अफसर ने ब्रिटिश कम्पनियों के स्वार्थ को धक्का पहुँचाया होता या अंग्रेजों के साथ पंजाब का एक सहस्रांश भी अत्याचार किया होता, तो ब्रिटिश पार्लियामेण्ट में आज भी बर्क और हेस्टिंग्ज का दृश्य दीख सकता था। सच बात तो यह है कि न्याय और न्यायालय राजनीति के साधक शस्त्र हैं, वह सदैव अपना कार्य साधने के लिए इच्छानुसार उनका उपयोग लिया करती है। जहाँ पर शासक ही न्यायासन पर बैठा हो, वहाँ शासक और शासित के बीच न्याय की आशा कहाँ ? इस बहस से हमें न्याय की आशा तो नहीं थी, न्याय की आशा का भ्रम जरूर था, वह भ्रम इसलिए था कि जमाना सभ्य हो गया है, एक मनुष्य संसार के दूसरे मनुष्य के दुःख का अनुभव करने लग गया है, मानव-सृष्टि में बन्धुता का भाव फैलाने की चर्चा सुनायी दे रही है, और हाँ, मनुष्यता अभी इतनी नीचे नहीं गिर गयी है, कि वह जलियाँवाला बाग जैसे अत्याचार को सह सके। परन्तु वह भ्रम भी दूर हो गया, संसार में कम-से-कम एक स्थान की मनुष्यता, और है वह पार्लियामेंट की मनुष्यता, जो कुछ व्यक्तियों को छोड़, इस डायर की पशुता की तारीफ करने को तैयार है। डायर का साथी कर्नल जानसन तो यहाँ तक बक गया है कि हिन्दुस्तान के शासन के सम्बन्ध में इंग्लैण्ड के कारभारियों की परवाह न करके सर माइकेल ओडायर के शासन का अनुकरण करना चाहिए। जानसन के इस विचार का समर्थन करने को, यहाँ का अधिकांश एंग्लो-इण्डियन समूह तैयार है। जब हमारी भाग्य-विधाता पार्लियामेण्ट की और यहाँ की शासन-नीति पर प्रभुता रखने वाले एंग्लो-इण्डियन समाज की यह वृत्ति है, तो हमें न्याय देखने की आशा करना व्यर्थ है, समता, मेल और शान्ति के सुदिनों की आशा करना भी व्यर्थ है। हम नहीं सोचते, संसार मनुष्यता को दुनिया से उठा देने वाले न्याय के ऐसे प्रहसन कब तक देखता रहेगा! हमारी आँखें भटकती हैं उन पुण्यस्थलों को देखने के लिए, जहाँ वे मूर्तियाँ हों, जो मनुष्यता के इस संहार और न्याय के ऐसे प्रहसनों को असम्भव कर दें। उठाईगीरे कूटनीतिज्ञों की अपेक्षा यह प्रश्न सुलझेगा उन हृदयों से, जिनके शरीर यह सिद्ध करें कि हम अपने-आपको मिटा डालेंगे, पर मनुष्यता की इस सभ्य हत्या को अब रुकना होगा।

संपादकीय टिप्पणी नं० 3

मध्यप्रान्त के सागर जिले में प्रतिदिन ढाई हजार का कत्ल करने के लिए

जिबहखाने बनाये जाने तथा सरकार द्वारा उसकी सहायता किये जाने के विषय में हम गतांक में अपनी स्पष्ट सम्मति प्रकट कर चुके हैं। इस विषय में प्रान्त के भी कई हितैषियों ने हमें पत्र लिखकर अपना असन्तोष प्रकट किया है। इन जानवरों का कत्ल केवल धन कमाने की गरज से किया जा रहा है, और वह भी ऐसे अवसर पर जबकि प्रान्त में घी-दूध जैसे पदार्थ भयंकर रीति से महँगे हो रहे हैं। टेनिंग कम्पनी के 10 लाख के शेयर बिकवाने का वादा कराकर सरकार ने शायद लोगों की हित-रक्षा का लचर बहाना किया है, किन्तु यह बहाना निर्मूल है। इस समय इंग्लैण्ड में मजदूरी तथा चमड़ा-रँगाई से सम्बन्ध रखने वाली चीजें इतनी महँगी हो गयी हैं कि भारत से कच्चा चमड़ा भेजकर उसे विलायत से रँगवा तथा उसकी चीजें बनवाकर वापिस मँगवाना व्यापारिक दृष्टि से सर्वथा हानिकर है। अन्य वस्तुओं की तरह चमड़े के व्यापार में भी जापान आगे बढ़ रहा है, उसका मुकाबला करने के लिए यह अत्यन्त आवश्यक है कि विलायत के कारीगरों को सस्ते भाव पर कमाया हुआ चमड़ा मिल सके। यहाँ के चमड़े से वे लोग जूते, बैग तथा अन्य चीजें बनाकर वापिस भारत में भेजेंगे और खूब धन कमावेंगे। इस व्यापार में भारत को सिवाय दलाली के और कुछ प्राप्त न होगा। यदि मान लो कि इससे हमारा प्रान्त धनी हो जायेगा, तो भी गाय-भैंसों के वध से होने वाली कृषकों तथा जनसाधारण की हानि इतनी अधिक है कि उसके सामने सारा लाभ न कुछ के बराबर है। हम चाहते हैं कि मध्यप्रान्तीय सरकार इस कम्पनी को अभी रोक दे और यहाँ अशान्ति की आग न भभकने दे।

[24 जुलाई, 1920]

निर्बलों का बल—असहकारिता

हमने जलियाँवाला बाग देखा, जहाँ हम निरपराध और निःशस्त्र होने पर भी हजारों की संख्या में काट डाले गये; मार्शल-ला का दौर-दौरा देखा, जहाँ मनुष्यों के समान सीधे दो पैर पर चलने का हमारा स्वाभाविक अधिकार भी छीन लिया गया; हमने सत्यासत्य की जाँच के रूप में हण्टर-कमेटी की भ्रष्ट रिपोर्ट भी देखी। देखा कि जिसको संसार ने एक स्वर से सबसे भारी अपराध माना, उसे 'समझ की गलती' बताया; फिर हमने पार्लियामेंट में न्याय का प्रहसन देखा और हाउस आफ लार्ड्स में उसका प्राणान्त। यही नहीं, हमारे यहाँ की तथा इंग्लैण्ड की अंग्रेज जनता के हाथ से जनरल डायर को वीर की उपाधि और वीरता का उपहार मिलते देखा। उसका स्मारक भी बनेगा। इसका परिणाम? परिणाम यह हो रहा है कि हिन्दुस्तानी के प्राण का मूल्य कुछ भी नहीं है; एक अंग्रेज के मुकाबले में उसके

प्राण का मूल्य वास्तव में कुछ नहीं है। मार्शल-ला के समय यह धमकी सुनी थी कि एक-एक अंग्रेज के पीछे 1,000 हिन्दुस्तानियों के प्राण लिये जावेंगे, प्रायः वैसा ही हुआ भी। ठीक 1,000 हिंन्दुस्तानी तो नहीं मारे गये, परन्तु धमकी का भाव, कार्य-रूप में, भिन्न-भिन्न प्रकार से अवश्य परिणत किया गया। कुछ को मारा, तो कुछ को तंग किया गया। पार्लियामेण्ट में मिस्टर माण्टेगु ने कहा था कि हमारे लिए हिन्दुस्तानी के प्राण उतने ही पवित्र हैं, जितने कि अंग्रेज के। परन्तु हम, अब विशेष कर जलियाँवाला के कत्ल और फौजी कानून के बाद, देखते हैं कि हिन्दुस्तानी के प्राणों का मूल्य कुछ भी नहीं है। रोज, कहीं सिलचर से हिन्दुस्तानी के मारे जाने के समाचार आते हैं, कहीं पुजारी शिकारी की गोली खाकर मरता है, कहीं तार वाला घोड़े से कुचल दिया जाता है, और कहीं मुहाजरीन, दस-दस बीस-बीस संगीनों और तलवारों के घाव खाता है, मर जाने पर भी वीर अंग्रेज अफसर द्वारा मारा जाता है और उसकी लाश धूप में सड़ने के लिए पटक दी जाती है। यह भी किस अपराध पर ? इसलिए कि किसी ने अपने प्यारे पालतू पक्षी की रक्षा के लिए आवाज उठाई, तो किसी ने अपनी प्यारी बहू और बेटी के सतीत्व की रक्षा के लिए प्रार्थना की। ये सब घटनाएँ एक के बाद एक और शीघ्रता से उपस्थित होकर हमें प्रकट तौर से सुझा रही हैं कि हमारे प्रभुओं के सामने हम तुच्छ, तुच्छातितुच्छ हैं। हिन्दुस्तान में ही नहीं, किसी भी देश में हमारे जीवन का मूल्य अब मार्शल-ला की करतूतों से निश्चित हो गया है, और कुछ ऐसी ही हवा अफ्रीका में भी बह रही है। इन घटनाओं के अलावा कौंसिलों तथा अपने ऐसोसिएशनों, अर्थात् सभाओं में प्रकट किये हुए एंग्लोइण्डियन समाज के विचार भी यही सिद्ध कर रहे हैं कि हमारे लिए हमारे ही देश में कोई स्थान नहीं। अवस्था यह है। यह अवस्था वैसी, जबकि किसी मनुष्य की आशा तनते-तनते टूट जाती है, उसका हृदय सहते-सहते—'बस अब नहीं'—की अवस्था पर पहुँच जाता है और वह अभागा निराशा के भयंकर अन्धकार से घबराकर, सिर पर हाथ धर कर, आँख मींच कर बैठ जाता है और सारा ब्रह्माण्ड उसे अपने स्थान से खिसक कर नीचे की ओर तेजी से जाता प्रतीत होता है, उसकी आत्मा क्षीण और क्षीणतर होती मालम होती है और यह शरीर भी—हड्डी, मांस और खून संकुचित होते-होते विनष्ट-प्राय सा ज्ञात होने लगता है। वह उसी अवस्था में कुछ देर बैठा रहता है, और संसार को भूल जाता है। फिर एकाएक उसकी आँख खुलती है, कर्त्तव्यशील संसार देखकर वह चौंक जाता है, उसकी हतोत्साह आत्मा जागती है और उस अनन्त तथा अन्तिम निराशा की अँधेरी में उसने जो प्रकाश देखा था, उसकी स्फूर्ति से मुसकुराकर वह कह उठता है, मैं भी कोई हूँ, जरूर हूँ। अत्याचारी उसके सामने आता है, वह डरता नहीं। उसका मालिक उससे गुलामी करवाने आता है, वह करता नहीं। उसमें आत्म-भाव जाग्रत हो

गया है, अब वह स्वाधीन हो गया है। उसने प्रण कर लिया है कि मैं अपने अत्याचारी की किसी भी प्रकार सहायता नहीं करूँगा, उसका कहना भी नहीं मानूँगा। यही, ठीक यही हालत, आजकल हमारे प्यारे देश की हो रही है। एक तो पंजाब-प्रकरण और उसकी अनुगामिनी घटनाएँ, दूसरे खिलाफत का प्रश्न, इन दोनों ने जनता को असहकारिता के लिए विवश कर दिया है। तीव्र निराशा में उसे आत्म-भाव की आन्तरिक स्फूर्ति भी मिली है। वह असहकारिता, असहयोग एवं विरोध करने के लिए तैयार है। वास्तव में देखा जावे तो इस विरोध का सूत्रपात उसी दिन हो चुका था, जिस दिन शासकों ने अत्याचार की ठानी और प्रजा का हृदय दुखने लगा। वह अत्याचार और पीड़ा बढ़ते-बढ़ते इतनी बढ़ी कि अब प्रजा को संगठित होकर असहकारिता की घोषणा करनी पड़ी। घटना-चक्र में यह घोषणा होना अवश्यंभावी थी। निर्बल का एकमात्र बल भी यही था। कुछ नरमों को छोड़, देश का अत्यधिक जनसमूह उसका स्वागत और समर्थन करता है। घोषणा हुई कि पहली अगस्त से असहकारिता प्रारम्भ की जाये। असहकारिता की पद्धति के सम्बन्ध में देश के नेताओं में मतभेद हो रहा है। अनेकों का कहना है और यह उचित भी मालूम होता है कि असहकारिता करके हम सरकार का विरोध करना चाहते हैं, यह चाहते हैं कि वर्तमान शासन प्रणाली से चलने वाली सरकार के सब कार्य रुक जावें। ऐसी अवस्था में सरकारी उपाधियाँ त्यागना, आनरेरी पद और सैनिक तथा गैर-सैनिक पद छोड़ देना, अन्त में टैक्स (कर) देना भी बन्द कर देना, सरकार का विरोध करने के अमोघ साधन हैं। इसके जरिये से हम सरकार के शासन-विभाग का प्रत्येक कार्य रोक सकते हैं। परन्तु कौंसिलों का बहिष्कार करने की नीति अनुचित है। कौंसिलों का बहिष्कार करने से तो सरकार को मनमानी करने के लिए हम एक प्रकार से स्वाधीन कर देंगे। वह जैसा चाहेगी, वैसा कानून बनावेगी और फिर असहकारिता के लिए हमें वह कानून तोड़ने का कार्य करना होगा। बेहतर तो यह है कि सरकार को ऐसा कानून बनाने का अवसर ही नहीं दिया जाये कि जिसको तोड़ने का कठिन परिश्रम हमें उठाना पड़े। इसलिए कौंसिलों में ही जाकर अपने हित के लिए क्यों न झगड़ें? यदि हम कौंसिलों में नहीं जावेंगे तो और कोई जायेगा, क्योंकि अभी तक हम सब वोट देने वालों को इस बात पर राजी नहीं कर सकते कि वे किसी को वोट ही न दें। हमारी अनुपस्थिति में जो जावेंगे, बहुत सम्भव है, वे 'जी-हुजूर' ही होंगे। नौकरशाही और क्या चाहती है? ऐसी अवस्था में हमारा कौंसिलों का बहिष्कार करना सरकार की इच्छा की पूर्ति करना और उसके पक्ष को प्रबल करना है। अर्थात् एक प्रकार से सरकार के साथ अप्रत्यक्ष रीति से सहकारिता ही करना है। कौंसिल के बहिष्कार के अलावा, खिलाफत कमेटी द्वारा प्रस्तावित अन्य बातें भी हमारे लिए विचारणीय हैं। परन्तु कार्य की सफलता के लिए

उद्देश्य की सचाई और उपयुक्त साधनों का निश्चय ही आवश्यक नहीं है, उसमें सबसे बड़ी आवश्यकता है कार्यकर्त्ताओं की। हम गांधी जी की यह बात मानने के लिए भी तैयार हैं कि यदि हाइकोर्ट के जजों ने असहकारिता का प्रारम्भ नहीं किया और बड़े लाट साहब के द्वारपाल चपरासी ने ही यह कहकर अपना पद त्याग दिया कि मैं ऐसी अत्याचारी सरकार की सेवा नहीं कर सकता, तो भी बड़े सन्तोष की बात है। हम मानते हैं कि देश के छोटे-से-छोटे, गरीब-से-गरीब, हृदय में इस प्रकार का सात्त्विक भाव जाग्रत हो जाना बड़े महत्त्व की बात है और खासकर प्रजा-सत्ता के जमाने में, जबकि उच्च राज-सिंहासन टूट रहे हैं और ऊंचे पद, मान, प्रतिष्ठा और विशेषाधिकार आदि समानता का स्वरूप धारण कर रहे हैं, राव और रंक सभी समान हो रहे हैं। तो भी यदि सारा देश, प्रजा रूपी परमेश्वर, उस राष्ट्रीय सभा-मन्दिर में जाकर असहकारिता की घोषणा करेगा, तो उस द्वारपाल के हृदय को विचित्र दैवी स्फूर्ति मिलेगी और उसके कार्य को राष्ट्रीय समर्थन मिल जाने से प्रबलता आ जावेगी, फिर सफलता कुछ दूर नहीं। कर न देने का प्रश्न भी बहुत गम्भीर है, वह अनेक बाधाओं और अनन्त स्वार्थों से परिपूर्ण है। ऐसे जटिल और नाजुक प्रश्न पर राष्ट्र की सम्मति ले लेना अत्यन्त आवश्यक है, उसकी सम्मति के बिना कर न देने का कार्य प्रारम्भ ही नहीं होना चाहिए। महर्षि मालवीय जी की राय है कि महात्मा गांधी जी कांग्रेस के विशेष अधिवेशन तक असहकारिता का कार्य स्थगित रखें। हम भी महर्षि मालवीय जी से सहमत हैं कि कौंसिलों का बहिष्कार और कर न देने का कार्य अत्यन्त महत्त्व और उत्तरदायित्वपूर्ण है, इसलिए ये तो कांग्रेस का विशेष अधिवेशन होने तक स्थगित रहें और फिर उसके द्वारा निश्चित की हुई नीति पर कार्य किया जाये। परन्तु हड़ताल, उपवास, प्रार्थना और उपाधि-त्याग ऐसे कार्य नहीं हैं, जिनके लिए कांग्रेस की आज्ञा की आवश्यकता है, क्योंकि वे केवल आत्म-संशोधक और भाव-प्रचारक कार्य हैं।

संपादकीय टिप्पणी नं॰ 6 (20 ख)

लाहौर की खिलाफत सभा में मि॰ जाफर अली ने खिलाफत कमेटी पेशावर का भेजा हुआ एक महाजरीन के कत्ल का हृदयविदारक वर्णन पढ़ा था, उसका मर्म यह है—गत 7 जुलाई को कुछ महाजरीन पेशावर से जमरूद जाने के लिए ट्रेन से रवाना हुए। इसी ट्रेन में दो ब्रिटिश सोल्जर, एक आफिसर तथा एक नान-कमीशण्ड आफिसर भी थे। इस्लामिया कालेज रेलवे-स्टेशन पर टिकट देखने का बहाना करके दोनों सोल्जर जनाने डिब्बे में जा घुसे और स्त्रियों को तंग करने लगे। पेशावर जिले के मौजा टाँगी का रहने वाला हबीबुल्ला नाम का महाजिर इस नीचता को न देख सका। उसकी रिश्तेदार स्त्रियाँ भी जनाने डिब्बे में थीं,

अतएव उसने सोल्जरों से डिब्बे से बाहर निकलने को कहा। झगड़ा शुरू हो गया, किन्तु एक और महाजिर के आने पर सोल्जर अपने डिब्बे में घुस गये। स्त्रियों की रक्षा के लिए हब्बीबुल्ला जनाने डिब्बे में ही बैठ गया। ट्रेन के 'कच्चागढ़ी' स्टेशन पर पहुँचने पर सोल्जर दौड़कर अपनी छावनी में गये और कुछ राइफलधारी हिन्दुस्तानी सिपाहियों के साथ लौटकर ट्रेन को घेर लिया। इनके पीछे एक ब्रिटिश आफिसर की आधीनता में एक सैन्य टुकड़ी और आयी। महाजिर हबीबुल्ला को संगीन और तलवार दिघलायी गयी और उसके नीचे उतरते ही उस निहत्थे आदमी पर तलवारों और संगीनों के कई वार किये गये। वह वापिस लौटा, पर पीठ में संगीनें भोंककर नीचे गिरा दिया गया। नीचे गिरकर भी उसने एक पत्थर उठाकर इन कायरों पर फेंका, तब ब्रिटिश आफिसर ने इस जख्मी पुरुष पर गोली मारने के लिए हिन्दुस्तानी सिपाहियों को आज्ञा दी, किन्तु उन्होंने इन्कार कर दिया। तब सोल्जरों ने उनकी बन्दूकें छीन लीं, और सप्त-वर्षीया कन्या की आँखों के सामने हबीबुल्ला को गोलियों से छेद डाला। उसकी सहायता के लिए आने वाला दूसरा एक महाजिर भी संगीनों से नीचे गिरा दिया गया। खिलाफत तथा हिजरत कमेटी के कई मेम्बर घटनास्थल पर पहुँचे, पर लाश के पास जाने की आज्ञा नहीं मिली। पेशावर में डाक्टरी जाँच से मालूम हुआ है कि हबीबुल्ला को संगीनों की 9 और गोलियों की 6 जख्में लगी हैं। पेशावर की 80 हजार हिन्दू-मुसलिम जनता इस निर्दयतापूर्ण घटना से अत्यन्त दुःखी हुई है। देखते हैं, मिलिटरी के लोग सिविल अधिकारियों की पर्वाह न करते हुए मनमाने अत्याचार करने पर उतारू हो जाते हैं, डायर की करतूतों ने उन्हें यह सबक पढ़ाया है। भारत की बढ़ती हुई अशान्ति में ऐसी ही ऐसी घटनाओं से घृत की आहुतियाँ पड़ती जाती हैं।

संपादकीय टिप्पणी नं० 7 (20 ग)

ब्रिटिश सरकार तथा रियासतों के राजा-महाराजाओं का परस्पर में राजनैतिक सम्बन्ध चाहे जो हो, परन्तु यह बात सत्य है कि उनका प्रकट सम्बन्ध आज्ञा देने और पालन करने वालों की तरह है। छोटी-छोटी रियासतें तथा उनके आरामतलब राजा या नवाब साहब रेज़ीडेण्ट की छत्र-छाया में कई ऐसी बातें कर गुजरते हैं, जो विदेशी ब्रिटिश सरकार भी अपनी हद में कभी होने नहीं देती। राजाओं-नवाबों को विश्वास रहता है कि जब तक ए० जी० पी० या रेज़िडेण्ट साहब प्रसन्न हैं, तब तक रियासती प्रजा या रियासत के बाहर वाले उनके भाईबन्दों की नाराजगी की कोई पर्वाह नहीं। ब्रिटिश सरकार इन बातों को जानती है, पर फिर भी आन्तरिक व्यवस्था में हस्तक्षेप न करने के बहाने इन भूतों की मनमानी क्रियाओं को उपेक्षा की दृष्टि से देखती है। इस उपेक्षा के कारण दो हो

सकते हैं, ब्रिटिश सरकार भारत के एक-तिहाई हिस्से को—खासकर उस हिस्से के शासकों को—अपने कठिन समय के लिए रक्षा के एकमात्र साधन की तरह बनाये रखना चाहती है, या उनकी 'हम करें सो कायदा' वाली नीति की उपेक्षा कर उन्हें ब्रिटिश भारतीय जनता की दृष्टि में अयोग्य और सत्वहीन साबित करने तथा भारतीयों द्वारा शासित प्रदेशों की दुर्दशा का प्रत्यक्ष उदाहरण सामने रखकर, हम लोगों की राष्ट्रीय अयोग्यता सिद्ध करने का एक साधन समझती है।

सम्पादकीय टिप्पणी नं०8 (20 घ)

जिस ब्रिटिश जाति ने लेखन तथा भाषण-स्वातन्त्र्य की महत्ता के स्वाँग रचे हैं, और जिसके शासक इन स्वाँगों को थोड़े-बहुत अंश में ब्रिटिश भारत में कायम रखते हैं, उन्हीं की मातहत रियासतों में लेखन या भाषण-स्वातन्त्र्य की छाया भी नहीं पड़ने पाती। रियासतों में लोकमत-प्रदर्शक संस्थाओं का अभाव तो है ही, किन्तु कई मनचले रियासती राजा ब्रिटिश भारत से प्रकाशित होने वाले पत्रों का अपनी रियासत में आना पसन्द नहीं करते। कई इस बात को खुल्लमखुल्ला करते हैं, कई लुक-छिप कर। मध्य भारत की कई मराठा रियासतों में मराठी-केसरी का मँगवाना अपराध समझा जाता है। हाल में हमें जो पत्र मिले हैं उनसे मालूम होता है कि मध्य भारत की तीन छोटी रियासतें 'कर्मवीर' को भी 'केसरी' की श्रेणी में बिठला रही हैं। जाबरा, बागली और नरसिंहगढ़ के सरकारी कर्मचारी 'एजेन्सी' की दुहाई देकर 'कर्मवीर' के ग्राहकों को तंग कर रहे हैं। हम नहीं समझते, रियासती कर्मचारियों की ये चालें स्वयं-निर्मित हैं या किसी अन्य प्रेरणा से हैं। ब्रिटिश भारत के नागरिकों के मुखपत्र की हैसियत से 'कर्मवीर' बेरोक-टोक हर कहीं जा सकता है, उसके मार्ग को रोकना ब्रिटिश नागरिकता का अपमान करना है। क्या हमारे रियासती दीवानों ने इस बात पर कभी विचार किया है? हमें याद पड़ता है कि मध्य भारत के ए० जी० जी० बेबिल साहब ने कुछ दिन हुए, देवास में भाषण करते हुए रियासती प्रजा को स्वराज्य के अधिकारों के मिलने की बात कही थी। जाबरा तथा नरसिंहगढ़ की रियासतें और ठिकाना बागली, बेबिल साहब की मातहती में हैं। क्या वे इधर ध्यान देकर ब्रिटिश न्याय-प्रियता प्रकट करेंगे?

[31 जुलाई, 1920]

गायें कटेंगी, किन्तु दयालुता से !

यूरोपियन दयालुता का भीषण चित्र

रतोना में क्या होगा ?

मध्यप्रदेश और बरार के चीफ कमिश्नर माननीय सर फ्रेंक जार्ज स्लाई, के० सी० एस० आई०, आई० सी० एस० गत 12 जुलाई को सागर पधारे थे। दूसरे दिन डिस्ट्रिक्ट कौंसिल और म्युनिस्पिल कमेटी की ओर से उनको चाँदी के गोल कास्केट में मानपत्र दिया गया। उक्त मानपत्र में एक स्थान पर कहा गया है, "कि कमेटी गाय-बैलों के काटे जाने के सम्बन्ध में प्रजा के जो भाव हैं उन्हें आपके दलालु हृदय के सामने प्रकट करना चाहती है। प्रजा मवेशियों के काटे जाने को बड़ी घृणा की दृष्टि से देखती है। आपकी जगह के एक भूतपूर्व अधिकारी ने कहा था कि गाय-बैलों के काटने से सरकार का कोई सम्बन्ध नहीं है, उसका स्मरण रखते हुए अब यह सुनकर कि रतोना में एक बड़ा कसाईखाना सरकार की सहायता से बन रहा है, प्रजा को बहुत भारी निराशा हुई है।" इसके उत्तर में, हमारा सागर-संवाददाता लिखता है, "चीफ कमिश्नर साहब ने फर्माया कि म्युनिसिपल कमेटी के इंतजाम में पहले से एक कसाईखाना चल रहा है, जिससे कमेटी को माकूल आमदनी है। इस कसाईखाने में ढोर निर्दयता से मारे जाते हैं और उनका कच्चा माल (चमड़ा आदि) बाहर भेज दिया जाता है, जिससे सागर को विशेष लाभ नहीं पहुँचता। ये सब बातें विचार कर ही मेरे पूर्व के चीफ कमिश्नर साहब ने नया कसाईखाना बनवाने और कच्चे चमड़े को यहीं पकवाने का इन्तजाम किया है। मुझे इस विषय में विशेष मालूम नहीं है, परन्तु इस नये कसाईखाने में गाय-बैल '**ह्यूमेनिटेरियन**' तरीके से अर्थात् दयालुता के साथ मारे जावेंगे। पक्का चमड़ा यहीं तैयार किया जावेगा जिससे सागर जिले में औद्योगिक उन्नति होगी।" सहयोगी 'हितवाद' में दिए हुए कम्पनी के पट्टे में यह शर्त है कि "कम्पनी दयालुता से काटने का काम करेगी।" कम्पनी के प्रास्पेक्टस में एक स्थान पर यह भी विश्वास दिलाया गया है कि यूरोप में जो दया और सफाई का तरीका माना गया है, उस तरीके पर कसाईखाना बनाया जावेगा। इस तरह का प्रबन्ध रहेगा कि एक जानवर दूसरे जानवर की दृष्टि के सामने नहीं काटा जावेगा।

दयालु क्रूरता

गायें काटी जावेंगी, किन्तु जल्लाद कहते हैं, दयालुता के साथ। उस क्रूर हृदय में भी दया है। हमने सुना है---अफसोस कि हिन्दू होकर भी सुना है कि गले से खून की और आँखों से आँसू की धाराएँ छोड़ती हुई गायें किस तरह करुण स्वर से

रँभाकर अन्तिम श्वास के साथ अपने इन दयालु हत्यारों को धन्यवाद दिया करती हैं; किस प्रकार चकित नयनों से, इन नर-पिशाचों की चौड़ी चमकदार छुरी को देखकर वे सारे शरीर से काँपने लगती हैं, और किस प्रकार उनका हृदय एक अनुभूत पीड़ा और घबराहट से धड़कने लगता है, और किस प्रकार वे छुरी का आघात खाकर छटपटाती हुई सिर डाल देती हैं और निःसहाय भाव से जीभ लटका देती हैं। हमारे पास हृदय नहीं, जो उनकी यमयातना का अनुभव कर सकें, हमारे पास शब्द नहीं, जो उसकी करुणावस्था का वर्णन कर सकें, और हमारे पास रंग नहीं, जो सहसा संसार को छूटता हुआ देख सतृष्ण और अनन्त निराशांधकार-पूर्ण नयनों का चित्र खींच सकें। हाय रे! हमारे पास शक्ति भी नहीं कि हम ऐसा दृश्य रोक भी सकें। यूरोप और उसका भाई अमेरिका इस क्रूरता में दयालुता का समावेश करने आता है। देखें, यह दयालुता कैसी है!

मि० जान फारेस्टर फ्रेजर 'अमेरिका एट वर्क' नामक पुस्तक में लिखते हैं, "चार बरस पहले मैंने आरमर के कसाईखानों में शास्त्रीय पद्धति से सूअर, गाय, बैल और भेड़ों का काटना देखा था। मैंने कसम खायी कि मैं कभी भी ऐसा दृश्य नहीं देखूंगा। मैं उस कसाईखाने से घबराकर बाहर निकल आया था। तो भी आज मैं फिर शिकागो (अमेरिका) में मेसर्स स्विफ्ट के कारखानों में आया हूँ। मैंने अपना पतलून ऊपर चढ़ा लिया है और महोगनी लकड़ी के फर्श पर चल रहा हूँ, फिसलने का डर है, क्योंकि उस पर गरम खून बह रहा है और मेरे मुँह और नाक में गरम खून की बदबू घुसी जा रही है। यहाँ पर मैंने देखा है कि एक घण्टे में 600 सूअर मारे जाते हैं, 620 भेड़ों के गले काटे जाते हैं, और शांत आँखों वाले मवेशी एक घण्टे में 240 के हिसाब से अपना दुख-भरा अन्तिम चीत्कार समाप्त करते हैं। यह सब काम ह्यूमेनली दयालुता के साथ, वैसी ही दयालुता के साथ, जैसा कि वह हो सकता है, किया जाता है, परन्तु यह दृश्य दिन-भर मुझे सताता रहा।" वह लेखक आगे चलकर सूअरों के काटे जाने का वर्णन करता है कि किस प्रकार वे भय से चीखते-चिल्लाते हुए एक स्थान में लाये जाते हैं, फिर किस प्रकार घूमते हुए बड़े चक्के में उन्हें एक टाँग सेबाँधकर लटका देते हैं और किस प्रकार उन तड़पते हुओं के गले काटे जाते हैं और उनका प्राणान्त होता है। यह स्विफ्ट कम्पनी अपने छह कारखानों में प्रतिदिन 27,386 सूअर काटती है। इसी प्रकार फुर्ती के साथ गाय-बैल भी मारे जाते हैं। एक घण्टे में 240 का काम तमाम होता है। मैं कसाइयों के चमकदार छुरों, पिचकारी के समान छहरते हुए खून और उससे रँगे हुए लाल कपड़ों और उन खूँखार कसाइयों का वर्णन पाठकों की कल्पना पर ही छोड़ता हूँ। पहले ये जानवर नहलाये जाते हैं, जिसमें उनका शरीर कुछ ठण्डा हो जाये। बाद में वे तंग रास्ते में हाँके जाते हैं। वहाँ ऊपर से दरवाजे नीचे खिसका कर दो-दो जानवर अलग कर दिये जाते हैं, ऊपर प्लेटफार्म

पर मजबूत भीमकाय मनुष्य लोहे के भारी हथौड़े लिये तैयार रहते हैं। गाय-बैलों के इस प्रकार एक स्थान में बन्द होते ही ये नृशंस आगे बढ़ते हैं, और उनकी आँखों के बीच कपाल पर जोर से घुमाकर हथौड़ा मारते हैं। भयंकर आघात! वे दरवाजे ऊपर खींच लिये जाते हैं, और बेचारे पशु बेहोश होकर निर्जीव के समान नीचे ढेर हो जाते हैं। चार आदमी फुर्ती से उनकी पिछली टाँग साँकल से बाँध देते हैं। अब वह जानवर ऊपर खींचा जाता है। बाद में उसकी नसें काटकर खून निकाला जाता है। बढ़िया गोश्त इंग्लैण्ड को भेजा जाता है। हड्डी और सींगों के कन्धे-दस्ते आदि बनते हैं, खुरों से बटन तैयार होते हैं, चमड़ा जूते-बैग-जीन आदि के काम में आता है, और खून से रंग तैयार होता है तथा शकर साफ की जाती है। इस प्रकार ईश्वर का जीता-जागता प्राणी, विज्ञान की सहायता से, देखते-ही-देखते शोरबा और कबाब बनकर सभ्यता की थालियाँ सजाता है, साबुन बनकर शरीर साफ करता है, रंग बनकर वस्त्रों की शोभा बढ़ाता है, और कन्धा बनकर पुरुषों तथा महिलाओं के केशपाश रचता है। इसी सभ्यता की भड़कीली माँग के लिए हमारे मध्यप्रान्त की सरकार गाय-बैल काटने का कारखाना खोलकर सागर का व्यवसाय बढ़ावेगी, जिससे मध्यप्रदेश का मुख उज्ज्वल होगा। देखें, इस खून-खराबी और दयालु निर्दयता का दृश्य मध्यप्रदेश—मध्यप्रदेश ही नहीं, सारे भारतवर्ष—की प्रजा, हिन्दू और मुसलमान दोनों किन आँखों से देखती हैं।

मुसलमानी शासनकाल में गोवध बन्द

गौ की पुकार।

अरिहु दंत तृन धरै, ताहि नहिं मारि सकत कोइ,
हम संतत तिन चरहिं, बचन उच्चरहिं दीन होइ।
अमृत पय नित स्रवहिं बच्छ महि थम्भन जावहिं,
हिन्दुहिं मधुर न देहिं, कटुक तुरकहिं न पियावहिं।
कहत कवी 'नरहरि' सुनौ, बिनवत गउ जोरे करन,
अपराध कौन मोंहि मारियत, मुएहु चाम सेवहिं चरन।

बादशाह अकबर

नरहरि कवि के ऊपर लिखे हुए कवित्त को सुनकर बादशाह अकबर ने अपने योग्य मन्त्रियों की सलाह से अपनी बादशाहत में गोवध बिलकुल बंद कर दिया था।

बादशाह मुम्हमदशाह

'अमृतबाजार' पत्रिका लिखती है कि बादशाह मुहम्मदशाह गाजी शाह ने

हिजरी सन् 1230 अर्थात् ईसवी सन् 1812 में अपने मुल्क में गोवध बन्द करने के लिए फर्मान जारी किया था। उस पर उनके मन्त्री सैयद अताउल्ला खाँ, सैयद अब्दुल्लाखाँ, काजी मुहम्मदरफी गुलाम अहमद, मौलवी मुहम्मद महफूजुल्ला और काजी इलाहीखाँ के साहबजादे काजी मियाँ असगरहुसैन के भी हस्ताक्षर थे—

फर्मान

हमारी सल्तनत के हुक्कामों, सूबेदारों, इज्जतदार रईसों, मुहर्रिरों और जिनके जिम्मे मुल्क का इन्तजाम सुपुर्द है, उन सबको इस न्याय और समानता के जमाने में यह फर्मान जारी किया जाता है कि मूक और मूढ़ पशु-संसार में गाय और बैल बहुत लाभदायक जीव हैं। मनुष्यों का जीवन अन्न और फलों पर निर्भर है, और ये खेती के बिना उत्पन्न नहीं हो सकते, और खेती बिना बैलों के नहीं हो सकती। इसलिए हम ऐसे उपयोगी जानवरों के काटे जाने के खिलाफ हैं। हमारे मुल्क में इस फर्मान के जरिये गौवध बिलकुल बन्द किया जाता है, और अगर कोई इस आज्ञा का पालन नहीं करेगा तो वह हमारी सरकार को नाखुश करेगा और उसे सजा मिलेगी।[1]

जोरदार प्रयत्न कीजिये

इधर प्रति-दिन रतोना के कसाईखाने के विरोध का आन्दोलन बल पकड़ता जाता है। देश के प्रधान नगरों तथा प्रदेश के नगरों और गाँवों में सभाएँ हो रही हैं तथा देश के समाचार-पत्र जोर से इसका विरोध कर रहे हैं। हिन्दू धर्म के आधार जगद्गुरु शंकराचार्यजी ने इसका विरोध किया है और प्रान्त के नेताओं में से भी आवाज उठायी जा रही है। आन्दोलन में हिन्दू और मुसलमान, धनवान और गरीब, सब साथ हैं। किन्तु हम इस बात को नहीं भूल जाना चाहते कि सरकार हमारी बातों को नहीं सुन रही। हमारे सम्पूर्ण प्रयत्न को वह उतना भी महत्त्व नहीं दे रही, जितना वह कभी-कभी एक कविता, लेख या भाषण को देती है और ब्रिटिश सिंहासन के, उस कविता, लेख या भाषण से उखड़ जाने की कल्पना में मतवाली होकर उपायों की योजना करने लगती है।

इसमें दो बातें हो सकती हैं, एक तो यह कि सरकार हमारे विरुद्ध हमारे सर्वनाश का निश्चय कर चुकी हो; और दूसरी यह, कि हमसे ही अपने प्रयत्नों में कहीं कोई गलती हो रही हो। सरकार की बात सरकार की नीयत से प्रकट हो जायेगी, किन्तु हमारा विश्वास है कि हम और हमारे देशवासी इस प्रश्न पर गहराई से नहीं सोच रहे हैं। यही कारण है कि हमारा प्रयत्न प्रभावपूर्ण सिद्ध

1. इस तरह के चयन अग्रलेखों की भावना की स्प्रिट को और अधिक ऊर्जा और प्रामाणिकता देते हैं। चतुर्वेदीजी की यह विशिष्ट सम्पादन-पद्धति थी।(सम्पा०)

नहीं हो रहा। हमें इसके लिए **संगठित उद्योग की जरूरत है**। **यह युग संगठन का है**। जिस कार्य की जितनी अधिक तैयारी की जाती है, उसका उतना ही अधिक परिणाम होता है। अतः हमें इस उद्योग को प्रथम प्रान्तीय और फिर सार्वदेशिक बनाने का प्रयत्न करना चाहिए।

1. हमारा सबसे पहला प्रयत्न यह होना चाहिए कि हम सागर नगर में प्रान्त भर की बड़ी भारी सभा करके एक प्रान्तीय कमेटी कायम करें और उसका एक स्थायी कार्यालय रतोना में खोलें।

2. दूसरा उद्योग यह होना चाहिए कि प्रदेश भर के नगरों और ग्रामों में सभाएँ करके उक्त कसाईखाने की सब प्रकार की सरकारी मदद के विरोध का प्रस्ताव पास करके प्रदेश के चीफ कमिश्नर महोदय के चीफ सेक्रेटरी साहब के पास भिजवावें। दूसरा प्रस्ताव प्रान्तीय कौंसिल के गैरसरकारी सदस्यों के पास भेजकर निवेदन करें कि वे भरी कौंसिल में इस हत्याकाण्ड की सरकारी मदद का घोर विरोध करें—और यदि सरकार न माने और अपने निन्दनीय बहुमत के आधार पर मदद देना नामंजूर न करे, तो हमारे गैरसरकारी प्रजा-प्रतिनिधि ऐसी अन्यायकारिणी कौंसिल की उस बैठक को नमस्कार करें और अपना प्रस्ताव अपनी उपस्थिति में कभी नष्ट न होने दें। हाँ, उनकी अनुपस्थिति में, रौलेट कानून की तरह सरकार जो जी में आवे, कर लेवे।

3. प्रान्तीय संगठित कमेटी को 50 लाख रु० या इससे अधिक की पूंजी से व्यापारिक ढंग पर एक डेयरी या गोशाला खोलनी चाहिए, जिसके द्वारा दूध, घी, मक्खन आदि पदार्थ तैयार हों और वे बेचे जा सकें। यह प्रयत्न लिमिटेड कम्पनी द्वारा होना चाहिए।

4. हमारी संगठित प्रान्तीय कमेटी द्वारा एक डेपुटेशन और एक मेमोरियल चीफ कमिश्नर महोदय के पास भेजा जावे, जो इस पाप-प्रवृत्ति से सरकार को अपना हाथ खींच लेने के लिए उपदेश और अनुरोध करे। यद्यपि हमारा इस तरह के डेपुटेशनों और मेमोरियलों में विश्वास नहीं रहा है, तो भी एक बार सरकार को अवसर देना चाहिए कि वह अपने पाप का प्रक्षालन करे। यदि सरकार इस बात को भी न माने, तो हमें एक भारी आन्दोलन खड़ा करना चाहिए और इस प्रश्न को इतना जोरदार बना डालना चाहिए कि इस प्रश्न को हल किये बिना और कसाईखाना बन्द किये बिना, हमारे ही समान, उसके मदान्ध अधिकारियों को भी खाना-पीना और सुख से रहना कठिन हो जाय। हमारा विश्वास है कि हमारा संगठित आन्दोलन सरकार को अपना कसाईखाना रोकने के लिए बाध्य करेगा और सिखा देगा कि प्रजा की आवाज सिर झुकाने के लिए होती है, लातों में रौंदने के लिए नहीं।

कुछ उद्योग

हम देख रहे हैं कि सागर म्युनिसिपैलिटी ने एक मत से यह तय किया है कि उसके दोनों कसाईखाने, जो मदिया नाका और बम्हनखेड़ी नामक मुहल्लों में हैं, तोड़ दिए जायँ। हमें यह सुनकर हर्ष और अभिमान हुआ है कि सागर के वकील श्रीयुत मार्तण्ड शम्भुदयालजी मिश्र तथा श्रीयुत आर० आर० खाँडेकर, इन दोनों महाशयों ने अपने सिर पर सागर के नागरिकों की ओर से यह जवाबदारी ली है कि इन कसाईखानों को बन्द करने से म्युनिसिपैलिटी को जो हानि होगी, वह रकम वे दोनों एक महीने के अन्दर जमा कर देंगे। हम इन दोनों गो-सेवकों की इज्जत करते हैं और सागर की म्यु० पै० को सूचित करते हैं कि वह इस दूषित आमदनी के लिए इतनी न ललचे और रुपयों की हानि को खुद सह जाय। इतनी इतनी लकीरें लिख चुकने पर संवाद मिला है कि वर्धा की म्युनिसिपैलिटी ने भी अपना कसाईखाना बन्द कर दिया। अब जरूरत है, प्रदेश की सब म्युनिसिपैलिटियाँ अपने-अपने कसाईखाने बन्द करें और अपनी आमदनी का कोई दूसरा जरिया ढूँढ़ निकालें। इस कार्य में जितनी शीघ्रता होगी, उतना ही उन म्युनिसिपैलिटियों के काम में बल पहुँचेगा, जिन्होंने कसाईखाने बन्द किए हैं।

इसी समय हम पढ़ रहे हैं कि हैदराबाद के निजाम महोदय ने भी अपने यहाँ गौ-वध बन्द कर दिया। अपनी आज्ञा में निजाम सरकार ने कहा है कि "हालाँकि गायों और ऊँटों की कुरबानी मजहब इस्लाम में जायज है, ताहम जमानए-हाल की नामुआफिक माली हालत देखकर हुक्म दिया जाता है कि वक्त ईदुज्जुहा इन ज़ानवरों की कुरबानी कतई बन्द रहे।..." हम निजाम-सरकार की इस दूरदर्शिता की प्रशंसा करते हैं और उम्मीद करते हैं कि जब 'मजहब इस्लाम' की हामी निजाम-सरकार इतनी उदारता और बुद्धिमत्ता से काम ले सकती है, तब मध्यप्रान्तीय सरकार के अधिकारी कम-से-कम निजाम-सरकार से सबक जरूर सीखें। हम भूल नहीं सकते कि मध्यप्रदेश की सरकार ने प्रान्तीय कौंसिल की बैठक में खेती के पशुओं की रक्षा का माननीय ब्यौहार रघुवीरसिंहजी द्वारा पेश किया हुआ प्रस्ताव पास किया था, और माननीय मि० डायर ने उस प्रस्ताव के साथ सहानुभूति दिखाते हुए, सरकार की ओर से स्वीकृति दी थी। निस्सन्देह प्रस्ताव में से क्वांटिटी (Quantity) शब्द जबरदस्ती निकाल देना पड़ा था। तो भी प्रस्ताव की मंशा थी कि खेती के पशुओं की रक्षा हो। बड़े दु:ख की बात है कि आज की प्रान्तीय सरकार कौंसिल के उस प्रस्ताव को लातों से रौंद रही है।

प्राय: देश की सब सनातन धर्मसभाएँ, आर्यसमाजें और जैन तथा अन्य धर्म की सभाएँ देश के प्रश्नों को राजनैतिक हौआ समझकर आत्मघात होने तक स्पर्श

नहीं करतीं, किन्तु क्या गोवंश के नाश होने तक भी वे उसी मृतावस्था में पड़ी रहेंगी ? हमारी सूचना है कि उन्हें उठकर इस प्रश्न को जोर के साथ हाथ में लेना चाहिए। यदि आत्मरक्षा, जीव-दया और धर्म के ऐसे प्रश्न को वे हाथ में न लेंगी, तो फिर ऐसी संस्थाओं की देश में जरूरत नहीं, वे तोड़ दी जानी चाहिए। यदि इन धर्म-सभाओं के होते यह वर्ष में लाखों की संख्या का वध-व्यापार चलता रहा तो बड़े कलंक की बात होगी। हम वल्लभ-कुल के श्रीमन् गोस्वामी महोदय से निवेदन करना अपना कर्त्तव्य समझते हैं कि वे भगवान कृष्णचन्द्र की प्यारी गायों की रक्षा के लिए अपने उन शिष्यों को लेकर आगे बढ़ें जो लाखों की संख्या में हैं और जिनमें लक्षाधीशों की कमी नहीं। उनके धर्म, धन और बल के सच्चे प्रयत्न के आगे पाप की प्रवृत्ति ठहर न सकेगी। श्रीकृष्ण के सेवकों—गोपाल के पूजकों—का एक बड़ा दल रतोना में रहना चाहिए, जो अपने को कठिनाई में डालकर गायों की रक्षा कर सके। जो हो, हमें अब संगठित प्रयत्न करना चाहिए, और इस संगठन में अधिक समय न लगाकर शीघ्र उद्योग करना चाहिए। कौंसिल की चुनाई का समय निकट है। हम प्रदेश की जनता से निवेदन करेंगे कि वह खड़े होने वाले मेम्बरों में यह भी देखे कि इस कसाईखाने को रुकवाने में कौन उम्मीदवार निर्भीकता से अपनी पूरी शक्ति लगा रहा है।

हमें सरकार को भी अधिक भ्रम में न रखना चाहिए। यह प्रश्न धर्म ही का नहीं, देश की रोटियों का भी है। हम नहीं चाहते कि सरकार की कृपा से हमारे पास जोतने के लिए बैल और घोड़े, बहुत बल के लिए गायें न रह जावें। हमारी रोटियों के साधन छीने जाने पर भी राजभक्ति की आशा करना बेसमझी होगी, और हमारा भक्त बना रहना वह नीचता और कायरता, जिसे खकर दुनिया के किसी भी देश का अस्तित्व नहीं रहा। हम देखना चाहते हैं कि सरकार कसाई-खाने को बन्द करती है या इसे बन्द न कर प्रान्त को असहयोग की लड़ाई के लिए चुनौती देती है।

सम्पादकीय टिप्पणी (22 ङ)

लोकमान्य तिलक के प्रति प्रत्येक भारतीय आदर प्रकट कर रहा है। जिन लोगों ने अपना सारा जीवन लोकमान्य के विरोध में बिताया, वे भी कहते हैं कि लोकमान्य एक अतिश्रेष्ठ पुरुष थे। कई भाविकों ने उन्हें भगवान् की तरह अपना आराध्य देवता बना लिया है। अन्यत्र प्रकाशित बम्बई के समाचारों से मालूम होगा कि जिस स्थान पर लोकमान्य का शव दाह किया गया था, उसे एक पवित्र तीर्थ-नाईं हजारों नर-नारी पूजते हैं। इतना आदर और भक्ति आज तक किसी को प्राप्त नहीं हुई थी। कई लोग उन्हें शिवाजी के तुल्य समझते हैं और कई कहते हैं कि पार्थ-सारथी श्रीकृष्ण ने ही जनता में एक नवीन ज्योति जगाने के लिए

भारत में अवतार ग्रहण किया था। जिनको जितना अधिक परिचय है, वह उतना ही अधिक लोकमान्य का आदर करता है। 'अतिपरिचयादवज्ञा' की अनुभवपूर्ण कहावत लोकमान्य के विषय में बिलकुल झूठी साबित हुई। ऐसी अवस्था में यदि लोग उन्हें भगवान् कहकर पुकारें और अपने पूज्यतम परमात्मा के अंश के नाईं सिर पर धारण करें, तो आश्चर्य ही क्या?

सम्पादकीय टिप्पणी (22 च)

लोकमान्य की मृत्यु के दिन से ही उनका स्मारक बनाने की बात चल पड़ी है। वैसे तो महात्मा गांधीजी के कथनानुसार लोकमान्य स्थूल देह त्यागकर प्रत्येक भारतवासी के हृदय से प्रवेश कर चुके हैं और इस तरह मिट्टी-पत्थर का नहीं किन्तु अस्थि और मांस का उनका स्मारक आज भारत के प्रत्येक घर में विराजमान है। किन्तु भौतिक संसार में रहने वाली जनता को इससे ही सन्तोष नहीं हो सकता। बम्बई में जिस स्थान पर लोकमान्य का शव-दाह किया गया, वहाँ एक राम-मन्दिर बनाये जाने की इच्छा बम्बई के नागरिकों ने प्रकट की है। इस विशाल मन्दिर में लोकमान्य की एक प्रस्तर-मूर्ति रखी जायेगी और भाविक लोग अपने भगवान् की भक्ति और प्रेम से पूजा करेंगे। अन्य नगरों में लोकमान्य के स्मारक खड़े करने की तैयारियाँ हो रही हैं। हम चाहते हैं कि प्रत्येक स्थान में एक-एक मन्दिर बनाया जाय और लोकमान्य की मूर्ति उसमें रखी जाय। यह मन्दिर इस तरह बनाया जाय कि नगर की सभाओं के लिए इसमें काफी स्थान रहे। इस मन्दिर में राजनैतिक साहित्य की उत्तमोत्तम पुस्तकों का संग्रह रहे और गाँव या नगर का भावी नागरिक इस तिलक-मन्दिर में राजनीति का पाठ पढ़कर लोकमान्य की भारत को स्वातन्त्र्य दिलाने की इच्छा की पूर्ति करे।

सम्पादकीय टिप्पणी (22 ग)

लोकमान्य तिलक की मृत्यु पर जहाँ भारतीयों के हृदयों को असीम वेदना पहुँची है, वहाँ एंग्लो-इण्डियनों का एक नीचहृदयी पक्ष एक बड़ी आपत्ति से मुक्ति पाने की तरह आनंदित हो रहा है। जब-जब किसी अद्वितीय नरसिंह की मृत्यु होती है, तब-तब ऐसी ही बातें देखी गयी हैं। मनुष्य की गिरी हुई प्रवृत्ति का यह एक चिह्न है। पर इस नीच प्रवृत्ति ने सारे एंग्लोइण्डियन समाज को नहीं घेरा है, यह सन्तोष की बात है। कलकत्ते का 'इंग्लिशमैन' भारतीयों के हित के विरुद्ध सदा से आन्दोलन करता रहा है, किन्तु देखते हैं कि लोकमान्य के विषय में उसने वह अनुदारता प्रकट नहीं की, जो 'स्टेट्समैन' और 'टाइम्स आफ इण्डिया' जैसे पत्रों ने प्रकट की है।

सम्पादकीय टिप्पणी (22 घ)

लोकमान्य तिलक कुछ दिनों तक बम्बई प्रान्त की लेजिस्लेटिव कौंसिल में प्रजा के प्रतिनिधि की हैसियत से मेम्बर रह चुके थे। उसकी कौंसिल की बैठक गत दो अगस्त को हुई थी। लोगों के 17 प्रतिनिधियों ने यह देखकर कि लोकमान्य के विषय में कुछ भी बात नहीं कही जा रही है, गवर्नर साहब से शोक-प्रस्ताव को उपस्थित करने की आज्ञा माँगी। बुद्धिमान गवर्नर साहब ने जो उत्तर दिया, वह एंग्लो-इण्डियन बुद्धि के तिलक-द्रोह को अच्छी तरह प्रकट करता है। आपने जवाब दिया कि चूंकि इस प्रस्ताव की सूचना 15 दिन पूर्व नहीं दी गयी है इसलिए यह कौंसिल में पेश नहीं किया जा सकता। कौंसिल के नियमानुसार किसी प्रस्ताव के पेश करने के लिए 15 दिन पूर्व सूचना देना आवश्यक है, किन्तु हमारी समझ में इस तर्क-बुद्धि का अर्थ समझ में नहीं आया कि किसी की मृत्यु का प्रस्ताव मृत्यु होने के 15 दिन पूर्व किस तरह किया जा सकता है।

[14 अगस्त, 1920]

सम्पादकीय टिप्पणी (23 क)

रतौना के कसाईखाने की योजना पर, हम देखते हैं, देश भर विरोध कर रहा है। इस विरोध में अकेले हिन्दू ही नहीं, किन्तु मुसलमान भी शामिल हैं। मध्य-प्रान्त के हिन्दू-मुसलमानों ने तो अपने-अपने नगर में इस घृणास्पद तथा देश को आर्थिक हानि पहुँचाने वाली तजवीज का तिरस्कार किया ही है, साथ ही डेरा इस्माइलखाँ, पूर्णिया, मद्रास, गुजरात आदि भिन्न-भिन्न स्थानों की हिन्दू-मुसलमान प्रजा भी एक स्वर से प्रस्तावित कसाईखाने का घोर विरोध कर रही है। हैदराबाद के निजाम साहब ने अपनी हद्द में गौ-हत्या बन्द कर दी है, और भिन्न स्थानों के मुसलमान नेता दिल्ली के हकीम अजमल खाँ, मौलाना अब्दुल बारी आदि सज्जनों ने गौ-हत्या की रोक के लिए मुसलमानों को आदेश दिया है। गौ-हत्या की रोक करने की भावना मुसलमानों में इतना अधिक काम कर रही है कि शाही जमाने के पुराने कागजात ढूंढ़कर निकाले जा रहे हैं और बताया जा रहा है कि मुसलमानी सल्तनत के जमाने में रिआया-परवरी का कितना ध्यान रखा जाता था। मुसलमानों के इन प्रयत्नों से यह बात स्पष्ट हो जाती है कि वे भी गौ-हत्या को अच्छा नहीं समझते। आज तक गौ-हत्या के विषय में, अक्सर हिन्दू-मुसलमानों में झगड़े हो जाया करते थे, पर अब इस गैरियत को मिटाने के लिए पूरा प्रयत्न हो रहा है। क्या हिन्दू-मुसलमानों की संयुक्त ध्वनि सरकार पर असर न करेगी!

सम्पादकीय टिप्पणी (23 ख)

इसी सप्ताह एक और शुभ संवाद आया है, वह है लार्ड सिन्हा के 'बिहार और उड़ीसा' के गवर्नर नियत होने का। इस देश में कई दिनों से चर्चा चल रही थी कि लार्ड सिन्हा पर सरकारी कृपा का बोझ किसी-न-किसी रूप में अवश्य ही पड़ेगा। गत अप्रैल मास में जब लार्ड सिन्हा ने नरम दल की प्रशंसा करते हुए कुछ बातें कहीं थीं, तभी से लार्ड साहब के गवर्नर होने के चिह्न दिखाई देने लगे थे। लार्ड सिन्हा के व्यक्तिगत सम्मान के लिए हमें हर्ष है, किन्तु एक-दो हिन्दुस्तानियों के गवर्नर बन जाने से ही हम संतुष्ट नंहीं हो सकते। हम भारत के लिए पूर्ण स्वराज्य चाहते हैं। जब तक वह प्राप्त न हो जायेगा, तब तक प्रलोभन के छोटे-छोटे टुकड़ों से भारतीयों की आकांक्षाएँ तृप्त नहीं हो सकती। लार्ड सिन्हा आगामी नवम्बर मास से अपने पद का भार ग्रहण कर लेंगे। हम देखना चाहते हैं कि उद्दण्ड एंग्लोइण्डियन मातहत कर्मचारी इस नये प्रयोग से कितने संतुष्ट रहते हैं।

सम्पादकीय टिप्पणी नं० (23 ग)

जैसा कि कई दिनों से अंदाज लगाया जा रहा था, डा० तेजबहादुर सप्रू को वाइसराय की एक्जीक्यूटिव कौंसिल का मेम्बर बनाया गया है। सर जार्ज लौंडिस के रिटायर होने पर आप अपना कार्य शुरू कर देंगे। रिफार्म ऐक्ट के अनुसार वाइसराय की एक्जीक्यूटिव कौंसिल में तीन हिन्दुस्तानी सदस्य रहेंगे। मि० शफी व मि० शर्मा के नियत होने के समाचार पूर्व ही दिये जा चुके हैं। अब डा० सप्रू पर सरकार की दया-दृष्टि हुई है। डा० सप्रू एक विद्वान् और निर्भीक कानूनदाँ सज्जन हैं। हमें विश्वास है कि आपका कार्य-काल सर जार्ज लौंडिस के कार्य-काल की तरह दमनकारी कानूनों से कलंकित न होने पायेगा। क्योंकि सभी अच्छी तरह जानते हैं कि आपने प्रयाग के सहयोगी 'भविष्य' की जमानत जब्त होने पर 'भविष्य' के संचालक श्रीयुत सुन्दरलाल जी के वकील की हैसियत से प्रेस ऐक्ट के विरुद्ध अत्यन्त पांडित्यपूर्ण और विस्तृत बहस की थी। आपकी राय थी कि प्रेस ऐक्ट की चौथी धारा बनवाने का सरकार को अधिकार नहीं था। इसी प्रकार आपने यह भी राय दी थी "कि कानून द्वारा स्थापित की हुई सरकार का अर्थ भारत-सरकार या प्रान्तीय सरकार या सरकारी अफसर नहीं है।" इन तथा अन्य विचारों से मालूम होता है कि आप प्रेस ऐक्ट की बुराइयों और अन्यायपूर्णता को अच्छी तरह समझते हैं। ऐसी हालत में हमारा आपसे यह आशा करना अनुचित नहीं होगा कि आप अब कानून-सदस्य का अधिकार पाने पर, उस अधिकार के बल से, प्रेस ऐक्ट को बदलकर निर्दोष और हितकारी बनावेंगे, न कि उसे दमन और स्वेच्छाचारिता का जरिया बना रहने देंगे, जिसके विरुद्ध कलकत्ता और मद्रास आदि

हाईकोर्टों के कुछ माननीय जज भी कड़ी टीकाएँ और अपनी विवशता प्रकट कर चुके हैं।

[21 अगस्त, 1920]

वाइसराय और असहकारिता

हमारे राजनैतिक क्षेत्र के ज्वलंत प्रश्न 'असहकारिता' पर वाइसराय बोले और बोले भी आग लगाने वाली बातें, तिस पर भी आशा यह है कि वे कहीं आग में ईंधन का काम न करें—बड़ी भोली आशा। वाइसराय साहब जलती हुई मशाल का ठूँसा देकर कहते हैं "असहकारिता अब मूर्ख योजनाओं में सबसे अधिक मूर्ख योजना है।" इस उदार वक्तव्य के प्रकाश में उनका नरमों की ओर सहानुभूति की आकांक्षा से निहारना और भी दाहकारक मालूम होता है। फौजी कानून के प्रवर्तक तथा सर माइकेल ओडायर के समर्थक से और क्या आशा की जा सकती थी? इसके ऊपर वाइसराय का अन्त में उदारता की प्रशंसा गाना निरा हास्यास्पद मालूम होता है। वे पूछते हैं, "क्या आज उदारता की आवश्यकता नहीं है?" यह प्रश्न मौका बीत जाने पर वाइसराय साहब ने किया है। क्या ही अच्छा होता कि कौंसिल में रौलट ऐक्ट पास करते समय सारे देश और प्रजा-प्रतिनिधियों के एक मत के विरुद्ध फिर फौजी कानून जारी करके पंजाब की सरकार को अनन्त अधिकार देते समय, और बाद में हंटर-कमेटी की रिपोर्ट पर अपना मत प्रकट करके न्याय की हत्या करते समय वाइसराय साहब ने अपने हृदय पर हाथ रखकर यह प्रश्न किया होता, "क्या आज उदारता की आवश्यकता नहीं है?" परन्तु इतना कह चुकने पर, अपनी क्रूरता के बलि को ताजे घावों के खून में कराहकर छटपटाते हुए देखकर विजयी अत्याचारी कहता है, "देख, कराह मत, अपने चेहरे के भाव बदलने मत दे, आज उदारता दिखा। मेरा कहा मान और उसी के अनुसार कार्य कर! यदि तू इन्कार करता है, तो तू मूर्ख है। मेरी आज्ञा न मानने का प्रयत्न व्यर्थ है, अविचारपूर्ण है। फिर देख, तेरा कोई भी साथ नहीं देगा। और यद्यपि इधर कहने की आवश्यकता नहीं, इंग्लैण्ड से लगाकर यहाँ तक, और यहाँ से लगाकर आस्ट्रेलिया तथा अमेरिका तक सैनिक हैं, तोपे हैं, जहाज हैं, और हवाई जहाज हैं। तू अपने इन मूर्ख प्रयत्नों को छोड़।" वाइसराय साहब का भाषण कितना भीषण है और कैसी सरलता से उन्होंने उदारता का उपदेश दिया है, यह केवल वही समझ सकता है, जो चारों ओर निंदित होने पर कुछ-कुछ तो अनुभव करता है कि मैं बड़ा क्रूर व्यक्ति हूँ, पर साथ ही यह भी ऐंठ रखता है कि मैं मौका आने पर इससे भी अधिक क्रूर हो सकता हूँ,

नहीं, हो जाऊँगा । यह विचार रखते हुए भी, अपनी पिछली करतूतों के सम्बन्ध में वाइसराय साहब यह कहके ही संतोष मानते हैं कि "मैं उनका निर्णय इतिहास पर छोड़ता हूँ ।" परन्तु वाइसराय साहब का वर्तमान इतिहास तो अपना निर्णय दे चुका, जो कि उनका प्रत्येक स्थान की सार्वजनिक सभाओं में उनका स्वागत न करने के प्रस्तावों तथा उनको अपने पद से हटा देने की देश की पुकार से प्रकट है । भविष्य में इतिहास क्या कहेगा, इसका उत्तर भी कठिन नहीं । यदि इतिहास सच्चा है और असंगत नहीं है, तो वह वाइसराय साहब के लिए भी वही निर्णय देगा, जो उसने तैमूर और चंगेज के लिए दिया है जो उसने जार और कैसर के लिए दिया है, सारांश में जो उसने प्रजा-सत्ता का गला घोंटने वाले प्रत्येक स्वेच्छाचारी के लिए दिया है । परन्तु अफसोस, प्राचीन इतिहास के निर्णय से वाइसराय साहब ने कोई सीख नहीं ली और भविष्य में वह जब अपना निर्नय सुनावेगा तब उस समय स्वयं वाइसराय साहब ही न रहेंगे । असहकारिता का मखौल उड़ाने वाले 'समझदार' और असहकारिता की योजना को करने वाले मूर्ख, सब एक ही दिशा में जा रहे थे । ज्यों-ज्यों भारतवासियों के हृदय दमन की करतूतों से कुचले जा रहे थे, त्यों-त्यों वे इस विश्वास को दृढ़ता से अपनाते जाते थे कि अत्याचारिणी शक्ति का साथ देना और अत्याचार करना दोनों समान हैं, और मुसलमानों की धार्मिक धरोहर टर्की के लूटे जाने पर, तथा पंजाब की निहत्थी प्रजा के खून से उसकी मातृभूमि को रंगीन बनाकर, उस शस्य-श्यामला को रक्त-रंजिता बनाने वालों को निर्दोष कहकर छोड़े जाने पर दीख पड़ा कि निःसन्देह अत्याचारी उस दिन तक निर्दोष थे जब तक हम उन्हें साथ देते रहे, इसलिए उन्होंने मन में निश्चय किया वे पाप के साथ पुण्य का और विष के साथ दूध का और अत्याचारी शक्ति के साथ अपनी शक्ति का सहयोग रोक दें, और रोक दें इस तरह कि बिना भाप के इंजन की तरह स्वेच्छाचारिता की गाड़ी खड़ी रह जाय । जिन दिनों क्षुब्ध भारतवासी असहयोग का यह निश्चय करने लगे, उन दिनों घटनाओं ने उनके निश्चय का काफी साथ दिया, उसी तरह जिस तरह रिफार्म ऐक्ट पास होते और महामान्य सम्राट् के उसकी स्वीकृति देते समय घटनाओं ने साथ दिया था । उन दिनों युद्ध में नौकरशाही कीठसक गिर चली थी, भारतीय वीरों ने विदेशों की भूमि को अपने रक्त से सींचकर उसके राजमुकुट को जहाँ का तहाँ रहने दिया था, और जब उसके प्रति कर्त्तव्य के भाव पैदा होकर भारत के अधिकार का दिन आया कि भारत की धरोहर का छोटा-सा नगण्य हिस्सा देने में भी आपने रुकावट डाली । उसे हटाने को यहाँ के कई डेपुटेशन गए । ठीक उसी समय पंजाब के पशुबल के पण्डे के गोले फट पड़े और अनेकों पुत्रों को चढ़ाकर भारत-वसुन्धरा को रक्त-स्नान कराया ही गया था कि उधर सहसा रिफार्म ऐक्ट पास हो पड़ा । इसी तरह टर्की के अधिकारों की हँसी उड़ाई गयी और उसे मित्र राज्यों के आधीन किया गया । टर्की का राज्य मालगुजारी होने

चला, कई प्रयत्न किए पर सब व्यर्थ हुए। फिर सन्धि की दूसरी शर्तें होना तय पाया ही था कि अभी उस दिन टर्की के सुलतान से दिखाऊ सन्धि-पत्र पर सही करा कर उसे नेस्तनाबूद करने का फतवा दे दिया. उसी तरह डायर को भी निर्दोष माना गया। उसका पक्ष लिया गया। उसको हजारों रुपयों का चन्दा दिया गया और उसे चन्दा देने वाले सरकारी अफसरों या उनकी बीवियों ने ·सरकार के विरुद्ध होने का भय न खाया। लार्डों ने डायर को दूध का धोया सिद्ध करके असहयोग के लिए भारत को सूचना दी ही थी कि मि० माण्टेगु ने भारत-सरकार को असहयोग-दल में स्वेच्छाचारिणी होने की सूचना देकर रण-घोषणा की, और असहयोग के भाव पर मजबूत मुहर लगा दी। और अब वाइसराय की सरकार ने उसे मूर्ख योजना कहकर असहकारिता होने देने की काफी से अधिक गहरी मुहर लगा दी है। देश की अन्य प्रान्तीय कांग्रेस कमेटियों ने और कल के संवाद ने कहा कि मध्यप्रदेशीय कांग्रेस कमेटी ने भी स्वीकार कर लिया कि असहयोग हो, और जरूर हो। यदि अत्याचारी का साथ न देकर अत्याचार न कराना या न होने देना पाप है तो ऐसा पाप, भगवान करें, हम अपने शरीर चढ़ा देने तक जरूर कमावें, और जमीन और आसमान गवाह बनकर देखें कि इन पापियों के पाप के आँगन में प्रजा-सत्ता के प्यारे चरणों ने सदा के लिए रहना स्वीकृत किया है। हमारे विचार से असहयोग की स्वीकृति का दुहरा निर्णय हो चुका है। कांग्रेस को तो केवल अपने शब्दों में लिख देना है। कांग्रेस अपने शब्दों में लिखे और हमारे शरीरों की कलमों से कार्यों की लकीर खींचकर हम लिखें : अत्याचार से मुक्ति—असहयोग।

सम्पादकीय टिप्पणी नं० 1

रतौना के कसाईखाने के विषय में प्रान्तीय कौंसिलों में जो प्रश्नोत्तर हुए हैं, उनका हाल इसी सख्या में अन्यत्र प्रकाशित है। सरकार ने इस बात पर जोर दिया है कि केवल सांपत्तिक दृष्टि से ही नहीं, किन्तु सफाई और दयालुता की दृष्टि से यह कसाईखाना खोला जा रहा है। हमारी दयालुता और सरकार की दयालुता में पूर्व पश्चिम-जैसा फरक है, हम लोग जीवों की रक्षा को दयालुता कहते हैं, सरकार जीवों की हत्या का नाम दयालुता रखती है। इतने भिन्न विचारों में सहकारिता होना संभव नहीं। यह भी कहा गया है कि निकम्मे ढोरों के काटे जाने से चारे की बचत होगी। क्या इसी नियम को लागू करके आदमियों का कत्ल कर महँगी का बन्दोबस्त करने का विचार है? क्या निकम्मे ढोरों से खाद पैदा नहीं होती? यदि होती है, तो क्या वे निकम्मे कहे जा सकते हैं? फिर सरकार का कहना है कि डाक्टरी जाँच करवाई जाने पर ही वे मारे जायेंगे। हम नहीं समझते, बूढ़े और सरकार के कथनानुसार थके हुए जानवर स्वास्थ्यप्रद मांस कैसे दे सकेंगे? फिर इन बेचारे बेजुबान प्राणियों का कत्ल क्यों किया जाएगा?

इसलिए कि यहाँ से ब्रह्मदेश में मांस भेजा जाय ? निर्दयता और क्रूरता की भी हद् होती है। पर लोगों का कोई असर न होने से सरकार क्यों किसी की पर्वाह करने लगी ?

सम्पादकीय टिप्पणी नं० 2

रतौना के कसाईखाने का प्रश्न केवल प्रान्तीय ही नहीं रह गया है। बम्बई, कलकत्ता, लाहौर, अमृतसर तथा अन्य कई नगरों में इसका प्रतिवाद हो रहा है। सारे भारत की जनता इस निर्दयता पर आँसू बहा रही है, फिर भी हमारी प्रजा के हित के लिए राज्य करने वाली सरकार अपने किए हुए को मेटने को तैयार नहीं है। यदि सरकार इस समय रतौना का कसाईखाना बन्द करवा दे, तो इसमें उसकी इज्जत घटेगी नहीं, वरन् लोग उसकी प्रशंसा में तल्लीन हो जायेंगे। यदि उसने गलती की है, तो उसे सुधारने पर वह दोषी नहीं, वरन् प्रशंसा-पात्र समझी जायेगी। लाला लाजपतराय जी के पत्र 'वन्दे मातरम्' के कथनानुसार "गवर्नमेण्ट के अफसरों को आदत पड़ गयी है कि वे धीमी आवाज को सुनना पसन्द नहीं करते और जब आवाज ऊँची होती है तो बगावत का नाम लेकर तिलमिलाते हैं।···जो आग आज सी० पी० गवर्नमेण्ट की बेसमझी से लगी है वह जल्द बुझने वाली नहीं है। क्या सरकार आग को सचमुच और भड़काना चाहती है?

सम्पादकीय टिप्पणी नं० 3

इस आदर्श कसाईखाने को बनाकर सरकार अपनी कमसमझी और जनता का उपमर्द करने वाली नीति का आदर्श बना रही है। सरकारी जवाब में कहा गया है कि यूरोपियनों की अपेक्षा हिन्दुस्तानियों ने ही इस कम्पनी के शेयर अधिक खरीदे हैं। यदि यह बात सत्य है तो क्या सरकार उन विचित्र जीवों के नाम प्रकाशित कर सकती है ? हम देखना चाहते हैं कि भारत को स्वार्थ की निष्ठुर क्रूरता से कलंकित करने वाले ये व्यक्ति कौन हैं। लोगों की भावनाओं तथा माँग का जरा भी विचार न करके सरकार अपनी हठ चलाना चाहती है। यह राजनैतिक बुद्धिमानी नहीं है। संकट को बुलाने का यह प्रत्यक्ष फतवा है। हमें समाचार मिला है कि सरकार इस तरह के जवाब देकर ही चुप नहीं रही है, उसने डेवनपोर्ट कम्पनी को अपना कारखाना खोलने की इजाजत भी दे दी है। रतौना में तालाब बनाने के लिए भूमि की परीक्षा की जा रही है, और कम्पनी के कर्मचारियों ने कसाईखाने के बनाने का काम शुरू कर दिया है। हमारी परीक्षा का समय आ गया है। प्रार्थनाएँ और प्रस्ताव कुचल डाले गये हैं, अब आवश्यकता है कि प्रान्त की गौ-परिषद शीघ्र ही सागर में एकत्रित की जाय। हमारा धर्म, हमारी सम्पत्ति, हमारा प्यारा गोवंश तथा हमारी माँगों की महत्ता बतलाने के

लिए आवश्यकता है कि सत्याग्रह शस्त्र का उपयोग किया जाय। सरकार बलवान है, वह हमारे खून की कीचड़ से भी कसाईखाने की ईंटें जोड़ सकती है, यदि वह इतना सामर्थ्य रखती है, तो वह अपनी क्रूरता को तैयार रखे और प्रजा-प्रियता तथा लोकरंजन के राजसी गुणों को तिलांजलि देकर नीचता के अखाड़े में उतर आवे।

[28 अगस्त, 1920]

प्रान्तीय व्यवस्थापिका सभा

नौकरशाही की मनमाने प्रस्ताव पास करने तथा लोगों की बातें सुनी-अनसुनी करने वाली, पुराने ढंग की कौंसिल की अन्तिम बैठक गत 23 अगस्त से 26 अगस्त तक नागपुर में हुई। नये युग के भावों का आरम्भ इस अन्तिम कौंसिल के प्रस्तवों में देखने की अभिलाषा रखने वाली मध्यप्रान्तीय जनता समझती थी कि सुधार कानून के अनुसार बनने वाली लोकशाही के कौंसिल-चन्द्रमा का स्वागत करने के लिए नौकरशाही कौंसिल, अपने संध्या समय में उस उग्रता और प्रखरता को भुला देगी, जिसके लिए वह सदा से बदनाम रही है, और आनें वाले जमाने के लिए सहकारिता जमीन तैयार कर देगी। किन्तु अन्य आशाओं की तरह, प्रजा के हृदयों के भावों को न पहचानने वाली, सहानुभूति-शून्य, रूसी सरकार ने इस आशा के पौधे को भी न जमने दिया। कौंसिल में प्रजाहित की दृष्टि से, प्रजा के प्रतिनिधियों द्वारा उपस्थित किये हुए प्रस्ताव ठुकरा दिये गये और लोगों को बतला दिया गया कि अब भी, इस नये युग के उषःकाल में भी, नौकरशाही तुम्हारी बातें मानने को तैयार नहीं है।

कौंसिल की गत बैठक में ग्रामपंचायत बिल तथा स्थानिक स्वराज्य बिल एक चुनी हुई कमेटी के जिम्मे किये गये थे। उक्त दोनों बिल साधारण परिवर्तन के बाद पास हो गये। किन्तु कौंसिल में, नये रूप में उपस्थित होने पर ग्राम पंचायत बिल के एक भाग पर—जिसका विरोध सिलेक्ट कमेटी के कुछ सदस्यों ने अपनी मत-भेद पत्रिका जोड़कर प्रकट किया था, मा० केलकर ने उपसूचना की कि सरकारी अधिकारियों से सहकारिता करने की शर्त बिल से निकाल दी जाय। कहना नहीं होगा कि बहुमत से यह सूचना अस्वीकार हो गयी। इस सूचना पर बहस करते समय सरकार की ओर से कहा गया कि गाँव के लोग सरकार के साथ सहकारिता नहीं करते, अतएव इस नियम का रखा जाना आवश्यक है। क्या इस तरह जबर्दस्ती प्राप्त की हुई सहकारिता ग्राम-पंचायत का सच्चा हेतु सिद्ध कर सकती है? ऐसे कार्यों में, जिसे गाँव के लोग पसन्द नहीं करते, यदि सरकार

पंचायतों से जबर्दस्ती की सहकारिता करायेगी तो क्या वह स्वसन्तोष से सरकार की सहायता के लिए आगे आवेगी ? यह भी कहा गया कि यह विभाग प्रजा के हाथ में जाने वाला है अतएव जबरन सहकारिता वाले नियम का बुरा परिणाम नहीं हो सकेगा। हम नहीं समझते, इस दलील में कोई जोर है। ग्रामीण जनता प्रजा के मन्त्री द्वारा चलाये हुए विभाग को सरकारी विभाग ही समझेगी और उस विभाग के निम्न पदस्थ अधिकारी सरकारी कर्मचारी की हैसियत से ही आवश्यकता पड़ने पर, इस कानून का अमल करेंगे। यह प्रश्न प्रजामन्त्री और प्रजा के बीच का नहीं, वरन प्रजा और सरकार के बीच का है। ग्राम-पंचायत हिन्दुस्तान की एक विशेष संस्था है, प्रतिबन्धक नियमों से जकड़ने के बजाय पूरी स्वतन्त्रता से उसे कार्य करने का मौका देने से ही पंचायतों की उपयोगिता अधिक बढ़ती। हम समझते हैं, सहकारिता के लिए किसी को विदश करने की जरूरत नहीं पड़ती, यदि सरकार पंचायतों पर विश्वास रखती तो पंचायतें भी जबरन सहकारिता का कानून बनाये बगैर ही सरकार से हाथ मिलाने को आगे बढ़तीं। सरकार ने मा० केलकर की सूचना अस्वीकृत कर दी, किन्तु गनीमत है कि इस विषय में यह सूचना स्वीकार कर ली कि रसद और मजदूर देने की जिम्मेदारी पंचायतों पर न रहेगी।

जुडीशियल कमिश्नर की अदालत, दीवानी तथा दूसरी मातहत अदालतें, गर्मी के मौसम में बन्द कर दी जाती हैं। इनके बन्द होने से प्रजा को कष्ट होता है, यही नहीं, वरन् इन अदालतों का कार्य पूरा करने के लिए कभी-कभी अधिक जज रखकर प्रजा का धन बर्बाद किया जाता है। इसी तरह गर्मियों में सरकारी अधिकारी पंचमढ़ी जाते हैं, जहाँ काम तो अधिक नहीं होता, किन्तु प्रजा का धन अवश्य अधिक खर्च हो जाता है। इन बातों को रोकने के लिए किये हुए प्रस्ताव अस्वीकृत कर दिये गये। प्रजा के उपयोगी विभागों जैसे शिक्षा, प्रचार, औषध-सहायता, सफाई आदि के लिए सरकार धन की कमी बतलाती है, किन्तु व्यर्थ का खर्च घटाकर धन बचाने वाले प्रस्तावों को वह स्वीकार नहीं करती।

रसद और बेगार की प्रथा से लोगों को कितनी हानि पहुँचती है, शायद सरकार इससे अनभिज्ञ नहीं है। परिषदों और नेताओं ने चिल्ला-चिल्लाकर सरकार को बतलाया है कि रसद और बेगार की पद्धति से प्रजा को अत्यन्त कष्ट है। संसार के किसी देश में मनुष्यता को रौंदने वाली यह पद्धति जारी नहीं है, पर हमारी सरकार उसका अस्तित्व मिटाकर संसार को बेगार के नाम से खाली रखना और ब्रिटिश राज्य के कलंक को धोना नहीं चाहती। जब रसद व बेगार की बन्दी का प्रस्ताव कौंसिल में पेश हुआ, तब माननीय नेलसन महोदय ने कहा था कि बेगार और रसद लेना सरकार का हक है। क्या नेलसन महोदय ने लेनें वाले के हकों के साथ देने वालों के हकों का कुछ विचार किया था ? पर यह विचार

करने के लिए, शायद माननीय नेलसन कौंसिल में गये ही न थे। यह प्रस्ताव भी अस्वीकृत कर दिया गया।

सबसे महत्त्व का प्रस्ताव रतौना के कसाईखाने की योजना रद्द करने के विषय में था। माननीय गोलवलकर ने इसे उपस्थित किया था और अन्य चुने हुए प्रजा-प्रतिनिधियों ने एक मत से उसका समर्थन किया था। सरकार की ओर से कहा गया कि सरकार कसाईखाने का व्यवसाय नया शुरू नहीं कर रही है, वह तो आदर्श कसाईखाना बनवाने जा रही है। सो किस लिए ? इसलिए कि गाय-बैल आदि पशु दयालुता और स्वच्छता के साथ काटे जायँ। सरकारी पक्ष को समर्थन करने के लिए मा० डायर महोदय ने कहा कि घी-दूध जानवरों की कमी से नहीं, वरन् उनकी खिलाई अच्छी न होने से महँगा और दुष्प्राप्य हो रहा है। सरकार का पक्ष इन युक्तियों से भी ठीक ढंग से समर्थित न जानकर माननीय विपिन-कृष्ण बोस भी सरकार की हाँ-में-हाँ मिलाने और यह कहने खड़े हुए कि गायों की रक्षा के लिए हम लोगों ने न पहले कभी चिन्ता की है, न अब ही करते हैं।

सरकार द्वारा दिये हुए उत्तरों और उसकी छाया में पलने वाली प्रभावित आत्माओं के उत्तरों से प्रजा को सन्तोष नहीं होगा। क्या सरकार कह सकती है कि 'दयालुता' के भावों की रक्षा के लिए ही वह इस संहार के कार्य को हाथ में ले रही है ?

डेवन पोर्ट कम्पनी के पट्टे में सरकार यह शर्त स्वीकार करती है कि आवश्यकता पड़ने पर कसाईखाना बढ़ा देगी। इस शर्त का क्या अर्थ होता है ? यही कि सरकार को तथा कम्पनी को विश्वास है कि सूखे गोमांस का व्यवसाय इतना बढ़ जायेगा कि कभी-न-कभी सरकार को यह कसाईखाना बढ़ाना ही पड़ेगा। क्या पुराने व्यवसाय को चलाने का यही मतलब है ? एक ब्रिटिश कम्पनी को विशेष सुविधाएँ देकर, क्या सरकार इस बात की सम्भावना नहीं स्वीकार करती कि ज्यादा दाम देकर भी कम्पनी चमड़ा कमाने के लिए ढोर मोल लेने में समर्थ हो सकेगी ? खेती और किसानों की रक्षा का ठेका लेने वाली सरकार जानवरों की हत्या रोकने के लिए तैयार नहीं। प्रजा-रंजन का यह अद्भुत नमूना है। सर विपिन के भाषण में सरकार की हाँ-में-हाँ मिलाने के सिवाय अन्य कोई बात दिखाई नहीं देती। इस प्रस्ताव को कौंसिल के सम्मुख रखते समय सर फ्रैंक स्लाई ने कहा कि सरकारी तथा गैरसरकारी सदस्यों की कमेटी जब तक 'स्लाटर ऑफ एनिमल्स ऐक्ट' के अनुसार नियम नहीं बना लेती, तब तक सरकार कसाईखाने का काम स्थगित रखने को तैयार है। जनता कसाईखाना बन्द करवाना चाहती है, थोड़े-बहुत नियमों में परिवर्तन करने से अथवा कुछ काल तक कसाई-खाने का कार्य स्थगित कर देने से उसे सन्तोष नहीं होगा।

सम्पादकीय टिप्पणी नं० 1

देखते हैं, इन दिनों मेंसोपोटामिया का परसा थाल ब्रिटिशों के लिए जहर हो रहा है। साम्राज्य-सत्ता बढ़ाने की प्रबल तृष्णा-पूर्ति के लिए भारत के सिपाही बलि दिये जा रहे हैं। मेसोपोटामिया को अरब जनता ब्रिटिशों के मेण्डेट तथा अधिकार से नाराज है, वह यह नहीं चाहती कि किसी देश की पराधीनता में उसे रहना पड़े। पर मोसल की खदानों से मिलने वाले लाभ के कारण साम्राज्यवादियों का दल अपनी नीति बदलने को तैयार नहीं है। एक तरफ कहा जाता है कि अरबों की हार हो रही है और व्यापार-व्यवसाय में कोई हानि नहीं पहुँची है। दूसरी तरफ इण्डिया आफिस एक विज्ञप्ति निकाल कर मेसोपोटामिया की फौज के लिए आफिसरों की आवश्यकता प्रकट करता है। इस विज्ञप्ति का एक ही अर्थ हो सकता है, वह यह कि मेसोपोटामिया की हालत चिन्ताजनक हो रही है। भारंत के धन और जन की बलि चढ़ाकर, अरबों की स्वतन्त्रता पर हमला करने वाली इस नीति को कोई भारतीय पसन्द नहीं करता। पर दुर्भाग्यवश, पराधीन भारत, दूसरों की स्वतन्त्रता छीनने से बाज आने में स्वतन्त्र नहीं है। हाल में आये हुए समाचारों से यह मालूम हुआ कि ब्रिटिश सरकार ने अपनी नीति में परिवर्तन कर दिया है और वह अरबों का शासन अरबों ही के हाथ सौंपना चाहती है।

सम्पादकीय टिप्पणी नं० 4

पूर्वी अफ्रीका के भारतीयों की राजनैतिक दशा सुधारने और उन्हें वहाँ के गोरे निवासियों के बराबरी के अधिकार देने के विषय में गत जनवरी मास में वाइसराय महोदय ने कहा था कि वहाँ के भारतीयों की हैसियत साम्राज्य के अन्य नागरिकों से कदापि कम न होगी। किन्तु देखते हैं, वाइसराय महोदय का यह कथन ठीक न निकला। इंग्लैण्ड के मन्त्रिमण्डल ने इस विषय में जो निर्णय दिया है वह सरकारी तौर से प्रकट किया गया है। पूर्वी अफ्रीका, जिसका नाम अब केनिया उपनिवेश रख दिया गया है, भारतीयों द्वारा ही इस योग्य हो सका है कि उसमें आदमी जाकर बस सकें। इस समय वहाँ भारतीयों की संख्या गोरों की अपेक्षा पाँचगुनी है, किन्तु वहाँ की लेजिस्लेटिव कौंसिल में भारतीय मेम्बर दो ही रहेंगे और गोरे मेम्बर रहेंगे 15। संख्या का यह अनुपात किस वैज्ञानिक ढंग से जमाया गया है, मालूम नहीं होता। मालूम होती है एक बात, वह यह कि गोरों और कालों में केवल वर्णभेद की वजह से ही यह भेद रखा गया है। भारतीय राष्ट्र का यह अपमान भारत की सरकार सह सकती है, किन्तु अपनी जिम्मेदारी और महत्ता का ज्ञान रखने वाली जाग्रत जनता, प्रतिद्वन्द्विता के मार्ग से ही इसका

उत्तर देना उचित समझती है। पहाड़ी भाग पर भारतीयों को जमीनें न दी जायेंगी; छूत के रोगियों की तरह भारतीय लोग यूरोपियन बस्ती से अलग रखे जायेंगे, डाक्टरों की असुविधाएँ न हटाई जायेंगी और सिक्के की नीति में परिवर्तन नहीं किया जायेगा। जब इन महत्त्व की बातों में भारतीयों का अपमान किया जायेगा, तब हम नहीं समझते, लार्ड मिलनर के इस निर्णय में ऐसी कौन-सी बात है जिसके लिए भारतवासी सन्तोष प्रकट करें। इस समय भारत-सरकार का कर्त्तव्य है कि भारतीयों की सम्मान-रक्षा के लिए वह औपनिवेशिक मन्त्रियों से लड़े और भारतीयों के लिए गोरों की बराबरी के अधिकार प्राप्त करे।

सम्पादकीय टिप्पणी नं० 5

आयुर्वेद की चिकित्सा-प्रणाली भारतीयों के लिए हितकारी होने के विषय में कुछ लोगों को छोड़ किसी को सन्देह नहीं है। अपने ही देश के जल से सिंचित तथा वायु से वर्धित औषधियों से विदेशियों की भिन्न वायुमण्डल में, भिन्न प्रकृति लोगों के लिए बनायी गयी औषधियाँ हमारे लिए अधिक उपयोगी नहीं हो सकतीं। अमरीका तथा इंग्लैण्ड के कई विद्वान् आयुर्वेद की महत्ता को स्वीकार कर चुके हैं, तथापि आयुर्वेद की चिकित्सा-प्रणाली जिस रीति से लोकप्रिय होनी चाहिए, नहीं हो रही है। इसका एक बड़ा कारण है—वह है राजाश्रय। एलोपैथी को राजाश्रय है, इसलिए दिन-दिन इस पद्धति की उन्नति होती जाती है और नूतन आविष्कारों द्वारा इसका चिकित्सा-भण्डार बढ़ता जाता है। एक ही जाति के दो पौधे किसी स्थान पर लगाये गये हैं और उनमें एक को सूर्य की किरणें, अच्छा खाद और काफी हवा मिलने का प्रबन्ध किया गया है, दूसरा परतन्त्रता के अँधेरे में खाद्य के अभाव से पड़ा हुआ है। इन दो पौधों में किस पौधे की उन्नति होगी? उत्तर सरल है, उसमें किसी विद्वान् की राय की आवश्यकता नहीं। हमारे आयुर्वेद की भी यही हालत हो रही है। इतनी असुविधाओं का मुकाबला करके भी वह आज तक जीवित है, और कई स्थानों में विदेशियों की चिकित्सा-पद्धति से आराम न पाने वाले रोगियों का एकमात्र सहायक है। उसकी अल्पव्ययिता के विषय में तो कुछ कहने की आवश्यकता ही नहीं। इतनी लाभकारी पद्धति होने पर भी, संभव है कई शताब्दियों तक कुछ भी परिवर्तन न किया जाने से उसमें पुरानापन रह गया हो। यह आयुर्वेदीय पद्धति का दोष नहीं, देश की परतन्त्रता इसके लिए जिम्मेदार है।

सम्पादकीय टिप्पणी नं० 6

इतने दिनों के बाद अब आयुर्वेद के लिए अच्छे दिन आये हैं। या यों कहना चाहिए कि हमारे देशवासियों के हाथ में ऐसा अवसर आया है कि यदि वे चाहें

तो आयुर्वेद-पद्धति को उन्नत करा सकते हैं। इस पद्धति को म्युनिसिपैलिटियों द्वारा स्वीकृत कराकर, प्रत्येक नगर में आयुर्वेदीय दवाखाने खुलवाने से हम लोग आयुर्वेद की तुलनात्मक उपयोगिता का अनुमान पूरी तरह कर सकते हैं। आयुर्वेदीय औषधालयों के लिए म्युनिसिपैलिटियों को अधिक व्यय नहीं करना होगा, विशेषत: एलोपैथी के दवाखानों से इसमें खर्च बहुत कम होगा। कई उन्नत नगरों की म्युनिसिपैलिटियों ने अपनी-अपनी हद्द में आयुर्वेदीय औषधालय खुलवा दिये हैं, और पूना तथा मद्रास के इन म्युनिसिपल औषधालयों की रिपोर्ट देखकर मालूम होता है कि अपने नगर में इन्होंने अच्छी लोकप्रियता भी सम्पादन की है। हमारा निवेदन है कि देश की म्युनिसिपैलिटियाँ अपने-अपने नगरों में आयुर्वेदीय औषधालय खुलवाकर अपनी प्राचीन पद्धति को उन्नत करने का पुण्य कमावें। मतदाताओं के जोर लगाने पर इस बात का होना बिल्कुल सरल कार्य है।

[4 सितम्बर, 1920]

राष्ट्र सभा का निर्णय

मनुष्य-जीवन में परिवर्तन की आवश्यकता होती है। समय की गति के अनुसार पुराने बन्धनों और नियमों को छोड़ मनुष्य की आत्मा नये मार्गों का निर्माण करती है। अपनी दशा पर बार-बार विचार करने पर मनुष्य-जीवन से एक ऐसा दिन उपस्थित होता है, जो उसे क्रान्ति का उपदेश सुनाता है। उसके विचारों में नई बातें पैदा करता है। व्यक्तियों से ही राष्ट्र बना करते हैं। अतएव समष्टि रूप से व्यक्तियों की विचार-क्रान्ति राष्ट्र की विचार-क्रान्ति कहलाती है।

भारत में राजनैतिक जीवन का जब से उदय हुआ है, तब से जनता की मनोभूमि में कई बार परिवर्तन हो चुका है। देश के कपूतों से तंग आकर राष्ट्र ने पराधीनता स्वीकार की, पराधीनता के मुख के बुदबुदे फूटकर जब जनता की आँखें खुलीं, तब राष्ट्र के मनोमन्दिर में आन्दोलन देवी की प्रस्थापना हुई। आज से 30 वर्ष पूर्व इस आन्दोलन ने प्रकट रूप से जन्म ग्रहण किया था, किन्तु उसकी गति मन्द और पद्धति नरम थी। अधिकारियों के गुणों की प्रशंसा करते हुए एक-आध कटु बात कह देना उस समय वीरता का चिह्न समझा जाता था। इस मनोभूमि में परिवर्तन हुआ, राष्ट्र के नेता लोग अधिकारियों के गुणों के वर्णन के साथ-साथ उनके दोषों की निन्दा करने लगे। कुछ दिन तक यही वृत्ति कायम रही, फिर इस वृत्ति को बदल देने वाला व्यक्ति पैदा हुआ। उसने राष्ट्र की कमजोरी पर कुठाराघात किया और केवल प्रार्थना के बल पर दूरस्थित देवताओं को प्रसन्न करने की आशा न देख स्वदेशी, बहिष्कार और राष्ट्रीय शिक्षा के चार सूत्र निर्माण

किये। आरम्भ में लोगों ने इन तत्त्वों की ओर से देखा, किन्तु अन्त में ये सर्वमान्य हो गये, जिसका प्रमाण जनता की मनोभूमि में आज दिखाई दे रहा है।

विचारों में क्रान्ति होती रहती है। जब तक उसका स्पष्ट रूप दिखाई नहीं देता, तब तक आत्मविश्वास निर्माण नहीं होता। असहकारिता के सिद्धान्त के विषय में भी यही कहा जा सकता है। घटनाओं ने लोगों को बदल दिया, परिस्थितियों ने भिन्न रूप धारण कर लिया। राष्ट्र के विचारों में यदि इस समय क्रान्ति न होती, तो वह जीवित कहलाने योग्य न रहता।

आज तक देश के राजनैतिक विचारों में जितने परिवर्तन हुए हैं, गरमी-नरमी की कमी या अधिकता छोड़कर, उनमें एक बात में समानता रही है। आज तक के राजनैतिक विचारों के अमल के लिए जबान का शस्त्र काफी समझा जाता था। देश की ओर लोगों के विचार आर्काषित करना ही आज तक इष्ट समझा जाता था। स्वदेशी तथा बहिष्कार के सिद्धान्तों ने प्रत्यक्ष कार्य की ओर पैर आगे बढ़ाया था, पर राष्ट्र की स्वाभाविक उत्क्रान्ति ने इस समय यह बात आवश्यक कर दी कि असहकारिता के सिद्धान्तों द्वारा उसके दोनों पैर आगे बढ़ाये जाएँ। देश में जब इस तरह के विचार उत्पन्न हो रहे थे, डायर-ओडायर जब अपनी शक्ति-भर उन विचारों को कुचलने का प्रयत्न कर चुके थे, साम्राज्य सरकार की कैबिनेट जब पैरों-तले रौंदे गये गरीबों की ओर से हाथ खींच चुकी थी, तब देश की आँखें राष्ट्रीय सभा की ओर टकटकी लगा रही थीं, और देखना चाहती थीं कि भारत की भावी पार्लियामेण्ट किस नीति का अवलंबन करती है।

ऐसे नाजुक समय, राष्ट्र के सौभाग्य से लाला लाजपतराय जैसा सुयोग्य सभापति प्राप्त हुआ। कलकत्ता जैसे अग्रगामी नगर ने इस राष्ट्रीय महोत्सव की जिम्मेदारी अपने सिर पर ली और कोई पाँच हजार प्रतिनिधियों तथा 10 हजार दर्शकों ने इस महायज्ञ में भाग लिया। पंजाब-केसरी लाला लाजपतराय ने अपने भाषण में लोकमान्य की मृत्यु पर हार्दिक दुःख प्रकट करते हुए पंजाब के शासक पर खुली कांग्रेस में बारह अभियोग लगाये और बतलाया कि डायरशाही में कैसे-कैसे अत्याचार किये गये हैं। लालाजी ने अपने ओजस्वी भाषण में यह भी बतलाया कि भारत सरकार ने पंजाब के अत्याचारियों को किस तरह पनाह दी है। टर्की के विषय में मुसलमानों के धार्मिक सिद्धान्तों की चर्चा करते हुए आपने बतलाया कि टर्की के राज्य के टुकड़े ब्रिटिशों के हाथ में पड़ने से, एक न एक दिन भारत की तरह ये देश निःशस्त्र कर दिये जायेंगे और फिर वहाँ फौजें तैयार की जाकर भारत के हिन्दू-मुसलमान दबाये जाएँगे। इस आपत्ति से बचने के लिए खिलाफत का प्रश्न भारतवासियों के लिए विशेष विचारणीय हो रहा।

रिफार्म ऐक्ट तथा उसके उपनियमों के विषयों में लालाजी ने बतलाया कि वे किस तरह निराशाजनक हैं। खिलाफत तथा पंजाब के अत्याचारों जैसे अन्यायों

को मिटाने के लिए उपायों की चर्चा करते हुए यद्यपि लाला जी न स्पष्ट रूप से असहकारिता का अवलंबन की सलाह नहीं दी, तथापि सहकारिता के सिद्धान्तों का विचार करके अप्रत्यक्ष रूप से असहकारिता का महत्त्व उन्होंने बतलाया है। व्यक्तिगत राय असहकारिता के पक्ष में होने पर भी राष्ट्रीय सभा के सभापति की हैसियत से लालाजी ने इस विषय की जिस तरह चर्चा की है, वह सर्वथा प्रशंसनीय है। आपने अपनी अनुभवपूर्ण वाणी से कहा कि संसार के किसी शासन की उदारता पर, चाहे वह अमरीकन हो, जापानी हो या ब्रिटिश हो, विश्वास करने से हमारा लाभ न होगा। संसार के देश अपना तथा अपनी जातियों का स्वार्थ देखते हैं, अतएव लालाजी का कहना है कि दृढ़ आत्मविश्वास ही भारत की उन्नति में सहायक हो सकता है।

कांग्रेस का कार्यक्रम ता० 4, 5, 6 तथा 7 अगस्त तक था, किन्तु कार्य की महत्ता के कारण वह ता० 9 तक होती रही। विषय-नियामक कमेटी में घण्टों तक बहसें होकर प्रस्ताव का रूप बनाता जाता था। असहकारिता के प्रस्ताव पर जितना ध्यान दिया गया, उतना कांग्रेस के इतिहास में शायद किसी प्रश्न पर नहीं दिया गया होगा। महात्मा गांधी जी अपने प्रस्ताव पर जमे हुए थे। मित्रों की सलाहें और विपक्षियों की युक्तियाँ उनके निश्चय को न हटा सकीं। विपक्षियों में मालवीय, बीसेण्ट, बैपटिस्टा, केलकर, पाल, दास आदि कई विख्यात देशभक्त थे। किन्तु देश की आवश्यकताओं ने गांधीजी के सिद्धान्तों से सहानुभूति बतलायी। गांधीजी का प्रस्ताव था कि खिलाफत तथा पंजाब के मामले में न्याय प्राप्त करने तथा स्वराज्य प्राप्त करने के लिए अहिंसापूर्ण असहकारिता की आवश्यकता है। गांधीजी का कहना था कि पदवियाँ तथा अवैतनिक ओहदों का त्याग किया जाय, सरकारी जल्सों और दरबारों आदि में भाग न लिया जाय, सरकारी पाठशालाओं से लड़के उठा लिये जाएँ, ब्रिटिश अदालतों का बहिष्कार किया जाय, वकील और मुद्दई-मुद्दाअले पंचायत द्वारा मामले तय करायें, मेसोपोटामिया के लिए फौजी आदमी, मुहर्रिर या मजदूर भरती न हों, कौंसिल के उम्मीदवार मेम्बरी के लिए खड़े न हों तथा कोई मतदाता किसी मेम्बर को मत न दे, परदेशी माल का बहिष्कार किया जाय, और स्वदेशी कपड़ों का व्यवहार किया जाय। असहकारिता के सिद्धान्त पर कांग्रेस में मतभेद न था, किन्तु उसके व्यावहारिक रूप से कई लोग सहमत न थे। कांग्रेस में यह प्रस्ताव उपस्थित किया जाने पर महात्माजी ने अपने आत्म-विश्वास के जोर पर कहा कि यदि असहकारिता पर अमल किया जायेगा तो एक ही वर्ष में भारत को स्वराज्य प्राप्त हो सकता है। पाल बाबू कौंसिल के बहिष्कार के पक्ष में न थे, किन्तु पूरी कांग्रेस ने गांधीजी के प्रस्ताव को स्वीकार करके भारत की जागृति का परिचय दे दिया।

मानव-समाज के विचारों का प्रवाह, नदी के प्रवाह की तरह, अपने उद्देश्य-

सागर में मिलने का प्रयत्न करता रहता है। हमारी राजनैतिक आकांक्षाएँ कई अड़चनों से अपना मार्ग निकालती रही हैं। कांग्रेस के जन्म-काल में वह देश के इने-गिने लोगों के विचारों की पतली धारा थी। जिस तरह उसकी आयु बढ़ती गयी, उसके विचारों में स्थिरता आती गयी, और देश के भिन्न-भिन्न प्रान्तों से विचारों के छोटे-छोटे स्रोत इस महासभा के महानद में मिलते रहे। जब से प्रत्यक्ष कार्य करने की ओर यह विचार-प्रवाह झुका है, तब से देश के असंख्य छोटे-छोटे स्रोत इसमें मिलने लगे और आज कलकत्ते में हमने देखा कि इस राष्ट्रीय महानद ने यह शक्ति पैदा कर ली है कि व्यक्तियों के बड़प्पन का विचार न करते हुए वह ऊँचे सिद्धान्तों को मानता है। आज हमारे विचारों ने जिस पथ को ग्रहण किया है, उसके पहले आचार्य ने काम करने के लिए देश की मनोभूमि तैयार कर रखी थी। आज दूसरे आचार्य ने देश को अपने उद्देश्यों की सिद्धि के लिए, वीरों की तरह झगड़ने के लिए, दुश्मनों के मुकाबले में खड़ा कर दिया है। कई दिनों से असहकारिता का प्रश्न लोगों को चिन्ता में डाल रहा था। कई लोग अपनी नीति निर्धारित करते समय मन में सन्देह करते थे। आज वह प्रश्न हल हो गया। देश के अत्युच्च विचारक संगठन ने, देश की पंचायत ने, अपना निर्णय दे दिया है कि असहकारिता का आन्दोलन शुरू किया जाये। देश के सपूतों के सिर इस पंचायत की आज्ञा के पालन का भार है, सच्चे सिपाहियों की तरह वे अपनी पंचायत की घोषणा को यशस्वी करेंगे और भारत की विजय-दुंदुभी से संसार को हिला देंगे।

इस कर्मयोग के युग में हमें एक बात पर कुछ कटुतापूर्ण बातें कहना पड़ती हैं। कांग्रेस में जब मिसेज बीसेण्ट या अन्य कोई विपक्षी आता था, तो वहाँ धिक्-धिक् की आवाजों से मंण्डप भर जाता था। एक उदयोन्मुख राष्ट्र के लिए यह बात अच्छी नहीं। हमें अपने विपक्षियों की बातें भी सुनने को तैयार रहना चाहिए, चाहे हम उनकी बात मानें चाहे न मानें। फिर इस कांग्रेस में जिन लोगों का धिक्कार किया गया था, वे हमारे लोग थे। राजनैतिक आन्दोलन की भिन्न-भिन्न अवस्थाओं में उन्होंने बहुत-कुछ कार्य किया है। क्या अपने कार्यकर्त्ताओं की इज्जत करने का यही तरीका है? पश्चिमी देशों में ये बातें प्रचलित हैं, पर वे अनुकरणीय नहीं हैं। हमें अपनी सभ्यता के अनुसार कार्य करना चाहिए। हमें आशा है देश के उत्साही जीव हमारे इस कथन पर विचार करेंगे।

इस समय हमारा देश एक संधि-काल से गुजर रहा है। नौकरशाही की डायरी करतूतों ने हमारी गति में जोर पहुँचाया है। हमारी राष्ट्रीय पंचायत आज्ञा दे चुकी है कि उसके अक्षर-अक्षर को सत्य कर बतलाना हमारा सर्वोपरि कर्त्तव्य है।

[11 सितम्बर, 1920]

रण-निमंत्रण की स्वीकृति

जुलाई के महीने में मि० माण्टेगु ने भारत को रण-निमन्त्रण दिया था। इसलिए कि यदि भारतवासी खिलाफत के प्रश्न या पंजाब के अत्याचारों से व्याकुल हैं तो चुपचाप रहें, गड़बड़ न मचावें। धर्म-क्षेत्र की डाकेजनी और पंजाबियों के खून के लिए यदि वे गड़बड़ मचाते रहे तो कहा जायेगा कि "उनके प्रयत्न शरारती हैं और खयाल रहे, अब वह रियायत न होगी जो नये साल हो गयी थी। वर्तमान की कठिन अवस्था में भारत-सरकार जो कार्य करना आवश्यक समझेगी, उसका समर्थन करने को मैं (मि० माण्टेगु) तैयार हूँ।" हिन्दुस्तान को यह रण-निमंत्रण था। हजारों पंजाबियों का बिना कारण खून होने देने, और हत्यारों की पीठ ठोंकने वाले तथा टर्की की सल्तनत के हड़प किये जाने पर चुप्पी साधने वाले मुँह से निकला—"वह रियायत अब न होगी जो गत वर्ष हुई थी।" ठीक। तब, अब कुछ उससे अधिक होगा। भारत के सामने सवाल था कि क्या वह अपने जीवन, धर्म और आत्म-सम्मान को खोकर ब्रिटिश बेड़ियों का बन्दी बना रहने के लिए तैयार है या इस पवित्र युद्ध का रण-निमन्त्रण मंजूर करता है? भारतीय सेना-नायक गांधी ने सूचना दी—"युद्ध स्वीकार है, युद्ध से पिछड़ना पाप है और उस ताकत का जिसने निरपराधों के खून से अपने हाथों को और अपनी कौम के कलेजे को काफी लाल कर लिया है—साथ देना पाप करने से बढ़कर है।" बस, सेना एकत्रित होने लगी और सेना की प्रान्तीय छावनियों ने जो प्रान्तीय कांग्रेस कमेटियों के रूप से काम कर रही हैं, स्वीकृत किया कि युद्ध अनिवार्य है, देश को जिन्दा रखने के लिए रण-निमन्त्रण स्वीकार करना ही चाहिए। देश की टुकड़ियों के सिपाही और अधिनायक भारत की भूतपूर्व राजधानी और काली के क्रीडांगण कलकत्ता नगरी में एकत्रित हुए और राष्ट्रीय झण्डे को अपने कन्धे लेकर, युद्ध-निर्णय की पंचायत का सभापति बनने की आज्ञा दी पंजाब-केसरी प्रसिद्ध राष्ट्रीय योद्धा लाला लाजपतराय जी को। जिस समय बाजार के 62 नम्बर की हवेली में विवाद हो रहा था कि युद्ध किस रीति से प्रारम्भ किया जाये, उस समय समस्त भारत की आँखें कलकत्ता नगरी की ओर और समस्त कलकत्ता-स्थित जीवों के हृदय 62 नम्बर के उस मकान के दरवाजे पर अटके थे। देश रण की तैयारी के साधन-सामान जुटा रहा था, किन्तु युद्ध का निर्णय देने वाली पंचायत का प्रत्येक सदस्य चिन्ता और जवाबदारी से व्याकुल था। सोचता था, डेढ़ सौ साल की गुलामी भोग कर जिसे कभी कष्ट नहीं दिया, मूर्ख रहते हुए भी जिसके मनसूबे कभी मिट्टी में नहीं मिलाये, निहत्था और नपुन्सक रखते हुए भी जिसके लिए जाकर विदेशों के मैदानों में खून बहाया और करोड़ों की तादाद में भूखों मरते हुए भी जिसके द्वीप को सोने का बनाया, और जिसका जीवन अपना और

जिसका गौरव अपना समझा, उस सरकार से युद्ध करना होगा ! उसके हृदय ने उसे खूब दबाया और उसने प्रतिज्ञा की कि हाँ युद्ध करना होगा। पंजाब के हजारों निरपराध भारतवासियों की हत्याकारिणी और टर्की के सुलतान की सल्तनत को हड़प कर उसे दर-दर का भिखारी बना देने वाली शक्ति की ओर मुहब्बत का हृदय— यदि वह पत्थर का बना हुआ नहीं है तो—नहीं जा सकता। साथ ही यह भी निश्चय हुआ कि जब तक पराई कौमों के हाथ में मुल्क की हुकूमत और अमन की बागडोर रहेगी, तब तक कई धार्मिक क्षेत्रों पर राक्षसी अपहरण होंगे, डायर के अनेक अवतार होंगे और मेसोपोटामिया तथा इधर-उधर साम्राज्य की रक्षा के नाम पर भटकने और खून बहाने वाले सिपाही जलियाँवाला में कतल किये जाने से नहीं बच सकते। इसीलिए कलकत्ता में देश के सब दलों की राष्ट्रीय पंचायत ने यह निर्णय दे दिया कि भारत माता के सब बच्चे अपने-अपने हथियार सँभालें, विश्व-विजयिनी इंग्लैण्ड की शक्ति का रण-निमन्त्रण स्वीकृत किया जाये और युद्ध हो।

युद्ध का नाम है : असहयोग। युद्ध दो तरह का होगा—शस्त्रों, सींगों, पंजों और दाँतों से एक प्रकार का और हृदय से दूसरे प्रकार का। इस देश में ऐसे युद्ध बड़े-बड़े हुए हैं, किन्तु यूरोप में भी ऐसे युद्ध हुए हैं। एक ओर जल्लादों की शूली थी और दूसरी ओर ईसा का छोटा-सा शरीर और उसमें विशाल हृदय। युद्ध हुआ और ईसा की हत्या-कारिणी ताकत ईसा को यूरोप के धार्मिक जगत् का अधिकार देकर सदा के लिए सो गयी। आज भी भारतवासियों के सम्मुख बम के गोले, हवाई जहाज, मशीन गन्स और पिस्तौलें होंगी, साथ ही होंगी हथकड़ियाँ और बेड़ियाँ भी, दूसरी ओर होंगी हमारी छोटी-छोटी मूरतें और शत्रु के पापों और प्रहारों के सम्मुख कभी भी सिर न झुकाने वाले दुर्दमनीय हृदय। शस्त्रों का प्रयोग पशुओं के लिए छोड़कर हम मनुष्यता के विनीत उपासक की हैसियत से सेना बनाकर खड़े होंगे। विपक्षी दल के अस्त्रों का नाम जो होगा सो होगा, किन्तु हमारे ब्रह्मास्त्र का नाम होगा—'असहयोग' (नान कोऑपरेशन)।

राष्ट्रीय पार्लियामेण्ट की आज्ञा हुई है कि समस्त देश मिलकर इस युद्ध में शामिल हो। गरीब और अमीर, बालक, युवा, बूढ़े और स्त्रियाँ, स्वतन्त्र व्यवसायी और तनख्वाह के गुलाम, दलित किसान और दु:खित मजदूर—सब इसमें शामिल हों।

असहयोग क्या है

किसी का साथ न देना ही उससे असहयोग करना है। सरकार ने हम पर

अत्याचार किये हैं, इसलिए देश ने निश्चय किया है कि उसके साथ असहयोग किया जाये। उसके किसी भी काम में उसका साथ न दिया जाये। क्योंकि अत्याचार करने वाले का साथ देना, अत्याचार करने से अधिक पाप है। तुलसीदास ने कहा है—

जे न मित्र दुख होंहि दुखारी,
तिन हि बिलोकत पातक भारी;

किन्तु, मित्र की बात तो दूर, जो अपनी मातृभूमि के अपने भाइयों और बहिनों के दुःखों को देखकर नहीं पसीजता, वह कौन है?—हमें इसके लिए शब्द याद नहीं। तिस पर धर्म-क्षेत्र के नाशक और देश के त्रासकों के साथ सहयोग करते हैं, मिलकर रहते हैं, वे पाप करने वालों से भी अधिक पापी हैं। आज की नहीं, यह पुरानी बात है कि हमारे पुरखाओं ने पाप करने वालों के साथ सदैव असहयोग किया। उन्होंने पापी के लिए कहा है—

तजिये ताहि कोटि बैरी सम
जद्यपि परम सनेही।
पिता तज्यौ प्रहलाद, विभीषण बन्धु,
भरत महतारी।
वृज-बनितन निज पति तजि दीन्हें,
तन की सुरत बिसारी॥

हम तीस करोड़ हैं और हम अगर हथियारबन्दों के से ही पापी हो जायें, तो खून-खराबी के लिए खड़े हो सकते हैं किन्तु हमारी राष्ट्रीय पंचायत की यह आज्ञा नहीं। वह हमें पशुओं की तरह नहीं, मनुष्यों की तरह लड़ने की आज्ञा देती है। कांग्रेस ने अपने प्रस्ताव के रूप में आज्ञा दी है कि—

1. सरकारी खिताब याने उपाधियाँ लौटा दी जायें, बिना वेतन के सम्मान वाले पदों को (जैसे आनरेरी मेजिस्ट्रेटी, दरबारी आदि) छोड़ दिये जायें और सरकारी संस्थाओं याने सभाओं, कमेटियों आदि में जो लोग काम करते हैं, वे उन्हें छोड़ दें।

2. सरकारी जलसों, दरबारों और दूसरे सरकारी या सरकार की मदद से किये हुए जलसों को छोड़ देना और सरकारी कामों या आफिसरों के किसी जलसे में भी भाग न लेना।

3. सरकारी या सरकार से किसी प्रकार की सहायता पाने या सम्बन्ध रखने वाले स्कूलों या कालेजों से धीरे-धीरे लड़कों को हटाना और इन सरकारी स्कूलों और कालेजों के स्थान में राष्ट्रीय स्कूल और कालेज खोलना।

4. धीरे-धीरे सरकारी अदालतें छोड़ना, वकीलों, बैरिस्टरों और वादी-प्रतिवादियों का सरकारी कचहरियों में न जाना और आरबिट्रेशन कोर्ट्स, देशी गैर-

सरकारी अदालतें या पंचायतें कायम करना।

5. मजदूरों, क्लर्कों और सैनिकों का मेसोपोटामिया जाने और काम करने से मनाही कर देना।

6. सरकार ने सुधार देकर जो ये नई कौंसिलें दी हैं—अर्थात् लोकल याने प्रान्तीय कौंसिल, इण्डियन लेजिस्लेटिव असेम्बली याने लाट साहब की कौंसिल और कौंसिल आफ स्टेट याने वड़ी राजसभा इनके मेम्बर बन कर जाने का यत्न न करना और जो जाने का यत्न करें उसे वोट न देना।

7. और, स्वदेशी माल का उपयोग करना याने विदेशी माल का बहिष्कार करना।

आप देख रहे हैं कि ऊपर जो राष्ट्रीय सभा का असहयोग प्रस्ताव है, उसकी तीसरी और चौथी धारा में 'धीरे-धीरे' शब्द लिखा गया है, जो इस प्रस्ताव की बड़ी भारी कमजोरी प्रकट करता है और उसी प्रकार 'स्वदेशी' शब्द में सब-कुछ आ जाने पर भी विदेशी माल का बहिष्कार व्यर्थ जोड़ा गया है। क्योंकि स्वदेशी व्यवहार का सच्चा अर्थ ही विदेशी का बहिष्कार है।

जिस समय इस प्रस्ताव पर मत लिये जा रहे थे, उस समय हमें दुःख है कि बरार के साथ ही मध्य प्रदेश का बहुमत प्रस्ताव के विपक्ष में प्रकट हुआ था। इससे प्रकट होता है कि अन्य प्रान्तों की समता में हमारा प्रान्त राष्ट्र-हित के लिए कितना बोझ-स्वरूप हो रहा है। "मध्य प्रदेश में मत देने का समय सवेरे रखा गया था आठ से नौ बजे तक। किन्तु मत लिए गये ठीक सवा आठ बजे। इसलिए आठ बजे से 9 बजे तक कई मत देने आये हुए सज्जन, जिनमें अधिकांश प्रस्ताव के पक्ष में मत देने वाले थे—मत नहीं दे सके," ऐसी कई सज्जनों की शिकायत है, और वह सच है। किन्तु इसमें भी झूठ का लेश नही कि उस दिन मत देने वाला मध्यप्रदेश, चाहे तीन ही अधिक मतों से क्यों न हो, प्रस्ताव का विरोधी सिद्ध हुआ। जिससे चिन्ता होती है, कि यह प्रदेश, नागपुर की कांग्रेस के समय तक कांग्रेस के सच्चे आज्ञाकारी की हैसियत से राष्ट्रीय सिद्ध होगा या असहयोग में जी चुराकर, राष्ट्रीय सभा की आज्ञा को रौंदने वाला। हमारा निवेदन है कि इस बात को सोचते और समझते, विचारते और अनुभव करते हुए भी कि राष्ट्रीय सभा का प्रस्ताव कठिन है, हमारे प्रदेश को यह जानकर उसे सिर पर लेना और उसमें जान लड़ा देना चाहिए कि यदि हमारे इतने से त्याग से मातृभूमि की बेड़ियाँ टूटती हैं और हमारा प्यारा देश स्वतन्त्रता की गोद में पहुँचता है, तो स्वराज्य के लिए यह प्रस्ताव हमारे सिर-आँखों पर है।

कांग्रेस होने को कोई तीन मास बाकी हैं। उस दिन तक तूफान उठाकर हमें अपनी असहकारिता की लड़ाई में लड़ते हुए वीर केसरी लाला लाजपतराय के शब्दों में सिद्ध करना होगा कि "हमें अधिकार था कि हम कदम आगे न बढ़ाते,

किन्तु जब खूब सोच-समझ कर कदम आगे बढ़ाया है तो मर मिटने तक कदम पीछे न हटाइये और नागपुर की कांग्रेस तक जोरदार असहयोग करके अपने को विजयी सिद्ध कीजिये।" हम उन विजयिनी मूर्तियों के प्रतीक्षक हैं जो इस असहयोग के मैदान में काम करती और काम में आती हुई नजर आवें। बलिदान की इस पवित्र वेदी पर हिन्दू और मुसलमान दोनों भाई साथ हैं, और जमीन के मुल्क और आसमान की दौलत दोनों उन्हें हसरत की नजर से देख रहे हैं। भगवान करें हमारा पुण्य प्रदेश, असहयोगिनी भारत माता का असहयोगी लाड़ला बनकर जिन्दा रहे।

संपादकीय टिप्पणी नं० 3

रतौना का कसाईखाना बन्द हो गया है। बकौल 'बाम्बे क्रानिकल' के यह सरकारी विज्ञप्ति है, क्योंकि प्रान्तीय सरकार के कोई कागज हम पर प्रकट नहीं होते। रतौना का कसाईखाना बन्द होने की खबर देश में बड़े आनन्द से पढ़ी जायेगी। यह जनता के मजबूत आन्दोलन का प्रताप है कि डेवन पोर्ट कम्पनी का पट्टा सरकार को रद्द कर देना पड़ा। इसके लिए, प्रदेश के उद्योगी नेता और जनता तथा देश के इस आन्दोलन के सहायक बधाई के पात्र हैं। सर फ्रेंक ने इस समय निःसन्देह एक बड़ी दूरदर्शिता और चतुराई से काम लेकर सरकार पर, जो अन्याय के धब्बों से काफी अधिक धबीली हो चुकी है, यह धब्बा न पड़ने दिया। पर एक बात और है, सरकार की ओर से प्रान्तीय कौंसिल में कहा गया था कि यदि डेवन पोर्ट कम्पनी इस कसाईखाने का ठेका न लेती तो सरकार को खुद ही एक आदर्श कसाईखाना खोलना पड़ता। अभी सरकार ने प्रकट नहीं किया है कि उसने गाय-बैलों और बछड़ों का अपना कसाईखाना खोलने का विचार छोड़ दिया, जब तक सरकार यह नहीं प्रकट करती, तब तक यह चिन्ता और चिन्ता के साथ यह आन्दोलन का भाव दूर नहीं किया जा सकता कि आज नहीं तो कल कहीं-न-कहीं रतौना का नवीन संस्करण फिर होगा। 'लीडर' कहता है कि 'सरकार बाहर गोमांस भेजना बन्द करे।' कितनी पते की बात है, निःसन्देह यदि सरकार भारतीय गायों के मांस से विदेशियों के पेट भरने से जब तक हाथ नहीं खींचेगी, तब तक अकेले रतौना में नहीं तो वह प्रान्त के सब कसाईखानों में, जिनकी संख्या सुनते हैं कि 75 है, गाय और बैल अधिक संख्या में कटवाकर मांस भेजेगी। यह भूल-भुलैया की सरकारी चाल जब तक न रुके, तब तक गायें कटती रहेंगी, फिर चाहे वे प्रान्त में कहीं कटें।

[18 सितम्बर, 1920]

उस दिन और आज

आज से 14 बरस पहले, देश में युग के एक भाग का परिवर्तन हुआ था। सन् 1885 से होती चली आने वाली, और केवल साल में कुछ मनचलों की मौज की वस्तु कांग्रेस ने अपनी उस वेदी पर, जिसकी ओर भारतीय राष्ट्र श्रद्धा की आँखों से देखता है, बूढ़े ऋषि दादाभाई नौरोजी को बैठते देखा था और यह कहते सुना था कि कांग्रेस का ध्येय इतना ही नहीं है कि वह साल में कुछ प्रार्थनाएँ अपने देश के पहरेदार शासकों के सामने पेश कर दे, किन्तु यह है कि वह स्वराज्य प्राप्त करे, और देश के एक युवा तपस्वी ने—जिसे बाल गंगाधर तिलक के पवित्र नाम से स्मरण कर हम जीवन पाते हैं—कांग्रेस को बाध्य किया था कि वह शत-शत अकर्मण्यों की परवाह न कर घोषित कर दे कि देश में युग-परिवर्तन हो, स्वराज्य की साधना-साधक की हैसियत से वह स्वदेशी का तपस्वी बनकर, योगभ्रष्ट करने वाली मनोमोहिनी दुनिया का बायकाट कर दे और देश को सँभाल रखने के लायक देश के सपूत निर्माण करने के लिए राष्ट्रीय शिक्षा की भागीरथी का प्रवाह देश के कोने-कोने में प्रवाहित किया जाये। कांग्रेस ने उस समय यह सब स्वीकार किया। देश के पतित भाग ने आवाज उठायी कि वह उसका साथ न दे सकेगा—यह पतित भाग था उसके राजमहल-राजनीतिज्ञों का समूह। देश के दुर्भाग्य से उस समय देश के नेता होने की परिभाषा भिन्न थी। नेतृत्व बिना त्याग, बिना कष्ट और बिना जिम्मेदारी के विचार के मिल सकता था। और इस प्रकार मिले हुए नेतृत्व की संगठित शक्ति ने चाहा, और प्रयत्न किया इस बात के लिए कि स्वराज्य भारत का ध्येय नहीं और न स्वदेशी-आन्दोलन, बाइकाट और राष्ट्रीय शिक्षा ही कोई सधने वाली वस्तु हैं। प्रयत्न प्रारम्भ हुआ और संसार के इतिहास ने देखा कि अपनों ही ने अपनी पंचायत की सफलता के पथ में दीवारें खड़ी कर दीं। दृश्य कठिन था—एक ओर बाल गंगाधर तिलक और शब्दों पर बलि हो जाने वाले और दूसरी ओर वे नेता, जिनके नृत्य की एक ठुमक कभी-कभी प्रजा की ताल पर उठती और पूरी गत होती देश के शासकों के क्रूर स्वर पर नृत्य-जौहर दिखाने में। परिणाम यह हुआ कि सूरत में कांग्रेस की हत्या कर दी गयी और उसे देखने वालों ने निश्चय किया कि वह जिन पहरों में है वहाँ मरी हुई है। देश के अगणित तपस्वी उसकी आराधना को जाना चाहते हैं, पर दरवाजे पर कड़ा पहरा देखकर चुपचाप लौट आते हैं। उसके नाम पर तीन दिन तमाशा किया जाता है और बड़े दिनों में किसी बड़ी जगह में कुछ बातूनी जमा होकर राष्ट्रीय सभा के नाम का एक प्रहसन खेल जाया करते हैं। देश की नृशंस शक्तियों ने देखा कि देश के तपस्वी पदच्युत हैं और उनका साथ देने वाला भी कोई नहीं—बस, कारागार में सबका सम्मान किया जाने लगा और उसके 52 वर्ष के वृद्ध तपस्वी के लिए, एक

दयालु हृदय के जज ने आज्ञा दी कि तुम 6 वर्ष के लिए कालापानी जाओ। वह जेल में गया, स्वराज्य की महत्त्वाकांक्षाएँ दली गयीं, राष्ट्रीय शिक्षा के विद्यालयों पर जासूस लगाए गए और उन्हें रोका गया। स्वदेशी वस्त्र-परिधान करने वाला पापी माना गया और पुलिस ने अपराधी साबित करते समय प्रामाणों में यह भी लिखा कि 'यह पक्का स्वदेशी है'। दमन की आग से झुलसे हुए जीव अपने पथ में जैसे-तैसे चले पर उन्होंने, जिनके पास धन और साधन सबकुछ थे, जिनके कुटुम्ब के शरीरों की लपेटन में मनों कपड़ा लगता था तथा जो कपड़े के बल पर जीते थे, उन्होंने स्वदेशी से जी चुराया। बहिष्कार 'केवल सनकियों के लिए' कहकर उसकी हँसी उड़ाई गई और राष्ट्रीय शिक्षा का साथ देश ने इसलिए नहीं दिया कि देश में स्कूलों और कालेजों के रूप में देश को गुलाम बनाने की मशीनें तैयार थीं और उन पर उसी तरह अरमान किया जाता था जिस तरह बलि-पशु उस घास पर अरमान करता है, जो उसे जिबह करने के पहले दी जाती है। ऐसी हालत में, उस समय हमारे अधिनायक लोकमान्य ने लड़ना प्रारम्भ किया। उस दिन भी वह दबा देने की वस्तु नहीं था, पर 'मरता क्या न करता' को प्रमाणित करने वाली नौकरशाही ने और 'कोऊ नृप होइ हमहिं का हानी, चेरी छाँड़ि न होउब रानी' की नीति के नरपुंगवों ने उसे दबा देने के काफी सामान पैदा कर दिये। वह दबा दिया गया, किन्तु उसकी आत्मा ने कहा, 'मेरे कष्ट भोगने ही से मातृभूमि के कष्ट दूर होंगे।' बूढ़ा कष्ट-भोगी लौटा और उसने देखा कि गांधी नामक दूत स्वदेशी के गीत गा रहा है और उन लोगों तक को जो फ्रांस के धुले कपड़े पहिन रहे थे और जो विलास की चरम सीमा पर थे, खादी पहिना रहा है। उसने देखा कि देश वही स्वराज्य पाने के लिए तैयार है जिसे एक दिन देश के गिने-चुनों ने कहा था, अजी यह असंभव है, देश इसके लिए तैयार नहीं। वे बातें सपना हो गयीं और सभी देश तैयार दीख पड़ा।

अब दूसरे युग का प्रारम्भ हुआ। तिलक ने एक बार कहा था—"सरकार को लगान वसूल करने में हम सहायता नहीं देंगे। हिन्दुस्तान की सीमा के बाहर की लड़ाइयों में हम सरकार को हिन्दुस्तानी सिपाही और धन नहीं देंगे, हम उनकी अदालतों की मदद नहीं करेंगे। स्वयं अपने न्यायालय खोलेंगे, मौका आने पर टैक्स नहीं देंगे।"-- उन्होंने इसे बहिष्कार कहा था—महात्मा गांधी और राष्ट्रीय सभा इसे असहयोग कहती है। हम देख रहे हैं कि जिस तरह स्वराज्य की उस चतुःसूत्री को देश के कुर्सी-भक्त नेताओं ने असम्भव कहा था, ठीक उसी तरह, महात्मा गांधी के असहयोग के उपायों को असम्भव कहा जाता है। और खुद को समूचा देश समझनेवाले स्वयम्भू यह भी कह रहे हैं कि देश गांधी का साथ न देगा, परन्तु देश के वे लोग, जो पंजाब के जघन्य अत्याचारों और भारत की सतियों का नग्न किया जाना, भारतवासियों को पेट के बल रेंगाना पाप समझते हैं और जो

मुसलमान पैगम्बर के उस प्यारे देश को पराए पैरों कुचला जाना पाप समझते होंगे, और सोच सकते होंगे कि एक दिन वृन्दावन, काशी, सम्मेद शिखर और काली मन्दिर की यही दशा होना कठिन नहीं, वे कम से कम इतने आत्मघाती न होंगे जो उस सत्ता की रायबहादुरी, खानबहादुरी आदि उपाधियाँ अपने पास रहने दें, जिसने डायर को खून करने दिया, बासवर्थ को हमारी माताओं और बहिनों पर थूक लेने दिया। शब्द इतने गंदे हैं कि लिखते समय मर्मान्तक पीड़ा होती है। हमारा विश्वास है कि एक सच्चे कार्यकारी की हैसियत से देश का प्रत्येक हृदय असहयोग के इस यज्ञ की वरणी अपनी भुजा में बाँधेगा और यह स्वप्न देखेगा कि आज नहीं तो कल, और कल नहीं तो परसों, भारतमाता पर ये अत्याचार नहीं होते हैं और उसके देश के बच्चे स्वराज्य भोग रहे हैं।

संपादकीय टिप्पणी नं०2

इटली के मजदूरों और कारखाने वालों में कई दिनों से झगड़ा चला आ रहा है। कारखाने वालों की धन-लालसा ही झगड़े की बुनियाद है। प्रार्थनाओं से कोई काम होते न देख मजदूरों ने कारखानों पर कब्जा करना शुरू किया, और कई कारखानों पर अपना अधिकार जमा लिया। मजदूरों का जोर इतना अधिक बढ़ गया है कि इटली की सरकार भी उनका मुकाबला करने में समर्थ नहीं है। सरकार की ओर से कहा गया है कि मजदूरों के साथ भी जिन्होंने कारखानों को नुकसान पहुँचाया है, किसी तरह का व्यवहार करने को सरकार तैयार नहीं है। सरकार की साहयता से निराश होकर कारखानों के मालिकों को 'सोवियत' के ढंग पर मजदूरों का प्रबन्ध करने का वचन देना पड़ा। ताजे समाचारों से मालूम हुआ कि मजदूरों ने कारखाने वालों की शर्तें स्वीकार कर लीं और वे धीरे-धीरे कारखानों का अधिकार छोड़ रहे हैं।

संपादकीय टिप्पणी नं० 3

मजदूर और मालिक के बीच महायुद्ध के पूर्व भी वैमनस्य था किन्तु महायुद्ध के बाद यह वैमनस्य और भी बढ़ गया। संसार के प्रत्येक भाग में यही झगड़ा दिखायी पड़ता है। आज भी वे ही मजदूर संसार में हैं जो महायुद्ध के पूर्व थे किन्तु उनके मन की स्थिति बदल गई है। महायुद्ध में शारीरिक बल का मूल्य पूरी तरह प्रकट हो चुका है, जिसका अप्रत्यक्ष परिणाम यह हुआ है कि संसार का प्रत्येक मजदूर नींद से जागकर समझने लगा है कि वह भी संसार में एक बड़ी शक्ति है और उसे भी अन्य मनुष्यों की तरह सुख से जीवन व्यतीत करने का अधिकार है। इस भावना में, इन दिनों की महँगी ने और भी जोर पहुँचाया जिसका परिणाम अकेले रशिया या इटली में ही नहीं, वरन् संसार की कुल सरकारों में देखा जा

रहा है। इंग्लैंड के कोयले वालों ने अपनी मजदूरी बढ़ाने का निश्चय कर लिया है। उनके प्रतिनिधियों और इंग्लैंड की सरकार के बीच समझौते का प्रयत्न किया जा रहा है। मजदूर ज्यादा मजदूरी चाहते हैं। धनिकों की पृष्ठ-रक्षक सरकार कहती है कि अधिक काम करके बताओ, मजदूरी भी अधिक दी जायेगी। इसके विरुद्ध मजदूरों का कहना है कि काम तो अधिक हो ही रहा है। सरकार अभी तक किसी निर्णय पर नहीं पहुँच सकी है, अगर कोयले वाले न समझे तो हड़ताल होने का भय है। कोयला इस समय संसार के सारे कार्य चलानेवाली शक्ति है। यदि इंग्लैंड के दो लाख कोयले वाले हड़ताल कर देंगे तो इंग्लैंड को अपना वाणिज्य-व्यवसाय सँभालना अति कठिन हो जायेगा।

संपादकीय टिप्पणी नं०4

मजदूरों और धनिकों के झगड़े से भारतवर्ष भी मुक्त नहीं रहा है, यहाँ के धनिक भी अन्य देशों की तरह धनलोलुप हैं और यहाँ के मजदूरों को भी अन्य देशों की तरह भूख की पीड़ा होती है। गत सप्ताह जी० आई० पी० रेलवे के कर्मचारियों ने रेलवे एजेण्ट मि० रम्बाल को साफ-साफ कह दिया था कि यदि वे अपने वचनों का पालन करके तनख्वाहें न बढ़ायेंगे तो हड़ताल कर दी जायेगी। रेलवे वालों ने इस हड़ताल का मुकाबला करने के प्रयत्न किये, किन्तु आखिरकार बुद्धि ठिकाने आकर उन्होंने कर्मचारियों की बातें सुनना स्वीकार कर लिया। इधर रेलवे वालों से यह झगड़ा हो रहा था उधर बम्बई के पोस्ट-प्यून, तार बाँटनेवाले तथा पेकिंग वगैरा करने वाले लोगों ने तनखाह बढ़ाने के प्रयत्न असफल होने पर ता० 19 सितम्बर को हड़ताल कर दी। इन लोगों ने सरकार से तीन बार प्रार्थना की थी, किन्तु उसका कुछ असर न हुआ और अन्त में उन्हें हड़ताल का ही सहारा लेना पड़ा। हड़ताल करने की परिस्थिति उत्पन्न करने में, हम नहीं समझते, कौन-सी बुद्धिमानी है। दस-पन्द्रह दिन की अड़चनें सहने के बाद हड़तालियों की माँगें स्वीकार करनी पड़ती हैं, आज तक का यही अनुभव है। क्या कर्मचारियों में असन्तोष फैलाना ही धन-सत्तावादियों का हेतु है? गरीबों की माँगें ठुकरा कर देश में अशान्ति उत्पन्न करना बुद्धिमानी और दूरदर्शिता का चिह्न नहीं है।

संपादकीय टिप्पणी नं० 10

होलकरशाही की राजधानी इन्दौर में होने वाले कुछ भद्दे कार्यों का उल्लेख गत सप्ताह हम समाचारों के स्तम्भों में कर चुके हैं। युवती स्त्रियों का रात को भगाया जाना और सुबह के समय बेसुध हालत में घर के पास उनका पाया जाना, ये ऐसी बातें हैं जो स्वाभिमानी नागरिक के हृदय में सन्ताप और आग भड़काये बिना नहीं रह सकतीं। 'बम्बई क्रानिकल' में इन बातों के निकलने

पर इन्दौर के 'मल्लारि मार्तण्ड विजय' ने भी इन घटनाओं की पुष्टि करते हुए लिखा था कि कुछ लोगों के दबाव के कारण इन अत्याचारों के कर्ता, पुलिस के हाथ से बच जाते हैं। हम समझते थे कि इतनी बातों के प्रकट हो जाने पर इन्दौर-सरकार अपराधियों को ढूंढ़ निकालेगी और उनके नाम आमतौर पर प्रकट करके उन्हें उचित दण्ड देगी। ये मामले बड़े नाजुक हैं। कई पुरुष मानापमान का ख्याल करके अत्याचारों को सह जाते हैं और बात छिपाये रखने के लिए उफ तक नहीं करते। जो हो, जब समाचारपत्रों तक इन बातों के पहुँचने का मौका आया है, तब स्वाभाविक रीति से आत्मगौरव वाली जनता में खलबली मच गई है। हमें अपने विशेष सम्वाददाता ने सम्वाद दिये हैं कि अपराधियों को ढूंढ़ने के बजाय इन्दौर की पुलिस इन पाप-कर्मों को छुपाने का षड्यंत्र रच रही है। कई लोग धमकाये जा चुके हैं, और मल्हारगंज के एक-दो व्यक्ति बेंतों से पीटे भी जा चुके हैं। किस लिए ? इसी लिए कि वे कह दें कि इन्दौर में युवती स्त्रियों के उड़ाये जाने की कोई घटना नहीं हुई है, कालेज के विद्यार्थियों की ओर भी पुलिस की दृष्टि गई है और वह उनसे जानना चाहती है कि समाचार-पत्रों में किसने लेख भेजे हैं। सीधा मार्ग तो यह है कि इन्दौर-सरकार इन झूठे मार्गों को छोड़कर, प्रजा को विश्वास दिला कर पूछे कि उसके साथ कैसी-कैसी बातें बीती हैं और फिर साफ तौर से प्रकट करे कि समाचारपत्रों में निकली हुई बात कहाँ तक सत्य है। लोकप्रिय सरकार होने का दावा रखने वाली होलकरशाही को इस समय बड़ी न्यायपूर्ण रीति से काम करने की आयश्यकता है। इन्दौर के दीवान साहब इस मामले को हाथ में लें और सच्ची बातें प्रकट करें। तभी इन्दौर की इज्जत रह सकती है।

[25 सितम्बर, 1920]

आप न्याय चाहते थे न ? यह लीजिए !

पंजाब के अत्याचारी अफसरों को, जिन्होंने पंजाब की भूमि पर कई सौ निरपराध पंजाबियों का वध किया, दण्ड मिलना चाहिए, यह कई लोगों की कामना थी। कई लोग यह कहते थे कि हमें न्याय चाहिए। लोग यह सुनकर अपने हृदय ठण्डे कर लें कि ब्रिटिश न्यायदेवता ने कौंसिल-हाल के कसाईखाने में न्याय की हत्या कर दी। ब्रिटिश शासन की प्रजा-वात्सल्यता का डंका पीटने वाले, न्यायशील होने का दम भरने वाले और सब जातियों तथा सब धर्मों के साथ समानता का व्यवहार करने वाले स्वार्थी और ढोंगी लोगों की भारत के सम्बन्ध में सच्ची नीति क्या है ?—वह उस दिन प्रकट हो गयी, जिस दिन माननीय शास्त्री महोदय ने पंजाबी के पापियों को दण्ड मिलने के सम्बन्ध में कुछ कहना चाहा और भारत के हित की

विशूचिका से व्याकुल वाइसराय महोदय ने कह दिया—"नहीं, माननीय शास्त्री अपने प्रस्ताव नहीं रख सकते।" शास्त्रीजी ब्रिटिश नीति का प्रत्यक्ष दर्शन कर सके और भारसवासियों को भी करा सके, इसके लिए उन्हें बधाई! किन्तु लार्ड चेम्सफोर्ड ऐसे जीव नहीं जो शास्त्रीजी को रोक कर ही रह जाते। उन्होंने जरूरत समझी कि अपने किये हुए नैतिक पाप को दुहराया जाये, उसका फिर से नैतिक सर्मथन किया जाय।

लाट साहब ने कहा, "मैं यह बता दूं कि पंजाब के अत्याचारी अफसरों के कृत्यों पर न्याय चाहने वाले प्रस्ताव को मैंने क्यों रोका? क्यों?—इसलिए कि लोगों में कहीं प्रस्ताव रोकने से बेसमझी न फैले।" किन्तु समझदार लाट साहब की इस आशा पर तुषार पड़ गया। लोगों ने कौंसिल में रोकने योग्य प्रस्ताव के करने वाले 'बेममझ' शास्त्रीजी को ही अच्छा माना और शास्त्रीजी ने भी अपने 'बेसमझी' से भरे प्रस्ताव को ही। लाट साहब भी उस प्रस्ताव को 'न्यायपूर्ण' मानते हैं, किन्तु उसकी न्यायपूर्णता का कौंसिल में गला घोंट सकते हैं। आप कहते हैं कि "प्रस्ताव शास्त्रीजी ने किया था, इससे यह बात तो स्पष्ट है कि प्रस्ताव सदिच्छा और विचारपूर्णता से किया गया।" ठीक, यदि वह किसी और कौंसिलर ने किया होता तो उन्होंने बुरी इच्छा से किया और मूर्खता से भी। फिर चाहे वे जनता के प्यारे पटेल होते या श्रीमान मालवीय अथवा खापर्डे महोदय! खैर, यदि शास्त्रीजी का प्रस्ताव न्यायपूर्ण था और वह सदिच्छा तथा विचारपूर्णता से किया गया था, तो कृपया उस प्रस्ताव के रोकने वाले लाट साहब ही बतावें कि किसकी बात अन्यायपूर्ण तथा मलिन इच्छा और मूर्खता से भरी हुई थी?

पंजाब की शान्तता और सन्तोष के नाम पर इस प्रस्ताव को रोकते हुए लाट साहब बोले कि अखबारों में, कौंसिलों एवं पार्लियामेण्ट में इसकी काफी चर्चा हो चुकी है, अब इस चर्चा को रोकना चाहिए। पर लाट साहब एक बार किसी अपने अभागे जलियाँवाला बाग में कुछ अंग्रेजों के गोली से भूने जाने की कल्पना करें और किसी विदेशी बास्वर्थ स्मिथ द्वारा अपने देश की वन्दनीय देवियों के अपमानित किये जाने की बात सोचें, फिर इंग्लैण्ड के निरपराध बच्चों के नीचतापूर्वक गोली से मारे जाने का ध्यान करें और फिर देखें कि किसी अधिकारपूर्ण आदेश की पार्लियामेण्ट में लार्डों ने मिलकर पापियों को पुण्यात्मा सिद्ध किया। इसके बाद लाट साहब खुद इंग्लैण्ड की वीर-भूमि को दलने वाले इन पापियों का पक्ष लें और फिर जावें इंग्लैण्ड की कॉमन्स सभा में और वहाँ जाकर यह शान्ति-पाठ पढ़ावें। अपने हृदय पर हाथ रखकर लाट साहब सोच लें कि क्या कोई पवित्र और ईमानदार अंग्रेज जिसका जीवन-धन अपनी कौम, अपना मुल्क तथा इज्जत और स्वाधीनता है, जीते-जी लाट साहब के इस शान्ति-पाठ को सुन सकेगा? यदि सुन सकेगा तो वह इंग्लैण्ड परतंत्र होगा और संसार की दृष्टि में पतित और अभागा

भी। भारत के खैरख्वाह लाट साहब ! आपके हाथ में भारत का शरीर है, परन्तु उसके हृदय पर आपका कब्जा नहीं, आप उसके पंजाब की घटना-सम्बन्धी घावों से ओडायर-समुदाय के हिमायती रहते हुए भी शान्ति-पाठ का नमक भर सकते हैं, पर अभागे भारतवासी अपने पथ से भ्रष्ट नहीं हो सकते।

किन्तु इस शान्ति-पाठ में नौकरशाही का पाप छुपाया गया है। मि० सिंह के यह पूछने पर कि पंजाब की गड़बड़ के समय जिन-जिन अधिकारियों ने अपराध किये थे उन्हें क्या-क्या दण्ड दिये गये ? सरकार की तरफ से किसी ने उठकर उत्तर नहीं दिया। हाँ, विलियम बीसेण्ट साहब ने एक नक्शा कौंसिल की टेबल पर पेश कर दिया। वह नक्शा नहीं है, एक घोषणा है जो देश के हृदय को बदलती है, देश की आकांक्षाओं को मसलती है, जो मानो सूचित करती है कि मुट्ठी-भरों की ताकत प्रजा के विद्रोह पर तुल खड़ी है और जिस घोषणा में नौकरशाही का हृदय घोषित कर रहा है कि—"जो हमसे बनेगा, हम करके छोड़ेंगे, और जो तुमसे बने तुम कर लो।"

एक तरफ पंजाब-भर के नेताओं को काला पानी, जेल और फाँसी की सजा दी जाती है और हजारों तड़पाये और सैकड़ों भून डाले जाते हैं और दूसरी ओर ? —हजारों के नाश कर डालने पर भी नौकरशाही के केवल 20 आदमी अपराधी माने जाते हैं। पर क्या इन अपराधियों को भी जेल, फाँसी या काला पानी की सजा होगी ? क्या इन पर भी कोड़े पड़ेंगे और क्या ये भी पेट के बल रेंगने के लिए लाचार होंगे ? क्या कोई कर्न ओब्रायन या बासवर्थ स्मिथ को वह दण्ड दे सकेगा जो उसने भारत की हिन्दू और मुसलमान देवियों को नग्न करके और उन्हें तंग करके दिया ?—नहीं, यह कुछ नहीं होगा। इन्साफ हो गया और उस इन्साफ ने दिखाया कि चाहे हजारों भारतवासी भून डाले जायँ, परन्तु कर्नल ओब्रायन, मि० मार्सडन, मि० जेकब, जनरल केम्पबेल, कर्नल डाब्टन, कर्नल मकरे इन्हें केवल यह सूचित किया गया है कि आपने जो कार्य पंजाब में किया, उसे सरकार नापसन्द करती है। ओह ! कितना कड़ा दण्ड है ! इन बेचारों पर इतने बड़े सूचनास्त्र का प्रहार। अच्छा, जिन्होंने हिन्दुस्तानी और मुसलमान होने पर भी हिन्दुस्तान के हिन्दु-मुसलमानों की दुर्गति करने में साथ दिया, उन खान साहब अहमद जान, पोलिस फौजदार अशरफ खाँ के दरजे कम कर दिये गए, खैर, बेचारे रह तो नौकरी में गए। जो रही-सही उमंगें होंगी, उन्हें फिर पूरी करेंगे, पर इनका दर्जा भी, यदि ये लम्बी-चौड़ी तकदीर वाले यूरोपियन होते तो न छीना जाता, ये भी खाली सूचना पाकर ही बरी हो जाते, अमृतसर वाले मि० किचिन और मि० माइल्स आइरविंग को लिखा गया कि दुःख की बात है कि आप फौजी आदमियों पर अपना कब्जा न रख सके और न कार्य के योग्य फौजी आदमियों को चुन ही सके। इतने कड़े दण्ड से भगवान किचिन और आइरविंग साहब की रक्षा करें।

बास्वर्थ स्मिथ साहब छुट्टी पर गये हैं जिस पर भी उन्हें यह सूचित किया गया है कि सरकार आपसे नाराज है।

भारत में जल्लाद के आदरणीय नाम से पुकारे जाने वाले और इंग्लैण्ड तक में अन-ब्रिटिश कहे जाने वाले ब्रिटिश जनरल डायर का वेतन गत वर्ष कुछ कम कर दिया गया, दण्ड हो चुका। अब वे भारत के कोष से पेंशन पावें और उस पेंशन में एक पाई भी कम न हो। यह दण्ड जनरल डायर को दिया गया है। गुजराँवाला पर हवाई जहाजों से भारतवासी पुरुष, स्त्री और बच्चों पर गोले बरसाने वाले जनरल बेनियन और डनकिन के लिए सरकार कहती है कि उनका काम बड़ा कठिन था और सरकार उनको कुछ भी कहना उचित नहीं समझती। इन दण्डों को खूब सुन और समझ लीजिए और इस बात की याद कर लीजिए कि पंजाबी निरपराधों पर क्या-क्या बीता? साथ ही यह भी कल्पना कीजिये कि यदि ये ही जुल्म भारतवासियों द्वारा किसी यूरोप की कौम पर होते, तो उनका किस तरह बदला चुकाया जाता?

भारतवासियों के सामने सवाल है कि वे जिन्दा रहें या मर मिटें? यदि नौकरशाही के इस इन्साफ पर वे जिन्दा रहना चाहते हों, तो वे जीने की उम्मीदें छोड़ दें। वे सोच लें कि इस न्याय से उनका नेस्तनाबूद होना अवश्यम्भावी है, किन्तु यदि वे जीना चाहते हैं तो सिर ऊँचें उठावें और देश-भर में असहयोग की वह ज्वाला जगमगा दें कि देश में पापियों का पाप करना असम्भव हो जाय और बेड़ियाँ काटकर, स्वाधीनता के सूत्र देश के हाथ में हो जायँ। हमारा न्याय करेगा, असहयोग, केवल असहयोग!

संपादकीय टिप्पणी नं० 2

आयरलैण्ड के अत्याचारों में कमी होने का कोई चिह्न दिखायी नहीं दे रहा है। मार-काट तथा मकान जलाने की कई घटनाएँ वहाँ रोज हो जाती हैं। इन घटनाओं को रोकने के लिए वहाँ पुलिस रखी गयी है। इन्हीं के हाथों में वहाँ की सत्ता है। सिनफीन दल के हत्यारों का बदला चुकाने के लिए शान्ति-रक्षक पुलिस ने भी मारकाट और आग लगाने का कार्य जारी कर दिया है। जनता सिनफीनरों से पहले ही तंग थी, पुलिस तथा मिलिटरी के अत्याचारों के कारण उसे गाँवों में रहना मुश्किल हो गया है। अभी समाचार आये हैं कि बेलफास्ट होटल में घुस कर पुलिस ने मि० लिंच नामक एक सिनफीन जज को गोली से मार डाला। काउण्टी क्लेअर के तीन नागरिक भी इसी तरह वर्दी पहने हुए आदमियों द्वारा मार डाले गये। पुलिस तथा फौज वाले इतने विवेकहीन हो गये हैं कि बदला लेने के लिए बालकों को —नागरिकों के घर में घुसकर— मार डालना भी उनके लिए अपराध नहीं रहा। आयलैण्ड में इतने दिनों से गडबड़ मच रही है, किन्तु इंग्लैण्ड के

नीतिज्ञ उसे अभी तक सँभाल नहीं सके हैं।

संपादकीय टिप्पणी नं० 2

कार्क कोण्टी के मेयर मैकस्वेनी इतने दिनों से बिना अन्न ग्रहण किये जीवित किस तरह रह सके, इस बात पर इंग्लैण्ड में चर्चा हो रही है। कई वैज्ञानिक अपने सिद्धान्तों को पुष्ट करने के लिए मैकस्वेनी का उदाहरण देते हैं और कई लोग कहते हैं कि मैकस्वेनी को लुक-छिप कर भोजन मिलता है। अभी तक स्वेनी की सेवा-शुश्रूषा के लिए उनका कोई रिश्तेदार सदा ही उनके पास रहा करता था, मगर अब वे एक ऐसे स्थान में रख दिये गये हैं जो लोहे की छड़ों से घिरा हुआ है। लार्ड मेयर के रिश्तेदार इस पिंजड़े के बाहर से ही उनसे बात-चीत कर सकते हैं। उन पर सख्त पहरा भी रखा गया है मैकस्विेनी को, जैसा कि प्रकट किया गया है, भूखे रहते 40दिन हो गये हैं। मालूम नहीं वह अभी तक किस तरह जिन्दा है। जो हो, इतने दिन भूखों मारने का पुण्य कमानेवाले उस इंग्लैण्ड को जो हमारा भी शासक है, हम हथियारहीन भारतीयों की ओर से हजार बार बधाई, इसलिए कि हम भी मि० स्वेनी के पथ के पथिक हैं।

[2 अक्टूबर, 1920]

देश की स्वाधीनता की तैयारी !

अंग्रेजी का एक शब्द है हिपाक्रेसी—जरा सुधार लीजिए तो वह हो जाता है डिप्लोमेसी और उसके स्वरूप को थोड़ा और बदल दीजिए तो वह हो जाता है एक्सपीडिएन्सी। इसका सीधा-सादा अर्थ है—धोखा। धोखा ऐसा, जिसे दुश्मन जान न पाये, प्रतिस्पर्धी अनुमान न पाय। धोखा ऐसा, जो प्रेम के नाम पर पुण्य और पवित्रता की हत्या करता रहे और पाप के पुंजों को जीवन के आनन्द की सामग्री बनाता रहे; धोखा ऐसा जो विश्वास करने वाले सगे भाई का गला काट सके—और यदि इन डिप्लोमेटों का समूह एकत्र हो जाय तो दुनिया की किसी बड़ी से बड़ी कौम को नेस्तनाबूद कर दे और मनुष्यता का प्यारा पशु डिप्लोमेट यदि चाहे, तो चुपचाप किसी देश में ईस्ट इण्डिया की तरह, भारत के एक बादशाह जहाँगीर के चरणों का एक दिन गुलाम हो और बनियाई करने की इजाजत ले, हिन्दुस्तान की लक्ष्मी को ले जाकर अपने देश को सोने की लंका बना ले और यदि कुछ भारतीय सिपाही बिगड़ पड़ें तो भारतीय सिपाहियों ही से उनके गले कटवावे और सदियों के लिए उसे निहत्था करने का उपहार दे। इतना ही नहीं, जब कोई जर्मनी उससे लोहा ले बैठे तो युद्ध के कर्ज के नाम पर अपना पेट भरने

के लिए भारत के उन गरीबों से रुपया खींच ले जाय, जिनक पास शाम को ही खाने को नहीं और उन्हें युद्ध में कटवाकर, संकट के समय में अपनी और अपने देश की लाज बचा जाय जिसके लिए एक पवित्र राजभक्त की हैसियत से धर्मभीरु हिन्दू राजा को ईश्वर मानते हुए अपने सिर चढ़ावे और मुसलमान, ईस्ट इण्डिया कंपनी के उत्तराधिकारी शासन करने वाली जाति के लिए अपने धर्मगुरु खलीफा के खिलाफ हथियार उठाने का पुण्य कमावे। किन्तु जब अवसर आवे तब मुसलमान को बदला चुकाया जाय टर्की के सरताज खलीफा की सत्ता नेस्तनाबूद करके, हिन्दू और मुसलमानों का वध किया जाय किसी भारत के जलियाँवाला बाग जैसी कुन्द जगह में बन्दूकें दागकर और हजारों की हत्या करके!

यह सब कुछ होता है, किन्तु क्यों? इसलिए कि वह जाति धोखेबाज है, कूट-नीतिज्ञ है, डिप्लोमेट है। वह आपके साथ ही नहीं, इसी क्रूरता से अपनों के साथ व्यवहार कर सकती है। और केवल वही जाति नहीं, यूरोप की सभी जातियाँ इस गुण में निपुण हैं। वे अपने शत्रु को पहले डिप्लोमेसी से हराती हैं और जब वह हाथ नहीं आता तब शस्त्र उठाती हैं।

भारत के लिए कौन-सा पथ है? क्या वह भी धोखेबाज बने? आज तक भरपूर प्रयत्न किया गया कि भारत खूब धोखेबाजी सीखे। प्रत्येक पढ़े-लिखे की यह उम्मीद रही कि हम चालबाजियों और राजनैतिक दाँव-घातों से स्वराज्य ले लेंगे। प्रतिवर्ष 'बाकायदा' अधिकारों की 'माँग' की गयी। हमारे यहाँ के बड़े-बड़े दिमागों ने खूब राजनैतिक चालें चलीं और वे देश-हित-चिन्तक भी कहाते रहे और शासकों के विश्वास-पात्र भी। किन्तु, उनके सम्पूर्ण प्रयत्नों के रहते हुए भी स्वराज्य-मन्दिर नजदीक नहीं, दूर ही होता दीखने लगा। और पूजनीय गोखले महोदय के मुख से निकला—"भारत के भाग्य में निराशाओं में काम करना बदा है, अपार काम सामने है और काम करने वालों का टोटा है।" यदि स्वाधीनता की उस लड़ाई में गोखले महोदय ने देश के उस समूह की भी माँग की होती जो बेपढ़ा कहलाता है और जो 100 में 94 है, तो निराशा में भी उन्होंने आशा का सन्देश दिया होता और जिन वस्तुओं की प्राप्ति वे चाहते थे, उन्हें प्राप्त कर लिया होता। भारतीय राष्ट्र में जो सज्जन कर्मण्य समझे जाते थे, उन्होंने अपने शासक से सीखकर यह पथ पकड़ा कि कहा जाये कुछ और किया जाये कुछ। नतीजा यह हुआ कि हमारे प्रयत्न 'तमाशा' कहे जाने लगे, और हमें छोटी-छोटी साधनाओं के लिए बड़े-बड़े दाँव-घात करने पड़े। इस नाटक के सहारे हमने डेढ़ शताब्दी की गुलामी दिखायी और परिणाम देखा कि हम दुनिया में कोई चीज नहीं और हमारी कोई पूछ नहीं। किन्तु हम पूरे डिप्लोमेट भी कहाँ थे? हमारे डिप्लोमेट होने में एक कठिनाई, अनेक कठिनाइयों के साथ, यह आयी कि हमें जो तालीम दी गयी, वह एक तो इतनी मूर्खतापूर्ण कंजूसी से दी गयी कि उस समय, जब

परसों का जागा हुआ जापान अपने यहाँ अपने 100 में 92 बच्चे पढ़ा चुका, हम डेढ़ सौ बरस बाद अपने में सौ में 6 'अ आ इ ई' जानने वाले बना पाये। भगवान न करें, यदि यही क्रम रहा तो हमें पढ़े-लिखे होने के लिए 2350 वर्ष और चाहिए। इसके सिवा यह मैकाले के शब्दों वाला शेरनी का दूध, हमारे दुर्भाग्य से हमारी नौकरशाही की नीति का 'कुचला' डालकर इतना जहरीला बना दिया गया कि जिसने भारत में शिक्षा पायी वह गुलामी की मौत मर गया। शिक्षालयों ने सौ में छः गुलाम भी बनाए, सो बजाय इसके कि वे देश की स्वाधीनता के उपासक बनते, देश की स्वधीनता के शत्रुओं के सहायक हो गये। और दासता के टुकड़ों पर जीवन बिताने का रोग इतना बढ़ गया कि आज गुलामी की टकसाल शिक्षालयों से ममता करने वाले हृदयों को इन शिक्षालयों को छोड़ते आँखों में अँधेरी आती है। शिक्षा में एक 'राष्ट्रीयता' की ऐसी लहर है जो हमारे हृदय को ऊँचा उठा सके और मातृभूमि के नाम पर सब-कुछ करने के लिए देश के हृदयों को उभाड़ सके। उसी का शिक्षा में दरवाजा रोका गया और क्लाइव और हेस्टिंग्ज जैसे तुच्छ प्राणियों को अच्छा बनाकर तथा शिवाजी को पहाड़ी चूहा कहकर हमारे देश का देशत्व उस पवित्रतापूर्वक नष्ट किया गया, जिस पवित्रता के वध होने के प्रथम बलि-पशु को हरी घास खिलाई जाती है। इस तरह हमसे करोड़ों मूर्ख रखे गए और कुछ ऐसे पढ़ाए गये जिनमें गुलामी के सिवा ऐसा भाव जाग्रत न हो सके जो देश की बेड़ियाँ तुड़वाने के काम का हो, तब भला यह सम्भव ही कहाँ है कि हम ऐसे डेप्लोमेट हो सकें, जो देश की शक्तियाँ किसी दिन अपने काबू में कर सकें। इसके सिवाय इंग्लैण्ड की डिप्लोमेसी हमसे आज लाखों मील की दूरी पर है, और जब तक हमारी डिप्लोमेसी उनकी डिप्लोमेसी की समता का विकास पावेगी, तब तक इंग्लैंड की डिप्लोमेसी भारत की डिप्लोमेसी का अपने पास आने का रास्ता देखती हुई बैठी नहीं रहेगी। वह सदियों आगे रहकर हमें सदा गुलाम बनाए रखने के लिए सबल रहेगी। इसके सिवा सबल दाँवघाती, हमारे दाँवघातों को न जान पावेगा, ऐसी भ्रमपूर्ण कल्पना राष्ट्र में पैदा होने देना, एक अपराध ही करना है। साथ ही यह बात भी भूल जाने की चीज नहीं कि अकेला कपट, किसी सशस्त्र शत्रु-सेना का मुकाबला नहीं कर सकता। लार्ड चेम्सफोर्ड की नौकरशाही ने बुद्धि के कुटिल प्रयोग के बाद भी, रौलट कानून के बाद भी, पंजाब के शस्त्रधारियों पर नहीं, निहत्थों पर गोले बरसने दिये। और अमरीका के लिए यह जरूरी हुआ कि जब अंग्रेज जाति अपनी गुलामी से उन्हें मुक्त नहीं करना चाहती, तब वे वार आफ इंडिपेण्डेण्ट,स्वाधीनता के युद्ध—के लिए, शस्त्र लेकर खड़े हो जायें.और महीनों में अपना देश अपना बना लें। इसलिए, जिन सज्जनों का यह खयाल हो कि वे धोखेबाजी से, कूटनीति से—भारत को स्वाधीन कर देंगे, वे न तो अब खुद ही अधिक धोखे

में रहें और न देश ही को अधिक धोखा दें। कूटनीतिज्ञ अंग्रेज जाति का मुकाबला करने के लिए भारत को वह धोखेबाजी नहीं चाहिए जो सदियाँ गुजारकर भी 'दास' बनाए रखे। भारत को उस ताकत की जरूरत है, जिसमें चाहे प्राण देने पड़े, चाहे अपने बच्चों को कटवाना पड़े, किन्तु वह हो स्वाधीनता यदि नपुंसक डिप्लोमेसी, जो मनुष्य जाति की कायरता है, भारत को स्वराज्य दे भी सकती तो वह बिना मजबूत कलेजे और सशक्त भुज-दण्डों के उन्हें सँभाल नहीं सकता। तब, जिस स्वाधीनता के लिए देश की हजारों जानें कुर्बान न हों, वह स्वाधीनता भारत की स्वाधीनता नहीं। भारत के लिए एक ही पथ है, प्राण देकर स्वाधीनता प्राप्त करना! डिप्लोमेसी नहीं जो कायरता का चिह्न है और जो हथियारों, बम गोलों और मशीनगनें अपने साथ न रखने वाली जाति की बेड़ियाँ नहीं तोड़ सकती। भारत के बच्चे मरें और भारत स्वाधीन हो। भारत धोखेबाज न हो उसके लिए सच्चा मार्ग 'अहिंसात्मक असहकारिता' ही है।

लार्ड विलिंग्डन और असहकारिता

बेचारे वाइसराय लार्ड चेम्सफोर्ड तो असहकारिता के आन्दोलन को 'मूर्ख-योजनाओं में सबसे अधिक मूर्ख योजना' ही कहकर रह गये, परन्तु मद्रास के गवर्नर लार्ड विलिंग्डन एक कदम और आगे बढ़े हैं। उन्होंने मद्रास कौंसिल की अन्तिम बैठक के समय एक भाषण दिया है। भाषण खूब लम्बा-चौड़ा है जिसकी पूरी आलोचना के लिए विस्तृत स्थान चाहिए। आपने पहले तो अपनी सरकार के कामों की खूब ही प्रशंसा की है फिर कौंसिल के मेम्बरों को सरकार के साथ सहकारिता करने के लिए कहा है। खिलाफत और पंजाब के ऊपर भी कुछ गलत बातें कह डाली हैं और रिफार्म की तारीफ की है। परन्तु स्थानाभाव के कारण इस समय हम उनके केवल असहकारिता-सम्बन्धी उद्‌गारों पर ही विचार करते हैं। आपने कहा है, "मेरी राय है कि यदि असहकारिता का आन्दोलन मि० गांधी के पूरे प्रोग्राम के अनुसार भिन्न-भिन्न हिस्सों में पूर्ण किया जाये तो वह अवैध आन्दोलन है। मुझे हर्ष है कि हमारे भूतपूर्व एडवोकेट-जनरल भी मुझसे इस बात में सहमत हैं।"

लार्ड विलिंग्डन का यह खयाल ठीक हो सकता है, क्योंकि वे ऐसी सरकार के नायकों में से हैं जो अपनी आज्ञा को ही कानून समझती है। वह इच्छा मात्र से ही अपनी आज्ञा को व्यवस्थापिका सभा में कानून का स्वरूप दे सकती है जैसा कि रौलेट ऐक्ट की कार्रवाई से प्रकट है।

उसकी कानून बनाने की शक्ति वस्तुतः अनियंत्रित है। प्रजा का उसमें कुछ

भी हाथ नहीं। ऐसी हालत में आज यदि भारत सरकार चाहे तो कानून रचकर असहकारिता के आन्दोलन को गैरकानूनी बना सकती है, परन्तु उसे अभी उस हद तक जाने की आवश्यकता नहीं। मद्रास-सरकार के एडवोकेट-जनरल की तो राय है कि यह आन्दोलन गैरकानूनी है ही। उनकी इस राय में हमें कुछ आश्चर्य नहीं दीखता क्योंकि वे आखिर को हैं तो सरकार के ही नौकर। यह खासकर इस लिए कहना पड़ता है कि श्रीयुत पं० मोतीलाल नेहरू, बैरिस्टर दास तथा मि० जिन्ना के समान देश के श्रेष्ठ बैरिस्टरों तथा वकीलों ने उसे वैध माना है। अतः यह निश्चय के साथ नहीं कहा जा सकता कि मद्रास-सरकार के भूतपूर्व एडवोकेट-जनरल की राय ठीक ही है। पता नहीं, वर्तमान एडवोकेट-जनरल की क्या राय है। शायद वे अभी सन्देह में हैं या गवर्नर साहब को उनसे राय माँगने का अवसर नहीं मिला, तभी तो भूतपूर्व एडवोकेट-जनरल की राय का कीर्तन किया गया। खैर यह तो हुई लार्ड विलिंग्डन तथा उनके भूतपूर्व एडवोकेट-जनरल के दृष्टिकोण की समीक्षा। अब जरा प्रजापक्ष को भी देखिये। कानून के सदा दो अंग रहते हैं, एक तो कोई काम करने या न करने का आदेश और दूसरा, उसका यथोचित पालन न किया जाये तो दण्ड। इन दोनों में से एक ही का मानना कानून को मान देना है। हम किसी कानून की आज्ञा को अनुचित समझते हैं, अतः हम उस आज्ञा का पालन नहीं करने पर उसकी सजा भोगने को तैयार हैं, तो हम उस कानून को भंग नहीं करते। हम उस कानून को जरूर मानते हैं। अन्यथा हम उसकी सजा भोगने को क्यों तैयार होते? सत्याग्रही या अब असहकारिता करने वाला कानून की आज्ञा को न मानते हुए उसकी सजा मानने को तैयार है अतः उसका काम तात्त्विक दृष्टि से गैरकानूनी नहीं कहा जा सकता। उसका पक्ष तो उस समय और भी प्रबल हो जाता है जबकि वह अहिंसक भाव रखता है। वह उस आज्ञा के विरोध में शारीरिक बल का प्रयोग नहीं करता और साथ ही आज्ञा देने वाले शासक के शारीरिक बल की सजा नम्र भाव से सहने को तैयार है। ऐसी हालत में यह नहीं कहा जा सकता कि वह देश में अशान्ति उत्पन्न करता है। वास्तव में अशान्ति तो उत्पन्न करता है धाक, धमकी और शारीरिक बल का प्रयोग करने वाला।

आगे चलकर लार्ड विलिंग्डन साहब ने यह भी फर्माया है कि मि० गांधी सरकार का सब काम रोकना तथा उसे निर्बल कर देना चाहते हैं। अतः उनका आन्दोलन राजद्रोही है। क्योंकि लार्ड विलिंग्डन की समझ में नहीं आता कि "किस प्रकार ब्रिटिश साम्राज्य का नागरिक ब्रिटिश साम्राज्य के किसी हिस्से की व्यवस्थित सरकार को असम्भव करके वहाँ अपने आन्दोलन से अवश्यंभावी अव्यवस्था तथा अशान्ति उत्पन्न कर दे और फिर भी 'राजभक्त' कहा जा सके। यह बात लार्ड विलिंग्डन की तथा उनका सा दिमाग रखने वाले व्यक्तियों की

समझ में आना कठिन है, कठिन ही नहीं, असम्भव है, क्योंकि वे सरकारी अफसर, सरकार और सम्राट् या राजा में कोई भेद नहीं समझते। प्रजा सम्राट्-भक्त है और यह उसका सद्गुण है परन्तु यदि सरकार या सरकारी अफसर उसकी इच्छानुकूल नहीं है तो उसका भक्त बने रहना सद्गुण ही नहीं, दुर्गुण हो सकता है। यदि ऐसा न होगा तो सरकार में सुधार या परिवर्तन करना असम्भव हो जायेगा, क्योंकि वह अराजकता कहा जावेगा। परन्तु प्रजा को सरकार में अर्थात् शासन संगठन में अपनी इच्छा के अनुकूल परिवर्तन कराने का अधिकार है। अतएव वह अराजक नहीं। वह तो अराजकता तभी हो सकती है कि वह जब अपने राजा का, हमारे उदाहरण में सम्राट् जार्ज महाराज का विरोध करे; उन्हें अपना सम्राट् न माने और उनके प्रति श्रद्धा तथा भक्ति न रखे। परन्तु सम्राट् के नौकर वाइसराय से लगाकर गाँव के चौकीदार को भी हम सम्राट् मानने को तैयार नहीं हैं। सम्राट् के नौकरों का विरोध अराजकता नहीं है। शासन की व्यवस्था बदल जाने से ही सम्राट् च्युत नहीं हो जाते। उदाहरणार्थ ईस्ट इंडिया कम्पनी के बाद भी इग्लैण्ड के सम्राट् उसी प्रकार हमारे सम्राट् थे जिस प्रकार कि अब हैं, और आगे सुधरे हुए शासन संगठन में भी रहेंगे। अतः असहकारिता का आन्दोलन किसी प्रकार राजभक्ति के विरुद्ध नहीं कहा जा सकता।

लार्ड विलिंग्डन के भाषण में एक बड़ी भारी चाल यह है कि उन्होंने कौंसिल के मेम्बरों को उपदेश देकर हमारे देशवासियों को चिकनी-चुपड़ी कहते हुए महात्मा गांधी के विरुद्ध भड़काना चाहा है। पर जो असहकारिता के आन्दोलन को अवैध और राजद्रोही होने का दोष लगाया है, उसमें मि० माण्टेगु तथा वाइसराय साहब के उद्गारों को याद करके हम सरकार की मन्शा की ध्वनि सुन सकते हैं। इसलिए हमें अभी से सचेत हो जाना चाहिए और आपत्ति का सामना करने को तैयार हो जाना चाहिए, क्योंकि विरोध के लिए सामने खड़ी हो रही है सशस्त्र और सबल सरकार!

[9 अक्टूबर, 1920]

कौंसिल-त्याग

व्यक्तित्व आजमाइये, पर राष्ट्र के प्रतिकूल नहीं। राष्ट्र आपके मुँह की ओर देखता है। यह मुक्ति के पथ का मतवाला पथिक हो गया है। यदि यह आप ही का राष्ट्र है, यदि आप भारतवासी ही हैं यदि आपने उसी देश का अन्न-जल ग्रहण किया है, जिसके उपजाने वालों और खाने वालों से यह राष्ट्र बना है तो कृपापूर्वक आप राष्ट्र के प्रतिकूल मत जाइये। कौंसिलों का हाँ, कौंसिलों का उपयोग

स्वीकृत और साबित करने वाले हृदय, अपने पवित्र सिद्धान्तों के कारण अपराधी नहीं। परन्तु राष्ट्र, अपने पवित्रात्माओं को भी अपने हित के लिए अपने प्रतिकूल खड़े देखना नहीं चाहता। वह अपने हरएक पुत्र, हरएक सिपाही का अपने साथ सहयोग चाहता है, और चाहता है अपनी आज्ञा पर सिपाहियों का एक साथ मार्चिंग और मर मिटना। इसमें भी महानता, कार्यशीलता, मित्रता, कौटुम्बिकता अथवा और किसी भी सम्बन्ध को वह अपनी आज्ञा से अधिक महत्त्व देने के लिए तैयार नहीं। और ऐसा होना स्वाभाविक भी है। वे सब सोच-विचार की बातें—जिनमें दिमागी दलीलें दी जाती हैं, वर्ष गिन-गिन कर एक-एक कदम उठाया जाता है और वर्षों के लिए खाने-पीने और सुखी रहने के साधन इकट्ठा किये जाते हैं— शान्तकाल की बातें हैं। युद्ध काल की दलीलें, परिस्थितियों की दौड़ तथा संसारीपन भिन्न वस्तु हैं। कौंसिलों के त्याग में भी वही बात है। यदि हमें दुर्योधन का मेवा खाना होता तो जरूर उस पथ में हमारे सिपाही कदम बढ़ा सकते। पर बिना किसी घृणा, तिरस्कार और बदले के दुर्बल भाव के हमने तय किया है कि हम उन कौंसिलों में न तो जाना ही चाहते हैं और न जाने ही देना चाहते हैं। हम जानते हैं कि हमारे कुछ सच्चे आदमी, केवल उन्हीं के द्वारा ही हमारा हित कर सकते हैं, किन्तु देश को हित की उस गति की अब जरूरत नहीं। अब उसने तय किया है कि उसके जो सिपाही शान्ति-काल में मीठे स्वर में दलीलें करना जानते थे, घर में आग लगने पर पानी खींचना भी जानें और कम-से-कम व्याकुलों को यह सन्देह न दें कि वे पानी डालना नहीं जानते। हम जानते हैं हम पर आपदा के समय अपने राष्ट्रीय ध्येय की प्राप्ति के लिए पथ बदलते समय हमारे देश के महान् वीर बूढ़ों को बड़ा कष्ट होगा, किन्तु वे क्षमा करें और देश को आशीर्वाद दें और यदि कृपापूर्वक कर सकें तो देश के युद्ध का साथ देने के लिए खड़े भर हो जायें। वे देखेंगे कि उनके ईमानदार बच्चे, कौंसिलों के बाहर रहते हुए उनकी आज्ञाओं पर इस तरह बलि होते हैं कि पथ की असम्भवता को सन्निपात हो जाये।

कौंसिलों को नमस्कार हो—धीरज और दृढ़ता से निश्छलता और निष्कपटता से और इसलिए कि देश की तपस्या और तेजस्विता तथा प्रतिज्ञा और शुद्धता का वे गला घोंटने वाली होंगी।

हम चाहते हैं कि देश निश्चय करे कि वह किसी को भी वोट न दे। और न कोई वोट का मोहताज होने का पाप करे। मनुष्य का अपना व्रत-भंग करना पाप है, किन्तु जिस व्रत में तीस करोड़ भारतवासियों का जीवन-मरण अटका हो, उस व्रत को तोड़ना और उसे किसी से तुड़वाना दोनों भारी पाप हैं। राजनीति में पाप कोई चीज न होता हो पर इस असहकारिता की युद्ध-घोषणा में, राजनीति को धर्म-नीति के साये में उसी तेजी से चलना होगा, जिस तेजी से कि देश के

राजनीति-रहित और केवल धर्म को जीवन का धन समझने वाले भारतवासी गरीब चाहें।

दौड़ लगायी जा रही है कि वोट प्राप्त किये जायें। यही समय परीक्षा का है। साफ शब्दों में उन सज्जनों से, जो वोट लेकर कौंसिलों के स्वर्ग में जाना चाहते हैं, निवेदन कर देना चाहिए कि हमारा धर्म है कि हम न खुद आपको वोट दें और न मिलने ही दें। प्रजा-सत्ता जबर्दस्त वस्तु है। उसके सम्मुख मुकुटों को झुकना और सिंहासनों को हिलना पड़ता है। क्या भारतीय प्रजा की वह सत्ता; असहयोग के नाम पर अपने ईमानदार और बलवान खून को कौंसिलों से बाहर नहीं रख सकती ? विद्या के विवाद में दयालु सरकार की कृपा से रखे गये सौ में पंचानवे बेपढ़े, जिन्हें वोट देने का अधिकार है, अपने मुँहज़ोर उम्मीदवारों की बहसों में जीत नहीं सकेंगे। किन्तु बेपढ़े वोट देने वाले कह दें कि हम उस अपवित्र वोट को अपना नहीं समझते और इसीलिए हम उसे देने के अपराधी नहीं होना चाहते।

प्रयत्न प्रारम्भ हो। जो सज्जन जहाँ हों, वहीं उद्योग में लग जायें और परिस्थिति का स्वरूप ऐसा कर दें कि एक भी वोट किसी को न दिया जा सके, औरे न कोई दे ही सके। उन्हें देश का सन्देश दिया जाये और सावधान किया जाये कि देश के सिपाही की हैसियत से वे न एक भी वोट दे सकते हैं, न कोई एक भी वोट माँग सकता है।

कौंसिलों का बहिष्कार एक बिना खर्च का त्याग है। जरूरत है कि देश के हृदयों में प्रार्थना की जाये कि वे देश के अहित पर इस बुरी तरह उतारू न हो पड़ें कि देश के मनाने और इंकार करने पर भी वे कौंसिलों ही की ठानें। यदि ऐसे कुछ आदरणीय हों ही तो उनसे साफ कह दिया जाये कि देश उनका साथ देने के लिए तैयार नहीं। कौंसिलों की मोह-ममता छोड़नी होगी! वह बिना शर्त छोड़ी जाये।

देश ने अपने उद्धार के लिए मन्त्र याद किया है, और वह है 'असहयोग'। उस जोरदार विद्युत-प्रवाह को हृदयों में प्रवेश करने दीजिये जो कौंसिलों को राष्ट्रीय बल से खाली रख सके। उन प्रयत्नशील, मातृभूमि के मतवालों की ओर आँखें लगी हैं, जो अपना बल आजमा कर यह सिद्ध कर सकें कि यह लो, हमारे पिछड़े प्रदेश का प्राण भी कौंसिलों के कटघरे में कैद नहीं हो पाया।

ईशर कमेटी की रिपोर्ट

ईशर-कमेटी के सम्बन्ध में जितना लिखा जाय, उतना थोड़ा है। परन्तु विस्तार-भय से भी हम टेरीटोरियल-फोर्स, एक स्वरूप में भारत-रक्षक सेना संबंधी

प्रकरण को नहीं छोड़ सकते। युद्ध के समय हमारे नेताओं ने बहुत आन्दोलन किया था कि देश की रक्षा में हमारे युवकों को भी भाग लेने देना चाहिए। इस आन्दोलन के परिणाम में अंग्रेजों की भारत-रक्षा सेना के साथ-साथ हिन्दुस्तानियों की भी एक सेना बनाने की चेष्टा की गयी थी। ईशर-कमेटी की इच्छा तो नहीं थी परन्तु मि० माण्टेगु के कहने पर उसने भारत-रक्षा सेना की योजना पर भी विचार करने की कृपा की। ऐसी सेना की सिफारिश हिन्दुस्तान के सबसे बड़े फौजी अफसरों ने भी की है पर उनका कहना है कि "हमें ऐसी सेना तैयार करने में जो जोखिम है उसे नहीं भूल जाना चाहिए, किसी-न-किसी रूप से हमारे ही विरुद्ध उस सेना का उपयोग किये जाने का भय है। साथ ही हम एक राष्ट्रीयता स्थापित करने का प्रयत्न करने वाली भिन्न-भिन्न जातियों के सैनिक भावों को पुनरुज्जीवित और उत्तेजित कर रहे हैं। हम आवश्यकता से अधिक जोखिम नहीं उठाना चाहते।" यह भाव इसलिए है कि कुछ सरकारी अधिकारियों को पता लगा है कि भारत रक्षा सेना के कुछ विद्यार्थी सैनिकों ने पंजाब के दंगों में भाग लिया था, अतः पूर्ण विचार के बाद कमीशन ने राय दी है कि 1200 से अधिक विद्यार्थी-प्रोफेसर आदि आम सेना में भरती किये जावें। उन पर पहले तो अंग्रेज अफसर रखे जावें बाद में क्रमशः हिन्दुस्तानी अफसर नियत किये जावें। इस सेना का खर्च फौजी खर्च में शामिल न किया जावे और यह सेना काम में न लायी जा सकेगी, इसलिए असली सेना का खर्च कम न किया जाये। और भारतीय खजाने पर अधिक बोझ न पड़े इसलिए भारत-रक्षक सेना पर अधिक खर्च न किया जाये। हिन्दुस्तानियों की अपनी मातृभूमि की रक्षा के भाव को बढ़ाकर इस प्रकार मारा है और पाप अधिक भयंकर न दीखे इसलिए भारतीय खजाने की रक्षा की दुहाई दी है। परन्तु ईशर-कमेटी ने फौजी अफसरों की चिन्ता प्रकट करके पाप का कालापन ज़ाहिर कर ही दिया।

ईशर-कमेटी की रिपोर्ट को जिस दृष्टि से देखिये, उसमें हिन्दुस्तानियों की स्वाधीनता की आकांक्षाओं का गला घोंट देने का सरकारी षड्यंत्र ही दीखता है। आज तक अंग्रेजी कौशल ने हमारे लिए इससे अधिक भयंकर जाल नहीं बिछाया था। परन्तु इससे बचना भी मुश्किल दीखता है। हमारे नरम दम वाले मित्रों को इस रिपोर्ट पर विशेष ध्यान देना चाहिए क्योंकि कांग्रेस के असहकारिता के प्रस्ताव को मानकर अधिकतर राष्ट्रीय दलवाले तो कौंसिलों में नहीं जावेंगे। अतः अधिकतर नरम दलवाले ही वहाँ रहेंगे और वे ही मन्त्री बनेंगे। सरकार ढाई करोड़ रुपयों का खर्च ऊँचे अफसरों की तनख्वाहों के लिए बढ़ा चुकी है। उधर लार्ड मेस्टन की कमेटी ने प्रान्तीय खजानों को करीब-करीब खाली कर दिया है। सुधार कानून ने खजाने पर पहला अधिकार रक्षित विभागों का रखा है और शिक्षा आदि के हस्तान्तरित विषयों के खर्च के लिए हिन्दुस्तानी मन्त्रियों को अपना

इन्तजाम अलग करना पड़ेगा। अवस्था वैसे ही दिवालिये की सी हो रही थी, तिस पर अब ईशर-कमेटी ने फौजी डाका डाला, जिसकी लूट का "अन्दाज लगाना असम्भव है।" ऐसे उदार शासकों के दिये हुए उदार सुधारों से हम क्रमशः स्वराज्य प्राप्त करने जा रहे हैं। इसीलिए तो कहना पड़ता है कि हमें ऐसा स्वराज्य नहीं चाहिए। ईशर-कमेटी ने हमें सचेत करके अपने पथ पर लग जाने का कार्य किया है। वास्तव में हमें अपना कार्य अपने ढंग से ही करना पड़ेगा। हम शाही सरकार का साम्राज्य-भार उठाकर उसके साथ सहकारिता करने के योग्य नहीं, न तैयार ही हैं। हम तो अपने को जिन्दा रखने के लिए होंगे असहयोगी, केवल असहयोगी!

सम्पादकीय टिप्पणी नं० 4

भारत में अकाल के चिह्न स्पष्ट दीख रहे हैं। गत मास में वर्षा की ओर प्यासे नेत्रों से लोग टकटकी लगाये देखते रहे, पर इन्द्रदेव ने कृपा न की। देश में आर्थिक कठिनाइयाँ कम न थीं, अकाल की आशंका से उन्हें और भी बढ़ा दिया। बाहर से से आने वाली चीजें भी महँगी होती जा रही हैं। तिस पर भी हमारे देश की विदेशी सरकार ने अन्न-सामग्री रोकने का विचार छोड़कर निकासी की आज्ञा प्रचारित की है। एक विदेशी सरकार ही अपनी प्रजा के साथ इस तरह व्यवहार करना शायद अच्छा समझ सकती है, किन्तु प्रजा-पालन का आदर्श रखने का दावा करने वाली सरकार के लिए यह कार्य निन्दनीय और पापपूर्ण है।

सम्पादकीय टिप्पणी नं० 5

महँगी की ज्वाला ने देश में हड़तालें निर्माण करायीं, मजदूरों और मालिकों में धन की रस्सा खिंचाई शुरू करायी। प्रजा को रौंदने के लिए पेट की ज्वाला को विप्लव का स्वरूप दिया जा सकता है। किन्तु विचारशीलता से काम लेने पर मालूम होता है कि राजनैतिक आन्दोलन तथा अन्य आन्दोलन खाने-पीने की कठिनाइयों के कारण उत्पन्न होते हैं। इन दिनों महँगी गरीबों का गला घोंट रही है। शान्तिप्रिय, सत्वशील गरीब भी एक बार सोचता है, इस असहनीय अवस्था से किसी-न-किसी तरह छुटकारा प्राप्त किया जाये। वह अपनी शक्ति के अनुसार प्रयत्न करता है और जब प्रार्थनाएँ विफल हो जाती हैं तब वह बलवानों से कहता है, हमारे पेट की व्यवस्था कीजिये अन्यथा हम कारोबार बन्द कर देंगे। बम्बई तथा कलकत्ते की हड़तालें इसी बात को पुष्ट कर रही हैं।

सम्पादकीय टिप्पणी नं० 6

मजदूरी करने वाले लोग तो इस तरह लड़-भिड़कर अपना काम निकाल लेते

हैं किन्तु सरकारी कहलाने वाला एक समाज ऐसा है, जो खाने-पीने के लिए पूरी तरह से नहीं पाता पर सरकारी शान का भुलावा उसे काम में लगाये रहता है। पुलिस के निम्नस्थ कर्मचारी, गाँवों के पटवारी और कुटवार पोस्टमैन, ग्रामीण पाठक तथा ऐसे-ही अन्य नौकरी पेशा लोगों के लिए वर्तमान महँगी इतनी असहनीय हो रही है कि उसका शब्द नहीं खींचा जा सकता। दस-बारह रुपये मासिक पाने वाले एक व्यक्ति की कल्पना कीजिये। जमा के खाते में मासिक वेतन के सिवाय उसके पास कुछ नहीं है। खर्च के खाते में दो-चार आदमियों का कुटुम्ब है। बड़े आदमियों को मास-भर में जितनी कीमत का रोगन लग जाता है, उतना धन भी इन गरीबों के घर में प्रत्येक मनुष्य पीछे नहीं पड़ता। तिस पर भी सरकार कहती है कि ये लोग राजभक्त रहें, आज्ञा का पालन करें, व्यवस्था का उल्लंघन न करें। बड़ी तनख्वाह पाने वालों ने अपना प्रबन्ध कर लिया है। किन्तु छोटी तनख्वाह वालों का उचित विचार नहीं किया गया। ऐसी अवस्था में इन छोटी तनख्वाह पाने वालों को भी अपने पैरों पर खड़े रहकर कार्य करने की आवश्यकता है।

सम्पादकीय टिप्पणी नं० 7

पुलिस प्रजा की रक्षा के लिए है उसी प्रकार बदनाम ही सही तो भी अवसर आने पर किसी जुल्म से पुलिस की रक्षा करना भी प्रजा का कर्त्तव्य है। हम जानते हैं बेचारे हुकूमत के मारे कानिस्टबल से लगाकर इन्स्पेक्टर तक को पुलिस जैसी बदनाम नौकरी करने में कितने आत्मिक, नैतिक और आर्थिक कष्ट भोगने पड़ते हैं। उस अंश तक पुलिस से तंग रहते हुए भी देशबन्धु के नाते उसके प्रति हमारी सहानुभूति अवश्य होनी चाहिए। हमारी यह सहानुभूति और भी बढ़ जाती है जब महँगी और हड़तालों के दिनों में उन्हें बार-बार तबादले के हुक्म को सलाम बजाकर शिरोधार्य करना पड़ता है। हमें समाचार मिला है कि होशंगाबाद जिले के पुलिस इन्स्पेक्टर तथा सिपाही लोग आजकल तबादलों के मारे तंग हैं। एक स्थान में वे दो महीने भी टिक नहीं पाते कि तबादले का हुक्म पाकर बिस्तर-बोरिया समेट सफर की तैयारी करनी पड़ती है। बेचारे तंग आकर हड़ताल करने की सोच रहे हैं। इस समाचार से हमें आश्चर्य नहीं हुआ। भगवान् इन गरीबों की रक्षा करें।

[23 अक्तूबर, 1920]

आपको लड़ना होगा। लड़ते समय असिधारा-व्रत सामने है। आज्ञा है, सिपाही लड़े, किन्तु अहिंसकता के साथ। लिखा जा चुका है कि डिप्लोमसी का पथ हमारा नहीं और न शस्त्रों का पथ हमारा है। तब हमारा पथ कौन-सा है ? अहिंसकता! उन हृदयों के साथ खड़े होकर जिन्हें जगत् के अपराधों का नहीं, अपराधियों का बलिदान करना है, एक बार मुस्कुरा लीजिये। किन्तु साथ ही पापी कहलाने, और देश के पैरों को तोड़ देने का विश्वास भी रखिये। क्षमा, हाँ हम क्षमा भी कर देते नौकरशाही के सब अपराध, यदि वह उन्हें अन्जाने कर डालती और जान लेने पर उन्हें छोड़ने के लिए तैयार रहती। परन्तु, जहाँ वह जान-बूझकर पाप करने बैठी है तहाँ उसका साथ दे रहा है उस इंग्लैण्ड का वर्तमान मन्त्रिमण्डल, जिसने इटली के उद्धारक मेजिनी को जिन्दा रखने वाली समूची जाति के प्रति विश्वास के भावों को न बढ़ाने के लिए लाचार कर दिया है। किन्तु हमें लाचार होने का कोई कारण नहीं। यही समय है कि जब हम कहें—"हृदय, तुम इतने महान् हो कि तुम में दो महान् विरोधी भाव एक साथ समा सकें।" इटली के उद्धारक को जीने देने वाले पुण्यात्मा का प्यार और टर्की को नेस्तनाबूद कर डालने वाले तथा जलियाँवाला में भारतीयों को भून डालने तथा भून डालने देने वाले और भारत की धरोहर स्वराज्य को लौटाने में सदियों विश्वास देते रहने वाले और कुछ न देने वाले प्रचण्ड पापी के साथ असहयोग। परन्तु साथ ही कठिन समय उपस्थित होने पर अपने प्यार से सर्वनाशक शक्तियों को बल मिलने के कारण, प्यार के भावों में रुकावट, केवल असहयोग।" यदि जंगल कटना ही चाहता है तो बेंट कुल्हाड़ी से कह दे, "दया हो—अकेले काट लीजिये, अब मैं साथ देने को तैयार नहीं।" समर्थ नौकरशाही, इन बातों को सुनने वाली नहीं। युग विज्ञान का है, यदि बिना बेंट ही कटना पड़े तो आह न की जाये और इतने हृदय चढ़ जाने को तैयार हों कि देश के हृदयों की वह राशि, बिना बेंट की कुल्हाड़ी को पिसते, अशक्तता और मनुष्यता के नाम पर रुकते और अंत में चमनए-हिन्दोस्ताँ को आबाद, और उसकी बुलबुलों को आजाद होते देखे। आजादी कितना मीठा शब्द है। परन्तु यह शब्द अपने आप मीठा नहीं, इसमें मीठा लाती है कुर्बानी, इसमें मिठास लाता है, 'बलिदान'। पर यह बलिदान औरों का न हो, उनका हो जो आजादी चाहें। पुराणों की कथा कहती है, मेरी याद दिला दो। आरा चलाया जाये, और सगे बेटे पर, पर मोरध्वज उसे चुपचाप सह ले, इसलिए कि बेटे का प्यारा चोला मुक्ति के अवतरण में—आजादी के आसमान से उतरने में—सीढ़ी बने। उसका निहोरा था—मैं भी तैयार हूँ, प्यारा आरा शौक से सिर पर चले। बस, भारत आज इसी निहोरे को दुहरा दे। एक भाव उमड़कर कहेगा—"पीस

डालो पापी को और उस समय कहेगा, जब धमनियों का खून गरम हो उठे। पर, सेनापति की यह आज्ञा नहीं। आज्ञा तोड़ना न होगा, पतित होना न होगा। सो क्यों ? इसलिए कि घर में भोजन न रहने पर सब उपवास करते हैं, परन्तु अपने उपास्य के नाम पर उपवास करने वाले वही हैं जो आनन्द की चीजों से घर भरा-पूरा देखकर, जबान पर ताला दे दें और पेट से कह दें, तुम्हें मेरी आज्ञा से खाली रहना होगा। वे कायर हैं जो विरोधी भावों के सामने आते ही तोंपों और संगीनों से मारामार मचा दें, किन्तु वीर वे हैं जो अपने भुजदण्डों की ताकत का अनुभव करते हैं, अपनी प्रलयकारिणी संयुक्त शक्ति में शत्रु को मसल डालने की कूबत पाते हैं और भरोसा करते हैं कि उठ पड़ने पर दुनिया की कोई अत्याचारिणी कौम हम पर कब्ज़ा नहीं रख सकती और तिस पर भी अपने शरीर और भुजदण्डों से कहते हैं, पशुता तुम्हारे करने की चीज नहीं, हमारे सामने पापी पाप को लेकर जिन्दा नहीं रह सकता। शस्त्रों की अपेक्षा पापी का पाप ही उसकी भारी मौत है। और पाप छोड़ देने पर, जो उसके लिए कठिन हो गया है, और असम्भव होने की तैयारी में है निष्पाप हृदय या निष्पाप कौम को दुनिया भर के शस्त्र भी नेस्तनाबूद नहीं कर सकते। ब्रिटिश शासन के लिए, भारत की नौकरशाही ने कबर खोद दी है। उससे पहले वह अपने पापों से अपनी कौम के शासन को दफनायेगी और यदि तब तक भी भारत को भून डालने की, हिंसक पशुओं को शोभने वाली उसकी नीचता न गयी तो खुद अपने आपको भी दफनायेगी। तब यह जरूरत नहीं कि एक तो हम ब्रिटिश शासन के नाम पर किये जाने वाले नौकरशाही के पापों को अधिक दिनों चलने दें, यानी अपनी मदद का हाथ पहुँचाकर करोड़ों भारतवासी हिन्दू-मुसलमानों पर जुल्म और ज्यादती होने दें, और इस तरह एक कौम को पापी बनावें और पापियों का साथ देकर, कायरों की तरह उनके हाथों से अपनी कौम और ईमान को जुल्म और गैरइन्साफी के नाम पर दुनिया से उठ जाने दें, और दूसरे, दुनिया की आदमियत का खून उस वक्त होने दें, जबकि हम अनुभव करते हों कि हमारा एक भी सिपाही जिन्दा रहे। हमें यह डर जरूर है कि नौकरशाही के कुछ कायर पुरजों ने हमारे सिपाहियों को बेमौत मारना शुरू किया, तो शायद हिन्दुस्तान आयरलैण्ड बन जाने पर उतारू हो जाये। मगर, यह मुल्क की खुशनसीबी है कि उसमें बलवा करने से भी अधिक जिन्दादिल मौजूद हैं और उन्होंने रण-घोषणा का स्वागत खुद आगे होकर किया है। यदि असहयोग की स्कीम सामने न होती, तो देश खून-खराबी करने पर उतारू होता और उसमें बलवा हो जाता। बलवा किया जाता, मगर उसे छुपे हुए करना होता, जिनके खिलाफ उसे करना होता, उनसे सब बातें छुपानी पड़तीं और मौका ढूँढ़ा जाता कि वह कब किया जाये। मुल्क की इस लड़ाई में ऐसी बात नहीं है। जब अपने मकसद पर मरना ही है, तब लुक-छुपकर मरने की जरूरत नहीं, और इसलिए

मुल्क ने निर्णय कर दिया है कि उस सरकार से भयंकर लड़ाई शुरू कर दी जाये, जिसने हमें लड़ने के लिए मजबूर किया। मगर जो किया जाये, साफ खुलकर किया जाये, लुका-छुपी करना, अपनी नीति और रखना और लोगों को कुछ और बताना, अपने जासूसों द्वारा लड़ते समय भेद लेना, प्रतिस्पर्धी को लड़ते समय पशुतापूर्वक तंग करना, और लड़ाई में मरने से जी चुराना, यह सब वे करें, जो कायर हों और भगवान् और आत्मा की कूवत पर भरोसा न रखते हों; किन्तु जो वीर हैं, उनके लिए एक ही रास्त. है। वे दुनिया भर की अत्याचारिणी ताकत को चुनौती दें, और ध्रुव और प्रह्लाद बनकर बड़े-बड़े अत्याचारियों से जगत् को खाली होता देखें, ईसा बनकर, वध कर डालनेवाले पापियों के भगवान् बनें और दुनिया के मुल्कों पर अपनी हुकूमत देखें।

जमाना तैयारी चाहता है। वे आत्माएँ—जो मुल्क में पंजाब के खून और खलीफा की बदइज्जती को असम्भव कर देना चाहती तथा मुल्क का स्वराज्य चाहती हों, इकट्ठी हों और जिस समय लड़ाई में उनकी माँग की जाये, जिस समय तकलीफें उठाने और मरने के लिए देश उनको पुकारे, उस समय वे चुपचाप अपनी जिन्दगी का महकता हुआ पुष्प, मनुष्यता और स्वराज्य की वेदी पर समर्पित कर दें। अगर हमारे बलिदान से दुनिया में भूकम्प हो उठे, तब भी बलि होना रोका न जाये, अहिंसकतापूर्वक वह जारी रखा जाये, क्योंकि हम कष्टों से खाली दुदिया का डावांडोल हो उठना ही नहीं, अपनी कौम की अमरता चाहते हैं, और चाहते हैं प्यारे मुल्क का स्वराज्य। मुल्क की माँग है, "मेरी बेड़ियाँ असहयोग तोड़ेगा, असहयोग करो।"

सम्पादकीय टिप्पणी नं० 2

हिन्दुस्तान के बम्बई तथा कलकत्ता जैसे नगरों में भी हड़तालों का जोर है। बम्बई के पोस्टमैनों की हड़ताल का सरकार से प्रत्यक्ष सम्बन्ध है, ट्रामवे, गैस कम्पनी आदि की हड़तालों पर भी सरकार का असर है। भारतीय सरकार चालीस-पैंतालीस दिन तक हड़तालियों को भूखे रखा, जनता के कष्टों का विचार न करके अपनी हठ पर जमी रह सकती है। लोकमत का उस पर असर नहीं है, न मजदूरों का संगठन-रहित मत ही उसकी चाल पर प्रभाव डाल सकता है। इंग्लैंड की हड़ताल दस-पन्द्रह दिनों में समझौते की हद तक पहुँचती है, पर हमारे यहाँ की हड़ताल का महीनों तक चलते रहना भी सरकार और उसकी छत्रछाया में रहनेवाले पूंजीवालों को जरा भी विचलित नहीं करता। इसके दो कारण हो सकते हैं—पहला सहानुभूति-शून्य सरकार और दूसरा मजदूर दल की शक्ति का कम होना।

सम्पादकीय टिप्पणी न० 5

मजदूरों की अल्प शक्ति का कारण उनकी संख्या की कमी नहीं, उनका संगठन-रहित होना है। इस कमी को पूरा करने के लिए ही गत 31 अक्टूबर को बम्बई के एम्पायर नाटक-गृह में 'ट्रेड-यूनियन कांग्रेस' का प्रथम अधिवेशन हुआ। इस कांग्रेस के सभापति लाला लाजपतराय का भाषण जोशीला और विचारपूर्ण था। कांग्रेस में देश के 57 संघों ने अपने प्रतिनिधि भेजे थे और इंग्लैण्ड के ट्रेड यूनियन और मजदूर दल की ओर कर्नल बेजवुड आए हुए थे। सम्पत्ति के उत्पन्न करने के लिए पूंजी और मजदूरी की आवश्यकता रहती है। पूंजी वाले इस समय काफी होशियार हैं और अपने लाभ के जरिए उन्हें पूरी तरह मालूम हैं। मजदूरों की यह हालत नहीं है। उन्हें यह ज्ञान नहीं है कि सम्पत्ति के पैदा करने में उनका हिस्सा पूंजीवालों से अधिक है। इसीलिए देश के प्रत्येक भाग में 'ट्रेड यूनियनों' अर्थात् 'काम करने वालों के संघों' के स्थापित होने की आवश्यकता है। बम्बई की प्रथम ट्रेड यूनियन कांग्रेस ने आगामी वर्ष के लिए लाला लाजपतराय की अध्यक्षता तथा बैपटिस्टा की उपाध्यक्षता में एक कार्यकारी कमेटी बनायी है। यह कमेटी आगामी वर्ष के अधिवेशन में संघ का संगठन तैयार करेगी और उसके अंतर्राष्ट्रीय सम्बन्ध को दृढ़ करने की योजना बनावेगी। संघ का दफ्तर इस वर्ष बम्बई में रहेगा। हम आशा करते हैं कि यह कांग्रेस देश के गरीब श्रमजीवियों में जागृति फैलायेगी और उन्हें एक बलवान समाज बना देगी।

सम्पादकीय टिप्पणी नं० 5

ट्रेड यूनियन की पहली कांग्रेस में कर्नल बेजवुड के सम्मिलित होने से ब्रिटिश मजदूर-दल की सहकारिता भी यूनियन को प्राप्त हो गयी थी। अपने अंतर्राष्ट्रीय भाई की हैसियत से कर्नल बेजवुड का स्वागत किया गया। कर्नल बेजवुड ने अपने भाषण में यूनियन को निर्भीकतापूर्वक काम करने का उपदेश दिया। कर्नल बेजवुड के बम्बई में एक-दो स्थान पर और भी भाषण हुए। इन भाषणों में कर्नल साहब ने नर्म और गरम दलों की एकता की आवश्यकता बतलायी और मजदूर दल की सहायता का विश्वास दिलाया। आपने आशा प्रकट की कि "अगर भारत-वासियों को पूर्ण उत्तरदायी शासन के देने का समय निश्चित कर दिया जाय तो सब दलों की एकता हो जानी चाहिए। यदि गरम दल इस शर्त को मंजूर न करे तो इंग्लैण्ड का मजदूर दल उसकी सहायता न करेगा।" कर्नल बेजवुड के इन शब्दों से नरम दल के हमारे भाई बहुत प्रसन्न हुए हैं और कहने लगे हैं कि मजदूर दल की सहायता अब राष्ट्रीय दल को न मिल सकेगी। इस प्रसन्नता की जड़ में एक मूर्खता है। कलकत्ता-कांग्रेस के सभापति के भाषण में इस बात की स्पष्ट घोषणा

होने पर भी कि "भारत को इंग्लैण्ड के किसी भी दल-विशेष पर अवलंबित रहने की जरूरत नहीं है", हमारे नरम भाई समझते हैं कि राष्ट्रीय दल वाले दूसरों की मदद की आशा से ही आन्दोलन कर रहे हैं। जिस मजदूर दल की दशा इंग्लैण्ड में हम लोगों की दशा से अच्छी नहीं है, उससे सहायता की आशा करने की भूल न करने के लिए राष्ट्रीय दल वाले काफी सचेत हैं। उनका विश्वास है कि स्वराज्य माँगने से या किसी के मार्फत सिफारिश पहुँचाकर नहीं मिलता, उसकी प्राप्ति का उपाय है : स्वावलम्बन तथा बलिदान !

सम्पादकीय टिप्पणी नं० 5

आज हम 'राजस्थान-केसरी' का स्वागत करते हैं। जिन कठिनाइयों में उसने जन्म लिया है और जो बाधाएँ उसके पथ में हैं, वे ही उसे ऐसा बनावेंगी कि वह प्यारे राजस्थान शब्द से पैदा होने वाली भावनाओं को और केसरी शब्द से जन्म लेने वाली निर्भीक आशाओं को सफल कर सके। विषयों की विविधता और विचारों की सजीवता जहाँ पत्र के उपयोगी होने की सूचना करती हैं तहाँ पत्र का तपस्वी जीवन और उसके कवि और कर्मण्य सम्पादक श्रीयुत बी० एस० पथिक की साहसमयी कार्यशैली विश्वास दिलाती है कि पत्र जो कुछ करेगा, अपने उद्देश्य के लिए करेगा। भगवान करें, राजस्थान-केसरी, राजस्थान की वर्तमान नामशेष दुनिया में भावों का भूकम्प पैदा कर सके और मध्यप्रदेश की पिछड़ी हुई भूमि में पैदा होकर ब्रिटिश भारत और राजस्थान से मिलकर, भारतीय राष्ट्र के निर्माण में कन्धा लगा सके। हमें विश्वास करना चाहिए कि केसरी के विजयी नाम से परिचित हिन्दी जगत, राजस्थान केसरी को अपना कर, नये युग के इस नये सन्देश वाहक की जीवन देने वाली बातें सुनेगा।

असहकारिता और सरकार

भारत-मंत्री ने एक बार पार्लियामेण्ट में कहा था मिस्टर गांधी 'पहेली' हैं जिन्होंने भारत सरकार की बुद्धि चक्कर में डाल रखी है। शायद गत डेढ़ सौ वर्षों में उसे कोई भी इतना तंग नहीं कर सका है। फिर एक बार उन्होंने पहलू बदलकर कहा कि मि०गांधी का आन्दोलन शरारत से भरा है और हमने भारत-सरकार को उस आन्दोलन के विरुद्ध कार्रवाई करने की पूर्ण स्वतन्त्रता दे दी है। उसके बाद लार्ड चेम्सफोर्ड ने कहा मि०कि गांधी की असहकारिता की योजना सबसे मूर्ख योजना है, अतएव हम देखते हैं कि वह अपनी ही मूर्खता के कारण नष्ट हो जायेगी। हम अभी उसके विरुद्ध कोई कार्रवाई नहीं करना चाहते। अब उन्हीं लार्ड चेम्सफोर्ड की

सरकार ने कम्यूनिक प्रकाशित किया है जिसका मध्यप्रदेश की सरकार को भेजा हुआ संस्करण अन्यत्र छपा है। वह कहता है कि महात्मा गांधी का असहकारिता आन्दोलन कानून के खिलाफ है और यदि वह नहीं रुका तो उसके विरुद्ध कार्रवाई की जायेगी।

ब्रिटिश सरकार के इस प्रकार किंकर्त्तव्यविमूढ़ भाव दर्शाने वाली उपरोक्त बातों से तो मि० माण्टेगु का पहला कथन सिद्ध होता है। वास्तव में महात्मा गांधी 'पहेली' हैं और उसको हल करने में भारत-सरकार की बुद्धि चक्कर खा रही है। जब उसकी बुद्धि कुंठित होती गयी तो अब उसने हथियार उठा लिया और साबित करने का प्रयत्न किया है कि इस 'पहेली' को हल करने का उपाय दमन ही है। 'पहेली' धीरे-धीरे शरारत हुई, तभी तो उस पर हथियार उठाया जा सकता है। मद्रास सरकार ने तो आज्ञा के पहले ही 'बहुत अच्छा हुजूर' रखा है। उसके भूतपूर्व एडवोकेट-जनरल की राय में असहकारिता गैर कानूनी थी ही। बम्बई ने पहले ही उसका पालन प्रारम्भ कर दिया है। सिन्ध में पकड़-धकड़ का काम कब का जारी हो चुका है और पंजाब तत्काल अखाड़े में कूद पड़ा है। उसने फौरन लाहौर और अमृतसर के जिलों का मुँह सभाबन्दी के कायदे से जकड़ दिया। मध्यप्रदेश भला क्यों पीछे हटता ? मौलाना ताजुद्दीन से गिरफ्तारी का श्रीगणेश यहाँ भी हो गया है। इसी प्रकार संयुक्तप्रान्त, बंगाल आदि भी आज्ञाकारी बनकर कार्यक्षेत्र में डट गये हैं। भारत की नौकरशाही 'पहेली' को सुलझाने तो चली है, परन्तु अब मालूम होता है कि वह अधिक उलझन में फँसने का सामान कर रही है। सन् सत्तावन में उसने कुछ देशी रियासतें हजम करनी चाहीं पर बीमारी बढ़ गयी तब उसे महारानी की घोषणा का शान्ति-पाठ पढ़ना पड़ा। क्रमशः लोग जान गये कि इस मन्त्र में असर नहीं, हमारे विश्वास ने हमें धोका दिया। अब नौकरशाही की नीयत हमारा स्वराज्य हजम करने की दीखती है और उस हालत में जब कि पंजाब और खिलाफत के कारण बीमारी पहले से ही बढ़ी हुई है, बड़ी कठिन समस्या उपस्थित है। शान्ति-पाठ में जादू रहा नहीं और नौकरशाही इस बीमारी की असली दवा के लिए तैयार नहीं। हम सन् सत्तावन में सफल नहीं हुए, इसका मुख्य कारण यह था कि हमने कमजोर साधनों से काम लिया, हथियार उठाये और पशुबल का प्रयोग किया। ऐसे युद्ध में हमारी हार होना स्वाभाविक है। क्योंकि उस बलवे में तो हुकूमत बढ़ी-चढ़ी है। परन्तु अब हमारे पास आत्मिक बल उपस्थित है, जो हिंसा से दूर है अतएव कोई भी हिंसक उसे दबा नहीं सकता। सरकार ने जिस दमन की दवा का उपयोग पारसाल पंजाब में किया, वह व्यर्थ हुआ। इसका सबसे बड़ा प्रमाण यह है कि आज फिर उसको उसी नुसखे की तैयारी करनी पड़ रही है। हम तो कहेंगे कि उस दवा से रोग तो अच्छा नहीं हुआ बल्कि बढ़ ही गया, जिसे सरकार जानती है और दबे-छिपे शब्दों में स्वीकार करती है कि हम किसी को जेल में भेजकर शहीद

बनाकर उसके अनुयायियों की संख्या बढ़ाना नहीं चाहते । इसीलिए तो हम कहते हैं कि हथियार रख दो, किसी की हार-जीत की दृष्टि से नहीं किन्तु हमारे और आपके भले के लिए । पर सरकारी खरीता कहता है कि तुम लोग सत्याग्रह के 'फलों का कड़ुवा स्वाद' पार साल चख चुके हो । अतएव 'उससे भी कहीं अधिक खतरे वाली असहकारिता को छोड़ो ।' यदि प्रतिध्वनि के ये के ये ही शब्द हमको असहकारिकता छोड़ देने का पवित्र उपदेश देने वाले आदमियों के कानों तक पहुँचा दें तो क्या ही अच्छा हो । प्रजा का खतरा सरकार का खतरा हुआ करता है, खासकर वहाँ पर जहाँ कि हथियार से खतरा उत्पन्न किया जाता है और दूसरी ओर शान्ति से उसका स्वीकार किया जाता है ।

सरकार असहकारितावादियों को दोष देती है कि वे सरकार की नींव ढा देना चाहते हैं । उसे तो सरकार जलियाँवाला में खुद ही खोद चुकी है, अब असहकारितावादी तो बेचारा फिर से नींव बनाने की चिन्ता में है और आप फिर से उसे ढाने को मुस्तैद हो गये और ऊपर से कहते हैं कि ऐसा न करो नहीं तो गड़बड़ हो जायेगी और बाहर के शत्रु टूट पड़ेंगे । इस उपदेश के लिए धन्यवाद! और हमें इस दशा तक पहुँचाने के लिए आपकी प्रशंसा ! यदि व्यवस्था शान्ति और कानून के परिणाम में हम इतने असमर्थ हो गये हैं कि हम अपनी रक्षा नहीं कर सकते और उसे आप स्वीकार करते हैं, तो आप ही कहिये, क्या हमें ऐसे कानून, शान्ति और व्यवस्था की आवश्यकता है ?

हमें तो नहीं, किन्तु भारतीय ब्यूरोक्रेसी को इसकी अवश्य आवश्यकता है । क्योंकि इसकी बदौलत वह बलवान बनी बैठी है, इसी के सहारे वह धनवान है और इसी के आश्रय से विद्वान है । पर हम तो निर्बल, निर्धन और मूर्ख हो गये । हमें तो कोई दूसरा ही कानून शान्ति और व्यवस्था चाहिए । ऐसी हालत में आप हमारे कार्यों को कानून के खिलाफ कहें तो इसमें आश्चर्य ही क्या ? और आपका कहना भी झूठ नहीं है क्योंकि कानून आपका बनाया हुआ है । परन्तु राजा और प्रजा का संयोग एक ओर की इच्छा पर नहीं होता । उसमें दोनों की इच्छा के समीकरण की आवश्यकता है । जब तक यह नहीं होगा, तब तक एक के प्रति दूसरे का कार्य कानून के खिलाफ कहा ही जायेगा । सरकार प्रजा को कानून के खिलाफ कहेगी, प्रजा सरकार को, इस प्रकार यह झगड़ा बढ़ता ही जायेगा और यदि आपस में विश्वास नहीं है—जैसीकि आजकल अवस्था हो रही है—तो उस झगड़े का अन्त नहीं । इसका एकमात्र उपाय यह है कि सरकार स्वयं अपना स्वरूप पलट दे, याने प्रजा को अराजकता करने का अवसर न आने दे । वह स्वयं ही अपने वर्तमान दोषपूर्ण स्वरूप के विरुद्ध अराजकता करे । परन्तु हमारी सरकार तो आँख मींच-कर कह रही है कि नहीं 'राजा करे सो न्याव' तब प्रसिद्ध मसल के मुताबिक कहना पड़ता है, 'पाँसा पड़े सो दाव'—देख लिया जायेगा । अब तो प्रजासत्ता का युग है

अतः यह कहावत भी नये ढंग से कहनी पड़ेगी कि प्रजा करे सो न्याय। 'कोई भी सरकार' प्रजा की इच्छा के विरुद्ध टिक नहीं सकती, फिर वह चाहे स्वदेशी हो या विदेशी। हमारे नरम भाइयों या जिन्हें 'शान्त और बुद्धिमान' कहा जाता है उनकी सहायता भी सरकार को लाभ नहीं पहुँचा सकती। शान्ति स्थापित रखने का और सरकार की दमन नीति का प्रारम्भ न होने देने का भार बेचारे नरम दल वालों पर रखना एक प्रकार से भारतीय ब्यूरोक्रेसी की क्रूरता और दूसरे प्रकार से कायरता है। क्रूरता इसलिए कि वे किसी के लेने में न देने में और व्यर्थ ही सरकार का उठा हुआ हाथ थामने का भार उन पर लादा जाता है; और कायरता इसलिए है कि अपनी उत्पन्न की हुई अवस्था की भयंकरता रोकने का सामना करने के लिए जिन उपायों का प्रयोग करने को नरम दल वालों से कहा जाता है उन उपायों को हमारी, 'अकल के अजीर्ण रोग से व्यथित' नौकरशाही स्वयं बेकाम समझती है तभी तो प्रजा को समझाने-बुझाने का मार्ग छोड़ उसने हथियार उठाने की घोषणा की है। फिर दोष तो करे वह और उसका परिहार करने के लिए कहा जाये नरम दल वालों से, यह कहां की वीरता है ? हाँ, यदि नरम दल वालों ने इस अवस्था को उत्पन्न करने वाले अत्याचार और अन्याय की सलाह दी हो, तो आज इस प्रकार नरम दल वालों का गला पकड़ना ठीक है। परन्तु हम देखते हैं कि हमारे नरम भाइयों ने नौकरशाही का उस हद तक साथ नहीं दिया है जिससे कि उन पर यह भार लादा जा सके। फिर क्या कारण है कि नरम दल वालों पर सरकार की यह कँटीली कृपा हुई है ? बात यह है कि नरम दल वाले अपनी मातृभूमि को प्यार करते हैं और साथ ही सरकार को भी प्यार करते हैं। पर मातृभूमि को प्यार करना हमारी सौभाग्यशीला शासन करने वाली नौकरों की जमात के अधिकांश जीव नहीं सह सकते। इसलिए उन्हें भी तो कुछ-न-कुछ दण्ड मिलना चाहिए अन्यथा उनके प्रति सरकार के नाम पर किये जाने वाले इस व्यवहार का हमें कोई कारण नहीं मालूम होता।

चाहे जिस दृष्टि से देखिये, इस कम्यूनिक से सरकार हमें तो आपदा में फँसती दिखायी देती है। इसका परिणाम क्या होगा ? इसका उत्तर हमसे भी बुद्धिमान इतिहास हजारों वर्ष के मानवीय अनुभव के पृष्ठ खोलकर दिखा देगा या यदि कोई सुनना चाहे तो साइबेरिया के जंगल में घूमने वाला राज-परिवार सुना देगा। सोचिए और इंग्लैण्ड और भारत के सिर पर वज्र गिराने के पहले सोचिए। यदि आपको सैनिक शक्ति का गर्व है तो कैसर का पतन आपके सामने है। आप कहेंगे, हमीं ने तो उसका पतन किया, परन्तु आप भ्रम में हैं। सैनिक शक्ति तो निमित्त मात्र थी। असली साधन थे सत्यता, सभ्यता, न्याय, निर्बल राष्ट्रों की रक्षा और आत्म-निर्णय के तत्व जिनकी घोषणा आपने की थी और जिनको सुनकर संसार ने आपका साथ दिया था और आपको विजयी बनाया। हम भी उन्हीं तत्वों की

घोषणा कर रहे हैं। शस्त्रों की झंकारों से नहीं और न नौकरशाही के प्यारे शस्त्र समान धोखे के देने के लिए ही, किन्तु विश्वास के साथ यह साबित करने के लिए कि शस्त्रधारी के पास ये तत्व अन्त में झूठे और अकृतकार्य होते हैं। परन्तु निःशस्त्र व्यक्तियों के पास ये तत्व आत्मिक बल के योग से चिरस्थायी फल देने वाले हुआ करते हैं। क्योंकि उसके पास हथियार हैं, न हिंसकवृत्ति, अतएव न पाप है न पाप का सामान है। भगवान करें, भारत इस घोषणा को सुनकर…अहिंसात्मक वृत्ति को बढ़ा सके। और नौकरशाही के निशाने पर अपने अनेकों नौनिहालों को मैक्स्विनी जैसी शान्तता से बलि होते देख सके और देख सके कि उसने अपने मकसद को पाया, साथ ही, वह नौकरशाही के कृत्यों के द्वारा आपदाओं में नष्ट हो जाने के किनारे जाने वाले इंग्लैण्ड की इज्जत उस समय बचा सके, जिस समय उसके कहलाने वाले नौकरशाह अपनी स्वार्थ चिन्ता के मद में भारत और इंग्लैण्ड दोनों को दुनिया से नेस्तनाबूद करने पर उतारू हो पड़ें।

[20 नवम्बर, 1920]

सरकारी स्कूलों का बहिष्कार

हम सरकारी शिक्षा-प्रणाली को काफी देख चुके हैं। देखते-देखते एक सौ वर्ष से अधिक समय हो गया। वह सरकारी नौकर तैयार करने के लिए प्रारम्भ की गयी थी। उसने सरकार को जज दिये उन न्यायालयों के लिए, जिनकी निष्पक्षता में हमें सन्देह है; सरकार को उसने वकील दिये जिन्होंने न्याय कराने के नाम पर हमारे बीच कलह को ही उत्तेजना दी; सरकार को उसने ऐसे कौंसिलर दिये जो अधिकतर 'जी-हुजूर' का पाठ रटते रहते हैं और खानबहादुरी तथा रायबहादुरी को अपना सौभाग्य मानते हैं, सरकार को उसने ऐसे सी० आई० डी० और पुलिस अफसर दिये जिनसे भारतवासी आज काँपते हैं और जिनकी धाक से सच्चाई तथा देश-भक्ति मुँह छिपाती हैं; सरकार को उसने ऐसे सैनिक दिये जो दूसरों की और स्वयं अपनी भी स्वाधीनता के अपहरण के साधन बन रहे हैं और सबसे अधिक बुराई की बात तो यह है कि उसने ऐसे नागरिक उत्पन्न किये जो इन बुराइयों को करते और सहते चले आ रहे हैं और दोनों प्रकार से सारे देश को स्वार्थी सरकार का गुलाम बनाने में सहायक हो रहे हैं। परन्तु कुछ लोग कहते हैं इसी शिक्षा-प्रणाली ने देश की स्वाधीनता के उपासक स्वर्गीय दादाभाई, तिलक, गोखले और वर्तमान गांधीजी, लालाजी, मालवीयजी आदि उत्पन्न किये हैं। उनका कहना सत्य है, केवल इसी अर्थ में कि ये देशभक्त इसी शिक्षा-प्रणाली के काल में उत्पन्न

हुए हैं। इनकी महानता में और वर्तमान शिक्षा-प्रणाली में कार्य कारण सम्बन्ध नहीं है जैसा कि मुगल साम्राज्य की शिक्षा-प्रणाली से शिवाजी का नहीं था, या हिरण्यकश्यप की शिक्षा से प्रह्लाद का। ये आत्माएँ, यदि इन्हें सरकारी स्कूलों में शिक्षा नहीं मिलती तो भी, अपना चमत्कार दिखातीं ही। कई अंशों में तो यह कहा जा सकता है कि यदि सरकारी शिक्षा-प्रणाली की भ्रष्टता न होती तो इनका प्रकाश और भी तेजी से चमकता। अस्तु ! कुछ व्यक्तियों को छोड़कर अधिकतर भारतवासियों की आँखें खिलाफत के सम्बन्ध में धर्म-नाश और पंजाब के सम्बन्ध में सम्मान-नाश ने खोल दी हैं और इस जाग्रत राष्ट्रीयता के जोश की बाढ़ में सरकारी प्रतिष्ठा स्थापित करने के अन्य साधनों के समान सरकारी व्यवस्था के मूलभूत सरकारी स्कूल और कालेज भी टूटते जा रहे हैं। हमारे युवकों ने आशा के अनुकूल ही कार्य किया और कर रहे हैं। माता-पिता का दबाव तथा अन्य बन्धनों के रहते हुए भी उन्होंने राष्ट्रीयता के दर्शन करने के लिए सरकारी शिक्षा के माया-जाल को तोड़ दिया है। उनको अनेक धन्यवाद ! वह पुत्र धन्य है, जो पिता को भी हठ करके सुमार्ग पर लेजाने का प्रयत्न करता है। प्रह्लाद ने परमात्मा के लिए अपने पिता को भी त्याग दिया था और उसकी संसार ने पूजा की। उसी दृष्टि से हमारे इन युवकों का कार्य सर्वथा धर्म-सम्मत, सराहनीय और अनुकरणीय है। सरकार से सम्बन्ध रखने वाले सब स्कूल खाली हो जावें, तो न तो सरकार को नौकर मिल सकेंगे और न वह वर्तमान स्वरूप में स्थिर रह सकेगी। जिस दिन यह अवस्था हो जायेगी, वह हमारी विजय का दिन होगा और हमारी मातृभूमि की स्वाधीनता का भी। अतएव भारत के सच्चे पुत्रों को महात्मा गांधी की इच्छा के अनुसार राष्ट्रीय कांग्रेस के आदेश को मानकर स्कूलों और कालेजों के बहिष्कार के कार्य में भिड़ जाना चाहिए। हम मानते हैं, इस संहार के कार्य में उनकी हानि अवश्य होगी। पर वह हानि ऐसी नहीं है जिसकी पूर्ति नहीं हो सकती, या जिसके मुकाबले में कई गुना अधिक लाभ स्वतन्त्रता के रूप में नहीं मिल सकता। संहार भी प्रकारान्तर में निर्माण का कार्य है। जैसी तत्परता और स्वार्थत्यागमय देश-भक्ति हमारे विद्यार्थी दिखला रहे हैं वैसी ही उनके 'गुरु' कहलाने वाले शिक्षक भी दिखलावें तो निर्माण का प्रत्यक्ष स्वरूप भी सहज में दीख सकता है। अब समय आया है उन्हें अपना गुरुत्व सिद्ध करने का—अन्यथा गुरुडम की पोल खुल जावेगी। देश चाहता है और उसी की प्रेरणा से हमारे युवक आगे बढ़े हैं, उसी प्रकार शिक्षकों को चाहिए कि वे भी सरकारी स्कूल छोड़ें क्योंकि वे समझदार हैं, उन्हें अपने मानापमान का अधिक खयाल है, उन्हें अपने विद्यार्थियों के हिताहित का अधिक ध्यान है और देश की आवश्यकताओं का अधिक ज्ञान है। वे विद्यार्थियों का साथ दें और सिद्ध करके दिखा दें कि किसी चालबाज के चक्कर में पकड़कर ही वे गुलाम उत्पन्न कर रहे थे परन्तु उनकी छड़ी और वाणी में देश

के बच्चों को स्वतन्त्रता के उपासक और सम्राट् तथा शासक बनाने का सामर्थ्य भी विद्यमान है।

[27 नवम्बर, 1920]

प्रतीक्षा

आजकल मध्य प्रदेश के नगर-नगर और गाँव-गाँव में गांधीजी के आने की चर्चा है। प्रत्येक का हृदय उत्साह से उमग रहा है कि गांधीजी आते ही हैं, हम दर्शन करेंगे। हमारे पास कई स्थानों से तार आ चुके हैं कि गांधी जी कब आ रहे हैं। मध्य प्रदेश दुर्भाग्यवश बहुधा देशमान्य नेताओं के दर्शन से वंचित बना रहा है। हमारे नेता अन्य प्रान्तों में दौरा किया करते हैं, परन्तु मध्य प्रदेश पर उनके आगमन की कृपा नहीं होती, इस लिए उसकी उत्कंठा और भी तीव्र हो रही है। विशेषकर आजकल के प्रक्षुब्ध काल में जब चारों ओर असहकारिता आन्दोलन की लहरें उठ रही हैं। प्रत्येक उस महात्मा के दर्शन करना चाहता है जिसके प्रभाव ने यह अज्ञात, अपूर्व और अदम्य आत्म-जागृति उत्पन्न की है। यहाँ की जनता केवल दर्शन की प्यासी हो रही है। सम्भव है कि चम्पारन के समान अत्याचार-पीड़ित नरसिंहपुर अपनी करुण कथा गांधीजी के चरणों में सुनाने के लिए अधीर हो रहा है, या असहकारिता के प्रस्ताव को कांग्रेस में हराने के लिए सबल दल तैयार करने वालों के प्रयत्नों से घबराकर असहकारितावादी लोग गांधीजी को यहाँ बुलाना चाहते हैं। परन्तु मध्य प्रदेश की अधिकांश जनता का भाव सच्चे प्रेम का भाव है, वह केवल दर्शन करना चाहती है। क्योंकि गांधीजी ने उसे आशा का सन्देश सुनाया है, सफलता का सिद्धान्त सिखाया है। और उसने भी कांग्रेस में स्पष्ट रूप से गांधीजी का विरोध करने पर भी राष्ट्र की आज्ञा मान असहकारिता के प्रस्ताव का सच्चा अनुकरण किया है। कौंसिलों का बहिष्कार असहकारिता के प्रोग्राम का प्रथम कार्य माना गया था, उसी का आन्दोलन किया गया। हमारे यहाँ आन्दोलन के साधन समाचार पत्र बहुत ही कम हैं, तो भी यत्न हुआ और हृदय रखने वाली जनता ने चुनाव का बहिष्कार करके दिखा दिया कि जिस मध्य प्रदेश ने कांग्रेस में असहकारिता के विरुद्ध वोट दिया था, उसने अन्य प्रान्तों की अपेक्षा कौंसिलों का बहिष्कार अधिक अंश में किया। मध्य प्रदेश में जितनी सीट खाली हैं उतनी सीटें किसी भी प्रान्त में खाली नहीं रहीं और न यहाँ पर मेम्बरी के लिए उतनी प्रतिस्पर्धा ही हुई जितनी कि अन्य प्रान्तों में। वोटरों में से भी बहुत कम ने चुनाव में भाग लिया। इस सेवा के बल पर मध्यप्रदेश महात्माजी के दर्शन करने का अधिकार माँगता है और उनको अपने यहाँ बुलाता है।

इसके अलावा कांग्रेस मध्य प्रदेश के नागपुर में होगी और शीघ्र ही। लोग कांग्रेस के इस अधिवेशन की महत्ता और उसके सम्बन्ध में अपने उत्तरदायित्व का अनुभव करने लगे हैं। वे कांग्रेस का अधिवेशन सफल और कार्य-परिणामकारी बनाने की चिन्ता में हैं। उनके मार्ग में अनेक बाधाएँ हैं, तो भी महात्माजी का आदेश सुनने की इच्छा है और उसका पालन करने का दृढ़ संकल्प। इसलिए शान्ति और गम्भीरता में भी हूक-सी उठती है कि गांधीजी आवें और देखें, कि भावुकता ही कार्यशीलता का मूल है अतएव शिक्षा या राजनैतिक ज्ञान में पिछड़े हुए मध्य प्रदेश द्वारा महात्माजी दूसरों की अपेक्षा अधिक कार्य करा सकते हैं।

प्रदेश के विद्यार्थी चाहते हैं कि गांधीजी आवें। उनके सामने बड़ी उलझी हुई समस्याएँ हैं। एक ओर उनका प्यारा भविष्य है, जिसमें उनके जीवन के निर्वाह की सामग्री भरी है, और जिसमें भरा है पूज्यों का आग्रह, आश्रयदाताओं का प्रतिरोध, शिक्षादाताओं का दबाव, मार्ग की कठिनाइयाँ, विद्वानों की दिमागी पेंचीदगियाँ और उनके मस्त जीवन का अल्हड़पन और मानवीय कमजोरियाँ; और दूसरी ओर हैं असहयोग का संग्राम, गुलामी के पक्ष में बढ़ता हुआ हृदय और उसमें रुकावट डालने की प्रबल आकांक्षा, फव्वारे के समान भाव, खून और जोश से भरा हुआ कलेजा और रह-रह कर इस बात की उमंगें कि यदि देश को हमारी जरूरत ही हो, और हमारी बलि के बिना स्वाधीनता भारत की भूमि पर कदम न रखना चाहती हो तो मध्य प्रदेश के बच्चे भी मुल्क के साथ, अपने सब मानवीय दोषों, और यौवन की उमंगों को लिये हुए गांधीजी के समक्ष उपस्थित हैं। वे आवें, और जीवन का सन्देश दें। किसान अपनी बरबादी के बिस्तरे पर पड़े गांधी जी की बाट जोहते हैं, और मालगुजार मन मारे गांधीजी की बातें पूछते हैं। मजदूरों में गांधी नाम का स्मरण है, और पूछते हैं कि कब, किस दिन, किस तरफ से गांधीजी आवेंगे। पिछड़ी हुई महिलाएँ भी देश की उस आत्मा के दर्शनों की उपासिका हैं। इधर वे जीव, जो 'देश का काम' करने के अपराधी हैं, यह बाट जोहते हैं कि वे अपने देश के राष्ट्रीय तपस्वी के सम्मुख, अपने आपको उपस्थित कर, कार्य की ऊँची दिशाएँ पावे। उलझी हुई आत्मा को सजीव करने के लिए गांधी जी महाराज पधारें। देश के इस क्रान्ति-काल में—इसलिए कि उसने जो कुछ किया है, उसे उन्हें दिखा दे, तेजस्वी, गम्भीर और परिवर्तनकारी भावों को उनसे पाने के स्वार्थी और प्रेम-भरे भाव से—उत्सक मध्यप्रदेश को, गांधी-दर्शन की और सबल प्रतीक्षा है।

[4 दिसम्बर, 1920]

हमारा नेता चल बसा

पण्डित विष्णुदत्तजी शुक्ल का गत 11 जनवरी की रात को नागपुर में स्वर्गवास हो गया—

वे कांग्रेस के लिए नागपुर गये थे। वहाँ उन्हें ज्वर आने लगा। डाक्टरों ने उन्हें मना किया तो भी वे कांग्रेस अधिवेशन तथा विषयनिर्वाचनी आदि समितियों में सदैव उपस्थित होते रहे। परिणाम यह हुआ कि कांग्रेस-अधिवेशन समाप्त होने पर बाहरी उत्तेजना से दबा हुआ रोग जोर पकड़ गया। इन्फ्लुएन्जा हो गया, प्रकृति अधिकाधिक बिगड़ने लगी। परन्तु आशाजनक संवाद के स्थान पर व्याकुल जनता ने एकाएक जाना कि वज्रपात हो गया, युद्ध-क्षेत्र पर गया हुआ वीर वहीं पर धराशायी हो गया।

अत: आज मध्यप्रदेश अपने सबसे बड़े पुत्र के शोक में व्याकुल है जिसके पास अधिक लाल हों उसको एक-एक की हानि पर दूसरों से कुछ सहारा मिल सकता है परन्तु जो पहले ही से कंगाल हो और छूटे वह लाल जो शिरोमणि था तो उसके दु:ख का ठिकाना कहाँ !

मध्यप्रदेश की जनता अपने सर्वप्रिय नेता के स्वर्गवास पर 'संतप्त' है। जिसने हृदय की लक्ष्मी की गोद में पलकर, राजकुमारों के कालेज में पढ़कर और सत्ता-धारियों के बीच रहकर भी गरीब, अशिक्षित और पीड़ित जनता को पुकारा, जगाया, खड़ा किया, मार्ग बताया और साथ दिया वह जीवन का साथी नेता सदा के लिए छोड़कर चला गया, चिर-निद्रा में सो गया। जनता को याद है रौलट बिल की तैयारी। प्रजा चाहती थी कि पराधीनता के भारी बन्धन पर यह बोझिल जंजीर और न कसी जाय, पर सरकार अपने हठ पर अड़ी थी। प्रजा की इच्छा को प्रतिबिम्बित करनेवाले प्रतिनिधियों ने सरकार को समझाया पर वह न मानी, लाचार होकर उन्होंने विरोध में सभासदी से इस्तीफा पेश कर दिया। मध्यप्रदेश की जनता को गौरव के साथ याद है कि उसके प्रतिनिधि विष्णुदत्त शुक्ल ने भी इस्तीफा दे दिया, प्रलोभन था अपनी जिम्मेदारी व सम्पत्ति का डर भी था, परन्तु जनता के प्रतिनिधि का उत्तरदायित्व भी था। प्रलोभन और डर पर विजय पायी उत्तरदायित्व ने। उन्हें फिर समझाया गया कि विरोध प्रकट हो गया, कसौटी पर सच्चे उतरे अब आप फिर कौंसिल में जाइये; परन्तु जनता की आज्ञा के आगे शुक्लजी का सिर झुका, कृतज्ञता प्रदर्शित करने के लिए और यह कहने के लिए कि मैं आपका सेवक हूँ, परन्तु वर्तमान कौंसिल ऐसी है कि मैं वहाँ जाकर आपकी सेवा नहीं कर सकता। बाद में सुधार-योजना के अनुसार नई कौंसिलों की स्थापना हुई, जनता की इच्छा से विष्णुदत्तजी स्टेट असेम्बली के लिए खड़े हुए। चुनाव निकट आया; वे चुन लिए गए होते कि कांग्रेस ने असहकारिता का प्रस्ताव पास किया।

जनता की आज्ञा शिरोधार्य करके विष्णुदत्तजी ने कौंसिल की उम्मेदवारी छोड़ दी, वे रायबहादुर थे, रायबहादुरी भी छोड़ दी, वे फर्स्ट-क्लास आनरेरी मजिस्ट्रेट थे, उससे भी जनवरी के प्रारम्भ में स्तीफा दे दिया। ऐसा वह नेता के रूप में सच्चा अनुयायी था। जमींदार होने पर भी किसानों ने उन्हें अपनी सभा का सभापति बनाया। अनेक डिस्ट्रिक्ट कान्फ्रेन्सों ने उन्हें अध्यक्ष का स्थान दिया। मध्य-प्रान्त की राजनैतिक कान्फ्रेन्स में नागपुर में जनता ने उन्हें सभापति के आसन पर बैठाकर अपना अधिवेशन सफल किया और गत कांग्रेस के समय जिस स्वागत-कारिणी समिति के सभापति के पद की सेठ जमनालालजी ने शोभा बढ़ायी उसके ऊपर अपनी दीर्घ राजनैतिक सेवा, अगाध राजनैतिक ज्ञान तथा असीम आत्म-त्याग के कारण किसी का स्वाभाविक अधिकार था तो वह स्वर्गीय विष्णुदत्तजी शुक्ल का था, यह जनता जानती है, उसने सभापति के चुनाव के समय पुकार भी मचाई किन्तु दुर्भाग्य ने जनता को अपनी कृतज्ञता के आसन पर अपने नेता को बिठला कर पूजा करने से रोक दिया। उस समय इस बात का जनता को जो दुःख हुआ, वह इस संतोष से जनता ने सह लिया कि अवसर आ रहा है, जबकि हमारा हाथ अबाधित होगा हम मध्यप्रदेश की प्रान्तीय कांग्रेस कमेटी का उन्हें सभापति बनाकर अपनी कृतज्ञता को सफल बनावेंगे। परन्तु जनता के दुर्भाग्य से वह सम्मान का अधिकार चला गया और जनता के लिए शोक की कृतज्ञता··· छोड़ गया।

संस्थाएँ बहुत-सी हैं, कार्य के क्षेत्र बहुत-से हैं और वे स्थान बहुत-से हैं, मध्य-प्रदेश के भीतर नहीं, बाहर भी जहाँ विष्णुदत्त शुक्ल का अभाव गहरा शोक उत्पन्न कर रहा है। उनके अलावा वे मित्र अनेक हैं जिन्होंने विष्णुदत्त को महापुरुष होने पर भी अपने बीच में अपना और अपने ही समान पाया, वे जिन्होंने आपस में दीर्घकाल का झगड़ा होने पर भी विष्णुदत्तजी के हाथ में हाथ देकर मेल बढ़ाया है और जिन्होंने आपत्ति के अवसर पर उस आपत्ति को अपनी आपत्ति समझने वाला सच्चा साझीदार पाया है। मित्रों के अलावा वे व्यक्ति भी अनेक हैं जिन्होंने विष्णुदत्तजी से मिलने पर अपने को किसी मीठे और प्यारे जादूगर के सामने पाया है और मन में सोचा है कि शुक्लजी तो हमारे ही हैं, हम इन सबका उल्लेख चाह रखते भी नहीं कर सकते। मध्यप्रदेश ने अपना पुत्र खोया, देश ने अपना सहारा खोया, जनता ने नेता खोया, मित्रों ने साथी खोया और मिलने वालों ने सहृदय खोया, स्वयं हमने नेता खोया, मित्र खोया, सहचर खोया, साहस खोया, जीवन-पथ पर प्रकाश डालने वाला खोया और कर्मवीर ने अपना पिता खोया।

हम शोक में हैं, व्याकुल हैं और चाहते हैं कि वह हमारी आत्मा आकर हमें जिलाये और हम अपने को सम्हालकर कुछ कह पावें।

राष्ट्रीय सभा

कांग्रेस में महिलाओं की उपस्थिति भी उल्लेखनीय है। उनकी संख्या किसी छोटी-मोटी कान्फ्रेन्स के बराबर थी। उनके देखते हुए कोई नहीं कह सकता कि भारत की स्त्रियाँ राजनीति में पुरुषों का साथ नहीं दे सकतीं। कम से कम नागपुर की कांग्रेस में प्रतिनिधि या दर्शक की हैसियत से तो उनकी परिस्थिति सराहनीय है।

सबसे महत्व की बात इस कांग्रेस में थी, राजनीति में धर्म का संयोग। भारत वर्ष मुख्यतः धार्मिक प्रवृत्ति का देश है। धार्मिक प्रवृत्ति जितनी प्रबल हुआ करती है उससे अधिक आज तक कोई भी भावना नहीं देखी गयी है। यदि राजनीति हमारा धर्म हो जाती है, तो हम तो अन्याय और अत्याचार करने में असमर्थ हो ही जाते है परन्तु हम पर अत्याचार और अन्याय करने वाले के धन, बल के संगठन में भी अन्याय तथा अत्याचार करने की सामर्थ्य नहीं रहेगी।

पहले हमारे धर्म-उपदेशक साधु-महात्मा केवल ईश्वर-चिन्तन और सात्विक वातावरण में ही रहा करते थे, परन्तु पुराणों की कथा के अनुसार अत्याचारों से दबी हुई पृथ्वी के लोगों की पुकार सुनकर अब भी उसकी फरियाद परमेश्वर के पास ले जाने के लिए साधु-संत ही आगे आते हैं, पहले एक-दो भगवे वस्त्र वाले ही कांग्रेस में दिखायी देते थे, पारसाल अकेले स्वामी श्रद्धानन्दजी, तथा एक-दो अन्य साधु-महात्मा आये थे, किन्तु इस बार स्वामी आदि कोई 300 साधुओं-महात्माओं ने कांग्रेस को कुम्भ का स्वरूप दिया, इतिहास जानता है कि ये साधु आत्म-त्यागी साधु जहाँ गये उन्होंने विजय पायी। अब हमारे ये धार्मिक नेता राजनीति के क्षेत्र में आये हैं, और हमें विश्वास है कि वे इस रण-क्षेत्र को तीर्थ क्षेत्र बनावेंगे, सत्य ही बलवा होगा और इन सात्विक महात्माओं के प्रभाव से रक्तहीन रूप में।

इस नवीन संगठन में कांग्रेस को सच्चे रूप में प्रतिनिध्यात्मक तथा कार्यकारी बनाने के लिए जो संशोधन हुए हैं, उनके अलावा जो एक अत्यम्त स्वागत-योग्य संशोधन हुआ है, वह यह है कि देशी रियासतों की पूजा भी कांग्रेस में प्रतिनिधि-रूप से सम्मिलित कर ली गयी, और जो उसमें शर्त रखी गयी है कि इस प्रकार प्रजा के सम्मिलित होने से यह अर्थ न समझा जाय कि कांग्रेस रियासतों के आन्तरिक मामलों में भी हस्तक्षेप करेगी, वह भी वर्तमान समय को देखते हुए अत्यन्त उचित है, यह स्वाभाविक ही है कि केवल देशी रियासतों में रहने से वे भाई हमसे अलग नहीं हो सकते। हम और वे उठेंगे तो साथ-साथ और गिरेंगे तो साथ-साथ। यदि नौकरशाही ब्रिटिश साम्राज्य में घेरकर हमें आर्थिक, राजनैतिक, शारीरिक, धार्मिक तथा अन्य दृष्टि से चकनाचूर कर रही है, तो वे भी हमारे साथ और अफसोस यह कि दूने भार से पिसे जा रहे हैं, नौकरशाही के कारण 'साँवरेन' कहलाने वाली शाही अधिकार रखनेवाली रियासतें भी दब कर निरी जमी-

दारियाँ हो रही हैं और उनकी प्रजा दबकर हैरान हो रही है। वह भी नौकरशाही के रियासती भार से बचना चाहती है और हम भी नौकरशाही से बचना चाहते हैं। इस प्रकार एक ही आपत्ति के दुखिया और एक ही उद्देश्य के साथी हम सम्मिलित क्यों न हो जावें? हमसे मिलकर वे अपने कष्टों को दूर करें और उनसे मिलकर हम अपने कष्टों को। रियासतों की सीमा के भीतर, वे अपने दुखड़े भी प्रकाशित नहीं कर सकते हैं। भारत की राष्ट्रीय कांग्रेस ने भारत की सीमा के भीतर रहने वाले प्रत्येक व्यक्ति के लिए दरवाजा खोल दिया है। वह आवे और सुधार का, स्वराज्य का अतएव स्वतन्त्रता का उपाय करे। वास्तव में भारत के एक तृतीयांश को न अपनाने वाली कांग्रेस पूर्ण रूप से राष्ट्रीय नहीं कही जा सकती थी। बह कमी अब दूर हो गयी है।

कांग्रेस की महानता की यह चर्चा हम अनेक विषयों को छोड़ देने पर भी स्वागतकारिणी समिति के सभापति श्रीयुत सेठ जमनालालजी और कांग्रेस के सभापति श्रीयुत विजयराघवाचार्य जी के भाषणों का उल्लेख किये बिना किसी प्रकार समाप्त नहीं कर सकते। स्वागतकारिणी समिति के सभापति का भाषण, श्रीयुत जमनालालजी की 'इस महान यज्ञ में महान् आहुति' का सच्चा परिचायक था। उसमें सीधे-सीधे सच्चे असहकारी की दृष्टि से असहकारिता का पूर्ण रूप से सार्थक समर्थन था और सरल 'किंतु युक्तिपूर्ण' उत्तर था असहकारिता पर आक्षेप करने वालों को भी। कांग्रेस के सभापति का भाषण भी अपने ढंग का रिरार्ला ही था। उसकी प्रत्येक पंक्ति सभापति के राजनैतिक पुस्तकालय का परिचय दे रही है और विशेषकर इंग्लैण्ड और यूरोप के सम्बन्ध में राजनैतिक सिद्धान्त, ऐतिहासिक उदाहरण, राज्नीतिज्ञों के महावाक्य, सच्ची घटनायें, भारतवासी प्रजा और नौकरशाही के सच्चे सम्बन्ध में बराबरी का अधिकार सिद्ध करने के लिए अगाध ज्ञान की कुशलता के साथ सरलतापूर्वक काम में लायी गयी है। वाइसराय ने असहकारिता आन्दोलन को मूर्खतापूर्ण आँदोलन ठहराया है सभापति ने उसका अकार्य उत्तर दिया है। सभापति महोदय ने कलकत्ता-कांग्रेस में पास किये हुए असहकारिता के प्रस्ताव के भिन्न-भिन्न अंगों की भी विस्तृत समालोचना की है। उसके कुछ अंशों को योग्य और कुछ को हानिकारक सिद्ध किया है। कहीं-कहीं तो विरोध में स्वर कड़ा भी हो गया है, परन्तु हृदय की सच्चाई उसमें साफ झलकती है। उस समालोचना से असहकारिता का नया प्रस्ताव बनाने में अवश्य ही लाभ हुआ होगा। इनके अलावा सभापति महोदय ने अपने भाषण के परिशिष्ट में अधिकारों की घोषणा के सम्बन्ध में विस्तृत बातें कही हैं जो यदि आज नहीं तो आगे चलकर जब नौकरशाही या इंग्लैण्ड की साम्राज्य सरकार हमसे सुलह करने लगेगी, तब अवश्य ही बहुत काम आवेंगी।

कांग्रेस में अपने ही भारतीय भाई-बहिनों के अलावा इग्लैंण्ड के भाइयों ने भी

मजदूर दल की ओर से अपने तीन प्रतिनिधि कांग्रेस में भेजे थे, जिससे वे यहाँ आकर भारतवर्ष को सहानुभूति का संदेश दें, यहाँ की अवस्था प्रत्यक्ष देखें और इंग्लैण्ड वालों को शान्ति का मार्ग बतावें। इस भ्रातृभाव के दूतों का हमने यथा-शक्ति स्वागत किया और उन्होंने भी हमारी दृढ़ताऔर आत्म-निर्भरता के निश्चय का सच्चा स्वरूप देख लिया। पर हम कह सकते हैं कि उनमें से पहले आने वाले कर्नल वेजवुड सच्ची अवस्था को नहीं समझ सके, उन्हें असहकारिता में भयंकर घृणा दीखी और स्वराज्य के ध्येय में पूर्ण स्वतन्त्रता तथा ब्रिटेन के सम्बन्ध-त्याग की आशंका, जो कि उन्हें रुची नहीं। खेर, मालूम होता है, मि० बेनस्पूर हमारी आकांक्षाओं को समझ सके हैं, और हम उनसे आशा करते हैं कि वे जाकर पवित्र सिद्धान्तों के नाम पर इंग्लैण्ड को समझावेंगे कि भारत केवल न्याययुक्त अधिकार अर्थात् स्वराज्य चाहता है, किसी अत्याचार का बदला नहीं।

यही उस कांग्रेस का सात्विक ध्येय है और इसीलिए वह महान है।

[15 जनवरी, 1921]

रायबरेली का हत्याकाण्ड

रसद और बेगार के सरकारी और गैरसरकारी जुल्मों से हिन्दुस्थान की प्रजा आजिज आ चुकी है। छोटे-छोटे गाँवों के दिनभर मेहनत करने वाले किन्तु रात में फटे चिथड़ों में गुजर करने वाले गरीब, जिन्हें मनुष्यता के साधारण अधिकार भी प्राप्त नहीं हैं, इस क्रूर पद्धति से अधिक सताये जाते हैं। हिन्दुस्थान के प्रत्येक प्रान्त में इस जुल्मी पद्धति को उठाने का प्रयत्न हो रहा है, किन्तु जिन लोगों का इस प्रथा से स्वार्थ-साधन होता है, वे सरलतापूर्वक अपने पुश्तैनी अधिकारों के लोभ को छोड़ने को तैयार नहीं हैं। भारत की परकीय सरकार ने बेगार और रसद का लेना कानून नाजायज नहीं ठहराया हैं; और इसीलिए सरकार की जड़ को मज-बूत रखने वाले छोटे-छोटे जमींदारों और तालुकेदारों को अपने इलाके में रहने वाले काश्तकारों पर जबरन रसद और बेगार लेने का हक हासिल हो गया है। जहाँ ब्रिटिश भारत के अन्य प्रान्तों में बेगार की सख्तियाँ रोकने के लिए नियमों और उपनियमों के थोथे उपाय रचे गये हैं, वहाँ अवध के दुर्भागी किसानों के कानून में ऐसी कड़ाई है, जिससे उन्हें अपने मालिकों —तालुकेदारों—के जोर और जुल्म को, कानूनन सहना पड़ता है,परिस्थिति का यह रबर कई बार तन चुका है, किन्तु इस मास के आरम्भ में उसकी खींचातानी इतनी अधिक हुई कि वह टूट गया और अवध के तालुकेदारों तथा किसानों के बीच के असन्तोष की आग से चिनगारियाँ निकल पड़ीं।

गत दिसम्बर मास के अन्तिम सप्ताह में अवध के किसानों ने तालुकेदारों के अत्याचारों के विषय में विचार करने और उनसे बचने के उपाय सोचने के लिए फैजाबाद में एक सभा की थी। इस सभा में कहते हैं, एक लाख के करीब किसान एकत्र हुए थे। देश में यह पहला दिन था जब अपने दुःख-दर्दों पर विचार करने के लिए एक लाख किसान इकट्ठे हुए थे और यह इकट्ठा होना उन लोगों के लिए बहुत बुरा था जो सत्ताधारी सरकार या जमींदार कहलाते हैं, और जिनके व्यवहार ही किसानों के कष्ट हो रहे हैं। उस सभा के उपदेशों और आदेशों के कारण किसानों में वह जागृति पैदा हो गयी थी, जिसकी आशा कभी नहीं की जाती थी। अपने अधिकारों की रक्षा करने के लिए किसानों ने आन्दोलन शुरू कर दिया था, किन्तु कुछ बदमाशों ने इस आन्दोलन के मौके से लाभ उठाया और दस पाँच स्थानों पर लूट खसोट कर डाली। इन बदमाशों का पूरी तरह पता न लग पाया था कि पूँजीपति सरकार ने, तालुकेदारों की इज्जत बचाने के लिए कानून की बेढब चालों को न समझने वाले भोले किसानों के कुछ मुखियाओं को ता० 6 जनवरी को फुर्सतगंज के बाजार में पकड़ लिया। दूसरे दिन ता० 7 जनवरी को मुन्शीगंज में किसान लोग एकत्र हुए और अपने मुखिया नेता 'बाबा' को देखने के लिए जेल को ओर से जाने लगे। उन्हें पुलिस ने उधर जाने से मना किया। जिस सरकार के पास हजारों हथियारबंद सिपाही हैं, उसने उस हजारों की भीड़ को रोकने के लिए चार-छह सिपाही भेजे जो दरिया में खस-खस के बराब्र थे और जिनकी उपस्थिति उस भारी भीड़ में किसी को मालूम न हो सकती थी। जब किसान आगे बढ़े तब पुलिस तथा मिलिटरी के सिपाहियों ने गोली चला दी। गोली चलाने के लिए पुलिस या मिलिटरी के अफसर ने हुक्म नहीं दिया था, पर फिर भी हाथ के हथियार का उपयोग करने की इच्छा से और जलियाँवाला बाग के पापियों की इज्जत बचाई जाने का उदाहरण आँखों के सामने होने से, सिपाहियों ने गोली चला ही दी। सरकारी रिपोर्ट कहाँ तक सच्ची होगी, यह बात पंजाब के हत्याकाण्ड की सरकारी रिपोर्ट और कांग्रेस की जाँच की रिपोर्ट की तुलना से समझी जा चुकी है। तथापि उसी को मान लेने पर यह प्रकट होता है कि 9 आदमी मार डाले गये तथा उनसे दूनों को जख्मी करके सदा के लिए संसार में अनुपयोगी बना दिया गया।

सीधी-सादी प्रजा का यह खून बचाया जा सकता था, यदि तालुकेदारों के गुण्डों और बदमाशों पर पुलिस कड़ी निगाह रखती। पर पूँजीपति सरकार ने तथा उसके फेंके हुए टुकड़ों से पुष्ट होने वाली पुलिस ने प्रजा की जान और माल की पर्वाह नहीं की। मामले की खबर मिलने पर प्रयाग से पं० जवाहरलाल नेहरू घटनास्थल पर पहुँच गये थे; किन्तु पुलिस ने उन्हें भाषण भी नहीं करने दिया, मानो शान्ति-स्थापन करने का ठेका अकेली पुलिस ने ही ले रखा हो, ऐसे समय पर

उचित और आवश्यक यह था कि प्रजा के प्यारे आदमियों द्वारा किसानों को समझाने का प्रयत्न किया जाता; किन्तु वह भी नहीं किया गया। और हमें कहना चाहिए कि शान्ति के नाम पर अशान्ति के उपासकों ने वह प्रयत्न जान-बूझकर नहीं होने दिया। इस हत्याकाण्ड की सूचना सर हरकोर्ट बटलर महोदय को मिलने पर उन्होंने, बजाय अफसोस और दुःख प्रकट करने के सरकारी कर्मचारियों को बधाई दी कि उन्होंने शीघ्र मामले का इन्तजाम कर दिया।

जब गोलियों से प्रजा का दमन करने वाले कर्मचारियों का कार्य बधाई योग्य समझा गया, तब पुलिस के छोटे कर्मचारी तथा तालुकेदारों के निम्नस्थ कर्मचारी, किसानों को मार-पीट कर, जोर जुल्म करके मामला बनाने के लिए स्वीकृतियाँ लें तो कोई आश्चर्य नहीं। ऐसी अवस्था में जितनी ज्यादतियाँ किसानों पर होंगी, जिन अत्याचारों का शिकार किसानों को बनना पड़ेगा, उनकी सारी नैतिक जिम्मेदारी सर हरकोर्ट की सरकार के सिर पड़ती है। अवध के नये समाचारों से मालूम हुआ है कि ता० 13 तथा 14 जनवरी को फैजाबाद के कुछ मौजों में फिर लूट-खसोट शुरू हो गयी थी; किन्तु कहा गया है कि सरकारी अफसरों की बुद्धिमानी और चतुराई की वजह से इस भीड़ में गोलाबारी की जरूरत पेश न आयी और लोग शान्त कर दिये गये। मानो हिन्दुस्तानियों को—उन हिन्दुस्तानियों को शान्त करने के लिए हमेशा गोलाबारी की जरूरत पड़ती है, जिनके हाथ में हथियार नहीं रहने दिये गये, वीरता का खयाल करने पर भी जो राजविद्रोही बताये जाते रहे, आज उस दिन भी जब वे अभागे शान्त आन्दोलन को अपना सर्वस्व समझते और देश से उसी का उपदेश पाते हैं। और यदि गोलाबारी किये बिना ही लोग शान्त हो गये, तो सवाल उठता है कि वह कौन-सी बात थी जिसकी वजह से सरकारी कर्मचारियों को अपने अफसरों की आज्ञा पाये बिना ही मुंशीगंज के बाजार में गोलियाँ चलानी पड़ीं? बात यह है कि असहाय और अबोध किसानों ने न तो मुंशीगंज में ही सरकार से शारीरिक युद्ध करने की जरूरत प्रकट की थी, न फैजाबाद में ही, उन लोगों के मन में एक ही भावना काम करती थी—शान्तिपूर्ण उपायों से वे अपनी अन्यायमूलक अड़चनों को मिटाना चाहते थे। किन्तु सत्ताधारी कर्मचारियों से यह बात न सही गयी और या तो वे शान्त आन्दोलन करनेवालों को बदनाम करने का इससे अच्छा दूसरा मौका न पाने की घबराहट में गरीब किसानों पर टूट पड़े या गरीब बेपढ़े और निहत्थे किसानों के उत्साह के पारे की नाप करने के लिए उनके सहानुभूतिशून्य और अधिकारमत्त हृदयों ने गोलियाँ दाग दीं। जब उन्होंने देखा कि दस-पाँच आदमियों की हत्या करने से यह अशान्ति की आग बुझ नहीं सकती, जब उन्होंने देखा कि रायबरेली के किसानों के साथ किये जाने वाले अत्याचारों की ओर सारे हिन्दुस्तान का ध्यान आकर्षित हुआ है, तब वे 'शान्ति-पूर्ण' उपायों से बगावतों और उपद्रवों को

मिटाकर 'बुद्धिमानी और चतुराई' का खिताब पाने लगे। साधारण-से-साधारण आदमी इस समय यह समझ सकता है कि अगर फैजाबाद का नया झगड़ा शान्ति-पूर्ण उपायों से दब सकता था तो मुंशीगंज के लोग भी शान्तिपूर्ण उपायों से तितर-बितर किये जा सकते थे। पर शायद, सिपाहियों और अधिकारियों को सर हरकोर्ट की बधाई का विश्वास था, इसी विश्वास ने उनसे गोलियाँ चलवायीं।

इस हत्याकाण्ड के हो जाने पर कई बद-दिमाग कहने लगे कि यह परिणाम असहयोग के आन्दोलन का है। इन मूर्खताभरी बातों का उत्तर देने की यद्यपि आवश्यकता नहीं है तथापि जिन लोगों की छाती पर समय-असमय असहकार का भूत ताण्डव नृत्य करता है, उन लोगों को सर हरकोर्ट बटलर की इस बात पर ध्यान देना चाहिए कि "किसान लोगों के हृदय में सरकार या यूरोपियनों के विरुद्ध कोई भाव नहीं था।" इतना कहने पर भी, सर हरकोर्ट बटलर अपने लोगों के प्रभाव से खाली नहीं रहे और वे वर्तमान सरकार के कायम रहने तक खाली रह भी नहीं सकते। किसानों और तालुकेदारों के बीच इस झगड़े को केवल साम्पत्तिक बतलाते हुए भी आप कहते हैं कि "आन्दोलनकारियों ने प्रयत्न किया था कि सरकार और यूरोपियनों के विरुद्ध किसानों के दिल बिगड़ें, तथापि किसानों ने सिर्फ अपने दु:खों और तालुकेदारों द्वारा किये गये अत्याचारों पर ही ध्यान दिया।" सर हरकोर्ट आन्दोलनकारियों पर नाराज हैं। उनके कथनानुसार आन्दोलनकारी सरकार के विरुद्ध किसानों को उभाड़ते हैं। हम भी इस बात को स्वीकार करते हैं। किन्तु जिन्हें सर हरकोर्ट आन्दोलनकारी समझते हैं, उन्हें हम शान्ति-स्थापक समझते हैं और जो लोग सर हरकोर्ट की सरकार से शान्ति-रक्षा के लिए नमक पाते हैं, उन्हें हम दुष्ट आन्दोलनकारी कहते हैं; क्योंकि इन्हीं के बुरे व्यवहार और अत्याचारों की वजह से जनता में आन्दोलन पैदा होता है और यही लोग सरकार के बुरे स्वरूप को जनता के सम्मुख उपस्थित करके जनता में सरकार के प्रति घृणा के भाव उत्पन्न करते हैं। हम कह सकते हैं कि आन्दोलन-कारियों में स्वयं सर हरकोर्ट भी शामिल हैं, क्योंकि उन्होंने भी 'बधाई' के तार द्वारा अपने अत्याचारी नौकरों की पीठ ठोकी है। इन आन्दोलनकारियों से देश का पिण्ड जिस दिन छूटेगा, उस दिन सर हरकोर्ट देखेंगे कि देश में रायबरेली का किस्सा होना असम्भव हो जायेगा। आन्दोलनकारियों को दोष देने वाली सरकार एक बार सोचे कि उसके सिखाये-पढ़ाये—'डिसिप्लिण्ड'—नौकर भी रोष और आवेश के समय, अपनी जिम्मेदारी को भूलकर, अधिकारियों की आज्ञा लिये बिना लोगों की जान तक ले बैठते हैं, तब चारों ओर से सताये हुए लोगों में से कुछ व्यक्ति यदि अपने मुखिया की आज्ञा के बिना, एक-आध अत्याचार कर बैठें तो समस्त आन्दोलन तथा उसके नेता पर किसी तरह का लांछन लगाना किस हद तक बुद्धिमानी का कार्य कहा जा सकता है। न्याय की बात तो यह है कि जहाँ

दो-चार किसानों के आततायीपन के लिए सरकार ने उनके मुखियाओं को पकड़ लिया था, वहाँ दस-पन्द्रह आदमियों की जान लेने वाले सिपाहियों के अपराध के लिए उनके अधिकारियों को, सरकारी न्याय की वर्तमान परिभाषा के अनुसार, फाँसी पर लटकाना चाहिए था।

अवध का 'रेण्ट ऐक्ट', कानूनी महसूल, सर हरकोर्ट की दृष्टि में भी बुरा है। सर हरकोर्ट यह भी स्वीकार करते हैं कि उस कानून की वजह से किसान पीड़ित हैं। पीड़ित मनुष्य न्याय के लिए प्रयत्न करता है। उसको न्याय दिलाने के लिए कुछ स्वार्थत्यागी सेवक प्रयत्न करते हैं। उनके स्वार्थ-त्याग की कद्र करने के बजाय सर हरकोर्ट उन्हें कैद करवाते हैं और ऊपर से इन्साफ की डींग मारते हैं। यह ब्रिटिश राजनीति का नमूना है, यह आधुनिक सभ्य राज्य की नीति की पहचान है। यह है वह कठिनाई, जिसे हिन्दुस्तान के शान्त आन्दोलनकारी जड़ से उखाड़ फेंकना चाहते हैं।

अवध के किसान जाग चुके हैं। पूंजीपति सरकार तालुकेदारों की सहायता करती है और करेगी क्योंकि उसके जीवन की जड़ मजबूत बनाये रखने में पूंजी-वालों की बड़ी भारी सहायता है। सरकार के लोहे के हाथ यदि सख्ती भी करें, तो भी किसानों पर अत्याचार किया जाना अब अधिक दिनों तक जारी नहीं रह सकता। किसानों के संगठन में शक्ति है—वह अटूट शक्ति है जिसके सामने नाइल को रुकना और हिमालय को झुकना पड़ेगा। हम चाहते हैं, यह शक्ति शान्ति-स्थापन के कार्य में अग्रसर हो और सरकार के कायर शौर कमजोर सेवक इस शक्ति को रोकने का हास्यास्पद प्रयत्न करके देश को रक्तपात और अराजकता का भीषण श्मशान न बनायें, हमें आये-दिन यह भय रहता है कि दो-चार जलियाँवाला और रायबरेली का निर्माण सरकार अपनी अकलमन्दी से और करेगी जिसका परि-णाम होगा, शान्त आन्दोलनकारियों की न सुनकर देश के घबड़ाये और ऊबे हुए लोगों का देश को आयरलैण्ड बना डालना और छोटी-छोटी ईंटों का जवाब वजन दार पत्थरों से देना। भगवान् करें, सरकार की हार हो, वर्तमान गवर्नमेण्ट पलटे और ऐसा न हो।

सम्पादकीय टिप्पणी नं॰ 2

अपनी एक टिप्पणी में 'टाइम्स ऑफ इण्डिया' का सम्पादक लिखता है कि—"बोलशेविकों की घोषणा से यह बात प्रगट होती है कि उनका भारत में आने का इरादा और भारत की सत्ता के साथ उनका द्वेष नष्ट नहीं हुआ है" और इसके कारणों की मीमाँसा करते हुए वह लिखता है कि 'उनका सबसे ऊँचा उद्देश्य अन्तर्राष्ट्रीयता (Internationalism) है और भारत के कुछ लोगों के कारण उनकी ऐसी धारणा हो गयी है कि भारत की भूमि उसके बीज बोने के लिए

बिल्कुल तैयार है। ऐसी हालत में उनके आने की अपेक्षा न आने में ज्यादा ताज्जुब होगा।" यद्यपि भारतवासियों का यह प्रायः ठेका हो गया है कि वे इंग्लैण्ड के कुछ ऐसे अभागों द्वारा बात-बात में दोषी ठहराये जायें, तो भी हमें यह स्पष्ट कह देना है कि वे लोग जो बोलशेविकों के लिए भारत की भूमि को सुलभ बनाये रखना चाहते हैं, या तो वे यूरोपियन या अंग्रेज अफसर अथवा व्यापारी होंगे जो अपनी धन-तृष्णा या राज्य-तृष्णा के नीचे देश को कुचलकर ऐसी परिस्थिति पैदा कर रहे हैं अथवा ऐसे भारतवासी होंगे, जो जलियाँवाला और रायबरेली के हत्याकाण्डों में सरकार का साथ दे रहे हैं। भारत की असहयोगी जनता और असहयोगी नेता, कम-से-कम बोलशेविकों को अपने व्यवहारों या कार्यों से प्रत्यक्ष या अप्रत्यक्ष आमन्त्रण नहीं दे रहे हैं। किन्तु यदि अहिंसात्मक असहकारिता करना बोलशेविकों को आमन्त्रण देना है, तो हमें नम्रता से कहने दिया जाये कि ऐसे शान्त और असहयोगी देश पर अत्याचार करना और उसे कड़े कानूनों के शिकंजे में कसे रहना, उस देश पर रूसी शासन चलाने और अहिंसक और निष्पाप देशवासियों को बोलशेविकों से भी अधिक भयंकर और शक्तिशाली हो जाने के लिए लाचार करना और चुनौती देना है।

सम्पादकीय टिप्पणी नं० 3

दो महीने 27 दिन हुए, मि० ताजुद्दीन जेल में हैं और मध्यप्रदेश के वे लोग जो अपने को राष्ट्रीय कार्य का अधिकारी समझते हैं इस बात की चिन्ता नहीं कर रहे हैं कि मि० ताजुद्दीन किस अवस्था में हैं। प्रान्त में एक तो यों ही राष्ट्रीय कार्य करने वालों का टोटा है, तिस पर, प्रान्त के मि० ताजुद्दीन जैसे सेवक यदि महीनों जेल में सड़ते रहेंगे और मुकद्दमा पूरा न हो पायेगा तो, हम सोचते हैं कि उन्हें अपराध प्रमाणित होने के प्रथम ही नरक-यातना के न जाने कितने कष्ट भोग चुकने पड़ेंगे। हम यह भी सुन रहे हैं कि मि० ताजुद्दीन बीमार हैं और उनका वजन घट गया है। जब वे पेशियों पर आते हैं तब देखा जाता है कि उनके मुँह पर पीलापन छा गया है। हम न तो कौंसिलों के मेम्बरों ही से निहोरा करते हैं, जो मध्यप्रदेश के प्रतिनिधित्व का बहाना करके कौंसिल, असेम्बली या कौंसिल आफ स्टेट में गए हैं, न हम सरकार को इस बात के लिए कष्ट देते हैं कि वह प्रान्त के हृदय को जलाने वाली इस कार्यवाही को, जो मि० ताजुद्दीन जैसे अहिंसक असहकारितावादी पर की जा रही है, रुकवा दे और इस तरह अपनी उस बुद्धिमानी का परिचय दे जो उसने रतौना के समय की थी, किन्तु यह सब-कुछ न कहते हुए भी हम अपने हृदयों से कहा चाहते हैं कि एक तो वे मि० ताजुद्दीन के पवित्र मिशन को पूरा करने और 'ताज' को जिन्दा रखने और डटकर काम करने के लिए सहारा दें और दूसरे मि० ताजुद्दीन के कारागार में रहने की यादगार में,

मध्यप्रदेश में अहिंसक असहकारिता के आन्दोलन को इतना ऊँचा उठावें कि वकील, विद्यार्थी, व्यापारी, पढ़े और बेपढ़े, किसान और मजदूर, सब असहकारिता के नाम पर कुर्बान होते और उसे तन, मन और धन से अधिकाधिक विजयी बनाते नजर आवें।

[29 जनवरी, 1921]

मध्यप्रदेश की कौंसिल

मध्यप्रदेश की कौंसिल की पहली बैठक गत 27 और 28 जनवरी को नागपुर में हो गई। जनता कहती थी और यह सच निकला कि ये 'सुधरी हुई' कौंसिलें पूर्ण निराशाजनक हैं। अन्य प्रान्तों का अनुभव यही कहता है और हमारे प्रान्त की कौंसिल का प्रथम दर्शन उसका समर्थन करता है।

गवर्नर साहब ने बड़ी शान के साथ, इंडिया आफिस, शिमला और दिल्ली से गाई जाने वाली सुधारों की प्रशंसा की प्रतिध्वनि सुना दी, माडरेटों को पुचकार लिया, श्रीयुत मुधोलकर जी के स्वर्गवास पर अफसोस किया, मन्त्री आदि के चुनाव के बारे में अपनी सदिच्छा की सफाई दी, असहयोग का विरोध करने की प्रार्थना की और मध्यप्रदेश के अकाल-पीड़ितों के प्रति दुःख प्रकट किया, साथ ही मन्त्रियों की खाली थैलियों की ओर भी उदास चेहरे से एक नजर देख लिया। गवर्नर इससे अधिक क्या कर सकता था! अंग्रेजी में कहावत है—और गवर्नर साहब अंग्रेज हैं—कि उदारता घर से शुरू होती है। सरकार ने उदारता शुरू की है, अपने घर से। फिर वह क्रमशः आगे भी बढ़ेगी। और वह आगे बढ़ी भी है, थैली हिन्दुस्तानी मन्त्रियों के हाथ में पहुँच गयी है। यदि रुपया नहीं पहुँचा तो क्या? थैली है तो रुपया भी आ ही जावेगा, अकाल-पीड़ितों की सहायता हो जाएगी, उद्योग-धन्धों की व्यवस्था हो जाएगी। यह उदारता क्या कम है?

गवर्नर साहब अपना भाषण समाप्त करके चले गये। तब श्रीयुत द्रविड उठे, उन्होंने दूर की सोची, इंग्लैण्ड की पार्लमेंट की प्रथा के अनुकरण पर जोर देते हुए 'हिज एक्सेलेन्सी' गवर्नर साहब को कौंसिल की ओर से 'विनम्र धन्यवाद' दिया। यह शिष्टाचार समाप्त होने पर मेम्बरों ने राजभक्ति की शपथ ली। अंग्रेजों ने बाइबिल छूकर कसम खाई। निस्सन्देह उस समय सभी अपनी कसम की सच्चाई पर अवश्य विश्वास करते थे। किन्तु कम से कम एक मेम्बर ऐसा भी था जिसको अन्य मेम्बरों की राजभक्ति की कसम पर विश्वास नहीं था और उसने यह बात भरी कौंसिल में प्रकट भी कर दी। बात यों हुई। राजभक्त मि० जयवन्त ने प्रस्ताव पेश किया कि "मध्यप्रदेश की लेजिस्लेटिव कौंसिल हिज मैजेस्टी किंग

एम्परर की ओर से शासन संगठन सुधारों का प्रारम्भ करने के लिए हिज रायल हाइनेस दि ड्यूक आफ कनाट का, उनके भारत में आगमन के अवसर पर, राजभक्ति पूर्ण तथा अत्यन्त हार्दिक स्वागत करने की याचना करती है।" इस पर चतुर्वेदी मदनमोहन पाण्डे ने संशोधन पेश किया कि ऊपर के प्रस्ताव में "ड्यूक आफ कनाट का" के आगे ये शब्द "राजपरिवार के होने की हैसियत से" जोड़े जावें और 'हिज मैजेस्टी' से लगाकर 'के लिए' तक के शब्द निकाल दिये जावें। सारांश यह कि मि० जयवन्त शासन-सुधार को दृष्टि में रखकर ड्यूक आफ कनाट का स्वागत करना चाहते थे और चौथे मदनमोहन जी ड्यूक साहब का स्वागत करना चाहते थे केवल इसलिए कि ड्यूक राजपरिवार के व्यक्ति हैं। चौबे मदनमोहन जी के मुँह से इसके कारण सुनने का मौका कौंसिल को नहीं मिला। मि० स्टेण्डन ने उनके संशोधन पर आपत्ति की कि उसकी सूचना आवश्यक समय के 6 घण्टे बाद सरकार को मिली थी, अतएव यह संशोधन पेश करने की इजाजत न दी जाय। इस पर एक हिन्दुस्तानी मेम्बर ने सभापति महोदय को समझाया कि आप अपने विशेष अधिकार से इस संशोधन को पेश करने की आज्ञा दे सकते हैं। परन्तु सभापति सर चिटनवीस ने अपने विशेष अधिकार का उपयोग करने की तकलीफ नहीं की। सुधरी हुई कौंसिल तो थी ही, सब चुप हो गये। पहला वार खाली गया। एकाएक शान्ति में से वज्र टूट पड़ा। स्वागत को उत्सुक नौकरशाही और नरमों ने स्वप्नोत्थित के समान चौंककर मि० काशीप्रसाद जी पांडे को कहते सुना, मिस्टर प्रेसीडेण्ट, और सभासदो, मैं इस मूल प्रस्ताव का ही विरोध करता हूँ। जब केवल तीन घण्टे की दूरी का कारण बताकर वह उचित संशोधन पेश होने से रोका जाता है और प्रेसिडेण्ट साहब अपने विशेष अधिकार का उपयोग करने की कृपा नहीं करते, तो मुझे मूल प्रस्ताव का पूर्ण विरोध करना पड़ता है। इसके आगे देश की वास्तविक स्थिति आदि के सम्बन्ध में अत्यन्त प्रभावशाली भाषण आया। सब चुपचाप टकटकी लगाये भाषणदाता की ओर देख रहे थे। भाषण समाप्त हुआ। कौंसिल में सन्नाटा छा गया। बाबू साहब बोले थे अंग्रेजी में, अतः केवल हिन्दी समझने वाले कौंसिलर तो इसलिए उनकी तरफ राय न दे सके कि वे बेचारे समझे ही नहीं और जो अंग्रेजी जाननेवाला 'द्रविड और चिटनवीस-मण्डल' वहाँ गया था, वह तो मना रहा था कि राम-राम कहते, भगवान् करे, यह शुभ प्रस्ताव पास हो जाय। प्रेसीडेण्ट ने उत्सुक दृष्टि से चारों ओर देखा। परन्तु वहाँ कोई माई का लाल ऐसा नहीं था जो सम्राट् नहीं, किन्तु सम्राट् के काका के स्वागत के विरोध का समर्थन करता। अन्त में स्वागत के समर्थक मेम्बरों के बहुमत से विरोध की हार हुई। इस प्रकार बरफ की चिनगारी चमकी और बुझ गई। परन्तु इस स्वागत के विरोध से एक व्यक्ति के हृदय में आग धधक रही थी और वे थे मि० स्टेंडन।

काशीप्रसाद जी के बैठते ही मि० स्टेंडन ने खड़े होकर अपने भाषण में काशीप्रसाद जी पर आक्षेप करते हुए कहा कि जिसने अभी राजभक्ति की कसम खाई है उसकी सच्चाई पर सन्देह हो सकता है। यह सुनते ही काशीप्रसाद जी उत्तर देने को उठ ही रहे थे कि प्रेसिडेण्ट महाराज का आसन डोला और उन्होंने मि० स्टेंडन को अपने शब्द वापिस लेने को कहा। स्टेंडन महाशय ने अपने शब्द वापिस ले लिये। नरम दल में वीर रस का नाटक समाप्त हुआ।

इस विरोध और मि० स्टेंडन के व्यवहार का समाचार कौंसिल के समाचार के साथ; ऐसोसियेटेड प्रेस का संवाददाता समाचार-पत्रों को देना भूल गया। दो-तीन दिन के बाद उसने अपनी यह भूल सुधारने की फुर्ती की, नहीं तो वह देशभर पर यह असर डाल ही चुका था कि मध्यप्रदेश की कौंसिल ड्यूक साहब का स्वागत करने के लिए बिल्कुल एकमत है। पर ड्यूक के स्वागत के लिए हुई सरकारी सजावटों से सच बात नहीं छिपती कि जनता स्वागत के विरुद्ध है। उसी प्रकार वह ऐशोसिएटेड प्रेस की केवल भूल से भी नहीं छिप सकती थी।

एक महत्व का प्रस्ताव यह हुआ कि मन्त्रियों का वेतन 4000 रु० मासिक न रखकर 3000 रु० मासिक रखा जाय। कोई डेढ़ हजार के पक्ष में थे, कोई दो हजार के और कोई चार हजार ही चाहते थे। अन्त में आपस में ही तीन हजार तय हुआ, तदनुसार प्रस्ताव कौंसिल में रखा गया और वह स्वीकृत भी हो गया। प्रदेश के अकाल-पीड़ितों के लिए सहायता का प्रबन्ध करने वाला व्यक्ति तीन हजार रुपये महीना पावेगा—इसका नाम है सुव्यवस्था और सुधार। सबसे गरीब देश पर सबसे खर्चीली सरकार की जबर्दस्ती का भार! अस्तु।

दो-तीन प्रस्तावों के अलावा मेम्बरों द्वारा किये हुए 107 प्रश्नों के उत्तर भी कौंसिल में दिये गये। उत्तर ठीक वैसे ही साँचे में ढले हुए थे, जैसे कि पहले की कौंसिलों में दिये जाते थे। कौंसिल की बौद्धिक अवस्था का पता केवल इस बात से अच्छी तरह चलता है कि इन 107 प्रश्नों के उत्तरों पर केवल एक मेम्बर को छोड़ और किसी ने एक भी उपप्रश्न नहीं पूछा।

अन्य विषयों के अलावा 'कर्मवीर' की भी चर्चा हुई। हमने तो कौंसिल का बहिष्कार किया, पर कौंसिल हमें नहीं छोड़ती, जैसे साधु तो कंबली को छोड़ता है पर कंबली साधु को नहीं छोड़ती। नरसिंहपुर जिले के श्रीयुत पचौरीजी ने तथा जायसवाल जी ने 'कर्मवीर' में समय-समय पर निकली हुई नरसिंहपुर जिले के सम्बन्ध की शिकायतों पर कुछ प्रश्न किये। सरकार की ओर से उत्तर मिला कि जाँच की गयी थी और उनमें से कुछ शिकायतें बिलकुल झूठ पाई गयीं।

पचौरीजी की अनाहूत कृपा देखकर हमें आश्चर्य हुआ और हमारा आश्चर्य उस समय और भी बढ़ गया, जब सरकार का असंतोषजनक तथा अपूर्ण उत्तर सुनकर प्रश्नकर्त्ता सज्जन चुप बैठे रहे। क्योंकि यह बात कह देना गलत न होगा

कि स्वतन्त्र धंधे के पचौरी जी नरसिंहपुर की जनता और सार्वजनिक कार्य-कर्त्ताओं के विरोधी हैं और ऊँचे दर्जे के नौकरशाही दिल तथा नव्वाबी दिमाग वालों के साथी हैं। मालूम होता है उन्होंने वे प्रश्न 'कर्मवीर' की दृष्टि से नहीं, किन्तु अपने जिले की सरकार तथा अपने दिली दोस्त बोर्न साहब के कार्यों की सफाई की दृष्टि से पूछे थे। अन्यथा वे सरकार के वैसे उत्तर सुनकर चुप नहीं रह सकते थे। उनको इस प्रकार चुप देख काशीप्रसाद जी ने सरकार से पूछा कि जाँच किसने की थी, तहकीकात का तरीका क्या था ? क्या उस तहकीकात में गैर-सरकारी गवाहों के बयान भी लिये गये थे ? क्या कर्मवीर और श्रीयुत कोचरजी के जिनका पत्र नरसिंहपुर के बारे में कर्मवीर में छपा था, बयान लिये गये थे ? और वे शिकायतें कौन सी हैं जो निर्मूल पाई गयी हैं ? ये प्रश्न अत्यन्त उचित थे, यद्यपि हमारा सम्बन्ध रहने पर भी हम सरकार से इस विषय में पूछने की परवाह नहीं करते, क्योंकि वर्तमान सरकार के कल-पुरजों की ईमानदारी अधिक प्रकट करने के लिए शेष नहीं रह गयी, तो भी हम न्याय और सच्चाई के नाते यह जरूर कहेंगे कि सरकार को साफ-साफ उत्तर देना चाहिए था, किन्तु उसने प्रत्येक उपप्रश्न को यह बहाना लगाकर टाला कि इस प्रश्न की सूचना पहले से नहीं मिली थी, इसलिए उत्तर नहीं दिया जा सकता। सरकार को यह याद रखना चाहिए कि ऐसे अधूरे और गोलमोल उत्तरों से किसी को विश्वास नहीं हो सकता और न सच्चाई ही प्रकट हो सकती है। इनके अलावा कई प्रश्नों के उत्तर अपूर्ण और असन्तोषजनक थे, जिनसे यदि कुछ सिद्ध होता है तो यही कि या तो सरकार सच्ची बात प्रकट नहीं करना चाहती अथवा उसकी व्यवस्था में कोई गड़बड़ है, जिससे वह पूछी हुई बातों का पता लगाने में असमर्थ है।

कौंसिल में जिस समय प्रत्येक मेम्बर का एक-दूसरे से परिचय कराया गया, उस समय बड़ी चहल-पहल रही, विशेषकर रायपुर के श्रीयुत फगुआ रोहिदास (चमार) के कारण। कई लोग उनसे हाथ मिलाने में झिझके और कई भोज के समय उसकी उपस्थिति से मन ही मन चिढ़े और खासकर इसलिए कि फगुआ रोहिदास जी ने घूम-घूमकर टेबिलों पर कई तश्तरियों से चीजें लीं। इस प्रकार झिझकना और चिढ़ना उचित नहीं, क्योंकि इंग्लैण्ड से हर जाति के अफसर हिन्दुस्तान में आते हैं। जब उनसे उपाधियाँ लेने, हाथ मिलाने और मेल-मिलाप बढ़ाने में संकोच नहीं होता तो हमारे ही भाई श्रीयुत फगुआ रोहिदास की उपस्थिति उन सज्जनों को क्यों संकोच में डालती है, ये बातें कुछ रूप में व्यक्तिगत हो रही हैं, इसलिए हम नम्रतापूर्वक कह देना चाहते हैं कि हम श्रीयुत फगुआ रोहिदासजी को किसी भी अन्य मेम्बर से कम आदर की दृष्टि से नहीं देखते।

इस प्रकार सुधार का प्रथम प्रकट दर्शन हमारे प्रान्त ने देखा, उसका निश्चय दृढ़ हो गया कि कौंसिलें खिलौना हैं और ये सुधार मजाक हैं। असहयोग के प्रथम

प्रयत्नों को देखकर ही नौकरशाह और नरम दल वाले उसका मजाक उड़ाते हैं। परन्तु कोई असहयोगी भी कह सकता है कि सुधार आया और अगली बैठक में बजट पास होते ही अंग्रेजों के हाथ सौंपी हुई यह पवित्र धरोहर यह भारतभूमि हमें वापिस मिल जायेगी और पूर्ण उत्तरदायित्वपूर्ण स्वराज्य यहाँ स्थापित हो जायेगा, पर देश की इच्छा की कोई परवाह नहीं की जायेगी, सर्वव्यापी अन्याय तथा अत्याचार के कलेश, धोखेबाजी की निराशा और अकाल की पीड़ा के बीच में भी स्वागत के, धूमधाम से स्वागत के प्रस्ताव और उत्सव होते रहेंगे।

कौंसिलों के जीवन की इसी दुर्दशा को देखकर देश ने सूचना की थी कि इनका बहिष्कार होना चाहिए, किन्तु एक तो वे हमारे वर्तमान सत्ता के पुजारियों से भर गईं और दूसरे सरकार ने खींच-तान कर उन्हें भरवा डाला। हमें इनके भर जाने का दुःख नहीं, क्योंकि जो जीव कौंसिलों में हैं वे नौकरशाही की तान में तान, जब तक जीते रहेंगे मिलावेंगे, किन्तु हमें उन दो-चार जीवों की दुर्दशा पर दया आती है, जो इन सरकारी कौंसिलों के रेतीले मैदानों में खड़े होकर इसलिए रगड़ मचा रहे हैं कि वहाँ कभी तेल निकलेगा। अच्छा ही हुआ, ऐसे जीवों से, वर्तमान कौंसिलें, मय सबूत के, सदा निकम्मी सिद्ध होती रहेंगी। भगवान की कृपा है कि जनता के प्रतिनिधियों के वीर हृदय, इन कौंसिलों के कैदखानों की भूल-भुलैया में नहीं फँसे।

संपादकीय टिप्पणी नं० 1

आयरलैण्ड में प्रजासत्तात्मक राज्य स्थापन करने की लालसा और उसके लिए लड़ने की इच्छा आयरलैण्ड की आपदाओं का उत्तरोत्तर कारण बनेगी। ऐसा कहते हैं वे लोग जिन्होंने न कभी इन बातों को प्रतिपादित किया है कि आयरलैण्ड स्वतन्त्र होने के लायक है और जो न ऐसे देश की सन्तान हैं, जो पराधीनता के कष्टों को भोग रहा, और उसे हटाने के उपाय कर रहा है। ऐसे लोग यह भी कहते हैं कि हम तो अपनी मोहब्बत का पंजा आयरलैण्ड की तरफ बढ़ाना चाहते हैं, किन्तु वहाँ के खूनी लोग सरकार को दाद नहीं देते, और पुलिस का छोटे से छोटा काँस्टेबल भी अवसर मिलने पर जिन्दा नहीं रहने दिया जाता। हमें इस प्रेम के पंजे बढ़ाने की बात को सुनकर हँसी आती है और साथ ही दुःख भी कम नहीं होता। ईश्वर की कृपा है कि आयरलैण्ड हबशियों का देश नहीं, किन्तु सभ्यों का—वैसे ही सभ्यों का देश है, जैसे इंग्लैण्ड में रहते हैं, किन्तु इस शताब्दी के गुजरने वाले महीने और बरस आयरलैण्ड की छाती पर उन अत्याचारों के खून से लिखे गये हैं जो इंग्लैण्ड ने आयरलैण्ड पर किये। हमें याद है कि आयरलैण्ड और उसके भाई दूसरे भी वे देश जो इंग्लैण्ड के साम्राज्यवाद की जहरीली डाढ़ों में पिसते रहे हैं, केवल ब्रिटिश राजनीतिज्ञों के बहकाने और धोखे की कलाबाजी

दिखाने के साधन बन रहे हैं। अत्याचारों को सहते-सहते और इंग्लैण्ड के दमनकारी कानूनों को देखते-देखते आयरलैण्ड के लोगों के हृदय, हृदय नहीं रह गये हैं, वे पत्थर हो गये हैं। ऐसे ही हृदय हो जायेंगे उन देशों के भी जो आयरलैण्ड की तरह इंग्लैण्ड के सुनहले पिंजड़े के तोते हैं। परन्तु हमें मेल के उस पंजे और पंजे वालों से नमस्कार करते हुए कहना है कि यदि उस पंजे के बढ़ते हुए कोई देश शताब्दियों तक पराधीन रह सकता है तो ईश्वर और मुल्क के नाम पर उचित यही है कि वह पंजा लाचार कर दिया जाय और आगे न बढ़ने पाये. यद्यपि शान्तिपूर्ण आन्दोलन का उपदेश देते हुए इंग्लैण्ड के तरफदारों ने भारतवर्ष का आदर्श आयरलैण्ड को नहीं बताया है, तो भी इन उपदेशकों को यह बात ध्यान में रखनी चाहिए कि जो लोग आयरलैण्ड के शान्ति आन्दोलनकारी मेकस्विनी को भूखों मारकर उनकी हत्या कर सकते हैं, उनकी पवित्र और लचीली जीभ को यह शोभा नहीं देता कि वे अपने ही हाथों दुखियों के कलेजों में छेद करें और फिर उन जख्मों पर शान्ति के उपदेशों का नमक छिड़कें।

[5 फरवरी, 1921]

असहकार की जान

भारत की प्रजा और भारत की ब्रिटिश सरकार का युद्ध प्रारम्भ हो गया है। सरकार इस बात को स्वीकार नहीं करती, परन्तु उसके कार्य इस बात को सिद्ध करते हैं कि उसने युद्ध की चुनौती स्वीकार कर ली है और प्रजा का सामना करने की तैयररियाँ भी कर रही है। सरकार के साधनों और उसके पहले के कार्यों को देखकर हम जान सकते हैं कि वह इस युद्ध में क्या-क्या करेगी या कर सकती है। हमें मालूम है कि साधनों में उसके पास सेनाएँ, तोपें, मशीनगनें, हवाई जहाजें, जहाजें, रेलें, आदि हैं और इनके अलावा प्रभुता और धन है। हम पंजाब, आयरलैंड और मिस्र के दृष्टान्तों से यह भी जानते हैं कि वह क्या-क्या कर सकती है। यह युद्ध, वर्तमान युद्ध के साधनों से रहित प्रजा और वर्तमान युद्ध की कला में निपुण सरकार के बीच में है। तो भी इस शताब्दी पूर्व के फ्रांस के बलवे की निःशस्त्र प्रजा की विजय और वर्तमान रूस की निःशस्त्र प्रजा की विजय के उदाहरण हमें स्फूर्ति देते हैं कि ऐसी विषम अवस्था में भी युद्ध छेड़ा जा सकता है और निःशस्त्रों की विजय हो सकती है। परन्तु भारतवर्ष का यह वर्तमान युद्ध, हमारा तो दावा है, कि प्रजा के निःशस्त्र होने पर भी, असमान प्रतिद्वंद्वियों का युद्ध नहीं है, क्योंकि हमारा विश्वास है कि बल की व्याख्या केवल पार्थिव पदार्थों की मारक शक्ति तक ही समाप्त नहीं हो जाती, किन्तु उसमें वह बल भी

सम्मिलित है जो आत्मा से सम्बन्ध रखता है, जिसका संदेश लेकर श्रीकृष्ण, गौतम बुद्ध, श्री शंकराचार्य, जिनेन्द्र महावीर, पैगम्बर मुहम्मद और ईसा मसीह इस संसार में आये थे और जिसकी याद हमें महात्मा गांधी आज दिला रहे हैं। उस आत्मिक बल का स्वभाव मारक नहीं है किन्तु तारक है; वह पार्थिव बल को, जिसका दूसरा नाम है पाशविक बल, थका-थकाकर उसकी मारकता को नष्ट कर देता है। उससे पापी का पाप करने का साधन ही बेकार नहीं होता किन्तु अन्त में उसकी पाप करने की इच्छा भी नष्ट हो जाती हैं। इस प्रकार पापी साधु बन जाता है और इस युद्ध के परिणाम में एक ओर मेण्डेट, क्षतिपूर्ति की माँग और विजय का मद नहीं होता और न दूसरी ओर हार की जलन, बदला लेने की गुप्त तैयारी और सर्वनाश ही होता है। इस युद्ध में आत्मिक बल की विजय होती है तो दोनों दलों को समान लाभ होता है, कुश अंशों में तो विरोधी को ही अधिक लाभ मिलता है। जैसा महात्मा गांधी ने कहा है, "इस युद्ध के प्रारम्भ का ही नाम विजय है।" यदि कभी हार होती है तो व्यक्तिगत आत्मिक बल वाले की आंतरिक कमजोरी के कारण। लोहे की गोली उसके शरीर को छेद सकती है परन्तु इस प्रकार शरीर का अंग कमजोर हो जाने के कारण उसका आत्मिक बल कम नहीं होता। योगिराज श्रीकृष्ण के कहे हुए गीता के वचन "नैनं छिन्दन्ति शस्त्राणि" (इसको शस्त्र नहीं छेद सकते) अनन्त काल से सिद्ध होते आये हैं और हमारा पंजाब का अनुभव भी यही सिद्ध करता है। सरकार ने सोचा था हम इस आत्मिक बल को कुचल देंगे, नष्ट कर देंगे। इस प्रेरणा से उसने, लोगों को हवालात में डाला, जेल भेजा, देश-निकाला दिया, फाँसी पर चढ़ाया, कोड़े लगाये, जमीन पर नाक रगड़वायी, पेट के बल रेंगवाया, उनकी स्त्रियों के मुँह पर थूक कर उनकी मनुष्यता नष्ट करनी चाही। परन्तु विख्यात पाशविक बल के बलियों को स्वीकार करना पड़ा कि उनका उद्देश्य सफल नहीं हुआ। फौजी कानून की सख्ती के बाद देखा गया कि सरकार की सहायता करने वालों की संख्या कम हो गयी और वह आत्मिक बल का तेज भारतवर्ष के बच्चे-बच्चे में चमकने लगा।

सिद्धान्त की दृष्टि के अलावा व्यवहार बुद्धि से देखा जाए तो भी हमारे लिए आत्मिक बल ही सर्वश्रेष्ठ उपाय है क्योंकि हम शस्त्र-हीन हैं और मुकाबला है सशस्त्र सरकार से। लड़ाई करना आवश्यक है। अतएव शस्त्र के अभाव में उस बल का प्रयोग करना पड़ेगा जो ईश्वर ने हमें उत्पन्न करते समय जीवन के साथ दिया है और आत्मा के ही समान अमर है। उस बल का प्रधान अंग है अहिंसा। यदि हमने कार्यों के द्वारा, वचनों के द्वारा और विचारों के द्वारा अहिंसा का प्रयोग किया तो अवश्य ही हमारी सफलता होगी। सरकार इस बात को अच्छी तरह जानती है और वह अपने ही स्वभाव को देखकर यह भी जानती है कि मनुष्य के हृदयों, वचनों और अन्त में कार्यों में हिंसा-भाव का आ जाना स्वाभाविक है।

बस, यही एक सचाई उसकी सहायक और हमारी शत्रु हो सकती है। इसीलिए वह हमें भड़काने का उद्योग कर रही है। वह पत्रों और पुस्तकों के द्वारा हमें बहकाना चाहती है; वह महात्मा गांधी तथा मौलाना शौकतअली मुहम्मदअली आदि नेताओं को डाकू और काफिर कहने की प्रेरणा भी कर रही है; मुसलमानों को हिन्दुओं के विरुद्ध भड़काने के लिए मस्जिदों में, जहाँ कुरान की आयतें पढ़ी जानी चाहिए वहाँ, गोवध का प्रश्न सामने रखकर गाली, घृणा और फूट की गजलें, और लेख पढ़वाने का उद्योग कर रही है; साथ ही पंजाब, युक्तप्रदेश आदि के कई स्थानों में हमारी भाषणं आदि की स्वतन्त्रता छीन रही है; विद्यार्थियों और समाचार-पत्रों के सम्पादकों तथा सार्वजनिक संस्थाओं के कार्यकर्त्ताओं को जेल भेज रही है और हाँ, कहीं-कहीं गोलियाँ भी चला रही है। यह सब वह इसीलिए कर रही है कि लोग भड़कें, उनमें हिंसा और बदला लेने का भाव उत्पन्न हो, अर्थात् उनमें पाशविक बल का प्रवेश हो, जिससे हम भी अपने पाशविक बल का प्रयोग सफलता के साथ कर सकें। उसको मालूम है कि पंजाब में इन्हीं उपायों से उसने जनता को भड़काया था, वहाँ जनता डा० सत्यपाल और डा०किचलू के पकड़े जाने पर भड़की जिससे सरकार को हिंसा करने का और हाँ, जलियाँवाला की 'निर्णय की भूल' करने का मौका मिला।

सरकार जिस प्रकार अपने भूतकाल के अनुभव से लाभ उठा रही है, उसी प्रकार हमें भी अपने भूतकाल के अनुभव से लाभ उठाना चाहिए। अपनी सहनशीलता से सरकार के पाशविक बल को बेकार कर देना चाहिए। बस यही सहनशीलता या अहिंसा का भाव ही हमारे असहकार-आन्दोलन की जान है। जब तक हममें अहिंसा का भाव है, तब तक हमारा आन्दोलन नहीं मर सकता और न सरकार शस्त्र ही उठा सकती है। फौजी कानून के जमाने की गड़बड़ के समय कई मनचले अंग्रेज अफसर अपने जिले के लोगों से यह कहते पाये गये हैं. कि तुम भी पंजाब के समान रेल की पटरी कहीं उखाड़ डालो या कहीं तार काट दो तो हमें भी फौजी कानून जारी करने का मौका मिले। खैर, प्रधानत: हमारी सहनशीलता के ही कारण और साथ ही सारे भारतवर्ष में फौजी कानून जारी करने की असम्भवता और उसके नाशकारी खर्च के कारण सरकार सब जगह फौजी कानून जारी नहीं कर सकी। उसको विवश होकर पंजाब का उदाहरण दिखा कर ही सन्तोष मानना पड़ा। आजकल भी जो अफवाहें उड़ रही हैं और घटनाएँ जैसा रंग पकड़ रही हैं, उनसे यही दीखता है कि सरकार अपने बल का प्रयोग करने का मौका ढूँढ़ रही है। पर उसे हमारे आन्दोलन की अहिंसक वृत्ति के कारण मौका नहीं मिलता। और हमें यही प्रयत्न करना चाहिए कि उसे यह मौका कभी न मिले। हमारा मन्त्र बस यही रहे कि सफलता उसे ही मिलती है जो सब से अधिक सह सकता है।

सम्पादकीय टिप्पणी नं० 1

दुनिया के स्काउटों के चीफ स्काउट सर बेडन पावेल गत सप्ताह जबलपुर आये थे। सुना गया है, जबलपुर के कमिश्नर महोदय ने उन्हें एक पार्टी दी थी जिसमें कई सरकारी कर्मचारियों के साथ-साथ प्रान्त के भिन्न-भिन्न नगरों से आये हुए स्काउट्स भी बुलाये गये थे। यदि यह पार्टी किसी व्यक्ति के जेब-खर्च से की गयी हो तो कोई बात ही नहीं, किन्तु अगर इसमें सरकारी धन खर्च किया हो, तो हम जानना चाहते हैं कि वह किस लाभ की आशा से खर्च किया गया। यद्यपि प्रजा के धन पर प्रजा का अधिकार नहीं है, तथापि नौकरशाही सरकार के दूतों को यह सोचना चाहिए कि जिस संस्था का सम्बन्ध सरकार से नहीं है, उसके लिए प्रजा का धन खर्च करना कहाँ तक ठीक है।

सम्पादकीय टिप्पणी नं० 2

सर बेडन पावेल की स्काउट्स संस्था जहाँ तक हमें खयाल है, सरकार की संस्था नहीं है, यद्यपि इस संस्था के लोगों को अपने राजा के प्रति ईमानदार रहने की प्रतिज्ञा करनी पड़ती है। सरकारी संस्था न होने पर भी, श्रीमान् ड्यूक आफ कनाट तथा लार्ड चेम्सफोर्ड आदि जैसे सरकारी आदमी बालचर संघ के बड़े-बड़े ओहदों पर मुकर्रर हैं। कहना नहीं होगा कि इन अधिकारियों की छाया स्काउट्स आन्दोलन पर पड़ चुकी है और इसीलिए सर बेडन पावेल जनता द्वारा नहीं, किन्तु सरकारी कर्मचारियों द्वारा भोज के लिए निमन्त्रित किये जाते हैं। इस संस्था के सदस्यों को जो प्रतिज्ञा करनी पड़ती है, "उसमें देश के प्रति ईमानदार रहने की" प्रतिज्ञा का नाम भी नहीं है। कहा जाता है कि 'स्काउट्स ला' में देश के प्रति ईमानदार रहने की शर्त है, पर हम पूछना चाहते हैं कि क्या 'किंग के साथ कण्ट्री' को स्थान न देने में देश के गौरव को घटाने का प्रयत्न नहीं किया गया है, हम चाहते हैं, देश के अभिमानी स्काउट्स लोग इस पर विचार करें और कुछ सामान्य बुराइयों को धारण करनेवाले इस अच्छे आन्दोलन को पूर्णतया भारतीय स्वरूप दें। पराधीनता की मन:स्थिति में साधारण-सी बातों के लिए भी किसी देश के गुलाम कितने नीचे गिराये जा सकते हैं, इस बात को देखने के लिए स्काउट्स लोगों की प्रतिज्ञा एक अच्छा उदाहरण है।

सम्पादकीय टिप्पणी नं० 3

जबलपुर की एक पुरानी शिक्षा-संस्था को राष्ट्रीय स्वरूप प्राप्त होते देखकर अकेले जबलपुर को ही नहीं, किन्तु प्रान्त के अन्य जिलों के लोगों को भी सन्तोष होगा। हितकारिणी सभा, जबलपुर में कोई 30 वर्ष से अधिक समय से विद्यमान

है। इस सभा के पास 6 या 7 लाख की सम्पत्ति मौजूद है। इसका निज का एक शालागृह, छापाखाना और विज्ञान की प्रयोगशाला भी है। नगर के प्रतिष्ठित हिंदू-मुसलमान सज्जन इस संस्था के सदस्य हैं। इस वक्त जबलपुर में एक बड़ा हाई-स्कूल जिसका नाम कस्तूरचन्द हितकारिणी सभा हाईस्कूल है, इसी संस्था द्वारा चलाया जाता है। अन्य माध्यमिक और प्राथमिक शालाएँ भी इसकी मातहती में जबलपुर में चलाई जाती हैं। यद्यपि इस संस्था के मन्त्री द्वारा हमारे पास प्रस्तावों की प्रतिलिपि नहीं आयी है तथापि हमारे सम्वाददाता के अनुसार गत 6 फरवरी की सभा में एक-दो सदस्यों का विरोध होने पर भी हितकारिणी सभा के अधिकतर सभ्यों ने इसको राष्ट्रीय बनाने का निश्चय कर ही डाला। विरोध का कारण राष्ट्रीयता का अभाव नहीं था, किन्तु वृद्धावस्था और पुराने अनुभव के निराशामय स्वरूप के कारण उत्पन्न होने वाली चिन्ताशीलता ही उसका मुख्य कारण थी। जबलपुर की इस विजय से राष्ट्रीय शिक्षा के उन प्रचारकों के लिए अच्छा अवसर प्राप्त हो गया है जो विधायक कार्य-बनाव के पक्षपाती हैं। असहकार के सिपाहियों ने उनके लिए भूमि साफ करके रख दी है, अब देश की आवश्यकता है कि बनाव-बिगाड़ की सूत्रमय झंझट में न उलझकर वे अपनी इच्छानुसार विधायक कार्य करने को आगे आयें।

सम्पादकीय टिप्पणी नं० 4

हितकारिणी हाईस्कूल का राष्ट्रीय होना सभा ने एकमत से स्वीकार कर लिया, किन्तु आगे इस प्रस्ताव को कार्य रूप में लाने के लिए एक कमेटी बनाई गयी है। कमेटी के सदस्यों पर सन्देह या अविश्वास प्रकट करने के बजाय, हम यह कहना चाहते हैं कि वे अपने कार्य को शीघ्रतापूर्वक करें और जनता के जबाब-तलब करने के पूर्व ही अपनी निश्चित योजना प्रकट कर दें, हमारे देश के भावों में परिवर्तन होता जा रहा है, हम नहीं समझते कि किसी संस्था के पुराने नौकरों का हृदय इतना चेतनाविहीन होगा कि वे भविष्य की ओर आँखें ही न उठाते होंगे। जिन कार्यकर्त्ताओं ने हितकारिणी को राष्ट्रीय बनाने का उद्योग किया है, उन्हें चुप नहीं बैठना चाहिए। मध्यप्रान्त के हिन्दी जिलों की निगाह उनकी ओर लगी हुई है। पूरी सफलता और उत्तमता के साथ वे हितकारिणी हाई स्कूल को राष्ट्रीय रूप में चलायें क्योंकि हमारे प्रान्त के राष्ट्रीय महाविद्यालय और राष्ट्रीय विश्वविद्यालय के प्रश्न को हल करने में उनके इस महत्कार्य से बहुत-कुछ सहायता प्राप्त होगी।

सम्पादकीय टिप्पणी नं० 5

जबलपुर की 'अंजुमन इस्लामिया' मुसलमानों की संस्था है। इसकी सम्पत्ति

हितकारिणी सभा से कम नहीं है। इसका भी एक हाई स्कूल और छापाखाना है। नाममात्र के लिए मुसलमानों की अंजुमन होने पर भी इसमें वे मुसलमान भाई शरीक नहीं किये जाते जो सोचने और समझने की अकल रखते हैं। गत 6 फरवरी को मुसलमानों की एक सभा ने इस तरह की जारशाही को बन्द करने के लिए इस अंजुमन के खिलाफ एक प्रस्ताव पास किया है। इस सभा में एक वक्ता ने उक्त अंजुमन के कार्यकर्त्ताओं की बुद्धिमानी का परिचय देते हुए कहा था कि "एक बार जब भोपाल के प्रिंस बी० ए० की परीक्षा में 'पास' हो गये थे, तब अंजुमन के आदमियों ने 'पास को मौत की खबर समझकर मातमपुरसी का तार बेगम साहबा भोपाल के पास भेज दिया था।" हम इस मामले में ज्यादा कहना नहीं चाहते क्योंकि हम जानते हैं कि हमारे मुसलमान भाई अंजुमन के कार्य-कर्त्ताओं की चालें समझ गये हैं। मुसलमानों के समाज में किसी मुसलमान को यह अधिकार नहीं है कि वह किसी दूसरे मुस्लिम भाई को मुसलमानियत के नाम पर किसी तालीमी अंजुमन से बाहर रखे। हमारे नगर के मुसलमान भाई इस बात को जानते हैं और इसीलिए वे 'अंजुमन इस्लामिया' को सच्ची मुसलमानों की अंजुमन बनाने की कोशिश कर रहे हैं। हमें उम्मीद है कि वे इसमें जरूर कामयाब होंगे।

सम्पादकीय टिप्पणी नं० 6

हिन्दू-मुसलमानों की बढ़ती हुई दोस्ती और मेल को देखकर कोशिश की जा रही है कि किसी तरह यह मेल और आगे न बढ़ने पाये। हम देखते हैं कि कुछ गुमराह मुसलमानों को हाथ में लेकर यह कोशिश की जा रही है कि शौकतअली और मुहम्मदअली और महात्मा गांधी तथा खिलाफत और कांग्रेस के कार्यकर्त्ता बदनाम किये जायें और मुसलमानों से कहा जाये कि स्वराज्य के मिलने से हिन्दू लोग मुसलमानों को देश से बाहर निकाल देंगे। हिन्दुओं की ओर से हमें कुछ कहना नहीं है। हम उन मुसलमान भाइयों से पूछते हैं कि क्या डेढ़-सौ साल की गुलामी और गैरों के दिये हुए नशे से सने हुए टुकड़ों ने तुम्हें इतना नामर्द बना दिया है कि तुम इस शैतानों की फितरत को सच मानने को तैयार हो जाओगे? हमें मुसलमानों की बहादुरी पर विश्वास है। मतलबी लोगों से भड़काये जाने पर भी हम नहीं समझते कि वे रोटी के कुछ टुकड़ों के लिए कमीनी हरकतें करने पर उतारू हो सकते हैं। जिस गोरक्षा के सवाल को हाथ में लेकर तूफान उठाने की कोशिश की जाती है, वह सवाल अकेले हिन्दुओं का नहीं, मुसलमानों का भी है। मुसलमान भाई भी देश में खेती करते हैं, उनके बाल-बच्चों के लिए दूध 'विलायत' से डिब्बों में भरकर नहीं आता। फौज के अंग्रेजों के पेट के लिए हजारों गायों के मारे जाने पर कौन हिन्दू ऐसा होगा जो मुसलमानों से गौ-हत्या के लिए लड़ने को

तैयार होगा ? उन मुसलमानों से जिनके अकबर और शाहजहाँ ने गोवध कानूनन बन्द कर दिया था। इन दोनों बड़ी कौमों को इस वक्त बहुत सोच-समझकर काम करना चाहिए। मेल का लुत्फ बेदिली में नहीं है। मुसलमान और हिन्दू दोनों सबसे पहले हिन्दुस्तानी हैं, इस बात को भूल नहीं जाना चाहिए।

सम्पादकीय टिप्पणी नं० 7

इन्दौर रियासत के विषय में अन्यत्र एक लेख प्रकाशित हुआ है। उसके पढ़ने पर प्रत्येक व्यक्ति को अत्यन्त क्रोध और खेद पैदा होगा। क्रोध तो इसलिए कि इस तरह की घटनाओं को छिपाने का प्रयत्न किया जाता है, और खेद इसलिए कि ये घटनाएँ एक देशी रियासत में हो रही हैं। इन्दौर रियासत में इस समय कोई निर्भीक समाचार-पत्र नहीं है। पहले कानपुर के 'दैनिक प्रताप' द्वारा वहाँ के लोग अपनी रामकहानी प्रकट करते थे। किन्तु महाराजा होलकर की सरकार ने अपनी रियासत में 'प्रताप' का आना रोक दिया है। क्या इस तरह की हरकतों से इन्दौर की पाप-कथाएँ प्रकट होने से रुक सकती हैं ? यदि लड़कियों के उड़ाये जाने की बातें बिलकुल झूठ थीं, तो क्या 'प्रताप' को असली बातें नहीं भेजी जा सकती थीं ? क्या महाराजा होलकर की सरकार समझती है कि 'प्रताप' की रोक से उन्हें मनमाने अत्याचार के लिए खुला खेत मिलेगा ? हिन्दुस्तान की प्रजा, चाहे वह ब्रिटिश राज्य की हो चाहे रियासत की, अपने अधिकारों को अब जानने लगी है। उसके साथ अन्याय करना अब कठिन काम है। इन्दौर सरकार को चाहिए कि वह एक स्वतन्त्र पंचायत द्वारा इस मामले की जाँच कराये और रोक की दीवाल खड़ी करके हवा को रोकने का हास्यास्पद प्रयत्न न करे।

[12 फरवरी, 1921]

वाइसराय और ड्यूक के भाषण

जनता को विश्वास था कि ड्यूक साहब नौकरशाही का पाया मजबूत करने के लिए भारत में बुलाये गये हैं और इधर-उधर घुमाये जा रहे हैं। ड्यूक साहब से जिस प्रकार सरकार की स्तुति के भाषण कराये जा रहे थे, उससे जनता को यह भी शक हो गया था कि नौकरशाही बाद में इन भाषणों का उपयोग करेगी। क्योंकि नौकरशाही जानती है कि प्रजा राजभक्त है और ड्यूक साहब राजघराने के व्यक्ति हैं और राजा के प्रतिनिधि होकर आये हैं अतः उनकी बातों का प्रजा पर बहुत असर पड़ेगा। हम भी स्वीकार करते हैं कि ड्यूक साहब का भाषण और खासकर उसका वह भाग, जो उन्होंने सरकारी कार्यवाही समाप्त करके अपनी

ओर से कहा था, उनके सच्चे हृदय से निकला हुआ है और शान्तिकारक है। हम स्वयं ड्यूक साहब को शान्ति और मेल की आकांक्षा के लिए धन्यवाद देते हैं। किन्तु जिस प्रकार शैतान को धर्म के वचनों का पाठ करते देखकर लोगों को हँसी आती है और वे उसके पाठ में भक्ति नहीं दिखाते, उसी प्रकार ड्यूक साहब के भाषण को सभी देशी भाषाओं में छपवाकर बँटवाने की नौकरशाही की इच्छा को सुनकर हमें विनोद ही होता है। भाषणों के बँटवाने के बारे में लोगों का संशय सच निकाला। केवल उसमें फर्क है तो यही कि सरकार ने उसका प्रस्ताव नहीं किया, प्रस्ताव किया मध्यप्रदेश के पवित्र नाम को उज्ज्वल करने वाले नागपुर के सर मानिकजी दादाभाई ने और सरकार ने उस प्रस्ताव का समर्थन तथा स्वागत किया और प्रस्तावक महोदय को, उस प्रस्ताव के उपस्थित करने के लिए बधाई दी और उनकी देश-भक्ति (?) की प्रशंसा की। प्रस्ताव सर्वसम्मति से स्वीकृत हो गया। अब भारत की प्रत्येक भाषा में उन भाषणों का अनुवाद होगा और वह सब स्थानों में खूब उदारतापूर्वक मुफ्त बाँटा जावेगा। भारतवर्ष की जनसंख्या के अन्दाज से उसकी इतनी प्रतियाँ छपेंगी जितनी कि बाइबल या अन्य किसी भी धर्मग्रन्थ की नहीं छपी होंगी। हजारों रुपया खर्च होगा केवल यह दिखाने के लिए कि हमने खिलाफत के संघ में जो वादाखिलाफी की है उसका बुरा मत मानो, क्योंकि सम्राट् शान्ति का सन्देश भेजते हैं, पंजाब में हमने जो अत्याचार और अन्याय किये हैं, जलियाँवाला में हजारों हिन्दुस्तानियों को कत्ल कर दिया है, तुम्हें पेट के बल रेंग कर चलवाया है, तुमसे जमीन पर नाक रगड़वाई है और तुम्हारी स्त्रियों के मुँह पर थूका है, वह सब भूल जाओ क्योंकि सम्राट् ने शान्ति का संदेश भेजा है और आजकल भी हम उन लोगों को बोलने से और कहीं जाने से रोकते हैं, गिरफ्तार करते हैं, सजाएँ देते हैं, जिनको तुम देशभक्त और नेता मानते हो, तो उसका भी दुःख मत मानो क्योंकि सम्राट् ने शान्ति का सन्देश भेजा है और स्वयं ड्यूक साहब ने शान्ति की प्रार्थना की है, यदि इस सरकार के राज्य में तुम दिन पर दिन गरीब होते जाते हो, रोगों से सताये जाते हो, अकालों से पीड़ित हो और जीवन तुम्हें असह्य हो गया हो, तो भी सन्तोष मानो क्योंकि सम्राट् ने शान्ति का सन्देश भेजा है। ठीक है, सरकार की यदि यह इच्छा है तो उसे इतना कष्ट उठाने की आवश्यकता ही नहीं थी। हिन्दुस्तान की प्रजा शान्त है, उसने तो हिंसारहित प्रण कर लिया है। वह ऊपर लिखे हुए अन्यायों, अत्याचारों तथा दुरवस्थाओं को बदलना नहीं चाहती, वह केवल चाहती है कि ऐसी घटनाएँ फिर से न हों। किन्तु वाइसराय और ड्यूक साहब के भाषणों में कहीं पर भी यह विश्वास नहीं दिलाया गया कि पंजाब के समान अत्याचार फिर से नहीं शुरू किये जा सकेंगे। प्रत्युत सरकार भेद-भाव और दमन के कानून नहीं हटाना चाहती यह उसकी कार्यवाही से स्पष्ट जाहिर होता है। वाइसराय और ड्यूक साहब भाषणों के दो ही दिन के भीतर उसी

कौंसिल-हाल में सरकार ने श्रीयुत खापर्डे के संशोधन का, कि प्रेस ऐक्ट आदि दमन के कानून रद्द कर दिये जावें, विरोध किया और एक प्रकार से अन्य सभासदों को भी उसका विरोध करने का इशारा किया। सरकारी सदस्य सर विलियम बिन्सेन्ट ने कहा, यदि मि० खापर्डे के अविचारपूर्ण संशोधन का सभासदों ने समर्थन किया तो मुझे बहुत अफसोस होगा। इससे प्रकट होता है कि सरकार सख्ती के कानूनों को हटाना अविचारपूर्ण समझती है। तब भला उसके शान्ति-पाठ पर हम किस प्रकार विश्वास कर सकते हैं? मध्य प्रदेश के टुकड़ों पर जीने वाले सर दादाभाई ने अपने प्रस्ताव के समर्थन में एक कारण यह भी बताया कि सम्राट् ने पहले-पहल यह घोषित किया है कि "हिन्दुस्तान को स्वराज्य का प्रारम्भ दिया गया है।" हम नहीं जानते कि इन शब्दों का जादू हिन्दुस्तान की प्रजा पर चल सकता है या नहीं, क्योंकि भिन्न-भिन्न प्रांतों की कौंसिलों तथा वाइसराय की कौंसिल और असेम्बली की प्रथम बैठक की कार्रवाइयों से हम 'स्वराज्य के प्रारम्भ' से भली-भाँति परिचित हो गये हैं। इस स्वराज्य से प्रारम्भ में भी हम दमनकारी कानून रद्द नहीं कर सकते; और असेम्बली में श्रीयुत जमनादास जी को अपने पंजाब सम्बन्धी प्रस्ताव में से वह भाग हटा लेना पड़ा है जो पंजाब में अत्याचार करने वाले अफसरों को सजा देने को कहता है। यहीं नहीं, हिन्दुस्तान की प्रजा यह जानती है, कि इस स्वराज्य के प्रारम्भ में, जैसा कि बंगाल में हुआ, सरकार गर्मी में पहाड़ों पर न जावे, यह प्रस्ताव बहुमत से पास होने पर भी सरकार कह सकती है, कि हम यह प्रस्ताव मानने पर बाध्य नहीं हैं। स्वयं लार्ड चेम्सफोर्ड ने अपने भाषण में स्वीकार किया है कि सरकार ने "निरीक्षण के और आवश्यकता पड़ने पर रोक देने के अधिकार अपने हाथ में रखे हैं।" हम जानते हैं इन निरीक्षण और रोक देने के अधिकारों का तात्पर्य स्वेच्छाचारिता—"हम जो कहें वही होगा"—है। इन्हीं अधिकारों के बल पर नौकरशाही सार्वजनिक शान्ति की दुहाई देकर, लाला लाजपतराय जी के समान सर्वमान्य देशभक्त नेता को कहीं जाने से रोक सकती है; लाहौर, अमृतसर, दिल्ली आदि जिलों में सभाबन्दी का कानून जारी कर सकती है और इस स्वराज्य का श्रीगणेश करने वाली कौंसिल में, जैसाकि मध्यप्रदेश में हुआ, निरीक्षण के लिए बैठाये हुए प्रेसीडेण्ट महोदय, एक संशोधन को, यह कहके रोक सकते हैं, कि उसी सूचना सरकार को आवश्यक समय के तीन घण्टे बाद मिली, क्योंकि वह संशोधन सरकार की मर्जी के खिलाफ था। अन्य क्यों, स्वयं लार्ड चेम्सफोर्ड ने, शास्त्रीजी को पंजाब सम्बन्धी प्रस्ताव कौंसिल में पेश करने की अनुमति दे देने पर भी सार्वजनिक हित का कारण बताकर उसे पेश करने से रोक दिया था। ऐसी अवस्था में लार्ड चेम्सफोर्ड का यह कहना बिलकुल गलत है कि शासन-सुधार में से एकतन्त्रता का सिद्धान्त पहले-पहल निकाल दिया गया है। सच बात तो यह है कि वह पहले तो था ही, और अब उससे भी अधिक है। सम्राट्

तथा ड्यूक साहब के शब्दों को हम बहुमूल्य समझते हैं, परन्तु नौकरशाही की करतूतें उनमें बट्टा लगा देती हैं और हमें उनका उसी प्रकार बहिष्कार करना पड़ता है जैसाकि ड्यूक साहब के स्वागत का। जनता की वर्तमान मनःस्थिति को देखते हुए हमें विश्वास है कि उन भाषणों की प्रतियों की वही हालत होगी जो नौकरशाही द्वारा स्कूलों में बँटवाये हुए विक्टरी मेडलों की हुई है। उन्हें लेने से इन्कार किया गया। भारत सरकार को और प्रत्येक प्रान्तीय सरकार को इस बात का अच्छी तरह अनुभव है कि उसके बँटवाये हुए पत्रों, समाचारपत्रों तथा पुस्तकों की कैसी दुर्गती होती है। कम-से-कम हमें मध्यप्रदेश में इस बात का अनुभव है कि सरकार से 16000 रु० की सहायता पाकर सरकारी राग अलापने वाला 'हिन्दी साप्ताहिक समाचार' गाँवों में मुफ्त पहुँचकर भी बिना खुले ही पड़ा रहता था और रद्दी के साथ बेच दिया जाता था। ऐसी अवस्था में नौकरशाही वे भाषण छपवाने और बँटवाने में प्रजा का धन व्यर्थ बर्बाद न करे तो अच्छा हो। प्रजा के घाव मीठे शब्दों से नहीं भरेंगे किन्तु सच्चे कार्यों से ही उसे आराम होगा। जैसा गाजियाबाद वाली प्रचण्ड सभा में हकीम अजमलखाँ ने कहा है, इन भाषणों में कोई विशेष बात है तो यह कि सम्राट् ने पहले-पहल अपने सन्देश में स्वराज्य शब्द का उपयोग किया है। इस प्रकार स्वराज्य के शब्द से प्रजा को मुग्ध करने का प्रयत्न, अमृत बाजार पत्रिका के शब्दों में, ठीक वैसा है जैसा कि किसी व्यापारी का गांधी-सिगरेट नाम देकर नाशकारी मादक पदार्थ का व्यापार बढ़ाना।

प्रजा शाब्दिक स्वराज्य नहीं चाहती, वह चाहती है वास्तविक स्वराज्य। अतएव सरकार को याद रखना चाहिए कि जिस स्वराज्य की आग को नौकरशाही की तोपें नष्ट नहीं कर सकीं, उसको ये भाषणों के परचे कभी नहीं बुझा सकेंगे।

[19 फरवरी, 1921]

शासन का नवीन युग

"भारत का खून निकालना चाहिए" यह वाक्य तत्कालीन भारत-मन्त्री लार्ड सेलिसबरी ने सन् 1875 में कहा था। खून से उनका मतलब था धन से। किन्तु आजकल भारत की नौकरशाही ने भारत का खून निकालने की घोषणा तो नहीं की है किन्तु भारत का खून अवश्य निकल रहा है, सच्चा लाल खून। मौलाना शौकत अली के शब्दों में "एंग्लो इण्डियन सिविलयन इनाम, अधिकार और प्रतिष्ठा प्राप्त करने की आकांक्षा से अपने ढंग से जनता को मतवाला बनाकर बलवा और मारकाट करने के लिए भड़का रहा है।"

पंजाब में शान्ति बनाये रखने का उपदेश देने वाले नेताओं को पकड़ कर

जनता का दिल दुखाया। वह सरकार के पास फरियाद करने को पहुँची तो उस पर गोलियाँ न चलाने का वचन देकर भी गोलियाँ चलायीं और जब उसने अधिक उत्तेजित होकर कुछ अंग्रेजों को मार डाला तो जलियाँवाला की कत्ल करवायी और मार्शल-ला जारी करवाया। यह तो हुई पुरानी बात। सरकार ने अपने उन कार्यों का समर्थन करते हुए अफसोस भी जाहिर कर दिया। किन्तु उसके मुँह में क्षमा थी और हाथ में हथियार। भारत के एक छोर से दूसरे छोर तक एक भी प्रान्त, कहीं-कहीं तो यह अवस्था हो गयी है कि एक भी शहर और गाँव, ऐसा नहीं बचा है जहाँ के सार्वजनिक कार्यकर्त्ताओं को उस हथियार के भिन्न-भिन्न स्वरूप मुँहबन्दी, कहीं जान की मनायी, मुचलके, हथकड़ी जेल और गोली में से एक न एक का वार न सहना पड़ा हो। लूट, डपटों और आक्रमणों के मुल्क सरहदी प्रान्त में हिन्दू और सिक्खों के बीच मेल कराने के लिए बोलते हुए लाला लाजपतराय को रोक दिया गया, यह कह के कि तुम्हारे वहाँ जाने से शान्ति भंग होगी। मानो सरकार ने वहाँ अपने सुशासन से पूर्ण शान्ति स्थापित कर रखी है और हिन्दू तथा सिक्खों के मेल से वहाँ की शान्ति भंग हो जावेगी। यही बर्ताव कई लोगों के साथ हुआ जिसका उल्लेख नहीं किया जा सकता। इसके अलावा लाहौर, अमृतसर आदि जिलों में सभाबन्दी का कानून जारी है। वहाँ बिना सरकारी आज्ञा के सभा हो ही नहीं सकती। दिल्ली में भी सभाबन्दी का कानून जारी ही है। संयुक्त प्रान्त में पीड़ित किसानों का आन्दोलन हजारों की संख्या में गिरफ्तारी, सवारों की गोलियाँ और शासकों को सरकार की निर्लज्ज बधाई की चर्चा अभी शांत नहीं हुई है। सरकार की ओर से कहा गया है कि दंगे वालों की संख्या इतनी अधिक थी कि सवारों को अपनी रक्षा के लिए बिना किसी की आज्ञा पाये गोलियाँ चला देनी पड़ीं। प्रश्न तो यह उठता है कि सरकार किसानों की अंदाजन संख्या जानती थी फिर उसने इतने कम सवार उसे रोकने को क्यों भेजे ? इससे साफ जाहिर होता है कि उसके अफसरों में इन्तजाम की अक्ल नहीं थी या वे हिन्दुस्तानी सवारों को ऐसी अवस्था में डालना चाहते थे कि जहाँ पर उन्हें मजबूरन गोली चलानी पड़ती। गोली चल भी जाती और उसकी आज्ञा देने की जिम्मेदारी किसी पर न आती। संयुक्त प्रान्त सरकार को भी मात करने वाली बिहार की सरकार है। निलहे गोरों के अत्याचार, खयाली बलवों को दबाने के सरकारी नृशंस उपाय आदि वहाँ की प्रजा के लिए प्लेग और हैजे के समान साधारण बातें हो रही थीं, अब वहाँ प्रेस-ऐक्ट के रचने वाले लार्डसिंह गवर्नर नियुक्त हुए हैं। उनके प्रेस ऐक्ट के रचना-चातुर्य्य को देखकर लोग उनसे उसी ढंग के शासन-चातुर्य की भी आशा कर रहे थे और उनकी आशा असफल नहीं हुई। उनका एक सर्क्युलर प्रकट हुआ है जिसमें उन्होंने बिहार के अफसरों को असहकार पर प्रकाशित किये हुए सरकारी प्रस्ताव की याद दिलायी है और असहकार को रोकने का यथा

शक्ति यत्न करने का कर्त्तव्य सुझाया है। और लो, सीतामढ़ी के अत्यन्त आज्ञाकारी नौकर सब डिविजनल अफसर मिस्टर ली ने तुरन्त फरमान निकाला कि गाँवों में असहकारवादी लोग केवल बदमाशों की सहायता ही नहीं करते, बल्कि खुद भी चोरी और डाके में भाग लेते हैं इसलिए गाँवों में पढ़े-लिखे चौकीदार अधिक संख्या में नियुक्त किये जावेंगे, जो असहकार के विरुद्ध जनता को समझावेंगे और इस सम्बन्ध में जो सन्तोषजनक कार्य करेगा, उसे इनाम भी दिया जावेगा और इन चौकीदारों का खर्च गाँव वालों से लिया जावेगा। मि० ली ने असहकार के तार जाना भी बन्द कर दिया है और मुचलका, जमानत, गिरफ्तारी का कार्य जोर-शोर से शुरू कर दिया है। लार्ड सिन्हा ने कौंसिल में आबकारी और अदालतों की आमदनी कम हो जाने पर अफसोस जाहिर किया था, मि०ली आदि की कार्यतत्परता से कुछ-न-कुछ क्षतिपूर्ति तो अवश्य ही हो जावेगी। बिहार में मि० मजहरुलहक और राजेन्द्रप्रसादसिंह को भी आरा में व्याख्यान देने से रोका गया है। बिहार से लगा हुआ अंगाल है। वहाँ की नजरबन्दियाँ और पकड़-धकड़ विख्यात हैं और अब हरिशंकर व्यास तथा अन्य कार्यकर्त्ताओं की मुँहबन्दी के अलावा कलकत्ता से कालीघाट पर अंग्रेज सारजेण्टों द्वारा हड़तालियों पर गोली चलाने के समाचार आये हैं और उस हत्याकाण्ड को कलकत्ता के समाचार-पत्रों ने छोटे अमृतसर की उपमा दी है। मद्रास के कालीकट से याकूब हसन साहब तथा उनके साथियों की गिरफ्तारी और जेल की अन्यायपूर्ण कहानी कौंसिल तक पहुँची है और सरकार ने अपनी दृढ़ता दिखाने में जरा भी कसर नहीं की है। बम्बई भी इन अत्याचारों से अपरिचित नहीं है और मध्यप्रदेश के मौलाना ताजुद्दीन का मुकद्दमे के पहले का जेल-निवास अभी समाप्त नहीं हुआ है। उनके फैसले की तैयारी हो रही है। दमन नीति के प्रारम्भ होने की गरम अफवाहें उड़ रही थीं, कहीं-कहीं डेमी आफीशियल, सरकारी गुप्त सूचनाओं के भेद उन अफवाहों को पुष्टि दे रहे थे, प्रत्येक स्थान की जनता तर्क-वितर्क में लगी हुई थी कि हमारे स्थान से इन-इन नेताओं को बलिदेवी पर पहला वार सहना होगा, कहीं-कहीं से नेताओं पर मुकद्दमे दायर होने के समाचार भी आ रहे थे कि एकाएक ये सनसनी फैल गयी कि नागपुर में डाक्टर परांजपे और डाक्टर चोलकर गिरफ्तार हो गये। फिर समाचार मिला कि अन्य सज्जन भी गिरफ्तार हुए। सशस्त्र पुलिस और सैनिकों का प्रदर्शन भी शहर में जमा दिया गया, दंगा हो गया—पर अधिकारियों ने हथियार नहीं चलाये यही एक असाधारण बात हुई। आजकल सिपाही और पुलिस की टुकड़ियाँ शहरों और गाँवों में घुमाना और गोलियाँ चला देना साधारण बात है जैसा कि संयुक्त प्रान्त में हो रहा है तथा अन्य प्रान्तों में भी जरा हलचल होते ही दिखायी देने लगता है। गोलियाँ न चलाने की अपेक्षा अधिक आश्चर्य की जो बात है वह डाक्टर परांजपे पर लगाया हुआ इल्जाम है। वह यह है कि तुम शराब

की बिक्री रोककर और इस प्रकार सरकार की आमदनी कम करके सरकार को तंग करने के उद्देश्य से आन्दोलन कर रहे हो। सरकार का यह पैंतरा नया है। यदि किसी के कार्य से सरकार की आमदनी कम हो जावे तो वह अपराधी समझा जावेगा और सरकार उसे सजा देगी। यदि हम विदेशी माल नहीं मँगावेंगे तो सरकार की आमदनी कम होगी अत: विदेशी माल का बहिष्कार करना भी अब जुर्म करार दिया जावेगा। वकीलों को और मुकद्दमे वालों को अदालत का बहिष्कार करने का कहना जुर्म है क्योंकि उससे अदालत की आमदनी कम होगी। और प्रकट है कि टैक्स देना बन्द करने के कांग्रेस के प्रस्ताव को, जो कि देश के सामने आने वाला है, रोकने का यह नया तरीका ईजाद किया गया है। सरकार की इस आज्ञा को देखते हुए इस हिन्दुस्तान भर में कोई भी मनुष्य सुरक्षित नहीं है। सरकार के कठपुतले, अपनी ओर से हमें भड़काने का काफी प्रयत्न कर रहे हैं। इन प्रकट उदाहरणों के अलावा प्रत्येक स्थान की जनता से झगड़ा करवाने वाले एजेण्ट भी कम नहीं हैं। सरकार हमारी शान्ति, धैर्य और अहिंसक वृत्ति का नमूना अन्य स्थानों के समान बनारस में देख चुकी है जबकि उसके नौकरों ने हजारों की सभा में महात्मा गांधी के सामने श्रीयुत रामचन्द्र महाशय को गिरफ्तार करके भारी शिकस्त खायी, जबकि कोई भी गड़बड़ न हुई। तो भी नौकरशाही के नौकर बाबा रामचन्द्र के मुकद्दमे के लिए पूरी बैटेलियन फौज और दो सौ सशस्त्र सिपाही चाहते हैं। सच बात तो यह है कि नौकरशाही शस्त्र चाहती है चाहे उसकी आवश्यकता हो या नहीं और वह उसका उपयोग करने को भी सदा उत्सुक रहती है। वह जानती है युद्ध करना मनुष्य का स्वभाव है। ऐसी अवस्था में कोई मौलाना शौकत अली कह सकता है "मेरे बारे में प्रसिद्ध है कि मैं हिंसा का पक्षपाती हूँ। मैं स्वीकार करता हूँ कि मैं दोनों में विश्वास करता हूँ किन्तु शान्ति के उपायों को मैं अधिक पसन्द करता हूँ। यहि हमारे शान्ति के उपाय असफल हुए तो अन्त में लोहा ही फैसला देता है, जैसा कि दुनिया के इतिहास से प्रकट है; तो भी मैं अहिंसा का ही उपदेश करूँगा।"

नौकरशाही यह भी जानती है कि वह युद्ध की प्रतिध्वनि जनता से भी सुन सकती है परन्तु उस ध्वनि को रोकने वाला यदि कोई है, तो वह उसके हथियार नहीं है किन्तु महात्मा गांधी का प्रभाव और आत्मिक बल है।

नौकरशाही का हथियारी शासन ईस्ट इण्डिया कम्पनी के जमाने से लगाकर आज तक हम देखते आये हैं और उसके विरुद्ध हम लोग उपाय भी करते रहे हैं। परन्तु अब समय आ गया है कि हम उसके शस्त्रों के सामने अधिक तेजस्विता और दृढ़ता से खड़े हों। पकड़-धकड़ चल रही है और जनता आज जिनके दर्शन कर रही और उपदेश सुन रही है, बहुत सम्भव है कि कल उनके दर्शन न हों और वे जेल में हों या उनकी जबान पर ताला लगा हो। ऐसे समय पर हम लोगों को

बहुत सोच-समझकर कार्य करना चाहिए। हम मध्यप्रदेश के शासन में, एक गहरी बुद्धिमानी का परिचय पा रहे थे। हमने उसे रतौना के आन्दोलन के तथा कांग्रेस की तैयारी के समय कसौटी पर ईमानदार उतरते भी देखा था, परन्तु इधर जो कार्यवाहियाँ की जा रही हैं, वे विश्वास पैदा करने के बजाय विश्वास के नष्ट करने का ही अधिक (प्रयत्न) उत्पन्न कर रही है। हमने बड़े मान से सुना है कि नागपुर में कुछ लोगों ने अपने हाथ उठा दिये। ठीक-ठीक घटनाएँ अभी हमारे पास आकर नहीं पहुँचीं। तो भी हमने और इस देश के उन लोगों ने भी जो अपना कार्यकाल समाप्त कर चुके वे दिन देखे हैं और आज भी देख रहे हैं। जब सरकारी अफसरों की ओर से बेहूदा कड़ाई की जाती है और किसी कमजोर हिन्दुस्तानी का दिल उमड़ पड़ता है। हम इस बात को नहीं भूल जाना चाहते कि लोग जान-बूझकर उभाड़े जा रहे हैं। इसलिए हम नम्रता से यह कहने को विवश हैं कि दोषी उभाड़ने वाले हैं। तो भी हमें इस बार अपने हृदयों को सूचना दे देना है कि आपके हाथ में केवल मर जाना है, मारना नहीं। आप ज़रा भी बिना गड़बड़ मचाये, जरा भी बिना हाथ उठाये, उसी समय जिस समय सरकार के आदमी खुद गिरफ्तार करें या उनके उकसाये हुए लोग बेड़ियाँ पहनने के लिए लाचार करें, आप इज्जत के साथ बेड़ियाँ पहन लीजिये। बेड़ियों का बदला डण्डों से निपटाने की कायरता पाप है और देश की स्वाधीनता के पथ में बेड़ियाँ पहनना पुण्य। पुण्य-भूमि भारत के निवासी, नौकरशाही के दमन को भोग कर आगे बढ़ें और अपनी प्यारी से प्यारी चीजें अपने प्यारे-से-प्यारे आदमी उस निशाने के सामने शान्ति से खड़ा कर दें, जो उनको दल डालने के लिए लगाया जाये।

सम्पादकीय टिप्पणी नं० 1

'प्रताप' हिन्दी जगत् के उन राष्ट्रीय पत्रों में से है, जिन्होंने निर्भीकता से देश के लिए अपनी आवाज उठाई और आए दिन सरकार से कभी चेतावनी, कभी जमानत और जमानत-जब्ती के दिन देखे। वह 'आवाज' प्रताप ही की थी जिसने, हिन्दी 'प्रदीप' और 'कर्मयोगी' के द्वारा किए जाने वाले जागृति के प्रारम्भिक पथ को अपनी कार्यशैली के बल पर विस्तृत बनाया, और यह 'प्रताप' ही के संचालकों की कृति थी कि वे अपने राष्ट्रीय और हिन्दी जगत् के लाड़ले पत्र को रह-रहकर कठिनाई और दरिद्रता के गहरे प्रहारों को सहते हुए भी चलाते रहे और वक्त आते ही 'प्रताप' की सारी पूँजी देश के चरणों पर अर्पित करके तथा खुद ट्रस्टी होकर देश-धन 'प्रताप' और उसकी पूँजी की देखरेख करने लगे। हिन्दी-जगत् 'प्रताप' को अपनी ख़ास चीज समझता रहा है और उसके द्वारा मिलने वाले स्वाधीनता के सन्देश के उपासकों की संख्या हजारों की तादाद में है। इस वर्ष 'प्रताप' के

संचालक एक कदम और आगे बढ़े । उन्होंने अपनी गरीबी और साधनों की कमी की पर्वा न करते हुए अपनी बची-खुची शक्तियों को भी 'दैनिक प्रताप' के रूप में हिन्दी-जगत की सेवा में समर्पित कर दिया। साप्ताहिक प्रताप गरीब और दुखियों की चीज था और दैनिक रूप में भी उसने वही टेक निबाही, उसने उसी विचारपूर्ण निर्भीकता, उसी सच्चाई और उसी स्वार्थ-त्याग की प्रबल भावना से काम लिया। फिर कब यह सम्भव था कि उस पर आपदाओं के बादल टूटने को न ललच पड़ते ? रायबरेली में गरीब किसानों पर की जाने वाली गोलियों की मार की घटना पर 'प्रताप' ने कुछ अधिक प्रकाश पहुँचाया। सुनते हैं, प्रताप की निर्भीकता पूर्ण बातों से जहाँ गरीबों, दुखियों और सरकारी कृपा की गर्मी से कुम्हलाए हुओं ने कुछ धीरज, ठण्डक और सेहत पाई, तहाँ किसी धनिक मालगुजार सरदार वीरपालसिंह ने प्रताप की उन्हीं लकीरों में से कुछ लकीरों को अपना अपमान करते देखा। उन्होंने श्रीयुत गणेशशंकरजी विद्यार्थी तथा प्रताप के श्रीयुत शिवनारायण-जी मिश्र पर, सरकारी अदालत में मानहानि की नालिश कर दी। एक तरफ गरीब देशवासी और उनके विद्यार्थी और मिश्रजी हैं और दूसरी तरफ सरकार की अदालत और उसके...सरदार वीरपालसिंहजी हैं। ता० 1 मार्च को इस मामले की सुनवाई है। इस समय सारा देश प्रताप की ओर आदर की दृष्टि से देख रहा है और मामले का अन्तिम निर्णय देखने के लिए हृदय थामे हुए बैठा है।

[26 फरवरी, 1921]

सरकार और यूरोपियनों का कर्त्तव्य

आजकल प्रत्येक मनुष्य सोच रहा है कि जमाना भयंकर है। हम सब अर्थात् नौकरशाही और प्रजा, एंग्लो-इण्डियन और हिन्दू-मुसलमान सभी जानते हैं कि हम एक ज्वालामुखी के मुँह में आ पड़े हैं। प्रजा की ओर से प्रयत्न हो रहा है कि ज्वालामुखी का विस्फोट ठण्डा हो, सरकार भी चाहती है कि वह ठण्डा हो, परन्तु वह इस विस्फोट को ठण्डा करना चाहती है गोली और गोलों से, जैसा कि उसके कार्यों तथा तैयारियों से प्रकट है। जहाँ पर उसने गोली और गोलों का उपयोग किया है वहाँ उसने दोष दिया है जनता के क्रोध को। परन्तु उस क्रोध के कारण-स्वरूप अपनी करतूतों को नहीं सुधारा। यदि कहीं उत्तेजित जनता की ज्यादती के मौके पर सरकार अपने को सँभाले रही है, जैसा कि नागपुर में हुआ तो वह बधाई की पात्र है इसलिए कि वह जहाँ अत्याचार कर सकती थी उसने विचार से कार्य लिया और ऐसी विषमता उत्पन्न कर देने वाले अपने दिमाग को शान्त रखा। जब जोर होता है तब ज्यादती हो जाना स्वाभाविक है। यह बात जिस

प्रकार शरीर के जोर के लिए लागू है उसी प्रकार भावों के जोर के लिए भी लागू है और जिस प्रकार सरकार के लिए लागू है, उसी प्रकार जनता के लिए भी। शरीर और भाव दोनों के जोश को रोकना सार्वजनिक शान्ति के लिए आवश्यक है इसे सरकार भी मानती है और जनता के नेता भी स्वीकार करते हैं। इसीलिए नेताओं ने जनता के कार्यों को अहिंसा से मर्यादित कर दिया है और जब-जब जनता की ओर से ज्यादती हुई है, चाहे वह पंजाब के समान अंग्रेजों की हत्या में हुई हो या अन्य स्थानों के समान दंगों और व्यक्तियों के सामाजिक बहिष्कार में हुई हो, हमारे नेताओं ने उस ज्यादती को अनुचित कहा है और उसे रोकने का प्रयत्न किया है। परन्तु सरकार की ओर से अहिंसक भाव का, भाषणों के अलावा कार्यों में, कोई विशेष प्रमाण नहीं मिला है। बहुधा यह पाया गया है कि यदि पुलिस या फौज ने कहीं, अफसरों की आज्ञा से या बिना आज्ञा के ही, गोली चला दी है तो सरकार उनको बधाई देने के लिए निर्लज्जतापूर्वक दौड़ पड़ी है। अपने नौकरों को, जिन पर कि अपनी सत्ता का दारोमदार है, खुश रखना बड़ी अच्छी बात है; परन्तु अपनी प्रजा को, जिसके प्रजापन से राजत्व मिलता है, खुश रखने की परवाह न करना अपने राजत्व को नष्ट करने का सामान तैयार करना है। अत्याचारों से उत्तेजित होकर सरकार को भली-बुरी सुनाने और कभी-कभी ज्यादती कर डालने वाली जनता सरकार के लिए उतनी हानिकारक नहीं है, जितने कि सरकार के नाम पर और सरकार के अधिकार से बल-प्रयोग करके प्रजा को उत्तेजित करने वाले सरकारी नौकर हानिकारक हैं—और हानिकारक हैं वे लोग, फिर वे चाहे हिन्दुस्तानी हों या यूरोपियन, जो अपने पर सरकार की विशेष कृपा समझ कर मौकों-मौकों पर हिन्दुस्तानियों पर ज्यादती करके अपनी नीचता को सन्तुष्ट किया करते हैं और इस प्रकार ब्रिटिश न्याय से हटे हुए विश्वास के जमाने में जातीय द्वेष की आग को बढ़ाते हैं। आजकल की विषम अवस्था को उत्पन्न करने में सरकार की अपेक्षा इन सरकारी भाईबन्दों का हाथ कुछ कम दखल नहीं रखता है और उसका नमूना है जबलपुर के असहयोग-आश्रम के विद्यार्थियों के साथ किया हुआ एक यूरोपियन का बर्ताव। हमें यूरोप और अमेरिका की घटनाएँ याद हैं कि एक व्यक्ति के जरा से अपमान पर वहाँ जातीय द्वेषभाव इतना प्रबल हो जाता है कि सहज में खूनखराबी हो जाया करती है। परन्तु यहाँ हिन्दुस्तानी अपने हृदय की जलन को अहिंसा के व्रत से प्रेम में परिणत करना चाहता है तो भी हमारा यूरोपियन भाई हमारा सम्मान कोड़ों और ठोकरों से ही करना चाहता है। हमने माना कि सब अंग्रेज इस खयाल के नहीं हैं। परन्तु डायर के मामले में अंग्रेजों के जैसे भाव प्रकट हुए हैं उससे उनकी बड़ी तादाद का खयाल बहुत कुछ इसी ढंग का जाहिर होता है। इसके अलावा हम देखते हैं कि जहाँ कहीं हिन्दुस्तानी लोग ज्यादती करते हैं तो हिन्दुस्तानी

नेता उन्हें रोकते हैं और सुमार्ग पर ले जाने का प्रयत्न करते हैं; किन्तु आज तक किसी भी यूरोपियन ने, कभी यूरोपियनों द्वारा की हुई ज्यादती पर अफसोस प्रकट नहीं किया और न अफसोस का भाव यूरोपियन एसोसिएशन की ओर से जाहिर हुआ। अफसोस है कि यूरोपियनों के धार्मिक गुरु पादरियों ने भी, जिनसे स्वभावतः अधिक दया और धार्मिकता की आशा है, इस सम्बन्ध में पूर्ण उद्योग नहीं किया।

यदि सरकार चाहती है कि हिन्दुस्तान में शान्ति रहे और यदि हिन्दुस्तान का यूरोपियन समाज भी शान्ति के लिए उसी प्रकार उत्सुक है जैसा कि हिन्दू-मुसलमान समाज है तो उसे स्वयं शान्ति का बर्ताव करना चाहिए, न कि आग भड़काने वाला। हम जबलपुर की इस घटना के सम्बन्ध में अधिक नहीं लिखना चाहते क्योंकि जिला कांग्रेस कमेटी की ओर से मामले की जाँच हो रही है। तो भी हम उन असहयोगी कार्यकर्ता युवकों के नैतिक साहस की प्रशंसा किये बिना नहीं रह सकते। उन्होंने सहनशीलता के क्षेत्र में आदर्श कार्य किया है। कोई अत्याचारी कह सकता है कि वह कायरता थी, किन्तु यदि उनके उस कार्य में भय की मात्रा होती तो वह कायरता कही जा सकती थी, यदि वे गाड़ी से कूद कर भाग जाते तो वह कायरता हो सकती थी, यदि वे साहब बहादुर के हाथ पाँव जोड़ने लगते तो कायरता हो सकती थी और हाँ, यदि वे अपने को अधिक बलवान समझकर साहब बहादुर को बदला चुकाने का यत्न करते तो भी सिद्धान्त की दृष्टि से कायरता होती, किन्तु उन्होंने इनमें से एक भी कार्य नहीं किया। वे दृढ़तापूर्वक जमे रहे और मार सहते रहे, केवल इसलिए कि महात्मा गांधी का उपदेश था और उनके जीवन-कार्य का सिद्धान्त था 'शत्रुओं पर भी हो न प्रहार।' वही भाव है जो हमारी विजय का सच्चा लक्षण है। इन बहादुरों के धैर्य का समाचार जब संसार सुनेगा तो मध्यप्रदेश के इन सच्चे सपूतों का नाम अहिंसात्मक असहयोग की प्रशंसा में आश्चर्य और गर्व के साथ लेगा। समाचार जानने को उत्सुक जनता जब आश्रम में उनके दर्शन करने को आई तो उसने निराशा के साथ देखा कि वे लोग शीघ्र ही फिर प्रचार के कार्य को देहात में चले गये थे; उनको न पाने की यह निराशा दस गुनी प्रफुल्लता में बढ़ गयी जब उसने जाना कि उन विद्यार्थियों का उत्साह जरा भी मन्द नहीं हुआ और उन्होंने उन कोड़ों के निशानों को किसी विक्टोरिया क्रास से भी अधिक आदर की वस्तु समझा है। भारत-माता की स्वाधीनता का प्रत्येक प्रेमी इन असहयोगियों के इस उदाहरण का हृदय से आदर करेगा। हममें सहनशीलता जितनी बढ़ेगी, उसी हिसाब से हमें सफलता भी मिलेगी और हिन्दुस्तान की शान्ति भंग नहीं होने पावेगी। इसीलिए हम जहाँ नौकरशाही को और उसके आश्रय में अपने को सुरक्षित तथा पूर्ण स्वतन्त्र समझने वाले हिन्दुस्तानी और यूरोपियन मित्रों को इस अवसर पर

उनकी जिम्मेदारी सुझाना चाहते हैं कि समय भयंकर है, सँभलकर और सोच-विचार कर कार्य करना, कोई ऐसा कार्य मत कर बैठना, जिससे हमारे प्रेम और आत्मोद्धार के प्रयत्न में जातीय द्वेष का विष फैल जाय और शान्ति के स्थान में अशान्ति का ताण्डव दिखायी देने लगे, वहाँ हम अपने असहयोगी भाइयों से भी, और अधिक जोर देकर कहेंगे, कि सह लो, तुम्हारा कार्य तुम्हारा है, इने-गिने विदेशियों का या स्वार्थियों का नहीं है, किन्तु 30 करोड़ हिन्दू-मुसलमानों का है जो अपनी उदारता में उन विदेशियों तथा स्वार्थियों को आश्रय दे सकते हैं और अपनी शक्ति से खुदा की खिलाफत को नेस्तनाबूर होने से बचा सकते हैं, जमीन पर टिके हुए पंजाब के सिर को ऊँचा उठा सकते हैं और पराधीनता के बंधनों में जकड़ी हुई अपनी माता को स्वतंत्र, स्वाधीन, स्वच्छन्द बना सकते हैं। पथ से विचलित हो जाने के लिए बाधाएँ काफी से भी अधिक हैं। होने दो, परन्तु अपने कार्य के सिद्धान्त अहिंसा को मत त्यागना, अत्याचारी के हाथ से शस्त्र एक न एक दिन सहसा छूट जायेगा और देखेगा कि तुम्हारी जय हुई।

[5 मार्च, 1921]

बजट या दिवाला

सुधार की खुशी में फूले हुए हमारे कुछ भाइयों की देशभक्ति ने जोर मारा कि चलो, कौंसिलों में कुछ करतब दिखलायें। और इसमें भी शक नहीं कि वे वहाँ जाकर आश्चर्यजनक कार्य कर रहे हैं। हमारे बंगाल के भाई दो करोड़ के घाटे से मध्यप्रदेश के आधे करोड़ के घाटे से इसी प्रकार अन्य प्रान्त वाले भी घाटे के वजन को लेकर सुधार के महल पर चढ़ना चाहते हैं। छोटों की तो यह हालत, किन्तु बड़े भैया ने और भी गजब किया पूरे साढ़े 18 करोड़ का घाटा सिर पर ले लिया है और आगे की राम जाने, पार साल सरकार को आशा थी कि 2 करोड़ की बचत होगी, किन्तु साल बीतने पर मालूम हुआ कि 22 करोड़ का घाटा है। पार साल घाटा इसलिए हो गया कि युद्धकला-शून्य अफगानियों और महसूदों ने सरकारी सेनाओं के करोड़ों खर्च करवा डाले और अब के घाटा इसलिए है कि युद्ध, कला-कुशल बोल्शेविक मध्य एशिया में हिन्दुस्तान की ओर उँगली दिखाकर ऊधम मचा रहे हैं और हिन्दुस्तान के भीतर भी अशान्ति का सामान काफी मौजूद है। शायद बजट तैयार करते समय भारत सरकार को जर्मनी का पता नहीं था, नहीं तो इस बजट में फौजी खर्च और भी बढ़ जाता और उस स्वतन्त्रता तथा सभ्यता तथा निर्बल राष्ट्रों की रक्षा के अपूर्ण युद्ध में स्वतन्त्र, सभ्य, सबल हिन्दुस्तानी रैयत की जेब से और भी अधिक रुपया लिया जाता। वे जानते हैं कि जेब खाली है परन्तु

देखिये भारत-सरकार की उदारता को, जिसने तुम्हें शासन सुधार दिये, नई जिम्मेदारियाँ दीं, देखिये संसार तुम्हारी ओर टकटकी लगाए खड़ा है, यह देखने को, कि तुम इस जिम्मेदारी को किस प्रकार पूरी करते हो। तात्पर्य यह कि स्वीकृति दे दो।

स्वीकृति मिलेगी या नहीं, इसके असमंजस में पड़ना व्यर्थ है, क्योंकि मि० हेली ने पहले से ही याद दिला दी है, चाहे आपकी स्वीकृति मिले या न मिले, वाइ-सराय साहब को अधिकार है कि वे बजट को पास कर सकते हैं। इसका मतलब यह मालूम होता है कि बजट पर मेम्बर लोग राय जाहिर करें और उनकी राय जरूर मूल्यवान समझी जावेगी।

इस घाटे में कुछ संतोष भी है, यह कि घाटा प्रतिवर्ष कम होता जा रहा है। वह पिछले साल के पहले 23 करोड़ था, पिछले साल 22 करोड़ रहा और अब के साढ़े 18 करोड़ है। पिछले वर्षों का और नये वर्ष का भी बहुत-सा घाटा कर्ज लेकर पूरा किया गया है। कर्ज भी सस्ते में नहीं मिला है साढ़े तीन फी सैकड़ा ब्याज से लगाकर 4,5, साढ़े पाँच और अब 6 फी सैकड़ा ब्याज सरकार दे रही है। इस वर्ष भी भारत-सरकार हिन्दुस्तान में 15 करोड़ रुपयों का और इंग्लैण्ड में आधा करोड़ पौंड का कर्ज लेगी। अब जरा ऐसे भारी ब्याज से लिये हुए रुपयों के खर्च करने का तरीका भी देखिये। रेलवे पर 15 करोड़ रु० खर्च किया जावेगा। रेलवे से इस समय मूलधन पर 5 रु० फी सैकड़ा लाभ होता है और हमारी सरकार 6 रु० फी सैकड़ा और आगे न जाने कितने फी सैकड़ा ब्याज लेकर 5 फी सैकड़ा फायदा देने वाले काम में 15 करोड़ रुपया लगाने जा रही है, सिर्फ इसलिए, उदारता तो देखिए कि हिन्दुस्तान की प्रजा और व्यापार को लाभ पहुँचे। और दूसरा खर्च का नमूना है फौज, जिसमें लगेगा 62 करोड़ 20 लाख अर्थात् कुल आमदनी का 60 फी सैकड़ा। यह भी भारतवासियों की लेनिन और शायद महात्मा गांधी से रक्षा करने के लिए ही। कर्ज के अलावा इस घाटे को पूरा करने का दूसरा उपाय है टैक्स। यह टैक्स की माया बड़ी विचित्र है, कई लोग उसको देखकर मुग्ध हो गये हैं। विदेशी माल पर टैक्स लगे हैं, इससे कई लोग सोचते हैं कि बस हिन्दुस्तान के किनारे पर चीन की-सी दीवाल खड़ी हो गई, अब विदेशी माल हिन्दुस्तान में नही घुस सकेगा और हमारे यहाँ के कारखाने विदेशियों की प्रतिस्पर्धा से सुरक्षित होकर खूब माल का ढेर लगा देंगे। सब चीजें सस्ती हो जायेंगी और संभवत: हम स्वदेश को भी पक्का माल भेज सकेंगे। परन्तु वे बेचारे यह नहीं सोचते कि यह दीवाल बालू की है और सिर्फ एक साल टिकने वाली है। जब तक आपके कल-कारखानों का ईंट-चूना सूख पायेगा, तब तक हिन्दुस्तान के बन्दरगाहों में जमा हुआ माल तुम्हारे घर में आ जायेगा। इस प्रकार माल रखने की जगह खाली होते ही वर्षान्त में यह टैक्स की दीवाल टूट जायेगी

और विदेशी माल का प्रवाह फिर हिन्दुस्तान में फैलने लगेगा। हेली साहब ने साफ-साफ कह दिया है कि अभी विदेशी माल हिन्दुस्तान में इसलिए नहीं आ रहा है और न आ सकता है कि यहाँ पर इतना काफी माल आ चुका है कि यहाँ जगह नहीं। हाँ, उम्मीद है कि इस वर्ष धीरे-धीरे यह माल खप जायेगा तब अगले साल विदेशी माल आ सकेगा। आपने यह भी प्रकट कर दिया है कि विदेशों से माल यहाँ नहीं आ सकता इसलिए वहाँ के कारखाने माल तैयार नहीं करेंगे। अतः वे हमारे यहाँ से कच्चा माल नहीं मँगवायेंगे। आखिर को थोड़ा-बहुत माल बाहर से तो आयेगा ही, तब उसकी कीमत में हम देंगे क्या ? मि०हेली खुद यह कहते हैं यहाँ से हम अनाज भेजेंगे और इस प्रकार व्यापार की विपरीतता को दूर करेंगे जिससे विदेशी माल फिर हमारे यहाँ आने लगेगा। इस दृष्टि से देखा जाये तो यदि इस टैक्स का अर्थ विदेशी माल को रोकना है तो इसका दूसरा अर्थ हमारे अनाज को बाहर भेजना है। कई लोग सोचते हैं कि इस टैक्स से हमारे कारखानों की रक्षा होगी। परन्तु नौकरशाही द्वारा हमारे कारखानों की रक्षा होने की आशा करने वालों को विदेशी कपड़ों के टैक्स के इतिहास को पढ़ लेना चाहिए। यदि सरकार को विदेशी कपड़ों पर और यहाँ अधिकतर कपड़ा इंग्लैण्ड से आता है तो इंग्लैण्ड के कपड़ों पर टैक्स लगाने की जरूरत पड़ी है तो उसने यहाँ के बने हुए कपड़ों पर भी टैक्स लगा दिया है, जिससे यहाँ का कपड़ा विलायती के मुकाबले में सस्ता मिल सके। इतना तर्क-वितर्क करने की आवश्यकता ही नहीं रहती, जब स्वयं हेली साहब इंग्लैण्ड के लोगों को प्रसन्न करने के लिए कहते हैं कि हमने जो साढ़े 7 से 11 फी सदी टैक्स लगाया है, वह "यहाँ के कारखानों की रक्षा करने के लिए नहीं, किन्तु केवल अपनी आमदनी बढ़ाने की इच्छा से बढ़ाया है।" हम भी यह जानते हैं कि यह बात सच है, जैसा कि हेली साहब फरमाते हैं कि युद्ध में धन तथा जन का आत्मत्याग करने वाले इंग्लैण्ड-निवासियों को इस बेकारी के जमाने में आर्थिक हानि पहुँचाना नीचता है, और जैसा कि हम सोचते हैं कि अपने देश-बन्धु को हानि पहुँचाना भी नीचता है, यह भी सच है।

पर सम्भव है इस बढ़े हुए टैक्स से यहाँ के कारखानों की कुछ रक्षा हो सकती थी, परन्तु उदार हेली साहब ने यहाँ कपड़े के कारखानों की और वहाँ काम में आने वाली चीजों पर जो अभी तक बिना टैक्स के आती थीं, ढाई फी सैकड़ा लगा दिया है। इसके अलावा जो अन्य चीजों पर टैक्स लगा है, उससे चीजें महँगी होने के कारण मजदूर अधिक मजदूरी चाहेंगे, अतः यहाँ के कारखानों का भी खर्च बढ़ जायेगा। अन्य वस्तुओं में शराब, तम्बाकू और मोटर वगैरा के टैक्स के सम्बन्ध में हमें शिकायत नहीं है; क्योंकि एक तो इनका न आना ही अच्छा है, दूसरे ये अधिकतर धनवानों के इस्तेमाल की चीजें हैं, जोकि टैक्स दे सकते हैं, ग़रीबों की नहीं। परन्तु अन्य सब टैक्सों से बेचारी गरीब रैयत ही दबेगी। कपड़े

पर टैक्स बढ़ाने से कपड़ा तो महँगा होगा ही उसके अलावा दियासलाई, कोयला, कोक, इंधन, घास और अनाज के लिए रेल का किराया बढ़ेगा, जिससे बेचारे गरीबों को बहुत हानि होगी। फिर चिट्ठी और मनीआर्डर का खर्च भी उन पर भारी पड़ेगा और शक्कर अधिक महँगी होने की पूर्ण सम्भावना है। इस प्रकार जीवन की प्राय: सभी आवश्यक वस्तुओं पर टैक्स लगाकर माई-बाप सरकार ने गरीबों का पेट काटा है।

यह सब किसलिए ? इसलिए कि सरकार के डायर बड़ी-बड़ी तनख्वाहें पावें और उनकी तोपों के लिए गोलों का अटूट भण्डार भरे, जिनकी बाढ़ खैबर की ओर हो और हाँ, स्वयं हिन्दुस्तान की तरफ भी दागी जा सके। फिर भी प्रश्न उठता है कि यह सब किसलिए ? नौकरशाही तो कहेगी कि भारत के हित के लिए ईश्वर ने जो इंग्लैण्ड और हिन्दुस्तान का सम्बन्ध स्थापित कर दिया है, उसको स्थायी बनाये रखने के लिए और हिन्दुस्तानी कहेंगे कि इंग्लैण्ड ने हिन्दुस्तान को जिस बन्धन में डाल रखा है, उसे स्थायी बनाये रखने के लिए। फिर प्रश्न उठता है कब तक ? नौकरशाही तो सोचती होगी सदा के लिए। पर प्रतिवर्ष करोड़ों के घाटे से उसके खोखले खजाने से प्रतिध्वनि उठती है, कुछ दिन के लिए। वास्तव में इस प्रकार दिवाला निकालकर कोई भी सरकार अधिक दिन नहीं टिक सकती और जिसका सैनिक खर्च इतना अधिक बढ़ा है, उसका दिवाला, असहयोग और टैक्स-बन्दी के बिना ही दूर नहीं।

सम्पादकीय टिप्पणी नं० 1

आयरलैण्ड के सिनफीन दल ने लुक-छिपकर अंग्रेजी फौज पर हमला करने तथा रेलों के पुलों को तोड़ने का अपना काम अब पहले की अपेक्षा अधिक क्रूरता के साथ शुरू कर दिया है। गत सप्ताह के समाचारों से मालूम होता है कि ता० 28 फरवरी को समाप्त होने वाले सप्ताह में सरकारी पक्ष के 32 आदमी सिनफीनरों के शस्त्रास्त्रों के बलि हुए। इनमें पाँच सिपाही और पाँच पुलिस वाले भी थे। दो नागरिक सिर्फ इसलिए मार डाले गये कि सरकारी फौज से सम्बन्ध होने का उन पर सन्देह था। इधर सरकारी फौज भी सिनफीनरों का अनुकरण करके मारकाट और नजरबन्दी आदि उपायों का अवलम्बन कर रही है। आज तक लगभग 2 हजार आदमी नजरबन्द कर दिये गये हैं, फिर भी आयरलैण्ड के प्रजाशासन की फौज पर सरकारी पक्ष का कोई असर होते नजर नहीं आता। बलवा अधिकाधिक जोर पकड़ता जाता है, पर सरकार उसका दमन करने में अभी तक सफल नहीं हुई है सन्धि करने की चर्चा भी जारी है। मि० लायड जार्ज की सरकार आयरलैण्ड के प्रतिनिधियों से बातचीत करने को तैयार है, किन्तु आयरलैण्ड के हथियार छीन लेने की शर्त स्वीकृत हुए बिना सन्धि की बातचीत नहीं

होगी। आयरलैण्ड की विकट समस्या हिन्दुस्तानियों के दिल में तरह-तरह के विचार पैदा करती है। जर्मनी जैसे बलवान शत्रु को दबाने वाली अंग्रेजी सरकार मुट्ठी-भर आयरलैण्ड को क्यों नहीं दबा सकती? हजारों मीलों के फासले पर रहने वाले हिन्दुस्तानियों द्वारा, पचास वर्ष में किसी सरकारी अफसर का झुँझलाहट की गर्मी में हाथ चल जाने पर यहाँ की नौकरशाही हजारों के 'जलियाँवाला' कर डालती है, पर उसी नौकरशाही के भाईबन्द प्रति सप्ताह पचासों सरकारी नौकरों को कत्ल करने वाले आयरलैण्ड के सिनफीन दल पर गजब नहीं ढाते? माना कि आयरलैण्ड के पास शस्त्र हैं, पर उसका शस्त्र-बल उसकी अल्प संख्या के कारण अधिक महत्त्व नहीं रखता। फिर क्या वजह है कि इंग्लैण्ड अपने बगल का बलवा शान्त करने में सफल नहीं हो रहा है? क्या प्रजा-शासन की घोषणा करके स्वतन्त्र शासन चलाने के लिए ही आयरलैण्ड को एक बगावत करने वाले देश की नहीं, किन्तु एक शत्रु देश की हैसियत प्राप्त हो रही है? अगर यह हैसियत प्राप्त हो गई है तो क्या आयरलैण्ड स्वतन्त्र हो गया है? अंग्रेजी सरकार चाहे माने, चाहे न माने, आयरलैण्ड का सिनफीन दल तो अपने को स्वतन्त्र मान चुका है और एक स्वतन्त्र देश की हैसियत से वह इंगलैण्ड से सन्धि करना चाहता है।

[12 मार्च, 1921]

सरकारी आज्ञा और नौकरों का कर्त्तव्य

मध्यप्रदेश की नौकरशाही ने प्रत्येक सरकारी नौकर को असहयोग के सम्बन्ध में आज्ञा दी है कि वह न तो असहयोग की सभा में जाये और न कोई ऐसा काम करे जिससे किसी भी प्रकार असहयोग आन्दोलन से सहानुभूति प्रकट होती हो, मसलन गांधी-टोपी न पहने इत्यादि। यदि वह इस आज्ञा का पालन नहीं करेगा तो सरकारी नौकरी से बरखास्त कर दिया जायेगा।

यह पूरी विज्ञप्ति कर्मवीर के गत अंक में निकल चुकी है। बिहार सरकार ने भी इसी आशय की एक विज्ञप्ति निकाली है। ऐसी विज्ञप्ति के उत्तर में सरकारी नौकरों को क्या करना चाहिए, इसके सम्बन्ध में महात्मा गांधी की राय अन्यत्र प्रकाशित हुई है। महात्मा गांधीजी की साफ राय है कि सरकारी नौकर एक साथ मिलकर असहयोग की सभाओं में जायें और सरकारी आज्ञा को न मानें। कपड़े वगैरा पहनने की मना ही करना व्यक्तिगत स्वतन्त्रता में बाधा डालना है।

वास्तव में देखा जाये तो नौकरशाही की आज्ञा इतनी व्यापक है कि स्वेच्छाचारी अफसर की बुद्धि, उससे, प्रसिद्ध 144 धारा के अनुसार नौकरों का चाहे जो

कार्य रुकवा सकेगी। आज्ञा है कि "गांधी-टोपी पहनना इत्यादि ऐसा कोई भी कार्य न करे जिससे असहयोग के प्रति सहानुभूति जाहिर होती है।" इस 'इत्यादि' में असहयोग सभाओं के सारे उद्देश्य आ जाते हैं और वर्तमान असहयोग सभाओं के उद्देश्यों में आजकल धार्मिक, सामाजिक, शिक्षा-सम्बन्धी व्यावसायिक सभी कार्य सम्मिलित हैं, जिनका सरकार अभी तक किसी न किसी रूप में समर्थन ही करती आई है। उदाहरणार्थ स्वराज्य की माँग स्वयं सरकार ने भी अपना उद्देश्य बताया है, उपाधि-त्याग इसे सरकार ने जुर्म नहीं कहा है और न सरकार ने यही कहा है कि कोई व्यक्ति सरकारी उपाधि लेने के लिए बाध्य है. सरकारी अदालतों का बहिष्कार--- कानून कहता है कि यदि मुकद्दमे वाले चाहें तो वे अपने मुकद्दमे आपस में तय कर सकते हैं। सरकारी शिक्षा का त्याग—देश के बालक सरकार की ओर से शिक्षा पाने के लिए बाध्य और विशेषकर सरकारी स्कूलों में शिक्षा पाने के लिए बाध्य नहीं है। विदेशी वस्तुओं का बहिष्कार ऐसा कोई सरकारी कानून नहीं है। जो किसी को विदेशी वस्तु का उपयोग करने पर बाध्य करता हो, स्वदेशी-प्रचार इसमें चरखा कातना आदि देशी उद्योगधन्धों की उन्नति करना सम्मिलित है—स्वयं सरकार बड़े-बड़े इंडस्ट्रियल कमीशन भारतीय उद्योगधन्धों की उन्नति के उपाय सोचने के लिए बैठा चुकी है और उन पर हजारों रुपये खर्च कर चुकी है। इन कामों के अलावा आजकल की असहयोग सभाओं में खिलाफत-गोरक्षा, सेवा-समाज, राष्ट्रीय शिक्षा, पंचायतें, ग्रामसुधार, आयुर्वेदिक और यूनानी दवाओं का प्रचार, मद्यपान-निषेध, हमारे जीवन से सम्बन्ध रखने वाले अनेक कार्य सम्मिलित हैं। सरकारी आज्ञा में गांधी टोपी न पहनें तो हथियार की पतली धार है और 'इत्यादि' उसका व्यापक विस्तार है। इस विज्ञप्ति का आमतौर से मतलब यह है कि कोई भी सरकारी नौकर ऊपर लिखी हुई सभाओं में न जाये। सरकार की एक विज्ञप्ति अभी जारी है, जो कहती है कि सरकारी नौकरी राजनैतिक सभाओं में जा सकते हैं, किन्तु उसमें भाग नहीं ले सकते। इस पहली विज्ञप्ति के साथ इस नई विज्ञप्ति को पढ़ा जाय तो नौकरशाही की मन्शा यह दीखती है कि सरकारी नौकर उन सभाओं में जा सकते हैं जिनमें नौकरशाही की तारीफ की जाती है और सरकार जिनके विरुद्ध है, उन्हें अराजकता तथा अशान्ति उत्पन्न करने वाले इत्योदि कहकर उनकी निन्दा की जाती हो। अपने नौकरों से अपनी तारीफ कराने की यह चालाकी उसी प्रकार की है जैसी कि ड्यूक के समय की थी, जबकि सरकार की ओर से सरकारी नौकरों की भीड़ इकट्ठी करके उनके आगमन को आनन्दोत्सव का स्वरूप दिया गया था और अपनी अच्छाई साबित करने का प्रयत्न किया गया था। इस आज्ञा के जरिये से नौकरशाही अपने मुलाजिमों को जिस प्रकार गांधी-टोपी पहिनने से रोकती है उसी प्रकार गाढ़े का कपड़ा पहिनने से भी रोकेगी। बहुत

सम्भव है कि स्वदेशी कपड़ा पहनने से भी रोके और ईस्टइण्डिया कम्पनी के समान उन्हें चरखा चलाने से भी रोक दे।

असहयोगी लोग नौकरशाही को इस प्रकार की आज्ञा के लिए दोष नहीं देते, बल्कि वे तो खुश हैं, क्योंकि वे जानते हैं, नौकरशाही जितना अविवेक, जितना स्वेच्छाचार करेगी उतना ही असहयोग आन्दोलन को बल मिलेगा। वर्तमान सरकार की कमजोरी ही असहयोग की शक्ति है। अतएव असहयोगवादी लोग तो इस आज्ञा का स्वागत करते हैं और उत्सुकता से देखते हैं, पढ़े-लिखे सरकारी मुलाजिमों की ओर कि वे क्या उत्तर देते हैं। प्रश्न असहयोग और सहयोग का नहीं है। नौकरशाही के लिए तो प्रश्न है उस अवस्था का जिसके लिए यह कहा जाता है कि मरता क्या न करता और मुलाजिमों के लिए प्रश्न है व्यक्तिगत स्वाधीनता के बन्धन का और आत्म-सम्मान का। देखें, वे अपनी स्वाधीनता और सम्मान को बहुमूल्य समझते हैं या उसे सरकारी वेतन के भाव बेच देते हैं। हमें यह जानकर अत्यन्त प्रसन्नता होती है कि जबलपुर के चपरासियों ने गरीबों और अधिकतर अशिक्षितों ने, इस मामले में आगे कदम रखा है, जबकि अधिक शिक्षित और धनवान मुलाजिमों ने सरकार की आज्ञा के सामने सिर झुका दिया है। बड़े मुलाजिमों की सुस्ती या स्वार्थ पर हमें खेद जरूर होता है परन्तु हम यह अनुभव करते हैं कि युद्ध उचित स्थान से प्रारम्भ हुआ है। सरकार को बाबू लोग तो उनकी स्कूलों की कृपा से बहुत से मिल जावेंगे, परन्तु आजकल के जमाने में चपरासी मिलना कठिन हो जावेगा। अब देखें, वह अपनी आज्ञा वापिस लेती है, बदलती है या धमकी के अनुसार चपरासियों को निकाल देती है। यदि इन चपरासियों का निश्चय दृढ़ रहा तो यह युद्ध नये-नये रंग लावेगा। चपरासी से पुलिस कुछ बहुत दूर नहीं है। और जिस प्रकार मद्यपान-निषेध के सम्बन्ध में भंगी और चमार आदि नीची गिनी जाने वाली जातियों ने पहले शराब छोड़कर ऊँची जातियों को शराब छोड़ने पर बाध्य कर दिया है, उसी प्रकार इन चपरासियों के उदाहरण से भी बड़े बाबुओं के दिलों में अवश्य लज्जा अतएव उत्तेजना उत्पन्न होनी चाहिए। वे शिक्षा और सम्मान से प्राप्त होने वाली अपनी जिम्मेदारी को समझें और नौकरशाही को उचित उत्तर देकर अपनी सामाजिक प्रतिष्ठा को बचावें, नहीं तो उनके नाम पर कायरता के कलंक का टीका लग जावेगा जो आगे आने वाली सन्तानों को गुलामों की सन्तान के नाम से व्यर्थ ही बदनाम करेगा।

संपादकीय टिप्पणी नं० 1

नये युग के आरम्भ में भारत सरकार ने जनता को घाटे का बजट दिया है। घाटे का मुख्य कारण है सरकार का फौजी खर्च। लेजिस्लेटिव असेम्बली के प्रायः सभी सदस्यों ने इस खर्च के घटाने के पक्ष में अपनी सम्मति दी। सुधार कानून के

गढ़ने वालों ने पहले से ही यह शर्त लगा दी थी कि फौजी खर्च पर जनता के मत का असर न पड़ने पावेगा, फिर, एकमत से विरोध होने पर भी सरकार अपना फौजी बजट क्यों घटाने चली ? युद्ध के पूर्व सन् 1914 में सरकार फौज के लिए जितना धन खर्च करती थी, उससे कहीं अधिक इस समय कर रही है। यूरोपीय महायुद्ध बन्द-सा हो गया है, पर बोलशेविकों तथा सीमान्त प्रदेश की जातियों का भय सरकार को बना हुआ है। ऐसी अवस्था में सरकार समझती है कि फौज का घटाना मूर्खता की चरम सीमा होगी।

संपादकीय टिप्पणी नं० 2

बात ठीक है। भारतवासी इस को जानते हैं कि विदेशियों के आक्रमण से देश की रक्षा करना प्रत्येक देशवासी का परम कर्त्तव्य है, पर खेद इस बात पर है कि भारतवासियों को यह कर्त्तव्य नहीं करने दिया जाता। यदि सरकार द्वारा कही गयी बातें सच्चाई की बुनियाद पर जमी हुई हैं तो कोई भी भारतवासी फौज के घटाने का प्रस्ताव न करेगा। असल में सवाल है फौजी खर्च के घटाने का। एक गोरे सिपाही के लिए सरकार जितना खर्च करती है उतने धन में 4 हिन्दुस्तानी सिपाही और एक अंग्रेज अफसर पर किये जाने वाले खर्च में 12 हिन्दुस्तानी अफसर रखे जा सकते हैं ? यदि फौजी खर्च घटाने की सरकार की इच्छा होती तो वह देश की रक्षा के लिए देशवासियों की सेना तैयार करती और साम्राज्य सरकार के हित के लिए रखी जाने वाली फौज का खर्च उक्त सरकार से लेती। इस तरह सरकार का फौजी खर्च भी न बढ़ता न दियासलाई, छाते, डाक के टिकट आदि चीजों की कीमत बढ़ाकर गरीबी के बोझ से दबी हुई भारतीय प्रजा को पीसने का पाप सरकार को कमाना पड़ता।

सम्पादकीय टिप्पणी नं० 3

पर 'स्वराज्य' और विदेशी सरकार के बीच का खर्च फिर न रहने पाता और यह बात नौकरशाही की शान के खिलाफ होती। नौकरशाही द्वारा कितने ही वचन क्यों न दिये जायें; साधारण जनता समझती है कि सरकार को हिन्दुस्तानियों पर विश्वास नहीं है; इसीलिए वह उन्हें अधिक संख्या में फौज में भरती करना पसन्द नहीं करती। हिन्दुस्तानियों की सैनिक योग्यता की पूरी परीक्षा फ्रांस के रण-क्षेत्र में हो चुकी है। अंग्रेजी सरकार के बड़े-बड़े अफसरों ने मुक्त कण्ठ से हिन्दुस्तानी फौज के कार्यों और व्यवस्था की प्रशंसा की है, पर फिर भी बारह गुने खर्च के अंग्रेज अफसर ही फौजों में अधिक संख्या में रखे जाते हैं। भारत सरकार देशी सैनिकों की संख्या बढ़ाकर फौजी शक्ति बढ़ा सकती थी और अंग्रेजी फौज की संख्या घटाकर देश को खर्च से बचा सकती थी, पर भारत के

हित की सरकार को चिन्ता नहीं है, उसे तो अपनों के अधिकार और साम्राज्य-रक्षा की सूझ रही है ।

[19 मार्च, 1921]

अपूर्व होली

इस वर्ष की होली अपूर्व थी, उसमें अनेक विशेषताएँ थीं ।

होली जिस प्रकार पवित्र त्यौहार माना जाता है उसी प्रकार पवित्रता से इस वर्ष वह मनाया भी गया । दूर और नजदीक के स्थानों से उदाहरणार्थ, अमरावती, दमोह, आगरा, गोरखपुर, जबलपुर आदि स्थानों से, शहरों से ही नहीं दूर-दूर के देहातों से भी यही समाचार आते हैं कि इस वर्ष की होली अपूर्व रही । कहीं भी होली के शाप स्वरूप गालियाँ नहीं बकी गयीं । गालियों के स्थान में 'गांधी जी की जय', 'हिन्दू मुसलमान की जय' सुनाई देती थी । कबीर थे तो गांधी के नाम के और गाँव का मस्त किसान भी गा रहा था तो "आज गांधी ने धूम मचाई ।"

वास्तव में होली ने आज गांधी जी के नाम से सत्याग्रही वीर प्रह्लाद की सच्ची स्मृति का स्वरूपधारण किया । पहले गाली बकना छोड़ने का उपदेश देते देते समाज सुधारक थक गये किन्तु कोई उल्लेख-योग्य परिणाम नहीं हुआ । परन्तु इस वर्ष असहयोग आन्दोलन के प्रताप से गाली न देने के उपदेश के बिना ही, जनता में इतनी सात्विकता आ गयी है कि वह होली पर गाली नहीं बकती, गांधी की जय ही उसका आनन्द-घोष हो रहा है

गाली के समान होली का दूसरा कलंक-स्वरूप कीचड़ और गन्दी चीजों की मारामार नहीं थी । नीच-से-नीच भी कीच से दूर था और होली के सच्चे रंग टेसू में रँगा हुआ था । आप ही आप जनता में यह प्रेरणा हो गयी थी कि न तो विदेशी रंग का न गुलाल का ही उपयोग किया जावे । सब ओर टेसू की केसरिया बहार थी और गुलाल के स्थान पर चन्दन था ।

इनके अलावा होली का तीसरा व्यसन शराब का भी जोरदार बहिष्कार था । कई स्थानों में जैसे कि जबलपुर में स्वयं कलारों ने अपनी हानि की परवाह न करते हुए शराब रोकने में स्वयंसेवकों की सहायता की थी । परिणाम यह हुआ कि जनता का हजारों रुपया नशे में बरबाद होने से बच गया । अकेले अहमदाबाद शहर में होली के दिनों में 40,000 रु० की बचत हुई । जिन दुकानों में प्रतिवर्ष होली पर एक दिन में तीस-चालीस गैलन शराब बिक जाती थी वहाँ इस वर्ष दो-तीन गैलन ही बिकी । कहीं-कहीं तो बिल्कुल ही नहीं बिकी । शराब के समान भंग का भी उपयोग इस साल कम रहा । इसका नाम है होली की सच्ची

पवित्रता और यह है प्रत्यक्ष प्रमाण इस बात का कि असहयोग आन्दोलन आत्म-शुद्धि का आन्दोलन है। यूरोप और अमरीका की राष्ट्रीय सरकारों ने, युद्ध के जमाने में यद्यपि बहुत-से लोग शराब बन्द करने के विरुद्ध थे, तो भी, कानून बना कर शराब बन्द कर दी थी। परन्तु हमारी हिन्दुस्तानी नौकरशाहियाँ शराब प्रचार जारी रखना अपना कर्त्तव्य समझ रही हैं। बिहार की नौकरशाही शराब की प्रशंसा करती है। बिहार के पड़ोसी युक्त प्रदेश की सरकार शराब बन्द करने के प्रस्ताव पर कहती है, मनुष्य के दुर्गण कानून से दूर नहीं किये जा सकते। हमारी मध्य प्रदेश की सरकार भी इस मामले में पीछे नहीं है। वह कहती है, शराबियों के लिए शराब का इन्तजाम करना सरकार का कर्त्तव्य है। उन्हें तो आमदनी का लोभ है, प्रजा के हित की परवाह किसे है? ठेके खुले नीलाम में नहीं बिके, तो उसने ठेकेदारों से टेण्डर मँगाकर ही बहुत कम दाम में बेचे हैं। सुनते हैं, यह भी विश्वास दिलाया है कि यदि ठेकेदारों की शराब नहीं बिकेगी तो रकम का कुछ हिस्सा छोड़ भी दिया जायेगा। अच्छी फसल के समान होली पर भी सरकार को सदा उम्मीद रहती है कि फिर शराब की बिक्री बढ़ेगी। परन्तु अब के सरकार को और उसके ठेकेदारों को बहुत हताश होना पड़ा है। होली के इस शराब के बहिष्कार ने साबित कर दिया है कि नौकरशाही प्रजा की सच्ची हित-चिंतक है या असहयोग वाले।

इस वर्ष की होली की एक बड़ी भारी विशेषता यह भी थी कि ऊँच तथा नीच सभी हिन्दू जातियों में परस्पर से बहुत मेल दिखाई दिया। मुसलमानों ने भी प्रेम से होली में हिन्दुओं के साथ आनन्द रंग मनाया।

अपने कागज और छापे के भाई सहयोगियों को देखा जाये तो उनकी विचित्रता और विशेषता पहले की अपेक्षा बहुत बढ़ी-चढ़ी थी। विनोदी चित्र थे, विनोद थे और रंगीन कलेवर थे। विनोदों में कहीं-कहीं भद्दापन अवश्य हो गया है किन्तु अधिकतर राष्ट्रीय भावों की तान में मस्त थे। हम इन सहयोगियों को, जिन्होंने पहुँचकर जनता में विनोद की मुस्कुराहट और राष्ट्रीय उत्थान की भावना उत्पन्न कर दी है, हृदय से बधाई देते हैं और आशा करते हैं कि आगामी होली इससे भी अधिक पवित्र, मद्यरहित, राष्ट्रीय और अपूर्व होगी।

सम्पादकीय टिप्पणी नं० 4

राजनीतिज्ञों में दूर-दर्शी बुद्धि के होने की बड़ी आवश्यकता है। इंग्लैण्ड के वर्तमान प्रधानमन्त्री मि० लायड जार्ज झूठे इकरार करने में सबसे बढ़कर होते हुए भी उस दूर-दृष्टि को रखते हैं, जिसकी बदौलत सोवियत सरकार को न मानते हुए भी वे रूस के बोलशेविकों से व्यापारी सन्धि कर लेते हैं, ईरान को रूस से मिलने देते हैं, और जर्मनी से हर्जाना वसूल करने की आवश्यकता बतलाते हुए भी

लचीले और मीठे शब्दों का जाल बिछा देते हैं। आदर्शवादी व्यक्ति की दृष्टि से मि० लायड जार्ज चाहे इस योग्य न समझे जाते हों कि उनका कोई सम्मान किया जाये, किन्तु मानवीय हृदय और मानवीय दुर्बलता रखनेवाले लोग उनको अपना अगुआ मानकर अपने देश का प्रधानमन्त्री बना देने में अपना सौभाग्य समझते हैं। हिन्दुस्तान की परिस्थिति को सम्हालने के लिए मि० लायड जार्ज से कहीं अधिक नीति-कुशल चाणक्य की जरूरत थी किन्तु लार्ड चेम्सफोर्ड उस कुशलता में इतनी बुरी तरह अनुत्तीर्ण हुए कि हिन्दुस्तान ही नहीं, इग्लैण्ड भी लार्ड रीडिंग जैसे पुरुष को उनकी गद्दी सम्हालने के लिए भेज कर लार्ड चेम्सफोर्ड के शासन-काल पर असफलता का काला दाग लगा रहा है। लार्ड चेम्सफर्ड ने अपने दिल्ली वाले भाषण में यह भी कहा था कि मैंने लार्ड रीडिंग का रास्ता साफ कर दिया है। इतनी धृष्टता, शायद किसी अहंमन्य को छोड़, कोई और नहीं कर सकता। देश में चारों ओर अशान्ति की ज्वालाएँ प्रदीप्त करके नये आने वाले वाइसराय के लिए 'रास्ता साफ' करने की यह बुद्धिमत्ता यदि भविष्यत् के अभागे इंग्लैण्ड की पुश्तैनी जायदाद बन जाये तो कहना पड़ेगा कि साम्राज्य के अस्त होने के दिन निकट आ रहे हैं।

सम्पादकीय टिप्पणी नं० 5

कानून के जाल की परवाह न करते हुए इन्साफ करने की घोषणा करके लार्ड रीडिंग हिन्दुस्तान आये हैं। महायुद्ध के समय जब रशिया का भालू मित्रों से अलग हो गया था और जब जर्मनी की बढ़ती हुई गति की रोक के लिए प्रत्यक्ष किसी 'मित्र' की आवश्यकता प्रतीत होती थी, तब लार्ड रीडिंग की नीति-निपुणता के बल पर ही इग्लैण्ड के मि० लायड जार्ज ने अमरीका को अपनी गुट्ट में फाँस लिया था। महायुद्ध के बड़वानल से रक्षा करने वाले पुरुष को लार्ड चेम्सफोर्ड के पश्चात् हिन्दुस्तान भेजकर इंग्लैण्ड के मन्त्रिमण्डल ने वही दाव लगाया है। लार्ड चेम्सफोर्ड ने हिन्दुस्तानियों के सुख और शान्ति का रास्ता साफ कर रखा है। देश के प्रत्येक हृदय में अपमान से होनेवाला सन्तोष (?) धधक रहा है, ऐसे अवसर पर लार्ड रीडिंग मीठी-मीठी बातों के मनमोदक खिलाकर भारतीय जनता को प्रसन्न न कर सकेंगे। उन्हें विलायती तथा भारतीय स्वार्थ-दासों से लड़ना पड़ेगा। चिकनी-चुपड़ी बातों से नहीं, किन्तु समय पर धैर्य और बल का परिचय देकर उन्हें भारत को एक स्वतन्त्र देश की हैसियत से दुनिया में स्थान दिलाना होगा। अगर लार्ड रीडिंग विलायती पार्लियामेण्ट से लड़ सकें, अगर हिन्दुस्तानी नौकर-शाहों को दबा सकें, अगर पूंजीपतियों के रुपयों के सिंहासन को तुच्छ समझने की मजबूती दिखा सकें, तो सम्भव है वे भारत तथा संसार का भला कर सकें। इसमें सन्देह नहीं कि लार्ड चेम्सफोर्ड साहब के सफेद कदमों ने यहाँ की हालत इतनी

गन्दी कर रखी है कि उसका सुधारना लार्ड रीडिंग के लिए महान् परिश्रम का कार्य होगा। अभी रीडिंग साहब न्याय की दुहाई देते हुए देश में आये हैं। भविष्य की देवी उनके कार्यों को तौलने के लिए खड़ी हुई है। यदि इस तौल में लार्ड रीडिंग वजनदार साबित हुए तो इंग्लैण्ड का कल्याण करने का सौभाग्य उन्हें प्राप्त होगा। भारत के लिए उनका हलका या वजनी होना कोई मूल्य नहीं रखता, क्योंकि वह अपने बल पर ही लड़ना चाहता है।

[2 अप्रैल, 1921]

सत्याग्रह-सप्ताह और राष्ट्र का कर्त्तव्य

सत्याग्रह-सप्ताह का प्रारम्भ स्फूर्तिदायक है। अपनी इच्छा से हड़ताल और अपनी इच्छा से उपवास —यही समाचार सब स्थानों से आ रहे हैं। जलियाँवाला बाग में बहा हुआ पंजाब के शहीदों का खून व्यर्थ नहीं गया, टर्की के सम्बन्ध में वादा-खिलाफी से होने वाली मुसलमानों की निराशा अत्यन्त अन्धकारपूर्ण नहीं रही और मातृभूमि में स्वराज्य स्थापित करने वाली स्वर्गीय तथा वर्तमान आत्माओं की इच्छा अपूर्ण रहती नहीं दीखती। देश एक हो गया है। सत्याग्रह सप्ताह में मुसलमानों को शहादते-हसन मिली है और हिन्दुओं को चित्तौड़ का जौहर और भारत को राष्ट्रीय त्यौहार मिला है। निष्पाप ईसा ने सूली पर चढ़कर ईसाइयों को बड़ा दिन दिया, हमारे पंजाब के निरपराध भाइयों ने कटकर हमें यह राष्ट्रीय सप्ताह दिया है। यह साधारण अनुभव की बात है कि बूढ़े और बच्चे, पुरुष और स्त्री महात्मा गांधी की आज्ञा मानकर उपवास रखने की स्पर्धा दिखला रहे हैं। हिन्दुस्तान में उपवास और रोजे का सम्बन्ध धर्म से है। इस उपवास और रोजे ने राजनीति को सच्चे धर्म का स्वरूप दे दिया है और स्वराज्य को ही पुण्य बना दिया है। देखकर हृदय गद्गद हो जाता है कि गरीब-से-गरीब अपने फटे कपड़े की गाँठ से किसी प्रकार खोलकर चवन्नी डिस्ट्रिक्ट कमेटी के मन्त्री को दे जाता है, "महाराज, यह लो स्वराज्य के वास्ते, गांधी महाराज की जय हो, इस राज में हम तो मर मिटे।" यही कत्ल किये हुए राष्ट्र का पुनर्जन्म है, यही अपमानित जाति के सिर उठने का लक्षण है, कि उसका गरीब, अपढ़ अंग भी कहने लगा है कि इस राज में हम तो मर मिटे और वह अपनी गरीब गाँठ से जितना बन सकता है, देने को तैयार है, यही नहीं, हठ के साथ देता है।

हमें किसी लखपति के लाख से उतनी स्फूर्ति नहीं मिलती जितनी एक कंगाल की चवन्नी से मिलती है। अतएव हमें लखपति के लाख की आवश्यकता तो है ही, परन्तु उस गरीब की चवन्नी की आवश्यकता अधिक है। हाल ही में आल इण्डिया

कांग्रेस कमेटी ने प्रस्ताव किया है कि जून के अन्त तक अर्थात् इन दो महीनों में भारतबर्ष की प्राय: 32 करोड़ जनता में से कम-से-कम 1 करोड़ स्त्री-पुरुष कांग्रेस कमेटी के मेम्बर बन जाने चाहिए। आल इण्डिया तिलक-स्मारक स्वराज्य फण्ड में कम-से-कम 1 करोड़ रुपये इकट्ठें हो जाने चाहिए और भारत भर में 20 लाख चरखे चलने चाहिए। यह तादाद आबादी के अनुसार प्रत्येक प्रान्त में बाँट दी गयी है। यह कार्य, यदि किया जावे तो कुछ कठिन नहीं है। उदाहरणार्थ हिन्दुस्तानी मध्यप्रदेश में 1करोड़ 12 लाख के करीब आबादी है। उसके अनुसार हमें इन 14 जिलों से प्राय: साढ़े तीन लाख मेम्बर बनाना है, इतने ही रुपये इकट्ठे करना है, तथा 70,300 के करीब चरखों का प्रबन्ध करना है। इस हिसाब से यदि जिलों का कार्य भाग देखा जावे तो बहुत ही हलका मालूम होता है। इस समय चरखों की आवश्यकता भी बहुत है। देश में अकाल पड़ा है। सरकारी गिट्टियाँ फोड़ने की अपेक्षा चरखा चलाकर पेट भरना अधिक इज्जतदार और सरल कार्य है। जबलपुर जिला कांग्रेस कमेटी का निश्चय, जैसा कि पहले प्रकाशित हो चुका है, इससे भी अधिक महत्त्वाकांक्षी था। उसका अन्दाज 50,000 मेम्बर बनाने और 1 लाख रुपये इकट्ठे करने का था और उसने अपने निश्चय के अनुसार बहुत-कुछ सफलता भी प्राप्त कर ली है। इसका तात्पर्य यह है कि कांग्रेस कमेटी भारतवर्ष की प्रत्येक जिला कांग्रेस कमेटी को जो कुछ करने को कहती है वह उसकी शक्ति के लिहाज से कम है और वह अपने जिले में बखूबी कर सकती है। और करने का समय भी यही है। कांग्रेस कमेटी ने दो महीनों का समय दिया है। किन्तु इस समय राष्ट्रीय सप्ताह की सार्वजनिक स्फूर्ति इस बात के लिए ललचा रही है कि इन्हीं सात दिनों में उद्दण्ड प्रयत्न हो और आल इण्डिया कांग्रेस कमेटी की माँग पूरी कर दी जावे। इस मौके पर सात दिन में सात महीनों का कार्य हो सकता है। एक और दृष्टि से भी अभी अत्यन्त परिश्रम कर लेना आवश्यक है क्योंकि यदि हम वर्ष भर संगठन और मेम्बर बनाने में ही लगा देंगे, तो अन्य निर्माण के कार्य नहीं कर सकेंगे।

यह हमारी देशभक्ति की परीक्षा का समय है और कुछ अंशों में स्वराज्य के लिए आवश्यक संयोजक शक्ति का भी। नौकरशाही भारत को काबू में रखने के लिए इस वर्ष 119 करोड़ रुपये खर्च करेगी, हमारे राष्ट्रीय नेता उसे नौकरशाही के चुंगल से छुड़ाने के लिए केवल 1 करोड़ की माँग सामने रखते हैं। हम लोगों ने अपने स्वार्थ के लिए 1 करोड़ से अधिक की कई कम्पनियाँ खोल डाली हैं तो क्या राष्ट्र के स्वार्थ के लिए हम 1 करोड़ नहीं इकट्ठा कर सकते? संशय नहीं है, तो भी प्रश्न उठता है और हमें विश्वास है कि हमारे देश के अमीर और गरीब इसका उत्तर 1 करोड़ से अधिक इकट्ठा करके देंगे। भगवान करें, विदेशी जंजीरों से जकड़े देश में, लगने वाला सूरज कुछ ही दिनों के बीतते न बीतते, अपनी रश्मियों

के उजेले में दिखावे कि झोंपड़ियों के व्याकुलों में से, ये हैं एक करोड़ देश की पार्लियामेण्ट कांग्रेस के सदस्य और ये हैं नौकरशाही के अत्याचारी तख्त को उलटने वाले उनके भूखे पेटों पर पट्टा बाँधकर दिए हुए एक करोड़ रुपये।

[9 अप्रैल, 1921]

बैजवाड़ा-कांग्रेस कमेटी का देश को सन्देश

अहिंसात्मक असहयोग आन्दोलन को जोर पकड़ते हुए देख भारत-सरकार ने जिस नीति का अवलम्बन किया है उस कारण तथा इस कारण भी कि नरमों की नयी नौकरशाही के निर्माण होने और निरपराध नेताओं के गिरफ्तार होने के कारण देश में जो भयंकर परिस्थिति उत्पन्न हो गयी है उसका मुकाबला करने के लिए हमारे देश की पार्लियामेण्ट किस अस्त्र का निर्माण करेगी, इसकी ओर हमारे सारे देश की आँखें लगी हुई थीं। पार्लियामेण्ट की वह बैठक जिसमें उक्त समस्या हल की जाने वाली थी, बैजवाड़ा में गत मास के अन्त में समाप्त हो चुकी। और हम पर उसने कौन-सा कार्यभार डाल दिया है, यह गम्भीरता से देख लेना इस समय उचित जान पड़ता है। लोग यह आशा कर रहे थे कि बैजवाड़ा की बैठक, सरकार की जहाँ-तहाँ क्रूरता से लगायी हुई 144 धारा तथा उसकी मुँहबन्दी और सभाबन्दी की क्रियाओं और उसके हानिकर परिणामों को देखकर देशवासियों को सत्याग्रह करने के लिए आदेश देगी। लोगों का इस प्रकार की आशा करना यह दिखलाता है कि हमारे राष्ट्रीय जीवन में सजीवता आ गयी है। परन्तु आजादी हासिल करने के लिए इतना ही काफी नहीं। जब तक देश का नन्हें से नन्हा बच्चा अन्याय के आगे सिर झुकाने के बजाय मर मिटने को तैयार न हो, तब तक कांग्रेस के लिए सत्याग्रह अथवा सिविल डिसओबिडियन्स की आज्ञा निकालना उचित से अधिक जल्दी करना होगा। प्यारे-से-प्यारा नेता गिरफ्तार किया जाता हो, देश की दुःख-कथा कहने वाले के मुँह पर ताला दिया जाता हो, सच्चे-से-सच्चे देश-भक्त को बागी करार दिया जाकर गालियाँ दी जाती हों, मिले हुए हिन्दू-मुस्लिम हृदयों को कुटिल नीति से बिलगाने की कोशिशें की जाती हों—ऐसी कठिन परीक्षा के समय में यह अनुभव कर लेना चाहिए कि देश की आजादी के उपासकों का समूह कहाँ तक कसौटी पर सही उतरता है। जब तैंतीस करोड़ निवासियों के विशाल आर्यखण्ड को स्वाधीनता के उन्नत शिखर पर मानसिक तथा आत्मिक बल से रखने का भगीरथ प्रयत्न जारी हो तब यह सम्भव नहीं कि प्रयत्न में वीर आत्माएँ कुचली न जाएँ। ऐसे समय में यह देखना जरूरी है कि देश में कितने आदमी ऐसे हैं जो मरने की परवाह न कर दूसरों के रौंदे जाने को बिना भय और

निराशा के सह सकने की ताकत रखते हैं। अतएव देश की वीर आत्माएँ—जिन्हें यह उम्मीद थी कि बैजवाड़ा की बैठक हमें सत्याग्रह करने की घोषणा करेगी—निराश न होकर संजीवनी शक्ति फैलाने का काम अधिक शक्ति से करें और अपने कमजोर भाइयों के गिरे हुए हृदयों को ऊँचा उठने का मौका उसी समय दें, जिस समय वे अपनी सहन-शक्ति के बल पर अत्याचारियों का हौसला ढीला कर रहे हों।

अच्छा, अब हम यह देखें कि बैजवाड़े की बैठक ने आगे के लिए कौन-सा कार्य विशेष रूप से हाथ में लेने के लिए हुक्म दिया है। किन्तु हमें यह स्मरण रख लेना जरूरी है कि हमने इतनी बड़ी विशाल संगठित नौकरशाही की सत्ता को चैलेंज दिया है और हम उसके मुकाबले में जनता का राज्य—वह इमारत जिसकी दीवालें और खम्भे भारत के आजाद लोग होंगे, स्थापित करना चाहते हैं। इसी महत्त्वपूर्ण दृष्टि को रखते हुए हमारे भविष्य की तैयारी होनी चाहिए। पहली बात जो हम इस नयी सरकार में देखना चाहते हैं वह यह है कि वह कितने लोगों की बनायी हुई है। नौकरशाही की कौंसिलों को आज देश के लोग अपनी प्रतिनिधि संस्था नहीं समझते, क्योंकि उन कौंसिलों के जो सम्माननीय सभासद हैं वे जनता के प्यारे नहीं; नौकरशाही के प्रियपात्र हैं। इस दृष्टि से इन कौंसिलों का होना न होना हमारे लिए बराबर ही है। फिर भी शासकों का दावा है कि उन मेम्बरों की आवाज जनता की आवाज है। उनके हिसाब से हिन्दुस्तान में पचास लाख वोट देने वाले हैं और वे उन मेम्बरों को इन्हीं का चुना हुआ बतलाते हैं। बैजवाड़ा का निर्णय चाहता है कि हमारी कांग्रेस, जो भविष्य में देश की सरकार होगी, कम-से-कम करोड़ मत देने वालों की बनायी हुई हो। और इतने मत देने वाले वे होंगे जो कांग्रेस की आज्ञा को मानेंगे और कांग्रेस के ध्येय को अपना ध्येय समझेंगे। तब दुनिया की आँखों में धूल डालकर शासक यह न बतला सकेंगे कि हमारे सम्माननीय देश के सम्माननीय हैं, हमारी इच्छा देश की इच्छा है। हमारी कांग्रेस तब नौकरशाहों की कौंसिलों से दुगुनी नहीं, किन्तु कई गुनी प्रतिनिधि सत्तात्मक होगी। अभी नौकरशाही की कौंसिलों के मेम्बर अधिकतर अमीरों में से, एक ही सरकार के कृपा-पात्र राजनैतिक विचार वालों में से और प्रबल शक्तियों में से हैं। परन्तु हमारी सरकार उन मेम्बरों के चुने हुए प्रतिनिधियों की बनी हुई होगी जो टूटी झोंपड़ी से शाही महल तक के अतिगरम, नरम और गरम विचार वाले छोटी-से-छोटी कौम के धर्म के और फिरके के लोग होंगे। इस लिए, बैजवाड़ा कांग्रेस की एक करोड़ मेम्बरों की माँग अत्यन्त महत्वपूर्ण और दूरदर्शिता को लिये हुए है।

दूसरी माँग है—तिलक स्वराज्य फण्ड में एक करोड़ रुपया जमा करना। जिला कांग्रेस कमेटी और उनकी मातहत संस्थाओं के मेम्बर बनाने की फीस

कांग्रेस ने चार आने रखी है और यह रकम रामराज्य का मन्त्र घर-घर, गाँव-गाँव में पहुँचाने में, राष्ट्रीय शालाओं की स्थापना में, पंचायतों के संचालन आदि कामों में खर्च होगी। पर जब हम अपने कार्यक्रम की अन्तिम सीढ़ी पर पहुँचेंगे—जब हम उन भाइयों को जो सेनादि विभागों में गुलामी के दिन काटते हैं अपनों में मिलावेंगे तब हमें उनके जीवन-निर्वाह के लिए भारी रकम की जरूरत होगी। यह रकम हमें कैसे प्राप्त होगी ? उसे इकट्ठा करने के लिए स्वराज्य का शंख जिसने पहले फूंका था उसके नाम का फण्ड कांग्रेस ने खोला है। यह फण्ड लोकमान्य तिलक का जीवित स्मारक होगा। हमें तनिक भी सन्देह नहीं कि उस महान् व्यक्ति की यादगार में एक करोड़ रुपया इकट्ठा होना कोई मुश्किल बात है।

तीसरा आदेश जो देश को दिया गया है वह कम-से-कम बीस लाख चरखों का उद्योग आरम्भ करना है। कांग्रेस चाहती है 30 जून के पहले इतनी संख्या में चरखों से सूत निकलता हुआ दिखायी दे। इन चरखों से हमारी आर्थिक परतंत्रता दूर होगी और हमें तन को ढँकने के लिए किसी विदेशी कौम का मुँह न ताकना पड़ेगा। इन्हीं चरखों को नष्ट कर अंग्रेजी नौकरशाही ने हिन्दुस्तान में अपनी सल्तनत कायम की और उन्हें ही पुनः हाथ में लेकर हम खोयी हुई सल्तनत को वापिस ले सकेंगे। हमारा राष्ट्रीय अभिमान चरखों के साथ लोप हुआ था और उसे हम उन्हीं के द्वारा जीवित कर सकेंगे। बीस लाख चरखे—यदि उनसे नियमित रूप से सूत निकलने लगे और उस सूत से कपड़े बनने लगें, तो हमें विश्वास है कि 40 लाख भिखारियों को भूखों मरने और दर-दर हाथ पसारने से रोक सकेंगे, देश के वे भाई-बहिन जिन्होंने रामराज्य में घर के बाहर पैर नहीं रखा और जो अब अकाल में कड़ी धूप में छः पैसे से लिए छः घण्टे मेहनत का पसीना गिराया करते हैं; अपनी इज्जत और जान बचावेंगे और वे चार करोड़ किसान जो अधपेट खाकर जिन्दगी से निराश रहते हैं, उदर-पोषण कर सकेंगे।

[16 अप्रैल, 1921]

नये वाइसराय बोले !

उस समय, जिस समय पुराने वाइसराय लार्ड चेम्सफोर्ड महोदय ने अपना बिस्तरा, इस अभागे मुल्क में लपेटा और नये वाइसराय ने जहाज पर से नीचे उतर कर, बम्बई नगरी को पवित्र करने की कृपा की, इन कालमों में हमने वह न लिखा, जो हम चाहते थे, और जो हमारे मन में हम सोच रहे थे और लिखते भी कैसे,—वाइसराय ने निवेदन किया था कि उस दिन तक, जब तक मैं परिस्थिति को ठीक तरह से समझ न लूँ, कड़ी आलोचना के असहाय पथ में मुझे

खड़ा न कर देना। इसलिए वाइसराय साहब की इन्साफ देने की बातें सुनते और इंगलैंड की करतूरतों पर काफी सोच चुकने पर भी हमने मौन ले लिया। हमारा मौन रहना गलत न था, क्योंकि हम देख रहे थे कि लाहौर के पहले भाषण तक वाइसराय साहब खूब बच-बचकर बोले। वाइसराय ने आते ही, पंजाब में, प्यारे अमृतसर में और हमारे जलियांवाला बाग में जाने की कृपा की, हमारा हृदय पथ से विचलित नहीं हुआ, किन्तु ललचा जरूर। सोचा, इंगलैंड से इस बार यथार्थ ही अपना उद्धारकर्त्ता भेजा। हृदय ने कहा, इस बार नहीं, कुछ दिनों बाद जलियाँ-वाले में खड़े होकर, पापियों के पाप को पाप कहा जायेगा, और शासकों के नहीं, शासितों के दरवाजे बैठकर पूछा जायेगा—बताओ, मैं किस तरह शासन करूँ? और इसके बाद यदि आजकल की शासकों की जमात ने नहीं माना, तो वे उस दिन तक भारतवासियों के साथ होंगे जिस दिन पंजाब के अत्याचारियों को काफी सबक न सिखाया गया, खलीफा के उजड़े हुए खुदाई घोंसले को बसा न दिया गया और हविस के पक्के हिन्दुस्तानियों के हवाले, विदेशियों की बपौती जागीर, उनकी मातृभूमि न कर दी गयी।

लाट साहब के लाहौर के भाषण की लकीरें बजाय इसके कि वे हमारे दुखे दिलों में सेहत देतीं, घावों की गहराई बढ़ाने लगीं। लाट साहब के भाषण की पहली बात है, "पंजाब की भूलों को भूल जाओ, मुआफ कर दो।" लाट साहब आजाद मुल्क के हैं, वे कदाचित् नहीं जानते कि यह वाक्य गुलामों के कलेजे में किस बुरी तरह गड़ता है। यह कठोर प्रहसन है, यह जातीय अपमान है,—हम दण्ड नहीं दे सकते, हम अपने अपमान का बदला नहीं ले सकते, हम अपने पेट के बल रेंगने और औरतों को नंगा करके उनके मुँह पर थूकने वाले के होश दुरुस्त नहीं कर सकते। हमारी इस कमजोरी को लाट साहब जानते हैं, फिर क्या इंगलैंड का लार्ड चीफ जस्टिस हिन्दुस्तान के कमनसीब इन्सान के बच्चों के लिए, इसी को इन्साफ समझता है कि जिनका दुनिया में जमीन और आसमान के सिवाय कोई नहीं है—उनसे क्षमा करने को कहा जाय? क्षमा वह कर सकता है, जो दण्ड दे सके। हम खुद उन पापियों को दण्ड नहीं दे सके, न आज ही वह ताकत हमारे हाथों में है कि दण्ड दे सकें या उन्हें दुनिया से नेस्तनाबूद कर सकें, हाँ यह बात गलत है कि हमने अहिंसक वृत्ति को धारण किया है फिर हमारे हाथ में क्या है कि हम उन्हें क्षमा कर दें—जिनके हाथ में दण्ड देने, अत्याचार को अत्याचार कहने, और उसके हटा देने की ताकत थी, उन्होंने, अपने जान-बूझ कर पाप करने वालों को क्षमा कर दिया। हम किसे क्षमा कर दें और कैसे? इसके सिवा क्षमा उसे किया जाता है, जो विना जाने भूल कर बैठे, परन्तु लाट साहब पंजाब का इतिहास देखें, भूल जान-बूझकर की गयी। फिर यह भूल नहीं थी, पाप था, जो क्षमा नहीं किया जा सकता, जो दुनिया से नेस्तानाबूद किया जा सकता

है। पंजाब का हत्याप्रिय शासक आन्दोलनकारियों से जला-भुना था, और तुला बैठा था कि उसे मौका मिले। उसने सूरज की सहस्र किरणों के सामने, भगवान को धोखा देने में कमी न की, और लोगों को बलवाई करार दिया। यदि लोग बलवाई थे तो यह बलवा देश भर में था, और इस बलवे का अगुआ वही छोटा सा आदमी था, जो आज असहयोग का निर्माता और दुनिया का अकेला आदमी है। इस हिसाब से बलवा कुचलने के लिए, पंजाब की अपेक्षा गुजरात और बम्बई में अधिक गोला-बारूद लगना था। पर बलवा नहीं था। शासकों ने जो बीभत्स काम किये, वे आन्दोलकों को कुचलने की राक्षसी महत्वाकांक्षा की पूर्ति में किये और जानबूझकर किये। और आज भी वह बहादुर ज्यों की त्यों ठसक दिखा रहा है और उसके साथी छाती ठोक रहे और भारत के धन पर मौज कर रहे हैं। क्या इन्हीं के लिए आप कहते हैं कि हम मुआफ कर दें ? क्षमा कीजिए, ईश्वर के लिए, मुआफी का दिखाऊ नाम लेकर, इस पुरानी कौम के साथ, इस बुरी तरह प्रहसन मत होने दीजिये। आप भारी न्यायाधीश हैं, और इन्साफ देने भी आये हैं। क्या हम आपसे आज्ञा लें और कहें कि देहलवी दिमागों के फेर में आकर, कृपापूर्वक आप इतने शीघ्र पापों को—जानबूझकर किये गये राक्षसीय पापों को—पाप कहें, भूल न कहें।

लाट साहब कहते हैं कि वे भारत को इन्साफ देने आये हैं। इससे यह बात स्पष्ट होती है कि वे मानते हैं कि हिन्दुस्तान के साथ अन्याय हुआ है और अभी तक इन्साफ नहीं हुआ है। यदि यह सच है तो क्या क्षमा-याचना से, भारत को इन्साफ मिल जाता है ? यदि मिल जाता है तो, वह तो ड्यूक साहब और उनके वाक्यों को दुहराने वाले, पापियों के पक्षपाती लार्ड चेम्सफोर्ड महोदय के द्वारा मिल चुका है। हम जानते हैं, लाट साहब इस देश में किसी नई नीति से काम करना चाहते हैं। और यह भी हम मानते हैं वे नीति को इंगलैण्ड से बनाकर नहीं लाये। इसीलिए यहाँ परिस्थिति की समझ लेने के लिए मौका माँगा गया, किन्तु इस "मुआफ कर दो" से लाट साहब की नीति का पता चलता है कि वे पंजाब की घटना पर इन्साफ करने में प्रयत्नशील न होंगे। यदि बात सही है, तो लाट साहब हमें इन्साफ किस बात में देंगे ? इसके सिवा, यदि पंजाब के सम्बन्ध में लाट साहब की यही नीति है तो हम कहेंगे, उन्होंने बहुत जल्दी अपनी नीति कायम की। यदि कायम न की हो तो हम उनसे निवेदन करेंगे कि वे हण्टर-कमेटी के बहुमत और अल्पमत की रिपोर्ट और कांग्रेस सब-कमेटी की रिपोर्ट देखकर पंजाब पर अपना मत निश्चित करें। लाट साहब ने शान्तिपाठ पढ़ाया भी तो केवल भारतवासियों को। किन्तु सर माइकेल ओडायर, जनरल डायर, कर्नल ओब्रायन और बासवर्थ स्मिथ को लाट साहब ने एक भी शब्द नहीं कहा, यह क्यों ?

लाट साहब ने दूसरी बात, कहे जाने वाले सुधारों की कही है और आज्ञा की है कि भारतवासी सहयोग करें। सुधारों को भारत ने अधूरे, असन्तोषजनक और निराशाजनक कहा था, और उस दिन श्रीमती बीसेण्ट ने भी कहा था—न ये इंगलैण्ड के देने योग्य हैं, न हिन्दुस्तान के लेने योग्य। इसके सिवा, कौंसिलों का प्रहसन होते चार महीने हो गये, आज तक उनमें एक भी बात ऐसी न हुई जिससे यह कहा जा सके कि वे स्वराज्य-साधना के द्वार हैं। वहाँ छोकड़ों जैसा मजाक किया जाता है, और वहाँ के देशी और विदेशी ब्यूरोक्रैसी के आदमी कारूँ के खजाने की कुंजी हाथ लगी पाकर देश के हित की एक तो बात ही नहीं उठने देते, और उठने पर किस निर्दयता से कुचलते हैं और जोश से भी उसे रोकने का प्रयत्न करते हैं कि जिसे देखकर कहना पड़ता है कि अच्छा था, पहले जनता के हित-विघातक कम थे, अब तो कई गुने अधिक हो गये। इसके सिवा, कौंसलें चाहे सो करे, गवर्नर के सामने कुछ नहीं चलने पाती, वे लार्ड रोनाल्डशे और लार्ड सिन्हा बनकर वीटो के जबरदस्त अधिकार को आजमाते हैं। साथ ही इस नये युग में लोगों पर किस निर्दयता से दमन का शस्त्र चलाया जा रहा है, यह भी लाट साहब देख लें। बस, इज्जतदार एक ही रास्ते से गुजर रहे हैं और दमन की दौड़ में होड़ ले रहे हैं चाहे वे बिहार के सिन्हा हों, चाहे यू० पी० के बटलर, चाहे सी० पी० के सरताज स्लाई हों। डा० चोलकर, और श्री वामनराव के हाथों में बेड़ियाँ रहते हुए, महात्मा भगवानदीन के पिंजड़े में बन्द रहते हुए और जेल में पिसते हुए अनेक खिलाफत वर्कर्स और कांग्रेस वर्कर्स के मुँह में ताले ठोंके जाते हुए और अनेकों को जेलों में सड़ाए जाते हुए देखकर हमारे हृदय से पूछें कि हम इन सुधारों को हमारे लिए क्या समझते हैं, हम यमराज की फाँसी के सिवा कुछ नहीं समझते। यदि यह तानाशाही ही अधिकारियों को करना अभीष्ट है, तो परमात्मा के लिए, वे सुधार का नाम लेकर न करें :

रही लाट साहब की पैसा देने वाली बात। लाट साहब कहते हैं कि हम कम्पेंसेशन दे देंगे। परन्तु पैसा किसका और किसको? यदि उन्हीं टैक्स देने वालों का पैसा, उन्हीं को थोड़ा-बहुत लौटा दिया जाता है, तो यह कोई चीज नहीं। इसके सिवा यह आग लगाने वाली बात उस समय और भी अखरती है, जब हमारे नंगे कोड़े खाने, हमें पेट के बल रेंगाए जाने, हमारी बहुओं और बेटियों के मुँह पर थूका जाने और उन्हें नंगा किये जाने, नन्हें नन्हें बच्चों को कोड़ों की मार से बेहोश किये जाने और पानी की बूंद-बूंद के लिए तरस-तरस के मरने वालों का बदला किसी को हमारे पैसे से चुकाने की सूझती है। लाट साहब एक बार उस इंगलैण्ड की कल्पना करें। जिसकी बहुओं और बेटियों की यह दशा की जाती, जिसमें यदि किसी पापी के द्वारा जालियाँवाला कांड मचाया जाता, जिसमें यदि ब्रिटेन का कोई ईमानदार बच्चा नंगा करके कोड़ों से पीटा

जाता तो उस समय ब्रिटेन के हृदय में कौन से भाव होते ? हिन्दुस्तान ब्रिटेन के उन दुश्मनों के खिलाफ साथ देता ? लाट साहब क्षमा करें, हमारी माताओं और बहिनों की इज्जत किसी भी बाजार-दर पर नहीं बेची जा सकती, हमारे आदमी रुपया लेकर पेट बल नहीं रेंगना चाहते और हमारे देश की औरतें अपने शौहरों को जल्लादों के हाथों से तड़प-तड़प कर प्राण लिवाना नहीं चाहतीं कि उन्हें कोई पैसे दे देगा। इसके सिवा, हमारे लाट साहब को जलियाँवाला और अमृतसर में, श्रीमान ड्यूक महोदय के शब्द याद आये, परन्तु उसी जलियाँवाला में मरे हुए मदन की आवाज उनके कानों में नही गूँजी, उसी अमृतसर में पेट के बल रेंगे हुओं, मौत के घाट उतरे हुओं की आवाज लाट साहब के कानों में नहीं गूँजी। यह इंगलैण्ड का और इस देश का दुर्भाग्य है।

पिसने के बाद, बदले के पापी भाव पैदा होना स्वाभाविक है। किन्तु असहयोगी उन भावों के न उठने के लिए छाती पर पत्थर रखे हुए हैं। वे नहीं चाहते कि पाप को पाप से मिटाया जाय, किन्तु वे यह जरूर चाहते हैं और इस बात में प्रयत्नशील हैं कि पापी पाप को लेकर हिन्दुस्तान में नहीं रह सकता। हम जानते हैं कि आपको अपना कठिन कार्य आरम्भ करना है, किन्तु वह निहत्थी जनता पाकर उसे पीस डालने वाले पापियों के कहने के अनुसार नहीं, पिसे हुए आजादी के उपासकों की इच्छा के अनुसार करना होगा। आप जो करें, धीरे से करें। पर आप, कृपा कर, न तो भूल जाने को कहें, न सुधारों के गुण गावें और न पैसा देने की बात करें। अमृतसर और जलियाँवाला और आये दिन अपने ही देश में देशभक्तों का कैदी होना और कष्ट पाना भूल जाने की चीजें नहीं हैं। पंजाब का इन्साफ करने वाला, खिलाफत की उलझन सुलझाने वाला और भारतवासियों का राज्य उन्हें लौटाने का हृदय रखने वाला ही, कुछ बोले। जो इसके खिलाफ बोलेगा, चाहे वह कृष्ण और मुहम्मद ही क्यों न हो, हमें नम्रता से निवेदन करने दीजिए कि हिन्दुस्तान उसकी सुनने के लिए तैयार नहीं।

[22 अप्रैल, 1921]

मैदान में आइये !

हमें अपने उन भाइयों की ईमानदारी पर सन्देह नहीं, जिन्होंने आज तक अपना नाम नरम और लिबरल बना रखा है। हमें इस बात से इन्कार नहीं कि उन्होंने एक जमाने में देश की सेवा की है। और आज भी वे देश की वह सेवा करते हैं जिसे वे सेवा समझते हैं। परन्तु हम देखते हैं कि आज-कल उनके कार्य का ढंग, दिनोंदिन ऐसा होता जाता है जिससे वे बदनाम किये जाते हैं और हमारी प्रान्त

से उनकी कुछ कारगुजारियों से देश हानि उठाता है। हम देख रहे हैं कि हमारे भाई, आज-कल देश के सामने आने की कोशिश नहीं करते और कभी तो संवाद-दाताओं से मिलकर, कभी भोज में शामिल होकर और कभी समाचार-पत्रों में चिट्ठियाँ छपाकर, अपने जी की उठान शान्त कर लेते हैं। हम नम्रता से पूछते हैं कि क्या कारण है कि जिस तरह देश में काम करने वाले लोग देश के सामने जाकर अपने विचार प्रकट करते हैं; उसी तरह आप नहीं करते। फिर आपकी इस करतूत से देश यह सोचता है कि आपके पास वर्तमान जमाने का लोहा लेने के लिए, भारतवर्ष के लोगों का नेतृत्व करने योग्य कोई भी वस्तु नहीं है, तो उसका क्या दोष है?

यह कहा जाता है कि असहयोग फेल हो गया, क्योंकि कौंसिलें सब भर गयीं, परन्तु हृदय पर हाथ रखकर आप सोचिए, क्या देश के उन आत्माभिमानियों ने जिनके हाथ में देश है, उसमें कदम रखा? देश के सजीव राष्ट्रीय हृदयों ने कौंसिलें छोड़ दीं। यह दावा तो किसी का भी न था कि नौकरशाही के रिश्तेदार भी कौंसिलों में न जायेंगे और न जायेंगे वे लोग, जो अपनी पोजीशन, परिस्थिति, पद्धति और प्रभाव को तभी कायम रख सकते हैं, जब वे सरकारी हुक्कामों से मिले रहें। साथ ही, कौंसिलें भर जाने ही से कौंसिल में जाने वाले लोग प्रतिनिधि नहीं हो गये? यह सोचना भी जरूरी है कि उन्हें कितने लोगों ने चुना? इस दृष्टि से और किसी भी दृष्टि से सोचिये तो पाइयेगा कि वर्तमान कौंसिलें केवल खुद अपनी प्रतिनिधि हैं, वे प्रजा की प्रतिनिधि नहीं हैं। श्रीयुत जमनादास द्वारकादास सत्याग्रह की लड़ाई में, 'हिन्द स्वराज्य' नामक पुस्तक बेचकर कानून तोड़ते फिरते थे और गांधीजी के 'यंग-इण्डिया' के जन्मदाता वे ही हैं। किन्तु समझ के फेर से आज उनका यह आक्षेप है कि राष्ट्रीय पक्ष वालों का कौंसिल-बहिष्कार एक जोश था, और अब वे कौंसिलों की मदद पाने को दौड़ते हैं और इसके उदाहरण में उन्होंने श्रीयुत सावरकर और श्री गिरधारीलाल जी का नाम लिया है, किन्तु श्रीयुत जमनादासजी कदाचित् इतने बेपढ़े नहीं हैं कि राष्ट्रीय पक्ष और असहयोगी शब्द का अर्थ न समझ सकें। पूज्य मालवीय जी और श्रीयुत खापर्डे राष्ट्रीय पक्ष के हैं, परन्तु असहयोगी नहीं हैं और ऐसी दशा में वे जो करें, इसका दोषी असहयोग आन्दोलन नहीं हो सकता।

इसके सिवा वे तिल का ताड़ बनाते समय अपनी आँखों से कहें कि वे एक सावरकर और गिरधारीलाल की जगह सैंकड़ों उन असहयोगी हिन्दू-मुसलमानो की गिरफ्तारी देखें, जो देशरूपी भगवान के नाम पर चुपचाप और इज्जत से बेड़ियाँ पहिन रहे हैं और देखें उनकी यह जबर्दस्त शान्ति जो वे अत्याचारों के नीचे कुचले जाने पर वीरों की तरह दिखा रहे हैं। आपका दूसरा आक्षेप यह है कि नरमों के द्वारा कौंसिलों आदि में देश को जो लाभ हो रहा है, वह अभिमान

की बात है। अपराध क्षमा हो, जो काम नरमों के द्वारा हो रहा है, वह डूब मरने की बात है। यह नरम लार्ड की ही कृपा है कि वह बिहार के लोगों को कुचलने में अंग्रेज अत्याचारियों को मा त कर दे। वे सरकारी मन्त्री और कौंसिलर नरम ही हैं जिनकी कृपा से इस समय दमन की लपटों में देश जलाया जा रहा है। उसमें यदि आग लगाने का काम अंग्रेज अधिकारी करते हैं तो दुर्भाग्य से तेल का कनस्तर नरम भाइयों के हाथों में है। आज का दमन, जिसे आप अपने सुधारों का सुफल भी कह सकते हैं— उस समय इतना नहीं रह सकता जिस समय कुल्हाड़ी के साथ हमारे बेंट न हों। हम अपने भाइयों को यह भी कहते सुनते हैं कि असहयोग आन्दोलन से 'अनार्की' यानी राजविद्रोह फैलेगा, परन्तु वे देख लें कि आज उस राजविद्रोह का पता नहीं दीख पड़ता जिसमें पिस्तौल और बम के गोले चला करते थे और हत्याएँ हुआ करती थीं। जब यह पवित्र संग्राम उन पापों को रोक सका है तब उसे राजविद्रोही कहना सिवा दुराग्रह के क्या कहा जा सकता है? हाँ, हम जानते हैं कि सरकार के अधिक दमन और जुल्म से, असहयोगी तो नहीं, अन्य लोग भड़क उठेंगे, क्योंकि उनके कष्ट सहने की कोई हद होती है परन्तु इसका श्रेय एक तो आप अपने हृदय को दीजिये और उसके बाद दीजिए, जुल्मी अधिकारियों के हाथों को। असहयोगी तो अत्याचारियों को भी कष्ट नहीं देगा।

कहा जाता है कि असहयोगी देश की उन्नति में रोड़े अटकाते हैं। किन्तु निःस्संदेह यदि देश की उन्नति का अर्थ है स्वतन्त्रता की ओर बढ़ना, तो क्षमा कीजिए आजादी के रास्ते में निर्भीकता से बढ़ने के लिए नरम दल कभी भी आगे नहीं आया। नरमों ने कौंसिलों में भाषण देकर शराब घटानी चाही, परन्तु अंग्रेजी ख़जाना बढ़ता गया; असहयोगी शराब बन्द करने में सफल हुए और इस पवित्र पथ में उन्हें जेल जाने से इन्कार नहीं हुआ। नरम सभा-मंचों पर स्वदेशी का प्रस्ताव पास करते रहे और असहयोगियों ने लोगों को खद्दर पहनाया, सूत कतवाया और चरखे चलवा दिये। नरम दल के लोग भारत की मुकदमेबाजी को कोसते रहे किन्तु उसके रोकने में क्या किया? असहयोगी वकीलों ने भारी संख्या में रोटियों पर लात मारकर उसे बन्द करने पर कमर बाँधी। नरमों ने देश के सुधार का सन्देश कुछ थोड़े से पढ़े-लिखों को सुनाया, किन्तु राष्ट्रीय असहयोगियों ने झोंपड़ी से महल तक घर-घर में स्वाधीनता की गूंज मचा दी। नरम भाई कांग्रेस के चालीस वर्षों के इतिहास में यह नहीं बता सकते कि कांग्रेस के लिए उन्होंने पचास हजार रुपया भी लगातार वर्ष भर स्वाधीनता के संदेश फैलाने के लिए इकट्ठा किया हो; किन्तु राष्ट्रीय सेवकों ने लोकमान्य तिलक, महात्मा गांधी तथा कई ने लाखों इकट्ठा किया—करोड़ इकट्ठा कर रहे हैं। और कांग्रेस का प्रस्ताव प्रस्ताव ही न रखकर वर्ष-भर कार्य में लगे हुए हैं। जब कांग्रेस नरमों के हाथ में थी तब जिला कांग्रेस कमेटी के प्रसुप्त सभासद उँगली पर गिनने की चीज

थे, आज कांग्रेस के सदस्यों की संख्या लाखों है, और कस्बों और देहातों में कांग्रस कमेटी का जाल सा बिछ गया है। अछुतोद्धार के विषय में नरम नेता वर्षों प्रयत्न करते रहे पर फिर भी वे देश से ऊँच-नीच और छुआछूत का भेद न हटा सके। परन्तु राष्ट्रीय सेवकों ने पिछले दो वर्षों के भीतर अछूतोद्धार को राष्ट्रीत धर्म बना लिया है। बकौल लाला लाजपतराय जी के यदि इन सब बातों से देश की उन्नति में रुकावट नहीं आती है तो सचमुच हमारे नरम भाइयों की उन्नति की कल्पना ही अद्भुत है। हम आज भी अपने नरम भाइयों से निवेदन करते हैं कि खैर, इतने पर भी यदि आपका ही रास्ता देश के लिए उपयोगी है, तो मैदान में आइये और देश को समझाइये। क्या यह उचित न होता कि हमारे नरम भाई सरकार के दरवाजे बिक जाने के बजाय, कम से कम कुछ तो आजाद रहते और अपने दल की हत्या कर देने के बजाय, देश का साथ देकर, शासकों के प्रति सिद्ध कर सकते कि हिन्दुस्तानी खून ऐसा है जो फोड़ा नहीं जा सकता, बहकाया नहीं जा सकता और जो आपदा के दिनों में अपने देशवासियों को अकेला छोड़कर हजारों रुपयों पर किसी भी शाही दरवाजे पर बिक नहीं सकता।

सम्पादकीय टिप्पणी नं॰ 1

जो इंग्लैण्ड साम्राज्य में और, हाँ, भारतवर्ष में भी बोलशेविकों के चरण नहीं पड़ने देना चाहता, उसी के घर इंग्लैण्ड की यह हालत है कि बोल्शेविकों का अड्डा अपने भावों को फैलाने के लिए कोई अढाई लाख रुपया महीना खर्च करता है और अपनी शक्ति को ग्रेट ब्रिटेन में मजबूत बना रहा है। बोल्शेविकों की यह क्रिया इस बार इंग्लैण्ड के प्रधानमन्त्री का सिंहासन हिला बैठी या बहुत पुराने झगड़े को सुलझाने की महान उदारता ने प्रधानमन्त्री को लाचार कर दिया था। अफगानिस्तान की आँखों की चढ़ती हुई भलाई और हिन्दुस्तान के असहकारिता रूपी शान्त बलवे ने प्रधानमन्त्री के कान में जाकर कह दिया कि बोल्शेविकों से व्यापारिक सन्धि और राष्ट्रों के जीवन के लिए यही सन्धि मुख्य है, कर लो। लायड जार्ज ने मानो योगवाशिष्ठ पढ़ते-पढ़ते बोल्शेविकों से यह वचन लेकर सन्धि कर ली कि "हुजूर, जिस दिन से हम और आप एक हुए, उस दिन से इंग्लैण्ड में हमारा प्रचार का काम बन्द !"

सम्पादकीय टिप्पणी नं॰ 2

पर हमें डिप्लोमेसी के अवतार लायड जार्ज महोदय से पूछना यह है कि क्या कल के 'नालायक और खूनी' सोवियट आज ही पवित्र हो गये ? और क्या आपके व्यापारिक समझौते से लाभ उठाकर जो धन वे बोल्शेविक पैदा करेंगे, उसे बोल-शेविक ताकत को बढ़ाने में खर्च करेंगे, या अपने आपको नाश करके इंग्लैण्ड को

खुश करने में लगावेंगे? इस के सिवा, आपको 'सूरज न डूबने वाली दुनिया' में क्या सब जगह बोल्शेविकों ने अपने भावों के प्रचार न करने का वचन दे दिया है ?

सम्पादकीय टिप्पणी नं० 3

जो हो, समाचार तो ऐसे नहीं आये। पर कदाचित् इस समय बोल्शेविकों के वचनों की लायड जार्ज साहब को उतनी जरूरत नहीं है जितनी उनसे सन्धि कर लेने की है। क्योंकि उधर अमेरिका के सेक्रेटरी आफ स्टेट मि० ह्यूवस कह रहे हैं कि रूस से व्यापारिक सन्धि कर लेना जरूरी है और इधर हिन्दुस्तान का पड़ोसी अफगानिस्तान तो सन्धि कर ही चुका है।

[30 अप्रैल, 1921]

स्वागतम् !

श्रीमान्, आइये आपकी मार्ग-प्रतीक्षा करते, और आपके आगमन पर राष्ट्रीय कार्यों को साध लेने की धारणा मन में धरते हमें महीनों बीत चुके। आप दूर से आये हैं, किन्तु हमारे पास ऐसे साधन नहीं कि हम आपको आराम दे सकें। स्वार्थ की भावना के सिवा, हमारे पास कोई भावना भी नहीं है। हमने अपना शक्तियों को आजमाकर देख लिया है और निश्चय कर लिया है कि आपके आ जाने पर, हमारी वह शक्ति कई गुनी हो उठेगी, और राष्ट्रीय क्षेत्रों के निर्माण में हमें बल मिलेगा।

× × ×

पहला उत्सव राष्ट्रीय हिन्दी-मन्दिर का था। स्वामी श्रद्धानन्दजी का पधारना हमारे लिए, इस प्रदेश के लिए गौरव की बात थी, साहित्य-सेवियों ने अपने भारतीय सम्मेलन के सभापति का पुनर्दर्शन पाया, समाज-सुधारकों ने अपना पुराना कार्यवीर पाया, राष्ट्रीय शिक्षा के उपासकों ने राष्ट्रीय शिक्षा का शान्त किन्तु तेजस्वी निर्माता और उसी पर अपना बाह्य, तन, मन, धन सर्वस्व अर्पण कर देनेवाला पाया। राष्ट्रीय सेवकों ने अपना पूजनीय, अमृतसर की अमर कांग्रेस का संचालक और सत्याग्रह के मैदान में निर्भीकता से, हजारों भारत-वासियों में आत्मबल भरने और अत्याचारी समूह के गोले और गोलियों के सामने खुले हृदय से खड़े रहने के लिए बल पहुँचाने वाला पाया। किन्तु उन धर्मप्राण मध्यप्रदेश वासियों ने, जिनके लिए उस युग से बुरा कोई युग नहीं, जब साधु भी अत्याचारियों से व्यथित होकर देश को जागृति का सन्देश देने लगे, एक ऐसा संन्यासी पाया जिसका राष्ट्रीय हिन्दी मन्दिर के अभिनन्दन के उत्तर में यह कहना

था, असहयोग धर्म का सवाल है राजनीति का नहीं। राजनीति में बातों की बनावट होती है किन्तु धर्म में धर्म केवल धर्म होता है, समझौता नहीं होता। गांधीजी जिसे रावण-राज्य कहते हैं उससे समझौता नहीं हो सकता। मैं इसमें कभी शामिल न होता, यदि मैं इसे धर्म न समझता, क्योंकि संन्यासी को राजनीति से ताल्लुक नहीं।

× × ×

इसके पश्चात्, हमारे प्रदेश के सहृदय सुकवि श्री लोचनप्रसाद जी पाण्डेय का पधारना। सौभाग्य की बात पाण्डेय जी की भावना थी कि—

याचे नो राज्यं धर्म ख्याति विभयलैक।
सत्वविता रतिभीश में कृपया दहि सदैव ॥
सत्कवितासि सुखप्रदा प्रमदा सुकवेर्यस्य।
दुर्लभभरित हि भूतलं किमपि पदार्थं तस्य ॥

और इसीलिए सम्मेलन का छोटा-सा पद क्या, कोई देव-दुर्लभ पद भी, अपनी महान् आकांक्षाओं के कारण कठिन नहीं। पाण्डेय जी के राष्ट्रीय भावों से प्रदेश अपरिचित नहीं। यह उनही की लेखनी थी जिसने लिखा था—

देखेंगे दृश्य नाना, सुरगण फिर भी,
आय स्वाधीनता के।
गावेंगे गान आहा, हिल-मिल, सब ही
वीरता-धीरता के।
देवों के हस्त द्वारा, हम पर फिर भी,
पुष्प की वृष्टि होगी।
हे भाई, है न दूरी भरत वट्टुमति,
सौख्य की सृष्टि होगी ॥

माधवरावजी के मना करने और मीरकवि जी के मौन हो जाने पर प्रान्तीय हिन्दी-सेवकों ने पाण्डेयजी की पुकार की और उन्होंने कृपा की। वे जबलपुर के हिन्दी साहित्य सम्मेलन में पधारे। जबलपुर सेवा में असमर्थ रहा, उसके जीव सुकवि की समाराधना के अवसर पर ही दूसरा काम भी ले बैठे, परन्तु पाण्डेयजी के राष्ट्रीय कोमल हृदय के भारी सहारे पर उनका विश्वास है। आज ये लकीरें जबलपुर के जीव पढ़ें, वे प्रबन्ध करें कि सम्मेलन पाण्डेयजी के सभापतित्व में अपना ऐसा स्वरूप धारण कर सके जिससे वह प्रदेश में स्वराज्य की साधना के साहित्यिक कार्यों को अपने कन्धों पर ले सके।

× × ×

बच्चों के नेता श्रीयुत सुन्दरलाल जी और उन्हें अपने कर्त्तव्य के सिंहासन पर बैठाने वाले आजाद बच्चे साथ-साथ थे। स्वागत हृदय से हो रहा था। कर्मयोगी

और भविष्य के संस्थापक से उनका प्यार न था। वे मध्यप्रदेश में नागपुर में सबसे बड़ा राष्ट्रीय हाई स्कूल और संगठित असहयोगाश्रम के चलाने वाले को पूज रहे थे। वे देख रहे थे कि इसी प्रदेश के राष्ट्रीय क्षेत्र में, बालकों पर मर मिटने और स्वराज्य के संग्राम में बालकों को बार-बार गहराने वाली एक सूरत अखाड़े में उतरी है। उन्होंने, आपको सरकार द्वारा गिरफ्तार होने के प्रथम गिरफ्तार कर लिया। सरकारी अदालत में आप पैरवी न करते; बालकों की न्याय-कुटी में आपने पैरवी की। भगवान करें, देश के बालक, आपके आदेश को पाकर, मर मिटने पर तैयार हो जायें और मध्यप्रदेश, प्यार ही की नहीं, अभिमान की आँखों से देखे कि असहयोग आश्रमों में सीखकर, बालक राष्ट्रीय गवर्नमेण्ट की स्थापना में जुट पड़े।

× × ×

मौलाना मुहम्मद अली साहब पधारे हैं। मि० सालपेकर से आपने कहा, छिन्दवाड़े से हम पाँच लोग आये हैं। बेशक, क्योंकि आप छिन्दवाड़ा में कैद थे। छिन्दवाड़ा आपका कैदखाना—नहीं बकौल आपके छिन्दवाड़ा का कैदखाना, आपका दौलतखाना था। आप पर कुछ लोग दोष लगाते हैं कि आपने अफगानिस्तान के प्रश्न पर प्रकाश डालकर एक कमजोर बात कह दी। किन्तु हम आपके उस साहस, उस वीरता और उस स्पष्टहृदयता की प्रशंसा करते हैं और आशा करते हैं कि महात्माजी की गैरहाजिरी में आपके हाथों वह राष्ट्रीय सेवा होगी, जिससे मध्यप्रदेश के जीव घर में लौटेंगे, वीर संदेश, काम करने की मर्दानगी और इसी साल में राष्ट्रीय गवर्नमेण्ट की स्थापना यानी पूर्ण स्वराज्य-प्राप्ति के मजबूत भावों को लेकर। आप हृदय की वीरता को बजा भर दें, उसकी गूंज ऐसी होगी जो मध्यप्रदेश को असहयोग-संग्राम में पवित्रतापूर्वक पछाड़ने वाला साबित करेगी।

× × ×

श्रीयुत राव के हाथ आज प्रदेश की बागडोर है। आज उनकी ओर आँखें हैं और विश्वास किया जाता है कि वे अपना वीर सन्देश सुनाकर न केवल प्रदेश ही में कर्म की बिजली दौड़ा देंगे, किन्तु आगे बढ़कर देश की कांग्रेस के राष्ट्रीय ध्येय की प्राप्ति के पथ में मिट जाना सिखायेंगे और धूनी रमाएँगे, इस बात के लिए कि केवल बिलासपुर नहीं समूचा मध्यप्रदेश असहयोग के संग्राम में विजयी बने।

× × ×

और इस तरह सम्पूर्ण प्रदेश की मंजुल मूर्तियों का स्वागत, जिन्होंने विनीत जबलपुर और उसके सेवकों की प्रार्थना पर इस राष्ट्रीय महामेले में पधारने की कृपा की !

परिषद में क्या कीजिएगा ?

प्रान्तीय परिषदों का राष्ट्रीय सप्ताह सामने है। हम सुन चुके हैं कि प्रान्तीय परिषद के सभापति बिलासपुर के असहयोगी बैरिस्टर और प्रान्त के सजीव और निर्भीक होनहार कार्यकर्ता श्रीयुत ई० राघवेन्द्र राव चुने गये हैं। हिन्दी साहित्य सम्मेलन के सभापति हिन्दी के सहायक सुकवि श्रीयुत पाण्डेय लोचनप्रसाद जी निर्वाचित हुए हैं और इस तरह, प्रदेश ने राजनैतिक और साहित्यिक दृष्टि से अपना नेतृत्व छत्तीसगढ़ में बिलासपुर जिले को दिया है। साथ ही प्रसिद्ध नेताओं में, राष्ट्रीय हिन्दी मन्दिर गौरववान हुआ है कि उसके सभापति, अमृतसर की अमर कांग्रेस की स्वागतकारिणी समिति के अध्यक्ष, चौथे अखिल भारतीय हिन्दी साहित्य सम्मेलन के सभापति और भारतवर्ष में राष्ट्रीय महाविद्यालय गुरुकुल के जन्मदाता, संचालक और उसमें यश पाने वाले राष्ट्रीय तपस्वी नेता, स्वामी श्रद्धानन्द जी होकर आ रहे हैं। हमारे प्रदेश की खिलाफत कान्फ्रेंस यशस्विनी होगी कि प्यारे अमृतसर और पंजाब के लिए कारागार का कष्ट भोगने वाले, देश के हिन्दू-मुस्लिम हृदयों के प्यारे डाक्टर किचलू सभापति होकर आ रहे हैं। प्रदेश की विद्यार्थी परिषद के सभापति हुए, इस प्रदेश के स्वाधीन नेता, कार्यशील और कर्मयोगी और भविष्य की सेवाओं के द्वारा याद रहने वाले श्रीयुत सुन्दरलाल जी। श्रीयुत महात्मा गांधी जी, पण्डित मोतीलालजी नेहरू, श्रीयुत सी० आर० दास और सेठ जमनालाल जी आदि देश और प्रदेश के नेताओं के पधारने की आज्ञाएँ हो रही हैं.

यह सब ठीक। परन्तु यह उचित नहीं कि यह राष्ट्रीय सप्ताह केवल जय बोलने और महात्माओं की गाड़ियों के पीछे दौड़ने में खर्च कर दिया जाये। समय कठिन है और भयंकर समय आता हुआ दिखायी दे रहा है। देश के हाथ में बहुत बड़ा काम है, और हमारे सूत्रधारों की सबसे बड़ी कमजोरी ये है कि उन्होंने कठिन कार्यों के साथ उन्हें साधने के नियमों और कानूनों को निर्माण नहीं किया। इसलिए, आई हुई जिम्मेदारी को ठीक ढंग से सँभालने के लिए हम अपने कार्यों के सिवा अन्य बातों पर ध्यान दें। परिषद के सामने असहयोग-प्रस्ताव रखा जावेगा, परन्तु हम चाहते हैं कि उस प्रस्ताव को काम में लाने के लिए, एक पूरी स्कीम रखी जाए जिसमें पहला अंग आदमियों का है। बंगाल की तरह हमारे प्रदेश के वकील भी आगे बढ़ें और हृदय मजबूत करके, दिसम्बर तक के लिए भारी संख्या में अपनी वकालत छोड़ें। साथ ही, भारत के राष्ट्रीय सेवकों की संख्या बढ़े। कांग्रेस के झण्डे के नीचे, उद्योगियों की एक भारी संख्या शामिल हो जाय। असहयोग, स्वराज्य या गांधी आश्रम की स्थापना और उन्नति का विचार किया जाय और वर्तमान सरकार के समान अपनी सरकार स्थापित करने

में जितने व्यक्तियों की कमी हो, उसको पूरा कर लेने की स्कीम सोची जाय। धन का सवाल, देश का एक जबर्दस्त सवाल है कि केवल भीख के पैसों से स्वराज्य स्थापित कर ले जाने की बात, हमारी समझ में नहीं आती। हमारा निवेदन है कि धनिक और गरीब; पढ़े और बे-पढ़े सबके लिए एक साधारण नियमों की स्कीम प्रकाशित कर दी जाय जिसमें आमदनी के हिसाब, एक-दो पैसा या आना मासिक देने वालों से रुपयों की राशि देने वालों तक सब एक ही साधारण नियम में बँध जायें। हमारे इस स्वराज्य के स्थापित करने और पूरी सावधानी से काम में लाने में देशवासियों का पूरा हाथ हो और नियम बन जाये तो हम सोचते हैं, एक करोड़ से कहीं अधिक रुपया एकत्र हो सकता है और किसी को भी भार-स्वरूप नहीं मालूम हो सकता। जैसे एक रुपये की आय पर एक पैसे से लगाकर एक आने तक का नियम बना लेना। देश के धनिकों को धन देने के लिए कोसना बेकाम है। हमारा ख्याल है कि व्यापारिक स्कीम के अनुसार मदद देने में इस प्रदेश में धनिक नहीं पिछड़ेंगे। चरखों की हमारे प्रदेश में अभी केवल चर्चा है। काम बहुत कम हो रहा है। इसके लिए, पौनी पहुँचाने, सूत कतवाने, कपड़ा बुनवाने और प्रत्येक तैयार चीज के बिकवाने की एक स्कीम सामने आनी चाहिए। प्रत्येक जिले में ऐसे सज्जन मिल सकते हैं जो दूकानें खोलकर थोड़े मुनाफे पर इन चीजों को स्टोर करके बेच सकते हैं। पर इनका ढंग बताना और उन दुकानों के सफल होने की स्कीम बता देने का काम प्रदेश के व्यापारी कांग्रेसवासियों का होना चाहिए। हमें चरखों का व्यापार गरीबों के लिए लाभदायक बनाना चाहिए, न कि केवल कार्यों का ढोंग रचना चाहिए। प्रश्न राष्ट्रीय शिक्षा भी हाथ में है। यद्यपि विद्यार्थियों से कहा जाता है कि वे 1-2 वर्ष पढ़ने का नाम न लें और स्वराज्य के कार्य में लग जायें, पर कहीं-कहीं स्कूल भी खुले हैं। परन्तु न तो हमें निकम्मे स्कूल खोलना चाहिए और न जबर्दस्ती शिक्षा के प्रश्न को पीछे डालना चाहिए, राष्ट्रीय विद्यालय और विद्यापीठ की एक अच्छी शैली निर्धारित होनी चाहिए। वर्तमान समय में केवल नेशनल कहलाने वाली निकम्मी पद्धति एकदम बन्द होकर, शासकों को हमारी अभीष्ट दिशा में लाभ पहुँचे, ऐसी व्यवस्था देनी चाहिए। देश में मादक पदार्थों के निषेध का प्रश्न और जोर पकड़ गया है। इस पथ में हम लोग सफल भी हुए हैं किन्तु वर्तमान से काम उठाकर, हमें अपने लिए निश्चित पथ निर्धारित कर लेना है जिसके द्वारा कि शराब आदि नशे वाली चीजों का खरीदना, बेचना और ठेके लेना एकदम बंद हो जाये। जिस तरह सरकार के आदमी शराब और गाँजा पिलाने की सुविधाएँ करते घूमते हैं, उसी तरह हमारे आदमी इस पाप को रोकते हुए, नजर आने चाहिए। इधर हमारी सभा-सोसाइटियाँ भारी होती जाती हैं और आगी लगने, कठिनाई पड़ने और देश की सेवा के कठोर कार्यों के समय हमें सेवकों की जरूरत होती है। अभी तक सेवा समितियाँ

असम्बद्ध हैं और उनके स्थापित होने का आबादी या जरूरत के लिहाज से कोई सिलसिला भी निश्चित नहीं है। हमें शीघ्र ही प्रदेश भर की सेवा-समितियों को एक व्यवस्था में बाँधना चाहिए और जिलों, तहसीलों और गाँवों में, हमारी व्यवस्था के अनुसार काम होना चाहिए। सेवा-समितियाँ ही हमारी अहिंसावादिनी पुलिस होंगी जो देश में व्यवस्था और शान्ति रखने में काम आये और उसके सिपाही शारीरिक सेवा, व्यवसाय, कार्यसाधकता, आज्ञाकारिता और देशभक्ति में अनूठे हों। पंचायतों का कर्म अभी बन नहीं पाया और नागपुर कांग्रेस के बाद भी आधा वर्ष खतम होता आया, इसकी कोई भी निश्चित व्यवस्था होनी चाहिए और नियमों के अनुसार काम करने के लिए सब कार्यकर्त्ता प्रान्तीय कांग्रेस कमेटी के सामने उत्तरदाता होने चाहिए। इधर प्रचार के कार्य के लिए न तो कोई हमारा संगठन है और न ऐसे अफसर ही नियुक्त हैं जो प्रदेश में प्रचार का कार्य व्यवस्थापूर्वक करें और लोगों की कठिनाइयाँ दूर करें। केवल एकाध बार घूम आने वाले प्रान्तीय कांग्रेस कमेटी के सभापति या मन्त्री से काम नहीं चल सकता इसलिए नियुक्त कार्यकर्ताओं का होना जरूरी है, जो प्रत्येक जगह से उस समय तक न हटें, जब तक असहयोग प्रस्ताव की प्रत्येक बात की ठीक व्यवस्था न कर दें। इसके सिवा देहातों में लोग अभी भी न कुछ सरकारी आदमी से बुरी तरह डरते हैं और डराये भी जाते हैं। हम साल में एकाध बार सूरत दिखाकर उनका डर नहीं निकाल सकते? इसके लिए हमें स्थायी प्रबन्ध करना चाहिए। यह बात भूल जाना अपने आपको धोखा देना है कि लोग वर्तमान सरकार के पापों से अपने आप अत्यधिक दुःखित और चिढ़े हुए हैं। अभी महात्मा गांधी और स्वराज्य के नाम के सिवा उनमें से बहुतों को कांग्रेस और उसके कार्यक्रम से पूरा परिचय नहीं है और हमें बजाय शहर के आगे सिर मारने के देहात की झोंपड़ियों में कांग्रेस का सन्देश पहुँचाने की कोई एक योजना बना लेनी चाहिए। इसलिए हमें इस बार केवल प्रस्तावों से ही सन्तोष नहीं मानना चाहिए, किन्तु लोगों के सामने यह बात रखनी चाहिए कि किस तरह स्वराज्य के काम में लगें।

इधर एक-एक करके स्वराज्य के सच्चे उपदेशक बीने जा रहे हैं। जो शेष हैं, उनकी भी उस दिन खैर नहीं, जिस दिन इस प्रान्त के बुद्धिमान नौकरशाही शासक अपनी हृदय की दृढ़ता खो देंगे और दमन में सर हरकोर्ट बटलर साहब को मात करने लगेंगे। हमें वे सब अँधेरे सपने देख लेने चाहिए। और दमन का मुकाबिला करने के लिए हमारे प्रदेश के आदमियों को तैयार करने के लिए ऐसी व्यवस्था बनानी चाहिए जिसके अनुसार चलने में जून के बाद का, आज्ञा किया हुआ सत्याग्रह मध्यप्रदेश इज्जत और सफलता के साथ निपटा सके।

इस समय महात्मा भगवानदीन जेल में हैं और पूज्य अर्जुनलाल सेठी तथा श्रीयुत वामनराव जी उसके दरवाजे पर। हम उनकी गैरहाजिरी में परिषद

करेंगे, किन्तु उनका हृदय हमारे साथ है। हमें उनके इन कष्टों का अभिमान करना चाहिए और उनके आदर्शों को आगे रखकर कार्य में जुट जाना चाहिए, इसके सिवा पुलिस, फौज और सरकारी सेवकों को देश की माँग सुनाने का अवसर आने वाला है। हमें अभी से तय कर रखना चाहिए कि हम किस ढंग से काम करेंगे। हमें शान्ति की उपासना का केवल प्रहसन नहीं करना चाहिए, किन्तु जबर्दस्त शान्ति की स्थापना में मर मिटना चाहिए। सरकारी नौकर जैसा कि वे नागपुर, मालेगाँव और गिरिडीह में लोगों को उभाड़ते न चूके, न चूकेंगे किन्तु उनके द्वारा हजारों की हत्या होते भी हममें कमजोरी नहीं आनी चाहिए। यह समझकर कि स्वराज्य-प्राप्ति के लिए यदि हमने शस्त्र-युद्ध किया होता तो हमें अपने कई लाख अच्छे आदमी युद्ध की भेंट करने पड़ते। अशान्ति, जिसके उत्तर-दाता सरकार और उसका साथ देने वाले वे हमारे भाई हैं, जो दमन के लिए बढ़ने वाली भुजाओं में बल पहुँचाकर देश को कुचलवाकर तमाशा देखते और कहते हैं 'क्या यही तुम्हारी अहिंसा है!' ऐसी अशान्ति हमारे प्रयत्न का कलंक है और उसे रोकने का दिखाऊ नहीं, सच्चा प्रयत्न करना चाहिए।

प्रस्ताव थोड़े हों, जितने प्रस्ताव हों उनके सफल बनाने की स्कीम उनके साथ हो। प्रदेश के जवाबदार आदमी उन कार्यों के लिए नियुक्त हों और उन्हें स्वराज्य की इस लड़ाई के यश और अपयश का पूरा जिम्मेदार बना दिया जाय। जनता को काम और उनके करने के ढंग बता दिये जाएँ अस्पष्ट बातें न कही जाएँ।

हमारे प्रदेश के गरीबों और अमीरों सबमें सबल आत्माएँ निवास करती हैं। यदि परिषद में ठीक ढँग से काम हुआ तो वे उठ पड़ेंगी और फिर राजा से तो क्या, अन्याय करने वाले ईश्वर से भी डरने वालीं नहीं। भगवान् करें, परिषद असहयोग व्रत वालों के लिए एक ऐसा जादू सिद्ध हो जो आगामी अक्टूबर तक देश में स्वराज्य कायम कराने म०प्र० की झोंपड़ियों तक अपनी पूरी ताकत पहुँचा दे।

'प्रताप' संकट में

एक जमाना था जब हिन्दी में राष्ट्रीय पत्र गिने-चुने ही थे। जिसे सन् 1907-8 की पकड़-धकड़ और सरकारी क्रूरता के दिन याद हैं, उसे यह बताने की जरूरत नहीं कि देश में उस समय पत्रों के जीवन की क्या अवस्था थी। उस समय जो पत्र राष्ट्रीय सेवा में अपना कदम आगे बढ़ाने वाले थे, उनमें श्रीयुत सुन्दरलाल जी द्वारा प्रकाशित 'कर्मयोगी' का ऊँचा आसन था। हिन्दी में उस समय पं० माधवराव जी सप्रे द्वारा सम्पादित नागपुर के 'हिन्दी-केसरी' की गर्जना ने

जाग्रति की थी, स्वर्गीय श्रद्धेय पण्डित बालकृष्ण भट्ट जी द्वारा सम्पादित 'हिन्दी प्रदीप' भी निर्भीक बातें कहने में हिन्दी जगत की आदर की वस्तु हो रहा था और कलकत्ते से प्रकाशित होने वाली श्रीयुत बाबूराम जी पराड़कर की 'हितवार्ता' अपने स्वतन्त्र विचार प्रकट करके, अपना पथ कंटकों से भरा बनाने में पिछड़ती न थी, किन्तु अन्त में पहले तो इन पत्रों के आदरणीय संचालकों ने, करारी सरकारी कठिनाइयाँ झेलीं, फिर 1910 में प्यारे प्रेस ऐक्ट का जन्म हो गया। पत्रों की कठिनाइयाँ बढ़ गयीं। जनता के बहुत लाड़ले होते हुए भी, कर्मयोगी और उसके साथी कुचल डाले गए। इस तरह जिस समय हिन्दी जगत में राष्ट्रीयता के भाव अंकुरित होते आते थे, ठीक उसी समय वे नष्ट कर दिए गए। उस समय भी, जो पत्र समादरणीय सेवा करते रहे, हम इस नोट में उनका सम्मान भूल नहीं रहे, अस्तु। जब सजीव पत्रों का जीवन कठिन हो गया तब हिन्दी जगत के लोग, अपनी रुचि साहित्य की तीखी समालोचनाओं और उथल-पुथल के सामाजिक भावों वाले पत्रों से पूरी करने लगे। राष्ट्रीयता की रुकावट का वह युग बुरा था और इस बात की जरूरत थी कि एक मजबूत हृदय, आगे बढ़कर, एक गम्भीर गर्जना करे, परवाह न करे कि वह आज या कल कुचल डाला जाएगा। साथ ही हिन्दी जगत में काम करने के लिए हिन्दी-भाषियों के बीच से पत्र निकलने की जरूरत थी, क्योंकि किसी सुदूर प्रान्तस्थ पत्र के लिए, हिन्दी-भाषियों की परिस्थिति का पलट देना कठिन था। ठीक उसी समय श्रीयुत गणेश-शंकर विद्यार्थी आगे बढ़े, और एक विनीत की हैसियत से 'प्रताप' के तेजस्वी रूप में वे अपनी शक्तियाँ देश के देवता के चरणों पर चढ़ाने लगे। हिन्दी जगत को जीवन सा मिलने लगा और 'अभ्युदय' ने अपना एक जोरदार साथी पाया। परन्तु यह सम्भव न था कि प्रताप सरकारी आँधी के झकोरों से और दुनिया की दरिद्रता के कष्टों से बचा रहे। क्योंकि, उसका प्रकाशक कोई 'बड़ा आदमी' न था, उसके पास सिवा कलम के पेट भरने को भी अधिक न था और पत्र निकालते समय प्रताप का अपना प्रेस भी न था। इसके सिवा, पत्र का निर्भीक स्वर कर्म-योगी, हिन्दी प्रदीप और हितवार्ता के पुनर्जन्म की सूचना कर रहा था। थोड़े ही दिनों बाद प्रताप ने सरकार से 'खबरदार' की आवाज सुनी और देखते-देखते, प्रताप के अंकों में छपी हुई और प्रताप प्रेस से निकलने वाली 'कुली-प्रथा' नाम की पुस्तक को जब्त पाया। यह मुहर थी जो प्रताप के राष्ट्रीय कार्य पर लगाई गयी। प्रताप के सम्पादक विद्यार्थी जी, व्यवस्थापक पं० शिवनारायण मिश्र और प्रताप कार्यालय तथा प्रेस की तलाशी ली गयी। प्रताप से जमानत माँगी गयी, और फिर सहसा वज्रपात करके प्रताप का छपना रोक दिया गया। उस समय सरकार के क्रूर करों में पड़े हुए प्रताप की ये लकीरें, उसके पाठकों को आज भी याद होंगी जो उसने अपने जीवन के कुचले जाते समय कही थीं। हमें वे इस तरह

याद है—

लगा घाव यह जोर का,
रह रहके होती धमक।
रहा काम अब आपका,
मरहम रखिए या नमक ।।

हिन्दी जगत उस समय अपने आदरणीय पत्र को जिन्दा रखने और सरकार को मैदान में पछाड़ देने में सफल रहा। प्रताप की जमानत बढ़ाई गयी और वह भर दी गयी। इसके बाद पुलिस के पवित्र जीवों ने पं० शिवनारायण जी को गिरफ्तार कर लिया और अन्त में अपनी गलती पर मुआफी माँगी। जब प्रताप के पैर जम गए और प्रेस हजारों का हो गया, तब विद्यार्थी जी तथा मिश्र जी ने उसके संचालकों की हैसियत से अपनी भारी सम्पत्ति प्रताप और उसके प्रेस को, पब्लिक ट्रस्ट को सौंप दिया और आप खुद उसके सेवकों की हैसियत से काम करने लगे। इधर सरकार का जोर घट चला था क्योंकि प्रताप के पथ में कई पत्रों ने सजीवता के बल पर काम करना शुरू कर दिया था। किन्तु युक्तप्रान्त की सरकार विदेशी सत्ता के पहियों को चुपचाप उखाड़ने वाले प्रताप को भूल नहीं गयी थी। मतभेद था और है कि प्रताप ने असहयोग के पथ में, अपनी धारणा के अनुसार अपना एक भिन्न रास्ता बनाया, परन्तु प्रताप की सजीवता पथ नहीं भूली। रायबरेली में सरकार और उसकी कृपा के बल पर जीने वालों ने निर्दोष किसानों पर गोलियाँ चलायीं और यह बात अपने खयाल से बिलकुल भुला दी कि भारत में पापी अब चुपचाप पाप करने के लिए, आवारा नहीं छूटने पा सकते। प्रताप ने जोर की आवाज उठायी, 'इण्डिपेण्डेण्ट' ने भी रायबरेली के हत्याकाण्ड की कड़ी आलोचना की। निहत्थों-गरीब किसानों की जमात पर हिंसक पशुओं की तरह टूट पड़ने वाली युक्तप्रदेश की सरकार के बन्दूक-बहादुर खैरख्वाह सरदार वीरपाल सिंह आगे बढ़े और उन्होंने इण्डिपेण्डेण्ट और प्रताप सम्पादक से कहा कि या तो मुआफी माँग लो, या फिर 'रण करने को तैयार रहो।' इण्डिपेण्डेण्ट ने कहा भाई मुआफ भी कर दो, पर प्रताप ने कहा सच कहने को विवश हूँ, प्रस्तुत हूँ जो प्रहार चाहो करो। भाषा कुछ और होगी—मतलब यही था। लड़ाई छिड़ पड़ी और जमीन-आसमान एक देश के सच्चे हृदय का और एक गैर सरकारी चोले के सरकारी से भी अधिक अनोखे कलेजे का पराये और अविश्वनीय मैदान में युद्ध देख रहे हैं। मुकदमा चल रहा है, अतः उसकी चर्चा की जरूरत और इच्छा दोनों नहीं। परन्तु, रायबरेली के प्रधान शासक तक से निर्भीकतापूर्वक साफ-साफ बातें कर डाली गयी थीं और इसीलिए लखनऊ के बिना जमीन और जायदाद के किन्तु नवाबी हुकूमत में पूरे नव्वाब सर हरकोर्ट बटलर अपनी उस तारीफ को सुन न सके। उनकी कृपा की ब्ल्यू पेंसिल चल पड़ी और उन्होंने धारा

124 'अ' और 153 जैसे शस्त्र को न जाने क्यों छोड़कर 108 धारा का नोटिस श्रीयुत गणेशशंकर विद्यार्थी और श्रीयुत शिवनारायण मिश्र को दे दिया। पुलिस के उन जीवों को, जिन्हें मुआफी माँगनी पड़ी थी, भगवान ने यह मौका दिया और अब हिन्दी जगत के लोग सावधानी से सुन लें कि उनकी धरोहर प्रताप के संचालक और सम्पादक को कानपुर के मजिस्ट्रेट ने लिखा है कि—मैं अब जाब्ता फौजदारी की 108 दफा के अनुसार गणेश शंकर और शिवनारायण से पूछता हूँ कि वे 9 मई को कारण बतावें कि पाँच-पाँच हजार रुपये के दो मुचलके और पाँच-पाँच हजार रुपये की मुअतबिर जमानत उनकी नेकचलनी के वास्ते एक साल के लिए क्यों न ली जावे।" फैजाबाद के उपद्रव और सरकारी रिपोर्ट तथा रायबरेली के हत्याकाण्ड पर लेख लिखंने ही के लिए यह 20,000 रु० का पुरस्कार है। और हम हिन्दी संसार से निवेदन करते हैं कि वह अपने प्यारे 'प्रताप'" की चुपचाप हत्या न हो जाने दे। हम उन तेजस्वी युवकों और हृदय रखने वाले सहायकों को उनके कर्त्तव्य की याद दिलाते हैं, जिनकी प्रचण्ड सजीवता अपनी देशभक्ति, सहायता और कुर्बानी के बल पर बड़ी-से-बड़ी अत्याचारिणी सरकार को पछाड़ सकती है। संचालकों को विवश होकर दैनिक प्रताप को 8 से घटाकर 4 पेज का करना पड़ा है। वीर पर युद्ध में प्रबल शत्रु के वार पर वार हो रहे हैं। प्रसंगवश वह क्षीण हो गया है, पर रणस्थल में डटा हुआ अपना कार्य कर रहा है। अतएव वह हमारे बढ़े हुए आदर और पूजा का पात्र है। सहयोगी प्रताप की सहायता ही यू० पी० की नौकरशाही के लिए मुँहतोड़ उत्तर होगा।

[7 मई, 1921]

जबलपुर की प्रान्तीय परिषद-1

श्री राघवेन्द्र राव का भाषण

सभापति के निर्वाचन की सूचना प्रान्तीय, राजनैतिक परिषद की निश्चित तिथि के कुछ ही समय पहले निकली थी तथापि जैसी कि आशा थी, परिषद के सभापति और प्रदेश के होनहार कार्यकर्ता श्री राघवेन्द्रराव का भाषण अवश्य महत्वपूर्ण रहा। यह सच है कि उनका भाषण देश और साम्राज्य की परिस्थिति का दिग्दर्शन कराने वाली घटनाओं से लदा हुआ न था, यह भी कहना असत्य न होगा कि उनके भाषण में देशभक्ति और स्वाधीनता की वह भावुकता न थी जो हृदय में जीवन का संचार करती है और लाखों को मातृभूमि के लिए बलिदान करने के लिए प्रस्तुत करती है। इन कारणों से भले ही उनके भाषण ने प्रान्त की

उस जनता को आकर्षित न किया हो जो सभापति के भाषण में अपने रोटी के सवाल का सरल और सीधा उपाय ढूँढ़ना चाहती हो, जिसमें उनके हृदय की वेदना बड़ी सहृदयता से प्रस्फुटित हुई हो और जिसमें नौकरशाही की उन बीभत्स क्रियाओं का सजीव चित्र खिंचा हो, जो आज वर्षों से शान्ति और अमन के नाम पर करती आई है। फिर भी, उनका भाषण प्रान्त के उन विचारशील लोगों के लिए अवश्य अध्ययन करने योग्य है, जिनका ऊँचा मस्तिष्क राजनैतिक सिद्धान्तों के अनुसार देश की परिस्थिति का विद्वत्तापूर्ण विश्लेषण चाहता है। ऐसे लोग अवश्य मि० राव के भाषण को बड़े धीरज और सहृदयता के साथ पढ़ेंगे और कान्फ्रेन्स के ऐसे योग्य सभापति को हृदय से साधुवाद देंगे। अपने भाषण के प्रारम्भ में मि० राव ने स्वर्गीय शुक्ल जी का स्मरण वेदना-भरे शब्दों में किया है। मि० राव के ये शब्द सच्चे हैं कि—"पूर्ण प्रजातंत्र के लिए जो प्रयत्न हुए हैं उनमें शायद ही कहीं जमींदार दीख पड़े हों, परन्तु वे स्वर्गवासी शुक्ल जी ही थे जिन्होंने ईश्वर का दिया हुआ अपना सब-कुछ देश के चरणों पर चढ़ा दिया था।"

श्रीयुत राव महोदय ने अपने भाषण में विशेष कर दो बातों पर गहरी दृष्टि डाली है। हिन्दुस्तान की वर्तमान राजनैतिक परिस्थिति का विश्लेषण करने में वे ड्यूम के इस सिद्धान्त को लेकर चलते हैं कि मानव जाति की सभी संस्थाओं का आधार लोकमत होता है। बिना जनता की अनुमति के ये उदय में नहीं आतीं और उन्हें कंधा देकर जीवित रखने वाली भी देश की जनता ही होती है। यह सिद्धान्त उन संस्थाओं के विषय में भी लागू होता है जिन्हें हम अनियन्त्रित और पूर्ण सेनाशक्ति के जोर पर चलने वाली संस्थाएँ कहते हैं। फिर चाहे जिन लोगों के बल पर ये संस्थाएँ चलती हों, वे झूठे प्रतिनिधि ही क्यों न हों। जैसा कि हिन्दुस्तान के अंग्रेज शासकों ने हमसे कई बार कहा है हम भी मान लेते हैं कि अंग्रेजों की सत्ता हिन्दुस्थान में यहाँ के लोकमत पर कायम है। परन्तु मि० राव इस लोकमत को तीन विभागों में बाँटते हैं—एक उन लोगों का मत, जो प्रचलित शासन-प्रणाली में उस समय तक कुछ भी परिवर्तन करना पसन्द न करेंगे जब तक उनके स्वार्थों की रक्षा होती रहेगी—अर्थात् उनकी दृष्टि से सरकार किसी दल विशेष की स्वार्थ-साधक संस्था होती है। इस कथन की सत्यता हिन्दुस्थान के व्यापारी वर्ग की ओर दृष्टि डालने से हो जाएगी। एक समय था, जब बम्बई-कलकत्ता के व्यापारी, जो देश के उद्योगी-अगुआ कहे जा सकते हैं, हिन्दुस्थान की सरकार को अपना अन्नदाता समझते थे और इस कारण उन्होंने कभी भी भारतीय शासन के खिलाफ जोरदार आवाज नहीं उठायी। पर देश की परिस्थिति ने पलटा खाया। जब उनके दिल में यह बात पूर्ण रूप से बैठ गयी है कि ब्रिटिश सरकार अपनी कुशल किन्तु अन्यायपूर्ण नीति से उनका धन कई रूपों में लूटवा

रही है, जब उन्होंने देखा कि सरकार की नीति में उनके स्वार्थ की रक्षा का भाव जीवित नहीं रह सकता और केवल एक विदेशी धनियों की जाति का ही पोषण होता है तब उन्होंने सरकार से मुँह मोड़ना अपना फर्ज समझा, और अब वे कांग्रेस के उसी प्रकार भक्त हैं जिस प्रकार आज हिन्दुस्थान का एक पीड़ित किसान। गरज यह कि उनकी राजभक्ति वर्तमान शासन की ओर तभी तक रही जब तक उन्हें अपने स्वार्थों में सरकार की पूरी मदद मिलती रही। तीसरी श्रेणी के लोग वे होते हैं जिनकी राजभक्ति का सम्बन्ध किसी नैतिक या आध्यात्मिक कल्पना पर नहीं होता। वे चतुर और दाँव-पेचों में विश्वास करने वाले होते हैं। वे इस विश्वास पर वर्तमान शासन को सहारा देते हैं कि उनके दांव-पेंच कभी न कभी शासकों की कुटिल नीति पर विजय पायेंगे। इसलिए, वे सदा भौतिक शक्तियों पर विश्वास रख, जरा-जरा से अधिकारों के टुकड़े पाने में बुद्धि आजमाया करते हैं। और इस प्रकार परस्पर दाँव-पेंचों के साथ उनका सम्बन्ध चला जाता है और अत्याचारी शासन की अवधि भी कुछ लम्बे समय तक के लिए बढ़ती चली जाती है।

इस कथन में मि० राव का मतलब देश के उन गरम भाइयों से है जो देश के प्रतिनिधि होकर भी ब्रिटिश सत्ता को 'दिखाऊ लोकमत' से चलती हुई बतलाते हैं। मि० राव ने नरमों की जो व्याख्या की है, उसमें जरा कमी आ गयी है, वह यह है कि वे सरकार को सिर्फ माडरेट मत के बल पर चलने वाली बतलाते हैं। उनकी इस व्याख्या के बजाय लाला लाजपतराय की व्याख्या तीखी जरूर है, पर अधिक स्पष्ट मालूम पड़ती है। हमारे देश के नरम भाई अपनी राजभक्ति का परिचय जिस तरह दे रहे हैं उसे देश को आजाद देखने वाला आदमी सह नहीं सकता। अब उनका कोई दल ही नहीं। उन्हें हिन्दुस्तान की नौकरशाही ने अपना रूप दे दिया है और इस प्रकार दमन-नीति के प्रयोग में उनका उतना ही हाथ है जितना गोरी नौकरशाही का। उनकी देशभक्ति अपने देशवासियों का बड़ी क्रूरता और अन्याय से गला घोंटने में लगी है और इसका कारण उनका यह मूर्खता-भरा विश्वास है कि वर्तमान शासन का रहना हिन्दुस्तान की सभ्यता की वृद्धि और सुधार के लिए आवश्यक है। इसलिए मि० राव ने लोकमत का जो दूसरा दर्जा बतलाया है उसके लक्षण में परिवर्तन किये जाने पर ही हमारे नरम भाई उसमें आ सकेंगे।

श्रीयुत राव के लोकमत का दूसरा दर्जा तीसरे से बहुत थोड़ा अन्तर रखता है। वे कहते हैं कि इस वर्ग में 'वे वजनदार और महत्वपूर्ण लोग हैं जो ब्रिटिश राज्य की आवश्यकता के विषय में यह विश्वास करते हैं कि अंग्रेज लोग इस देश में सुधार करने आये हैं और इसीलिए देश में उनकी सत्ता है, जिसको वे अपना स्वार्थ कहा करते हैं। उससे दीख पड़ता है कि न तो कोई नैतिक और न कोई आध्यात्मिक

शक्ति ही है। उसमें केवल दुनिया की बुद्धिमानी है। इस श्रेणी के लोगों के विचारों के अनुसार हिन्दुस्तान का भाग्य कभी भी उज्ज्वल न होगा। कदाचित् मि०राव का अभिप्राय उन निराशावादी लोगों से है जो अपने देश के निवासियों को उठाने की ताकत में विश्वास नहीं करते। वे यह सोचते हैं कि हमारे देश के लोग असभ्य हैं और उन्हें सुधारने के लिए वर्तमान विदेशी शासन ही उपयुक्त है। इसीलिए शायद उनका खयाल है कि हम बड़ी ऊँची भावना से प्रेरित होकर राजभक्त हैं। यदि श्रीयुत राव का अभिप्राय ऐसे निराशावादी लोगों से हो तो कहना होगा कि अब हिन्दुस्तान में ऐसा कोई दल मौजूद नहीं है जिसे देश के उज्ज्वल भविष्य में सन्देह हो और जो निरा परावलम्बी हो। किसी समय ऐसा एक शिक्षितों का दल था, जिसे विदेशी संभ्यता, रीति-रिवाजों और विचारों से कतई घृणा थी। ऐसे लोग अब तीसरे दल में विलीन हो गये हैं, जो तीसरा दल नौकरशाही में रंग में नहीं तो विचारों और कार्य में अवश्य मिल चुका है। या फिर श्रीयुत राघवेन्द्ररावजी का इशारा उन लोगों की तरफ है जो देशी राज्यों के नरेश और सत्ताधारियों में से हैं और जिन्हें अंग्रेजों की सहायता के बिना अपनी सत्ता कायम रहने की उम्मीद नहीं, क्योंकि प्रजासत्ता का जोरदार बल अंग्रेजी भारत से पहले ही उनके तख्तों को उलट सकता है। बेशक, भारत का समय ऐसे लोगों की दृष्टि में उज्ज्वल न होगा क्योंकि जिस दिन भारत का उदय होगा उस दिन वे न होंगे। परन्तु समय कह रहा है कि वे हों या न हों, भारत का भाग्य उदय होगा और उनका अपना सब खून खींचकर रक्षा करने पर भी वर्तमान नौकरशाही का यह सर्वभक्षी पौधा हरियाला नहीं रह सकता।

सम्पादकीय टिप्पणी नं० 7

श्रीयुत सुन्दरलालजी को वर्धा के उदार न्यायाधीश ने, उनके भाषण में एक भी वाक्य प्रमाण-रहित और झूठ न होते हुए भी एक साल की सजा दे दी। सुन्दरलालजी का हृदय फिसला हुआ है और उन्हें दो बार राजयक्ष्मा हो चुका है। ऐसे कैदी को जज की काले मुँह की उदार कलम ने कह दिया कारावास नहीं, एक साल का सपरिश्रम कारावास भोगो। सुना जाता है कि सरकार के आदमी यह बात न सह सके कि उन्होंने पंजाब की घटनाओं का जिक्र करते हुए, एक कर्नल द्वारा भारतीय महिलाओं के नग्न किये जाने और उनके गुप्तांगों पर की हुई ज्यादती का अपने भाषण में उल्लेख किया। कहा जाता है कि कोई अंग्रेज ऐसा नहीं कर सकता। हम भी अच्छे अंग्रेजों को जानते हैं किन्तु हम अंग्रेजियत के कायलों को जोन आफ आर्क के जीते जलाये जाने और बिहार की लड़की हीरा पर आशिक साहब बहादुर द्वारा उसके बाप पर गोली चलाने की बात याद दिला देना चाहते हैं। खैर, हमारे सामने तो सुन्दरलालजी की वह मंजुल मूर्ति है

जिसकी सजा सुनाते समय की मुस्कुराहट ने जेल का सारा भय और दबाव चूर-चूर कर दिया और अपने भाइयों को शांति के साथ समझा दिया कि बढ़े चलो, स्वराज्य तुम्हारी ओर इतनी शीघ्रता से दौड़कर चला आ रहा है, जिसकी तुम में से अधिकांश कल्पना तक नहीं कर सकते। हमें इस बात का कम अभिमान नहीं है कि नौकरशाही के कठपुतलों ने शराब के ठेकों की बिक्री के समय वर्धा में मचलाने वाले गदर से उनकी रक्षा करने वाले के नाम से सुन्दरलालजी को याद किया है और उस रक्षा का उपहार दिया है, एक साल के कठोर कारावास के रूप में। और जेल में भी वे देख रहे हैं कि उन पर एक-दो कंकरियाँ पड़ने पर ही शान्ति का, ईसा के पथ में बढ़ने वाला, वह देवदूत उस समय 48 घण्टों का उपवास करता है, जिस समय वे बँगलों में बैठकर दूसरे दिन कैदी के अहिंसक असहयोगी भाइयों की गिरफ्तारी का अनुसन्धान करते हैं। देखना है—बुद्ध की नहीं, ईसा की आत्मा फैसला किस ओर देती है—कुचलने वाले हथियारबन्दों की ओर या सहनशीलता के आधार सुन्दरलालजी की ओर।

सम्पादकीय टिप्पणी नं० 8

गत सप्ताह शिमला से लौटते हुए महात्मा गांधी खण्डवा पहुँचे। महात्माजी के आगमन की खबर सुनकर वहाँ की जनता ने एक सभा करके म्युनिसिपालिटी को सूचना दी कि वह महात्माजी को अपनी ओर से अभिनन्दन-पत्र दे। मध्यप्रदेश में खण्डवा की म्युनिसिपालिटी के लिए यह बड़े गौरव की बात है कि उसने अपने उदासीन और सरकारी वकील रहने वाले सभापति रायबहादुर एच० मित्रा तथा अन्य लोगों की, जो महात्माजी को अभिनन्दन-पत्र नहीं देना चाहते थे, पर्वा न करके बहुसम्मति से महात्मा गांधीजी को अभिनन्दन-पत्र देने का प्रस्ताव पास किया और ता० 21 को महात्माजी के कर-कमलों में अभिनन्दन-पत्र समर्पित कर दिया। श्रीयुत सेठ दशरथ साह ने अभिनन्दनपत्र पढ़ा क्योंकि बहुमत से प्रस्ताव पास होने पर भी, खुद उपस्थित न होकर, म्युनिसिपालिटी के सभापति ने अपने सभासदों के प्रस्ताव की तौहीन करना ही उचित समझा। अत्यन्त अच्छे भाव रखते हुए भी हमने दुःख से यह भी सुना कि म्युनिसिपालिटी के उपसभापति रायबहादुर मण्डलोई महाशय भी किसी कारण से महात्माजी के अभिनन्दन में सम्मिलित नहीं थे। हमें श्रीयुत मित्रा से कोई द्वेष नहीं, परन्तु केवल यही निवेदन है कि जमाना प्रजावाद का है। या तो वे जनता के साथ चलें, या फिर ऐसे कष्टमय स्थान शीघ्र खाली कर दें जिसकी जिम्मेदारियों को पूर्ण करने में वे असमर्थ रहते हैं। हम खण्डवा की जनता को लाहौर और गुजरात की म्युनिसिपालिटियों की याद दिलाकर कहना चाहते हैं—वे इस प्रजा-सत्ता के पवित्र युग में म्युनिसिपालिटी में ऐसे ही आदमियों को अपने साथ लें, जो जनता का साथ दें। आगामी

चुनाई की म्युनिसिपालिटी असहयोगियों द्वारा संगठित होनी चाहिए।

[28 मई, 1921]

जबलपुर की प्रान्तीय परिषद-2

श्री राघवेन्द्र राव का भाषण

भारतीय राष्ट्रीयता की मूल एकता पर भी श्रीयुत राव के विचार ध्यान देने योग्य हैं। श्रीयुत राव उन लोगों में से नहीं हैं, "जो राष्ट्रीयता के भावों की उत्पत्ति का श्रेय अंग्रेजी शिक्षा और अंग्रेजी शासन को दिया करते हैं।" श्रीयुत राव के विचार बिलकुल ठीक हैं, अंग्रेजी शिक्षा ने सदैव हमारी राष्ट्रीयता नष्ट करने और अंग्रेजी-शासन ने हममें भेदभाव बढ़ाने का ही कार्य किया है। यदि हमारी राष्ट्रीयता किसी प्रकार अंग्रेजी-शासन का परिणाम हो सकती है तो वह इसी प्रकार कि उसके कारण हम सब एक ही आपत्ति में पड़े हैं और यह संवेदना हममें एकता का भाव उत्पन्न कर रही है। श्रीयुत राव का कहना सच है कि भौगोलिक एकता की दृष्टि से यहाँ पर राष्ट्रीयता अत्यन्त प्राचीन काल से है, कम-से-कम हिन्दुओं में तो अवश्य थी। हिन्दुस्तान में फैले हुए उत्तर-दक्षिण, पूर्व और पश्चिम के तीर्थ-स्थान उसके लिए समान रूप से पूज्य और पवित्र हैं। बाद में सदियों के निवास-स्थान और समान परिस्थितियों से मुसलमान भाइयों का भी वतन हिन्दुस्तान ही हो गया है। जैसा कि डाक्टर किचलू ने प्रान्तीय खिलाफत कान्फ्रेंस में कहा था अधिकांश मुसलमानों के पूर्वज भी तो हिन्दू ही थे। अतएव मुसलमानों की भी नसों में वही हिन्दुओं का खून बह रहा है, जो हिन्दुओं की नसों में है। वर्तमान समय में राष्ट्रीयता की सबसे बड़ी प्रेरणा इस भाव से हो रही है कि "इस देश के समस्त कार-भार चलाने का नैसर्गिक और निर्विवाद हक इस देश के लोगों का ही है।" यह भाव मनुष्य-स्वभाव में है, वह किसी भाषा की शिक्षा की विशेष संपत्ति नहीं है। अपने कारभार स्वयं चलाना, अपनी बुराइयों को दूर करना, अपनी उन्नति करना, यह प्राकृतिक प्रेरणा है। यही प्रेरणा वर्तमान शासन-प्रणाली का विरोध होते हुए भी हमारी राष्ट्रीयता को बढ़ा रही है और श्रीयुत राव के शब्दों में हमें आत्म-त्याग तथा आत्म-संयम का अवलंबन समाज के उद्धार के लिए सिखा रही है।

हमारे तथा ब्रिटिश राज्य के भविष्य के सम्बन्ध में श्रीयुत राव के प्रमाण निश्चयात्मक हैं। सजीव-सृष्टि के नियम—जन्म, वृद्धि और मृत्यु—राजनैतिक और सामाजिक संस्थाओं को भी लागू होते हैं। कुछ लोग इस तत्व को भूलकर

विश्वास करते हैं कि ब्रिटिश साम्राज्य अनन्त काल तक रहेगा, नष्ट नहीं होगा। अतएव वे अपने भाग्यसूत्रों को ब्रिटिश जनता के हाथ सौंपकर चुप रहना चाहते हैं। पर वास्तव में देखा जावे तो वे लोग गलती करते हैं। प्रसिद्ध इतिहास-लेखक गिबन ने कहा है कि रोमन साम्राज्य अतीव विशाल हो गया था, इस कारण उसका पतन होना स्वाभाविक और अनिवार्य था। इस बात पर आश्चर्य करना चाहिए कि वह इतने काल तक टिक सका।

गिबन का यह कथन अक्षरशः ब्रिटिश साम्राज्य पर भी लागू है। श्रीयुत राव कहते हैं हमें इस इतिहासज्ञ के कथन से शिक्षा लेनी चाहिए। राजनैतिक क्षेत्र में दूरदर्शिता ही काम देती है, सट्टेबाजी का खेल आपत्तिजनक है। श्री राव का कहना सच है कि ब्रिटिश साम्राज्य के साथ हिन्दुस्तान का सम्बन्ध कृत्रिम है। यदि ऐसा न होता तो हम देखते कि साम्राज्य-विस्तार के साथ-साथ और उपनिवेशों के समान हमारी भी उन्नति होती; किन्तु वास्तव में देखा जावे तो हमारी अवनति ही होती गयी। इस कृत्रिम बन्धन का टूट जाना सहज बात है और इसमें भी शक नहीं कि "हम किसी दिन सोकर उठें और हमें दीख पड़े कि हमारी इच्छा रहते भी हमारा सम्बन्ध टूट गया है।"

श्रीयुत राव कहते हैं, दुनिया में सब जगह इस साम्राज्य से सम्बन्ध तोड़ने का प्रयत्न जारी है। हिन्दुस्तान, आयरलैंड, मिश्र, सूदान, अरब, सीलोन, मेसोपोटामिया आदि उपनिवेश स्वतन्त्र राष्ट्र बनना चाहते हैं। स्वयं इंग्लैंड की आन्तरिक स्थिति आशाजनक नहीं है। जनता का शासक-वर्ग से विश्वास उठ गया है। ऐसी अवस्था में सैनिक बलवे, औद्योगिक हड़ताल और नवीन दल संगठनों से स्वयं इंग्लैण्ड में ही राज्य-क्रान्ति हो सकती है। अतएव इन सम्भावनाओं को सामने रखकर और उसके दुष्परिणामों से अपने देश को बचाने के लिए हमें अभी से अपनी असहायावस्था दूर करनी चाहिए और आत्म-त्याग तथा आत्म-निर्भरता से स्वराज्य स्थापित करना चाहिए।

श्रीयुत राव कहते हैं, अंग्रेजों के वचनों पर विश्वास करके स्वराज्य की आशा करना व्यर्थ है। दुनिया में कहीं भी उन्होंने अपना नाम नहीं किया। शासन-क्षेत्र, उपनिवेश और आदेश के रूप में इन्होंने सब देशों को गुलाम ही बनाने की कोशिश की है। इनसे स्वतन्त्रता की आशा करना अनुभव और प्रत्यक्षता के विरुद्ध आशा करना है। अतएव श्रीयुत राव की राय में उपाय है, तो वह राष्ट्रीय कांग्रेस की आज्ञा 'हिंसा-रहित असहयोग' है और उसके लिए हमें प्रयत्न करना चाहिए। प्रयत्न की दिशा और निकटस्थ सीमा भी निश्चित है। आल इण्डिया कांग्रेस कमेटी की बेजवाड़ा की आज्ञा देश के सामने है। हिन्दुस्तानी मध्यप्रदेश की जनता ने नये संगठन के अनुसार प्रान्तीय परिषद में बेजवाड़ा की आज्ञा के अनुरूप प्रस्ताव पास किये हैं। परिषदों की सफलता या असफलता प्रस्तावों के अर्थ पर कुछ अंशों में

निर्भर रहती है। परन्तु उसकी सच्ची और पूरी सफलता प्रस्तावों के अनुसार कार्य करने में ही हुआ करती है। अतएव अभी निश्चय के साथ नहीं कहा जा सकता कि परिषद सफल हुई। प्रस्ताव आशाजनक है, किन्तु हिन्दुस्तानी मध्यप्रदेश का प्रत्येक नेता, कांग्रेस कार्यकर्ता, कांग्रेस का सदस्य और मातृभूमि की उन्नति में प्रेम रखने वाला प्रत्येक देशभक्त व्यक्ति इसका उत्तर दे कि क्या 30 जून तक वह अपने हिस्से का कार्य पूरा करने की आशा दिलाता है? हम जानते हैं कि प्रान्तीय कांग्रेस कमेटी का डेपुटेशन प्रान्त में दौरा कर रहा है। उससे स्फूर्ति पाकर प्रत्येक स्त्री-पुरुष का कर्त्तव्य है कि वह उठे, कांग्रेस सदस्य बने, तिलक स्वराज्य फण्ड के लिए उदारतापूर्वक धन दे, स्वयं चर्खा चलाये और 30 जून के बाद देश के मुँह में आनन्द के साथ सुने कि मध्यप्रदेश ने मातृभूमि की स्वतन्त्रता के लिए अपूर्व और अतुल प्रयत्न किया, वह सबसे आगे रहा। तभी समझना कि प्रान्तीय परिषद सफल हुई।

संपादकीय टिप्पणी नं० 1

श्रीयुत श्रीनिवास शास्त्री ने इम्पीरियल कान्फ्रेंस में इस बात की जोर-शोर से शिकायत की है कि आस्ट्रेलिया और कनेडा में हिन्दुस्तानियों को नहीं घुसने दिया जाता और कहा है जब तक हिन्दुस्तान को उपनिवेशों के समान अधिकार नहीं मिल जाते तब तक हिन्दुस्तान इम्पीरियल कान्फ्रेंस में इम्पीरियल मामलों पर अच्छी तरह बहस नहीं कर सकता। उन्होंने इस विचार का भी समर्थन किया है कि हिन्दुस्तान में नौसेना तैयार की जावे और उसमें हिन्दुस्तानी अफसर रखे जावें। किन्तु यदि उपनिवेश हमारे साथ अच्छा सलूक नहीं करेंगे तो मैं नहीं सोच सकता कि हम अपनी नौसेना उनकी रक्षा के लिए कैसे भेज सकते हैं। श्रीयुत शास्त्री के ये विचार सराहनीय हैं और वे पुराने भारतीय राष्ट्रीय कांग्रेस के विचारों से भिन्न नहीं हैं। यह शास्त्रीजी के समान देशभक्त के योग्य ही है कि शास्त्रीजी ने जोरदार शब्दों में इम्पीरियल कान्फ्रेंस में उनका प्रतिपादन किया, परन्तु उनके ये विचार ब्रिटिश सरकार की सनातन नीति को देखते हुए दुराशा-मात्र दीखते हैं। समान अधिकारों की चर्चा का उत्तर उपनिवेश अपने व्यवहारों से दे रहे हैं और आगे बनने वाली नौसेना का उपयोग हमारे हित में या किसके हित में होगा, यह हिन्दुस्तान की वर्तमान सेनाओं के उपयोग से स्पष्ट है। सरकार के दरवाजे पर चीखना व्यर्थ है। हमारी आकांक्षाओं को हमें अपने ही हाथों से सफल बनाना होगा।

संपादकीय टिप्पणी नं० 2

सरकार आजकल अफगान-व्याधि से पीड़ित है। वह दिन-रात अफगान-युद्ध

के सपने देखती है और चाहती है कि हिन्दुस्तानियों के विचार इस विषय में जान ले। गत 2-3 सप्ताहों से न जाने किसने यह उड़ती हुई खबर फैला दी है कि अफगान गुप्त दूत आकर श्रीमान मालवीयजी से मिला और उन्होंने उसे महात्मा गांधीजी तथा अली-बन्धुओं के पास भेज दिया। मालवीय जी महाराज ने यह स्वीकृत किया है कि अपने को अफगानों का आदमी कहने वाला एक जीव मेरे पास आया जरूर था, पर न तो कोई वचन दिया गया और न वह महात्मा गांधी तथा अली-बन्धुओं के पास भेजा ही गया। इधर अलीबंधुओं ने चिनौती दी है कि बताओ, अफगानिस्तान के और मेरे सम्बन्ध के क्या प्रमाण नौकरशाही के पास हैं ? सरकार इसके प्रमाण नहीं दे रही हालाँकि यह खबर बफर उड़ाई जा रही है कि कुछ ऐसी बातें लार्ड रीडिंग साहब ने महात्मा गांधी से की हैं जिनसे यह सिद्ध होता है कि अलीबन्धु अफगानों को अंग्रेज़ों से लड़ने के लिए बुला रहे हैं और इसी लिए महात्मा गांधी जी को भी दुःख हुआ है। पर इन बातों में हमें कुछ भी सत्यता नहीं दीखती। जिस पुरजे ने इस अफगान हौआ की खबरों को उड़ाया था वह यह जान ले कि भारत के असहयोगी अफगानिस्तान को अपने यहाँ नहीं बुला रहे। किन्तु सरकार पर अफगानिस्तान या कोई चढ़ाई भी करे तो यह स्मरण रखना चाहिए कि भारतवासी अंग्रेजी सरकार का साथ न देंगे क्योंकि उन्होंने उसके साथ असहयोग किया है। महात्मा गांधी भी कहते हैं, मैं तो युद्ध के समय, ऐसी अत्याचारी सरकार के हार जाने की भगवान से प्रार्थना करूँगा। जो हो, अब उन लोगों को ठीक बातों का पता चल गया होगा।

सम्पादकीय टिप्पणी नं० 3

मौलाना शौकतअली और मुहम्मदअली ने जो अपनी अहिंसा की नीति की घोषणा की है, उससे कई लोग कहने लगे हैं कि अली बंधुओं ने सरकार से क्षमा माँग ली है। नरम दल के पत्रों ने तो उन्हें मीर जाफर तक कह डाला है। उधर सरकार ने विज्ञप्ति निकालकर कड़े शब्दों में यह जाहिर किया है कि हम अली-बंधुओं पर उनके कुछ भाषणों के हिंसामय भावों के लिए मुकदमा चलाने वाले थे। परन्तु हमें समझाया गया और अब उन्होंने अफसोस जाहिर किया है तथा भविष्य में हिंसा का प्रचार न करने का वचन दिया है, इसलिए हम मुकदमा नहीं चलाते। इसके अलावा लार्ड रीडिंग साहब ने चेम्सफोर्ड ग्रुप में भोज के समय भाषण देते हुए ऐसी बातें कहीं जिनसे जाहिर होता है कि वे गांधीजी से मिलने को उत्सुक नहीं थे। वे कहते हैं मुझसे मालवीय जी ने आग्रह किया कि गांधीजी से अवश्य मिलिये तो मैंने सोचा कि मेरा पता सबको मालूम है। खैर, मैंने कहा कि यदि वे आकर मुझसे मिलने की दरख्वास्त भेजें तो मैं बड़ी खुशी से मिलने की मंजूरी दे दूँगा। इसके अलावा वाइसराय साहब ने भी यह जाहिर किया है कि

गांधी जी से मिलने का परिणाम यह भी है कि अलीबन्धुओं ने खेद प्रकाशित किया और भविष्य के लिए वचन दिया और सरकार ने मुकदमा चलाना मुल्तवी कर दिया। इन बातों से यह जाहिर करने की कोशिश मालूम होती है कि वाइसराय को परवाह नहीं थी कि गांधीजी से मिलें और गांधीजी ने अली-बंधुओं से माफी मँगवायी और इस प्रकार उन्हें जेल से बचाया। नरम दल वाले मित्र कहते हैं कि अली-बन्धु जेल से डर गये, अब वे नेतृत्व के पद पर नहीं रह सकते। उनकी तो राजनैतिक मृत्यु हो चुकी, इत्यादि। हमें न तो सरकार की और न इन नरम दल वालों की बातों पर विश्वास करके कोई राय कायम करनी चाहिए। बहुत सम्भव है, अफगानी हौए के समान यह भी अली बंधुओं को बदनाम करने की चाल हो। कुछ भी हो, इस विषय का रहस्य जब तक महात्मा गांधी से जाहिर नहीं होता, तब तक हमें विरुद्ध पक्ष द्वारा कही हुई बातों में आकर अपने नेताओं को दोष नहीं देने लगना चाहिए। यदि सरकारी विज्ञप्ति और वाइसराय के भाषण का खयाल न करें तो अलीबंधुओं की अहिंसा की घोषणा अहिंसा की बड़ी भारी विजय है और हमारे असहयोग आन्दोलन को अधिक पुष्ट करने वाली है। अतएव ऐसे विचलित समय में उनकी घोषणा सच्ची देशभक्ति का उदाहरण है।

[4 जून, 1921]

वाइसराय की हार

वर्तमान वाइसराय लार्ड रीडिंग में बहुत-सी विशेषताएँ बताई जाती हैं। उनकी नियुक्ति के ही दिन से विलायत से इस बात की कोशिश की गयी थी कि प्रधान राजनैतिक व्यक्तियों, संवाददाताओं, व्याख्यानों, लेखों, पत्रों, समाचारपत्रों आदि के द्वारा लार्ड रीडिंग की तारीफ से हिन्दुस्तान गुंजा दिया जावे, "लार्ड रीडिंग न्याय करने के लिए आ रहे हैं", वे स्वयं इंग्लैण्ड के सबसे बड़े न्यायमूर्ति लार्ड चीफ जस्टिस हैं। उनका सिद्धान्त, ध्येय और धारणा न्याय है। किन्तु लार्ड रीडिंग के कुछ प्रशंसक यह भी कहते थे कि वे बड़े भारी डिप्लोमेट हैं, मुत्सद्दी हैं। उन्हीं के प्रयत्न का परिणाम था कि गत महायुद्ध के समय अमेरिका मित्र-राष्ट्रों से आ मिला। यह बात सच है। अवश्य ही लार्ड रीडिंग बड़े भारी डिप्लोमेट हैं। सीधी-सादी भाषा में कहा जाय तो वे बहुत ही चालाक हैं। किन्तु चालाकी और न्याय या सच्चाई आपस में विरोधी गुण हैं। वाइसराय इन दोनों में से एक ही हो सकते हैं। या तो वे न्यायमूर्ति हैं या पूरे मुत्सद्दी हैं। और हमारा अनुभव कहता है कि वे मुत्सद्दी हैं। उनके कार्यों का श्रीगणेश न्याय से नहीं हुआ जिसके लिए वे विख्यात हैं। यह माना कि एक ही कार्य से हम उनकी भविष्य की

सफलता या विफलता के बारे में कुछ नहीं कह सकते। किन्तु अपनी राजनैतिक चाल के पहले ही कदम से लार्ड रीडिंग गिरे और बुरी तरह से गिरे, जिससे लोगों का उनकी सदिच्छाओं और न्यायाकांक्षाओं पर जो थोड़ा-बहुत विश्वास था वह भी जाता रहा और सारे भारतवर्ष के सामने लार्ड रीडिंग के हृदय का पर्दा खुल गया। दीख पड़ा कि लार्ड रीडिंग भी अन्य वाइसरायों के समान ही हैं। वे अन्य वाइसरायों के समान ही इंग्लैण्ड, यूरोप, इंग्लिशमैन और यूरोपियनों का हित अधिक देखेंगे। न्याय के मार्ग में उन्हें अभी से शासन की कठिनाइयाँ दीखने लगीं। अतएव उन्होंने डिप्लोमेसी का अस्त्र उठाया और वह निशाने को अछूता छोड़कर बढ़ी हुई ताकत से लार्ड रीडिंग साहब पर ही वार कर गया।

लार्ड रीडिंग साहब ने चाल यों चली कि डाक्टर तेजबहादुर सप्रू के जरिये श्रीयुत मालवीयजी को शिमला बुलवाया। फिर मालवीयजी के बुलाने पर महात्मा गांधी शिमला पहुँचे और लार्ड रीडिंग से मिले। एक बार नहीं, पाँच-छह बार भेंट हुई। अब लार्ड रीडिंग साहब चेम्सफोर्ड क्लब में कौंसिल के मेम्बरों और टाइटिलधारियों की चापलूस मुस्कुराहटों के प्रकाश में अपनी शान मारते हुए कहते हैं, "मिस्टर मालवीय का आग्रह था कि मैं मिस्टर गांधी से मिलूं। मैंने सोचा मेरा पता कुछ छिपा हुआ नहीं है। खैर, मैंने कहा, वे मिलने के लिए प्रार्थनापत्र भेजें तो मैं (मंजूर) कर दूंगा,। "पता छिपी नहीं है" "......" और "......" वह भी गांधीजी के सम्बन्ध में, सीधे-सादे, सरल और सच्चे हृदय के शब्द नहीं हैं। माना कि वाइसराय से मिलने-मिलाने के व्यवहार की शब्दावली इसी प्रकार हो। उनकी ऊँची पदवी और प्रतिष्ठा इन्हीं शब्दों का उपयोग करती हो और यह भी माना कि वाइसराय साहब भोज के पश्चात् खाद्य और पेय पदार्थों की आनन्दी तरंगों में उल्लसित होंगे और स्वभावत: उनकी बातों में कुछ रंग अवश्य होना चाहिए, किन्तु रंग के साथ-साथ चुटकी भी है, जिसका तात्पर्य यह होता है, कि हमें तो मिस्टर गांधी से मिलने की कोई इच्छा नहीं थी, पर हाँ, वे आये और मिलने की दर्ख्वास्त दी तो मिल लिये। खैर, साहब, वाइसराय समझते होंगे कि उन्होंने महात्मा गांधी को नीचा दिखा दिया। किन्तु महात्मा गांधी के साथ वाइसराय को यह चाल शोभा नहीं देती। महात्मा गांधी ने अपने को इतना नम्र और विनीत बना रखा है कि अब उनको नीचा दिखाकर उनका अपमान करने का प्रयत्न करना स्वयं अपनी नीचता का प्रकाश करना है। यदि वाइसराय के इस भाषण का कोई परिणाम हुआ है, तो यही कि जनता वाइसराय साहब से उद्विग्न हो गयी है। वाइसराय की गति यहीं समाप्त नहीं होती है। वह उन्हें एक दूसरे और अधिक गहरे गड्ढे में ले जाकर डालती है जिसमें से मंत्रिमण्डल सहित वाइसराय साहब का निकलना मुश्किल है। अलीबंधुओं की अहिंसा की घोषणा प्रकाशित हो चुकी है। उसके प्रकाशित होते ही फौरन

मुत्सद्दी लार्ड रीडिंग की सरकार ने विज्ञप्ति निकाली और वाइसराय ने भाषण दे डाला, कि हम तो इन पर मुकद्दमा चलाने का निश्चय कर चुके थे, पर अब इन्होंने क्षमा माँग ली है और आगे अहिंसा की उत्तेजना न देने का वचन दिया है, इसलिए हम मुकद्दमा नहीं चलाते। इस विज्ञप्ति और वाइसराय के भाषण में यह जाहिर करने की कोशिश की गयी है कि महात्मा गांधी ने अलीबंधुओं ने जेल से बचाने के लिए ऐसी अहिंसा की घोषणा प्रकाशित करवाने का सरकार को आश्वासन दिया और अलीबंधुओं ने जेल से बचने के लिए यह घोषणा प्रकाशित की। उस घोषणा के प्रकाशित होते ही देश भर में सनसनी फैल गई। प्रत्येक को यह मालूम हुआ कि मौलाना शौकतअली और मुहम्मदअली का ही अपमान नहीं किया गया किन्तु सारे देश का अपमान किया गया है। जनता चिढ़ी भी कि महात्मा गांधी क्यों वाइसराय से मिलने गये ? 'लीडर' वगैरह माडरेटों ने इस उत्तेजना की अग्नि में आहुति डालना शुरू किया। बस, अली ने सिर झुका दिया, अत्यन्त नीचता से माफी माँग ली, उनकी तो राजनैतिक मृत्यु हो चुकी। क्षण भर के लिए तो यह मालूम हुआ कि लार्ड रीडिंग की जीत हो गयी। किन्तु राष्ट्रीय दल के बहुसंख्यक जनों ने अलीबन्धुओं के नैतिक साहस और देश-भक्ति की प्रशंसा की। और इस कोलाहल के ऊपर बढ़ता हुआ मौलाना मुहम्मद अली का सिंहनाद भड़ोंच परिषद में सुनाई दिया। वाइसराय की पोल खुल गयी। वह दीखने वाली विजय पराजय में परिणत हो गयी। मौलाना मुहम्मद अली ने कहा और उस पर वाइसराय के शब्दों के मुकाबले में हिन्दुस्तानियों का अधिक विश्वास है कि हमने जेल के डर से नहीं लेकिन खुदा के डर और मुल्क की मुहब्बत से अहिंसा की घोषणा है। हमने यह कभी भी स्वीकार नहीं किया कि हमारे किसी भी भाषण में अहिंसा का प्रचार किया गया है और हम उस भाषा को नहीं दुहरावेंगे, हमारे कुछ मित्रों के खयाल में उस भाषण का मतलब हिंसा का प्रचार करना हो सकता है इसलिए शंका दूर करने को हमने अपने अहिंसा के सिद्धान्त की घोषणा अपने मित्रों और देश के लिए की है। सरकार उसे सुन ले। हमें यह कहा गया कि "हिंसा-रहित असहयोग के विरोधी हमारे भाषणों के इधर-उधर के कुछ फिरकों को पेश करके हमारी माँगों की स्वीकृति में बाधा डालने का प्रयत्न कर रहे हैं।" उन्हें बाधा डालने का मौका न रहे, इसलिए हमने साफ एवं प्रकट रूप से यह घोषणा प्रकाशित कर दी।

यद्यपि इस मामले के सम्बन्ध में महात्मा गांधी का कथन अभी प्रकाशित नहीं हुआ है तो भी मौलाना मुहम्मदअली ने काफी प्रकाश डालकर धुँधलापन दूर कर दिया है और अब हम देखते हैं कि लार्ड रीडिंग भी उसी सिंहासन पर बैठे हैं जिस पर लार्ड चेम्सफोर्ड बैठते थे; उसी वातावरण में श्वासोच्छ्वास ले रहे हैं जिसमें लार्ड चेम्सफोर्ड श्वासोच्छ्वास लेते थे और उसी मन्त्रिमण्डल के इशारे

पर घूम रहे हैं जिसके इशारे पर लार्ड चेम्सफोर्ड घूमा करते थे। आश्चर्य तो यह कि अमेरिका को फाँस लेने वाले इंग्लैण्ड के चालाक मुत्सद्दी तथा लाइड जार्ज के विश्वासपात्र मित्र लार्ड रीडिंग साहब इतनी जल्दी असली स्वरूप में प्रकट हो गये। महात्मा गांधी के मुकाबले में वे ही पहले और बुरी तरह हारे।

सम्पादकीय टिप्पणी नं० 2

दमन-नीति सदैव विफल होती है, फिर वह सरकार की ओर से हो, या प्रजा की ओर से। इसका प्रत्यक्ष और जबर्दस्त उदाहरण है आयरलैण्ड। सरकार ने अन्याय और सैनिक अत्याचार किये। उसके मुकाबले के लिए सिनफीनरों की उत्पत्ति हुई और उन्होंने भी खून का जवाब खून से देना शुरू किया। यह हिंसा और प्रतिहिंसा का चक्कर बढ़ता ही जावेगा। सिनफीनरों ने लन्दन, लिवरपूल और सेंट एलपान्स तक अपने आग और लोहे के धावे शुरू कर दिये हैं। जिसको देखकर इंग्लैण्ड मनुष्यता, धार्मिकता, सभ्यता आदि की दुहाई देने लगा है। पर साथ ही अधिक उत्तेजित होकर आयरलैण्ड पर अत्याचार भी बढ़ता ही जाता है। पश्चिमी सभ्यता अपना पूरा बदला ले रही है।

सम्पादकीय टिप्पणी नं० 3

जर्मनी में नया धर्म चला है। वहाँ 'युद्ध सेवा-विरोधी संघ' स्थापित हुआ है। इस युद्धसेवा-विरोधी संघ में वे ही लोग शामिल किये जाते हैं जिनकी आत्मा युद्ध के विरुद्ध है। उसमें 10,000 आदमियों से अधिक सम्मिलित हो गये हैं और उन्होंने प्रण किया है कि हम न तो हथियार छुएँगे, न युद्ध का सामान बनावेंगे और न अन्य देशों की प्रजाओं की तथा अपने ही देशबन्धुओं की संगठित हत्या करने वालों की धन से या अन्य किसी प्रकार से सहायता करेंगे। जर्मनी में इन विचारों का जोरशोर से प्रचार हो रहा है। महात्मा गांधी की और साथ ही हिन्दुस्तान की यह बड़ी भारी विजय है कि सैनिक प्रकृति वाला जर्मन राष्ट्र भी आज उत्साह के साथ अहिंसा के सिद्धान्त का स्वागत कर रहा है। वास्तव में जैसा कि न्यूयार्क के डाक्टर होम्स ने कहा है महात्मा गांधी दुनिया में सबसे बड़े पुरुष हैं। इस संघ में अधिकतर जर्मन सैनिक सम्मिलित हैं। उनसे हमारे देशबन्धुओं को स्फूर्ति और शिक्षा ग्रहण करनी चाहिए।

[11 जून, 1921]

माखनलाल चतुर्वेदी गिरफ्तार

कर्मवीर के दिनांक 11 जून 1929 के अंक के प्रकाशन के दूसरे ही दिन दिनांक 12 जून, 1929 को पं० माखनलाल चतुर्वेदी गिरफ्तार कर लिए गए। पं० सुन्दरलाल उनसे पहले गिरफ्तार किये जा चुके थे। कर्मवीर के आगामी अंकों में इस ऐतिहासिक गिरफ्तारी पर बहुत महत्त्वपूर्ण सामग्री प्रकाशित हुई जिसमें युगवंद्य महात्मा गांधी का 'यंग इण्डिया' में प्रकाशित वक्तव्य भी सम्मिलित है, यहाँ चतुर्वेदीजी से सम्बन्धित अंशों को कर्मवीर से दिया जा रहा है, यह जानकारी देना भी उचित होगा कि इस गिरफ्तारी ने अखिल भारतीय स्तर पर जन-मानस को उद्वेलित कर दिया था, महात्माजी के वक्तव्य के अतिरिक्त अन्य जो प्रतिक्रियाएँ प्रकाशित हुई थीं उनमें श्री गणेशशंकर विद्यार्थी द्वारा 'प्रताप' में प्रकाशित अग्रलेख बहुत उल्लेखनीय है।

(सम्पादक)

हमारा कर्मवीर गिरफ्तार

कर्मवीर के साथ श्रीयुत पण्डित माखनलाल जी चतुर्वेदी का इतना घनिष्ठ सम्बन्ध है कि कर्मवीर चतुर्वेदीजी और चतुर्वेदीजी कर्मवीर हो रहे हैं। सब जानते हैं कि चतुर्वेदीजी शरीर के समान हैं तो कर्मवीर आत्मा है। इस सप्ताह चतुर्वेदीजी गिरफ्तार हैं और बहुत सम्भव है अगले सप्ताह जेल में कैद हों। किन्तु यह प्राकृतिक नियम है कि जैसे-जैसे शरीर का अप्राकृतिक बन्धन बढ़ता जाता है, उसके अनुपात से कहीं अधिक बढ़े हुए परिणाम में आत्मा स्वतन्त्र होती जाती है।

उसी प्रकार चतुर्वेदीजी की गिरफ्तारी से कर्मवीर को और भी अधिक स्फूर्ति मिली है। मातृभूमि के लिए जेल और कष्ट का मार्ग स्वतन्त्रता और

स्वराज्य के मार्ग में अपने को बहुत आगे बढ़ता हुआ पाता है ।

आजकल गिरफ्तारी साधारण बात है और मरणासन्न नौकरशाही की करुणास्पद छटपटाहट के अवसर पर चतुर्वेदीजी की गिरफ्तारी स्वाभाविक थी, क्योंकि चतुर्वेदीजी की स्वाभाविक विनयशीलता को बिना दुखाये कहा जा सकता है कि उनकी वाणी में संजीवनी है, हृदय में दृढ़ता है और कार्य में सफलता है । स्वतन्त्रता के मार्ग पर ले जाने वाली ये तीनों शक्तियाँ नौकरशाही की काल-व्याधियाँ हैं । वह उनका अबाधित व्यापार किस प्रकार सह सकती है ? उसने उन्हें गिरफ्तार कर लिया मानो उसने संजीवनी, दृढ़ता और सफलता की यात्रा रोक दी । नौकरशाही जाने कि वह रुकी नहीं । वे स्वयं गिरफ्तार होने के लिए कोतवाली पहुँच गये थे और बधाई देने के लिए आये हुए मित्रों को और दर्शनोत्सुक जनता को कोतवाली के सामने उन्होंने वैसा ही वीरतापूर्ण सन्देश दिया है, जैसा कि वे पहले सदैव दिया करते थे, "माता की पुकार हुई है और मैं तैयार हूँ । मैं आपसे यही उम्मीद करता हूँ कि जब आप की पुकार हो, आप भी तैयार रहें ।" वे एक दिन जेल में रखे गये, फिर बिलासपुर ले जाते समय पुलिस से घिरे हुए उन्होंने जबलपुर और कटनी स्टेशनों पर भी वही वीर-सन्देश दिया । शरीर बँध गया किन्तु आत्मा की गति नहीं रुकी ।

गिरफ्तार होने के लिए स्वयं कोतवाली पर पहुँच जाना हमारे इस आन्दोलन में नई और स्फूर्तिदायक बात है । उससे सरकार की प्रतिष्ठा और भी नष्ट हो गयी । चतुर्वेदीजी के इस साहसी स्पष्ट और निर्भीक व्यवहार को देखते हुए नौकरशाही की धोखेबाजी, चोरी और खुफियापन और भी निन्द्य एवं हास्यास्पद मालूम होते हैं । श्रीयुत सुन्दरलाल के समान इस समय भी जब गत सोमवार को सवेरे जेल के अधिकारियों से पूछा गया कि चतुर्वेदीजी के लिए भोजन किस समय भेजा जावे, तो उत्तर मिला—अभी 10 बजे और शाम 4 बजे । किन्तु उन्हें जबलपुर से बिलासपुर ले जाने की तैयारी की गयी थी, 11 बजे की गाड़ी से । इसी प्रकार विलासपुर से भी अँधेरे में चोरी और खुफियापन हुआ । सरकारी अधिकारियों को मालूम था कि रात के बारह-एक बजने पर भी और स्टेशन शहर से तीन मील दूर होने पर भी, रात और दूरी तथा कष्टों की परवाह न करते हुए अपनी प्यारी मातृभूमि के सेवक भाई के स्वागत के लिए तीन हजार आदमी "कर्मवीर माखनलालजी की जय" से स्टेशन को गुँजा रहे हैं । कैदी का स्वागत ! नौकरशाही का अपमान ! इतनी बड़ी भीड़ ! चोरी की सूझी । बरसात की अँधेरी रात में बिलासपुर स्टेशन से दो-तीन मील इसी तरफ जंगल में गाड़ी रोकी गयी । दो मोटरें तैयार थीं । उनमें रोशनी नहीं थीं । दो अंग्रेज आये और चतुर्वेदी जी को उतार कर जल्दी-जल्दी मोटर में बैठाकर चल दिए । कहाँ तो चतुर्वेदीजी का गिरफ्तारी का वारण्ट सुनकर स्वयं कोतवाली में जाना और कहाँ इन अफसरों

का अँधेरी रात में जंगल के बीच बिना रोशनी की मोटर में चतुर्वेदीजी को इस प्रकार चोरी के साथ ले भागना। कितनी सुन्दर विरोधात्मक तुलना है। एक की उच्चता दूसरे के नीचेपन का नाप हो रही है।

जबलपुर से बिलासपुर तक प्रायः प्रत्येक स्टेशन पर जनता ने चतुर्वेदीजी का जयजयकार से स्वागत किया। कटनी और बिलासपुर के दृश्य अपूर्व थे। सारी यात्रा विजययात्रा थी। जेल का मार्ग कण्टकाकीर्ण नहीं, पुष्पावकीर्ण और बेड़ियों की झनकार में भय-संचार नहीं, जय-जयकार है।

चतुर्वेदीजी के लिए बधाई के अनेक पत्र हमारे पास आ रहे हैं, जिन्हें हम स्थानाभाव से इस अंक में प्रकाशित नहीं कर सकते। पर उन्हें हम चतुर्वेदीजी के पास जेल में पहुँचाने का यत्न करेंगे। कई मित्रों ने उनके स्वास्थ्य के बारे में चिन्ता के साथ पूछा है। आज नहीं, कोई चार वर्ष से यही हालत है। अम्लपित्त और मन्दाग्नि ने उन्हें अत्यन्त कृश और निर्बल बना दिया है। दो वर्ष पहले तो क्षय रोग की शंका हो रही थी। चार वर्ष से दवा उनकी खुराक हो रही है। वे रोटी नहीं हजम कर सकते। केवल थोड़ा-सा दाल-चावल और फल ही उनका भोजन है और यह भी बिना सोडा लिये नहीं पचता। वैद्य ने उन्हें सलाह दी है कि वे सदैव सोडा पिया करें। सोडा न मिला तो उन्हें पित्त के कुल्ले आया करते हैं, पेट में गड़बड़ बढ़ जाती है और इतनी बेचैनी होती है कि नींद नहीं आती। यही हालत जबलपुर-जेल में हुई। नियमों के अनुसार उन्हें सोडा दिया जा सकता था, तो भी जेल के अधिकारी ने उन्हें उनके पैसों से रात को सोडा नहीं लेने दिया। परिणाम यह हुआ कि उनकी बेचैनी बढ़ गयी और वे रात भर नहीं सोये। बिलासपुर-जेल में भी व्यवस्था ठीक नहीं है। उनकी अस्वस्थता चिन्ता का विषय अवश्य है। किन्तु वे स्वयं चिन्तित नहीं हैं। खूब प्रसन्न हैं और जैसा कि उनके सन्देशों से प्रकट है, उनकी प्रसन्नता तभी स्थायी रह सकती है जबकि उनकी देश-सेवा पर बधाई देने वाले देशबन्धु उनके छूटे हुए कार्य को पूरा करें।

30 जून निकट आ रही है। चतुर्वेदीजी को बधाई देने वालों से प्रार्थना है कि वे बधाई देने वाली सात्त्विक प्रेरणा को कांग्रेस के मेम्बर बढ़ाने, तिलक स्वराज्य फण्ड के लिए धन इकट्ठा करने और देने के साथ-साथ चरखा चलाने में लगा दें। चतुर्वेदीजी अस्वस्थ अवस्था में भी शारीरिक कष्टों की परवाह न करते हुए देश-सेवा में आश्चर्यजनक परिश्रम कर रहे हैं और कष्टमय जेल के लिए भी तैयार हैं। वे मुकद्दमे में सफाई न देंगे, बहुत संभव है उन्हें जेल हो जाय। यदि हम वास्तव में उनकी अस्वस्थता के लिए चिन्तित हैं तो हमें उनको शीघ्र ही जेल से मुक्त कराना चाहिए। सरकार से लड़कर नहीं, किन्तु कांग्रेस के आदेशानुसार स्वराज्य प्राप्त करके। स्वराज्य का समय और चतुर्वेदीजी की स्वतन्त्रता हमारी प्रयत्नशीलता पर ही निर्भर है। अतः हमारे प्रयत्नों का पहला उद्देश्य होना चाहिए, जोकि

चतुर्वेदीजी का उद्देश्य था, 30 जून तक कांग्रेस की आज्ञा के अनुसार पूर्णरूप से काय कर दिखाना। तथा उनकी बधाई हृदय से निकली हुई बधाई है, तभी उनका जय-जयकार सच्चा जय-जयकार है और तभी उनका आदर वास्तविक आदर है।

लक्ष्मणसिंह चौहान

सह सम्पादक : कर्मवीर

पं० माखनलालजी चतुर्वेदी गिरफ्तार

आत्म-समर्पण के लिए स्वयं कोतवाली पर हाजिर हो गए असहयोग-आन्दोलन में अपूर्व घटना !

श्रीयुत पं० माखनलालजी चतुर्वेदी, सम्पादक कर्मवीर, गत 12 ता० को गिरफ्तार करके 13 ता० को बिलासपुर भेज दिए गए। लगभग एक सप्ताह पहले से ही नगर में अफवाह फैल रही थी, कि महात्मा भगवानदीन जी, श्री अर्जुनलाल जी सेठी और वामनरावजी जोशी और पं० सुन्दरलालजी की तरह अब की बार सी० पी० की सरकार का वार श्रीयुत चतुर्वेदीजी पर है। चतुर्वेदीजी अफवाह के पूर्व ही, अपने एक सम्बन्धी भाई की मृत्यु का सम्वाद पाकर घर गए हुए थे, किसी तरह यह अफवाह उनके कानों तक पहुँच गयी और वे तुरन्त ही वहाँ से चलने को तैयार हो गये। मार्ग में, हरदा ठहरते हुए, आपने भाषण में कह भी दिया था कि "सुनते हैं, सी० पी० की सरकार मुझे अपना मेहमान बनाने के लिए बुला रही है। यदि ऐसा हुआ तो आप लोग अपने पूर्ण बल से, किन्तु पूरी शान्ति के साथ कांग्रेस की आज्ञाओं के पालन और उनके द्वारा स्वराज्य-प्राप्ति का प्रयत्न करते रहिए।"

10 ता० की रात्रि को चतुर्वेदीजी जबलपुर पहुँचे। इस बीच अफवाहों ने भिन्न-भिन्न रूप धारण कर लिये थे, कोई कहता था 'वारण्ट' की खबर गलत है। कोई विश्वस्त सूत्र की दुहाई देकर बतलाता था कि वारण्ट निकला तो था किन्तु वापिस ले लिया गया और कोई कहता था कि सरकार ने मुकद्दमा चलाने की आज्ञा तो दे दी है, किन्तु यह निर्णय नहीं हो पाया है कि मुकद्दमा कहाँ के भाषण पर चलाया जाय—खण्डवा के, छिन्दवाड़ा के या बैतूल के ? चतुर्वेदीजी इन बातों पर कुछ भी ध्यान नहीं देते थे। वे 10 की रात्रि को आ गए थे, 11 ता० खाली ही गयी, उस दिन गिरफ्तारी के कोई आसार दिखाई न दिए। 12 को प्रातःकाल ही, चतुर्वेदीजी हाथ में एक चिट्ठी लिये मुस्कराते हुए आये और वह चिट्ठी सबको सुना दी।

यह सुन चतुर्वेदीजी की राखी-बंध बहिन श्रीमती सुभद्राकुमारी तथा अन्य

मित्र उनकी विदाई की तैयारी में लग गये।

मालूम नहीं किस तरह, यह सम्वाद बात की बात में उनके मित्रों तक पहुँच गया और एक-एक करके सब मित्र सिमरियावाली रानी की कोठी में एकत्रित होने लगे। एक सप्ताह पूर्व से अफवाह उड़ते रहने पर भी चतुर्वेदीजी बिल्कुल निश्चिन्त थे, इसीलिए घर से वापिस लौटने पर उन्होंने अपनी गैरहाजिरी में, कर्मवीर की ग्राहक-संख्या कितनी बढ़ी, आमदनी क्या हुई और खर्च कितना हुआ, आदि साधारण बातों की जाँच और एक ही पोस्टऑफिस में कर्मवीर रजिस्टर्ड होने के कारण उत्पन्न होने वाली असुविधाओं को दूर करने के लिए दो अन्य डाकखानों से रजिस्टर्ड कराने के लिए पोस्टमास्टर-जनरल को पत्र लिखने की सूचनादि देने के सिवाय कर्मवीर के भविष्य के प्रबन्ध के नियम में किसी से कुछ सलाह-मशवरा नहीं किया था। इसलिए इस समय आगत मित्रों में से कुछ से वे थोड़ी देर तक इस विषय की बातचीत करते रहे। तदनन्तर स्नान किया, और जल्दी-जल्दी कुछ थोड़ा-सा भोजन कर फिर कांग्रेस के कार्य आदि की चर्चा में लग गए। 10.30 बज चुके थे, किन्तु अभी तक पुलिस के आने के कोई लक्षण दिखाई नहीं दिये। इतने में ही कुछ मित्रों ने सलाह दी कि पुलिस की प्रतीक्षा की क्या आवश्यकता है ? क्यों न जनता स्वयं ही चतुर्वेदीजी को कोतवाली ले जाय और कह दे कि "सरकार हमारे नेता को गिरफ्तार करना चाहती थी, लीजिये, हम स्वयं उन्हें आपके सुपुर्द करते हैं।" सबने इस विचार को पसन्द किया। चतुर्वेदीजी से कहा गया, उनको क्या था, वे तो बिस्तर बाँधे तैयार बैठे ही थे, तुरन्त मित्रों की आज्ञा स्वीकार कर ली। कुछ मित्रों का विचार जुलूस बनाकर ले चलने का था, किन्तु चतुर्वेदीजी ने इस आडम्बर के लिए हाथ जोड़कर क्षमा माँगी। तदनुसार वह विचार छोड़ दिया गया, किन्तु सिमरियावाली रानी की कोठी से रवाना होते ही शहर में यह डुग्गी पिट गई कि चतुर्वेदीजी के नाम वारण्ट निकल गया है, वे अपने को गिरफ्तार कराने कोतवाली जा रहे हैं, सब शहर वाले उन्हें पहुँचाने के लिए चलें। तदनुसार कुछ क्षण में ही सैकड़ों लोग चतुर्वेदीजी के दर्शन के लिए जमा हो गये और एक प्रकार का खासा जुलूस बन गया। पहले चतुर्वेदीजी अपने मित्र और जिला कांग्रेस कमेटी के सभापति श्रीयुत श्यामसुन्दर जी भार्गव से मिलने गये। वहाँ से जुलूस कोतवाली को रवाना हुआ। जुलूस में मौलाना ताजुद्दीन, श्रीयुत श्यामसुन्दर भार्गव, बैरिस्टर ज्ञानचन्द्र वर्मा, श्रीयुत कनछेदीलाल जी वकील, श्रीयुत माधवराव जी सप्रे, श्रीमती सुभद्राकुमारी, श्रीयुत खाण्डेकर जी, मि० हादी, श्रीयुत देवीप्रसाद श्रीवास्तव, श्री मोतीलालजी, श्री हरिप्रसाद जी, श्री लक्ष्मणसिंह जी आदि नगर के प्रधान कार्यकर्ता सज्जन भी सम्मिलित थे। सूचना न मिलने के कारण अन्य कई मित्र न आ सके। 'वन्देमातरम्', 'अल्लाहो अकबर !', 'गांधी जी की जय', 'माखनलाल चतुर्वेदीजी की जय' आदि घोष करता हुआ जुलूस कोतवाली पर पहुँचा। कोतवाल

साहब तथा सबइन्स्पेक्टर आदि पुलिस-स्टेशन का कोई भी प्रधान अफसर कोतवाली पर नहीं था। हेड मुहर्रिर वगैरा ब्रिचारे इस दृश्य को देखकर एक साथ परेशान हो गये, किन्तु जनता पुलिस को परेशान करने नहीं गई थी, इसलिए बैरिस्टर ज्ञानचन्द्र वर्मा आदि के कहने से कुछ आदमियों को छोड़ शेष सब लोग कोतवाली की दीवार के बाहर,चले गये। इस समय चतुर्वेदीजी के अनन्य मित्र श्रीयुत पण्डित मनोहरकृष्ण गोलवलकर जी भी आ पहुँचे थे। वे बड़े प्रेम से चतुर्वेदीजी से गले मिले। वर्माजी ने उपस्थित जनता को अहिंसा व्रत के पालन पर जोर देते हुए असहयोग आन्दोलन पर दृढ़ बने रहने का उपदेश दिया। जनता की प्रबल इच्छा थी कि वह अपने से कुछ समय के लिए बिछुड़ने वाले अपने प्यारे नेता का आदेश भी सुने, तदनुसार उसके आग्रह पर चतुर्वेदीजी ने अपना सन्देश सुनाया जो कि इसी पृष्ठ पर अन्यत्र दिया गया है। बहुत-सी देवियाँ भी चतुर्वेदीजी के दर्शन करने के लिए आई थीं। श्रीमती सुभद्राकुमारी ने राजपूताने की प्राचीन प्रथा के अनुसार रणक्षेत्र के लिए जाते हुए अपने वीर भाई की चन्दन, रोली, अक्षत और पुष्पहार से पूजा की, नारियल भेंट किया और कपूर से आरती उतारी। आरती के लिए श्रीयुत चतुर्वेदीजी ने बहुत-कुछ मना किया, किन्तु सुभद्राकुमारी के आग्रह पर उन्हें विवश होना पड़ा। देवियों की वीर-पूजा का यह दृश्य बड़ा ही प्रभावोत्पादक, स्फूर्तिदायक और प्रत्येक के हृदय में मातृभूमि के लिए सर्वस्व अर्पण करने का भाव उत्पन्न करता था। इस समय कोतवाल साहब तथा सबइन्स्पेक्टर साहब आ गए थे, और बड़े ही तृषित नेत्रों से इस दृश्य को देख रहे थे। मन में विदित नहीं क्या भाव होंगे, किन्तु बेचारे वारण्ट की तामील करने पर बाध्य थे। अस्तु।

पूजा के पश्चात् सब मित्रों ने उन्हें पुष्पहार पहिनाये। श्रीयुत देवीप्रसाद जी श्रीवास्तव ने इलायची का हार पहिनाया। उसी समय सब मित्रों सहित चतुर्वेदी जी का फोटो लिया गया। फिर चतुर्वेदीजी कोतवाल साहब के पास पहुँचे, उन्होंने वारण्ट दिखाया। वारण्ट बिलासपुर जिला कान्फ्रेंस के अवसर पर दिये गये एक भाषण पर था और अपराध लगाया गया था 124 अ। चतुर्वेदी जी उसे पढ़कर मुस्करा दिए, और कहा कि मुझे स्वीकार है।

वारण्ट की तामील होते ही श्रीयुत ज्ञानचन्द्र वर्मा चतुर्वेदीजी के पैर छूने झुके किन्तु चतुर्वेदीजी ने उन्हें थामकर छाती से लगा लिया। लोगों की आँखों में आँसू भर आये, और वे सब अपने इस तपस्वी के चरण छूने के लिए अधीर हो झुण्ड के झुण्ड आगे बढ़े। कोतवाल साहब का व्यवहार अच्छा रहा। जाते समय चतुर्वेदीजी ने श्रीयुत श्यामसुन्दर भार्गव, सभापति, जिला कांग्रेस कमेटी को स्मृति के रूप में एक नारियल भेंट किया और महात्मा गांधी तथा कांग्रेस की आदमी, रुपया और खर्चे की माँग को 30 जून तक पूरा करने के लिए कहा। कोतवाली से पहले चतुर्वेदीजी को डिस्ट्रिक्ट सुपरिण्टेण्डेण्ट पुलिस के बँगले पर

ले गये और वहाँ से वे जेल पहुँचा दिये गये।

बिलासपुर की ओर जाने वाली पहली ट्रेन सायंकाल की मेल थी, किन्तु उससे जाने पर कटनी से आगे बिलासपुर के लिए कोई ट्रेन नहीं थी, इसलिए मेल से ले जाना व्यर्थ था, फिर भी इस आशंका से कि सुन्दरलाल जी के समान कहीं इन्हें भीड़ चोरों की तरह इस गाड़ी से ही न ले भागे, बहुत से लोग इस ट्रेन पर भी गये, गोंदिया की ओर जाने वाली ट्रेन की रवानगी तक ठहरे रहे, किन्तु उस ट्रेन से ले नहीं गये।

दूसरे दिन 13 ता० को 11 बजे दुपहर की गाड़ी से ले जाने की पूरी सम्भावना थी, इसलिए श्रीयुत माधवराव सप्रे, श्रीमती सुभद्राकुमारी चौहान तथा हरिप्रसाद चतुर्वेदी साथ-साथ बिलासपुर जाने के लिए तथा श्री पं० लक्ष्मीप्रसाद जी पाठक, श्री श्यामसुन्दर भार्गव, श्री देवीप्रसाद श्रीवास्तव, ठाकुर लक्ष्मणसिंह जी, कर्मवीर के सब कर्मचारी तथा अन्य सैकड़ों लोग चतुर्वेदी जी की बिदाई और दर्शन करने के लिए स्टेशन पर पहुँचे। गाड़ी डेढ़ घण्टे लेट थी। गाड़ी आ जाने के बाद चतुर्वेदी जी स्टेशन पर लाये गये, लोग दर्शन करने और पैर छूने के लिए दौड़े। तीसरे दर्जे का एक कम्पार्टमेण्ट रिजर्व करा लिया गया था, उसमें चतुर्वेदी जी ट्रेन चलने तक प्रायः खड़े रहे। लोग आकर उनके चरण छूते रहे। श्री लक्ष्मी-प्रसाद जी पाठक को देखकर चतुर्वेदी जी ने कहा, "महाराज, इस शासन-प्रणाली को जड़ से उखाड़ फेंकिये!"

श्री श्यामसुन्दर भार्गव से कहा, "भाई, परिस्थिति को सँभाले रखना, आन्दोलन किसी तरह ढीला न पड़ने पाये, इस शासन-प्रणाली को नष्ट करने और इसी वर्ष स्वराज्य स्थापित करने में अपनी पूर्ण शक्ति लगा देना।" श्री शंकरलाल शर्मा से कहा, 'श्रीयुत जमनालाल जी बजाज से कहना कि अपने चार जिलों को ही पकड़कर न बैठे रहें, कभी-कभी इन चौदह जिलों में चक्कर लगाकर इनकी भी सुधि लेते रहें।" इतने में ट्रेन ने सीटी दी, और वह चल दी। जब तक दृष्टि से ओझल न हुए, लोग हाथ जोड़े हुए श्रद्धापूर्वक उन्हें प्रणाम करते रहे और सजल नेत्रों से वापस लौटे। वापस लौटते समय गली-कूचों में स्त्री-पुरुष, बालक-वृद्ध सबके मुँह से चतुर्वेदी जी की गिरफ्तारी और शीघ्र स्वराज्य मिलने की चर्चा सुनाई देती थी। सायंकाल के सात बजे चतुर्वेदी जी के प्रति प्रेम, श्रद्धा और बधाई प्रकट करने के लिए एक सार्वजनिक सभा की जाने वाली थी, किन्तु वर्षा के कारण वह नहीं हो सकी।

कटनी में स्वागत

चतुर्वेदी जी की गिरफ्तारी की सूचना सब जगह तारों द्वारा दे दी गई थी। तदनुसार कटनी-स्टेशन पर उनके स्वागत के लिए हजारों आदमी जमा थे। प्लेट-

फार्म पर जरा-सी भी जगह न थी। कई स्त्रियाँ भी स्वागत में सम्मिलित थीं। ट्रेन के स्टेशन पर पहुँचते ही 'वन्देमातरम्' 'अल्लाहो अकबर' आदि जय-घोषों के नीचे ट्रेन की आवाज भी दब गई। चतुर्वेदी जी के डिब्बे से उतरते ही, श्रीयुत लक्ष्मणराव जी, प्रेसीडेण्ट, तहसील कांग्रेस कमेटी, श्री हनुमन्तराव, श्री परमेश्वर दीन जी, श्री नत्थूराम जी तथा अन्य सैकड़ों उपस्थित सज्जनों ने उन्हें माला पहनायी, यहाँ तक कि वे मालाओं से दब से गये। कोई भी अजनबी आदमी खयाल भी नहीं कर सकता था कि वे जेल जा रहे हैं। तत्पश्चात् उन्हें इस प्लेट-फार्म से दूसरे प्लेटफार्म पर, जहाँ से बिलासपुर को गाड़ी जाती है, ले गये और वे पुलिस चौकी पर ठहराये गये। यहाँ पर एक संन्यासी ने आकर उनकी पूजा की। लगभग डेढ़ घण्टे के बाद ट्रेन रवाना हुई, तब तक लोग वहीं पर डटे रहे। ट्रेन के रवाना होते समय फिर 'वन्देमातरम्', 'कर्मवीर पं० माखनलालजी चतुर्वेदी की जय' आदि से स्टेशन गूंज उठा।

कटनी की जनता को संदेश

कटनी की जनता के लिए चतुर्वेदी जी ने पं० परमेश्वरदान चौबे से नीचे लिखा सन्देश कहा। उन्होंने श्री माखनलाल जी चतुर्वेदीजी के डिब्बे के दरवाजे पर खड़े होकर स्टेशन पर आई हुई जनता को उसे सुनाया—

"आज वह समय आया है जबकि सब लोगों को जरा भी द्वेषभाव न रखते हुए एकमत होकर काम करना चाहिए। जिस प्रकार यूरोपीय महायुद्ध के पहले यद्यपि आयरलैंड इंग्लैंड के खिलाफ था परन्तु युद्ध के छिड़ते ही इंग्लैंड, आयरलैंड, स्काटलैंड और वेल्स चारों ने मिलकर अपनी सारी शक्तियाँ जर्मनी के विरुद्ध लगा दी थीं, आज भी वैसा ही समय है। जिन भाइयों में मतभेद है, उन सबको एकमत होकर अहिंसात्मक असहयोग को सफल बनाने में अपनी सारी शक्तियाँ लगा देनी चाहिए।

ऐसे समय में, जबकि देश वर्तमान शासन-प्रणाली को, बदल डालने के लिए तुल पड़ा है, द्वेष ही नहीं, किन्तु मतभेद रखने वाले भी देशद्रोही समझे जावेंगे।"

कटनी के बाद

(हमारे संवाददाता द्वारा)

हम लोग बिलासपुर करीब 12 बजे रात को पहुँचे। स्टेशन पहुँचने के कोई तीन मील पूर्व ही तीन बार पटाके की आवाज हुई और गाड़ी रुक गई। मैंने पूछा गाड़ी क्यों रुकी? पण्डितजी ने भी पूछा, परन्तु कुछ भी संतोषदायक उत्तर नहीं मिला। इसके दो मिनट बाद फिर दो बार फटाके की आवाज हुई। गाड़ी रुकी और दो यूरोपियनों ने आकर पण्डित जी से कहा, 'कम ऑन!' और उनका हाथ

पकड़कर नीचे उतार लिया और शीघ्र नजर से बाहर हो गये। बाहर सड़क पर दो मोटरें खड़ी थीं, लाइट बिल्कुल नहीं थी। एक मोटर पर पंडित जी को बिठाया। उस पर रोशनी नहीं की गई व दूसरो में रोशनी करके ले गये। बिलासपुर स्टेशन पर जो शहर से 3 मील दूर है, रात को 12 बजे करीब 300 संख्या में लोग पचासों फूलों की मालाएँ लेकर उपस्थित थे। स्टेशन पर पण्डित जी की जय-जयकार का घोर शोर हो रहा था। जब मालूम हुआ कि पंडितजी पहले ही उतार लिए गए तो जनता को बहुत दुःख हुआ। लोगों ने उन फूलमालाओं, को जो पंडितजी के लिए लाये थे, सुभद्राकुमारी जी को पहनाना शुरू किया। परन्तु उन्होंने कहा कि इन मालाओं को पहनने के योग्य मैं नहीं हूँ। येमालाएँ जिनके लिए लाई गई हैं उन्हीं की स्मृति में उनके टिफिन कैरियर पर डालते जाइये। उनका टिफिन कैरियर फूलों से लद गया। पण्डितजी के साथ केवल पुलिस इन्स्पेक्टर गया, बाकी सिपाही सब उसी ट्रेन के डिब्बे में छोड़ दिये गये। उनका मुकदमा 20 जून सोमवार को शुरू होगा।

।। वन्देमातरम् ।।

श्रीयुत चतुर्वेदीजी का सन्देश

"भाइयो, इस वक्त मैं आपकी खिदमत अच्छी तरह नहीं कर सकता। मैं गवर्नमेंट का मेहमान होने जा रहा हूँ। मैं सदैव शान्ति का उपासक रहा हूँ। मैं कहना चाहता हूँ कि मैं चाहे जितनी तकलीफ में रहूँ, जब सुनूँगा कि आपने गवर्नमेंट के जुल्म के नीचे पिसकर शान्ति से जानें दे दीं तो मैं खुश होऊँगा। लेकिन आपने चिढ़कर सरकार के खिलाफ हाथ उठाया तो मैं, उसके प्रायश्चित्त के लिए जेल में उपवास करूँगा और न जाने क्या-क्या करूँगा। मर जाना जरूरी है पर खिलाफ हाथ उठाना, किन्तु बकौल महात्मा गांधी के, पाप है। मेरे जेल जाने का मौका नहीं है, माता ने मुझे बुलाया है सो मैं तैयार हूँ। मैं आपसे यही उम्मीद करता हूँ कि जब आपकी पुकार हो, आप भी तैयार रहें।"

[18 जून, 1982]

जेल में

[1]

पहिनना बेड़ियाँ, मजदूर होना, मार खाना पर—
नहीं आँसू बहाना, यही मेरी साधना होगी।

जहाँ जंजीर झनकारी कि सुर में सुर मिला दूंगा,
विजयिनी आर्य-माता की वहीं आराधना होगी ।।

[2]

टेक कर घुटने कभी मंजिले-मकसूद पाने को,
हठीले भाव से प्यारे मुहम्मद को पुकारूँगा।
कभी गोपाल का पत्थर कलेजा मोम करने को,
खुशी से प्राण वारूँगा, उसे नीचे उतारूँगा ।।

—**'एक भारतीय आत्मा'**

यह कविता 'एक भारतीय आत्मा' पं० माखनलाल जी चतुर्वेदी ने गिरफ्तार होने के एक दिन के पहले गिरफ्तारी की खबर पाकर अपने एक मित्र को पत्र में लिखी थी। वह उस पत्र में अधूरी ही रह गई है तो भी हम उसे कर्मवीर में देने का लोभ संवरण नहीं कर सकते, और चतुर्वेदी जी से क्षमा माँगते हुए उसे छापे देते हैं।

—स० संपादक

(12 जून, 1921)

श्रीयुत पं० माखनलाल जी चतुर्वेदी का मुकद्दमा

चतुर्वेदी जी के खिलाफ इस्तगासा

डी० एस० पी० साहब ने मि० र० प० पारधी, फर्स्ट क्लास मैजिस्ट्रेट, बिलासपुर की अदालत में यह इस्तगासा पेश किया था—

1. मुझे, टी० एम० कालिन्स डिस्ट्रिक्ट सुपरिण्टेण्डेण्ट पुलिस बिलासपुर सी० पी०, को गवर्नर साहब मय कौंसिल के जरिये यह आज्ञा मिली है कि बिलासपुर जिला कान्फ्रेंस में ता० 12 मार्च, 1921 को जबलपुर के कर्मवीर पत्र के सम्पादक माखनलाल चतुर्वेदी ने जो भाषण दिया था, उसके सम्बन्ध में उनके खिलाफ इण्डियन पिनल कोड की 124 अ दफा के अनुसार इस्तगासा दायर करूँ। जाब्ता फौजदारी की दफा 196 के अनुसार सरकार की जो बाकायदा मंजूरी मिली है वह भी इसके साथ नत्थी कर दी गई है।

2. उनके सारे भाषण का झुकाव, ब्रिटिश भारत में कानून के अनुसार जो सरकार स्थापित है, उसकी ओर घृणा और द्वेष उत्पन्न करने और उसके प्रति अप्रीति फैलाने की ओर था।

(अ) माखनलाल चतुर्वेदी ने अपने भाषण में वर्तमान सरकार को अत्याचारी कहा है और समझाया है कि उसका अन्त कर दिया जाय।

(ब) 1857 के सैनिक गदर की तारीफ की कि यह विदेशी शासन से अपने देश को मुक्त करने के लिए हिन्दुस्तानियों का प्रशंसनीय प्रयत्न था।

(स) सरकार के विरुद्ध उन्होंने जो दलील पेश की उसका एक उदाहरण यह है कि अंग्रेजों को नुकसान पहुँचाने वाला हिन्दुस्तान के कपड़े का उद्योग जो उस समय उन्नति पर था, उसे नष्ट कर देने के लिए ब्रिटिश लोगों ने हिन्दुस्तानी जुलाहों के अँगूठे काट डाले।

(द) उन्होंने अंग्रेजों को हिन्दुस्तानियों का दुश्मन कहा है और उन्हें देश से निकाल देने के लिए अनुरोध किया है। पश्चात् उन्होंने इस बात की ओर ध्यान आकर्षित किया कि ब्रिटिश लोगों की अपेक्षा हिन्दुस्तानी संख्या में बहुत बढ़-चढ़कर हैं और श्रोताओं को समझाया कि तैंतीस करोड़ हिन्दुस्तानी मुट्ठी-भर अंग्रेजों को कितनी सुगमता से निकाल सकते हैं।

3. यह भाषण हिन्दी में हुआ था। उसकी निम्नलिखित आदमियों ने उपस्थित होकर रिपोर्ट की थी—

(1) सब इन्स्पेक्टर शादीलाल,

(2) इन्स्पेक्टर अमीर मुहम्मद,

(3) मि० गाडगिल ई० पी० सी०,

(4) मि० मण्डलोई ई० ए० सी०

मूल नोट, रिपोर्ट और भाषण से सम्बन्ध रखने वाले अन्य कागज-मुकदमे के समय दायर किए जाएँगे।

4. अन्त में, मैं प्रार्थना करता हूँ कि ऊपर-लिखित माखनलाल चतुर्वेदी के नाम इण्डियन पिनल कोड की 124 अ दफा के अनुसार वारण्ट निकाला जाय और उस दफा के जुर्म के लिए उन पर मुकदमा चलाया जाय।

(दस्तखत) टी० एम० कालिन्स,
डी० एस० पी०
बिलासपुर (म० प्र०)
ता० 1 जून, 1921

अदालत में

श्रीयुत चतुर्वेदी जी का मुकदमा गत 20 ता० को मि० पारधी, फर्स्टक्लास मजिस्ट्रेट बिलासपुर, की अदालत में पेश होनेवाला था। अदालत के समय लगभग 2000 नागरिकों का समूह साथ में राष्ट्रीय झण्डे लिये हुए, राष्ट्रीय गान गाता

हुआ श्रीमती सुभद्राकुमारी आदि के साथ जयघोष करता हुआ, अदालत पहुँचा। स्वयंसेवकों और पुलिस ने लोगों को बाहर ही रोक रखा था। पुलिस के अफसर घबराये हुए मालूम होते थे। जिले भर के सब-इन्स्पेक्टर बिलासपुर बुला लिये गये थे और कचहरी में पुलिस ज्यादा तादाद में तैनात थी। सुपरिंटेण्डेण्ट मि० कालिन्स बार-बार कहते थे कि लोगों ने शान्ति न रखी तो हमें बल प्रयोग करना पड़ेगा। अदालत भर गई थी और बहुत से मनुष्य दरवाजों और खिड़कियों के सामने भीड़ लगाये खड़े थे। श्रीयुत राघवेन्द्र राव आदि स्थानीय तथा श्री रविशंकर जी शुक्ल, बा० घनश्यामसिंह जी गुप्त, पं० सुन्दरलाल जी शर्मा, पं० माधवराव जी सप्रे, बैरिस्टर ज्ञानेन्द्र वर्मा, श्रीमती सुभद्राकुमारी तथा मौलाना ताजुद्दीन आदि बाहर से आये हुए प्रायः सभी सज्जन उपस्थित थे। इण्डिपेण्डेण्ट, दैनिक प्रताप, कर्मवीर, राजस्थान-केसरी तथा तिलक आदि पत्रों के रिपोर्टर मुकदमे की रिपोर्ट लेने के लिए आये थे। लगभग 11.30 बजे मि० व्हाइट डी० आई० जी० (डिप्टी इन्स्पेक्टर जनरल पुलिस) एक हिन्दुस्तानी अफसर के साथ चतुर्वेदी जी को मोटर में लिये हुए आए। अदालत में आते ही श्रीमती सुभद्राकुमारी ने चतुर्वेदी जी को फूलों का हार पहनाया। उसके बाद डी० आई० जी० ने मजिस्ट्रेट से कहा कि सरकारी वकील मि० पेजली बीमार हो जाने के कारण आज नहीं आ सके। उनका पत्र और डि० सु० पुलिस जबलपुर का भी इस आशय का कोड-तार आया है कि वे 23 या 25 ता० तक आवेंगे इसलिए 25 ता० तक के लिए मुकदमा मुल्तवी किया जाय।

मजिस्ट्रेट ने श्री चतुर्वेदी जी से पूछा--आपको कुछ कहना है?

चतुर्वेदी जी ने कहा—पहले मुकदमा 16 ता० को पेश होने वाला था, उस वक्त तारीख बदल कर 20 तारीख को पेशी रखी गई, अब आज 20 तारीख को फिर 25 तारीख की पेशी की गई है। मैं नहीं जानता, यह मुकदमा हो रहा है, या मेरे साथ मजाक किया जा रहा है।

मजिस्ट्रेट (डी० आई० जी० से)—आप इसका क्या जवाब देते हैं?

डी० आई० जी०—मुझे खेद है कि बीमारी के कारण मि० पेजली नहीं आ सके। अब 25 को मुकदमा जरूर हो जायेगा। सम्भव है मि० पेजली न आ पावें, इसलिए डी० सी० से लीगल रिमेम्बरेन्सर को तार द्वारा सूचित करने के लिए कह दिया है कि वे किमी दूसरे वकील का प्रबन्ध कर दें।

चतुर्वेदीजी— मेरा स्वास्थ्य अच्छा नहीं है, मुझे उन्निद्रता और मंदाग्नि का रोग है। रात को नींद नहीं आती, किन्तु मैं बीमारी को लेकर अदालत के सामने नहीं आया—बीमारी के कारण अदालत से कोई सुविधा नहीं चाहता। फिर अदालत क्यों वकील की बीमारी पेश करके व्यर्थ मेरा समय नष्ट कर रही है?

मजिस्ट्रेट—क्या इस सेक्शन में जमानत है?

चतुर्वेदीजी—मैं नहीं जानता।

यहाँ पर श्री राघवेन्द्रराव बैरिस्टर ने सूचना की कि चतुर्वेदीजी की सूचनानुसार इस मुकदमे से मेरा अब कोई सम्बन्ध नहीं रहा है।

अन्त में अदालत ने 25 ता० के लिए मुकदमा मुल्तवी कर दिया। चतुर्वेदीजी ने यह हुक्म पढ़ने के लिए माँगा। उसमें लिखा था कि मुलजिम ने जमानत के लिए दरख्वास्त की थी, लेकिन 124 अ दफा में जमानत लेने का नियम नहीं है, इसलिए प्रार्थना अस्वीकार कर दी गई। इस पर चतुर्वेदीजी ने कहा कि मैंने तो जमानत के लिए कभी नहीं कहा।

मजिस्ट्रेट ने कहा—मेरा खयाल होता है कि आपने कहा था।

चतुर्वेदीजी— आपने मुझसे पूछा था कि क्या इस सेक्शन में जमानत है ? मैंने उत्तर दिया कि मैं नहीं जानता। मैंने जमानत के लिए नहीं कहा।

इस पर मजिस्ट्रेट ने हुक्मनामे में नीचे नोट लगा दिया कि हुक्म को पढ़कर मुलजिम ने कहा कि मैंने जमानत के लिए दरख्वास्त नहीं की।

अस्तु, अगली पेशी ता० 25 शनिवार की है। सुनते हैं, सरकार की ओर से अभी मुकदमे की पूरी तैयारी नहीं है और बिलासपुर में उसे कोई वकील नहीं मिल रहा है, इसीलिए बाहर से वकील बुलाया गया है।

श्रीयुत पं० माखनलालजी चतुर्वेदी को बधाई

तारीख 20 जून को बिलासपुर की अदालत में पं० माखनलालजी चतुर्वेदी पर लगाये गये 'राजद्रोह' अभियोग की पेशी थी। उसी दिन जनता की पंचायत में सरकार के प्रति 'वसूल' करने के अधिकारों की पेशी थी। मेघ आकाश में मँडरा रहे थे। वृष्टि भी खूब हो रही थी, तथापि बिलासपुर के म्युनिसिपल स्कूल का विस्तृत मैदान लगभग 5 हजार लोगों की भीड़ से भर गया था। छत्तीसगढ़ के प्रत्येक भाग के लोग इस सभा में सम्मिलित हुए थे। रायपुर के श्री पं० रविशंकर शुक्ल, श्री लाखे महाशय तथा और भी कई धनाढ्य मारवाड़ी सज्जन, राजिम के श्री सुन्दरलाल शर्मा, जबलपुर के मौ० ताजुद्दीन, मि० वर्मा, पं० माधवराव सप्रे, श्रीमती सुभद्राकुमारी, दुर्ग के श्री घनश्यामसिंह जी गुप्त और अन्य कई सज्जनों के साथ श्री कुंजबिहारीलाल, एम० एल० ए०, बिलासपुर के श्री राघवेन्द्र राव, पं० शिवदुलारे, मि० खानखोजे आदि सभी प्रतिष्ठित सज्जन उपस्थित थे।

श्री राघवेन्द्र राव

उपस्थित जनता को सभा का हेतु समझाते हुए श्री राघवेन्द्रराव ने कहा, "आज की सभा सारे छत्तीसगढ़ की है। मध्यप्रांत की सरकार की दमन-नीति के

विरुद्ध लोकमत जाग्रत करने के लिए हम लोग आज एकत्र हुए हैं। हमारा संकल्प है कि वर्तमान सरकार को तोड़ कर स्वराज्य स्थापित करेंगे। पं० माखनलाल चतुर्वेदी को सरकार ने गिरफ्तार किया है और सुना है कि हमारे जिले के लोग भी गिरफ्तार किये जाने वाले हैं। सरकार इस तरह मजाक कर रही है और समझती है कि उसकी इस चाल से लोग दब जायेंगे और इस पापी सरकार के विरुद्ध आन्दोलन रोक देंगे। किन्तु कर्मचारियों को याद रखना चाहिए कि उनके इस कार्य में नैतिक शक्ति नहीं है, इसीलिए वह कदापि सफल नहीं हो सकता। चतुर्वेदीजी पर जो मुकद्दमा चलाया गया है, उसमें चार फिकरे हैं। उन्होंने ता० 12 मार्च को बिलासपुर की जिला परिषद में जो भाषण दिया था, कहा जाता है उसमें सरकार के विरुद्ध अप्रीति उत्पन्न करने वाली बातें कही गयी हैं। हम कहते हैं कि आजकल की सरकार से हमें जरा भी प्यार नहीं है। जब तक यह सरकार दुरुस्त न हो जावेगी, या मिट न जायेगी, तब तक इसके विरुद्ध अप्रीति फैलाना हमारा फर्ज है। हम सब लोग मिलकर इस बात को कहते हैं। कहा जाता है कि माखनलालजी ने अपने भाषण में कहा था कि ईस्ट इण्डिया कम्पनी ने अपनी तिजारत बढ़ाने के लिए जुलाहों के हाथ के अँगूठे कटवाये थे। उन्होंने यह बिल्कुल ठीक कहा, मैं कहता हूँ उस कम्पनी ने इससे भी अधिक घृणित कार्य किये हैं। उसके पापों का ठिकाना नहीं है। कहते हैं, माखनलालजी ने सन् 1857 के गदर को बलवा नहीं, किन्तु मुक्ति-युद्ध बतलाया था। मैं कहता हूँ वह बलवा, बलवा नहीं था, किन्तु स्वराज्य-प्राप्ति के लिए सराहनीय प्रयत्न था। माखनलालजी इन बातों के लिए गिरफ्तार किये गये हैं। हम उन बातों को स्वीकृत करते हैं और जरा भी नहीं डरते हैं। आज इन्हीं बातों को प्रकट करने के लिए यह सभा की जा रही है।

मैं सूचना करता हूँ कि रायपुर के श्री० रविशंकर शुक्ल इस सभा के अध्यक्ष का स्थान स्वीकृत करें।"

इस प्रस्ताव का समर्थन दुर्ग के श्रीयुत आसनहुसैन और श्री बद्रीनाथ सबने किया और वन्देमातरम् के जयघोष में श्रीयुत रविशंकर शुक्ल ने अध्यक्ष का आसन ग्रहण किया।

श्रीयुत रविशंकर शुक्ल का भाषण

श्रीयुत शुक्ल जी ने अपने भाषण में कहा, "प्यारे भाइयो, श्रीयुत राव साहब आपको इस सभा का हेतु बतला चुके हैं। वैसे देखा जावे तो आज का समय म० गांधी जी तथा कांग्रेस की आज्ञानुसार स्वराज्य फण्ड का कार्य करने के लिए है, सभा या लेक्चरबाजी करने का नहीं, किन्तु सरकार ने जिस दमन-नीति का आरम्भ किया है, उसके विषय में सरकार का भ्रम दूर करने लिए हम लोगों को आज सभा की आवश्यकता प्रतीत हुई है। छत्तीसगढ़ में दमन का आरम्भ हो रहा

है। इस समय सारा छत्तीसगढ़ यह बतलाने को यहाँ उपस्थित हुआ है कि हम लोग सरकार की गीदड़-भभकी से डरते नहीं हैं। वास्तव में इस दमन-नीति से जनता तैयार होती है। हमारे मित्र राव साहब ने अभी कहा था कि सरकार मजाक कर रही है। दर-असल असहयोग आन्दोलन के शुरू करते वक्त भी उस वक्त के लाट साहब ने कहा था कि "मोस्ट फुलिश आफ आल"—"असहयोग सबसे बड़ी मूर्ख-योजना है और अपने आप मर जायेगी।" किन्तु सरकार को 6 महीने में मालूम हो गया कि हम मूर्ख नहीं थे। स्वार्थ बुरी चीज है। परन्तु हमारा काम है कि सरकार चाहे स्वार्थी बने, और अपने स्वार्थ को न छोड़े, पर हम अपनी चीज के मालिक आप बनेंगे और उसको कदापि न छोड़ेंगे। दमन से हम लोग न डरेंगे, गरमदल, नरमदल, कोआपरेटर, नान-कोआपरेटर जितने लोग देश-हित की बातें सोचते हैं, उनमें कोई ऐसा नहीं है, जो इस सरकार के विरुद्ध न हो। कई ऐसे लोग हैं जो असहयोगी नहीं हैं, किन्तु सरकार से असन्तुष्ट हैं। हम लोग आज यही बतलाने के लिए एकत्र हुए हैं कि हम डरते नहीं हैं और शान्तिपूर्वक असहयोग के साथ अपना उद्देश्य सिद्ध करेंगे। हम लोग शान्ति भंग किये बिना ही असहयोग के व्रत का पालन करेंगे और हमारे कार्य से इस पापी सरकार को नीचा देखना पड़ेगा। आज की सभा में हमें यही बतलाना है कि हम लोग इस सरकार की पापमय शासन-प्रणाली को नहीं रहने देंगे। मैं कहता हूँ और महात्मा गांधीजी ने अपने 'यंग इण्डिया' में लिखा है कि इस सरकार के साथ राजद्रोह करके 124 धारा के अनुसार जेल में जाना खुशी की बात है। यह काम करना हमारा कर्त्तव्य है। हम लोग सरकार की नीति के विरुद्ध हैं। हम कहते हैं कि हमें जेल भेज दीजिए, हम तैयार हैं। जब एक मित्र को जेल भेजोगे तब दूसरा उसके स्थान पर खड़ा हो जायगा और कहेगा, मुझे भी सजा दे दो। मैं समझता हूँ, इस सभा में उपस्थित होने वाले प्रस्ताव आप सब छत्तीसगढ़ी सज्जन एक मत से स्वीकार करेंगे।"

इसके पश्चात् श्री राव ने उपस्थित किये जाने वाले प्रस्ताव अंग्रेजी में और ठा० लक्ष्मणसिंह जी ने उनका हिन्दी-अनुवाद पढ़कर सुनाया, जो इसी पृष्ठ के बीच में छपा है।

पं० माधवराव जी सप्रे

प्रस्ताव को जनता के सम्मुख उपस्थित करते हुए पं० माधवराव सप्रे ने कहा, "इस प्रस्ताव की बातों को आप लोग ठीक तरह से समझ लें। पहली बात यह है कि हिन्दुस्तानी अपने स्वभावसिद्ध अधिकार को पाने का यत्न कर रहे हैं, किन्तु सरकार उन प्रयत्नों को रोकने के लिए तैयारी कर रही है। 'सरकार' शब्द में केवल विदेशी लोग ही शामिल नहीं हैं, किन्तु वे लोग जो हिन्दुस्तानी मिनिस्टर,

एक्जीक्यूटिव कौन्सलर आदि इस सरकार के साथ शामिल हैं, उनके लिए भी प्रस्ताव में कहा गया है कि ये लोग प्रत्यक्ष रीति से देशद्रोह का कार्य कर रहे हैं। शान्ति का भंग न करते हुए जनता को जाग्रत करने के पवित्र कार्य के लिए पं० माखनलाल चतुर्वेदी गिरफ्तार किये गये हैं। हमारा प्रस्ताव चतुर्वेदीजी के कार्य से सहानुभूति रखता है और उनकी गिरफ्तारी पर उन्हें बधाई देता है। इसके आगे प्रस्ताव में एक महत्व की बात है। इण्डियन पिनल कोड की 124 अ दफा में बतलाया गया है कि जो पुरुष सरकार के विरुद्ध अप्रीति (डिसअफेक्शन) फैलाता है उसे सरकार पकड़ती है इस बात को ठीक तरह से समझ लीजिए। सरकार इस 124 अ दफा में चाहे कुछ कहे, किन्तु असहयोग का व्रत देश को स्वतन्त्र करना और सरकार की अत्याचारी नीति को तोड़ना है। हम लोगों का कर्त्तव्य है कि इस नीति के विरुद्ध 'डिसअफेक्शन' अवश्य फैलावें। इस सरकार के विरुद्ध डिस-अफेक्शन फैलाना पाप नहीं, किन्तु पवित्र कार्य है। पं० माखनलालजी के विषय में प्रस्ताव में जो कुछ बातें कही गयी हैं, उसके सम्बन्ध में अधिक कहने को मेरा हृदय तैयार नहीं है। वे मेरे कई वर्षों के मित्र हैं। हम दोनों साथ-साथ रहे हैं और कार्य किया है। आज वे मुझको अकेले छोड़कर चले गये हैं। सम्भव है हम लोग फिर जल्द ही किसी स्थान पर मिलें। इन व्यक्तिगत भावों को कुछ देर तक रोक कर मैं आपसे पूछता हूँ कि देश-सेवा किस तरह की जाय? देश-सेवा जैसे पवित्र-तम कार्य के करने में यदि सरकार का कानून रुकावट डालता है, तो क्या हम लोग उससे डरकर अपना कार्य न करें? या आत्मबल के आधार पर उस रुकावट को ठोकर लगाकर इस अन्यायी कानून को जिन्दा न रहने दें? 'डिसअफेक्शन' का अर्थ 'अप्रीति' है। आप और हम सब लोग अपने-अपने घरों में स्वाभाविक प्रेम का अनुभव करते हैं, क्योंकि माँ-बाप, पिता-पुत्र, भाई-बहिन आदि सम्बन्धों में कोई भेद-भाव, ऊँच-नीच भाव, गोरा-काला भेद या जातिगत द्वेष नहीं होता। एक गृहस्थ का घर प्रीति का नमूना होता है, उसमें कानून द्वारा प्रीति स्थापित करने की आवश्यकता नहीं रहती। यदि आजकल की सरकार भेद-भाव छोड़ दे तो उसे 'डिसअफेक्शन' की रोक के लिए कानून बनाने की आवश्यकता न पड़े। किन्तु सरकार समझती है कि वह विदेशी है और उसकी शासन-प्रणाली में भेद-भाव की नीति मौजूद है इसलिए उसे कानून बनाकर लोगों की प्रीति उत्पन्न करने की आवश्यकता प्रतीत हुई है। सरकार एक नहीं, ऐसे सैकड़ों कानून बनावे..." (इसी समय मेघ बरसने लगा। सरकार द्वारा रिपोर्ट लेने के लिए नियत किए हुए कर्मचारी छाता लगाकर बैठने लगे। लोगों में छाता बन्द करने के लिए खलबली मच गयी। सभापति के समझाने पर उक्त कर्मचारी छाता बन्द करके बैठ गये।) श्री सप्रेजी ने अपना भाषण इन शब्दों में समाप्त किया कि "124 अ धारा में चाहे कुछ कहा गया हो, किन्तु जनता ने निश्चय कर लिया है कि सरकार की वर्तमान

नीति के विरुद्ध अप्रीति का फैलाना हमारा धर्म है। सरकार इसे चाहे जुर्म समझे ले चाहे कुछ, किन्तु हम लोग शान्ति के साथ इस कार्य को अवश्य करेंगे।"

श्रीयुत सुन्दरलालजी शर्मा

सप्रेजी के पश्चात् राजिम के श्रीयुत सुन्दरलालजी शर्मा ने प्रस्तावों का समर्थन करते हुए वहा "आज ही नहीं, पुराने समय में भी सत्कार्य करने वालों पर आपत्तिताँ आती रही हैं। हम लोग पहले भी जाग्रत थे, किन्तु दमन ने सबको बलिदान के लिए तैयार कर दिया है। दरअसल सरकार की हालत यही हो रही है कि 'मर्ज बढ़ता गया, ज्यों-ज्यों दवा की।' अगर आपको जल्द स्वराज्य प्राप्त करना है तो सरकार से कहिए कि हमें हजारों की संख्या में जेल में ठूँस दे।" (तालियाँ) "जिस जेल में जाने से मनुष्यों की देवता की तरह पूजा होती हो, उसका गम किस लिए? भला जब सरकार मोटर में बिठलाकर इज्जत के साथ घुमाती है, तब तो मैं कहूँगा कि छूटा रहने से जेल ही अच्छा। मैं तो कहता हूँ कि गांधीजी पकड़े जायँ तो स्वराज्य बहुत ही शीघ्र मिले। सरकार के पास जगह ही कितनी है? एक सेण्ट्रल जेल में सिर्फ 100 कैदी रह सकते हैं, भला तीस करोड़ के लिए सरकार जेल कहाँ से लायेगी? हिन्दुस्तान में 1204 हिन्दुस्तानियों के लिए एक अंग्रेज है। इतनी बकरियों को भी एक आदमी नहीं सम्हाल सकता, तो जीते-जागते आदमियों का इन्तजाम होना हास्यास्पद बात है। हमारे देश के बन्दरों ने भी भारत-लक्ष्मी श्री सीतादेवी को समुद्र के पार से छुड़ाया था, तो हम तो मनुष्य हैं। हम अवश्य ही शान्तिमय उपायों से स्वराज्य प्राप्त करेंगे।"

इसके पश्चात् पं० शिवदुलारे मिश्र ने 'प्रताप' में प्रकाशित 'माखनलालजी' शीर्षक अग्रलेख पढ़कर सुनाया और प्रस्ताव का समर्थन किया।

मौलाना ताजुद्दीन

ने भी समर्थन करते हुए कहा, "खुशी की बात है कि पानी के बरसते रहने पर भी आप खामोशी से इस सभा में बैठे हैं। आपने रेजोल्यूशन सुन लिया है और कई दोस्तों की तकरीरें—भी सुन ली हैं। दफा 124 अ में जिस जुर्म का जिक्र है, हम सब वही जुर्म करने को तैयार हैं। नानकोआपरेशन का पहिला कार्य यही है कि मौजूदा सरकार के खिलाफ बेदिली पैदा करें। मैं कहता हूँ, चाहे छोटे साहब बड़े साहब के जूते साफ कर आयें, मिनिस्टर्स और एक्जीक्युटिव कौंसिलरों को चाहे सरकार से मुहब्बत हो, पर इन लोगों को छोड़कर कोई भी मौजूदा सरकार से मुहब्बत नहीं कर सकता। हम दंगा करना नहीं चाहते। हम कहते हैं कि जलियानवाला बाग में उन्होंने हमारी नफरत की बुनियाद डाली है। खिलाफत की बेइन्साफी से अब हमको भी उनसे नफरत है। मेरा मजहबी फर्ज है कि ऐसी

सरकार के खिलाफ खूब नफरत फैलाऊँ। मुझे खुशी है कि पं० माखनलालजी के खिलाफ यह नहीं कहा गया है कि वे खून करते हैं, बल्कि यह कि सरकार के खिलाफ नफ़रत फैलाते हैं। मिनिस्टर्स और मेम्बर्स जो इस सरकार की मदद करते हैं, वे मुल्क की आजादी के दुश्मन हैं। मेरे एक दोस्त ने अभी कहा था कि जब सब लोग नफरत फैलायेंगे, तब सरकार क्या करेगी ? शायद वह लोगों के घरों पर साइनबोर्ड लगा देगी कि तुमको इतने साल की सजा दी है। तुम जेल में हो। मैं खुद 4 महीने जेल में रहकर आया हूँ। वहाँ की तकलीफों को मैं जानता हूँ। आप पानी की तकलीफ सहकर यहाँ बैठे हुए हैं। चतुर्वेदीजी भी जेल की तकलीफें मुल्क की आजादी के लिए उठा रहे हैं। पुलिस वालों ने बिलासपुर स्टेशन पर न उतारकर चतुर्वेदी जी को एक साइडिंग पर उतारा था। इस मजाक के जवाब में हम खुद मजाक कर सकते हैं। हम जबलपुर में खुद कोतवाली में चतुर्वेदी जी को पहुँचा आये थे। पुलिस के इन्सपेक्टर-जनरल समझते होंगे मैंने बड़ी होशियारी का काम किया मगर वह होशियारी हमारे मजाक के मुकाबले में कोई चीज नहीं है। आप वही जुर्म करने के लिए तैयार हो जाएँ, जिसके लिए चतुर्वेदी जी तकलीफ उठा रहे हैं। आप सरकार के खिलाफ नफरत फैलाने को अपना फर्ज समझ लीजिए और रावणराज्य को खतम करके रामराज्य की स्थापना कीजिए।"

श्री महन्त लक्ष्मीनारायण जी, श्री बद्रीनाथ जी साहु तथा श्री वामनराव जी लाखे के समर्थन करने के पश्चात् —

श्रीयुत ज्ञानचन्द वर्मा

समर्थन के लिए खड़े हुए। आपने कहा, "मैं चाहता था, पानी न बरसता तो आराम से बैठते। हमारे बूढ़े पण्डित माधवराज जी सप्रे ने प्रेम और प्रीति की बातें कही हैं। और कहा है कि इस गवर्मेण्ट के साथ प्रेम नहीं रख सकते। मैं कहता हूँ कि हम तो हमेशा ही से इस माशूका गवर्मेण्ट से प्रेम रखते रहे हैं। जब बंगाल में थोड़ी-सी जमीन चाही, हमने सारा मुल्क दे दिया। जब जर्मनी ने सताया था, तब महात्मा गांधी ने क्या नहीं दिया ? आदमी, रुपया और दिल सब-कुछ दिया। पर इन्होंने क्या किया ? रौलेट बिल और जलियाँवाला। हम कब तक इश्क निभावें ?

मजाक को छोड़कर मैं आपसे कहता हूँ कि हमारी सब कोशिशें स्वराज्य के लिए हैं। जनता की इच्छा के मुताबिक काम करना ही स्वराज्य है। अगर सर फ्रैंक स्लाई को गवर्नरी का शौक है तो विलायत में जाकर अपना शौक पूरा करें और चाहे जितने आदमियों को जेल भेज दें, हमारी बला से। कमिश्नर क्लार्क साहब, डिप्टी कलेक्टर डेवर साहब को अगर हुकूमत का शौक है तो इंग्लैण्ड के लंकाशायर में जाकर अपना शौक पूरा करें। लार्ड मैकाले ने एक किताब बड़ी मेहनत से लिखी, जिसका नाम 'ताजीरात हिन्द' है। इसकी 124वीं दफा में

सरकार के इश्क का हाल है। सन् 1838 में जब लोकमान्य तिलक पर मामला चला तब इसमें एक सेक्शन अ बढ़ाया गया कि सरकार पर जरूर प्यार करना चाहिए। भला खामोखाँ प्यार करें ? क्या सरकार से मेरे एक दोस्त के कहने के मुताबिक 'चिपट जायँ' ? विलायत की बातें दूसरी और यहाँ की दूसरी हैं। ये जुल्म करें, डैमफूल कहें, मगर हम इनको जरूर चाहें। हम भी अब असहयोग से इन्हें चाहने लगे हैं—याने फौरन तलाक देने के लिए तैयार हैं। मुकदमात में कहते हैं कि हमको नहीं चाहा। कहते हैं, जुलाहों के अँगूठे काट डाले। ये बातें सही हैं, रोमेशचन्द्रदत्त की किताब 'अरली ब्रिटिश रूल इन इण्डिया' के सफा 27 को खोलकर पढ़िये। मि० दत्त इन्हीं के नौकर और पेंशन पाते हुए थे। सन् 1837 के पार्लमेण्टरी कमीशन के मिनिट्स में ये बातें हैं। कहते हैं, म्युटिनी लड़ाई थी। यह भी बिलकुल ठीक है। फौज के आदमियों ने बलवा किया, यह बात गलत है। भला कोई यह कहे कि झाँसी की रानी लक्ष्मीबाई कौन-सी रेजीमेण्ट में नौकर थीं ? बेगम अवध, नानासाहब पेशवा किस फौज में नौकर थे ? इन्हीं के अंग्रेज लेखक आस्टिन मैकारथी ने कहा है कि बलवा, बलवा नहीं था, बल्कि आजादी के लिए कोशिश थी। दोष हमारा भी है। भला अंग्रेजी इतिहास में एक भी 'ट्रेट' (देशद्रोही) नजर आता है ? और हमारे यहाँ क्या हाल है ?"

इसके पश्चात् सभापति ने लोगों से पूछा कि प्रस्ताव मंजूर है या नहीं ? सब लोगों ने एक स्वर से कहा, मंजूर है। सभापति ने तीन बार पूछा यदि कोई सज्जन सरकारी या गैर-सरकारी इस प्रस्ताव के विरुद्ध कुछ कहना चाहते हैं तो खुशी से कह सकते हैं। प्रस्ताव के विरुद्ध बोलने के लिए एक भी आदमी खड़ा नहीं हुआ और वह सर्वसम्मति से स्वीकृत हुआ।

श्री खानखोजे

खानखोजे महाशय ने आगत सज्जनों को उनके कष्ट के लिए धन्यवाद दिया। सभापति पं० रविशंकर शुक्ल ने अन्त में कहा—

"अभी हम सब लोगों को धन्यवाद दिया गया है। उसमें एक बात रह गया है, उसकी पूर्ति मैं करता हूँ। मैं उन सरकारी कर्मचारियों को धन्यवाद देता हूँ जो मीटिंग की रिपोर्ट लिखने के लिए यहाँ बैठे हैं। उन्होंने मेरी प्रार्थना पर ध्यान देकर अपने छाते बन्द कर लिए और वैसे ही मेह में बैठे रहे। मैं उन्हें इसलिए भी धन्यवाद देता हूँ कि उन्होंने हमारी कार्यवाही में सहानुभूति से काम लिया और मेरे द्वारा कहे जाने पर भी उनमें से एक भी आदमी प्रस्तावों का विरोध करने को खड़ा न हुआ। उन्हें आज की सभा के 'नोट्स' पेश करना है। किन्तु स्वयं परमेश्वर ने मेह बरसाकर तथा उनका नोट लेना असम्भव करके यह सूचना दी कि तुम्हारा काम अब चल नहीं सकता। और तुम्हारे द्वारा अब लोग जेलखाने नहीं

जा सकते। हमारे भी रिपोर्टर यहाँ पर मौजूद थे। पर सरकारी रिपोर्टरों में और उनमें अपनेपन का फर्क है। बारिश के होने पर सरकारी रिपोर्टर वैसे ही बैठे रहे, किन्तु हमारे रिपोर्टर प्रतिष्ठा का खयाल न करते हुए टेबल के नीचे बैठ गये और अपना काम चुपचाप करते रहे। अपने काम में और किराये के काम में यही फर्क है। मैंने आप सबसे तीन बार पूछ लिया और आपने अपनी जिम्मेदारी का खयाल रखते हुए प्रस्तावों को स्वीकृत किया है। आपके प्रस्ताव सरकार के पास जायेंगे। मैं आशा करता हूँ कि आप लोग आवश्यकता पड़ने पर एक के पीछे एक जेल जाने को तैयार रहेंगे। इस सरकार के साथ प्रीति न रखना हमारा कर्त्तव्य है। सरकार की कार्यवाही जितनी अधिक दमनकारी होगी उतनी ही उसके प्रति हमारी अप्रीति बढ़ती रहेगी। मैं अपने बिलासपुर के मित्रों को मुझे सभापति के स्थान पर चुनने के लिए धन्यवाद देता हुआ इस सभा को विसर्जित करता हूँ।''

वन्देमातरम्, पं० माखनलाल जी की जय आदि जयघोषणाओं के साथ यह सभा समाप्त हुई। सभा में किसी भी आदमी के कपड़े वर्षा के कारण सूखे नहीं रहे थे।

[25 जून, 1921]

विचित्र फैसला

श्रीयुत प० माखनलालजी चतुर्वेदी के मुकद्दमे का सरकार की ओर से फैसला हो गया है। उसने चतुर्वेदीजी को 8 महीने की कड़ी जेल की सजा दे दी। इस बात का सबको विश्वास था कि सजा अवश्य होगी और जैसा कि आजकल 124 अ के मुकद्दमों में हो रहा है, साल या डेढ़ साल की होगी। यही बात, जिस समय मैजिस्ट्रेट फैसला सुना रहे थे, उस समय चतुर्वेदीजी ने भी, उनसे कही थी कि पूरा फैसला सुनाने की आवश्यकता क्या है, संक्षेप में बतला दीजिए—साल, डेढ़ साल जो कुछ हो। किन्तु मैजिस्ट्रेट ने उदारता दिखाई, केवल 8 महीने की ही सजा दी। वर्तमान मुकद्दमों के फैसलों को देखते हुए हम इसे उदारता कह सकते हैं। किन्तु इस फैसले को देखते हुए 8 महीने की सजा उदारता नहीं, किन्तु अन्याय के ही नाम से पुकारी जानी चाहिए। हम इन शब्दों को हृदय की जलन से नहीं लिख रहे हैं क्योंकि इस फैसले को सुनकर हमें प्रसन्नता ही है कि इस फैसले ने नौकरशाही को नीचा गिराने में एक और जोरदार धक्का लगा दिया।

चतुर्वेदीजी पर जुर्म लगाया था कि उन्होंने "ब्रिटिश हिन्दुस्तान में कानून से स्थापित सरकार के प्रति घृणा और द्वेष का भाव उत्पन्न किया। इस जुर्म के साबित करने के लिए जो सरकारी गवाह पेश किए गये थे, उनके बयानों से फैसले के अनुसार साबित यह होता है कि चतुर्वेदीजी ने कहा था—(1) जिस प्रकार

परिषद् की बिजली की रोशनी बुझ गई थी, उसी प्रकार हम सरकार की रोशनी को भी खतम करना चाहते हैं, (2) हमारे पूर्वज अच्छे आदमी थे, जिन्होंने कारतूसों में चर्बी होने के कारण नहीं किन्तु अत्याचारों के कारण 1857 में बलवा किया; (3) अंग्रेजों ने अपने यहाँ का कपड़े का व्यापार बढ़ाने के लिए हिन्दुस्तानी जुलाहों के अँगूठे काट डाले; (4) चतुर्वेदीजी ने घमण्ड के साथ कहा कि हिन्दुस्तानी सोये हुए शेर हैं; (5) उन्होंने कहा कि 150 वर्ष के शासन-काल में केवल 5 फीसदी हिन्दुस्तानी शिक्षित हो सके हैं; (6) आर्म्स ऐक्ट ने हमारी वीरता नष्ट कर दी है; (7) विदेशी वस्तुओं के व्यवहार से हम में देशभक्ति नहीं रही है और (8) चतुर्वेदीजी ने तलवार और धोखे के बिना स्वराज्य प्राप्त करने का उपदेश दिया।

इसके सम्बन्ध में स्वयं मजिस्ट्रेट आगे चलकर अपने फैसले में स्वीकार करते हैं। (1) कुछ लोग ऐसे हैं जो कहते हैं कि रियासतों को ब्रिटिश राज्य में मिला लेने की लार्ड डलहौजी की नीति के कारण 1857 का बलवा हुआ था। (2) भारतमन्त्री और वाइसराय द्वारा लिखी हुई इण्डियन कान्स्टिट्यूशनल रिफार्म (भारत शासन सुधार योजना) की रिपोर्ट में यह स्वीकार किया गया है कि सरकार की आर्थिक नीति के प्रति हिन्दुस्तानियों की शिकायतें भारी आधारहीन नहीं हैं। (३) महायुद्ध के जमाने में रँगरूट मिलने में जो कठिनाई पड़ी, उसका कारण वीरता का नाश बताया जाता है।" ये बातें स्वीकार करते हुए मजिस्ट्रेट साहब लिखते हैं कि "यद्यपि शिकायतें हों और यह कहा जा सकता है कि मुजरिम (चतुर्वेदीजी) के भाषण का आधार असत्य नहीं था, तो भी यदि भाषण ऐसा है कि उससे घृणा और निन्दा के भाव उत्पन्न होते हैं तो सच्चाई दोष का जवाब नहीं हो सकती।" अर्थात् सच्च बात कहने से सरकार के प्रति घृणा उत्पन्न हो तो सच बात का कहना भी दोष है। परन्तु मैजिस्ट्रेट साहब आगे चलकर कहते हैं कि "सरकार ने यह साबित करने का प्रयत्न नहीं किया कि लोगों के दिलों पर उस व्याख्यान का तत्काल परिणाम क्या हुआ।" अर्थात् यह साबित नहीं हुआ कि इस व्याख्यान से राजद्रोह फैला। बिलासपुर के फर्स्ट-क्लास मैजिस्ट्रेट से भी बड़े, बम्बई हाईकोर्ट के जज जस्टिस स्ट्रेची लोकमान्य बालगगाधर तिलक के मुकद्दमे में ज्यूरी से कहते हैं कि भाषण या लेख को राजद्रोही करार देने के लिए यह जानना भी जरूरी है कि उसका असर पाठकों या श्रोताओं पर क्या पड़ा। किन्तु इस मामले में मैजिस्ट्रेट साहब को मालूम नहीं कि भाषण का असर क्या पड़ा। तो भी वे कहते हैं कि, "मेरे विनीत हृदय में कोई शक नहीं कि मुज्ररिम ने सरकार के प्रति घृणा उत्पन्न की।" तात्पर्य यह निकला कि चाहे साबित हो या न हो, मैजिस्ट्रेट साहब का खयाल है कि भाषण राजद्रोही है इसलिए सजा होनी चाहिए। मैजिस्ट्रेट साहब, मालूम होता है, समाचार-पत्र पढ़ा करते हैं। अन्यथा इन्हें कैसे मालूम हुआ कि इससे भी कई

बुरे भाषणों पर एक वर्ष की सजा दी गई है। मुकद्दमे में उनके सामने किसी ने उन बुरे भाषणों की रिपोर्ट और उनके फैसले तो पेश नहीं किये थे। यदि मजिस्ट्रेट साहब अखबार न पढ़ते होते तो "इण्डियन पिनल-कोड के अनुसार 3 वर्ष की कड़ी सजा" या कम से कम 1 वर्ष की तो वे देते ही।

मैजिस्ट्रेट के फैसले पर विस्तारपूर्वक इतना लिखने से हमारा प्रधान उद्देश्य यह दिखाने का है कि मुकद्दमे में चाहे जो साबित हो तो भी आज कल सार्वजनिक कार्यकर्ता मैजिस्ट्रेट की इच्छा के अनुसार मुजरिम और कैदी बनाये जा सकते हैं। यही नहीं, इस फैसले में एक नई बात स्थापित की गई है। अभी तक यह कानून रहा है, जैसा बेनीभूषण राय के मुकद्दमे में कलकत्ता हाईकोर्ट ने तय किया था, "किसी सार्वजनिक सभा में लोगों को स्वराज्य लेने का प्रयत्न करने के लिए उत्तेजित करना राजद्रोह नहीं है।" किन्तु इस मुकद्दमे में यह साबित हुआ है कि चतुर्वेदीजी ने बिना तलवार उठाये या धोखा दिये स्वराज्य प्राप्त करने का उपदेश दिया तो भी मैजिस्ट्रेट साहब ने उन्हें राजद्रोही करार दिया और सजा दे दी। अतएव अब स्वराज्य का उपदेश देना भी जुर्म है। शाही घोषणाओं और ड्यूक आफ कनाट के भाषणों के बाद इस फैसले को और उसके तत्काल परिणामों को देखते हुए प्रश्न उठता है कि वास्तव में हमारे बादशाह कौन हैं—सम्राट् पंचम जार्ज या यहाँ के नौकरशाह? इसके अलावा इस फैसले में प्रकट होनेवाली मैजिस्ट्रेट की विचार-पद्धति से पता चलता है कि मैजिस्ट्रेट के हृदय में किस प्रकार नौकरशाही, शैतानियत और मनुष्यता का द्वन्द्व हो रहा है। मैजिस्ट्रेट मि० पारधी के हृदय की मनुष्यता कहती है कि भाषण में कही हुई शिकायतें सच हैं, और यह भी सच है कि चतुर्वेदीजी ने अहिंसक और सच्चाई के उपायों से स्वराज्य प्राप्त करने का उपदेश दिया है, और यह भी साबित नहीं हुआ कि उस भाषण ने सरकार के प्रति घृणा उत्पन्न की। तो भी नौकरशाही शैतान, जो प्रत्येक नौकरशाही मुलाजिम के हृदय में निवास करता है, कहता है और अपनी आदत के अनुसार बड़े विनीत भाव से कहता है कि भाषण ने सरकार प्रति घृणा उत्पन्न की, अतएव सजा मिलनी चाहिए। किंतु वह जानता है कि यह बात झूठ है, इसलिए सजा कुछ कम करके वह अपनी कुटिलता को मधुर बनाने का प्रयत्न करता है।

[9 जुलाई, 1921]

पं० माखनलाल जी चतुर्वेदी का सन्देश

"मैं जेल चला। वह मेरा साधना-मन्दिर है। मैं वहाँ सुख पाऊँगा। मेरे लिए बिलकुल गम मत मनाओ। और अपनी अहिंसक असहकारिता को विजय दिलाने

के कार्य में मुस्तैदी से लगे रहो। हमारे पवित्र धर्म-युद्ध को कड़ी मंजिलें तय करनी हैं। अब वह इससे कड़ी मंजिलों की तैयारियों में है। इस समय हमें अपने इस सबक को दुहरा लेना है कि हम देश पर धावा करने वाली नास्तिकता का अपनी आस्तिकता से, अत्याचार और दमन का अपने साहस और सहनशीलता से, तथा झूठ और धोखेबाजी का अपनी सचाई, नेकनीयती और स्पष्टता से मुकाबला करने के लिए खड़े हुए हैं। आज हमारे युद्ध के वीर योद्धा वे हैं जो निहत्थे होकर सीना खोल दें और देश की स्वतन्त्रता के ऊँचे लक्ष्य के लिए हँसते-हँसते प्राण दे दें।

मैं देश की देवियों की तरफ उनके इस मैदान में उतरने के लिए बड़ी प्रतीक्षा और उत्सुकता की नजर से देख रहा हूँ और सूचना करता हूँ कि उन्हें मिस्र और कोरिया की बहिनों के बलिदान की याद दिला दें। आज का दिन अपने ध्येय और राष्ट्रीय नेताओं के आज्ञाकारी होने में गौरव समझने का है। बागी सिपाही युद्ध के मैदान से हट जावें। नेतृत्व का झगड़ा अभी इस समय देशद्रोह है। मुझे यह स्पष्ट शब्दों में कह देना है कि वे जो हिन्दू-मुस्लिम एकता के पक्ष को जरा भी रोकेंगे और वे जो असहकारिता के युद्ध में हिंसा करेंगे यां होने देंगे, देश के महान शत्रु होंगे, और स्वराज्य के सबसे अधिक हानि पहुँचाने वाले विश्वासघाती भी।

स्वराज्य आ पहुँचा। उसकी ईश्वरीय और बलवान छाया हमारे हृदयों को छूती और हममें देश को सम्हाल रखने का स्फुरण और बल पैदा करती नजर आ रही है। विश्वास रक्खो और अपने आप को तैयार कर लो कि पत्थर की लकीर के समान दिसम्बर से प्रथम निस्संशय होने वाली स्वराज्य की घोषणा के लिए तुम कौन सा काम अपने हाथ में लोगे?

एक बात और। मेरे खिलाफ मुकद्दमा चलाने की स्वीकृति देने वाले, मुझ पर मुकद्दमा चलाने वाले और मुझे दण्ड देने वाले, इन सब पर तुम्हारी रहम की नजर होनी चाहिए। आज मैं भूखा ही कचहरी आया हूँ और उसी समय भोजन करूँगा जब मैं सुन और देख लूँगा कि आप लोगों ने मेरे कारावास की खबर को एक वीर और मर्द अहिंसक असहकारिता-वादी की तरह शान्ति से सुना और जिन्दा रहने तक कोई गड़बड़ न होने दी। अपराधों के लिए क्षमा और बिदा, जेल में जाने के लिए!"

श्रीयुत पं० माखनलाल जी से जेल में भेंट

(हमारे विशेष सम्वाददाता द्वारा)

भेंट में बाधा

श्रीयुत पं० माखनलालजी चतुर्वेदी से पहली मुलाकात करने की इच्छा से हम लोग गत रविवार 10.7.21 को बिलासपुर पहुँचे। साथ में जबलपुर से श्री नाथूराम जी मोदी और श्रीयुत बद्रीप्रसादजी दुबे भी गये थे। जेल सुपरिण्टेण्डेण्ट मि० पराँजपे से हम लोगों ने पहिले ही पूछ लिया था और उन्होंने कहा था, जेल होने के बाद पहले हफ्ते चाहे जिस दिन आकर मिल सकते हो। किन्तु रविवार को जब हमने श्रीयुत चतुर्वेदीजी से भेंट करने की इजाजत मांगने के लिए दरख्वास्त दी, तब हमें मालूम हुआ कि मि०. पराँजपे डिप्टी कमिश्नर मि० डेवर से मिलने गये और वहाँ से लौटकर उन्होंने जेल में हमारी दरख्वास्त पर लिख दिया "सौरी नो" (अफसोस, नहीं)। बाद में हम लोग मि० पराँजपे से मिले और मेरे प्रश्नों के उत्तर में मालूम हुआ कि एक दिन दो दस्त आने पर सुपरिण्टेण्डेण्ट ने दवा दी तो चतुर्वेदीजी ने न ली। इसी प्रकार हैजे का टीका लगवाने से भी उन्होंने इन्कार किया था इसलिए इस नियम-भंग की सजा के तौर से मि० पराँजपे ने भेंट करने की इजाजत न देने से इन्कार कर दिया। मेरे प्रश्नों के उत्तर में उन्होंने यह भी स्वीकार किया कि वे डिप्टी कमिश्नर से इस सम्बन्ध में मिले थे और डि० क० इजाजत देने में उनसे सहमत थे। मैंने मि० पराँजपे से पूछा, क्या आपने चतुर्वेदी जी को कहा था कि वे दवा न लेंगे तो वह नियम-भंग समझा जावेगा और उसके लिए उन्हें सजा मिलेगी ? मसलन भेंट बन्द कर दी जावेगी ? इस पर मि० पराँजपे ने उत्तर दिया, "मैंने नहीं कहा था। परन्तु यह बात उन्हें मालूम होगी।"

मैं—कैसे ?

मि० पराँजपे जेल के नियम हरएक कैदी को पहले दिन बता दिये जाते हैं। उन्हें भी बता दिये गये होंगे।

मैं— पर आप निश्चय के साथ नहीं कह सकते।

मि० पराँजपे · नहीं, पर उन्हें सब नियम समझा दिये गए होंगे।

खैर, मि० पराँजपे ने कहा कि यदि चतुर्वेदी अभी भी मेरी बातें मान लें, दवा ले लिया करें, टीका लगवा लें, तो मैं भेंट की इजाजत के बारे में कल ठीक जवाब दे सकूँगा।

दूसरे दिन हमें इजाजत मिल गयी। चतुर्वेदीजी से पूछने पर मालूम हुआ कि उन्हें जेल के नियम नहीं मालूम थे। न वे यह जानते थे कि दवा न खाऊँगा, तो भेंट रोक दी जावेगी। उन्होंने यह भी कहा कि मैंने दवा लेने और टीका लगवाने से

इन्कार किया था इसलिए कि मेरा विश्वास और अनुभव है कि एलोपैथिक दवाओं से मुझे लाभ के बदले हानि ही अधिक हुई है, इसलिए मैं घर पर अँग्रेजी डाक्टरों का इलाज बन्द करके वैद्य का इलाज करवाता था। उन्होंने यहा भी कहा कि जब मुझे यह कहा गया कि तुम्हें टीका लगवाना पड़ेगा, तो मैंने उत्तर दिया कि मेरा सिद्धान्त है कि टीका लगवाकर कोई बीमारी रोकी नहीं जानी चाहिए, क्योंकि जब तक यह न मालूम हो जाय कि शरीर में विष पैदा हो गया है, तब तक बाहरी विष शरीर में भरकर उसे हानि पहुँचाना पाप समझता हूँ। इस पर मि० पराँजपे ने मुझे समझाने की कोशिश की और अन्त में आदेश किया कि तुम्हें जेल के नियमों को मानना पड़ेगा। चतुर्वेदीजी बोले, मैंने कहा कि मेरा शरीर आपके हवाले है, आप जो चाहे इसे कर सकते हैं।

अतएव उस दिन चतुर्वेदीजी को टीका लगाया जा चुका था जिससे उन्हें उसी समय बेहोशी आ गयी थी और जिस समय हम लोग भेंट के लिए पहुँचे उन्हें कुछ हरारत भी थी। बाद में मालूम हुआ कि बेहोशी की हालत में उन्हें वहीं पड़ा रहने दिया गया था और वहीं पर उनका भोजन भेज दिया गया था।

दर्शन

हम लोग इन्तजार में जेलर साहब के आफिस में बैठे थे कि चतुर्वेदीजी आये। देखते ही हमारा सिर शर्म और क्रोध के मारे नीचा हो गया। उनसे आँखें नहीं मिलाई जाती थीं। शर्म इस बात की कि आज हमारे पूज्य नेता को इस लिबास में रहना पड़े। और क्रोध इस बात पर कि सभ्य कहलाने वाली सरकार शिक्षितों और सच बोलने वालों के साथ ऐसा व्यवहार करती है। किन्तु वे अपनी स्वाभाविक गम्भीरता के साथ मुस्करा रहे थे। आधे जाँघिया पर धारीदार आधी बाँह की कुरती और सिर पर काली टोपी थी। और गले में, जिसे प्रत्येक भारतवासी को जब तक वह अपने देश को स्वाधीन न बना ले, तब तक नहीं भूलना चाहिए, वह लोहे की हँसली थी और बीच में लटक रही थी कैदी के नम्बर वाली तख्ती। खैर, बातचीत शुरू हुई।

स्वास्थ्य

पहला प्रश्न स्वास्थ्य के बारे में हुआ। मालूम हुआ कि गिरफ्तार होने के समय उनका वजन 97 पौण्ड अर्थात् 46 सेर था। बिलासपुर जेल में 90 पौण्ड रह गया। किन्तु सजा होने बाद चार दिन में वजन नहीं घटा है, 90 पौण्ड ही है। पहले वे अपनी कोठरी के आँगन में तीस-पैंतीस चक्कर लगा लिया करते थे किन्तु अब चार-पाँच चक्करों में ही थक जाते है। सिर के दर्द और आँखों में जलन रहा करती है। भोजन बहुत कम हो गया है। मन्दाग्नि का रोग बढ़ गया है, खट्टे

कुल्ले आया करते हैं, दस्त पतले होते हैं और रात को अपचन, गर्मी और मच्छरों के मारे मुश्किल से दो घण्टे नींद आ पाती है।

रहने की जगह

रहने के लिए उन्हें एकान्त कोठरी मिली है, जिसमें और काल-कोठरी में इतना ही फर्क है कि उसका दरवाजा बन्द कर दिया जावे तो वह काल-कोठरी बन जावे। इसका दरवाजा पूर्व की ओर है जिससे कमरे में धूप आती है और पानी बरसने पर आधा कमरा भींग जाता है। सामने ही सौ डेढ़ सौ कैदियों की भोजन पकाने की भट्टी है जिसके सबब धुँआँ और गरमी बहुत रहती है। रात को वे दूसरे स्थान पर रखे जाते हैं जिसका फर्श बहुत गन्दा, बदबूदार और खुदा हुआ है, घुड़साल से भी बदतर है। ऐसे कमरे में नीच जुर्म करने वाले कैदी ही रखे जाते हैं। जिस कमरे में वे दिन को रहते हैं उसमें रात को इनके कम्बलों को ओढ़ बिछाकर कोई दूसरा कैदी सोता है, जो वहीं पर पाखाना-पेशाब करता है। चतुर्वेदी जी को एक कम्बल ओढ़ने और एक बिछाने के लिए मिला है, जो बहुत कड़े बालों का है। यदि वे उन्हें ओढ़ते हैं तो गर्मी बहुत लगती है और बाल चुभते हैं और नहीं ओढ़ते तो मच्छर काटते हैं। बैठे हुए जागते-जागते प्रायः रात बीत जाती है।

भोजन

भोजन के सम्बन्ध में मालूम हुआ कि चतुर्वेदी से पहले पूछा गया था कि आप क्या भोजन किया करते हैं। वही आपको देंगे। किन्तु वास्तव में वे चीजें पूरी तादाद में नहीं दी जाती। वे पहले सेर भर दही दिन भर में खाया करते थे। किन्तु यहाँ पर पहले तो उन्हें दही दिया ही नहीं गया। किन्तु जब उन्हें दस्त शुरू हो गये तो आधापाव दही दिया जाने लगा। अब दिन भर में आधा सेर दही और आधा पाव शक्कर दी जाती है। वे पहले केवल एक छटाँक घी लिया करते थे किन्तु अब एक वक्त में सवा तोला घी पाते हैं। चिकनाई से उन्हें लाभ होता था अब काफी तादाद में न मिलने से कोई लाभ नहीं होता। इसलिए उन्होंने सोचा है कि अब इन चीजों को नहीं खाया करेंगे। तरकारी पहले के समान मिलने लगी है। भोजन वे स्वयं अपने हाथ से पकाते हैं।

काम

काम उनकी ताकत और स्वास्थ्य के लिहाज से बहुत अधिक है। सन की 6 छटाँक बारीक रस्सी बँटने का हुक्म है। वे आमतौर से तीन छटाँक बँट सकते और अत्यधिक परिश्रम करने पर भी वे पाँच छटाँक से अधिक नहीं बँट सके

हैं। इसके बटने में उन्हें पूरे सात घण्टे लगते हैं और रस्सी ढेर-सी बँटनी पड़ती है इसलिए उतने समय तक बराबर खड़े रहना पड़ता है। चतुर्वेदीजी ने कहा कि मुकद्दमे के समय जब मैं अस्पताल वार्ड में था, तो देखता था कि जेलर और नायब जेलर दिन में एकाध बार ही कैदियों के काम की देख-रेख के लिए जाया करते थे किन्तु जिस दिन से मुझे सजा हो गयी है उस दिन से वे लोग दिन में कई बार मेरी कोठरी के चक्कर लगाया करते हैं और डाटा करते हैं कि रस्सी बारीक बटो, काम पूरा करो। कोई आदमी तो तुम्हारे पास नहीं आता? उनकी ये बातें और विचित्र कार्यतत्परता देख मुझे आश्चर्य होता है।

चतुर्वेदीजी से अधिक वजन के कैदी थर्ड क्लास--तीसरे दर्जे में रखे गए हैं जिन्हें काम नहीं करना पड़ता पर उन्हें इतने अधिक कमजोर होने पर भी सैकण्ड क्लास में रखा गया है। तो भी वे अपना काम पूरा करने का ईमानदारी के साथ यथा-शक्ति प्रयत्न करते हैं। इसके सम्बन्ध में चतुर्वेदीजी ने कहा, "जिस दिन मैं दस्त के कारण बीमार था उस दिन जब मुझमें बिल्कुल शक्ति न रही, तब मैंने दो घण्टे काम बन्द कर दिया। किन्तु जब जरा भी ताकत मालूम हुई, मैं तुरन्त काम पर लग गया।"

प्रश्न—किन्तु आपका शरीर तो रोगी है, आपको अधिक काम नहीं करना चाहिए।

उत्तर—आप कह सकते हैं कि मेरा शरीर खराब है और वह अधिक खराब न हो इसलिए मुझे कम काम करना चाहिए; किन्तु मैंने निश्चय किया है कि जिन्दा रहने तक और जरा-सी भी ताकत मुझमें रहने तक मुझे जेल का काम करने से इन्कार नहीं। मैं सुपरिण्टेण्डेण्ट मि० पराँजपे की आज्ञाओं की इज्जत करता हूँ। मेरा विश्वास है, वे मेरे लिए जो कुछ करते और कहते हैं वह मेरे भले के लिए ही कहते और करते हैं और यद्यपि सिद्धान्तों में मतभेद के कारण मैं उनकी प्रत्येक बात में सहमत नहीं हो सकता और उनकी प्रत्येक आज्ञा मानने के लिए अपने को बाध्य नहीं समझता, तो भी मेरे साथ चाहे जैसा व्यवहार किया जावे, मेरे हृदय की नम्रता और सभता जरा भी भंग नहीं होने पावेगी।

दृढ़ता

मैंने चतुर्वेदीजी से चिन्ता के साथ कहा--"आपकी यह अवस्था, काम और कष्ट दुःसह है।" उन्होंने मुस्कराते हुए उत्तर दिया—"हाँ, पर असहयोगी तकलीफों से नहीं घबराता। मैं जेल के इनसे भी अधिक कष्टों को बहुत नहीं समझने वाला हूँ। यदि मैं बीमार न होता तो मि० पराँजपे को दिखा देता कि असहयोगी प्राणों पर खेलकर 16 छटाँक काम चाहने वालों को 20 छटाँक काम कर दिखाने में अपनी शान समझता है। यदि मैं बीमार न होता तो मैंने अपने स्वस्थ रहने की

था और 12 मार्च को दिए हुए भाषण के कारण उन पर मुकदमा चलाया गया। नरसिंहपुर के शासन के बारे में उन्होंने जो कुछ लिखा था, उस पर से मुकद्दमा क्यों नहीं चलाया गया ? मैं नहीं जानता कि नरसिंहपुर पर जो दोष लगाया जाता है, उसमें सचाई है या नहीं। परन्तु कहीं न कहीं कोई भारी खराबी जरूर है।"

[23 जुलाई, 1921]

चतुर्वेदी जी के बारे में

(सी० पी० के होम मेंबर से आज्ञा लेकर श्रीयुत काशीप्रसाद पाण्डे एम० एल० सी० और साथ में श्रीयुत कुंजबिहारीलाल जी एम० एल० ए० 27 जुलाई को चतुर्वेदीजी से मिलने गए थे। श्रीयुत कुंजबिहारीलाल ने बिलासपुर से वहाँ के बारे में हमारी सूचना के लिए एक पत्र भेजा है। उसमें का चतुर्वेदीजी सम्बन्धी कुछ भाग हम नीचे प्रकाशित करते हैं। (सं०)

कोठरी के दरवाजे पर पहुँचते ही हमें सच्चे देशभक्त और दृढ़ असहयोगी चतुर्वेदीजी कैदियों की पोशाक में खड़े-खड़े रस्सी भानते दृष्टिगोचर हुए। उन्हें इस दशा में देखकर दुःख हुआ। शिष्टाचार के पश्चात् उन्होंने मुस्कराते हुए कहा कि "आप ही के शुभागमन में आज दोपहर से सफाई की चहल-पहल जारी थी, मुझे आश्चर्य था कि आज किसका आगमन हो रहा है कि जिसके लिए सब कर्मचारी सफाई करने को दौड़-धूप कर रहे थे।" सुपरिण्टेण्डेण्ट की ओर देखने पर उन्होंने कहा कि आप लोगों के आने की सूचना जेलर को दे दी गई थी, परन्तु कमरे आदि की लिपाई सप्ताह में एक बार होती है। चतुर्वेदीजी ने कहा कि यह कमरा अभी दोपहर के बाद ही लीपा गया है। सु० जेल ने इस पर विश्वास नहीं किया, कहा कि यदि दोपहर को लीपा गया होता तो इतनी जल्दी यानी दो घंटे में सूखता नहीं, जब आज इतना पानी बरस रहा है। पर हमें भी देखने से ऐसा ही मालूम हुआ कि दोपहर के बाद ही लीपा गया है। पाण्डे जी के पूछने पर उन्होंने कहा कि मुझे किसी प्रकार के कष्ट के लिए शिकायत नहीं करना है। यदि कष्ट हैं तो मैं उन्हें सहर्ष सहन करता हूँ। यदि यह हो कि कष्ट देने से मेरे विचारों में कुछ परिवर्तन होगा तो यह भूल है। स्वास्थ्य में अवनति ही दिखाई दी। उस कोठरी में उन्हें दिन को कार्य करना पड़ता है। वे किसी से बात नहीं कर सकते और न अन्य कोई उनसे कोई बात कर सकता है। दोपहर को दो घण्टे का समय खाने आदि के लिए मिलता है। रात्रि को उस कमरे में एक दूसरा कैदी रहता है जो गर्मी या इसी किस्म की बीमारी का मरीज है। चतुर्वेदीजी ने यह भी कहा कि उसी कमरे में वह कैदी एक कोने में एक बर्तन में पेशाब करता है और वह सुबह उठा लिया जाता है और

इसी कमरे में उन्हें (चतुर्वेदीजी को) भोजन करना होता है। हम लोगों ने सु० जेल से इस पर आपत्ति की कि यह बहुत ही अनुचित है कि इस छोटी कोठरी में वह पेशाब करे और इसी कमरे में इन्हें भोजन करना पड़े। सु० जेल ने कहा कि कोई ऐसा मरीज नहीं रहता। यदि कोई ऐसा होता तो अस्पताल में रखा जाता। यदि ऐसा होवे कि जिसे ऐसा मर्ज कभी रहा हो और वह अच्छा हो गया हो तो वह उन्हें नहीं मालूम और पेशाब का बर्तन तो सवेरे ही उठा लिया जाता है और कोठरी झाड़कर साफ की जाती है तो फिर क्या एतराज हो सकता है ? हम लोगों को यह सुनकर जरा आश्चर्य हुआ। कदाचित् नीच कैदियों की देखरेख करते रहने के कारण उनके सभ्य विचारों में कुछ फर्क आ गया हो क्योंकि हमें जब याद आने पर ही ग्लानि होती है तो उन्हें (चतुर्वेदीजी को) क्यों न ग्लानि होती होगी ? सु० जेल ने कहा कि आप जहाँ खाना पकाते हैं, वहाँ क्यों नहीं भोजन करते ? उत्तर मिला कि जेलर साहब की आज्ञा हुई थी कि वह नियमानुकूल नहीं था। सु० जेल ने जेलर को आज्ञा दी कि भोजन अस्पताल में करने दिया करो। उस कोठरी में पत्थर की गिट्टी के ऊपर चूने की घुटाई है और उस पर मिट्टी की लिपाई हुई थी। किसी-किसी स्थान पर चूना उखड़-सा गया था और थोड़ी गिट्टी दिखाई देती थी। तख्ती देखने से मालूम हुआ कि उन्हें पहले 6 छटाँक रस्सी बटनी पड़ती थी। चतुर्वेदीजी के कथनानुसार 8 घण्टे खड़े-खड़े काम करने से उनका स्वास्थ्य खराब हुआ और वजन कम होने लगा। सु० जेल के कथनानुसार मलेरिया के कारण स्वास्थ्य खराब हुआ और उसके लिए ये अस्पताल में रखे गए थे। अब बीमारी से उठने के बाद उन्हें केवल 4 छटाँक रस्सी बनाना होती है। कमरे में जोर से पानी आने पर सामने की ओर से बौछार भी जाती है और ऊपर के रोशनदान से आती होगी। कर्मवीर में निकले हुए लेख के पहले वे जिस कोठरी में थे वहाँ से अब दूसरी कोठरी में रखे गये हैं। पहले वाली मे अब पागल रहता है। रात्रि को मच्छरों के कारण उन्हें नींद नहीं आती। एक तो वैसे ही डिस्पेप्सिया के कारण नींद न आना और दूसरे मच्छर, फिर क्या कहना है। मच्छरों से बचने के लिए यदि ओढ़ना चाहें तो कम्बल का ओढ़ना बिलासपुर की गर्मी में असह्य है। सु० जेल ने चतुर्वेदीजी को उगरना या पतला कपड़ा देने में असमर्थता प्रकट की। कान में दर्द के कारण एक दिन कार्य बन्द करने की आज्ञा मिली थी, फिर दूसरे ही दिन आज्ञा मिली कि काम यदि न करेंगे तो करेक्टर (चाल-चलन) खराब लिखा जाएगा। इसलिए यद्यपि दर्द था, तो भी काम कर रहे थे। कान पर पट्टी बँधी हुई थी।

यह भी मालूम हुआ कि उन्हें कोई समाचार या मासिक पत्र पढ़ने को नहीं दिये जाते। सु० जेल ने पत्रादिक देने की आज्ञा दी है और बहुत करके अब दिये जाने लगे हैं। चतुर्वेदीजी का कथन था कि यदि कर्मवीर के पब्लिशर का डिक्लेरेशन

उन्हीं के नाम से हो तो कर्मवीर की एक प्रति उनके पास भेजनी चाहिए। उन्होंने पांडेजी से अपने कष्ट-निवारणार्थ प्रान्तीय सरकार से किसी प्रकार की भी याचना न करने का आग्रह किया।

[13 अगस्त, 1921]